VOLKER REINHARDT

DER GÖTTLICHE

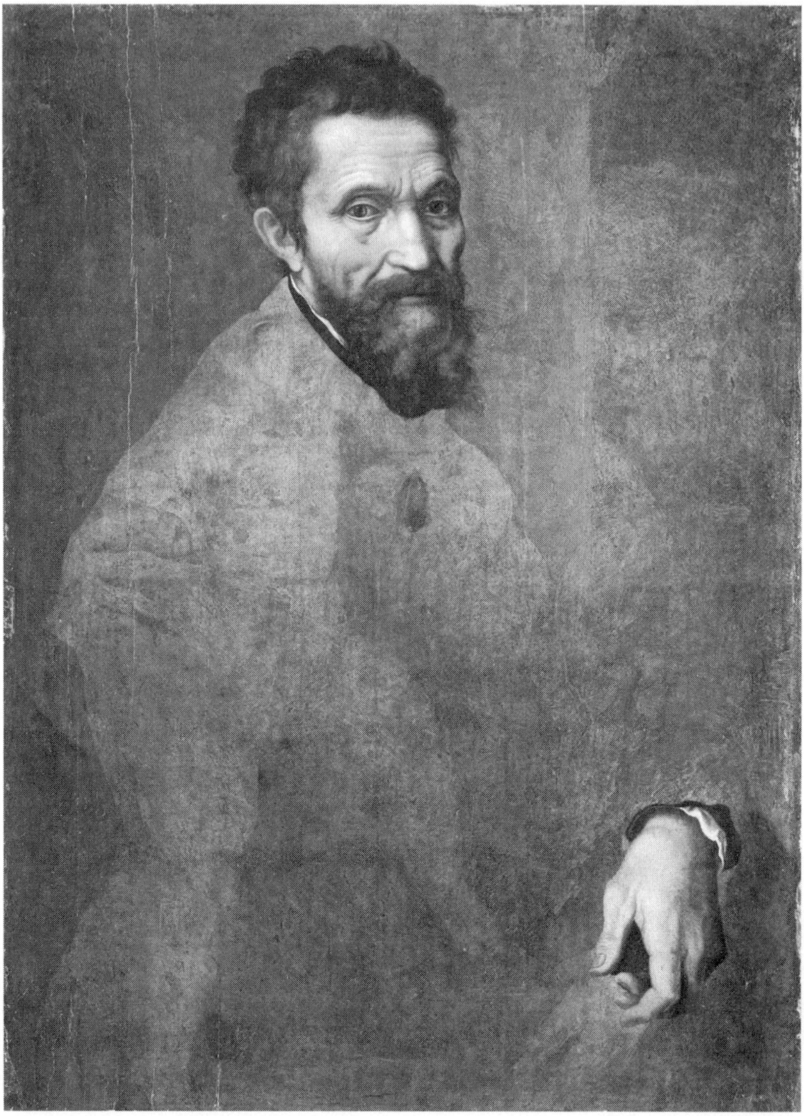

Das unvollendete Michelangelo-Porträt von Jacopino del Conte (1510–1598) aus dem Jahr 1545 zeigt den Meister im Alter von siebzig Jahren.
Metropolitan Museum of Art. Gift of Clarence Dillon, 1977, Foto: © Metropolitan Museum of Art / Artresource, NY

VOLKER REINHARDT

DER GÖTTLICHE

Das Leben des Michelangelo

Biographie

VERLAG C.H.BECK

Mit 81 Abbildungen, davon 38 in Farbe, und 2 Stammtafeln

Satz: Fotosatz Amann, Aichstetten
Druck und Bindung: CPI – Ebner & Spiegel, Ulm
Gedruckt auf säurefreiem, alterungsbeständigem Papier
(hergestellt aus chlorfrei gebleichtem Zellstoff)
Printed in Germany
ISBN 978 3 406 59784 8

www.beck.de

INHALT

EINLEITUNG:
DAS GENIE UND DIE MÄCHTIGEN

Der Künstler aus verlorener Ehre 7 · Ein Leben für die Kunst – das Leben als Kunstwerk 14

1 DER KURZE WEG ZUM RUHM (1475–1504)

Verfall einer Familie 23 · Kunst und Propaganda 29 · Im Garten und Palast der Medici 35 · Auf eigenen Füßen 43 · Nützliche Netzwerke 46 · Der Künstler der Republik 55

2 IM DIENSTE JULIUS' II. (1505–1516)

Der Papst als Feldherr 67 · Das Grabmal 73 · Die Rebellion 81 · Das Deckenfresko der Sixtinischen Kapelle: der Auftrag 90 · Das Deckenfresko: die Welt unter dem Himmel 103 · Das Deckenfresko: die Welt in Farben 118 · Zurück zum Grabmal 126 · Im Windschatten 138

3 FÜR DIE MEDICI – GEGEN DIE MEDICI (1516–1534)

Im Steinbruch 146 · Die ungebaute Fassade und der umfunktionierte Christus 153 · Die Grablege der Medici: der Plan 166 · Die Grablege der Medici: die Geschichte 171 · Von Grab zu Grab 178 · Die Grablege der Medici: der Nachruf des Künstlers 184 · Melancholie 192 · Das Ende der Welt 203 · Der Festungsbaumeister und die Leda 208 · Die Republik, der Herzog und die Bibliothek 219

4 DER HERR DER KÜNSTE (1534–1549)

Das Licht der Welt 227 · Michelangelos Papst 233 · Bilder des Gerichts 236 · Das neue Florenz und die neue Familie 240 · Der Tag des Zorns 246 · Die Richter des Gerichts 253 · Tyrannenmord 259 · Kunst und Frömmigkeit 267 · Kunsttheorie 276 · Das Monument Julius' II. und die Fresken der Cappella Paolina 282 · Paulus und Petrus vereint 290 · Konzil und Kapitol 298 · Der alte Mann, sein Diener und die böse Welt 303 · Der Herr der Baustelle 311

5 ZWISCHEN DEN FRONTEN DER KATHOLISCHEN REFORM (1550–1564)

Der fröhliche Papst und die verstümmelte Statue 324 · Brautschau 329 · Der Schrecken Roms 336 · Trauer, Flucht und Standhaftigkeit 341 · Letzte Werke, Letzte Dinge 348 · Das Nachleben des Michelangelo Buonarroti 360

ANHANG

Zeittafel 363 · Stammtafel der De' Simoni/Buonarroti 367 · Stammtafel der Medici 368 · Anmerkungen 369 · Nachweis der Bildzitate 371 · Literatur 373 · Personenregister 377

EINLEITUNG: DAS GENIE UND DIE MÄCHTIGEN

Der Künstler aus verlorener Ehre

Am 8. Oktober 1520 begrüßte Graf Alessandro da Canossa brieflich ein neues Mitglied seines Hauses:

> Verehrter Verwandter, in Eurem Auftrag besuchte mich, sehr zu meinem Vergnügen, der Maler Giovanni da Reggio. Noch lieber wäre mir freilich gewesen, wenn Ihr mich persönlich mit Eurer Anwesenheit beehrt hättet, um die Euren und Euer Haus kennen zu lernen. Und hätte ich gewusst, dass Ihr in Carrara weilt, so wäre ich selbst vorbeigekommen und hätte Euch dazu gebracht, einige Tage in unserem Hause mit uns zu verbringen. Für immer und alle Zeit gehört alles, was wir – mein Bruder, Graf Alberto, und ich – besitzen, Euch. Und wenn wir bei irgendeiner Gelegenheit etwas für Euch tun können, so stehen wir jederzeit bereit und wünschen ausdrücklich, dass Ihr Euch unserer Dienste und Güter bedienen möget.[1]

Adressiert war das Schreiben «An meinen viel geliebten und verehrten Verwandten, Herrn Michelangelo Buonarroti von Canossa, den allerwürdigsten Bildhauer, in Florenz». Die Verwandtschaft, zu der sich der Graf beglückwünschte, hatte er gerade erst entdeckt, und zwar durch gezielte Ahnenforschung:

> Bei der Suche in unseren alten Papieren bin ich auf einen Herrn Simone da Canossa gestoßen, der seinerzeit als Podestà von Florenz amtierte.[2]

Das war ein genealogischer Volltreffer. Die Familie des «allerwürdigsten Bildhauers» hieß nämlich de' Simoni. Dass dieser selbst sich «Buonarroti» nannte, war ein eigenwilliger Akt des Selbst-Umtaufens. Sein neuer Familienname war über mehrere Generationen als Vorname gebräuchlich gewesen. Dass ihn der Bildhauer anstelle des «de' Simoni» verwendete, zeigte an, dass die Geschichte seines Geschlechts von jetzt an neu geschrieben – und das hieß: in die vorherbestimmten vornehmen Bahnen gelenkt – werden sollte. Der neu entdeckte Verwandte bestätigte es schließlich: Die Buonarroti, wie sie sich jetzt nennen sollten, stammten von einem der ältesten und vornehmsten Feudaladelsgeschlechter Norditaliens ab. Einer von ihnen hatte sogar für ein Jahr als gewähltes Stadtoberhaupt von Florenz amtiert. Zu dieser Zeit hatte noch niemand von den Medici gehört, die seit 1434 die Republik Florenz lenkten.

In der Zwischenzeit hatte sich das Rangverhältnis zwischen den Buonarroti und den Medici allerdings umgekehrt, und zwar gründlich. 1520 regierte in Rom Papst Leo X., der zweite Sohn Lorenzo de' Medicis, den schon seine Zeitgenossen «den Prächtigen» nannten; Leo zur Seite stand sein Vetter Giulio, der ihm 1523 unter dem Namen Clemens VII. auf den Stuhl Petri nachfolgen sollte. Bei den Buonarroti sah es hingegen düster aus: Michelangelos Vater Ludovico hatte von Lorenzo de' Medici ein kleines Zolleinnehmeramt übertragen bekommen, und auch das nur, weil sein Sohn in den Augen der Medici ein vielversprechendes Talent als Bildhauer an den Tag gelegt hatte und sich dadurch als Verkünder des Familienruhms nützlich machen konnte. Während es mit den Medici ab 1400 unaufhaltsam aufwärts ging, stiegen die de' Simoni immer weiter ab. Michelangelos Vater Ludovico war nicht der erste, der auf keinen grünen Zweig kam, und er war auch nicht der letzte. Michelangelos vier Brüder waren überwiegend von derselben Wesensart wie ihr Erzeuger. Alle fünf – so sah es der Bildhauer – hielten andauernd die Hand auf und jammerten, wenn sich die Unterstützungszahlungen des einzig erfolgreichen Familienmitglieds auch nur geringfügig verzögerten. Warum sie es zu nichts brachten, macht ein Brief Buonarroto de' Simonis deutlich. Dieser war als «Bürgermeister» eines zum Florentiner Herrschaftsgebiet zählenden Dörfchens ausgelost worden und hatte daraufhin nichts Eiligeres zu tun, als seinen Bruder Michelangelo um Rat zu fragen, ob er dieses Amt annehmen oder ausschlagen solle. Vorsichtshalber hatte er sich zuvor erkundigt, ob es auch nicht zu viel Arbeit mit sich brachte. Wenn Michelangelo vom ewigen Wehklagen von Vater und Brüdern genug hatte, schrieb er wutentbrannt zurück: Ich quäle mich doch nur für euch, für die Familie. Damit meinte er: für die Ehre unseres Geschlechts.

Mit dem Brief des Grafen von Canossa war die Vornehmheit der Abkunft bestätigt, und zwar über jeden Zweifel erhaben, zumindest für Michelangelo selbst. Er dürfte es auch gewesen sein, der die Suche nach den gemeinsamen Vorfahren angestoßen hatte. Auf jeden Fall diktierte er, hoch in den Siebzigern, seinem Biographen Ascanio Condivi diese noblen Ursprünge seiner Familie in die Feder. Was der echte Graf davon hielt, entzieht sich der Kenntnis. Michelangelo suchte und fand durch das neue «Familienmitglied» seinen Vorteil. Dass es sich ein Uradeliger als Ehre anrechnete, mit dem Künstler verwandt zu sein, war alles andere als selbstverständlich. Bildhauer und Maler galten im Allgemeinen als gehobene Handwerker; als solche hatten sie eigene Zünfte, die zum Mittelstand zählten. Erst seit gut einem halben Jahrhundert konnten sich einzelne herausragende Künstler wie Andrea Mantegna bei Hofe etablieren und dort zusätzliche Reputation gewinnen. Ihre Werke wurden von Dichtern besungen und von hochgestellten Besuchern besichtigt, doch in der Hierarchie der höfischen Gesellschaft nahmen sie allenfalls einen mittleren Platz ein.

Im Falle Michelangelos aber war alles anders. Nicht nur, dass er sich durch die Skulptur des «David» vor dem Florentiner Stadtpalast und die Deckenfresken der Sixtinischen Kapelle den Ruhm des Ausnahme-Künstlers erworben hatte, auch das Verhältnis zu seinen Auftraggebern kehrte sich um. Ob Päpste, Könige, Fürsten oder republikanische Eliten – sie alle pochten selbstverständlich darauf, dass Bildhauer, Maler und Architekten für das gute Geld, das sie ihnen zahlten, die vertraglich genau festgelegte Ware lieferten: zum Schmuck ihrer Paläste und Kirchen, zur Mehrung ihres Prestiges und zur Erhöhung ihres Ranges. Michelangelo aber sah seine Rolle anders: *Er* bestimmte, wem er die Gunst seiner Werke zukommen ließ, *er* legte Fristen und Preise fest – und *er* gab seinen Schöpfungen seinen eigenen Sinn. Und waren seine Auftraggeber noch so mächtig, sie durften sich niemals sicher fühlen, dass seine Botschaft der von ihnen beabsichtigten Aussage des Werks entsprach. So und nicht anders gebot es die Würde der Familie Buonarroti. Ihren Rang wiederherzustellen wurde zum Lebensziel des Künstlers. Als erster eines Geschlechts aufzusteigen, kann ein Glücksgefühl sein; zu beanspruchen, was einem von Rechts wegen zusteht, aber heimtückischerweise verweigert wird, erzeugt hingegen Ressentiments, ja Hass. Das Lebensgefühl Michelangelos, des Rückeroberers der Familien-Ehre, war von Widerstand, Misstrauen und Kampf bestimmt. Er kämpfte gegen eine neidische, oberflächliche, genusssüchtige, in einem Wort: ungerechte Welt, die auch die höchsten Verdienste nur dann belohnte, wenn sie dazu gezwungen wurde. Es genügte nicht, große Kunstwerke in Serie zu produzieren – die Welt wollte darauf aufmerksam gemacht werden. Der Künstler musste sich daher permanent selbst erfinden und ein entsprechendes Image schaffen.

Eine Woche nach dem Schreiben des Grafen von Canossa erreichte den fünfundvierzigjährigen Michelangelo ein zweiter, nicht weniger schmeichelhafter Brief. Absender war der venezianische Maler Sebastiano Luciani, später nach dem Amt des päpstlichen Briefsieglers *del piombo*, vom Blei, genannt. Sebastiano gehörte zu den wenigen, die Michelangelo seiner Freundschaft und seines Vertrauens für wert befand und zudem als Künstler respektierte.

> Der Papst sagte: «Bastiano, ehrlich gesagt gefällt mir wenig, was diese (= die Schüler Raffaels) da machen ...» Ich entgegnete, dass ich mit Eurer Hilfe wahre Wunder bewerkstelligen würde. Worauf der Papst antwortete: «Ich zweifle nicht daran, habt Ihr doch alles von ihm gelernt.» Und – ganz im Vertrauen sei es unter uns gesagt – er entgegnete mir darauf: «Schau Dir doch Raffaels Werke genauer an! Kaum hat er Michelangelos Malereien gesehen, da lässt er schon die Manier Peruginos fahren und ahmt, soweit er nur kann, Michelangelos Art nach. Doch ist Michelangelo schrecklich (= terribile), man kann keinen Umgang mit ihm pflegen.» Ich aber entgegnete seiner Heiligkeit, dass Eure Schrecklichkeit niemandem schadete und dass Ihr nur deshalb schrecklich scheint, weil Euch Eure großen Werke so sehr am Herzen liegen.[3]

Terribile heißt, anderen Schrecken einzujagen und sie einzuschüchtern, durch Wildheit, aber auch durch Großartigkeit. In diesem Sinn meinte Leo X. Michelangelos Genie, seine Schroffheit, gepaart mit Unnahbarkeit, Misstrauen und dem Bestehen auf pünktlicher Bezahlung. Für all das war Michelangelo 1520 längst berühmt beziehungsweise berüchtigt. Und dieses Rufs der erhabenen Andersartigkeit war er sich wohl bewusst, hatte er doch das Seine dazu getan, ihn dauerhaft zu verbreiten. Das wiederum erkannte Sebastiano sehr genau, und so schrieb er dem verehrten Meister, was dieser gerne hörte: seinen eigenen Mythos: Michelangelo, *il terribile*, der durch die Herrlichkeit seiner Schöpfungen und durch die Bedingungslosigkeit, mit der er diesen ergeben ist, Päpste und Kardinäle einschüchtert und in Schach hält.

Das aber kann er sich erlauben, weil die Mächtigen nach seinen Werken regelrecht gieren, so Sebastiano del Piombo in einem weiteren Brief vom Oktober 1520:

> Wenn Ihr also nach Rom kämt, so würdet Ihr allem Ärger ein Ende machen und alles erhalten, was Ihr nur wollt, und zwar nicht nur Schlösser, sondern Städte. Denn ich weiß, wie hoch Euch der Papst schätzt. Ja, wenn er von Euch spricht, so scheint es, als ob er einen Bruder meine, fast schon mit Tränen in den Augen. So hat er mir doch anvertraut, dass er und Ihr gemeinsam aufgezogen worden seid und dass er Euch gut kennt und liebt. Zugleich aber flößt Ihr jedermann Furcht ein, selbst den Päpsten.[4]

Der große Künstler, der den Mächtigen, die um seine Gunst buhlten, zum Wohle der Kunst heilsamen Schrecken einflößte – so wollte Sebastiano Michelangelo sehen – und mit ihm die Mehrheit seiner Zeitgenossen inklusive der Nachwelt. Der Mythos war schon 1520 unerschütterlich: die hohe, durch die Ungunst des neidischen Schicksals zu Unrecht verdunkelte Geburt; die Wiedergutmachung dieses Unrechts durch die frühe Aufnahme unter die Fittiche der Medici; die «Schrecklichkeit» des voll entfalteten Genies, vor der selbst mit der Tiara gekrönte Häupter zitterten. Und zwar zu Recht, denn das Schreckliche war ein Teil des Göttlichen. Die Erhabenheit des Herrn flößte seinen Kreaturen Angst ein. Michelangelo aber hatte er nicht nur eine Schöpferkraft verliehen, die der seinen würdig war, sondern auch die Eigenschaften, die einer solchen Ausnahmestellung unter den Menschen entsprachen: Ungeduld, Zorn – und Melancholie.

Mythen sind ins Überlebensgroße gesteigerte Geschichte. Dass sich die Mächtigen darum rissen, Michelangelo Aufträge erteilen zu dürfen, war nicht Mythos, sondern Realität. Seine Schöpfungen als Bildhauer und Maler galten schon 1520 als konkurrenzlos, ja als höchste Hervorbringungen der Kunst überhaupt. Nie hatte man Marmor mit solcher technischen Vollendung, geschweige denn Ausdruckskraft bearbeitet gesehen. Und die acht Jahre zuvor fertig gestellten Fresken an der Decke der Sixtinischen Kapelle stellten durch die Kühnheit der Erfindung, die Expressivität der Gesichter und Gesten und durch die Emotionen, die sie ausdrückten und vermittelten, alles in den Schatten, was jemals gemalt worden war. Die zeitgenössischen Kunsttheoretiker und Kunstkritiker rangen um Worte, um ihre Eindrücke wiederzugeben – und stießen an Grenzen. Denn – so die einhellige Einschätzung der meinungsbildenden Intellektuellen – in all diesen Werken blieb über die vorgeschriebene Themenstellung und andere wiedererkennbare Merkmale hinaus stets auch ein Rest des Unauflöslichen, Rätselhaften, Geheimnisvollen. Woher kam es? Michelangelo, der Göttliche, das Wunder der Natur – mit diesen bald gängigen Bezeichnungen versuchten sie das, was sich der eindeutigen Zuordnung und Erfassbarkeit entzog, zumindest ansatzweise zu fixieren. Zugleich trieben sie damit die Mythenbildung weiter voran.

Mythos und Ruhm schlugen sich überdies in einem stetig steigenden Marktwert nieder. Diesen reizte Michelangelo lebenslang konsequent aus. Werke von seiner Hand waren konkurrenzlos prestigeträchtig und daher auf dem Markt der Propaganda heiß begehrt. So konnte er sich gegenüber den Mächtigen seiner Zeit sehr viel herausnehmen: seine Honorare ins schier Unermessliche steigern, hohe Vorschüsse kassieren, Ablieferungstermine überschreiten, drängende Briefe unbeantwortet lassen. Doch lief er dabei auch Gefahr, sein Blatt zu überreizen:

> Wir haben Euer Schreiben erhalten und dem Papst vorgelegt. Dabei hat die Art und Weise, wie Ihr Eure Geschäfte in Sachen Carrara abwickelt, bei seiner Heiligkeit und bei uns tiefes Befremden erregt. Denn dieses Handeln entspricht nicht Euren Worten, wie sie uns von Jacopo Salviati berichtet worden sind. Dieser nämlich war in Pietrasanta mit vielen urteilsfähigen Meistern und teilt uns mit, dass es dort besten Marmor in großer Menge gibt, zudem leicht zu transportieren. So aber gebt Ihr uns Anlass, Euch zu verdächtigen, dass Ihr um Eures persönlichen Vorteils willen den Marmor von Carrara vorzieht und dadurch den Ruf von Pietrasanta verdunkelt. Das aber dürft Ihr in Anbetracht des Vertrauens, das wir in Euch gesetzt haben, keinesfalls tun. Daher sagen wir Euch, allen Respekt für Euch zurückge-

> stellt, dass Seine Heiligkeit um jeden Preis wünscht, dass Ihr den Marmor von Pietrasanta nehmt ...[5]

So unmissverständlich, ja grob drückte sich Giulio de' Medici in seinem Brief an Michelangelo vom 2. Februar 1517 aus. «Um jeden Preis» ist übertragen, aber auch wortwörtlich zu verstehen: Selbst wenn der Marmor in Pietrasanta teurer sein sollte, war er dem von Carrara vorzuziehen. Das war der Wille des Papstes. Und dieser Wille zählte mehr als der Wille des Bildhauers.

> So werdet Ihr darauf achten, auszuführen, was wir Euch befehlen, und dieser Anweisung keineswegs zuwider handeln; denn sonst werden wir allen Grund haben, Euch dies übel zu nehmen. Unser Domenico (= Domenico Buoninsegni, der päpstliche Beauftragte) wird Euch in dieser Sache schreiben: Antwortet Ihm rasch und schreibt, was Ihr braucht. Und tilgt aus Eurem Kopf alle Starrköpfigkeit.[6]

Hier erteilte ein Herr seinem Diener Anweisungen. Die scharfe, ja demütigende Zurechtweisung erfolgte nicht etwa deshalb, weil der Kardinal dem Bildhauer einen hübschen kleinen Nebenprofit bei der Beschaffung des Rohmaterials missgönnte. So etwas war in der Kurie wie auf den Baustellen der Zeit gang und gäbe, nicht jedoch bei Michelangelo. Dieser kannte zwar bei Honoraren keine Kompromisse und hielt sein Geld zusammen. Mehr noch: er hielt es hoch, als Zeichen seiner Ehre und zur Ehre der Kunst. Doch bestechlich war er, wenn es um die Qualität seiner Werke ging, nicht. Der Marmor von Carrara war eben einfach besser. Und für seine Werke war nur das Beste gut genug. Die Medici, Papst und Kardinal, aber wollten es anders. Wer sich ihren Interessen – und seien sie noch so bescheiden – entgegenstellte, wurde abgekanzelt, ob Genie oder nicht. Und dem Genie wurde auf diese Weise klar gemacht, dass es Wichtigeres gab als die Kunst: das Gesetz der Klientel, sprich Treue und Gehorsam als Dank für erwiesene Wohltaten. Wer Loyalität und Folgsamkeit an den Tag legte, durfte mit Wohlwollen und Großzügigkeit rechnen. Wer sich hingegen widersetzlich zeigte, fiel aus allen nützlichen Netzwerken heraus. Der überaus ungnädige Brief vom Februar 1517 sollte die Machtverhältnisse aufzeigen, wie sie die Mächtigen selbst sahen. Doch so mächtig sie auch waren, am Ende mussten sie mancherlei Kompromisse mit dem Künstler eingehen, der seine Marktposition virtuos auszubauen und auszunutzen verstand. Und ob Päpste, Fürsten oder Kardinäle – am Ende durften sie sich nie sicher sein, ob Michelangelo in ihren teuer bezahlten Auftragskunstwerken ihren Ruhm oder ihre Erbärmlichkeit verkündete.

Ein Leben für die Kunst – das Leben als Kunstwerk

So spielte Michelangelo mehrere Hauptrollen zugleich: als Sohn, Bruder und Onkel zum einen, als Mythenbildner in eigener Sache zum anderen; als selbstbewusster, keine Loyalität respektierender Verhandlungspartner der Mächtigen zum dritten, und schließlich als Selbst-Denker, der ebenso eigenständig wie widerständig Gott und die Welt deutete. Alle diese Facetten seines Egos – Familienmensch, Politiker und Intellektueller – finden in Kunstwerken, aber auch in Texten ihren Niederschlag. Unter diesen stechen die anderthalbtausend Briefe von und an Michelangelo hervor. Der Bildhauer, Maler und Architekt nämlich war zugleich ein Virtuose der Sprache. Er beherrschte, wie seine Korrespondenz bezeugt, den Jargon des Bauern, des Kaufmanns und des Wucherers nicht weniger perfekt als die metaphernreiche Prunkrede des Kunsttheoretikers, die schmeichlerische Diktion des Höflings oder den strengen Stil des Moral- und Bußpredigers – ganz zu schweigen von den erlesenen Grobheiten im Umgang mit seiner Familie und der Polemik gegen Auftraggeber, die es wagten, ihn zu drängen oder, schlimmer noch, ihre Vorschüsse zurückzufordern. In all diesen Schreiben galt das Michelangelo so teure Prinzip «Jedem das Seine». Ob in der getragenen Konversation mit der aristokratischen Dichterin Vittoria Colonna, in Geschäften mit Papst Clemens VII. oder dem Marmorlieferanten Domenico di Giovanni, genannt *il topolino*, das Mäuschen, – der Künstler suchte und traf den Ton, das heißt, er schrieb in der Sprache, die das Gegenüber erwartete. Durch fast alle Briefe aber zieht sich, mehr oder weniger untergründig, das Leitmotiv der Ironie; sie spiegelt die vorherrschende Seelenlage des Verfassers zwischen Aggressivität, Sarkasmus und Angst wider. Unter dem Aspekt der Kommunikation und damit der Inszenierung betrachtet, ist die Korrespondenz Michelangelos ein Gesamt-Kunstwerk, an dem er die anderen unter seiner Regie mitwirken ließ. Als solches soll sie in dieser Biographie erstmals in ihrer ganzen Vielschichtigkeit gedeutet werden.

Über den Briefwechsel hinaus liegen in Form von Michelangelos *ricordi* – überwiegend Einträge zu Einnahmen und Ausgaben verschiedenster Art –, aber auch von Bankbüchern und Verträgen Texte vor, die durch ihre Nüchternheit wichtige Rückschlüsse auf zentrale, in den Briefen nicht selten eigenwillig interpretierte Lebensstationen zulassen. Zudem gestaltet sich das ohnehin schon vielschichtige Spannungsgefüge von Sein und Schein durch weitere Zeugnisse vollends komplex. So trat der Bildhauer, Maler und Architekt in fortgeschrittenerem Alter mit eigenen Dichtungen hervor, die den literarischen Konventionen der Zeit folgend Fragen der Kunst, der Ästhetik, aber auch der Theologie und Philosophie in einer kunstvoll verschlüsselten, metaphernreichen und nicht selten bewusst verdunkelten Sprache behandeln. In welchem Maße diese literarischen Schöpfungen das Lebensgefühl und die Weltanschauung des Künstlers widerspiegeln, ist unsicher. Michelangelos Gedichte waren zumindest halb-öffentliche Texte; sie zirkulierten in seinem Freundeskreis, wurden dort diskutiert und interpretiert. Daher gehören sie zu seiner Selbstdarstellung. Ob er die Welt so sah, wie er sie poetisch beschrieb, ist eine ganz andere Frage. Sie zu stellen, heißt nicht, dass seine Poesie nicht auch authentische Seelenlagen und Überzeugungen wiedergeben kann. Doch ist die Grenze zwischen literarischem Wirkungswillen, Selbstinszenierung und autobiographischem Bekenntnis fließend – mit wenigen Ausnahmen: Immer dann, wenn unmittelbar auf Fragen der Zeit wie etwa den sittlichen Zustand der Kirche oder die politische Lage Italiens eingegangen und attackiert oder polemisiert wird, darf man am ehesten davon ausgehen, die «wahre» Stimme des Künstlers zu vernehmen. Doch auch dann, wenn dieser «nur» ein Bild in Worten von sich entwirft, ist der Erkenntnisgewinn groß: So und nicht anders wollte er sich sehen und von den anderen gesehen werden. Doppelbödig und vieldeutig sind Michelangelos Dichtungen nicht zuletzt deshalb, weil er das Metier der Poesie nicht wie damals vorgeschrieben erlernt hatte. Ihm fehlte die humanistische Bildung, die nach der Auffassung der Eliten überhaupt erst den höheren Menschen ausmachte. Dass ein Autodidakt sich eine so profunde Kenntnis Dantes und Petrarcas sowie darüber hinaus eine solche Virtuosität der Sprache anzueignen vermochte, galt ihnen als ein Wunder – eines der vielen Einzelwunder, die den Mythos Michelangelo ausmachten. Michelangelo, der Dichter, der von außen kam: Bei kritischer Lektüre seiner Poesie ist demnach in Rechnung zu stellen, dass poetische Sprache für ihn nicht dasselbe bedeutete wie für diejenigen, die sie mit ihrer Erziehung von Kindesbeinen vermittelt bekamen. Er musste sie sich erschließen, ja erobern; und als Folge dieses Prozesses der Nachahmung und Aneignung schlichen sich Brechungen, ja sogar ironische Durchbrechungen ein.

Michelangelo war nicht der einzige, der zu Lebzeiten an seinem Mythos arbeitete. Als erster Künstler überhaupt wurde er Zeuge, wie sich sein Leben in Gestalt von Biographien von ihm ablöste, ja geradezu verselbstständigte. Das galt vor allem für die 1550 erschienene Vita aus der Feder des florentinischen Erfolgskünstlers Giorgio Vasari. Obwohl Michelangelo, vor allem in späteren Jahren, Vasari nahe stand, dieser ihm in seinen Verhandlungen mit Herzog Cosimo de' Medici mancherlei nützliche Dienste leistete und in seiner Lebensbeschreibung höchster Bewunderung Ausdruck verlieh, wurde der solcherart Gewürdigte dieser Lobeshymne nicht froh. Misstrauisch und jeglicher Fremdbestimmung lebenslang abgeneigt, fürchtete Michelangelo, die Deutungshoheit über sich selbst zu verlieren, und das nicht zu Unrecht. Vasari schrieb das Leben des Unangepassten im höfischen Sinne um, glättete, wo es nur anging, schliff Ecken und Kanten so eifrig ab, dass kein Mächtiger mehr Anstoß nehmen konnte. Michelangelo konterte mit einer Gegen-Vita, die er seinem treuen Schüler Ascanio Condivi in die Feder diktierte. In dieser 1553 publizierten Biographie hatte die Welt den Künstler so vor sich, wie er sich im Alter – er war inzwischen achtundsiebzig Jahre alt – selbst zu sehen beliebte: hochherzig, gutgläubig, uneigennützig, mutig und asketisch, kurzum: zu gut für diese böse Welt. Dass dieses Bild mit den Tatsachen, wie sie Bankregister, Kontrakte und selbst manche Geschäftsbriefe wiedergeben, sehr häufig nicht übereinstimmte, lag in der Logik dieser Mythenbildung. Sie wiederum ließ Vasari nicht ruhen, der in Sachen Michelangelo das letzte Wort behalten wollte. 1568, vier Jahre nach dem Tod des Meisters, brachte er dessen Lebensgeschichte in einer zweiten Auflage heraus, die die offizielle Vereinnahmung von Leben und Werk, zumindest aus florentinischer Sicht, abschloss.

Über Vasari und Condivi hinaus griffen mit Francisco de Hollanda ein humanistisch gebildeter Künstler beziehungsweise Kunsttheoretiker aus Portugal und mit Donato Giannotti ein florentinischer Republikaner im Exil zur Feder, um Gespräche mit Michelangelo aufzuzeichnen, und zwar aus gutem Grund: Michelangelo war die höchste Autorität in allen Fragen der Kunst und weit darüber hinaus. Wer sich auf ihn berufen konnte, hatte die Meinung des größten Mannes, der jemals gelebt hatte, auf seiner Seite; und daher hatte seine Stimme mehr Gewicht, als den Mächtigen lieb sein konnte. Doch sagte und dachte Michelangelo wirklich, was ihm seine Gesprächspartner in ihren Dialogen mit ihm in den Mund legten? Die meisten bisherigen Biographen haben das geglaubt, doch ist Vorsicht, das heißt: eine kritische Überprüfung, angebracht.

Legen wenigstens die Werke unverfälschtes Zeugnis vom Leben des Künstlers ab? Die hohen Preise, die die Mächtigen der Zeit für sie bezahlten, ließen vermuten, dass sie unverändert erhalten seien und so von ihrem Schöpfer ganz rein zu künden vermöchten. Doch das Gegenteil ist der Fall: So heiß begehrt und teuer erkauft es zu Lebzeiten auch war, so hat Michelangelos Œuvre doch Veränderungen in einer Vielfalt erfahren, die die kühnste Phantasie nicht hätte erfinden können. Fast nichts, was als «Michelangelo» bezeichnet wird, ist so geblieben, wie es der Meister aus der Hand gab. Und auch das, was nicht verändert wurde, stellt sich oft genug rätselhaft dar. Michelangelos Formensprache ist von beispielloser Kühnheit und dadurch voller Abweichungen von Normen, Traditionen, Bildvorlagen und Textgrundlagen. Eine Befragung des Werks wirft also mindestens so viele Fragen auf, wie sie beantwortet. Dafür im Folgenden einige Beispiele. Sie sollen zeigen, welche Verwandlungen Michelangelos Werke vom Augenblick ihrer Entstehung an erlebten, welche Entdeckungen sich in ihnen machen lassen und welche Geheimnisse sie für immer in sich bergen.

«Unfertigkeit»: Zahlreichen Statuen des Meisters fehlt, wie selbst Laien unschwer sehen, nicht nur der letzte Schliff, sondern eine ganze Reihe von Arbeitsgängen; nach den Zunftregeln des 16. Jahrhunderts sind sie unvollendet. Das gilt für die beiden letzten Pietà-Skulpturen des hohen

Alters, aber auch für frühere Werke wie die Statue des Siegers oder die Büste des Brutus. Diese «Unfertigkeit» konnte die unterschiedlichsten Ursachen haben: Unzufriedenheit des Bildhauers mit dem, was er hervorbrachte, plötzlich auftretende Fehler im Stein, doch auch ästhetische Vorstellungen. Im letzteren Fall konnte das «unfertige» Werk sehr wohl «fertig» sein. Doch für die meisten liegen gebliebenen Schöpfungen gibt es eine scheinbar viel einfachere Erklärung. Michelangelo zog Großaufträge mit einer wahren Besessenheit an sich; dass er diese nicht fertig stellen konnte, war absehbar. Doch warum mussten es immer so viele Riesenwerke zur selben Zeit sein? Und warum verschlossen auch die Auftraggeber die Augen vor der simplen Tatsache, dass für so viele Bestellungen selbst mehrere Künstlerleben nicht ausreichen konnten? Auf diese Weise erhielten sie bestenfalls Fragmente der ursprünglich geplanten Monumente und standen damit vor der Frage, wie sie diese mehr oder weniger fertigen Teile anordnen und aufstellen sollten. Michelangelo war dabei keine große Hilfe; er gab meist nur unwillig und unwirsch Auskunft über seine Vorstellungen.

Fremdzerstörung: Als Instrumente der Propaganda standen viele Werke Michelangelos im Sturm der politischen Auseinandersetzungen. Eines seiner frühen Meisterwerke, die Bronzestatue Julius' II., ging daran zu Grunde. Als Zeichen der Unterwerfung Bolognas unter die Macht des Papstes überlebensgroß an der Fassade der Kirche S. Petronio angebracht, fiel sie der Wut der örtlichen Machthaber zum Opfer, als diese für kurze Zeit siegreich zurückkehrten. Wie genau er den Papst dargestellt hatte und was daran so heftigen Zorn erregt hatte, muss also aus Zeichnungen und anderen Quellen rekonstruiert werden.

Selbstzerstörung: Seine vorletzte große Statuengruppe der Maria mit dem toten Christus, Maria Magdalena und Nikodemus hat der über achtzigjährige Michelangelo mit Hammerschlägen traktiert, die dem Gottessohn das Bein brachen. Warum?

Hinzufügung: Die neuen Körper der Auferstandenen hat Michelangelo in seinem Fresko des Jüngsten Gerichts in der Sixtinischen Kapelle ebenso wie die Heiligen, die den Weltenrichter Christus umringen, nackt gemalt. Durch eine spezielle Anordnung des Konzils von Trient im Jahr 1563 wurden diese Blößen – ebenso wie die «Nacktheiten» der danach entstandenen Bilder in der Cappella Paolina – nach dem Tod des Meisters mit mancherlei Tüchern und Lendenschürzen züchtig zugedeckt. Mit vielen anderen «obszönen» Kunstwerken wurde in dieser Zeit kurzer Prozess gemacht; die nachträgliche Einkleidung war also eine Sonderbehandlung. Diese Schonung hatten die Bilder dem Ruhm ihres Schöpfers, den das Papsttum in der Auseinandersetzung mit den Protestanten als seinen von Gott gesandten Künstler und damit als Wahrheitszeugen in Anspruch nahm, zu verdanken. Bei der 1994 abgeschlossenen Restaurierung des «Jüngsten Gerichts» wurden einige wenige dieser Übermalungen abgetragen, die meisten aber blieben erhalten.

Neumalung: Eine Figurengruppe des Weltgerichts erregte den Zorn der Bilder-Inquisitoren so heftig, dass es mit der Verdeckung der Geschlechtsteile nicht getan war. Der heilige Blasius – so schien es den Sittlichkeitswächtern – betrachtete die spliternackte Katharina in all ihrer strahlenden Nacktheit so penetrant, dass man ihm lüsterne Absichten unterstellen musste. So bekam der durch Nagelbretter zu Tode gequälte Märtyrer einen neuen Kopf und damit eine sittlich einwandfreie Blickrichtung.

Fremdeinflüsse: Muss man beim «Jüngsten Gericht» viele Textilien wegdenken, so heißt es anderen, nicht minder erhabenen Orts dazuzudenken, was nicht verwirklicht wurde. In der Medici-Grablege der «Neuen Sakristei» von S. Lorenzo in Florenz hatte Michelangelo eine Maus unterzubringen geplant, die neben den Allegorien der Morgen- und Abenddämmerung, des Tages und der Nacht in diesem Pantheon der Florentiner Herrscherfamilie ihren dauerhaften Platz finden sollte, doch nicht bekam. Was sollte ein ebenso possierliches wie prosaisches Nagetier inmitten erhabener Skulpturen aussagen, die von Zeit, Vergänglichkeit und Ewigkeit kündeten? Lautete die Botschaft etwa: Die Maus hat euren Lebensfaden durchgebissen? Offensichtlich hegten die Auftraggeber diesen Verdacht, denn die Maus durfte nicht gemeißelt werden.

Umdeutungen: Unter Michelangelos Büste des Cäsarmörders Brutus ist ein Texttäfelchen angebracht, das einen Gesinnungswandel des Künstlers beschwört: Michelangelo sei sich bei der Arbeit an diesem Werk bewusst geworden, wie ruchlos es sei, den Verschwörer gegen das Leben eines legitimen Herrschers zu verherrlichen. Mit anderen Worten: Dadurch, dass er die Züge des Attentäters unvollendet ließ, habe er Abbitte geleistet.

Natürlich ist das eine spätere Fälschung der Medici. Doch was hat die roh behauen belassene Brutusbüste wirklich zu verkünden?

Umgestaltungen eigener Werke: Die Statue des Moses am Grabmal Julius' II. in S. Pietro in Vincoli mutet perfekt an. Doch dieser Inbegriff des ein für alle Mal vollendeten Bildwerks wurde von ihrem Schöpfer dreißig Jahre nach der ersten Ausarbeitung tiefgreifend umgestaltet; durch eine überaus schwierige und riskante Operation drehte der siebzigjährige Michelangelo dem Führer des Volkes Israel den Kopf zur Seite. Mit welcher Absicht? Warum sollte der Empfänger der Gesetzestafeln jetzt nicht mehr dem Betrachter des Grabmals ins Gesicht sehen?

Weiterentwicklungen von fremder Hand: Der Neubau von St. Peter war beim Tode Michelangelos, der diese größte Baustelle der Christenheit 17 Jahre lang geleitet hatte, nicht fertig; selbst das Herzstück, die Kuppel, war noch nicht gewölbt. Wie sie aussehen sollte, zeigte ein Holzmodell von der Hand des Meisters. Michelangelos Nachfolger hielten sich an diese Vorgaben, doch erhöhten sie die Kuppel um acht Meter, höchstwahrscheinlich in Anlehnung an eine Variante des Meisters, der sich ungern festlegte.

Vom Zeitgeist erzwungene Veränderungen: Ursprünglich sollte das Grabmal Julius' II., an dem Michelangelo ab 1506 arbeitete, in St. Peter stehen, und zwar riesenhaft, mit Statuen von Gefangenen geschmückt, als ruhmvolle Erinnerung an einen bewegten Pontifikat. Doch ein solches Monument passte schon bald nicht mehr in die Zeit: Personenkult, dazu unliebsame Erinnerungen an einen allzu kriegerischen Papst – das alles wurde zunehmend unvereinbar mit Selbstverständnis und Selbstdarstellung des Papsttums. So erzwang der Wertewandel an der Kurie, verbunden mit der selbst verursachten Überlastung des Künstlers, immer neue Planungen und Konzepte, bis das anstößige Grabmal schließlich durch die Hinzufügung frommer Statuen mehr oder weniger zeitgeistkonform geworden war. In St. Peter durfte es dennoch nicht aufgestellt werden; stattdessen fand es seinen Platz in der abgelegenen Kirche S. Pietro in Vincoli.

Abweichungen von Bildthemen und Bildtraditionen: Was macht der Affe hinter einem der Gefangenen, die das Grabmal Julius' II. zieren sollten? Was hat ein Priester auf dem Gräberfeld des «Jüngsten Gerichts» zu suchen? Warum bringt Noah im Gewölbefresko der Sixtinischen Kapelle sein

Opfer *vor* der Sintflut dar, wenn doch die Bibel nur von einem solchen als Dank für die Errettung aus der tödlichen Überschwemmung zu berichten weiß? Warum greifen im Bild des Sündenfalls beide, Adam *und* Eva, nach den verbotenen Früchten, obwohl die Bibel nur die Urmutter, nicht aber den Urvater der Menschheit für dieses Vergehen gegen den Willen Gottes verantwortlich macht? Fragen über Fragen, aufgeworfen ausgerechnet von den Werken, die doch Antworten auf die Frage nach dem «wahren» Michelangelo liefern sollten.

Muss man also angesichts eines ungeheuren, in letzter Instanz unergründlichen Werkes verzweifeln? Bleibt die Suche nach dem Eigen-Sinn, den der Künstler seinen Werken gab, vergeblich und sein inneres Leben damit ein Mysterium? Bei aller Unauslotbarkeit vieler Werke, deren «letzter» Sinn sich der Wissenschaft genauso wenig erschloss wie den Dichtern und Musikern, die sich daran versuchten: Vieles lässt sich durch sorgfältige Überprüfung, das heißt durch kritische Lektüre und Vergleich der Quellen aufklären oder zumindest mit schärferen Umrissen versehen. Das gilt für die Rolle Michelangelos innerhalb seiner Familie wie in der Gesellschaft seiner Zeit, für sein Selbst- und Rollenverständnis, für seine Imagebildung sowie sein Streben nach Prestige. Der Künstler tritt so als Akteur auf vielen Bühnen hervor. Und auch das eine oder andere Fenster ins Innerste dürfte sich in Augenblicken höchster Wut, Trauer oder Erschütterung auftun. Vor allem aber lässt sich auf diese Weise das größte aller Kunstwerke rekonstruieren: die Inszenierung des eigenen Lebens. Es ist das Leben eines unermesslich reichen Mannes, der wie ein armer Handwerker lebte; und es ist das Leben eines armen Mannes, der der Schönheit des eigenen Geschlechts verfiel, ohne diese Neigung auszuleben.

Beim Versuch, Michelangelos biblisch langes Ausnahmeleben voller Gegensätze zu erzählen und zu erklären, geht diese Biographie neue Wege. Bei aller Individualität verstanden sich Menschen der Frühen Neuzeit in einem heute kaum noch nachvollziehbaren Maße als Teil eines Ganzen: der Familie als Gemeinschaft der Toten, Lebenden und Kommenden. Aus dem Ansehen, das diese Abstammungsgemeinschaft genoss, zogen sie ihr Selbstbewusstsein, ja ihre Identität. Konsequent aus dieser Perspektive aber sind Leben und Werk Michelangelos bisher noch nicht betrachtet worden. Dabei gilt der Vorrang der Familie auch für ihn, die Ausnahmepersönlichkeit, und zwar umso mehr, als ihm die Ehre, die er durch seine Abkunft einforderte, anfangs nicht zuteil wurde. Das Bestreben, diesen Anspruch einzulösen, gab seinem Leben konkrete Ziele und damit sozialen Sinn. Der Künstler, der sich für vornehmer hielt als seine Auftraggeber – in seinen Augen fast ausnahmslos Aufsteiger, die seiner eigenen Familie nicht das Wasser reichen konnten –, glaubte sich zudem berechtigt, ja verpflichtet, Urteile über sie zu fällen. Zu diesem hohen Amt fühlte er sich überdies durch die Kritik, die der Florentiner Bußprediger und Prophet Savonarola an den Herrschenden übte, berufen – ebenso wie durch seine eigene asketische Lebensweise, die einer irregehenden Zeit die wahren Werte vor Augen führen sollte. Aus diesen Überzeugungen entsprang eine Haltung gegenüber den Mächtigen, die viele der für sie geschaffenen Werke prägte, doch bisher kaum in den Umrissen hervortrat und hier erstmals mit aller Deutlichkeit herausgearbeitet wird: distanziert, kritisch und nicht selten ironisch, ja höhnisch. Dadurch gewann sein schon zu Lebzeiten als eine Art Markenzeichen eingeführter Beiname *il divino,* der Göttliche, eine ebenso unerwartete wie konkrete Bedeutung: der Künstler als Richter, seine Werke als Vorwegnahme des Jüngsten Tages.

I DER KURZE WEG ZUM RUHM (1475–1504)

Verfall einer Familie

Michelangelo kam am 6. März 1475 als Sohn des Ludovico di Buonarroto de' Simoni und der Francesca del Sera im Dorf Caprese bei Arezzo zur Welt, wo sein Vater für ein Jahr als gewählter «Statthalter» der Republik amtierte. Er war der zweite Sohn dieses Paares. Sein Bruder Lionardo war 1473 geboren worden, vier weitere Brüder (Buonarroto, Giovan Simone, Gismondo und Matteo) folgten zwischen 1477 und 1481 nach. Im selben Jahr starb die Mutter, vielleicht im Kindbett. 77 Jahre danach kommentierte der an Ehren und materiellen Gütern überreiche Künstler seinem selbst gewählten Biographen die Umstände seiner Geburt wie folgt:

> Gewiss war es ein besonderer Geburtstag, der anzeigte, was aus dem Knaben werden sollte und wie viel Begabung er mitgeliefert bekam. Stand doch Merkur mit Venus unter günstigsten Vorzeichen im Hause des Jupiter. Diese Konstellation aber versprach nicht nur einen edlen und hohen Geist, sondern auch Erfolg in jeder Art von Unternehmung, vor allem aber in den Künsten, die die Sinne entzücken, also Malerei, Bildhauerei und Architektur.[7]

Glaubte Michelangelo wirklich, dass seine Größe ein Geschenk der Gestirne war? Die kausale Attribution könnte auch ironisch gemeint sein. Denn das Wohlwollen des Göttervaters Jupiter kontrastiert auffällig mit der Charakteristik des leiblichen Vaters: «... sein Vater war ein frommer und guter Mann, den alten Sitten und Gebräuchen zugeneigt.» Das zumindest war mit Sicherheit ätzender Sarkasmus und hieß im Klartext: Der Vater war den Herausforderungen der Gegenwart nicht gewachsen, er lebte und webte in der verlorenen Größe der Vergangenheit. Die Mutter wird in diesem Rückblick nicht einmal einer Erwähnung gewürdigt, und zwar aus einem einfachen Grund: Nach Ablauf seiner einjährigen Amtszeit in Caprese gab der Vater den Säugling zu einer Amme in das drei Meilen von Florenz entfernt gelegene Dorf Settignano. Diese war die Tochter eines Steinmetzen und zudem mit einem solchen verheiratet, was wiederum den Stoff für eine Legende, aber auch für eine regelrechte Milieutheorie abgab. Nochmals Condivi, die Stimme seines Meisters:

> Deshalb pflegte Michelangelo zu sagen, es sei kein Wunder, dass er den Meißel so liebe. Vielleicht meinte er das scherzhaft, doch vielleicht auch im Ernst. Denn er wusste wohl, dass die Milch, die der Säugling aufnimmt, in uns so große Wirkungen entfaltet, dass sie die Temperatur des Körpers verändert und statt der einen Neigung eine andere herbeiführt, die von der natürlichen Anlage ganz verschieden ist.[8]

Scherz oder Ernst – auf jeden Fall konnte Michelangelo so erklären, warum er in Begabung und Berufswahl so vollkommen aus der Art schlug. Die nächste Nachricht, die er für überlieferungswürdig hält, überspringt mehrere Jahre, berichtet vom Schulbesuch und damit zugleich von der unwiderstehlichen Kraft, die den dreizehnjährigen Schüler schon bald darauf, im Jahr 1488, aus der Schulbank zur Malerei zog.

Von den Lebensumständen der Familie ansonsten kein Wort, aus gutem Grund: Sie waren beengt und ärmlich. Im selben Mietshaus in der Via de' Bentaccordi lebte zusammen mit Ludovico und seiner rasch wachsenden Familie dessen Mutter sowie dessen Bruder Francesco nebst Frau und Kindern; das Haus gehörte dem Färber Filippo di Narduccio, der mit Ludovicos Schwester Selvaggia verheiratet war. Das war ein kleinbürgerliches Milieu voller Abhängigkeiten, für die Nachkommen der Grafen von Canossa eine einzige Demütigung. Die ganze Misere der Familie spiegelte schon Michelangelos Geburtsort wider. Posten wie der des Dorfbürgermeisters, den Ludovico in Caprese innehatte, waren der Restbestand, der für einstmals einflussreiche, jetzt aber abgesunkene Familien übrig geblieben war. Offiziell zählten die De' Simoni weiterhin zur politischen Klasse von Florenz; theoretisch waren sie sogar für die Führungspositionen der Republik wählbar. Doch de facto kam niemand auf die Idee, sie in solche Ämter zu berufen. Im Gegenteil: ihr Wort hatte in den führenden Kreisen kein Gewicht. Und so mussten sie sich mit den Brosamen vom reich gedeckten Tisch der Ehren und Einkünfte begnügen und politische Almosen empfangen, mit denen die ruhig gestellt werden sollten, die zwar nicht mehr zählten, doch auch nicht in den offenen Widerstand getrieben werden sollten. Die Hauptursache für den Niedergang der Familie war der geschäftliche Misserfolg. Er hatte zur Folge, dass Ludovico de' Simoni ein ökonomisch weitgehend tatenloses Dasein als «Privatier» fristete, das heißt seine Familie mehr schlecht als recht aus den schmalen Erträgen eines Landgutes durchzubringen versuchte, das erfolgreichere Vorfahren in besseren Zeiten erworben hatten. Damit war zugleich das politische und soziale Urteil über ihn und seine Söhne gesprochen. Die Republik Florenz sah ihren Patriziern vieles nach, Armut gepaart mit Tatenlosigkeit aber verzieh sie nicht.

Heimatstadt Florenz, Jahrgang 1475, Herkunft abgesunkenes Patriziat – das soziale und politische Milieu, in das Michelangelo hineingeboren wurde, prägte ihn sein Leben lang: durch Ressentiments und Startnachteile, doch auch durch Beziehungsnetze und Aufstiegschancen. Die Persönlichkeiten, die das gesellschaftliche, politische und kulturelle Leben der Republik bestimmten, wirkten früh auf seinen Werdegang ein, und zwar als Förderer, Auftraggeber und Vermittler. Deren Kinder und Enkel wiederum erlebten den Künstler in ganz anderen Rollen: durch Traumhonorare reich geworden, auf seine vornehme Abkunft pochend, auf Augenhöhe mit den Mächtigen seiner Zeit. Die Geschichte von Florenz war so von Anfang an untrennbar mit der individuellen Lebensgeschichte verflochten.

Die am Ende des 13. Jahrhunderts neu geordnete Republik Florenz war eine Oligarchie mit ausgeprägt plutokratischen Merkmalen. Nur wer zu den wohlhabenden Bankiers, Großkaufleuten und Textilproduzenten zählte, konnte sich auf Dauer innerhalb der politisch ausschlaggebenden Zirkel behaupten. Dahinter traten Familientraditionen und Verdienste um die Republik, die sich in der Zahl der über Generationen ausgeübten Führungsämter niederschlugen, immer stärker zurück. Solche Ruhmestitel konnten die De' Simoni durchaus vorweisen: 13 Mitglieder der Stadtregierung (Prioren), dazu 53 Präsenzen in den einflussreichen Zwölfer- und Sechzehner-Gremien. Das war eine durchaus ehrenvolle politische

Ahnentafel, ein Prestige-Pfund, mit dem sich wuchern ließ. Dass es keine Rendite brachte, hatte über das fehlende Geld hinaus einen weiteren Grund: Seit der große Bankier und Politiker Cosimo de' Medici mit seinem straff geordneten Netzwerk bedingungslos ergebener Gefolgsleute 1434 den Sieg über seine Konkurrenten aus den vornehmsten Familien der Stadt davongetragen hatte, war die Zugehörigkeit zu dieser Interessengruppe und damit die unverbrüchliche Loyalität gegenüber den Medici die unverzichtbare Voraussetzung für sozialen Aufstieg und politischen Erfolg. Ihn erntete, wer sich den neuen Herrn als vielseitig verwendbarer Klient anzudienen vermochte, und zwar unter Wahrung des republikanischen Scheins. Die Familie De' Simoni aber gehörte nicht zu den Profiteuren des neuen Systems.

Offiziell war der Chef der Familie Medici ein Bürger wie alle anderen; nur sein Ehrentitel «erster Mann der Republik» deutete darauf hin, dass er in ihr eine größere Rolle spielte, als ihm von Rechts wegen zustand. Doch davon abgesehen setzten die Medici alles daran, den Eindruck bruchloser Kontinuität zu erzeugen. Und der äußere Anschein gab ihnen Recht. Formell betrachtet, funktionierte die Republik Florenz weiterhin wie ein gut geöltes Räderwerk. Alle zwei Monate wurden die zehn Mitglieder der Stadtregierung in einem komplizierten Wahl-Los-Verfahren bestimmt, um danach, während ihrer Amtszeit, im altehrwürdigen Stadtpalast, dem Palazzo della Signoria, zu residieren. Mit ihr blieb der ganze schwerfällige Apparat von großen und kleinen Gremien und Räten erhalten, wie er sich im Lauf einer langen und konfliktreichen Geschichte herausgebildet hatte. Unter dem Strich waren so in kurzen Zeitabständen an die dreitausend Ämter zu vergeben; da es ungefähr ebenso viele politikfähige Bürger gab, war deren Einbindung ins System – Hauptzweck der vielen Posten und der schnellen Rotation – rein zahlenmäßig gewährleistet.

Doch Wählbarkeit bedeutete nicht Einfluss. Lange vor der Machteroberung der Medici hatte sich innerhalb dieser breiten Oligarchie eine Hierarchie von Macht und Ansehen herausgebildet. An deren Spitze standen die sogenannten *primi,* sechs bis acht Dutzend Chefs der führenden Familien, die über ansehnliche Gefolgschaften innerhalb der Führungsschicht wie auch im Mittelstand verfügten, hinter den Kulissen die Fäden zogen, durch wechselnde Allianzen die Politik der Republik bestimmten und auf diese Weise zugleich Ansehen, Handlungschancen, Prestige und Einfluss aushandelten. Daran hatte sich auch nach der Machteroberung der Medici im Jahre 1434 nichts geändert, mit zwei bedeutsamen Ausnahmen: Zum einen wurden die Geschicke von Florenz jetzt nur noch von einer einzigen Interessengruppe, der Medici-Partei, und vor allem von deren Führung bestimmt. Und zum anderen hatte sich der Kreis der Kandidaten für Führungsämter dramatisch verengt. Denn in die Losbeutel wurden jetzt – kürzere Zeiträume innerer Krisen ausgenommen – nicht mehr die Namen aller politisch vollberechtigten Bürger, sondern nur noch die der vertrauenswürdigsten Anhänger der Medici eingefüllt. Auf diese Weise blieb die Fassade der republikanischen Offenheit aufrechterhalten und den Herrschenden das Risiko feindlich gesonnener Stadtregierungen erspart. Die ihm zugedachte Funktion, die Macht der Medici und ihrer Gefolgschaft zu stärken, erfüllte das System der Handverlesung in dem Maße, wie es gelang, die ausschlaggebenden Amtsträger dauerhaft auf den Willen der Parteiführung einzuschwören. Genau darin aber lag das Problem der indirekten Machtausübung: Macht, und sei es auch nur die Mitgliedschaft in einem Ratsgremium, stärkte das Selbstbewusstsein der Mandatsträger und machte sie dadurch gegenüber fremder Einflussnahme weniger willfährig, im schlimmsten Fall sogar ungebärdig und unberechenbar. Das Gegenmittel gegen solche Unwägbarkeiten bestand darin, die Mitgliederzahl der ausschlaggebenden Gremien stetig zu verringern – je weniger Personen Entscheidungsbefugnisse innehatten, desto leichter waren Beschlüsse in die erwünschten Bahnen zu lenken, so das Kalkül der Medici.

1475, im Jahr von Michelangelos Geburt, waren diese Entwicklungen weit vorangeschritten. Die Medici-Partei beherrschte rein zahlenmäßig Jahr für Jahr alle wichtigen Ämterkollegien. Und nach und nach hatten in diese Führungsgruppe auch Familien Eingang gefunden, die ursprünglich nicht zu Cosimo de' Medicis Anhängern gezählt hatten. Dieser hatte bis zu seinem Tod im Jahr 1464 nach sorgsamer Prüfung von Sozialverhalten und Gesinnung sogar Abkömmlinge ehemals feindlicher, 1434 mit Verbannungsstrafen belegter Familien in die inneren Zirkel der Macht zugelassen – vorausgesetzt, diese hatten in der Zwischenzeit Proben ihrer Loyalität und Zuverlässigkeit abgelegt. Durch diese schrittweise Öffnung bildete die Führungsgruppe der Medici-Partei inzwischen einen weitgehend repräsentativen Querschnitt der wirtschaftlichen und sozialen Elite. Doch diese Ausweitung barg auch Risiken in sich. Das ursprünglich straff geführte und hierarchisch geschichtete Netzwerk der Medici wurde dadurch nicht nur um einflussreiche Patrizier und deren Anhang ergänzt, sondern auch unübersichtlicher und schwieriger zu führen. Unzufriedenheit und Opposition aber ließen sich auch durch diese Neuzulassungen nicht unterdrücken. Denn das harte Gesetz aller Begünstigungs-Systeme galt unverändert: Nur wer in irgendeiner Form dazu gehörte, profitierte; wer außerhalb der favorisierten Kreise stand, empfand die sortierte und gelenkte Republik als Herrschaft der Willkür und des Unrechts. Als mildest mögliche Form der Tyrannis hat der acht Jahre nach Michelangelo geborene Historiker Francesco Guicciardini die Herrschaft Lorenzo de' Medicis bezeichnet – und das, obwohl seine eigene Familie zu den meistbegünstigten des Medici-Systems gehörte. Umso mehr musste ein Mann wie Ludovico de' Simoni die neuen Mächtigen in ihren prachtvollen neuen Palästen mit Groll, Argwohn und Ranküne betrachten – in seinen Augen nahmen sie den Platz ein, der ihm und den Seinen gebührte.

Mit der Einbindung der wichtigsten Familien konnte die innere Konsolidierung der Medici-Vorherrschaft nicht ihr Bewenden haben. Auch um die wohlhabendere Mittelschicht mussten sich die Chefs des immer weiter gespannten herrschenden Netzwerks intensiv bemühen. Denn den Vertretern der angeseheneren Handwerkszünfte war immerhin ein Viertel der Regierungsposten reserviert. Zudem konnten sie im Fall von Unruhen innerhalb der Stadtmauern eine schlagkräftige Anhängerschaft mobilisieren. Daher wurden ihre einflussreicheren Repräsentanten von den Medici denn auch eifrig umworben, mit Aufträgen bedacht und für besonders wertvolle Dienste sogar mit sozialem und politischem Aufstieg belohnt. Die abgesunkene Patrizierfamilie der De' Simoni aber saß, bildlich gesprochen, zwischen allen Stühlen; weder Elite noch gehobener Mittelstand, fiel für sie in diesem Gefüge des «Ich gebe, damit ihr gebt» kaum etwas ab. Ihre Mitglieder hatten den Mächtigen wenig bis nichts zu bieten, gehörten keinem für die Regierenden attraktiven oder auch nur relevanten Ausschnitt der Gesellschaft an – und zählten daher zur Randgruppe der Frustrierten, die jede klientelär organisierte Gesellschaft gesetzmäßig hervorbringt. Für sie blieb als Fokus der Loyalität nur die Familie, allenfalls erweitert um den engsten Nachbarschaftsverband. Michelangelos lebenslange Grundeinstellung «Ich gegen den Rest der Welt» spiegelt also im Kern die ererbte soziale Ausgangslage wider: Blockade, Ressentiments und lähmende Rückblicke auf eine immer stärker verklärte Vergangenheit.

So sah Ludovico de' Simoni im Wunsch seines Sohnes, Maler zu werden, den Untergang der Familie endgültig besiegelt. Farbkleckser und Steinhauer waren für ihn tiefste Plebs. Für weniger ressentimentgeladene Florentiner waren sie honorige Handwerker. Wenn sie Besonderes geleistet hatten wie der große Maler Giotto di Bondone anderthalb Jahrhunderte zuvor oder der Meisterarchitekt Filippo Brunelleschi mit seiner ab 1434 errichteten Domkuppel, durften sie sich sogar der Bewunderung von Dichtern und humanistischen Kunsttheoretikern sicher sein. Doch in den Augen Ludovicos zählte das alles nicht.

Kunst und Propaganda

So wurde Michelangelos Weg zur Kunst dornig. Nach seinen eigenen, von Condivi wiedergegebenen Worten haben ihn Gestirne und Natur, die beiden unwiderstehlichen Mächte, dazu getrieben, jede freie Minute zu zeichnen und den Umgang mit Malern zu suchen. Dabei habe er die Bekanntschaft von Francesco Granacci gemacht, der bei Domenico Ghirlandaio, dem bevorzugten Palast- und Kapellen-Ausschmücker der Florentiner Führungsschicht, in die Lehre ging. Granacci, so weiter der achtundsiebzigjährige Michelangelo, habe ihn durchgehend ermuntert, in seinem Vorhaben fortzufahren, ihn mit Zeichnungen aus seiner Werkstatt versehen und ihn in diese mitgenommen – mit der Folge, dass er die Schule vollständig vernachlässigt habe. Und damit begann das Familiendrama:

> Das wurde ihm vom Vater und dessen Brüdern, die die Kunst der Malerei aus tiefster Seele hassten, übel genommen und mit fürchterlichen Prügeln vergolten. Diese hatten nicht die geringste Ahnung von der Vornehmheit, ja Erhabenheit der Kunst. Ja, dass diese jetzt bei ihnen im Hause wohnen sollte, schien ihnen nachgerade eine Schande.[9]

Fünfundsechzig Jahre danach ist der greise Meister immer noch unversöhnt: eine Horde querulantischer Nichtstuer, verbündet gegen die Kunst und den Knaben, der sie zu ungeahnten Höhen empor bringen wird! Doch auch Stolz schwingt im Rückblick auf diese Uranfänge schon mit, und zwar nicht ohne Grund.

> Obwohl dem Knaben das alles verständlicherweise tiefes Unbehagen bereitete, so reichten alle diese Unannehmlichkeiten doch nicht aus, um ihn von seinem Plan abzubringen. Im Gegenteil: er wurde noch mutiger und beschloss, selbst mit Farben zu experimentieren.[10]

Widerstände waren dazu da, überwunden zu werden. Schon als Dreizehnjähriger hatte Michelangelo mehr Willenskraft als der Rest der Familie zusammen. Und so nahm – aus der Perspektive des Vaters betrachtet – das Schicksal seinen Lauf. Granacci gab dem Freund ein Blatt Martin Schongauers, das die Versuchung des heiligen Antonius zeigte. Diesen Druck malte Michelangelo in Farben nach. Dabei fügte er den ohnehin schon zahlreichen Dämonen, die den Eremiten in seiner selbst gewählten Waldeseinsamkeit plagten, weitere Monster nach eigener Erfindung hinzu – nicht, ohne sich vorher auf dem florentinischen Fischmarkt Anregungen für Meeresungeheuer aller Art geholt zu haben. Bei aller anekdotischen Ausschmückung nimmt sich die Begebenheit glaubwürdig aus: Höchste Einbildungskraft, gepaart mit minutiösem Studium der Natur, diese Formel wurde für die Zeitgenossen schnell zum Markenzeichen des Künstlers. So viel Talent musste auch Granaccis Lehrherr anerkennen, womit der Knabe die erste Schlacht gewonnen hatte. Im Frühjahr 1488 schloss Ludovico de' Simoni, obwohl mit den Plänen des Sohnes unversöhnt, für diesen einen dreijährigen Lehrvertrag mit Domenico Ghirlandaio und dessen Bruder Davide ab. Michelangelos Ausbildung zum Maler stand, so schien es, nichts mehr im Wege. Hätte der Vater die Zeichen der Zeit nur besser erkannt, er hätte keinen Grund zu grollen gefunden. Der Beruf des bildenden Künstlers war im Florenz der Medici überaus zeitgemäß, ja, er bot völlig neue Perspektiven. Ein Medienzeitalter, wie es die Welt noch nicht gesehen hatte, war angebrochen. Die Macht der Bilder bot Auftraggebern wie Künstlern ungeahnte Möglichkeiten.

Als Fädenzieher in einer offiziell offenen, in Wirklichkeit aber gelenkten Republik waren die Medici von Anfang an auf die Macht der Propaganda angewiesen. Nur durch die Überzeugungskraft von Bauten und Bildern konnten sie hoffen, die vielen Widersprüche zwischen Anspruch und Wirklichkeit auszuräumen. Dabei hatten Kunstwerke regelrechte Verschleierungsaufgaben zu erfüllen. So sollte die vom greisen Bildhauer Donatello geschaffene Bronzestatue der Judith, die dem Tyrannen Holofernes den Kopf abschlägt, die unbeugsame Wachsamkeit und Wehrhaftigkeit der Republik verkünden, die jeden enthaupten würde, der an ihrer Stelle eine Einzelherrschaft errichten wollte. Genau diese Monopolstellung strebten die Medici seit ihrer Machteroberung an. Dieses Ziel aber konnten sie nicht eingestehen, denn dann hätten sie genau den republikanischen Widerstandsgeist gestärkt, den es zu schwächen galt. So aber hatten sie den Gegenwerten, die sie de facto bekämpften, öffentlich zu huldigen und ihre wahren Absichten zu verschleiern.

Doch waren die Aufgaben der Propaganda mit solch trutzigen Schein-Bekenntnissen nicht erschöpft. Denn was man nicht offen sagen konnte, ließ sich in der Sprache der Bilder zumindest andeuten. So konnten die Florentiner Cosimo de' Medici und seinen Enkel Lorenzo gleich in zwei Fresken – das eine im Hauskloster San Marco, das andere in der Kapelle des mediceischen Familienpalastes – im Gefolge der Heiligen Drei Könige bestaunen, die dem gerade geborenen Jesuskind ihre Schätze darbrachten. Mehr noch: In San Marco trat Cosimo de' Medici den Florentinern selbst als Magier entgegen; mit seinen astrologischen Instrumenten bestimmte er – so die Botschaft – den Willen der Vorsehung, die ihn selbst zur Herrschaft in Florenz auserkoren hatte. Und im Palazzo Medici ritt der jüngste der Weisen aus dem Morgenland auf einem Pferd, das mit Medici-Symbolen reich geschmückt war. Sollte das heißen, dass Cosimos Enkel Lorenzo zur monarchischen Regierung über Florenz berufen war? Kritik an solchen Darstellungen ließ sich mit dem Argument begegnen, dass die Medici den biblischen Gestalten dadurch, dass sie ihre Gesichtszüge und Verherrlichungszeichen ins heilige Geschehen einbrachten, nur eine ganz persönliche Huldigung erweisen wollten. Doch schärfere Beobachter konnten sie damit nicht täuschen. Langfristig bestand ihre Strategie darin, so viel Prestige zu gewinnen, dass die Florentiner sie eines Tages als Fürsten akzeptieren würden.

Vorher aber hatten sie mit mancherlei Widerständen zu kämpfen. Denn es gab in Florenz auch nach 1475 Familien, die kühne Ambitionen hegten und mit einem noch so herausgehobenen Platz als Gefolgsleute der Medici nicht zufrieden gestellt waren. Ja, sie brachten die soziale und politische Logik, die die Medici empor gebracht hatte, ins Spiel, um ihre eigenen Ansprüche zu rechtfertigen. 1434 hatte Cosimo de' Medici die wirtschaftliche Stärke in politische Macht umgemünzt: Er hatte sich seine weitgespannte Gefolgschaft und damit die Macht in Florenz gekauft. Jetzt aber war die Bank, die Quelle allen Einflusses, in eine tiefe Krise geraten. Andere Geldhäuser hatten sie überflügelt; also lautete das Motto der erfolgreichen Konkurrenten: freie politische Bahn den ökonomisch Tüchtigeren! Dieses «Platz da, wir kommen!» scholl den Medici provozierend schrill aus dem soeben prachtvoll neu errichteten Palast der Familie Pazzi entgegen. Die Herausforderung war umso größer, als die Pazzi Lorenzo de' Medici um dieselbe Zeit als Hausbankier des Papstes abgelöst und damit aus dem lukrativsten Geschäftszweig überhaupt verdrängt hatten. Auf den rasanten Aufstieg der Pazzi hatte Lorenzo, der «erste Bürger von Florenz», mit mancherlei Diskriminierungen reagiert. So hatte er seinen Einfluss dafür geltend gemacht, dass die Pazzi bei der Auswahl der politikfähigen Bürger schlecht abschnitten und in Zivilprozessen benachteiligt wurden. Diese Benachteiligung der Pazzi war kein Einzelfall. So verweigerten die Medici dem vom Papst ernannten Erzbischof von Pisa aus der florentinischen Patrizierfamilie Salviati die Anerkennung und hinderten ihn so an der Ausübung seines Amtes. Grund, mit der Vorrangstellung der Medici zu hadern, hatten überdies nicht wenige Mächtige außerhalb von Florenz. Das galt vor allem für Papst Sixtus IV. aus der Familie Della Rovere, der seinen Pontifikat einem Nepotismus von bis dahin unbekannter Intensität und politischer Tragweite unterordnete. Im Rahmen dieser Strategien, seinen Verwandten zu Macht und Einfluss zu verhelfen, hatte der Papst sein Augenmerk auf die Stadt Imola in der Romagna gerichtet, die er seinem Neffen Girolamo Riario als unabhängige Herrschaft übertragen wollte. Da Lorenzo sich diesen Plänen, die den politischen Interessen der Republik Florenz zuwiderliefen, widersetzte, beteiligte sich Sixtus an der Verschwörung der Pazzi und Salviati gegen die Medici. Binnen kurzem liefen so alle Fäden des Komplotts in Rom zusammen.

Das Datum des Anschlags, dem Lorenzo de' Medici und sein Bruder Giuliano zum Opfer fallen sollten, wurde auf den 26. April 1478 festgelegt. Ort des Geschehens: die Kathedrale von Florenz. Zeitpunkt: die dort gefeierte Messe. Doch das Attentat schlug fehl. Zwar wurde Giuliano von den Dolchstößen der gedungenen Mörder getötet, Lorenzo aber überlebte, nur leicht verletzt. Und er organisierte unverzüglich den Gegenschlag. Mit ihrer Parole «Volk und Freiheit» fanden die Pazzi nur geringen Widerhall. Die Anhänger Lorenzos, der sich geschickt als Garant der republikanischen Traditionen gegen ihre neidischen Feinde präsentierte, gewannen rasch die Oberhand. Und ihre Rache war fürchterlich. Mit einer einzigen Ausnahme wurden die männlichen Mitglieder der Pazzi gelyncht; der erfolglose Erzbischof Francesco Salviati wurde gehängt. Nur der achtzehnjährige Kardinal Raffaele Sansoni Riario, der im Auftrag seines päpstlichen Onkels den Lockvogel gespielt hatte, überlebte als Geisel in den Händen seiner Feinde. Sixtus IV. antwortete mit Sanktionen, Krieg und Propaganda: Wenn die Florentiner Lorenzo, den Tyrannen, stürzten, würde er die Stadt von allen geistlichen Strafen, die Handel und Wandel lähmten, frei sprechen. Der bewaffnete Konflikt, den der Papst zusammen mit dem König von Neapel gegen Florenz führte, zog sich in die Länge und gefährdete die Stellung der Medici aufs höchste – bis Lorenzo um die Jahreswende 1479/80 durch eine spektakuläre Reise nach Neapel, in die Höhle des Löwen, einen Friedensschluss herbeiführte. Dieser verlangte der Stadt am Arno einiges ab, doch die Erleichterung über das Ende der Bedrohung überwog bei weitem. Der Chef des Hauses Medici durfte sich als Retter des Vaterlandes verherrlichen lassen. Mit dieser Aura ließen sich die Machtverhältnisse zu seinen Gunsten neu ordnen. Größer denn je war auch der Bedarf an Propaganda. So malte Domenico Ghirlandaio im Stadtpalast große Staatsmänner und Feldherrn des antiken Rom, die mit ihren militärischen Heldentaten und ihren Republikanertugenden allesamt den Ruhm Lorenzos, des opferbereiten Patrioten, verkünden sollten.

Der Krise der Jahre 1478 und 1479 versuchte Lorenzo de' Medici jedoch nicht nur durch noch strengere Handverlesung der politischen Klasse und gesteigerte Propaganda zu begegnen. Wollten die Medici aus der goldenen Sackgasse, in der sie sich jetzt befanden, heraus gelangen, mussten sie ihre

Reputation und ihre Machtstellung außerhalb von Florenz systematisch ausbauen. Dieser Strategie lag die klare Erkenntnis zugrunde, dass die Umwandlung der Republik in ein Fürstentum ohne Unterstützung von außen kaum zu bewältigen sein würde. Das, was sie in den Augen der meisten Herrscher auf italienischem Boden längst waren, nämlich Herren von Florenz, konnten die Medici auf rechtlich unanfechtbarer und dadurch auch in Florenz selbst unangreifbarer Grundlage nur werden, wenn diese Verwandlung stärkeren Mächten gelegen kam.

So hatte die Krise von 1478 zur Folge, dass der Chef der führenden Familie von Florenz immer planvoller republikanische Regeln brach und die sorgsam aufgerichtete Fassade der Republik immer tiefere Risse bekam. Lorenzo hatte seinen eigenen diplomatischen Dienst, der besser funktionierte als das offizielle Gesandten- und Informantensystem. Botschafter sprachen immer häufiger im Palazzo Medici statt im Palazzo della Signoria vor, wo sich die Stadtregierung ins zweite Glied zurückgedrängt sah. Diese stetig vorangetriebene Ausbildung einer durch Ämter und Verfassung nicht abgesicherten Machtstellung konnte nur gelingen, wenn sich als Folge dieser Eingriffe eindrucksvolle Bilanzen präsentieren ließen. Lorbeeren sammelte Lorenzo reichlich auf diplomatischem Parkett, wo er mit großem Geschick an seinem eigenen Mythos als Meisterdiplomat und Ausgleichsstifter arbeitete. In Florenz erwies es sich hingegen als weitaus schwieriger, zusätzliches Prestige zu gewinnen. So wurde der Ausbau der Familien-Macht nicht nur von der Opposition der chronisch Unzufriedenen als ein weiterer Schritt zur Aushöhlung der altehrwürdigen Republik abgelehnt; auch die *primi*, die vorrangig von den Segnungen der Medici-Vormacht profitierten, waren zutiefst gespalten. Zum einen waren sie auf die Medici angewiesen, die sie vom Druck der politisch nicht saturierten Mittelschicht entlasteten und innerhalb der Führungsschicht eine zunehmend unverzichtbare Schiedsrichterrolle spielten; zum anderen aber sahen sie mit wachsendem Unbehagen, in welchem Maße sich die Stellung Lorenzos von einem Moderator hinter den Kulissen zu einer fürstliche Züge annehmenden Vorherrschaft entwickelte.

Dazu gehörte der planvoll betriebene Aufbau von Lorenzos Ruf als Mäzen und Kunstkenner. Ein solches Renommee war für die Eliten der Zeit erstrebenswert. Schließlich verkündeten die führenden Humanisten

Italiens unisono die von Gott dekretierte Pflicht der Mächtigen, künstlerische Begabung und wissenschaftliche Studien mit Hingabe zu fördern. Aufwendiges Mäzenatentum wurde so zum Legitimitätsnachweis weltlicher wie geistlicher Herrscher und damit für diese zu einer Verpflichtung. Wer sich darüber hinaus wie Lorenzo de' Medici als kongenialer, in die Mysterien göttlicher Schöpferkraft eingeweihter Auftraggeber und Mit-Hervorbringer großer Kunstwerke präsentieren konnte, genoss noch höheres Ansehen. Dazu gehörte auch die Vermittlung florentinischer Meister an auswärtige Machthaber. Von solchen Empfehlungen profitierten alle Seiten: der Künstler, der seine Reputation und seine Marktchancen mehrte, der Auftraggeber, der sich wirkungsmächtige Propaganda sicherte, und nicht zuletzt Lorenzo, der sich als ehrlicher Prestigemakler beliebt machte, als Inkarnation des nationalen Kulturglanzes profilierte und zugleich den Ruhm seiner Heimatstadt als künstlerisches Zentrum Italiens mehrte. Doch konnten die Propaganda-Anstrengungen der Medici mit den Aktivitäten dieser «Künstler-Agentur» allein nicht ihr Bewenden haben.

Im Garten und Palast der Medici

Je umstrittener seine zunehmend herausgehobene Position in Florenz wurde, desto stärker war Lorenzo darauf angewiesen, sich so intensiv wie möglich, in Texten, Bildern und Bauten, als vom Schicksal vorherbestimmter Heilsbringer seiner Heimatstadt zu präsentieren. Da es ihm dafür an Geld mangelte, wählte er zu diesem Zweck die Rolle als oberster Stadtplaner, der durch seine weise Aufsicht und Koordination die Projekte der anderen, finanziell weniger gebeutelten Patrizierfamilien überhaupt erst zur Reife gelangen und somit zum Nutzen von Florenz gelingen ließ. Zu diesem Image des großen Leiters und Lenkers, der es sich aufgrund seiner unanfechtbaren Autorität als politischer Versöhner und unerreichter Kunstkenner erlauben konnte, andere unter seiner Ägide für ihre persönlichen Zwecke bauen und malen zu lassen, gehörte auch die Ausbildung junger Künstler. Die Lebenswege Lorenzo de' Medicis und Michelangelos kreuzten sich daher mit innerer Notwendigkeit.

Michelangelos Lehrzeit bei den Ghirlandaio-Brüdern stand unter keinem guten Stern. Glaubt man dem unversöhnten Greis, dann war der Keim der Misshelligkeiten und des Zwistes von Anfang an gelegt, und zwar durch Neid: Meister Domenico habe die phantasievoll erweiterte Schongauer-Replik als Produkt seiner Werkstatt ausgegeben, um unverdienten Anteil am Ruhm des dreizehnjährigen Knaben zu gewinnen! Darüber hinaus habe er diesem sein Musterbuch mit Zeichnungen von Hirten, Hunden und Landschaften mit Ruinen verweigert, und zwar aus Angst, von seinem Lehrling ausgestochen, wenn nicht ausgelacht zu werden. Das mag man glauben oder auch nicht. Michelangelo sortierte die Welt lebenslang in «für mich» und «gegen mich» und glaubte leidenschaftlich daran, dass sich die minderbegabten anderen bei jeder sich bietenden Gelegenheit gegen ihn verschworen. Wer sehen will, was Ghirlandaio leistete, kann sich bis heute in der Chorkapelle von Santa Maria Novella von der Qualität seiner Fresken überzeugen. Die Konkurrenz eines noch so begabten Knaben hatte er wohl kaum zu fürchten. Auf jeden Fall soll mit dem hässlichen Neid des Meisters das brüske Ende von Michelangelos Ausbildung nach kaum der Hälfte der vorgesehenen Zeit erklärt werden. Was wirklich vorgefallen war, muss offen bleiben.

Eine Alternative bot sich bald. Die Medici besaßen gegenüber des Familien-Klosters San Marco einen Garten mit antiken Skulpturen, den der bejahrte Bildhauer Bertoldo di Giovanni betreute. Dieser hatte sich in früheren Jahren als virtuoser Verfertiger von Kleinplastiken einen Namen gemacht und war jetzt, dem kostengünstigen Kunstförderungsprogramm Lorenzos gemäß, damit betraut, junge Talente in die Anfangsgründe der Bildhauerkunst einzuführen. Eine Künstlerpflanzstätte mit dem Rang und den Statuen einer regelrechten Akademie war dieser «Skulpturengarten» nicht, dazu hat ihn erst Michelangelos Biograph Giorgio Vasari sechs Jahrzehnte später in dem Bestreben gemacht, «seinem» Medici-Herzog Vorbilder für dessen Accademia del disegno zu liefern. Doch für Michelangelo, der nach der Verweisung aus der Ghirlandaio-Werkstatt wieder im ungeliebten Vaterhaus wohnen musste, war er zweifellos eine Attraktion – und eine Chance:

> So wurde der Knabe, der bald die eine und bald die andere Sache zeichnete, von Granacci in den Garten der Medici bei San Marco geführt, den Lorenzo der Prächtige ... mit verschiedenen Statuen und Figuren geschmückt hatte. Als Michelangelo diese sah, bewunderte er die Schönheit der Werke – und ging, ungebunden wie er war, fortan nirgendwo anders mehr hin.[11]

Damit war zwar der räumliche Bezug, noch nicht jedoch der persönliche Kontakt zum Herrn dieser Herrlichkeiten hergestellt. Ihn vermittelte ein antiker Faunskopf, den der Zahn der Zeit um sein Gebiss gebracht hatte. Dieses lüstern grinsende Haupt aus frischem Marmor neu zu schaffen, nahm sich der Fünfzehnjährige vor. Gesagt, getan! Der zufällig des Weges kommende Lorenzo habe erst den lachenden Kopf, dann dessen Schöpfer betrachtet und sich danach gewundert: so jung und schon so kunstfertig! Doch habe er sein Lob mit Spott vermischt, ja wie ein Knabe mit dem Knaben gefrotzelt: Dieser Faun ist alt, und alten Männern fehlen Zähne, dieser Faun aber hat noch alle im Mund! Dieses Defizit an Natürlichkeit war für den jungen Künstler unerträglich. Schnurstracks schlug er dem Faun nicht nur einen Zahn heraus, sondern malträtierte das marmorne Zahnfleisch darüber hinaus so sachkundig, dass alles nach einer fachgerecht gezogenen Wurzel aussah – das alles zum Entzücken Lorenzos, der jetzt endgültig anerkannte, welche Begabung er vor sich hatte.

Auch in diesem Fall muss offen bleiben, was an dieser Anekdote wahr und was erfunden ist. Dass große Männer große Künstler entdecken, und zwar mit innerer Notwendigkeit, weil Gott nur den legitimen Herrschern die Gabe verliehen hat, wahre Begabung zu würdigen, ist ein Gemeinplatz aller derartigen Biographien. Dafür, dass sich die Szene im Skulpturengarten so oder zumindest ähnlich abgespielt hat, spricht jedoch die Reaktion des scherzhaft Getadelten: Für Michelangelo war seine Kunst eine Sache der Ehre. Und was danach folgte, darf als uneingeschränkt glaubwürdig gelten, denn der Hass auf den Vater hat die Unterredungen zwischen Lorenzo und Ludovico unauslöschlich in die Erinnerung eingegraben. Das Gespräch, das der Chef des Hauses Medici mit ihm zu führen wünschte, verweigerte dieser zunächst, wohl wissend, dass es um Michelangelos berufliche Zukunft gehen würde. Dann aber, als sich die Hoffnung, den Sohn doch noch vom nicht standesgemäßen Metier abzuhalten, zerschlug, tat Ludovico de' Simoni, was er am besten konnte: Er jammerte.

> Von Lorenzo gefragt, wonach ihm der Sinn stehe, antwortete er: Ich habe niemals irgendein Gewerbe ausgeübt, sondern habe immer allein von den geringen Einnahmen aus den wenigen Besitzungen gelebt, die mir von meinen Vorfahren belassen worden sind. Und ich habe nicht nur versucht, sie zu erhalten, sondern auch mit aller Sorgfalt zu vermehren.[12]

Wahrlich, das war Ludovico, wie er leibte und lebte – ein zutreffenderer und zugleich liebloserer Steckbrief ist kaum denkbar. Der greise Michelangelo hatte nichts vergessen und nichts verziehen. Der Vater konnte den Beruf des Sohnes nicht verhindern; dafür versuchte er den größtmöglichen Profit daraus zu schlagen. Denn natürlich war die Klagerede ein Wink mit dem Zaunpfahl: Wenn ich zustimme, was springt dann für mich dabei heraus? Darüber war sich Lorenzo selbstverständlich im Klaren: Ludovico soll nur sagen, was er will, er wird es bekommen.

Am Ende war es das Zolleinnehmeramt, das im Monat zwei Gulden einbrachte. Mit anderen Worten: so zutreffend Michelangelo die Geschichte seiner Anwerbung durch Lorenzo de' Medici auch berichtet hat, den Wert, den sein Talent für den mächtigsten Mann von Florenz darstellte, hat er kräftig übertrieben. Und auch die Stellung, die er daraufhin in dessen Haus einnahm, hat er deutlich geschönt. Dass junge Künstler, die sich einen Namen machen wollten, im Hause ihrer Dienstherren einquartiert wurden, bedeutete keine Quasi-Adoption ehrenhalber. Nachwuchsbildhauer und -maler früh an die eigene Familie zu binden, war eine kostengünstige Form der Beschäftigung und daher für den chronisch klammen Chef des Hauses Medici ratsam. Die Produktion der jungen Talente war damit abgegolten, ohne dass Mehrkosten für Honorare anfielen. Übertrieben dürfte daher auch das Salär von fünf Gulden monatlich sein, das Michelangelo in dieser Zeit angeblich bezog; dafür konnte man einen renommierten Architekten engagieren. Noch stärker überzeichnet aber ist die prinzengleiche Stellung, die der junge Bildhauer im Palazzo Medici innegehabt haben soll, gewissermaßen auf gleicher Augenhöhe mit Aristokraten, Botschaftern und Gelehrten. Dagegen spricht das große soziale Gefälle zwischen den de' Simoni und den Medici, von denen Lorenzos Zweitgeborener Giovanni bereits, wenngleich unveröffentlicht, zum Kardinal ernannt worden war. Der Stil des Hauses Medici färbte sich gerade in dieser Zeit immer fürstlicher ein. Ein junger Bildhauer ohne humanistische Bildung dürfte daher sein Leben im Dienstbotentrakt des Palastes gefristet haben. Das schloss nicht aus, dass man seine künstlerischen Leistungen und sein soziales Verhalten aufmerksam beobachtete. An jeden Klienten des Hauses, und war sein Rang noch so gering, richteten sich von Anfang an dieselben Erwartungen: Wir geben, damit du gibst. Was du uns zu geben hast, ist durch Anstellung oder soziale Stellung festgelegt; doch über alle Leistungen im Einzelnen hinaus erwarten wir unverbrüchliche Loyalität, und zwar in guten wie in schlechten Zeiten. Lorenzo de' Medici aber gab, über Lohn, Kost und Logis für Michelangelo hinaus, auch dessen Vater etwas, allerdings wenig mehr als ein Almosen. Mehr war «Michelangelos Vater», wie dieser sich bald selbst bezeichnete, den Mächtigen nicht wert; und auch dieser Lohn galt nicht ihm, sondern den großen Hoffnungen, die man in seinen Sohn setzte.

Die frühen Werke, die der junge Bildhauer während seines Aufenthalts im Palazzo Medici schuf, rechtfertigten diese Erwartungen. In den maximal achtzehn Monaten seiner Zugehörigkeit zur Ghirlandaio-Werkstatt hatte Michelangelo fraglos mehr über Mal- und speziell Freskotechnik gelernt, als er später zuzugeben bereit war. Und auch im Skulpturengarten der Medici gegenüber von San Marco dürfte es dem aufstrebenden jungen Künstler nicht an Anregungen gefehlt haben. Aller dieser Lektionen und Einflüsse ungeachtet aber bleibt zwischen fremden Vorbildern und ersten eigenen Hervorbringungen eine unüberbrückbare Distanz und damit nur der Schluss, dass sich hier eine elementare Vorstellungs- und Gestaltungskraft weitgehend selbstständig Bahn brach. Bertoldo di Giovanni hatte auch in seinen besten Jahren, den Sammlerinteressen seines Herrn entsprechend, überwiegend Kleinkunst wie Bronzestatuetten und Gemmen produziert. Das, was der siebzehnjährige Michelangelo in erstaunlichem Maße beherrschte, konnte er also von Bertoldo nicht gelernt haben. So bezeugt das um 1492 geschaffene Marmorrelief der Kentaurenschlacht nicht nur das profunde Studium antiker Vorbilder, sondern die weit darüber hinausgehende Fähigkeit, die Figuren gleitend, in den unterschiedlichsten Stadien der Körperlichkeit, aus dem Stein hervortreten zu

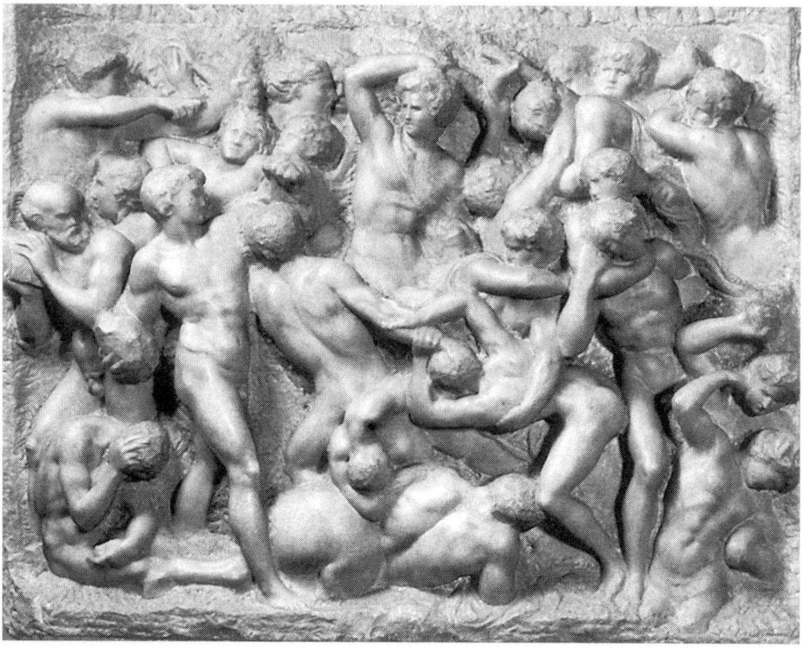

Fingerübungen eines jugendlichen Genies: Die Kentaurenschlacht, in der wilde Pferdemenschen gegen griechische Helden kämpfen und verlieren, schuf Michelangelo nach antiken Sarkophagen. Mit seiner Raumtiefe und Ausdruckskraft geht das Relief des siebzehnjährigen Bildhauers jedoch weit über alle Vorbilder hinaus. Florenz, Casa Buonarroti

lassen. Damit gewinnt das Gewirr der in höchster Wut ringenden Gestalten eine Spannung, die nicht nur die Muster des Altertums hinter sich lässt, sondern zugleich eine neue, dynamischere Formensprache ankündigt. In ihr wird der menschliche Körper mit einer vorher unbekannten Vielfalt der Emotionen und Seelenzustände zum zentralen Bedeutungsträger.

Michelangelos Aufenthalt im Palazzo Medici fand mit Lorenzos Tod am 9. April 1492 ein vorläufiges Ende. Im Januar 1494 trat er in die Dienste von Lorenzos 1472 geborenem Sohn und Nachfolger Piero ein. Aller Wahrscheinlichkeit nach bezog er bei dieser zweiten Anstellung sein Quartier nicht mehr im Palazzo Medici, sondern im Skulpturengarten selbst. Doch das war nicht alles, was sich in den knapp zwei Jahren nach dem Tode Lorenzos geändert hatte. Die Stellung Pieros und der Medici insgesamt, die italienische wie die europäische Mächtekonstellation, das politische Klima von Florenz – alles hatte sich radikal verwandelt. Groll und diffuse Veränderungswünsche hegten nicht nur immer mehr Angehörige der florentinischen Elite, die sich durch Pieros herrisches Gebaren zurückgesetzt fühlten, sondern auch immer weitere Kreise der Mittelschicht. Sie hatten zwar das übliche Viertel der Führungsämter behaupten können, doch waren sie im Laufe der letzten Jahrzehnte, was Ansehen, Anerkennung und Repräsentation im öffentlichen Leben betraf, zunehmend ins Hintertreffen geraten. Die Feste der Medici waren unter Lorenzo immer exklusiver und die Lebensformen von Ober- und Mittelschicht insgesamt immer unterschiedlicher geworden. Die Reichen – so die Sicht der kleinen Leute – hatten sich in einem halben Jahrhundert vom Volk entfernt: durch eine immer abgehobenere Redeweise, durch immer zahlreichere Bekundungen von Herablassung, ja Verachtung für «die da unten», durch immer elegantere Paläste, kostbarere Gewänder und einen Lebensstil, der bewusst darauf angelegt war, sich von den Handwerkern und Ladenbesitzern abzuheben. Ja, selbst der Karneval diente nicht mehr dem Zusammenhalt über die Grenzen von Einfluss und Vermögen hinweg, sondern dem Ruhm der Medici und ihrer engsten Gefolgsleute. In seinem sechzig Jahre lang geführten Tagebuch notierte der Gewürzkrämer Luca Landucci hellsichtig und unbestechlich zugleich, wie sich das Gemeinwesen am Arno ins Exklusiveigentum einer schmalen Elite verwandelte. In seinem lakonischen Nachruf auf Lorenzo hielt Landucci dessen Erfolge und Reputation in ganz Italien ebenso nüchtern fest wie das Bestreben, immer mehr Macht und Prestige zu gewinnen – unersättlich, wie die Herrschenden nun einmal sind. Vor Gott allerdings sind – so Landucci – alle Menschen gleich. Mehr noch: hier gelten die Armen sogar mehr als die Reichen, die durch ihren unstillbaren Ehrgeiz permanent die vom Herrn gezogenen Grenzen überschreiten.

Solche Töne hörten die Florentiner immer häufiger und immer drohender von den Kanzeln ihrer Stadt. Lorenzo de' Medici selbst hatte den strengen Bußprediger Girolamo Savonarola als Prior von S. Marco nach Florenz berufen, wohl, weil er sich von dessen Wirken eine disziplinierenden Effekt auf den Klerus wie auf die Bevölkerung insgesamt versprach. Dass dieser unbeugsame Eiferer auch den Reichen und Vornehmen, ja den Medici selbst die Leviten lesen würde, war vorhersehbar und wahrscheinlich gleichfalls einkalkuliert – moralische Kritik an den Exzessen einer allzu genussfreudigen Oberschicht konnte als Ventil dienen, um die Unzufriedenheit der mittleren und unteren Schichten auszugleichen. Dass sich die Kritik des rigorosen Ordensmanns zu einer Brandmarkung der politischen Zustände steigern und in Entwürfen einer alternativen, gottgewollten Ordnung gipfeln würde, war allerdings zu diesem Zeitpunkt noch nicht absehbar. Zu dieser Zuspitzung trug das Verhalten Pieros de' Medici ohne Frage bei. Er goss Öl in die glimmende Glut der sozialen, politischen und religiösen Konflikte. Auf der anderen Seite muss man dem erfolglosesten Mitglied der Familie auch Gerechtigkeit widerfahren lassen: Lorenzos Ältester erbte die ungelösten Probleme der drei vorangehenden Generationen, die in den 1490er Jahren immer brisanter wurden. Eine Lösung hätte darin bestanden, den Forderungen der Mittelschicht zumindest teilweise entgegenzukommen, also Mechanismen des Ausgleichs zu schaffen, die zumindest die Crème der kleineren Zünfte solider als zuvor in das System einband und intensiver an den Privilegien der Mächtigen teilhaben ließ. Doch Piero tat genau das Gegenteil: Er verhielt sich wie der Herr von Florenz, der er de facto war, offiziell aber nicht sein durfte: stolz und hochfahrend, die einen bedenkenlos kränkend, die anderen unbedacht bevorzugend. Damit brachte er ins Ungleichgewicht, was bislang allein noch politische Stabilität garantiert hatte: das Gefüge der *primi*, der die Partei und die Herrschaft der Medici durch ihren Konsens stützenden innersten Zirkel. Die Medici hatten sich in sechzig Jahren ihrer Vorherrschaft beträchtlichen sozialen und politischen Kredit erworben, von dem Piero jetzt kräftig zehrte. Dieser Vorschuss aber war aufgebraucht, als die Alternative lautete: mit den Medici untergehen oder ohne sie die soziale und politische Spitzenposition behaupten. Letzteres würde bedeuten, Handwerkern und Ladenbesitzern mehr Einfluss zukommen zu lassen. So unerwünscht diese Zugeständnisse auch waren, besser, als eine in zwei Jahrhunderten ausgebaute Führungsstellung ganz zu verlieren, war eine solche Neuaufteilung von Posten und Einfluss zwischen Ober- und Mittelschicht allemal.

Auf eigenen Füßen

> Du solltest wissen, dass Michelangelo, der Bildhauer aus dem Garten, nach Venedig gegangen ist, ohne Piero davon in Kenntnis zu setzen; dieser hat die Nachricht sehr übel aufgenommen, wie mir scheint.[13]

Diese Nachricht vom 10. Oktober 1494 stammt nicht aus einem offiziellen Bulletin, sondern aus dem Schreiben eines gewissen Ser Amadio an seinen Bruder Adriano, seines Zeichens Bildhauer im Skulpturengarten der Medici und an der Neuigkeit gewissermassen beruflich interessiert. Mitteilenswert erschien dem Verfasser Michelangelos Abgang vor allem durch dessen Umstände: Er floh bei Nacht und Nebel, sein Dienstherr war darüber verständlicherweise erbost – verließen die Ratten das sinkende Schiff? Für Piero war das ungemeldete Verschwinden fraglos Verrat, das schwerste, gemeinhin unverzeihliche und mit dem Verlust aller Gunst bestrafte Vergehen eines Klienten gegen seinen Patron. Der junge Künstler seinerseits zeigte damit an, dass er nicht gesonnen war, diese Normen zu respektieren. Beide Seiten wussten jetzt, woran sie waren.

Doch was war geschehen? Anfang Oktober breitete sich in Florenz Panik aus. Die Stadt, so schien es, ging der größten Katastrophe ihrer jüngeren Geschichte entgegen. Rette sich wer kann! – diesem Reflex folgte Michelangelo nicht als erster und einziger. Gerade deshalb musste ihm Piero de' Medici die Flucht besonders verübeln. Der Nachahmungseffekt war garantiert: Wenn schon die Domestiken das Weite suchten, konnte es um den Herrn nicht gut stehen. Dabei hatte Piero de' Medici die Krise, die Michelangelo vertrieb, selbst herbeigeführt. Den Manövern Ludovicos il Moro, des Herzogs von Mailand, die darauf abzielten, den französischen König Karl VIII. ins Land zu rufen und Neapel erobern zu lassen, stand der junge Chef des Hauses Medici hilflos gegenüber. An sich war die Politik von Florenz von jeher frankreichfreundlich ausgerichtet; zudem hatte die geschickte Diplomatie Lorenzos die Republik in einer Dreierallianz mit Mailand und Neapel verankert und darüber hinaus ein enges Bündnis mit Papst Innozenz VIII. (1484–1492) herbeigeführt. Auf diese Weise hatte sich den Eroberungsgelüsten der fünften und stärksten Hauptmacht auf der Halbinsel, der Republik Venedig, ein Riegel vorschieben und ein Gleichgewicht der Einflusszonen bewahren lassen. Mit all diesen Sicherheitsvorkehrungen aber hatte es ab 1492 ein Ende – *prudentia,* die vorsichtige, abwägende Staatsklugheit war unter den neuen Machthabern nicht mehr gefragt. Selbst die Hemmung, auswärtige Großmächte ins italienische Kräftespiel zu verwickeln, war jetzt gefallen. In ihm war Piero de' Medici der Getriebene. Entschlusslos, schwankend und widersprüchlich in seinen Verlautbarungen, nahm er gegenüber Karl VIII. eine defensive Position ein, die von der Gegenseite als feindlich ausgelegt wurde. Auf diese Weise sah Florenz dem Herannahen der gewaltigen französischen Streitmacht, die von einigen Beobachtern auf bis zu 40 000 Mann geschätzt wurde, diplomatisch und militärisch ungeschützt entgegen. Als dieses Heer Ende Oktober 1494 im Norden der Toskana angekommen war, reiste Piero, von Angst zu hektischem Aktionismus getrieben, dem französischen Monarchen entgegen und lieferte ihm florentinische Schlüsselfestungen aus, ohne dafür mehr als Verachtung für diesen vorauseilenden Gehorsam zu ernten. Bei seiner Rückkehr nach Florenz am 8. November waren die Stadttore verschlossen und seine nächsten Verwandten vertrieben. Selbst treue Gefolgsleute waren über Pieros Fehlleistungen entsetzt und entschlossen, die Medici zu opfern, um ihre eigene Stellung zu retten. Doch nicht alle Medici mussten gehen. Der von Cosimos Bruder Lorenzo abstammende Zweig, der geschäftlich und politisch immer nur eine Nebenrolle gespielt und wegen dieser Zurückstellung zunehmend auf Distanz zum Chef des Hauses gegangen war, durfte unter dem neuen, programmatischen Namen «popolano», das heißt Volksanhänger, bleiben.

Der Weg Michelangelos, des Abtrünnigen, führte zunächst nach Venedig. Doch in dieser am Rande Italiens gelegenen, in vieler Hinsicht fremd anmutenden und zudem sehr teuren Stadt blieb der Neunzehnjährige nur wenige Tage. Die nächste Station hieß Bologna. Die ihrer Gelehrsamkeit und ihres guten Essens, doch nicht ihrer Kunstsinnigkeit wegen berühmte Stadt gehörte nominell zum Kirchenstaat, wurde tatsächlich jedoch von der Familie Bentivoglio auf ähnliche Art und Weise regiert wie Florenz bis kurz zuvor von den Medici. Von einem der führenden Parteigänger der Bentivoglio, Francesco Aldrovandi, wurde der Neuankömmlinge denn auch aufgenommen und mit Aufträgen versehen. Michelangelo schuf für

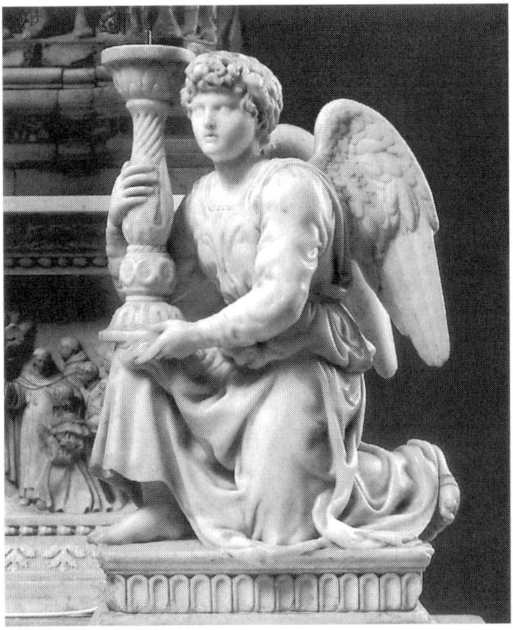

Ein Engel, der vom Olymp zu kommen scheint: Den Leuchter tragenden Himmelsboten für die Kirche San Domenico in Bologna gestaltete Michelangelo wie einen züchtig bekleideten Ganymed. Bologna, San Domenico

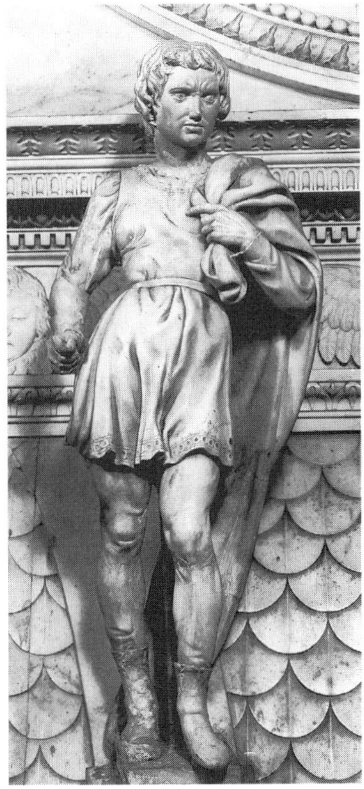

Michelangelos heiliger Proculus für die Kirche San Domenico in Bologna wirkt kraftvoll, aufsässig und aggressiv. Gäbe man ihm eine Schleuder in die Hand, könnte er als David durchgehen. Bologna, San Domenico

ihn einen heiligen Petronius, den Patron der Stadt, einen heiligen Proculus sowie einen Kandelaberengel, allesamt für die Kirche San Domenico. Der Himmelsbote mit dem schweren Leuchter in den Händen wirkt mit seinem athletischen Körperbau und seinen Locken wie der Zeus-Liebling Ganymed, der sich aus der Welt der Olympischen Götter in den christlichen Himmel verirrt hat. Doch ungeachtet aller Annehmlichkeiten blieb Bologna für den jungen Bildhauer nur ein vorübergehendes Refugium, in dem sich die weitere Entwicklung in Florenz abwarten ließ. Dort sah er die besten Chancen, sich für zahlungskräftige und einflussreiche Auftraggeber zu profilieren. Nur so konnte er sich einen Namen machen, der über die engen Spezialisten- und Liebhaberkreise, auf die sein Ruf bislang beschränkt war, hinaus reichte. Wer nach der Vertreibung Piero de' Medicis in Florenz das Sagen haben würde, war für seine weitere Karriere daher von höchster Bedeutung.

Zu Beginn des Jahres 1495 hatten sich die Verhältnisse am Arno so weit geklärt, dass einer gefahrlosen Rückkehr des ehrgeizigen jungen Bildhauers nichts mehr im Wege stand.

Nützliche Netzwerke

Dieser Stabilisierung waren revolutionäre Umschwünge vorausgegangen. Nach Pieros Vertreibung hatte sich Savonarola zum moralischen Stadtoberhaupt aufgeschwungen. Für ihn war das bedrohlich heranziehende Heer Karls VIII. mehr als nur eine mordlüsterne Soldateska; in seinen Augen hatte Gott den französischen Monarchen dazu bestimmt, die sittenlose Stadt am Arno zu züchtigen. Als Folge dieser verdienten Strafe aber würden die Florentiner Buße tun, sich läutern und bekehren. Dann wären sie endlich bereit für die Mission, die ihnen der Herr aufgetragen hatte: die Christenheit im Glauben zusammenzuschließen und dadurch den Anbruch der seligen tausend Jahre auf Erden herbeizuführen. Mit dieser Vision im Gepäck zog Savonarola dem König entgegen, handelte Schutzklauseln aus, die die Armee bei ihrem Kurzaufenthalt in Florenz tatsächlich respektierte – und stand unversehens als Prophet da. Die immense Autorität, die ihm diese Rettungstat einbrachte, nutzte der Frate in der Folgezeit dazu, ein seinen theologischen und ethischen Vorstellungen entsprechendes Regiment der Republik durchzusetzen. Eine gottgefällige Regierung musste – so hörten es die Florentiner in seinen aufwühlenden Predigten – zuerst die innere Versöhnung zwischen allen Menschen guten Willens herbeiführen. Konkret hieß das, dass sich die Patrizier, die zur Kooperation bereit und nicht als Erfüllungsgehilfen der «Tyrannen» (wie die Medici jetzt genannt wurden) kompromittiert waren, und die Vertreter des Mittelstands die Hand zur einträchtigen Förderung des Gemeinwohls reichen sollten. Es galt eine Kluft zu überwinden, die sich ein Menschenalter hindurch stetig vertieft hatte, und dadurch den fatalen Lauf der Geschichte rückgängig zu machen. Die Wiederherstellung besserer Zustände hatte sich die Bewegung Savonarolas jedoch nicht nur in politischer, sondern auch in moralischer und kultureller Hinsicht auf die Fahnen geschrieben.

Vorbildliches Sozialverhalten wurde jetzt in einer idealisierten Vergangenheit und damit außerhalb der unter den Medici herrschenden Kreise verortet. Gemeinsinn, Solidarität, Sparsamkeit und Bedürfnislosigkeit wurden als neue Bürgertugenden proklamiert, ganz im Sinne des Mittelstandes, der diese Werte dem Hedonismus und dem Personenkult der Patrizier entgegengestellt hatte. In der Mittelschicht sah der Prior von San Marco denn auch den gesündesten Teil der Republik; an ihm sollte die durch das zügellose Wohlleben angekränkelte alte Führungsschicht genesen. Und auch politisch glaubte der wortgewaltige Prediger in der Mitte der Gesellschaft die Leitwerte der Zukunft bewahrt: Augenmaß, Verantwortungsbewusstsein, Nächstenliebe, Kompromissbereitschaft und Patriotismus.

Diese Ideen fanden vor allem im Mittelstand Widerhall. Gegen alle Versuche der herrschenden Kreise, durch Zugeständnisse im Kleinen ihre Vorrangstellung im Großen zu retten, setzten sich die Wortführer einer Umgestaltung an Haupt und Gliedern durch. So trat schon wenige Wochen nach der Vertreibung Piero de' Medicis ein Grundgesetz in Kraft, dessen praktische Resultate alle Erwartungen übertrafen. An die dreitausend seit längerem ansässige, in Zünften eingeschriebene und volljährige Florentiner ohne Steuerschulden besaßen jetzt volle politische Mitwirkungsrechte; das war bei einer Gesamtbevölkerung von gut 40 000 Einwohnern eine stolze Quote. Doch trotz dieser Rekordbeteiligung war Florenz damit keine Demokratie. Die untersten Schichten der zunft- und besitzlosen Wollarbeiter und Tagelöhner blieben von den Staatsgeschäften ausgeschlossen, von der Vorherrschaft der Metropole über ihr Landgebiet ganz zu schweigen.

Das kühne Programm der Stadterneuerung als Initialzündung zur Einleitung des Millenniums aber wurde nicht nur durch Predigten und neue politische Institutionen in Angriff genommen. Um die hartnäckigen Sünder zu bekehren, bedurfte es rigoroserer Maßnahmen. Zu diesem Zweck organisierten die Anhänger Savonarolas sogenannte Scheiterhaufen der Eitelkeiten, auf denen die Statussymbole der alten Elite im Feuer der neuen Gleichheit und Bescheidenheit verbrannt wurden, gewissermaßen stellvertretend für das alte, abgelegte Ich ihrer ehemals stolzen Besitzer. In frommen Rauch gingen schöne Dinge wie teure Kleider und wertvoller Schmuck auf, aber auch Bilder mythologischer und erotischer Thematik. Überhaupt war Nacktheit jetzt verpönt, im Leben wie in der Kunst. Ins Visier der Verfolgung geriet den Eiferern nicht zuletzt die in der Florentiner Oberschicht meist stillschweigend geduldete Homosexualität unter Männern: Praktiken, die laut Savonarola in der neuen, gottgefälligen Bürger- und Glaubensgemeinde mit dem Tode bestraft werden sollten. Für Michelangelo muss das eine bestürzende Botschaft gewesen sein.

Dass er sich lebenslang von schönen jungen Männern angezogen fühlte, steht außer Frage; ob er diese homoerotischen Neigungen sexuell auslebte oder nicht, muss offen bleiben. Vieles spricht dafür, dass er sie sublimierte: in Statuen, die Jünglingskörper in verführerischer Schönheit vor Augen führen, aber auch in Briefen, die den platonischen Freundschaftskult bis hart an die Grenzen der erotischen Schwärmerei treiben.

> Ihr scheint mir nicht, wie Ihr schreibt, gerade geboren, sondern bereits tausend Mal auf der Welt gewesen. Ich aber hielte mich für nicht oder aber für tot geboren, ja in Ungnade von Himmel und Erde, wenn ich nicht aus Eurem Schreiben ersehe, dass Ihr einige meiner Werke annehmt – worüber ich mich zugleich wundere und freue.[14]

So schrieb der achtundfünfzigjährige Michelangelo, als größter Künstler von aller Welt verehrt, am 1. Januar 1533 an Tommaso Cavalieri, einen jungen Römer, der außer einem schönen Gesicht und achtbarer Geburt (sowie, wie sich bald zeigte, einem guten Charakter) keine weiteren Vorzüge geltend machen konnte. Und alles spricht dafür, dass auch frühere Beziehungen nicht über das Stadium der verbalen Bewunderung hinaus gelangten. Mehr ist auf jeden Fall nicht durch sichere Indizien belegt. Denunziationen oder gar Erpressungen sind nicht belegt, obwohl sie in späteren Jahren, als sich das Klima der alten Lässlichkeit im Zeichen der Katholischen Reform dauerhaft wandelte, in Anbetracht von Michelangelos Reichtum und seiner vielen Feinde lohnenden Ertrag versprochen hätten, und sei es nur einen Skandal in der Öffentlichkeit.

Auf der anderen Seite war das Frauenbild des Künstlers zutiefst negativ eingefärbt:

> ... schreibe mir, wenn Du mir eine gute, saubere Magd empfehlen kannst, was schwierig sein dürfte. Denn sie sind alle Huren und Schweine.[15]

Oder, wenn es um Ehefrauen ging, so waren sie für Michelangelo durch die Bank untreu, zänkisch, herrschsüchtig, prunksüchtig, gefallsüchtig. Auch diese Tiraden stammen aus einem weit vorgerückten Lebensalter, spiegeln aber fraglos lebenslang gehegte Überzeugungen wider. Ausnahmen ließ Michelangelo nur wenige gelten, zum Beispiel für Maria, die Gottesmutter, für Märtyrerinnen und für die hochadelige Dichterin Vittoria Colonna. Mit ihr teilte Michelangelo religiöse Überzeugungen und die Auffassung, dass die Kirche einer grundlegenden sittlichen Reform bedurfte. Solche moralischen und theologischen Vorstellungen dürften

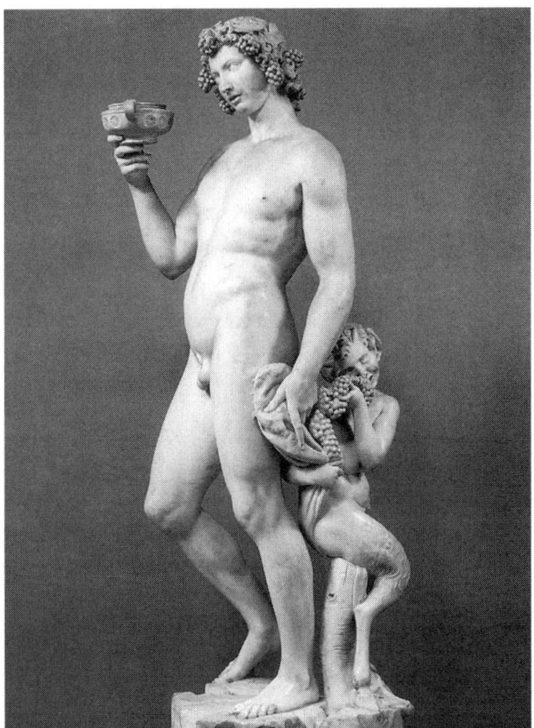

Die laszive Statue des Weingottes Bacchus schuf Michelangelo 1496/97 im Rom der Borgia für den Kardinal Raffaele Sansoni Riario, der sämtlichen sinnlichen Genüssen sehr zugetan war. Florenz, Museo nazionale del Bargello

auch ausschlaggebend dafür gewesen sein, dass der Künstler seine dem eigenen Geschlecht geltenden Vorlieben nicht auslebte.

Dieses Bewusstsein der Sündhaftigkeit und der Erlösungsbedürftigkeit des Menschen aber vermittelten ihm Vorbild und Predigt Savonarolas. Ihm blieb er lebenslang verpflichtet; und in seinem Geiste versuchte er, Glauben und Leben in Übereinstimmung zu bringen: durch eiserne Disziplin, übermenschliche Arbeitsleistung und eine Existenz in äußerster Bedürfnislosigkeit, ja am Rande der Armut. Diese innerweltliche Askese sollte dem eigenen Seelenheil, doch auch der Ermahnung und Ermunterung der anderen dienen: das Leben als frommes Kunstwerk. Bei aller tiefen Prägung durch Lehre und Leben Savonarolas stach jedoch der Kontrast zwischen dessen Forderung nach einer neuen, frommen Kunst und den ästhetischen Prinzipien Michelangelos ins Auge. Michelangelos nächste Werke nämlich waren ein schlafender Cupido, das heißt ein Gott der körperlichen Liebe, und ein trunkener Bacchus, nackt, mit dem weingefüllten Pokal in der Hand, sinnlich, ja den rauschhaften Genüssen des irdischen Lebens ohne jede Spur von Schuldbewusstsein oder gar Bußfertigkeit hingegeben (siehe Seite 49).

Der sinnliche Wein-Gott aber entstand anders als der Cupido nicht im strengen Florenz Savonarolas, sondern im Rom des Borgia-Papstes Alexanders VI. Dieser Übersiedlung ging eine Betrugs-Geschichte voraus, die übel hätte enden können. Denn findige Vermittler trimmten den Cupido auf «antik» und boten ihn in Rom zum Verkauf an, wo echte Werke des Altertums Traumpreise erzielten. Einen solchen forderten und erhielten die Mittelsmänner denn auch, und zwar von keinem geringeren als Kardinal Raffaele Sansoni Riario. Doch der Schwindel flog auf, und der erboste Käufer verlangte seine 200 Dukaten (von denen Michelangelo selbst nur 18 bekommen hatte) zurück. Nach erfolgter Rückzahlung aber gab er sich betont generös, wie Michelangelos Brief vom 2. Juli 1496 berichtet:

> Erlauchter Herr Lorenzo, hiermit möchte ich Euch nur melden, dass wir letzten Samstag gut angekommen sind und schnurstracks den Kardinal von San Giorgio besuchten, dem ich Eure Briefe übergab. Es schien mir, dass er mich gerne sah; und wir gingen sofort einige Statuen anzuschauen ... Dann fragte er mich, ob ich mir zutraute, etwas Schönes für ihn zu schaffen. Ich entgegnete: so Großes sicher nicht, aber er werde schon sehen, was ich ma-

> chen würde. Wir haben ein Stück Marmor für eine lebensgroße Figur gekauft – und Montag werde ich mich an die Arbeit machen.[16]

Aus dem «Stück Marmor» entstand der Bacchus, aus Zorn erwuchs Patronage. Der Kardinal hatte den hohen künstlerischen Wert der Fälschung erkannt und beschlossen, den vielversprechenden Bildhauer unter seine Fittiche zu nehmen. Sein Wunsch deckte sich mit dem Bestreben Michelangelos, Florenz zu verlassen und in Rom, der Stadt der unbegrenzten künstlerischen Möglichkeiten, zu arbeiten. Doch natürlich war sich der Kirchenfürst zu fein, selbst den Kontakt zu einem jungen Bildhauer zu knüpfen. Ihn stellte der Adressat des Briefs, Lorenzo de' Medici «il popolano», her, der als ehrenfester Republikaner in Florenz geblieben war. Als einer der reichsten und im Lebensstil weltlichsten Kardinäle besaß auch Sansoni Riario, wie Michelangelos Schreiben zeigt, den damals für die Eliten obligatorischen Garten mit antiken Statuen, die jungen Bildhauern als Vorbild und Ansporn dienen sollten. Dass sich Michelangelo von seinem abtrünnigen Verwandten vermitteln und von einem Kardinal protegieren ließ, der an der Ermordung seines Onkels mitgewirkt hatte, war für Piero de' Medici ein doppelter Affront.

Der Erfolg der Bacchus-Statue und die Empfehlung Sansoni Riarios verschafften Michelangelo in Rom rasch weitere Aufträge. Den wichtigsten erteilte ihm der französische Kardinal Jean de Bilhères-Lagraulas, einer der «politischen» Kirchenfürsten, die an der Kurie die Interessen ihres Monarchen vertreten sollten. Für das außergewöhnliche Honorar von 450 Dukaten, das alle bis dahin für Bildhauer üblichen Tarife um ein Vielfaches übertraf, sollte der knapp dreiundzwanzigjährige Künstler eine Pietà meißeln, das heißt eine Maria mit dem toten Christus in den Armen (siehe Seite 52). Das war ein in Italien eher seltenes, nördlich der Alpen hingegen als Einstimmung zur Andacht verbreitetes Thema. Im Gegensatz zu den zuvor geschaffenen heidnischen Gottheiten erlaubte es die neue Statue Michelangelo, die Lehren Savonarolas mit den eigenen Vorstellungen von Schönheit und Ausdruckskraft zu verschmelzen. Um die Pietà ganz nach seinen Vorstellungen gestalten zu können, begab sich der Bildhauer im Winter 1497/98 nach Carrara, um dort die Gewinnung des Marmors für sein Werk selbst zu überwachen. Beliebt machte er sich da-

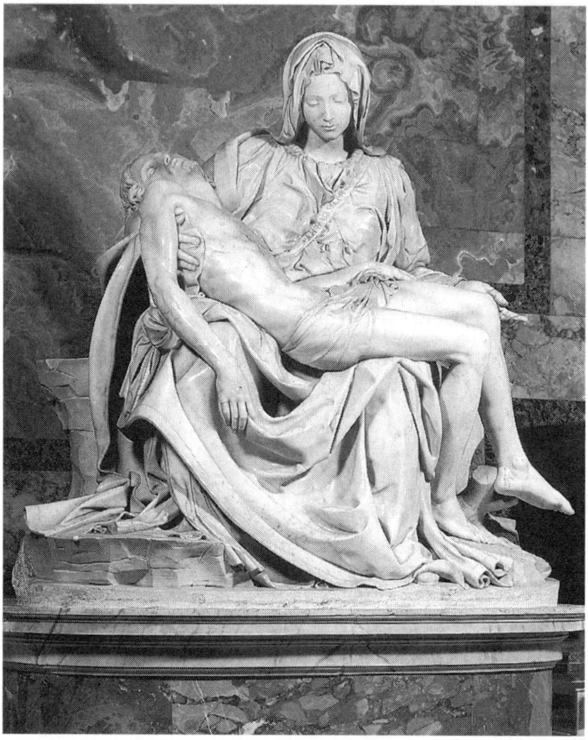

Seine 1498/99 für einen französischen Kurienkardinal geschaffene Pietà hat Michelangelo berühmt gemacht. 1972 wurde das Meisterwerk des jungen Bildhauers in der Peterskirche von einem geistig verwirrten Besucher schwer beschädigt und steht seitdem hinter Panzerglas. Rom, Basilica di San Pietro

durch nicht. Michelangelo war felsenfest davon überzeugt, dass die überwältigende Mehrheit der Menschen aus Faulenzern und Nichtskönnern bestand. Dementsprechend trat er auch im rauen Ambiente der Marmorbrecher mit der Schroffheit des Meisters auf, der Lehrlinge in den Anfangsgründen ihres Metiers unterweisen musste. Dieses Bestreben, sämtliche Etappen der bildhauerischen Produktion unter seine Kontrolle zu bringen, weckte nicht nur bei missgünstigen Zeitgenossen den Verdacht der Habgier, gepaart mit Geiz. Die Auftraggeber zahlten Michelangelo Pauschalpreise, das heißt, er musste von diesen Summen sämtliche Ausgaben für Materialien und Löhne von Lieferanten und Mitarbeitern bestreiten; je niedriger er diese Kosten hielt, desto größer wurde sein Gewinn. Dass es ihm bei seinen lebenslangen Streitigkeiten mit Steinbruchunternehmern, Schiffs- und Fuhrleuten sowie Farbenmischern und Lehrlingen auch um eine solche Profitmaximierung ging, ist unbestreitbar. Doch der eigentliche Grund für diese Besessenheit, nichts fremder Verantwortung zu überlassen, lag tiefer.

Ausschlaggebend war das Streben nach künstlerischer Perfektion. Gemäß neoplatonischer Kunstlehre war der Bildhauer, der eine Figur aus dem Stein meißelte, ein Schöpfer im höchsten, gottähnlichen Verständnis: Er gestaltete sein Werk nicht willkürlich, sondern mit innerer Notwendigkeit, ja, er befreite es aus den Fesseln der rohen Materie und beseelte es dadurch gleichsam. Bei diesem Prozess der Freilegung aber war es unabdingbar, sich nicht ein für alle Mal durch ein fixes Modell festzulegen, sondern den Eingebungen der Inspiration bis zum Schluss folgen zu können. So betrachtet, war ein Marmorblock mehr als nur ein bloßer Werkstoff. Für Michelangelo begann die schöpferische Tätigkeit an der Pietà somit in den Steinbrüchen der Apuanischen Alpen.

Die aus dem Marmor von Carrara 1498/99 geschaffene Statue vereinte in den Augen der Zeitgenossen Schönheit und Frömmigkeit in einzigartiger Vollendung. Wie fast alle Werke Michelangelos erregte sie allerdings auch tiefes Befremden. Wie konnte der Bildhauer die Jungfrau Maria, die den Leichnam ihres (so die herkömmliche Berechnung) dreißigjährigen Sohnes in den Armen trug, so jung darstellen? Die Antwort lautete, dass hier eine höhere Daseinsform vergegenwärtigt war. Maria war eine sterbliche Frau und zugleich als Mutter des Gottessohns den Gesetzen der Fleischlichkeit und ihres Verfalls enthoben – so wie sie nach ihrem Tod in den Himmel empor fuhr und dort an der Seite Christi als Fürsprecherin der sündigen Menschheit thronte. Selbst von Sünde frei, war sie schon zu Lebzeiten natürlich und übernatürlich zugleich. Natürlich ist in Michelangelos Statue der tiefe Schmerz über das Martyrium des Sohnes; dieses Leid dringt jedoch nicht durch expressives Mienenspiel nach außen, sondern ist ganz nach Innen gerichtet und wirkt so bei aller Tiefe zugleich beherrscht, ja gefasst. Das wahre Ausmaß der Qual und Erschütterung aber spiegeln der tote wie der lebende Körper wider. Die Grausamkeit der Kreuzigung findet in der vollständigen Erschlaffung des toten Christus ihren Ausdruck – und damit zugleich die Größe der Erlösungstat und die daraus für die sündige Menschheit entspringende Hoffnung. Den inneren Aufruhr der Gottesmutter versinnbildlicht der unruhige Faltenwurf ihres Gewandes, der sich nach unten zu wild bewegten Marmorwellen steigert;

ihre Gebärdensprache zeugt von kontemplativer Versunkenheit in das Geschehen. Dieses aber findet im Sterben nicht sein Ende, sondern nimmt von dort aus einen neuen Anfang: Der am Kreuz verschiedene Dulder wird nach drei Tagen in aller Herrlichkeit auferstehen, über den Tod triumphieren und allen, die aufrichtig an ihn glauben, das ewige Leben schenken. In diesem Sinne weist die linke Hand Marias mit dem ausgestreckten Zeigefinger über die in Marmor erstarrte schmerzvolle Gegenwart in eine Zukunft, die diese Verheißung einlösen wird. Dieser Pietà hätte auch Savonarola, der nach eigener Aussage seine himmlischen Botschaften von Maria, der Himmelskönigin, erhielt, das Gütesiegel wahrhaft frommer Kunst nicht versagen können. In römischen Künstler- wie Kunstkennerkreisen erregte die Statue vor allem aufgrund ihrer beispiellosen technischen Virtuosität höchste Bewunderung. Mit diesem Werk hatte sich Michelangelo als der Meister profiliert, der das große Ziel der Humanisten, die Antike zu übertreffen, nach einhelliger Meinung erreicht hatte. Prestigeträchtige Nachfolgeaufträge waren die Folge.

Der nächste Kirchenfürst, der an ihn herantrat, war Kardinal Francesco Todeschini Piccolomini, der Neffe Pius' II. (1458–1464) und das Haupt einer gegen die extreme Verweltlichung der Kurie unter Alexander VI. Borgia gerichteten Opposition. Als Wortführer einer wertkonservativ ausgerichteten Reformbewegung forderte Todeschini Piccolomini eine nachhaltige Rückbesinnung auf die sittlichen Standards der Urkirche und damit auf die seelsorgerischen Pflichten des Papsttums, das der Christenheit als moralisches Vorbild dienen sollte. Alle Hoffnungen dieses Reformflügels richteten sich darauf, im nächsten Konklave einen an diesen Werten orientierten Kandidaten, am besten Todeschini Piccolomini selbst, zum Papst zu wählen und dadurch eine grundlegende Kursänderung an der Spitze der Kirche durchzusetzen. Um die Kandidatur dieses Kardinals, der nach mutigen Auftritten gegen das Terrorregiment der Borgia in Rom seines Lebens nicht mehr sicher war, beizeiten vorzubereiten, war Wahlwerbung in Form von aussagekräftigen Kunstwerken erforderlich. Das Leitmotiv dieser Propagandakampagnen war im Gegensatz zu den vorangehenden Pontifikaten nicht Personenkult, sondern die fromme Pflege der Erinnerung an den vorbildlichen Vorgänger aus der eigenen Familie. Damit sollten die Tugend der *pietas,* die Heiligung verbindlicher Traditionen und nicht zuletzt eine Familienwürdigkeit unter Beweis gestellt werden, die der Kirche in Form eines zweiten Piccolomini-Pontifikats zum Segen gereichen würden. In Rom ließen sich diese Propagandastrategien jedoch nicht umsetzen; hier hatten die verhassten Borgia die unumschränkte Verherrlichungshoheit. So musste Todeschini Piccolomini in seine Heimatstadt Siena ausweichen. Dort ließ er in der Dombibliothek von Pinturicchio monumentale Fresken malen, die den Aufstieg seines Onkels zum Papstthron als Willen der göttlichen Vorsehung darstellten. Parallel dazu erhielt Michelangelo im Juni 1501 den Auftrag, für den Dom von Siena einen von fremder Hand begonnenen monumentalen Altar zu vollenden. An den dafür bestimmten Statuen arbeitete Michelangelo jedoch weder in Siena noch in der Ewigen Stadt, aus der inzwischen auch sein Protektor Kardinal Sansoni Riario aus Furcht vor den Borgia geflohen war, sondern im heimatlichen Florenz.

Der Künstler der Republik

> Buonarroto sagte mir, dass Du dort mit viel Hausrat beziehungsweise im Elend lebst. Hausrat ist gut, aber Elend ist schlecht. Denn sich nichts zu gönnen, ist ein Laster vor Gott und den Menschen, und außerdem wird Dir diese Knappheit seelisch und körperlich schaden. Solange du jung bist, wirst du solche Misshelligkeiten einige Zeit lang ertragen, doch wenn die Kraft der Jugend schwindet, wird dieses Leben im Elend Krankheiten und Gebrechen zur Folge haben … Lebe also mäßig und überanstreng Dich nicht. Denn wenn Du krank wirst – was Gott verhüten möge – bist Du bei Deinem Beruf verloren.[17]

Michelangelos Bruder Buonarroto hatte bei einem Besuch in Rom den Kundschafter gespielt. Was er zu berichten hatte, betrübte und erfreute den Vater zugleich, wie der Brief vom 19. Dezember 1500 zeigt. Sein Sohn verdiente viel Geld und gab so gut wie nichts aus. Das eröffnete ihm mancherlei Chancen, selbst etwas abzubekommen; die vorangehenden Briefe bettelten geradezu darum. Andererseits konnte allzu viel innerweltliche Askese diese sprudelnde Geldquelle vorzeitig zum Versiegen bringen – deshalb die Ermahnungen, auch im Verzicht Maß zu halten.

Doch dazu war es zu spät. Seinen Lebensstil hatte der Künstler zu diesem Zeitpunkt bereits gefunden. Dass er nobel eingerichtet sei, war natürlich ein Scherz – im Italienischen reimt sich *masserizia* (Hausrat) auf *miseria*. Ein schmales Bett, ein Tisch, ein Stuhl: mehr gehörte nicht zu dieser Grundausstattung des jeweiligen Wohnraums, ob in der finsteren Gegend um den Ripa-Hafen oder zwischen den Trümmern des Trajansforums, wo Michelangelo danach, von 1513 bis zu seinem Tod 1564, hauste. Dazu kam eine nicht minder spartanisch eingerichtete Werkstatt und ab 1530 eine angebaute Wohnung für den Diener Urbino. Ähnlich karg sah der Speiseplan aus. Römische Handwerker lebten vom – billigen, das heißt braunen – Brot und dem sogenannten *companatico* («Zubrot»): Salat, Gemüse, Obst, sehr selten Fleisch. So ernährte sich auch Michelangelo. Dieses lebenslange Kleine-Leute-Essen dürfte ihn vor der Gicht, der Krankheit der Reichen, bewahrt und seine legendäre Gesundheit bis ins hohe Alter zumindest mit erhalten haben. Sein letztes großes Fresko beendete der stets hagere Künstler im Alter von fünfundsiebzig Jahren; und Freskieren war Knochenarbeit. Siebzig Jahre lang gleich blieb auch sein Äußeres. Michelangelo kleidete sich so schwarz und so schlicht wie möglich, ohne Rücksicht auf Moden. Und sein Leben bestand aus Arbeit, vom frühesten Morgen bis in die Nacht hinein. Mehr ist aus dem Alltag kaum zu berichten.

Umso mehr hatten die Zeitgenossen darüber zu reden. Sie empfanden diesen Lebensstil, je nach Standpunkt und Wahrnehmung, als fromm, geizig oder anklägerisch. Michelangelo selbst wollte den Anderen mit seiner ostentativen Bedürfnislosigkeit ein Gegenbild zu den herrschenden Werten der Reichen und Mächtigen vor Augen führen. Mochten diese sich dem Kult der schönen Dinge ergeben, ihre Paläste immer verschwenderischer ausstatten und sich an üppigen Speisefolgen delektieren – der Künstler zelebrierte, obwohl selbst früh wohlhabend und vor der Mitte seines Lebens reich, den Verzicht auf alles, was nicht lebensnotwendig war, mit grimmiger Konsequenz. Das Bewusstsein, sich gegen den hedonistischen Zeitgeist zu stemmen und dadurch der Welt ein moralisches Exempel zu liefern, erfüllte ihn mit Stolz und kämpferischer Energie, vor allem gegenüber seiner Familie.

> Ich versuche, so viel wie irgend möglich zu arbeiten ... Ich bin hier zutiefst unzufrieden, krank, völlig erschöpft, ohne Haushalt und ohne Geld.[18]

Ihr aber im seligen Florenz lasst es euch von meinem Geld gut gehen – das war das Fazit dieser Klagen. Michelangelo ging es um den Kontrast: Die eigene Armut und Schwermut wurden gegen das unerträglich leichte Dasein der anderen ausgespielt. Das war das Leitmotiv der Korrespondenz mit dem Vater und den Brüdern. Im einzelnen wurde es vielfach variiert. Doch am Ende lief es immer auf dasselbe hinaus: Meine unmenschliche Plackerei dient dem Ruhm der Familie! Darin bestand sein Lebensgefühl, ja seine Identität, doch auch die Selbstdarstellung nach außen. Zu diesem Ich-Gefühl wie zu dieser Imagebildung gehörte auch die Selbstinszenierung als einsamer und von allen befehdeter Streiter für die wahren Prinzipien der Kunst. Diese tragische Einfärbung des eigenen Schaffens und der eigenen Position in der Welt waren ohne Frage aufrichtig empfunden, doch ließ sich daraus auch eine sehr wirkungsvolle Strategie des Sozialverhaltens und speziell des Umgangs mit den Mächtigen entwickeln. Michelangelo, der düster gestimmte Genius, der wie Herkules und Sisyphos zugleich gegen eine Welt der Mittelmäßigkeit und der engstirnigen Borniertheit ankämpfte und lieber heroisch unterging, als Kompromisse zu schließen: dieses Bild verbreitete sich rasch und dauerhaft, ja, es prägte die Wahrnehmung des Künstlers durch seine Zeitgenossen auf Dauer. Dabei konnte, nüchtern betrachtet, von einem tragischen Scheitern durch die Missgunst der Neider und Kleingeister keine Rede sein, ganz im Gegenteil. Tragisch gestaltete sich das Dasein der Konkurrenten, die, solange Michelangelo lebte, immer mit zweiten Plätzen vorlieb nehmen mussten und nicht selten mit anfechtbaren Methoden kalt gestellt wurden. Nicht minder tragisch war die Lage zahlreicher Auftraggeber, die trotz großzügiger Vorschüsse lange Zeit vergeblich auf die Lieferung der bestellten Kunstwerke warteten.

Zum planvoll aufgebauten Image des Kunst-Titanen gehörte nämlich auch die Annahme mehrerer Großaufträge zugleich. Am 16. August 1501, nur zehn Wochen nach dem Kontrakt mit Kardinal Todeschini Piccolomini, verpflichtete sich der junge Star-Bildhauer vertraglich, für die Republik Florenz eine monumentale David-Skulptur zu meißeln, und

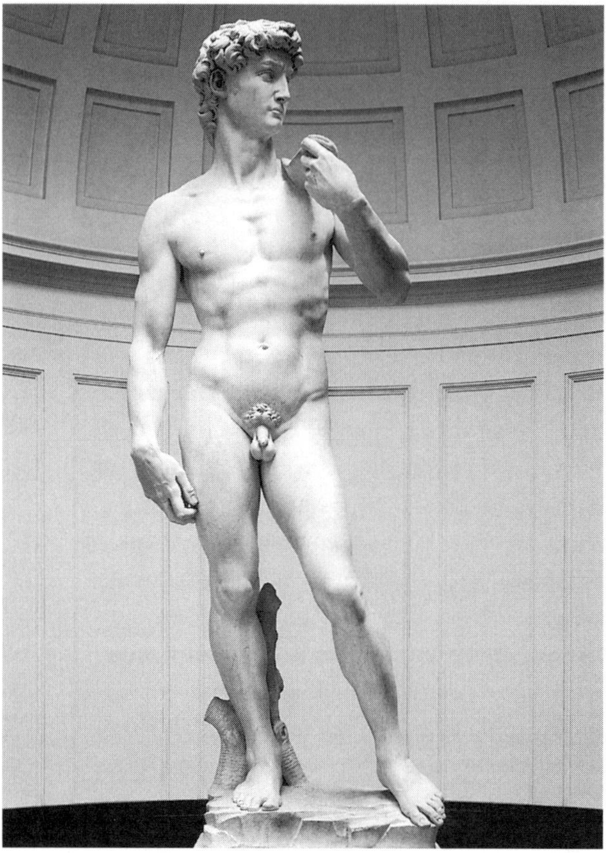

Michelangelo schuf die monumentale Statue des David 1504 als Symbol der Republik Florenz, aus der die Medici 1494 vertrieben worden waren. Diese politische Bedeutung trug dem Staatskunstwerk vor dem Regierungspalast in der Folgezeit mancherlei Beschädigungen und Gefährdungen ein. Florenz, Galleria dell' Accademia

zwar aus einem gigantischen, durch stümperhafte Vorarbeiten in Mitleidenschaft gezogenen Block. Als Retter gescheiterter Projekte aufzutreten und aus verunstaltetem Material wie ein Künstler-Gott die vollendetsten Statuen hervorzubringen – das gehörte ebenfalls zum Selbstverständnis und zur Selbstdarstellung des Genies. Und auch, was die politische Tragweite des neuen Auftrags betraf, blieb sich Michelangelo treu: Mit der Arbeit am Marmor-David stand er jetzt in Florenz zwischen allen Fronten. Denn der monumentale Hirtenknabe, der sich anschickte, den Riesen Goliath zu besiegen, war zum Symbol der Republik Florenz, ihrer Tapferkeit, Energie, Wehrhaftigkeit und Selbstbehauptungskraft, auserkoren – Tugenden, die es zum Ruhme des Freistaats, doch auch zur patriotischen Erziehung seiner Bürger eindrucksvoll zu versinnbildlichen galt.

Dem Namen und der Zusammensetzung der Trägerschicht nach war es dieselbe, dem Geiste nach aber eine andere Republik als die, welche Michelangelo fünf Jahre zuvor verlassen hatte. In der Zwischenzeit hatte Florenz mit Savonarola seinen geistlichen Führer, sein Orakel und seinen politischen Sinngeber zugleich verloren. Der Niedergang des Priors von San Marco begann damit, dass er sich als Haupt einer Interessengruppe in die Niederungen der florentinischen Tagespolitik herab begab und so seinen Nimbus als Versöhner und Friedensstifter über den Parteien einbüßte. Der Verlust von Charisma setzte sich dadurch fort, dass die Vorhersagen des Propheten immer häufiger in unüberbrückbaren Gegensatz zur tatsächlichen Entwicklung der Politik gerieten. Diese Widersprüche wiederum zwangen das selbsternannte Sprachrohr Gottes zu Erklärungen, die alles nur noch schlimmer machten: Bei der Übertragung himmlischer Botschaften in menschliche Alltagssprache schlichen sich – so die Entschuldigung für Fehlprognosen – gewisse Unschärfen und Ungenauigkeiten ein, die sich jedoch postwendend berichtigen ließen. Solche Auslassungen nährten Zweifel, die durch den rabiaten Gruppenegoismus der *piagnoni,* der fanatischen Anhänger des Propheten, vertieft wurden. Fatal für diesen wurde schließlich, dass er die Legitimität des regierenden Papstes Alexanders VI. bestritt, der bekanntermaßen durch Simonie, das heißt Bestechung seiner Wähler, auf den Thron Petri gelangt war, und Aktionen vorbereitete, die dessen Absetzung in die Wege leiten sollten. Die Gegenmaßnahmen des skrupellosen Machtpolitikers auf dem Papstthron aber isolierten Florenz geschäftlich und politisch, was Savonarolas Stellung weiter schwächte. Im Mai 1498 schlugen seine Gegner schließlich zu. Der Prior von San Marco wurde verhaftet, gefoltert, nach einem anfechtbaren Verfahren als Häretiker zum Tode verurteilt, erwürgt und öffentlich verbrannt. Für die einen war er ein Betrüger, der seine göttliche Mission aus Machtgier erfunden hatte, für die anderen ein Märtyrer der Wahrheit und der dringend erforderlichen Reform der Kirche an Haupt und Gliedern. Mehr denn je teilte sich Florenz in zwei Lager.

So musste sich eine innerlich zerrissene Republik jetzt im grauen Alltag bewähren, ohne die Hoffnung auf den Anbruch der seligen Endzeit.

Um sich für diese schwierige Zukunft zu wappnen, wählte sie ein Staatsoberhaupt auf Lebenszeit und gab ein neues Staatssymbol in Auftrag. Das Staatsoberhaupt sollte politische Stabilität garantieren, das Staatssymbol den Bürgern Mut machen. Chef der Republik wurde 1502 mit Piero Soderini einer der *primi*, der die für Ausgleich und Befriedung über Parteigrenzen hinweg nötigen Eigenschaften wie Intelligenz, Kompromissbereitschaft und Verhandlungsgeschick, nicht jedoch die dafür ebenfalls unabdingbare Härte und Durchsetzungsfähigkeit mitbrachte – so jedenfalls lautete das Urteil seines Untergebenen Niccolò Machiavelli, der mit Soderini in allen Fragen der Außen- und Militärpolitik eng und durchweg vertrauensvoll zusammenarbeitete. Die Aufgabe des Marmor-David aber bestand darin, dauerhafte moralische Aufrüstung zu betreiben, das heißt Patriziern und Handwerkern gleichermaßen den Glauben an die Existenzberechtigung und an die Erfolgsaussichten der gemeinsam getragenen Republik zu vermitteln. An symbolischen Zeichen, die diese Wertevergewisserung bewerkstelligen sollten, stand bislang nur Donatellos Statue der Judith zur Verfügung. Gewiss, mit dem drohend erhobenen Schwert und der Hand in den Haaren des Holofernes, dessen Haupt vom Rumpf zu trennen sie im Begriff war, veranschaulichte sie eindrucksvoll die Abwehrbereitschaft der guten Republikaner gegen alle Tyrannen. An Abschreckung fehlte es also nicht, wohl aber an Akzeptanz durch die Republikaner. Diese hegten – wie aus den Beratungen über die Findung eines neuen Staatssymbols hervorging – ihr gegenüber sogar gravierende Bedenken. Mochte der Enthauptete auch der grausame Feldherr eines finsteren Tyrannen sein, dadurch, dass er von einer Frau zu Tode gebracht wurde, schien vielen die natürliche Hierarchie der Geschlechter umgekehrt und damit die gottgewollte Ordnung gestört. Segen konnte über diesem Werk und dem Staat, dem es dienen sollte, mithin nicht walten. Zu allem Überfluss haftete Donatellos herbem Meisterwerk der Ruch einer Medici-Auftragsarbeit an. Sein Schicksal als Symbol der Republik war damit besiegelt. Um mit Optimismus in die Zukunft blicken zu können, brauchte Florenz ein Werk des Aufbruchs, des Neuanfangs und der Zuversicht.

So ließen sich die Erwartungen umreißen, die sich auf Michelangelos neue Statue richteten. Sie wurden von der 1504 fertig gestellten und vor dem Palazzo della Signoria, dem kommunalen Heiligtum, aufgestellten Skulptur allesamt glanzvoll übertroffen und zugleich bitter enttäuscht. In höchstem Maße erfüllt wurden die Hoffnungen auf ein grandioses Kunstwerk. Doch die patriotische Erziehung, die man von ihr erhoffte, blieb aus, denn der Unterschied zwischen Ideal und Wirklichkeit war zu groß. Der marmorne Hirtenknabe und künftige König der Juden hatte alles, was Florenz nicht nur nach Ansicht Machiavellis auch weiterhin komplett abging: Willenskraft, Energie, Mut, Kraft und Selbstbehauptungsvermögen, und das alles in höchster Potenz. Dieser Jüngling war im Gegensatz zur Republik, die er mit seinem Beispiel anfeuern sollte, zu Höherem berufen. Und er weiß von dieser Mission. So, wie ihn Michelangelo darstellte, ist er sich mit geradezu provozierender Selbstgewissheit sicher, die Bewährungsprobe glanzvoll zu bestehen. Freudig wie ein Held zum Siegen sieht er dem Kampf gegen Goliath entgegen; das stolze Haupt, die überdimensionalen Hände und der wunderbar athletische Körperbau versinnbildlichen diese unerschütterliche Selbstsicherheit. Sein ernster, gesammelter und zugleich kampfeslustiger Gesichtsausdruck zeigt an, dass er die ungeheure Herausforderung nicht nur angenommen, sondern den Riesen mental bereits überwunden hat. Aus seiner Miene lassen sich Trotz, Hohn und Triumph herauslesen, der Blick ist kraftvoll und zugleich nach innen gerichtet. Was die alten Römer und moderne politische Denker wie Machiavelli mit *virtus* meinten, ist hier exemplarisch veranschaulicht: physische Stärke als Quelle der Tapferkeit, Einsicht und Intelligenz als Voraussetzung für kraftvolles und planvolles Handeln, unbeugsame Willensstärke als Summe von Körper und Geist. Alles hat hier seine Zeit, die zielgerichtete Planung und das Abwarten des günstigsten Zeitpunkts. Der Sieg selbst ist nicht dargestellt, aber vorweggenommen. Ausmalen muss ihn sich der Betrachter selbst; und genau dadurch soll er sich selbst anspornen, auf seine Art ähnliche Heldentaten für seine Republik und gegen deren Feinde zu verrichten. Das unerschütterliche Vertrauen, allen Gefahren auch der bedrohlichsten Zukunft gewachsen zu sein, gewinnt hier eine wahrhaft mitreißende Überzeugungskraft.

Das real existierende Staatswesen aber quälte sich mehr denn je durch die innere wie die äußere Politik: furchtsam darauf bedacht, nicht bei Mächtigeren anzuecken, immer den Weg des geringsten Widerstands wählend, stets Risiken meidend, wo sich diese durch Geld statt durch Kampf ausräumen ließen. Überdies war die politische Klasse verzagt, was die Zukunft betraf, und zudem im Unreinen mit der eigenen Vergangenheit. Fuhr man nicht unter einer von den Medici gelenkten Republik sicherer durch die vielfältigen Fährnisse der Zeit? Härte, und zwar nicht selten ungerechte, zeigte dieses schwache Staatswesen nur dann, wenn es sich innerer Feinde durch Todesurteile entledigte. Zu entschlossenem Handeln nach außen hingegen vermochte Florenz sich nicht aufzuraffen. Da halfen auch alle Anstrengungen des unbestechlichen Staatsdieners Niccolò Machiavelli nichts. Demselben Milieu wie Michelangelo, nämlich dem abgesunkenen Patriziat entstammend und daher als Politiker meist nur mit nachgeordneten Funktionen betraut, träumte Machiavelli davon, die in Florenz vor mehr als zwei Jahrhunderten untergegangene Bürgermiliz und mit ihr den wehrhaften Patriotismus der alten Römer wiederzubeleben. Doch die Verantwortlichen schreckten davor zurück, den Florentinern Kriegswaffen in die Hand zu drücken. Sie fürchteten einen Bürgerkrieg. So kam am Ende ein typisch florentinischer Kompromiss zustande. Die Republik rekrutierte Bauernsöhne aus möglichst abgelegenen Teilen ihres Herrschaftsgebiets für die neue Truppe und ließ Machiavelli bei der Bewaffnung freie Hand. In der festen Überzeugung, dass die römische Republik ein Vorbild für alle Zeit war, auch in Sachen Kriegstechnik, stattete dieser seine unfreiwillig gemusterten Milizionäre mit dem Kurzschwert der Legionäre aus. Militärische Katastrophen waren damit vorprogrammiert.

Haben die beiden Querdenker aus dem politischen Abseits von Florenz beim David zusammengearbeitet, hat Machiavelli die Ideen geliefert, die Michelangelo veranschaulichte? Wenn ja, dann muss ein mündlicher Gedankenaustausch stattgefunden haben, denn gedruckt wurden Machiavellis Haupttexte – das Buch vom Fürsten, die Diskurse über Titus Livius und die Geschichte von Florenz – erst ein gutes Vierteljahrhundert später. Mochten die Vorstellungen des Staatsdenkers und des Bildhauers hinsichtlich der *virtus* auch zusammenfallen, so trennte sie weltanschaulich manches. Für Machiavelli war die Religion nur ein Herrschaftsmittel. Unter diesem Aspekt erschien ihm die christliche Lehre, die zu Demut und Leiden statt kühnen Taten fürs Vaterland erzog, als gänzlich untauglich. In seinem Denken ist jegliche Vorstellung von Erlösung, ja selbst die von einem Jenseits dem Bestreben gewichen, den perfekten Staat zu errichten und den im Naturzustand destruktiven Menschen zum opfer-bereiten Bürgersoldaten umzuerziehen. Michelangelo aber schuf mit dem David nicht nur einen durch überragende persönliche Eigenschaften siegreichen Kämpfer, sondern auch einen von der Vorsehung vorherbestimmten Krieger des Erwählten Volkes, auf dem der Segen des Herrn ruhte. Diese Mission wird durch die vollendeten Gliedmaßen des Helden widergespiegelt: David, der Ahnherr Christi, ist durch dieses Ebenmaß als ein Abbild Gottes, seines Schöpfers, ausgewiesen – so, wie der Künstler, der dieses Werk schuf, sichtlich mit göttlichen Gaben gesegnet war. Auf diese Weise verkündete die Statue vor dem Regierungspalast von Florenz nicht nur die Stärke der Republik Florenz, sondern auch die unvergleichliche Schöpferkraft Michelangelos, und zwar im Gegensatz zu ihrer politischen Botschaft mit durchschlagendem Erfolg. Ein erhabenes Bildwerk wie dieses – so lautete das einhellige Urteil – hatten weder Griechen noch Römer hervorgebracht, der Wettstreit mit der Antike war somit für die Gegenwart entschieden. Der Bildhauer hatte mit dem David ein Zeichen seiner Einzigartigkeit gesetzt und sich damit auf dem hart umkämpften italienischen Kunstmarkt uneinholbar positioniert; von jetzt an blieben für die anderen nur noch nachgeordnete Plätze und Aufgaben. Allerdings traten auch die Gefahren hervor, denen der Marmor-David aufgrund seiner politischen Aussage ausgesetzt war. Schon in der Nacht vor seiner Aufstellung gegenüber dem Palazzo della Signoria wurde das offizielle Kunstwerk der Republik von Anhängern der Medici mit Steinen attackiert. Dass der trutzige Freiheitswächter alle politischen Wechselfälle der nachfolgenden Jahrzehnte weitgehend unbeschadet überstand, verdankte er einzig und allein der zum Mythos gewordenen Größe seines Schöpfers.

Die technisch ungemein schwierige Arbeit an diesem Hauptprojekt hinderte Michelangelo nicht daran, gleichzeitig eine Fülle weiterer Aufträge auszuführen: einen David aus Bronze, eine Madonna für die Kirche Notre Dame in Brügge, diverse Heiligenfiguren, dazu zwei Gemälde der heiligen Familie, nicht zu vergessen vier Skulpturen für den Piccolomini-Altar in Siena sowie zwölf Apostel für den Florentiner Dom. Entgegen den eigenen Aussagen, dass er die gewinnträchtige Werkstattproduktion unter Mitarbeit von Gehilfen immer als seiner Kunst und seines Namens unwürdig verweigert habe, entstanden die meisten dieser konventionelleren Werke in Form solcher zeitüblichen Arbeitsteilung: Der Meister lieferte überwiegend Entwürfe und führte die schwierigsten Partien selbst aus, den Rest besorgten die Gesellen. Aus dieser reichen Produktion ragt neben der Gottesmutter mit dem Kind vor allem der Apostel Matthäus heraus, dessen muskulöser, gekrümmter Körper sich unter Qualen dem Marmor zu entringen scheint.

Neu und eigenständig zugleich in dieser breit gestreuten Produktion ist das wohl kurz nach dem monumentalen «David» entstandene Gemälde der Heiligen Familie, das nach seiner runden Form und seinem Auftraggeber, dem Florentiner Kaufmann Agnolo Doni «Tondo Doni» genannt wird (siehe Tafel 21). Standen die in den Quellen ungenau bezeichneten und in ihrer Zuschreibung lange umstrittenen Jugendwerke, die «Madonna mit dem Kind, Johannes dem Täufer und Engeln» sowie die «Grablegung», noch unverkennbar in der florentinischen Tradition, so hat sich in diesem Rundbild ein Stilwandel vollzogen. Die Dreiergruppe aus Joseph, Maria und dem Jesuskind ist so kunstvoll ineinander verschränkt, dass die räumlichen und statischen Verhältnisse regelrecht verschleiert werden. Der Erlöser-Knabe stützt sich mit beiden Händen auf das Haupt der Mutter, die ihn ihrerseits mit dem rechten Arm an der Schulter hält, und steht mit einem Bein auf deren rechtem Arm, während das andere Bein auf dem Schoß des Vaters ruht. Die Umrisse der Figuren sind äußerst plastisch hervorgehoben, ihre Muskeln wie in Marmor gemeißelt. Der Blick der Madonna richtet sich schräg zu ihrem Kind empor. In Gedanken versunken scheint sie das Geschehen der Passion ebenso vorauszuahnen wie der Knabe selbst, der sich der Mutter liebevoll und nachdenklich zugleich zuwendet. Ihre Blickrichtung nimmt der jugendliche Johannes der Täufer auf, der hinter der Steinstufe steht, die das Bild horizontal in zwei Hälften teilt. Als Vorläufer des Erlösers vermittelt er nicht nur räumlich, sondern auch zeitlich zwischen dem Heilsgeschehen und der heidnischen Antike, die von fünf nackten Jünglingen auf einer Balustrade dargestellt wird. Durch die Lebendigkeit der Charakterzeichnung sowie die Kühnheit der Erfindung und der Farbgebung, in der Orange,

Blau- und Rosatöne dominieren, zeigte das nur 1,20 Meter große Werk, dass von diesem Künstler auch in der Malerei Großes zu erwarten war.

Diesen Schluss zogen auch die florentinischen Politiker. Die Zustimmung, die der David von den Anhängern der Republik erfuhr, ermutigte deren Führer dazu, mit dieser kraftvollen Propaganda fortzufahren. Wo aber waren Mut und Tatkraft einflößende Kunstwerke angebrachter als im politischen Heiligtum des Freistaats, dem Sitzungssaal des Großen Rats im Palazzo della Signoria? Rückbesinnung auf verheißungsvolle Ursprünge musste nicht immer bis in die biblische Frühzeit zurückgehen. Um Patrizier und Handwerker, die sich die Bänke in diesem weiträumigen Tagungsraum teilten, zu tapferen Bürgersoldaten zu erziehen, bot es sich an, militärische Erfolge aus der jüngeren Vergangenheit von Florenz zu feiern – nach dem Motto: Was unsere Vorfahren geschafft haben, werden auch wir zum Ruhme der Republik vollbringen! Und so suchte und fand man zwei Schlachten, in denen das florentinische Aufgebot gegen vermeintlich stärkere Gegner die Oberhand behalten hatte. Dass dabei fremde Söldner unter der Führung eines auswärtigen Feldherrn und nicht freie Bürger für Heim und Herd gesiegt hatten, übersah man geflissentlich. Um diese beiden – bei genauer historischer Betrachtung eher dubiosen – Triumphe im hellsten Licht erscheinen zu lassen, warb die Republik für die beiden geplanten Riesenfresken die zwei berühmtesten Künstler aus heimischen Gefilden an: Leonardo da Vinci für die Schlacht von Anghiari im Jahre 1440 und Michelangelo für das Gefecht von Cascina 76 Jahre zuvor. Beide Projekte ereilte am Ende ein ähnliches Schicksal. Leonardos Fresko ging, zudem unvollendet, rasch am ebenso neuartigen wie unzuträglichen Gemisch der Werkstoffe zugrunde, mit dem der Maler an der Wand des Ratssaales experimentiert hatte – ein Stadium der Ausführung, in das Michelangelos Entwurf gar nicht erst gelangte. Selbst die beiden Kartons sind nur in Nachzeichnungen erhalten.

Während Leonardo ineinander verschlungene Krieger zu Pferde in einer geradezu raubtierhaft anmutenden Kampfeswut malte, zeigte die von Michelangelo geplante Szene, darin dem David nah verwandt, einen Moment der patriotischen Besinnung und des neu geschöpften Mutes (siehe Seite 66). Die Chronisten überlieferten in eher dürren Worten, dass die Florentiner Truppen anno 1364 von den Pisanern bei einer Ruhepause

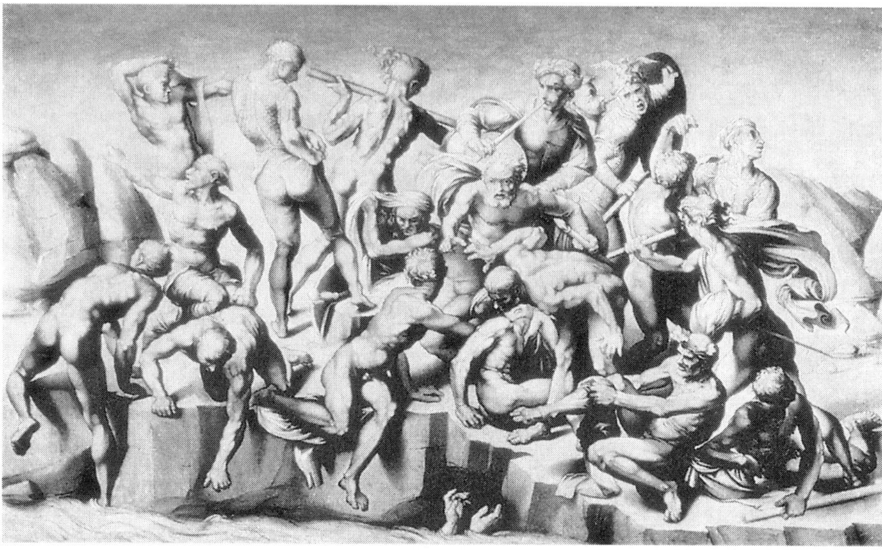

Aristotile da Sangallos Kopie des Kartons, den Michelangelo als Vorlage für das Fresko der Schlacht von Cascina im Saal des Großen Rats von Florenz schuf, lässt viel von der Dramatik des geplanten Wandbilds ahnen. Doch fehlt es der Szene der Krieger, die sich zum Streit rüsten, bei allem Pathos auch nicht an Ironie: Ganz rechts kämpft einer der nackten Helden nicht mit dem Feind, sondern mit einem Strumpf. Holkham Hall, Collection Earl of Leicester

überrascht wurden und um ein Haar vernichtend geschlagen worden wären, hätte nicht einer der Heerführer die Übersicht behalten und die nahende Gefahr geahnt. Die eher beiläufige Episode hätte Michelangelo – diesen Rückschluss lassen die Kopien zu – unter günstigeren Umständen zu einem beispielhaften Bild der *virtus* gestaltet: badende Krieger in antikischer Nacktheit, die in dem Augenblick, wo sie der Bedrohung gewahr werden, ihre mentalen wie physischen Kräfte sammeln und anspannen. Nicht der Kampf als bestialisches Getümmel und damit der Mensch als instinkthafter Teil der natürlichen Welt wie bei Leonardo, sondern der Triumph der Willenskraft, der Einsicht und des planvollen Handelns sollte hier verherrlicht werden. Doch es sollte nicht sein. Der Schöpfer des «David» wurde in Rom für noch größere Aufgaben benötigt.

2 IM DIENSTE JULIUS' II. (1505–1516)

Der Papst als Feldherr

In Rom hatten sich unterdessen die Ereignisse überschlagen. Im August 1503 brach die Herrschaft der Borgia nach mehr als einem Jahrzehnt wie ein Kartenhaus zusammen. Nach dem Tod seines Vaters, Papst Alexanders VI., hatte Cesare Borgia sein Herzogtum Romagna ebenso wenig behaupten können wie seine Machtstellung im Rom. Von der Malaria geschwächt, die den Pontifex maximus das Leben gekostet hatte, wurde der eben noch gefürchtete Nepot rasch ausmanövriert, gefangen gesetzt und in Spanien eingekerkert. Von dort konnte er zwar nach Navarra zu den Verwandten seiner Frau flüchten, doch blieb ihm ein politisches Comeback versagt – im März 1507 fiel der Mann, den Machiavelli zum fast vollkommenen Idealbild des politisch und militärisch erfolgreichen Fürsten erhoben hatte, in einem Gefecht am Fuß der Pyrenäen. Alexanders Nachfolger wurde zum Erstaunen der ganzen Christenheit und nicht zuletzt der Kardinäle selbst eben jener Francesco Todeschini Piccolomini, dessen Altar zu vollenden sich Michelangelo zwei Jahre zuvor vertraglich verpflichtet hatte. Doch dauerte der Pontifikat Pius' III., des zweiten Piccolomini-Papstes, nicht einmal vier Wochen. Aus dem anschließenden Kurz-Konklave ging am 31. Oktober 1503 mit Kardinal Giuliano della Rovere, der den Namen Julius II. annahm, der ehrgeizigste und politisch durchsetzungsfähigste unter den vielen Nepoten Sixtus' IV. hervor.

Durch diese – wiederum simonistische, das heißt mit kirchenrechtlich verbotenen (Geld-)Mitteln erkaufte – Wahl wurden die Uhren in Rom zugleich vor- und zurückgestellt: durch die vielfältigen Anknüpfungen an den Pontifikat Sixtus' IV. auf der einen und den Bruch mit dem Regierungsstil der Borgia auf der anderen Seite. Julius II. plante einen Kontrastpontifikat zu seinem Erzfeind Alexander VI., schraubte in diesem

Sinne den extremen Nepotismus seines Vorgängers zurück und unterdrückte zudem die sexuelle Freizügigkeit im Vatikan. Was die Wesenszüge des neuen Pontifex maximus betraf, so waren sich die Zeitgenossen nur in einem Punkt einig: Er war eine starke Persönlichkeit. Bei der Zuschreibung konkreter Eigenschaften gingen die Meinungen allerdings weit auseinander. Julius II. polarisierte wie kaum ein Papst vor ihm, an seinem Charakter wie an seiner Regierung schieden sich die Geister. Das Bild, das sich die italienische Öffentlichkeit von ihm und seiner Herrschaft machte, wurde vor allem von seinen Feldzügen zur Rückeroberung Bolognas und benachbarter Teile des Kirchenstaats bestimmt; unauslöschlich ins Gedächtnis der Zeitzeugen und der Nachwelt grub sich ein, wie der zornige Greis an der Spitze seiner Truppen, in Harnisch und Helm, die Festung Mirandola berannte und einnahm. Den Beinamen «il terribile» verdiente er sich auf diese Weise redlich. Schwang bei seinen Landsleuten darin ein gerüttelt Maß an Bewunderung mit, so wirkte sich dieses Image nördlich der Alpen verheerend aus. Dass der Stellvertreter Christi, des Gekreuzigten, ruhmgekrönt wie ein heidnischer Imperator an der Spitze seines Heeres zurückkehrte, erregte in weiten Teilen Europas Empörung. Für den Humanisten Erasmus von Rotterdam, der eine Reform der Kirche durch bessere Bildung und moralische Neubesinnung anstrebte, war der Pontifikat des zweiten Della-Rovere-Papstes ein einziger Skandal. In seiner – anonym veröffentlichten – Satire *Julius exclusus*, «der ausgeschlossene Julius», unterzieht Petrus an der Himmelspforte den frisch verstorbenen Pontifex maximus einem hochnotpeinlichen Examen. Darin offenbart dieser eine schier grenzenlose theologische Ignoranz und legt mit raubtierhafter Naivität sein völlig verweltlichtes, von Eroberungs- und Baugelüsten dominiertes Amtsverständnis dar. Diesen Vorlieben entsprechend verzichtet Julius am Ende des Dialogs auf den Einzug in den Himmel und beschließt stattdessen, eine prachtvolle neue Hölle zu errichten.

Mit dieser zugleich witzigen und ironischen Schlusswendung traf Erasmus das Wesen Julius' II. voll und ganz: Kämpfen und bauen, das waren die Leitmotive des Pontifikats. Beide Tätigkeiten waren unauflöslich ineinander verschränkt: Die Kunstwerke, die der Papst in Auftrag gab, wurden zielgerichtet als Waffen in den vielen Konflikten eingesetzt, die es inner- wie außerhalb des Kirchenstaats zu bestehen galt. Für diese großangelegte Propaganda waren die besten Künstler gerade gut genug. Schon Anfang 1505 erhielt Michelangelo daher ein Handgeld von 100 Dukaten für die Übersiedlung von Florenz nach Rom. Auch kulturell hatte sich Rom in den vier Jahren seiner Abwesenheit grundlegend gewandelt. Wie an der kriegerischen Politik Julius' II. schieden sich auch an seiner Selbstdarstellung die Geister.

Für die meisten Intellektuellen nördlich der Alpen zeugten sowohl sein Amtsverständnis als auch seine Prachtentfaltung von einer fatalen Fehlentwicklung der Kirchengeschichte, von gewissenloser Pflichtverletzung und grenzenlosem Hochmut. Ihrer Ansicht nach war das Papstamt dazu geschaffen, für Frieden in der Christenheit, notfalls unter Aufopferung des eigenen Lebens, zu sorgen, durch reine Lehre den Weg zum Seelenheil zu ebnen und für gute Bischöfe und Priester zu sorgen. Für die Humanisten im Dienste der Kurie standen hingegen ganz andere Aufgaben im Vordergrund. Ein erfolgreicher Papst hatte die Majestät des Amtes durch sein persönliches Auftreten, aber auch durch den Prunk der kirchlichen Feste und die Pracht neuer Basiliken zu repräsentieren. Reform bedeutete in ihrem Verständnis, Missstände durch die Einschärfung strengerer Verhaltensregeln für Kleriker und speziell Kirchenfürsten zu beheben. War diese Selbsterziehung erfolgreich – so die optimistische Zukunftserwartung –, dann würde unter der Führung des Heiligen Stuhls ein neues Goldenes Zeitalter der Wissenschaften und Künste anheben. Dadurch würden alle Gegensätze zwischen den Religionen unter der Vorherrschaft eines duldsamen Christentums aufgehoben und alle Menschen im Glauben an einen gütigen Schöpfergott geeint werden. Dieser nämlich hatte den Menschen von Anbeginn der Zeiten einen Teil des Heilsgeschehens offenbart, das durch die Erlösungstat Christi vollendet wurde. Schon die ältesten Religionen der Ägypter und Perser bauten also auf einem Kern von Wahrheit auf und waren so zugleich Vorstufen des Christentums, das allein den vollständigen Heilsplan des Herrn verkündete und den Weg zum Heil aufzeigte.

Auf diese Weise ließen sich die Gottheiten und mythologischen Gestalten des Heidentums als Vorläufer und Wahrheitszeugen zugleich interpretieren. Zum einen verwiesen sie darauf, dass zu ihrer Zeit die Erfüllung des Heilsversprechens noch ausstand. Zum anderen belegten sie durch ihre Orakel und Prophezeiungen, dass Christus der Messias war, und vermittelten durch ihre eigenen Wesenszüge eine Ahnung von der kommenden Herrlichkeit des Erlösers. Dadurch erweiterte sich das Ausdrucksspektrum der religiösen Kunst im Italien der Renaissance um den Formenschatz des griechischen und römischen Altertums: Jupiter konnte jetzt für Gottvater, Orpheus für Christus stehen. Allerdings war diese «Antikisierung» der Bildsprache nicht unumstritten. Auch in Italien teilten konservativer denkende Teile der Bildungs- und Machtelite das nördlich der Alpen vorherrschende Unbehagen an einer solchen synkretistischen Sicht der Geschichte, die die Kluft zwischen den Religionen und speziell zwischen dem heidnischen Altertum und dem Christentum überbrückte.

Nicht jedoch Julius II. – im Gegenteil, die Versöhnung zwischen dem heidnischen und dem christlichen Rom unter der Führung des Papsttums ließ er in zahlreichen Kunstwerken, aber auch in Münzen und Medaillen feiern; auf einer von diesen wurde er sogar als ein zweiter Julius Cäsar verherrlicht. Sich in die Nachfolge Cäsars zu stellen, der der römischen Republik ein Ende bereitet und die kaiserliche Herrschaft über das Imperium begründet, entsprach dem Machtanspruch des neuen Pontifex maximus, der den doppelten Primat, das heißt die Oberhoheit des Papsttums über die Weltkirche und über alle christlichen Staaten, wieder zur Geltung bringen wollte. So zeitgemäß diese kühne Propaganda, die das heidnische Imperium zum Erbe des Papsttums erklärte, nach den Maßstäben der römischen Humanisten auch sein mochte, so unzeitgemäß erwies sie sich im politischen und religiösen Klima der Zeit. Zum einen vertiefte sich damit der kulturelle Graben zwischen Italien und dem übrigen Europa; zum anderen ließen sich solche Ansprüche längst nicht mehr einlösen.

Der Bedarf an Propagandakunstwerken, der den zehnjährigen Pontifikat Julius II. charakterisiert, erklärt sich aus dessen Zielen; diese wiederum hatten sich in einem dreißigjährigen Kardinalat entwickelt. Kardinal aber war der spätere Papst nur geworden, weil es sein Onkel, Francesco Maria della Rovere, zuerst zum General des Franziskanerordens und danach bis auf den Thron Petri gebracht hatte. Bevor sie zu solchen Höhen emporkamen, waren die Della Rovere kleine Leute mit etwas Land und ein wenig Handel in der ligurischen Provinz, die der Republik Genua unterstand. Für die etablierte Machtelite Italiens waren und blieben sie Parvenüs und wurden, dem konservativen Klima der Zeit entsprechend, mit Verachtung und Misstrauen betrachtet. Als *Homines novi,* «neue Männer», neigten sie dazu, die Normen der Aristokratie, zu der sie gehören wollten, im Übermaß zu erfüllen. So überschüttete Sixtus IV. seine vielen Nepoten nicht nur mit Ämtern und Reichtümern, sondern ließ sie, ob weltlichen oder geistlichen Standes, am päpstlichen Hof die Rolle der Prinzen von Geblüt spielen. Nie zuvor waren in der Geschichte des Papsttums so prunkvolle Feste gefeiert, so üppige Gastmähler abgehalten und so viele Intrigen gesponnen worden wie unter der Herrschaft des ehemaligen Franziskaner-Generals zwischen 1471 und 1484. Hauptakteur des von den rivalisierenden Nepoten hin- und hergerissenen Pontifikats aber war jener Kardinal Giuliano della Rovere gewesen, dessen eigene Regierung neunzehn Jahre nach dem Tode Sixtus' IV. begann. In diesen knapp zwei Jahrzehnten hatte sich der umtriebige Kirchenfürst den Ruf eines wandelnden Konfliktherds erworben. Wo immer er sich aufhielt – und während der Regierung seines Todfeindes Alexanders VI. Borgia von 1492 bis 1503 war das meistens im Exil – versuchte er, Koalitionen gegen seine rasch wechselnden Gegner zu schmieden, so die einhellige Einschätzung der Diplomaten. So trug er im Jahr 1494 wesentlich dazu bei, dass mit dem Italienzug Karls VIII. das Zeitalter der französisch-habsburgischen Kämpfe um die Hegemonie in Italien und Europa begann.

In seinen Mitteln und Methoden kaum weniger skrupellos als die Borgia, deren Untergang er besiegelte, setzte Giuliano della Rovere als Papst im Unterschied zu diesen politische Prioritäten mit Augenmaß. Zum einen ging es Julius II. um die Festigung der päpstlichen Oberhoheit im Kirchenstaat, in dem die Borgia ein de facto autonomes Familienfürstentum Romagna und die Bentivoglio in Bologna eine ebenfalls von Rom weitgehend unabhängige Vorherrschaft begründet hatten. Zum anderen war er darum bemüht, die schon von Sixtus IV. in die Wege geleitete Erhöhung der Familie Della Rovere dauerhaft abzusichern. Diese Festigung des Familienranges aber ließ sich am besten dadurch bewerkstelligen, dass sich der Papst ostentativ vom extremen Nepotismus seiner Vorgänger und damit auch seines Onkels distanzierte. «Alle Anstrengungen zugunsten des Kirchenstaates!»: Mit dieser Propagandalosung ließ sich Familienförderung viel unauffälliger und zugleich erfolgreicher betreiben als zur Zeit der Borgia, die alles, was sie zusammengerafft hatten, zur moralischen Genugtuung einer empörten Öffentlichkeit wieder hergeben mussten.

Geostrategisch betrachtet gaben die Della Rovere in ihrem zweiten Pontifikat den Kampf um Rom, in dem so viele Nepoten seit der Mitte des 15. Jahrhunderts so viele Kräfte für eine stets labile Machtstellung verschlissen hatten, zwar nicht völlig auf, doch verlagerten sie den Schwerpunkt ihrer Anstrengungen vom Zentrum in die Peripherie. Kardinalsernennungen Julius' II. garantierten weiterhin die Präsenz der Familie im Vatikan, ihr Herrschaftszentrum aber bildeten die Della Rovere weitab davon in Urbino. Dort stand die angestammte Herzogsfamilie Montefeltro unmittelbar vor dem Erlöschen in der männlichen Hauptlinie. Herzog Guidobaldo da Montefeltro war kränklich und ohne Nachkommen, was in absehbarer Zeit den Heimfall dieses Lehens an das Papsttum zur Folge haben musste. Doch dem hatte Sixtus IV. beizeiten entgegengewirkt, als er seinen Bruder Giovanni della Rovere mit Federico da Montefeltros Tochter Giovanna verheiratete. Julius II. wiederum setzte durch, dass Herzog Guidobaldo den dieser Ehe entspringenden Sohn namens Francesco Maria della Rovere als künftigen Erben adoptierte. Alle Planungen des Papstes für seine Familie waren auf diesen entscheidenden Augenblick hin ausgerichtet – wenn Guidobaldo das Zeitliche segnete, musste der Übergang seiner Herrschaft an die Della Rovere gesichert werden. Und er hatte Glück: 1508 starb der letzte Montefeltro-Herzog, und Francesco Maria della Rovere wurde sein Nachfolger. Damit hatten die Parvenüs aus der genuesischen Provinz mehr erreicht als alle Nepoten zuvor. Noch mehr zu wollen wäre selbstzerstörerisch, wie Julius II. klar erkannte. Ja, aus dem Verzicht auf weiteren Großnepotismus ließ sich viel mehr Kapital schlagen.

Nach elfjähriger Borgia-Herrschaft und fast ebenso langer Abwesenheit von Rom musste Julius II. bei Amtsantritt zuallererst für seine Sicherheit und für neues Personal an den Schüsselstellen des kurialen Apparates sorgen. Als Leibwächter stellte er Schweizer Söldner ein; als Ausländer ohne Beziehungen zu rivalisierenden Kardinälen und zum römischen Adel waren sie die idealen Personenschützer, auf deren Loyalität man zählen konnte. Danach wurden Verwandte und enge Gefolgsleute zu Kardinälen erhoben. Und sobald sich die Herrschaft durch diese Maßnahmen einigermaßen gefestigt hatte, wurden große Kunstaufträge geplant.

Das Grabmal

Als Michelangelo im März 1505 nach Rom kam, war Julius bereits daran gegangen, unauslöschliche Zeichen seiner Herrschaft im römischen Stadtbild zu planen. Eine breite neue Prachtstraße, die Via Giulia, sollte die zu den Heiligen Jahren erwarteten Pilgermassen durch das Gassengewirr um den Campo de' Fiori zur Engelsbrücke und über diese nach Sankt Peter, ins Herz der Kirche, führen. Neben dieser im Laufe der Jahrhunderte zu einer regelrechten Kirchenstadt angewachsenen Riesenbasilika des Apostelfürsten wurde der Vatikanische Palast, in den die Päpste am Ende des 14. Jahrhunderts aus dem abgelegenen und unsicheren Lateran umgezogen waren, mit einem prachtvollen neuen Trakt und einer offenen Loggia ausgestattet. Das alles geschah gleichzeitig und in Eile, ja nicht selten mit drängender Hast. Julius II. war bei Amtsantritt bereits sechzig Jahre alt und seine Gesundheit nicht die stabilste. Mit einem kurzen Pontifikat war daher zu rechnen.

So erklärt sich auch der erste große Auftrag Michelangelos: das Grabmal Julius' II. Ein solches Monument zu Lebzeiten zu bestellen war nicht nur von frommen Gedanken an den unausweichlichen Tod, sondern auch von der Vorsorge für die Familie bestimmt. Nach dem Ableben eines Papstes waren dessen Nepoten als die Meistbegünstigten des zu Ende gegangenen Pontifikats in einer wenig beneidenswerten, ja nicht selten gefährlichen Lage; an ihnen konnte sein Mütchen kühlen, wer sich benachteiligt glaubte, gegen sie richtete sich die Wut der Zukurzgekommenen. Zudem verloren sie jetzt einen Großteil ihrer Einkünfte und zahlreiche Privilegien, die an ihre natürlichen Feinde, die Verwandten des neuen Papstes, übergingen. Für die Ex-Nepoten war es daher eine regelrechte Überlebensstrategie, die Erinnerung an «ihren» Papst so intensiv wie möglich zu pflegen. Gelang es, das Bild, das sich die Nachwelt von dessen Regierung machte, im hellsten Licht erscheinen zu lassen, dann konnte aus der verklärten Vergangenheit sogar eine strahlende Zukunft hervorgehen; immerhin hatte zwischen 1432 und 1503 nicht weniger als vier Mal der Neffe eines Papstes selbst den Thron Petri bestiegen. Das in die richtigen Bahnen gelenkte Gedenken war also das Pfund, mit dem die Nachgeborenen wuchern mussten; ohne diesen Kult der *memoria*, des verklärten Gedächtnisses, konnte sich keine Papstfamilie an der Kurie behaupten. Die Menschen neigten, wie die zeitgenössischen Politiktheoretiker betonten, zur Undankbarkeit; ein großartiges Grabmal ermahnte sie in heilsamer Weise dazu, sich für die vielen Wohltaten, die ihnen der Verstorbene erwiesen hatte, erkenntlich zu zeigen.

Der frühzeitige Auftrag, eine erinnerungsmächtige letzte Ruhestätte zu errichten, war also für einen zugleich betagten und politisch hoch aktiven Papst wie Julius II. eine kluge Maßnahme. Im Übrigen besaß er in Sachen Grabmals-Planung bereits Erfahrung, hatte er doch für seinen Onkel ein freistehendes Bronzemonument in einer eigens dafür bestimmten Kapelle von St. Peter errichten lassen. Selbst zum Papst gewählt, stand er damit unter Zugzwang. Sein eigenes Erinnerungszeichen musste nicht nur Bezug auf Sixtus IV. nehmen, sondern die Abfolge zweier Della-Rovere-Pontifikate als von der Vorsehung bestimmte Erfolgsgeschichte mit möglicher Fortsetzung darstellen. Schon die ersten von Michelangelo gelieferten Entwürfe zeigten, dass der erwünschte Steigerungs-Effekt garantiert sein würde. Der Künstler selbst verhieß: Dieses Werk würde alle bisherigen Grabmonumente, sei es von Kaisern, sei es von Päpsten, in den Schatten stellen (siehe Seite 75).

Wie immer bei Großprojekten Michelangelos war es mit der eigentlichen Planungs- und Bildhauerarbeit nicht getan. Zuerst kam die Materialbeschaffung; und von Anfang an stellte sich das Problem, wo und wie das fertige Werk aufgestellt werden sollte. Diese Schwierigkeiten wiederum hingen mit den kolossalen Dimensionen des von Julius gewollten Monuments zusammen. So, wie es Michelangelo in seinem Auftrag entwarf, würde es mehr Raum einnehmen, als die alte Peterskirche zu bieten hatte. Nun, dann musste man eben eine neue Basilika bauen – das war die Logik des zweiten Della-Rovere-Papstes. Dass die Kirche des Apostelfürsten erneuerungsbedürftig war, hatte bereits Nikolaus V. (1447–1455) festgestellt und deshalb einen neuen Chor in Auftrag gegeben. Doch fiel

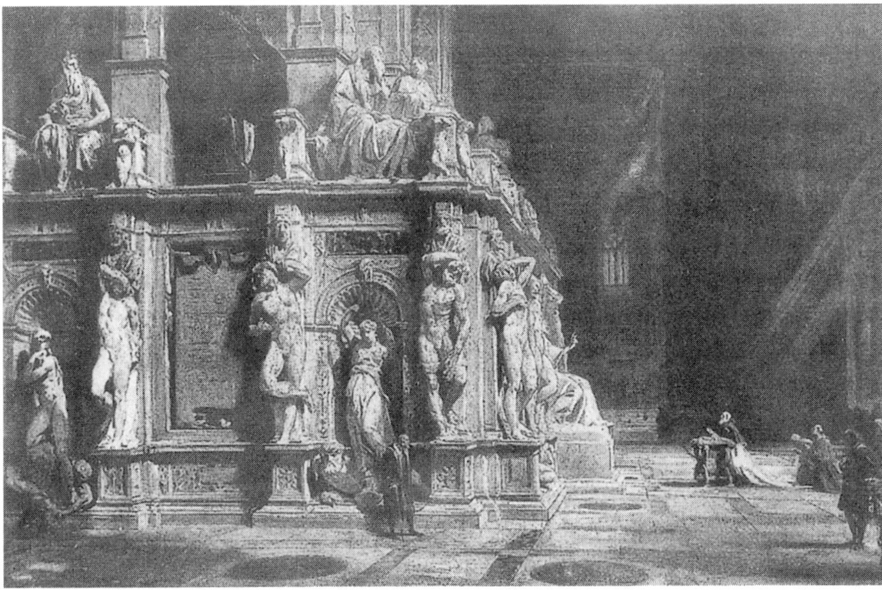

So stellte sich ein phantasievoller Maler des 19. Jahrhunderts Michelangelos Julius-Grabmal in der ursprünglich geplanten Gestalt vor. Obwohl die Dimensionen übertrieben und einige Figuren frei erfunden sind, vermittelt das Bild doch einen Eindruck davon, wie überwältigend das Monument mit seinen Gefangenen und Siegesgöttinnen auf den Betrachter gewirkt hätte. Gemälde von Lodovico Pogliaghi (1857–1950)

das Urteil der Statikspezialisten insgesamt keineswegs dramatisch aus. Gewiss, vieles an diesem Riesenbau, an dem zwölf Jahrhunderte nicht spurlos vorübergegangen waren, war altersschwach, doch waren die Schäden und Abnutzungserscheinungen nirgendwo irreparabel. Nikolaus' Chorneubau kam zwar – bezeichnend für die geistliche Wahlmonarchie Rom mit ihrem raschen Herrscher- und Prioritätenwechsel – in einem halben Jahrhundert nicht zum Abschluss; doch war damit ein Anfang gemacht und ein Präzedenzfall geschaffen. Ein Neubau, der die alten Strukturen so weit wie möglich respektierte, war daher eine legitime Option.

Zu einem Tabubruch ohnegleichen wurde die Geschichte des Grabmals und des Neubaus dennoch. Nach Michelangelos Entwurf sollte das Monument Julius' II. zwar nicht (wie lange geglaubt) im Zentrum der Basilika über dem dort vermuteten Petrusgrab, sondern im Chor der Kirche stehen, doch mit dessen Neuerrichtung konnte es gleichwohl nicht sein Bewenden haben. So kam eins zum anderen, und aus dem Grabmalsprojekt wurde innerhalb eines einzigen Jahres der Plan, die Basilika des Apostelfürsten und ersten Papstes gänzlich neu zu errichten. Das aber hieß zugleich, den Altbau mit all seinen Erinnerungen und Traditionen, mit all seiner in Jahrhunderten gewachsenen Aura abzureißen. Allein schon der Gedanke daran erschreckte viele. Durfte ein Einzelner dem Erdboden gleich machen, was so viele Generationen fromm erbaut hatten? Und war es nicht vollends frevelhafte Selbstüberschätzung, das alles dem eigenen Grabmal zu opfern? Und was für ein Grabmal! Die Vorzeichnungen Michelangelos lassen zusammen mit den Angaben Condivis und Vasaris den Schluss zu, dass es im neuen Chor der neuen Peterskirche frei stehen, das heißt von allen Seiten zugänglich und zudem mit nicht weniger als vierzig mindestens lebensgroßen Statuen geschmückt sein sollte. Vierzig Skulpturen von den Ausmaßen des Moses, wie er als einsamer Überrest der ursprünglichen Planung am schließlich fertig gestellten Grabmal Julius' II. in der Kirche San Pietro in Vincoli steht, verteilt auf die vier Seiten eines einzigen Monuments – das ergab ein Denkmal, das den Neubau der Basilika als Erinnerungs- und Legitimationsstätte des Papsttums unglaubwürdig gemacht hätte.

Durch eine solche einem einzelnen Amtsinhaber gewidmete Verherrlichungsstätte wäre die neu errichtete Basilika zum Familienkultort der Della Rovere umgewidmet und damit für die Institution Papsttum unbrauchbar, ja schädlich geworden. Das Papstamt nämlich rechtfertigte sich durch seinen Wahlcharakter; nach jedem Tod eines Pontifex maximus galt es, den Würdigsten zu küren, unabhängig von Herkunft und Familie. Der neu Erhobene aber hatte, wie sein Papstname anzeigte, alles Menschlich-Allzumenschliche abzustreifen und in seinem Amt aufzugehen. Das Monument Julius' II. aber hätte das schiere Gegenteil dieser Verwandlung gezeigt. Statt demütiger Unterordnung des Einzelnen unter die Abfolge der Amtsinhaber hätte es einen Personen- und Dynastiekult betrieben, dem in den Augen der Zeitgenossen etwas Größenwahnsinniges anhaftete. Das Erinnerungszeichen, das sich dieser Papst zu setzen gedachte, war von einer so anmaßenden, ja endgültigen Großartigkeit, dass es keine ebenbürtige Nachfolge mehr geben konnte: Mit diesem Papst würde keiner seiner Nachfolger jemals konkurrieren können. Schlimmer noch: Alle späteren Pontifikate mussten so als Abstieg im Zeichen unaufhaltsamen Bedeutungsverlusts erscheinen. Dadurch musste das Papsttum in seinen Grundfesten erschüttert werden.

Selbst bei den kühnsten und optimistischsten Geschichtsdenkern unter den kurialen Humanisten mussten diese Pläne Unbehagen erregen. Für die begeisterten Wiederentdecker der altrömischen Kulturgröße war allein schon die Vorstellung unerträglich, so viele kostbare Zeugnisse einer ruhmreichen Vergangenheit abzureißen. Im Gegensatz zu diesem gewalttätigen Papst zerstörten sie nicht die Überreste der Antike, sondern verehrten und bewahrten sie, ja sie profilierten sich geradezu als die ersten Denkmalschützer der Geschichte. Sie wollten mit den Hervorbringungen des klassischen Altertums konkurrieren und diesen edlen Wettstreit für sich entscheiden; die Zeugnisse der Vergangenheit einfach auszulöschen aber war kein Sieg, sondern ein Eingeständnis der Niederlage, ja der Unwürdigkeit. So herrschte in Rom Entsetzen, als der greise Papst und sein kaum minder bejahrter Architekt Bramante sich anschickten, den Altbau von Sankt Peter niederzulegen. Dabei gingen sie – dem Motto des Pontifikats «Es ist fünf vor zwölf» entsprechend – mit einem derartigen Furor zu Werke, dass selbst die kostbarsten Erinnerungsstücke der alten Basilika zerstört und in alle Winde zerstreut wurden. Dieses rabiate Vorgehen provozierte kritische Fragen in der ganzen Christenheit: Spiegelte diese Pietätlosigkeit etwa das wahre Wesen des Papsttums und des Amtsinhabers wider? Verbarg sich hinter der Maske der Frömmigkeit in Wirklichkeit der Antichrist, der perfide Nachäffer des Erlösers, der die Menschen zum Bösen verleitete und zur Hölle hinabführte? Zeigte sich nicht in der Rücksichtslosigkeit des Abrisses die ganze Verachtung für die heiligen Anfänge des Christentums, von denen sich das Papsttum längst abgewandt, ja in dessen Gegenteil es sich verwandelt hatte? Zeigte es in diesem neuen Prunktempel nicht sein wahres, machtgieriges und damit teuflisches Gesicht? Und erfand das Papsttum nicht unablässig neue, seiner Macht und seinem Reichtum förderliche Lehren und Dogmen, während es die ihm lästige evangelische Wahrheit systematisch verdunkelte und in frevlerischer Abkehr davon geistliche und weltliche Gewalt zum Schaden der

Christenheit vereinte? Allein schon dadurch, dass er diese gravierenden Einwände provozierte, die die Reformatoren, allen voran Martin Luther, einige Jahre später mit Vehemenz verbreiteten, wurde der Neubau von St. Peter zum folgenreichsten Bauprojekt der Geschichte. Und das alles wegen eines Grabmals.

Mindestens ebenso anstößig wie dessen Dimensionen waren die Statuen, die es zieren sollten. In der unteren Zone nämlich hatte Michelangelo vierzehn Siegesgöttinnen und zwanzig *prigioni,* unterworfene Feinde, vorgesehen. Einen Eindruck davon, wie diese ausgesehen hätten, vermitteln die einige Jahre später für das inzwischen modifizierte Projekt geschaffenen, fälschlich «Sklaven» genannten Skulpturen. Ob ihr Leben aushauchend oder qualvoll in Ketten geschlagen, allein schon durch ihre Nacktheit und die betörende Schönheit ihrer Körper hätten sie auf einem Papstgrabmal in Sankt Peter deplatziert gewirkt. Darstellungen sterbender Feinde kannte man von den Triumphsäulen der Kaiser Trajan und Mark Aurel. Heidnisch und imperial: so hätte sich der Gesamteindruck des ursprünglich geplanten Grabmals denn auch beschreiben lassen. Die Übereinstimmung mit anderen Propagandakunstwerken Julius II., in denen dieser das Erbe des römischen Imperiums antrat, sticht ins Auge.

Mehr als vier Jahrzehnte danach versuchten Michelangelos erste Biographen diese Entwürfe durch Umdeutungen zu entschärfen. Für Condivi, das Sprachrohr des greisen Meisters, bezeichneten die zwanzig *prigioni* die sieben Freien Künste sowie Architektur, Bildhauerei und Malerei. Diese seien wie menschliche Lebewesen dem Zyklus von Werden und Vergehen unterworfen und daher durch den Tod Julius' II., ihres Förderers, dem Niedergang geweiht. Folgt man dieser Deutung, dann verkünden die «Gefangenen» zwanzig Mal dieselbe Botschaft: Unter diesem Papst erfüllen sich Kunst und Kultur in strahlender Endzeitlichkeit. Danach aber folgt nichts als Abstieg. Und so wird nach diesem Goldenen Zeitalter bald ein Eisernes mit Krieg und Zerstörung der Kultur anbrechen. Diese Aussage aber war nicht im Sinne der römischen Humanisten und entsprach auch nicht dem Selbstverständnis Julius' II. Er sah seine Größe darin, eine dauerhafte Blütezeit der Künste und Wissenschaften herbeizuführen. Condivis Interpretation führt also in die Irre. Selbst wenn man seine Erklärung der *prigioni* akzeptierte, bliebe die Rolle der

Siegesgöttinnen zweifelhaft. Sinnvoll waren sie innerhalb dieses Deutungskonzepts nur, wenn sie den Triumph der erbarmungslosen Zeit über alles irdische Dasein und menschliche Streben verkörperten. Doch eine solche Vergänglichkeit vorzuweisen, war nicht der Sinn dieses Grabmals, im Gegenteil: Es hätte durch das Zusammenspiel der Gefangenen und der Siegesgöttinnen den überwältigenden Eindruck von Kampf und Sieg vermittelt. Hier wurde Widerstrebenden ein Joch aufgelegt, das von unbezwingbarer Stärke kündete. Hier wurden Feinde unterworfen, die es gewagt hatten, gegen den von Gott verbürgten Herrschaftsanspruch des Papstes zu rebellieren.

Mit dieser Aussage standen die *prigioni* des Grabmalsprojekts zudem in einer ureigenen Della-Rovere-Tradition. Die unter Sixtus IV. in der Sixtinischen Kapelle geschaffenen Wandfresken zeigten in den Schlüsselszenen der Moses-Vita, wie sich Aufrührer gegen den von Gott eingesetzten geistlichen und weltlichen Führer des Volkes Israel zusammenrotteten und von Gott als Aufrührer gestraft zugrunde gingen. Moses brauchte nur den Arm zu heben, und schon züchtigte der Himmel die Frevler, wie sie es verdient hatten. Die einen verzehrte das Feuer ihrer eigenen Lampen, die anderen wurden in die Eingeweide der Erde verstoßen. Ganz ähnlich erging es den Gefangenen des Julius-Grabmals, die ihren Widerstand mit Kerker oder Tod bezahlten. Wer damit gemeint war, konnte bei einem Papst, der es sich zur Aufgabe gemacht hatte, die vielen unruhigen Untertanen im Norden seines Herrschaftsgebiets zur Räson zu bringen, kaum zweifelhaft erscheinen. Dieser ursprüngliche, ganz und gar politische und militärische Sinn scheint denn auch in der Biographie Vasaris durch, der in den *prigioni* die von Julius II. unterworfenen Provinzen erkennt.

Die irreführenden Auslegungen Condivis machen deutlich, wie sich der Künstler selbst nach so langer Zeit von der ursprünglichen Aussage seines Projekts distanziert hat. Die Selbstdarstellung des kriegerischen Papstes ist nach der Mitte des 16. Jahrhunderts nicht nur für die Kurie mit ihren gewandelten Normen, sondern auch für Michelangelo selbst unannehmbar geworden. Anstößig aber hätte ein solches Grabmal für einen geschworenen Savonarola-Anhänger schon im Jahre 1506 sein müssen. Hatte der junge Bildhauer also ein Werk entworfen, das er vom weltanschaulichen Standpunkt her missbilligen musste? Rückte er durch die verharmlosende Umdeutung ein halbes Jahrhundert danach zugleich von seiner Bereitschaft ab, aus Ehrgeiz gegen seine Überzeugung zu handeln? Offenbar sah Michelangelo im Grabmals-Auftrag eine einmalige Gelegenheit, seine künstlerische Größe unter Beweis zu stellen und damit definitiv die Ehre zu gewinnen, die ihm aufgrund seiner Abstammung und seiner Fähigkeiten zustand. Die Bedenken, die dahinter zurücktraten, gewannen die Oberhand, als dieses Ziel dauerhaft erreicht war.

Über den vierzehn Siegesgöttinnen und zwanzig Gefangenen waren sechs weitere Figuren vorgesehen. In einer Zwischenzone sollten – folgt man Vasari – die Statuen des Moses und des Apostels Paulus aufgestellt werden. Die Präsenz des Heidenapostels neben dem Führer des Volkes Israel hätte dem Monument einen missionarischen und seelsorgerischen Akzent verliehen, der so gar nicht zum Pontifikat Julius' II. und dessen Selbstdarstellung passen wollte, ganz im Gegensatz zum Moses. Dieser spiegelte geradezu vollendet wider, wie Julius sein eigenes Wirken auffasste: von himmlischen Mächten eingesetzt und gestützt, doch zugleich von höchster irdischer Energie beseelt und mit einer ganzheitlichen Vollgewalt als politischer und kirchlicher Herrscher ausgestattet, durch die alle Widersacher zu Schanden werden. Diese Triumphe hätten durch die Statue des Paulus, der seine Siege allein durch die Kraft des Glaubens und der göttlichen Inspiration errang, eine entschiedene Vergeistigung erfahren. Die spirituelle Note wäre darüber hinaus durch die laut Vasari gleichfalls geplanten Statuen der *Vita activa* und der *Vita contemplativa*, des tätigen wie des kontemplativen Lebens, verstärkt worden. Doch auch hier kommen Zweifel auf. Studium der heiligen Texte in stiller Abgeschiedenheit und Meditation über die Mysterien des Glaubens waren nicht die Tätigkeiten, durch die Julius II. der Nachwelt in Erinnerung blieb; auf dem Grabmal des kriegerischsten aller Päpste hätte eine solche Allegorie befremdlich gewirkt. Noch unsicherer sind die Quellen, was die Bekrönung des gewaltigen Mausoleums betrifft. Ob Engel oder heidnische Gottheiten, Bahre oder Stuhl mit einem liegenden oder sitzenden Papst – die Angaben widersprechen sich. Doch dürfte als Abschluss für ein freistehendes Monument nur eine thronende Figur in Frage gekommen sein. Durch sie hätte der Verstorbene über den Tod triumphiert. Die zerstörerische Zeit hätte die Macht über ihn verloren, da seine Taten in Ewigkeit fortlebten.

Die Rebellion

Doch am Ende siegte die Zeit über das gewaltige Projekt. Das Problem des Zeitaufwands war von Anfang an ungelöst. Wie sollte ein einzelner Bildhauer, selbst wenn er gegen seine Prinzipien für untergeordnete Arbeiten Gehilfen beschäftigte, eine derartige Fülle von Skulpturen in einem für den Auftraggeber akzeptablen, das heißt über das Pontifikatsende nicht wesentlich hinausreichenden Zeitraum bewältigen – von den zuvor vereinbarten Großaufträgen des Piccolominialtars und des Riesenfreskos für den Saal des Großen Rates in Florenz ganz zu schweigen? Einem nicht nur in finanziellen Angelegenheiten so kühl kalkulierenden Geschäftsmann wie Michelangelo musste klar sein, dass bei seinen hohen Ansprüchen an die Qualität seiner Werke ein Menschenleben für die Fertigstellung der vertraglich übernommenen Aufgaben nicht ausreichen konnte. Lag dieser Überfülle eine euphorische Selbstüberschätzung der eigenen Arbeitskraft zugrunde, wie sie einem Menschheitsgenie nicht übel ansteht? Diese gängige Erklärung scheidet schon deshalb aus, weil der beklemmende Auftragsstau keine Einzel-, sondern eine lebenslange Dauererscheinung war. Brauchte der rastlos tätige Künstler also den Stress, den die ewig drängenden Auftraggeber, die unaufhörlichen Mahnungen und die lockenden Angebote der Mächtigen verursachten, die sich in der langen Warteschlange nach vorne gearbeitet hatten? Oder war er so sehr von Habgier und Ehrgeiz zerfressen, dass er zu lukrativen Aufträgen nicht nein sagen konnte? Über alle diese mehr oder weniger plausiblen Motive hinaus drängt sich eine weitere Deutung auf: Alle diese Werke sollten nach konventionellen Kriterien gar nicht zum Abschluss gebracht werden. Offenbar genügte es Michelangelo, zu zeigen, was hätte sein beziehungsweise werden können.

Den für das Juliusgrabmal benötigten Marmor besorgte der Bildhauer wiederum selbst. In den Steinbrüchen von Carrara konnte er großzügig disponieren, hatte ihm Julius II. mit 1600 Dukaten doch einen geradezu verschwenderischen Vorschuss gewährt. Ja, dieser Betrag war so überreichlich ausgefallen, dass Michelangelo davon den ersten größeren Landkauf in der Umgebung von Florenz tätigen konnte – der erste Schritt zum gewaltigen Immobilienimperium, das knapp sechzig Jahre später testamentarisch an Michelangelos Neffen Lionardo übergehen sollte. Von jetzt an erhielten auch der Vater und die vier Brüder regelmäßige Unterstützungszahlungen, doch fielen diese «Familienalmosen» im Verhältnis zu den renditeträchtigen Investitionen eher gering aus. Die Rollenverteilung lag dennoch fest: Michelangelo der Ernährer, der Rest der Sippe die Verzehrer.

Kaum aus Carrara zurückgekehrt, wohnte der Bildhauer im Januar 1506 einer künstlerischen Offenbarung besonderer Art bei. Landarbeiter waren in einem Weinberg auf dem Oppiushügel in der Nähe des Kolosseums auf einen Hohlraum mit einer antiken Statue gestoßen. Deren Bergung in Anwesenheit eines schaulustigen Publikums übertraf alle Erwartungen: Ans Tageslicht gehievt wurde die Skulpturengruppe des Laokoon, eines der berühmtesten und gefeiertsten Bildwerke des Altertums. Es zeigte mit höchster Dramatik, wie der trojanische Priester Laokoon, der vor der List der Griechen gewarnt hatte, um die Eroberung seiner Heimatstadt zu verhindern, zusammen mit seinen Söhnen auf Befehl der Götter von einer Seeschlange erwürgt wurde. Michelangelo hatte ein Objekt gefunden, das seiner Rivalität würdig war. Den «Laokoon» kaufte der Papst dem glücklichen Besitzer des Weinbergs sofort zum stolzen Preis von 600 Dukaten ab.

Drei Monate später setzte sich Michelangelo wutentbrannt bei Nacht und Nebel nach Florenz ab. Was war geschehen? Michelangelo selbst hat die Legendenbildung um den schicksalhaften April des Jahres 1506 bewusst gefördert. Neidische Rivalen, an vorderster Stelle der intrigante und übel gesonnene Architekt Bramante, sollen Julius eingeredet haben, sein Grabmal zu Lebzeiten zu errichten sei ein unheilvolles Omen, das seinen baldigen Tod zur Folge haben werde. Diese Geschichte steht in krassem Widerspruch zum Charakter Julius' II., dem die Freunde Unbeugsamkeit und die Gegner Starrsinn attestierten. Abgesehen davon stand der ganze Pontifikat im Zeichen des «Eile, es könnte sonst zu spät sein!». Zudem wurden die Grabmalspläne vor dem Tode des Papstes wieder aufgenommen. Auch die Theorie, dass Julius Anfang 1506 aus Kostengründen Prioritäten setzen musste – erst den Neubau der Peterskirche, dann das Grabmal – überzeugt nicht. Für Bramantes gigantische Pläne gab es ohnehin keine solide Finanzierungsgrundlage; angesichts der riesenhaften Summen, die dafür aufzuwenden waren, kam es auf ein Grabmal mehr oder weniger, und sei es noch so teuer, auch nicht mehr an.

Worum es wirklich ging, lässt sich aus Michelangelos eigenen Äußerungen, kombiniert mit seinem Kontostand, erschließen:

> Was mich betrifft, so ginge es mir hier in Rom gut, wenn mein Marmor endlich käme; doch diesbezüglich habe ich Pech, folgen doch, seit ich hier angekommen bin, kaum zwei Tage mit gutem Wetter aufeinander. Vor einigen Tagen wäre aufgrund der widrigen Winde ein Schiff, das mir Marmor bringen sollte, um ein Haar verunglückt; als ich ihn ausladen wollte, schwoll der Fluss an und riss ihn in die Tiefe. So aber habe ich mit der Arbeit noch gar nicht beginnen können. Doch gebe ich dem Papst gute Worte und mache ihm reichlich Hoffnung, damit er sich nicht mit mir überwirft. Und ich hoffe, dass das Wetter besser wird und ich endlich, so Gott will, arbeiten kann.[19]

So schilderte Michelangelo den Stand der Dinge am 31. Januar 1506 in einem Brief an den Vater, dem am Schluss eingeschärft wird, unverzüglich Land bis zum Wert von 2000 Dukaten zu kaufen. Mit anderen Worten: Der Papst hatte für das viele Geld, das er vorgeschossen hatte, noch nicht einmal Rohmaterial, geschweige denn erste Statuen des Grabmals erhalten. Als Michelangelo keine drei Monate später abermals bei Julius II. wegen angeblich dringend benötigter Zahlungen vorstellig wurde, war das für diesen eine Dreistigkeit sondergleichen. Der Papst beschloss daher, ihm eine Lektion zu erteilen. Michelangelo selbst erzählt davon in seinem Brief vom 2. Mai 1506 an den Architekten Giuliano da Sangallo, einen alten Förderer:

> Was mich betrifft, so kann ich nur sagen, dass ich am Samstag vor Ostern den Papst bei Tisch zu einem Juwelier sagen hörte, dass er künftig weder für kleine noch für große Steine auch nur einen roten Heller herausrücken wolle. Darüber wunderte ich mich denn doch sehr. Bevor ich ging aber bat ich ihn, mir die für die Fortsetzung meiner Arbeit notwendigen Summen zu zahlen. Seine Heiligkeit entgegnete mir, ich sollte am Montag wiederkommen. Das tat ich auch, ebenso am Dienstag, Mittwoch und Donnerstag, wie der Papst sehr wohl sah. Am Freitag schließlich wurde ich wegge-

> schickt, ja herausgeworfen. Und derjenige, der mich wegschickte, sagte, er wisse wohl, wer ich sei, habe aber den Auftrag dazu.[20]

Der hässliche Auftritt entsprang also nicht der Eigenmächtigkeit eines subalternen Angestellten, sondern einem wohlerwogenen Plan des Papstes. Fünfmal im Vorzimmer abgefertigt und am Ende mit leeren Händen abgewiesen zu werden – das war eine gezielte Demütigung. Dem Bildhauer, der sich allzu selbstherrlich gebärdete, sollten seine Grenzen und die Regeln des korrekten Geschäftsverkehrs aufgezeigt werden. An sie hatte sich auch ein großer Künstler zu halten. Sein Pech, wenn er das nicht begreifen wollte.

Doch die Lehre hatte nicht die erwünschten Folgen, im Gegenteil. Michelangelo quittierte den Dienst. Dass ein Bildhauer, also ein Höfling allenfalls mittleren Ranges, sich so etwas herausnahm, war ein Affront. Den Regeln des Umgangs zwischen Herrschern und ihren adeligen Bediensteten gemäß ließ sich dieses Verhältnis nur dann fristlos aufkündigen, wenn die eine Seite der anderen schweres Unrecht getan hatte; aus der Perspektive von unten war das der Fall, wenn Verdienste durchgehend unbelohnt blieben. Dann stand es dem Brüskierten frei, sich einen besseren Herrn zu suchen. Genau so, zu Unrecht zurückgewiesen, nicht abtrünnig, sondern nur seiner Ehre verpflichtet, sah sich Michelangelo selbst. Doch das konnte er Sangallo, der von aristokratischen Werten nichts wusste, nicht sagen. Für ihn musste eine regelrechte Räuberpistole erfunden werden:

> Doch das war nicht der einzige Grund für meine Abreise. Da war noch etwas anderes, das ich nicht näher ausführen möchte. Nur so viel sei gesagt: Ich kam zum Schluss, dass, bliebe ich in Rom, mein eigenes Grabmal vor dem des Papstes bereitet werden würde. Und das war der wahre Grund dafür, dass ich so schnell verschwand.[21]

Mit den düsteren Andeutungen, dass man ihm im Vatikan nach dem Leben getrachtet habe, ist der Brief nicht zu Ende. Was folgt, zeugt von wahrhaft atemberaubender Selbstgewissheit. Denn der unautorisiert abgegangene Künstler, dessen Rückführung Julius sogar ein Breve an die Stadtregierung von Florenz wert war, diktierte jetzt, aus der Machtposition des umworbenen Abwesenden, seine Bedingungen: Der Papst will, dass ich zurückkomme. Schön und gut, dann möge Sangallo ihm diesen Brief vorlesen. Binnen fünf Jahren werde ich das Grabmal festgemauert in Sankt Peter aufstellen, und zwar großartiger, als die Welt jemals ein solches Monument gesehen hat.

Darauf folgt ein ausführlicher Absatz zu den Finanzen. Tenor: Julius möge zahlen, und zwar bald und reichlich. Dafür werde er, Michelangelo, arbeiten, und zwar hart, aber hier in Florenz, nicht in Rom. Rom sei seiner Produktion nicht zuträglich und überdies zu teuer. Und dann ein Satz, der den Papst oder zumindest dessen Zahlmeister in Weißglut versetzen musste: Zu diesen Preisen könne er nur in Florenz, wo das Leben billiger sei, tätig werden. Vereinbart worden war ein Gesamthonorar von 10 000 Dukaten, einschließlich aller Materialien und Löhne; selbst nach deren Abzug blieb genug, um einen Kardinalspalast dafür zu kaufen. Dass der Bildhauer jetzt anfing, die unterschiedlichen Brotpreise am Arno und am Tiber in Rechnung zu stellen, war schlichtweg eine Unverschämtheit beziehungsweise Hohn und Spott.

Geld war für Michelangelo der Spiegel seiner Reputation. Wer knauserte, verweigerte ihm Ehre. Und wie ein lästiger Domestik von untergeordneten Amtsträgern fortgeschickt zu werden, brachte das Fass zum Überlaufen. Für Julius – wie später auch Leo X. – aber ging es darum, den sozialen Standort des Bildhauers und damit ein Abhängigkeitsverhältnis festzulegen. Er hatte das Amt, die Macht und das Geld – doch auch ein Handicap: Er wollte Werke von der Hand Michelangelos. Das galt auch für die späteren Auftraggeber des Künstlers. Und das hieß: Im Gegensatz zum Künstler, der von vielen umworben wurde, hatten sie keine Wahl. Und daher gaben sie meistens nach. Um das nicht offen zugeben zu müssen, schalteten sie Vermittler – meist hochgestellte Amtsträger aus angesehener Familie – ein, die in ihrem Namen versprachen, beschwichtigten, beruhigten. Den wahren, für sie ungünstigen Machtverhältnissen entsprechend, zeigten sich Päpste und Fürsten denn auch erfreut, ja geradezu gerührt, wenn sich der Meister dazu herabließ, ihnen in seinen lakonischen und nicht selten ironischen Briefen zu antworten; doch mussten sie es schon als Erfolg verbuchen, wenn er ihnen durch seine Brüder oder Diener überhaupt eine Nachricht zukommen ließ. Am Ende waren alle Versuche der sozialen Erziehung und Disziplinierung nicht nur fehlgeschlagen, sondern geradezu ins Gegenteil verkehrt. Als einziger Künstler der Neuzeit diktierte Michelangelo den Mächtigen seine Preise und seine Bedingungen.

1506 aber war der Ausgang dieser Kämpfe noch nicht absehbar. Und so setzte Julius II. auf die ihm zur Verfügung stehenden Mittel: Peitsche und Zuckerbrot. Zwar kehrte Michelangelo trotz des Breves an die Florentiner Stadtregierung und lockender Versprechungen nicht nach Rom zurück, sondern blieb den Sommer 1506 hindurch in Florenz, doch hütete er sich, den Bogen zu überspannen. Der Kunstmarkt war nicht unbegrenzt, und die Angebote fielen sehr unterschiedlich aus. Seine Heimatstadt Florenz zum Beispiel, außenpolitisch weiter auf dem absteigenden Ast und im Inneren von immer tieferen Zerwürfnissen zwischen Handwerkern und Patriziern gelähmt, konnte ihm die Aufträge, mit denen der Kriegerpapst in Rom winkte, nicht offerieren. So war es ratsam, das Tauziehen durch einen Kompromiss zu beenden. Dazu bot sich bald eine Gelegenheit, die beiden Seiten erlaubte, das Gesicht zu wahren.

Ende 1506 zog Julius II. mit seiner Armee nach Bologna, um die zweitgrößte Stadt seines Staates wieder unter seine Botmäßigkeit zu bringen. Dort hatte sich die Vormachtstellung Giovanni Bentivoglios zu einer regelrechten Einzelherrschaft entwickelt, die der Papst nicht hinzunehmen bereit war. Auch in Bologna waren nicht alle führenden Familien mit diesen Verhältnissen einverstanden; Verschwörungen ließen sich nur mit Gewalt unterdrücken, was die Gegensätze weiter zuspitzte. Die Aufgabe, die sich Julius II. im Winter 1506/07 stellte, war also eine zweifache: den «Tyrannen» zu stürzen und danach die Wiederherstellung der legitimen Ordnung eindrucksvoll zu verkünden. Michelangelo kam da wie gerufen.

Militärisch war das Problem Bologna schnell gelöst. Vor der überlegenen Streitmacht des Papstes floh Giovanni Bentivoglio weitgehend kampflos und starb kurz darauf in mailändischer Gefangenschaft. Doch im Vipernnest – um die päpstliche Anklageschrift zu zitieren – ringelten sich weitere giftige Reptilien. Giovannis Sohn Annibale zum Beispiel schwor im Exil blutige Rache. Um einen erneuten Abfall zu verhindern, waren somit Verhandlungen mit der Führungsschicht darüber, wie die Stadt künftig regiert werden sollte, nötig. Um sie von Rebellionen abzuhalten, bot es sich an, die lokale Selbstverwaltung zu stärken. Dem Papst blieb es vorbehalten, die einheimischen Gremien und ihre Beschlüsse durch einen Statthalter zu kontrollieren; und natürlich sicherte er sich die militärische und diplomatische Macht auf oberster Ebene sowie die uneingeschränkte Propagandahoheit. Um diese eindrucksvoll auszuüben, brauchte Julius II. so schnell wie möglich ein eindrucksvolles Herrschaftszeichen. Damit wollte er seine durch die Unbotmäßigkeit Bentivoglios beschädigte Ehre wiederherstellen und zugleich das Volk von Bologna zum Gehorsam anhalten.

Michelangelos Auftrag war damit definiert: Er hatte in Bologna eine überlebensgroße Bronzestatue Julius' II. zu schaffen, die von der Fassade der Kathedrale wachsam, drohend und ehrfurchtgebietend auf die päpstlichen Untertanen herabsehen und sie so in Schach halten sollte. Gehorsam aber sollte dieses durch und durch politische Kunstwerk auch in eigener Sache dokumentieren – mit seiner Anfertigung stellte der Künstler die Loyalität unter Beweis, die durch seine brüske «Kündigung» fraglich erschienen war. Ihn damit auf die «Treueprobe» zu stellen, könnte sogar ein zweiter Zweck des Auftrags gewesen sein. Michelangelo jedenfalls war sich bewusst, dass er bei der Arbeit an der Julius-Statue unter Bewährungsdruck stand.

> Um die Mitte der Fastenzeit glaube ich so weit zu sein, meine Figur gießen zu können, daher betet zu Gott, dass es mir gut gelingen möge. Denn dann hoffe ich, mit diesem Papst mein Glück zu machen.[22]

So seine Einschätzung der Lage in einem Brief aus Bologna an seinen Bruder Buonarroto vom 22. Januar 1507. Derselben Erwartung verlieh er zehn Tage später in einem Schreiben an denselben Ausdruck:

> Letzten Freitag kam der Papst um 21 Uhr abends zu mir nach Hause und machte deutlich, dass die Sache ihm gefiel; daher betet zu Gott, dass sie gut herauskommt, denn ist dies der Fall, so hoffe ich bei ihm hohe Gunst zurückzugewinnen.[23]

Das waren ungewohnt unterwürfige Töne. Einen Misserfolg – dessen war sich der Künstler nur allzu bewusst – konnte er sich nicht leisten. Das Haus, das der Papst in Bologna besuchte – im Übrigen eine seltene Auszeichnung – war so wie alle Quartiere, die Michelangelo in seinem Leben bezog: bescheiden bis zur Ärmlichkeit, mit weitgehend kahlen Räumen und einem feldbettartigen Lager. Was mochte Julius, der als Auftraggeber über die Einkommensverhältnisse des Künstlers genau Bescheid wusste, von diesem spartanischen Lebensstil gehalten haben? Michelangelo selbst beschrieb seine Existenz im Sommer 1507 als «ein elendes Dasein, das mir tausend Jahre lang beschieden sein wird». Da er es, zumindest was die äußeren Verhältnisse anging, anders hätte haben können, bleibt nur der Schluss, dass er es ungeachtet aller periodisch angestimmten Klagen nicht anders wollte.

Diese Haltung schloss Jubel aus. Als der Guss der Statue nach einem ersten Fehlschlag, der einem Bologneser Handwerker angekreidet wurde, Anfang August 1507 gelang, war diese Nachricht Michelangelo gerade einmal eine lakonische Kurznachricht wert:

> Du sollst wissen, dass ich meine Figur, je mehr ich sie betrachte, desto besser herausgekommen finde; ja, ich sehe, dass sie weniger schlecht geworden ist, als zu befürchten stand und insgesamt, im Verhältnis zu dem, was hätte passieren können, gute Ware ist.[24]

Das war eine krasse Untertreibung. «Die Sache» beziehungsweise «die Figur», wie das Werk in den unterkühlten Briefen auch genannt wurde, war, wie die zeitgenössischen Reaktionen belegen, von bezwingender, ja provozierender Gewalt. Im Oktober 1507 rang sich selbst ihr Schöpfer zu einer Erfolgsmeldung durch, die für seine Verhältnisse geradezu triumphal klang:

> Buonarroto …, du sollst wissen, dass es mir gut geht, dass ich hier bald fertig bin und dass ich glaube, größte Ehre gewonnen zu haben, allein durch die Gnade Gottes.[25]

Aber um Brüder und Vater gar nicht erst auf den verstiegenen Gedanken zu bringen, dass Ehre auch Genuss bedeuten könnte, traf kurz darauf in Florenz die inzwischen übliche Meldung vom Stand der persönlichen Dinge ein:

> Buonarroto, ich muss mich doch sehr wundern, dass Du mir so selten schreibst. Ich glaube, dass Du mehr Zeit hast, mir zu schreiben, als ich Dir.

Also halte mich regelmäßig auf dem laufenden, wie es euch geht ... Wisst, dass ich mir viel mehr als ihr wünsche, bald zurückzukommen. Denn ich lebe hier äußerst unbehaglich und mit ungeheuren Mühen. Tag und Nacht habe ich nichts anderes als Arbeit und nochmals Arbeit. Und ich nehme derartige Anstrengungen und Härten auf mich, dass ich, müsste ich diese Arbeit noch einmal machen, glaube, ein ganzes Leben würde dafür nicht ausreichen. Denn es handelt sich dabei um ein gewaltiges Werk, das, wäre es einem anderen übertragen worden, notwendig hätte scheitern müssen.[26]

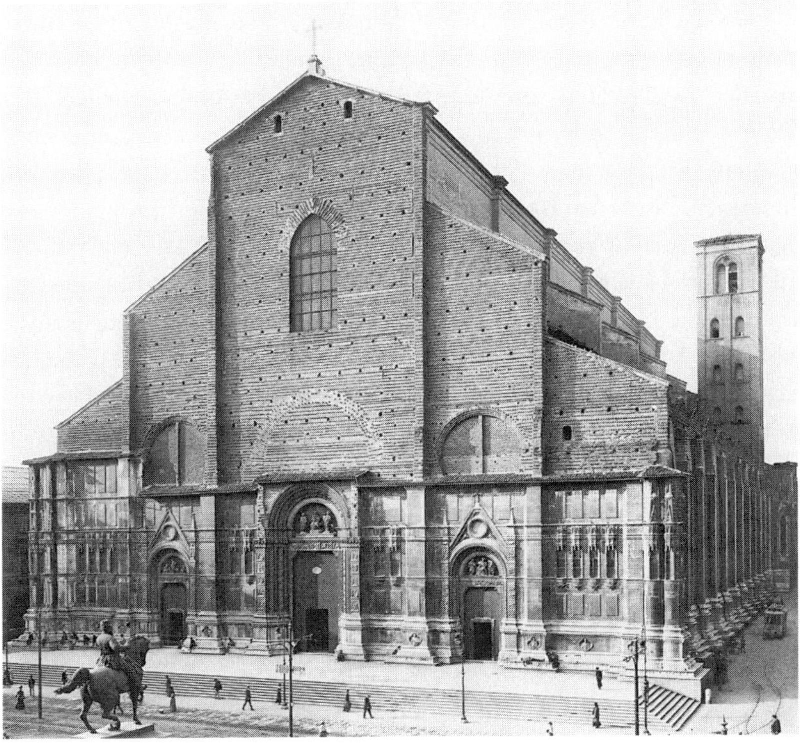

Leere Fassaden waren sein Schicksal (vergleiche die Abbildung auf Seite 159): Michelangelos Bronzestatue Julius' II. an der Fassade der Bologneser Kirche San Petronio sollte den Einwohnern der freiheitsdurstigen Stadt ihre Unterwerfung unter die päpstliche Macht vor Augen führen. Vier Jahre später stürzten die Bolognesen die päpstliche Herrschaft und machten aus Michelangelos Meisterwerk eine Kanone. Nur der Kopf des kriegerischen Papstes wanderte in die Kunstsammlung des Herzogs von Ferrara, wo sich seine Spur verliert.

Doch es kam umgekehrt: Das Werk ging zugrunde, weil es so gewaltig war. Als Annibale Bentivoglio Bologna 1511 kurzfristig zurückeroberte, vollzog er seine Rache an Julius' bronzenem Stellvertreter. In einem sorgfältig inszenierten Akt der Schändung wurde die Statue geschmäht, danach eingeschmolzen und eine Kanone daraus gegossen, die sinnigerweise «la giulia» getauft wurde. Nur das Haupt der «Figur» überlebte und wanderte als Trophäe nach Ferrara, wo ein anderer unbotmäßiger Lehensmann des Papstes um mehr Unabhängigkeit für sein Herzogtum kämpfte.

Dass die Statue den Zorn des – schon wenige Monate erneut und diesmal endgültig vertriebenen – Möchtegern-Stadtherrn erregte, lässt sich aus den Nachrichten von Augenzeugen unschwer nachvollziehen. Der Papst war in doppelter Lebensgröße und mit einem machtvoll erhobenen rechten Arm dargestellt, der zugleich segnete und drohte. Gnade den Gehorsamen, Fluch den Rebellen: Dieselbe Botschaft ging vom Haupt mit seinem majestätischen, ja einschüchternden Blick aus. Die seit tausend Jahren vom Papsttum beanspruchte doppelte Machtstellung über die Kirche und die Herrscher der Christenheit fand in dieser Bronzefigur ihren höchsten Ausdruck. Dass sie nicht überlebte, spiegelt – über alle Zufälligkeiten der Bologneser Lokalgeschichte hinaus – die grundlegend gewandelten Zeitverhältnisse wider. Anders ausgedrückt: Die Päpste mussten dringend eine neue, zeitgemäße Selbstdarstellung finden. So betrachtet gewann der Untergang von Michelangelos Statue symbolische, je geradezu prophetische Aussagekraft. Gegen die Verquickung von geistlicher und weltlicher Macht sowie die päpstliche Herrschaftspraxis insgesamt formierte sich in ganz Europa Widerstand; schon wenige Jahre später sollte er sich in den reformatorischen Bewegungen Bahn brechen.

Das Deckenfresko der Sixtinischen Kapelle: der Auftrag

Auch wenn dem Resultat seiner unsäglichen Mühen kein langes Leben beschieden war, so hatte Michelangelo die ihm mit der Julius-Statue abgeforderte Prüfung doch mit Auszeichnung bestanden. Seine hochgespannten Erwartungen, jetzt mit Hochdruck und frischer Finanzierung die Arbeit am Julius-Grabmal wieder aufzunehmen, erfüllten sich allerdings nicht. Stattdessen hielt der Papst einen anderen, weniger willkommenen Auftrag für ihn bereit: die Ausmalung der Decke der Sixtinischen Kapelle. Warum dieser Prioritätenwechsel?

Der Sinneswandel des Papstes bot zu mancherlei Verschwörungstheorien Anlass. Die Legendenbildung beginnt bereits mit einem Brief Piero Rossellis vom 10. Mai 1506, der seinem Vertrauten Michelangelo unmittelbar nach dessen überstürzter Abreise aus Rom die neuesten Intrigen aus dem Inneren des Vatikans mitteilte. Er habe mit dem Papst und Bramante zu Abend gegessen, wobei die Rede wie von selbst auf Michelangelo, den großen Abwesenden, gekommen sei. Bramante habe gesagt, dieser lasse keinerlei Neigung erkennen, die Kapelle auszumalen, und wolle sich stattdessen ganz auf sein Lieblingsprojekt, das Grabmal, konzentrieren. Als Erklärung habe der missgünstige Architekt hinzugefügt, der Bildhauer traue sich die schwierige Ausschmückung des Gewölbes offenbar nicht zu, denn dazu fehle es ihm an der nötigen Erfahrung und Technik. Er, Rosselli, habe dieser böswilligen Unterstellung auf das heftigste widersprochen und den Verleumder als Lügner bezeichnet, worauf die eben noch so heitere Tischgesellschaft mit dem Austausch von Unfreundlichkeiten ein jähes Ende gefunden habe.

Der Bericht stimmt skeptisch. Rosselli stand auf der Seite Michelangelos und bestärkte dessen Vorurteile und Feindbilder; zudem stellte er seine Rolle als unerschrockener Verteidiger des Meisters heraus. Bramante aber zog Michelangelos Misstrauen gleich aus mehreren Gründen auf sich. Zum einen war er als Architekt von Neu-Sankt Peter der natürliche Rivale des Juliusgrabmals und seines Bildhauers, also stets finsterer Sabotageabsichten verdächtig. Darüber hinaus war Bramante weitläufig mit Raffael, dem einzigen ernst zu nehmenden Künstler-Konkurrenten in der Ewigen Stadt, verwandt und hatte diesen am päpstlichen Hof eingeführt. Kein Wunder, dass Michelangelo dem Baumeister später sogar unterstellte, das Deckenfresko-Projekt eigens ins Gespräch gebracht zu haben, um die Entstehung des Grabmals zu torpedieren. Dabei war dieses keineswegs aufgehoben, sondern durch das neue Vorhaben nur verschoben. Selbst die im April 1506 so heiß umkämpften Zahlungen für die letzte Ruhestätte setzten wieder ein, und zwar erneut generös: Julius II. gewährte Michelangelo weiterhin stolze 100 Dukaten pro Monat als «Grundgehalt», obwohl die Arbeiten fünf Jahre lang zum Stillstand kamen. Der Künstler hatte also wahrlich keinen Grund, diesen Papst der Knauserigkeit zu zeihen.

Dass statt weiterer Statuen für das Riesenmonument jetzt die Ausmalung der Sixtinischen Kapelle in den Vordergrund trat, lässt sich ohne alle Intrigen und Komplotte aus den Prioritäten des zweiten Della-Rovere-Papstes und darüber hinaus aus den Normen der *pietas* ableiten. Sie verpflichteten Julius dazu, die von seinem Onkel begonnenen Projekte zu dessen ruhmvoller Erinnerung fortzuführen und, wenn möglich, abzuschließen. Sixtus IV. hatte die bald nach ihm benannte Sixtinische Kapelle errichten und mit Wandfresken schmücken lassen (siehe Seite 93). Den Sakralbau seines Onkels großartig zu vollenden, wurde daher für Julius II. zu einer heiligen Pflicht. Und es war höchste Zeit, ihr nachzukommen, denn die mehr denn je anfällige Gesundheit des Papstes ließ keine allzu lange Fortsetzung des Pontifikats mehr erwarten. Zudem schloss sich mit dem Deckenprojekt ein Verklärungs-Kreis: Durch das Wechselspiel der von Sixtus IV. in Auftrag gegebenen Wandbilder mit den neuen Gewölbefresken ließ sich die zweifache Herrschaft der Della Rovere über die Kirche als Wille der Vorsehung und die Familie insgesamt als vom Heiligen Geist erwählt verherrlichen. Darüber hinaus gewannen die Bilder, die ein Vierteljahrhundert zuvor ein umbrisch-toskanisches Malerkollektiv unter der Leitung Peruginos geschaffen hatte, unter dem Pontifikat Julius' II. unversehens neue Aktualität.

Das galt vor allem für die Serie der Moses-Fresken. Sie vermittelten mit eindrucksvoller motivischer Dichte die Botschaft, dass die Herrschaft über die Kirche wie über das Volk Israel dem von Gott erwählten Führer allein gebührt und daher jeder Versuch interessierter Kreise, an ihr teilzuhaben oder sie auf die ganze Gemeinde aufzuteilen, vom Himmel verworfen ist. Damit wollte Sixtus IV. die zwar schon von Pius II. offiziell für unrechtmäßig erklärten, doch innerhalb des Klerus und unter den gekrönten Häuptern Europas fortlebenden Bestrebungen, dem Konzil die höchste Vollmacht über die Kirche zu übertragen, als frevelhaften Anschlag auf die gottgewollte Ordnung zurückweisen. Solche Versuche, durch die Drohung mit der Einberufung eines Konzils Druck auf den

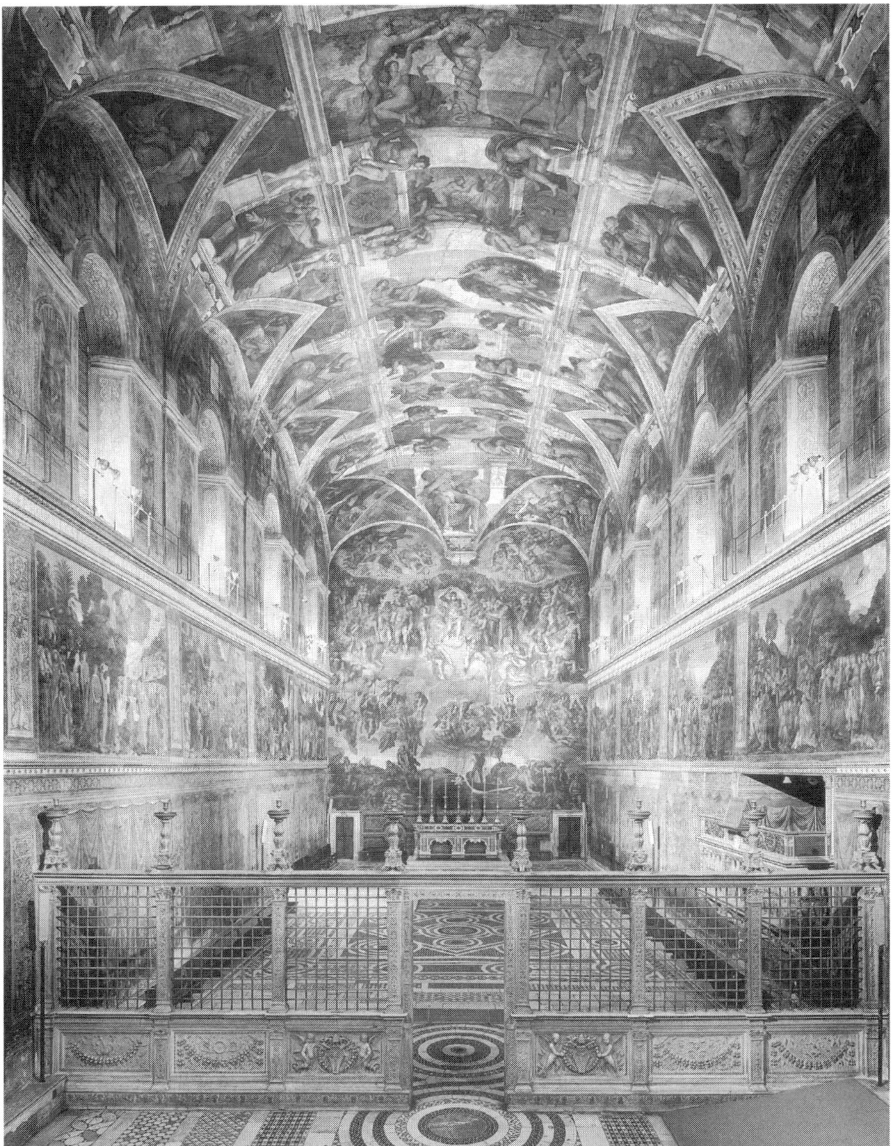

Die Sixtinische Kapelle: ein architektonisch eher unauffälliger Bau, der zum Heiligtum der Kunst wurde. Vor Michelangelos Fresko des Jüngsten Gerichts findet das Konklave statt, in dem der neue Papst gewählt wird.

Papst auszuüben, häuften sich unter Julius II., je mehr dieser eine aktive Rolle in der europäischen Machtpolitik spielte. Sein erstes Ziel, die Republik Venedig zu demütigen, die seit Jahrzehnten mit der Eroberung des nördlichen Kirchenstaats liebäugelte, erreichte der Papst schnell, allerdings um den Preis französischer und habsburgischer Militärexpeditionen in Norditalien. Die Feldzüge Maximilians I. blieben zwar erfolglos, doch bildete die Vormachtstellung Frankreichs in Mailand und der Lombardei für den Papst schon bald ein politisches Ärgernis ersten Ranges. Das Verhältnis zu König Ludwig XII., dem *roi très chrétien,* verschlechterte sich daher rapide. In dieser Auseinandersetzung durfte der Monarch auf die Unterstützung der französischen Kardinäle zählen, von denen sein Minister Georges d'Amboise überdies den Ehrgeiz hegte, Julius' Nachfolger zu werden. Je stärker sich der Streit zuspitzte, desto mehr schwanden die Bedenken, zu den äußersten Mitteln zu greifen. Für König Ludwig hieß das, ein Konzil vorzubereiten. Julius antwortete mit einer antifranzösischen Koalition – und mit Bildern. Für ihn war durch den Konfrontationskurs des Monarchen die Machtfrage gestellt. Wer hatte das Sagen in der Kirche und das letzte Wort in der Politik?

So entbrannte über das Ringen der Heere und Konzilien hinaus ein Krieg der Kunstwerke. Gezielter Einsatz von Propaganda – das hieß für den medienbewussten Julius II., bei Michelangelos Rivalen Raffael ein umfangreiches Programm triumphaler Fresken in den Stanzen, den repräsentativen Amtsräumen des Vatikans, zu bestellen. Dort, wo diplomatische und juristische Geschäfte auf höchster Ebene abgewickelt wurden, ließen sich geschichtliche Stoffe mit unmittelbaren Bezügen zur Gegenwart wirkungsvoll präsentieren. Ihr Leitmotiv: Unter der Herrschaft Julius II. della Rovere, dessen Wappen mit dem Eichbaum im Schild in allen Räumen prangt, entfaltet sich das christliche Goldene Zeitalter der Gerechtigkeit, der Kulturblüte und der Einheit im Glauben. Wer aber gegen diesen Papst aufbegehrt wie der Syrerkönig Seleukos, der seinen Handlanger Heliodor den Tempel von Jerusalem plündern lässt, wird von himmlischen Mächten gezüchtigt. Dass in Raffaels dramatischem Fresko nicht der Agent eines längst verstorbenen kleinasiatischen Potentaten, sondern Ludwig XII. mit Ruten gestäupt wird, macht die Schweizer Garde am Bildrand deutlich, die den grimmig blickenden Papst auf seinem Tragsessel beschützt. In Schimpf, Schande und demütiger Abbitte – so lautete die eingängige Botschaft – würden alle Anschläge heimtückischer Monarchen enden, die den Papst seiner göttlich verbürgten Macht berauben wollten.

In der Sixtinischen Kapelle aber mussten im Krieg der Propaganda andere, der sakralen Würde des Ortes angemessene Waffen angewendet werden. Zudem musste die Thematik der Deckenfresken auf die bereits vorhandenen Bildreihen an den Wänden abgestimmt werden. Ein solches Programm zu entwerfen, setzte höchsten theologischen Sachverstand voraus. Das alles und noch mehr nahm Michelangelo in einem anderthalb Jahrzehnte nach der Auftragserteilung verfassten Brief für sich in Anspruch:

> Nachdem ich die Figur an der Fassade von San Petronio aufgestellt hatte und nach Rom zurückgekehrt war, wollte Papst Julius immer noch nicht, dass ich sein Grabmal schuf, sondern ließ mich Sixtus' Decke malen – und zwar zum vertraglich vereinbarten Preis von 3000 Dukaten. Vorgesehen waren anfangs nur die zwölf Apostel in den Lünetten, dazu nichts weiter als das übliche Muster von Ornamenten. Das aber schien mir, nachdem ich angefangen hatte, denn doch allzu kümmerlich. Und ich sagte dem Papst, dass die Decke nur mit den zwölf Aposteln arm aussehen würde. Auf die Frage, warum, entgegnete ich ihm: «Weil auch die Apostel arm waren.» Daraufhin erteilte er mir einen neuen Auftrag, und zwar sollte ich das machen, was ich wollte. Er würde mich schon zufrieden stellen – ich sollte nur alles ausmalen, bis hinunter zu den Wandfresken.[27]

Dieses Zeugnis ist verdächtig. Zum einen war Michelangelo Ende 1523, als er dieses Schreiben an den Finanzbeauftragten Papst Clemens' VII. verfasste, im Streit mit den Erben Julius' II. über die Kosten des Grabmals. Seine dazu gemachten Angaben wichen erheblich von den Kalkulationen der Della Rovere ab. Mit anderen Worten: Michelangelo musste auf jeden Fall vertraglich nicht vereinbarte Mehrarbeit reklamieren, um Rückzahlungsforderungen entgegentreten zu können. Daher der Tenor des Briefs: 3000 Dukaten waren für kümmerliche zwölf Apostel abgemacht, und was habe ich stattdessen zum unveränderten Preis geliefert: eine Welt in Farben, und zudem alles nach eigener Erfindung!

Dass Michelangelo bei der Ausmalung der Sixtinischen Kapelle nicht nur mit unerhörter Erfindungsgabe, sondern auch mit mancher Freiheit im Einzelnen vorging, steht außer Frage. Ebenso unbestreitbar aber steht fest, dass das Bildprogramm mit seinen komplex verbundenen theologischen Sinnebenen von einem oder mehreren Fachgelehrten entworfen worden sein muss. Dass ein so zielbewusst handelnder Papst wie Julius II. die Hoheit über ein derartig wichtiges Propagandaprojekt einem als Freskenmaler bislang nicht in Erscheinung getretenen Bildhauer ohne humanistische, geschweige denn theologische Bildung abtrat, ist schlichtweg nicht vorstellbar. Die einem solchen Experten(gremium) übertragene Endkontrolle schloss eigenständige Bildelemente vonseiten des Malers gewiss nicht aus, die Pflicht, diese approbieren zu lassen, jedoch mit Sicherheit ein. Zudem setzt das weit ausgreifende Konzept der Sixtinischen Deckenfresken nicht nur vertieftes theologisches Fachwissen voraus, wie man es sich aus Handbüchern aneignen konnte, sondern darüber hinaus eine intellektuelle Originalität, ja Kreativität, wie sie nur eine besonders profilierte Gelehrtenpersönlichkeit aufweisen konnte. Die Forschung ist auf die Suche nach einem solchen Ideengeber gegangen, doch ohne eindeutige Resultate. So unterschiedliche Geistesgrößen wie der heilig gesprochene spanische Bußprediger Vicente Ferrer aus dem Dominikanerorden oder Marsilio Ficino, der kühn, nicht selten am Rande der theologischen Orthodoxie spekulierende neoplatonische Philosoph aus Florenz, wurden als geistige Urheber der Sixtina-Decke namhaft gemacht. Doch nicht auf sie, sondern auf den führenden kurialen Humanisten, den Augustinergeneral und späteren Kardinal Egidio da Viterbo, weisen wichtige Merkmale des theologischen Programms hin. Dafür spricht vor allem der synkretistische Grundzug der Fresken, die heidnische und christliche Prophezeiung des Erlösers zu einem Crescendo der Offenbarung verbinden. Geist vom Geist Savonarolas, Michelangelos lebenslangem religiösem Erzieher, war das keineswegs, im Gegenteil: Jede Synthese von Heidentum und Christentum war für den Propheten von Florenz eine unerträgliche Vermischung von Lüge und Wahrheit. Und schließlich fehlt es dem Programm nicht an Elementen der persönlichen und dynastischen Verherrlichung, also an Personen- und Familienkult, den Michelangelo, ganz im Geiste des großen Bußpredigers, rigoros ablehnte.

Da die Wandfresken zum Leben Moses' und Christi die Geschichte des Alten Bundes unter dem Gesetz und die Geschichte des Neuen Bundes

Tafel 1 Der Jüngling schlingt den Arm um ein Füllhorn, aus dem Eichenlaub und Eicheln quellen. Die Eiche, italienisch rovere, *war das Symbol der Della Rovere, der Familie Sixtus' IV. und Julius' II. Diese ist zur Führung der Kirche berufen und wird die Menschheit sicher durch alle Fährnisse der Geschichte führen – so lautet die Botschaft des schönen* ignudo. *Vatikan, Sixtinische Kapelle*

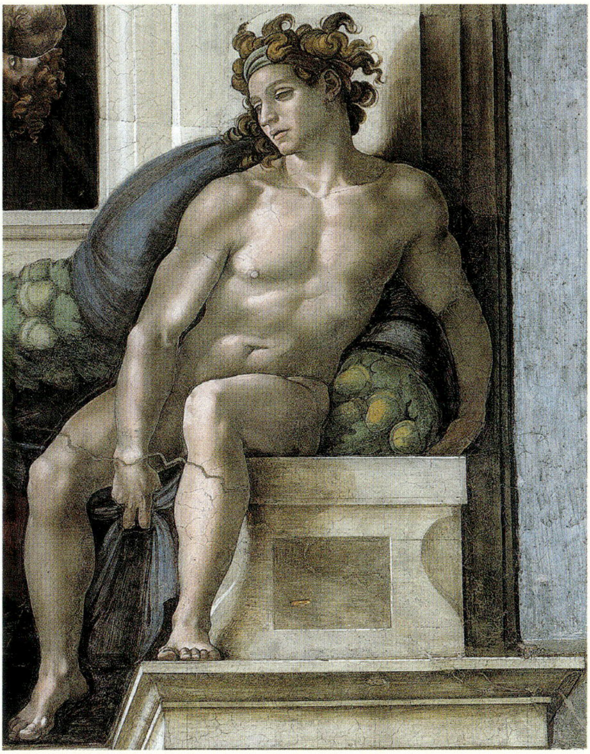

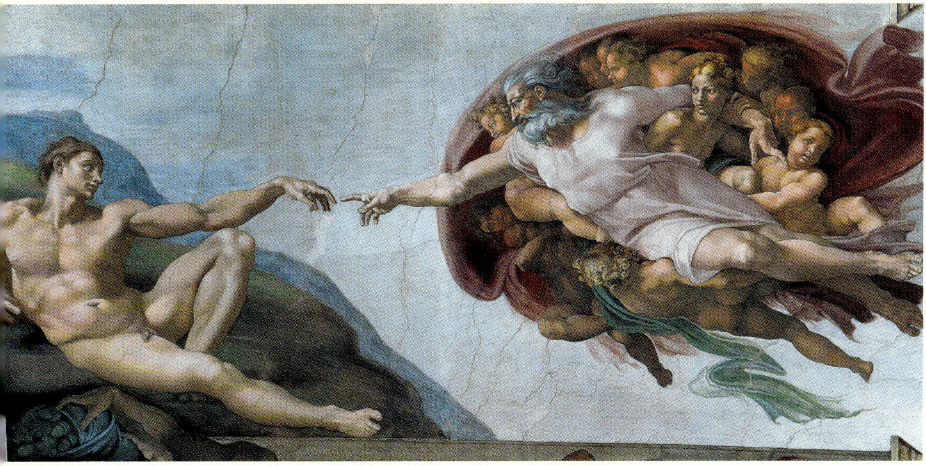

Tafel 2 Nicht, wie häufig zu lesen, die Erschaffung, sondern die Beseelung Adams, des ersten Menschen, zeigt dieses wohl berühmteste Fresko der Kunstgeschichte. Mit der Seele hat der Stammvater des Menschengeschlechts auch die Freiheit erhalten, sich zum Guten oder Bösen zu wenden. Vatikan, Sixtinische Kapelle

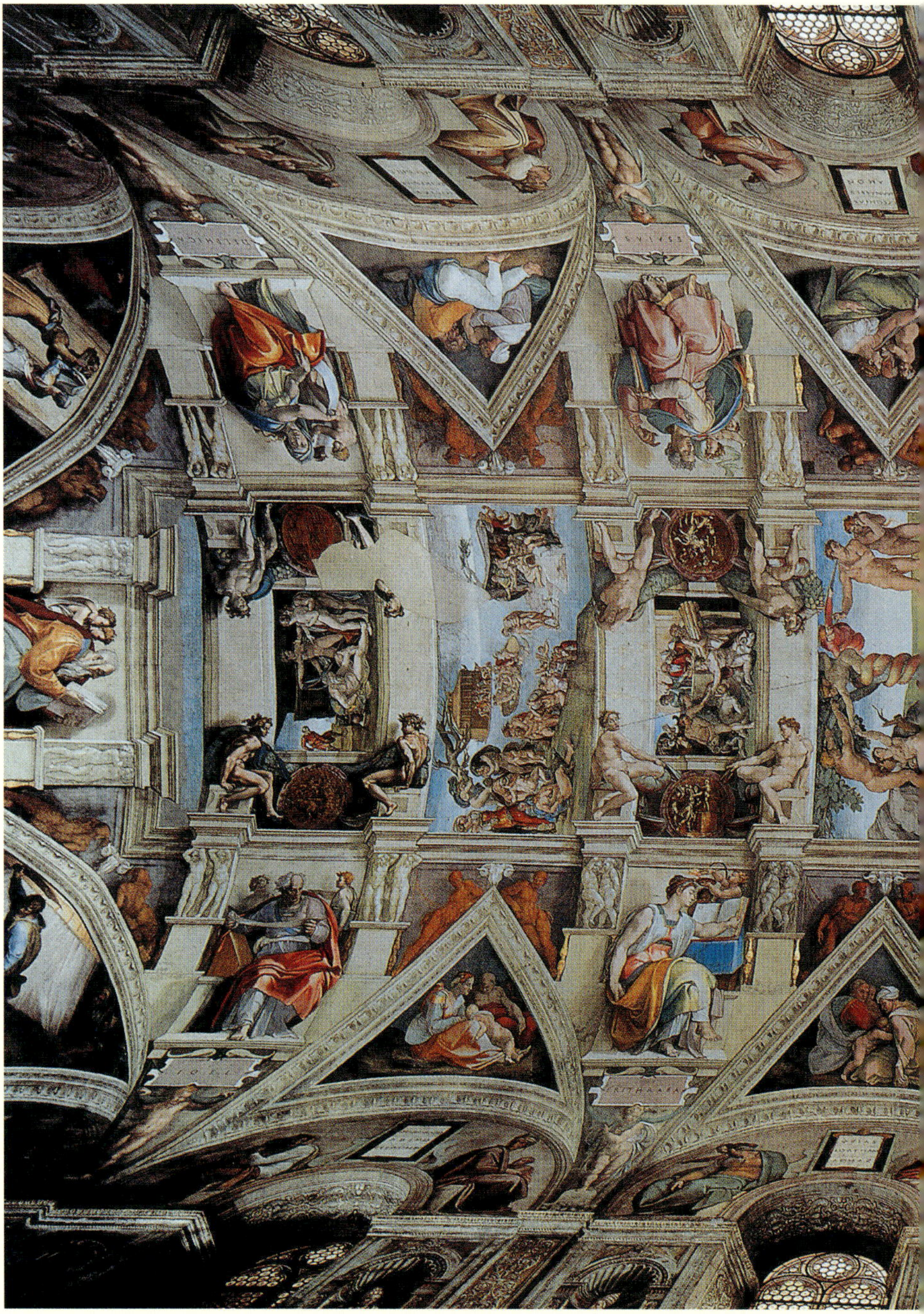

Tafel 3 An der Decke der Sixtinischen Kapelle im Vatikan schuf Michelangelo von 1508 bis 1512 einen Bilderkosmos, der mit der Erschaffung der Welt beginnt und mit den Weissagungen der Sibyllen und Propheten sowie den Vorfahren Christi endet.

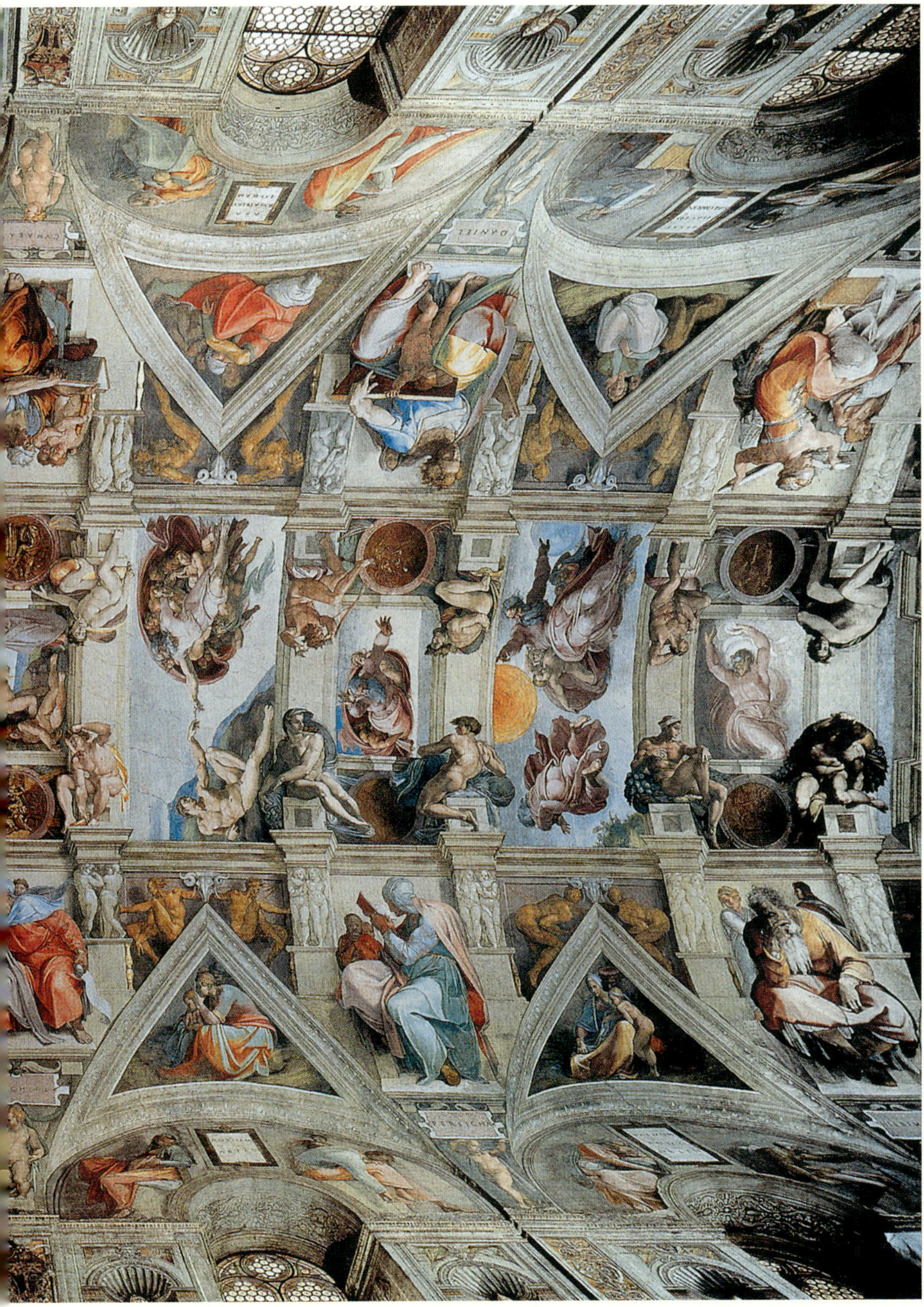

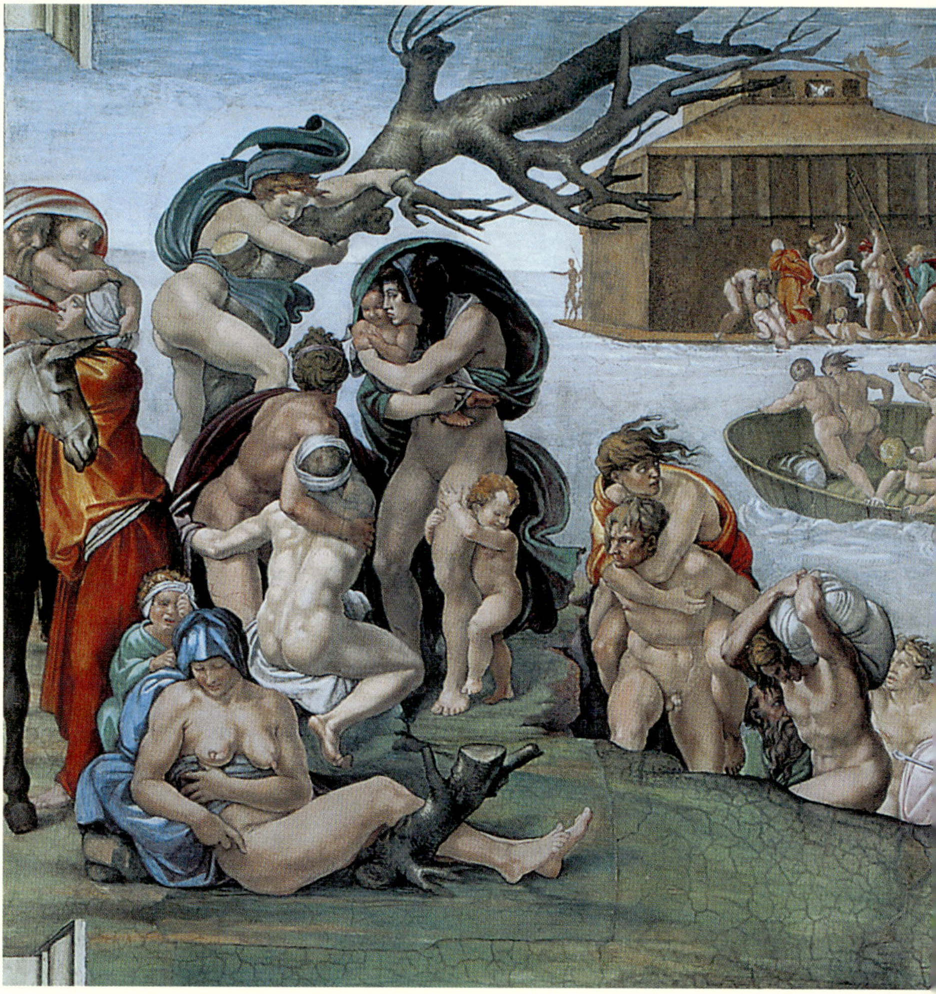

Tafel 4 Für die einen ist noch Alltag, die anderen sind bereits von Panik ergriffen. Das Wasser steigt unaufhaltsam und wird mit Ausnahme Noahs und der Seinen die Menschheit vernichten. Sie hat es aufgrund ihrer Sünden nicht anders verdient. Mitleid erregen die Verzweifelten dennoch. Vatikan, Sixtinische Kapelle

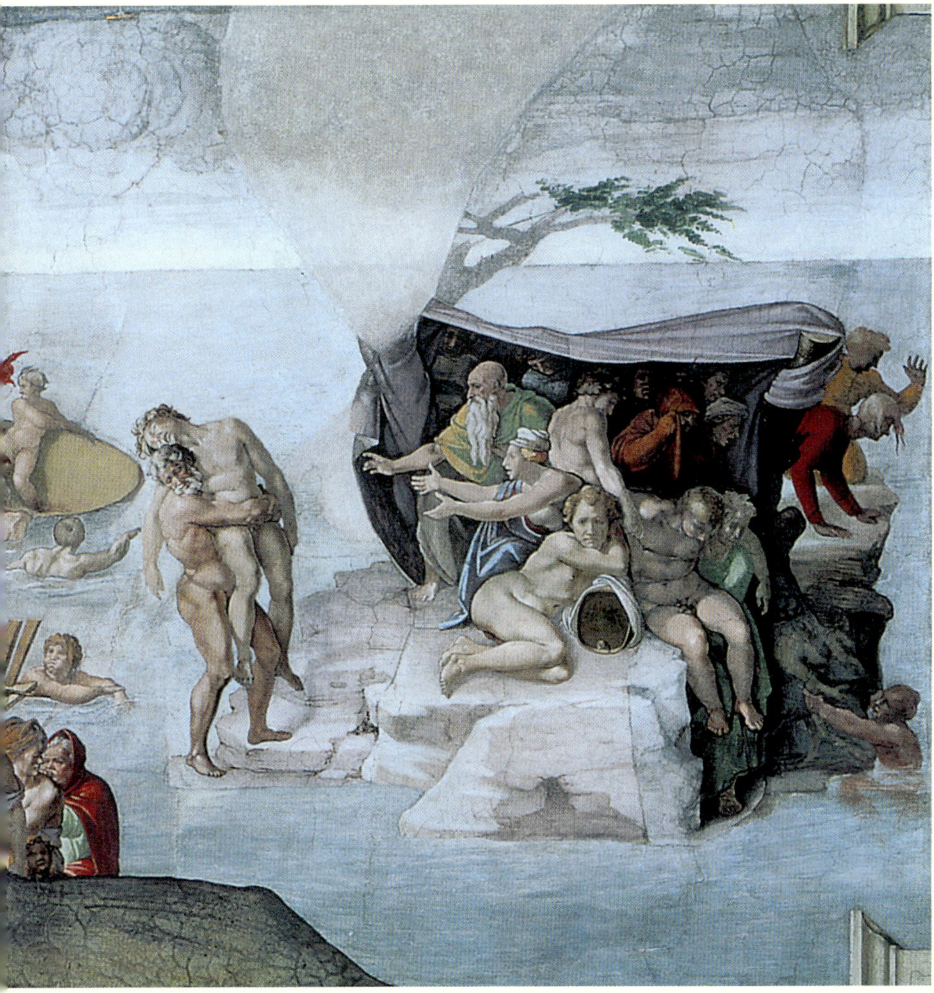

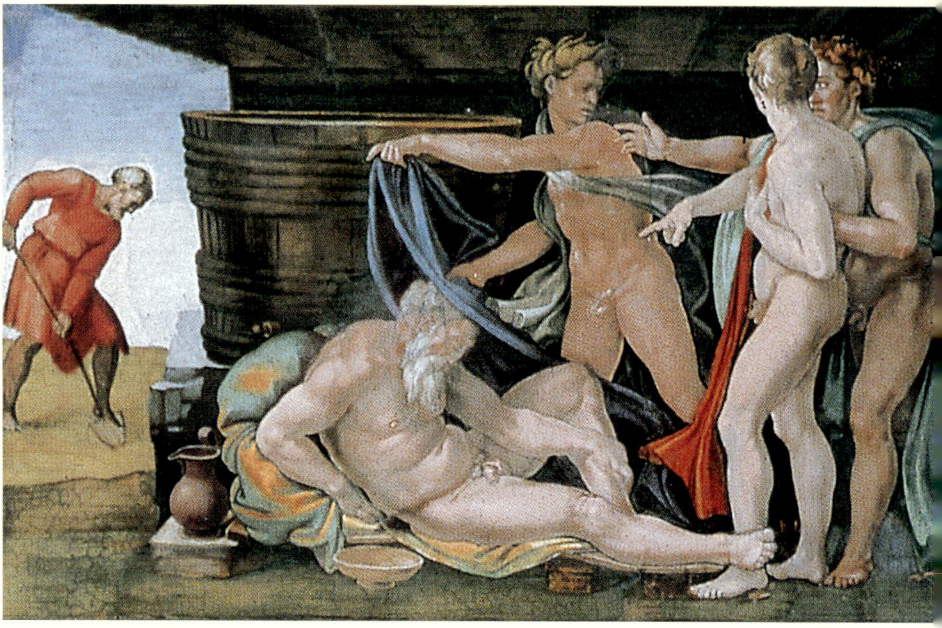

Tafel 5 Die Errettung vor der Sintflut hat aus Noah keinen neuen Adam gemacht. Die Blöße, die er sich im Zustand der Trunkenheit gegeben hat, deckt sein Sohn Sem pietätvoll zu. Vatikan, Sixtinische Kapelle

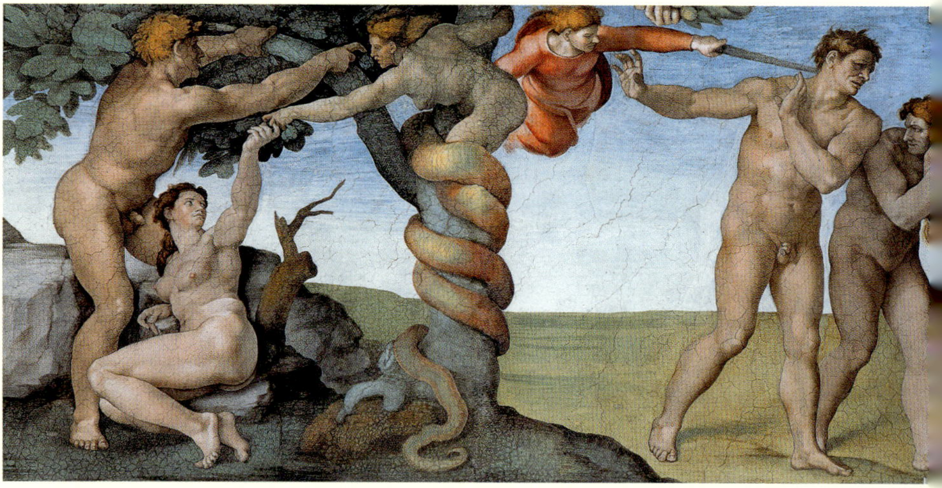

Tafel 6 Bei Michelangelo greifen Eva und Adam beide in den Baum mit der verbotenen Frucht der Erkenntnis, doch nur Eva berührt die Hand des Versuchers. Nach der Vertreibung aus dem Paradies aber sind die ersten Menschen sterblich geworden, wie ihre furchtbar gealterten Gesichter zeigen. Vatikan, Sixtinische Kapelle

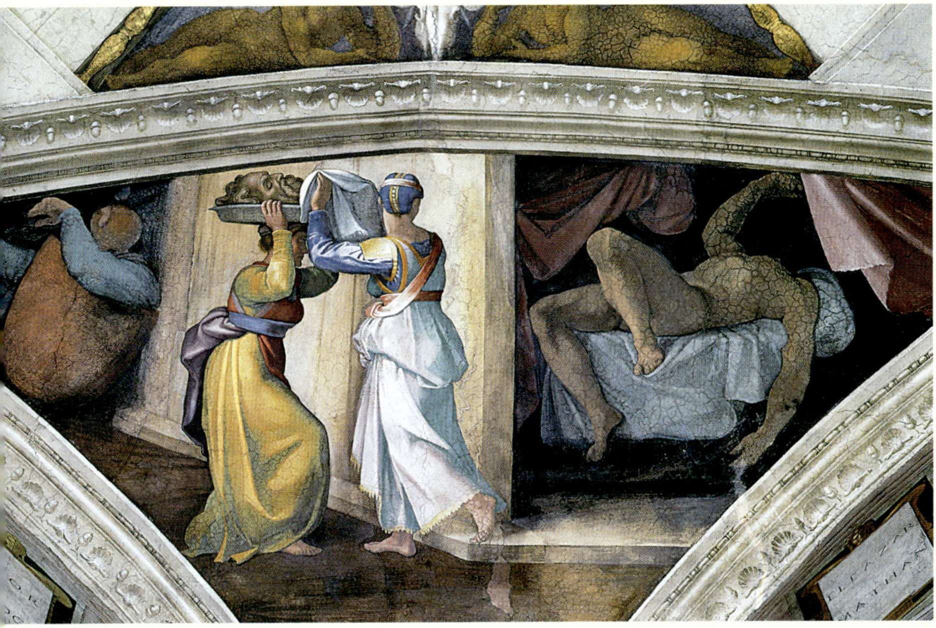

Tafel 7 So elend stirbt, wer sich am Erwählten Volk vergreifen will: Judith hat Holofernes in seinem Schlafgemach geköpft und schreitet mit ihrer Dienerin, die das abgeschlagene Haupt in einer Silberschale trägt, triumphierend von dannen. Vatikan, Sixtinische Kapelle

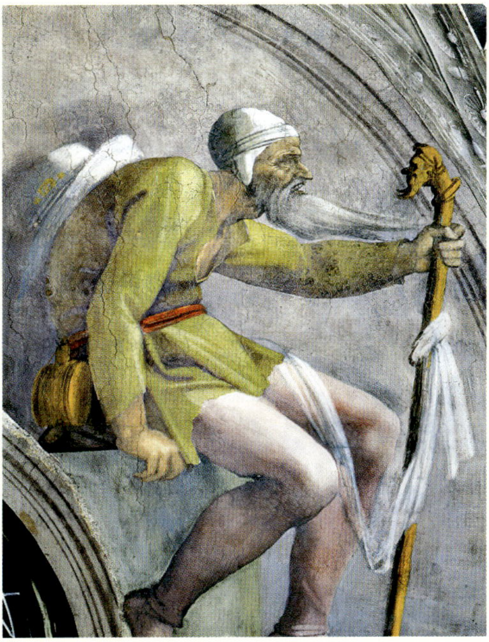

Tafel 8 Laut Beschriftung zeigt das Fresko Booz (Boas), einen der Vorfahren Christi, der sein eigenes Zerrbild an der Spitze seines Stocks betrachtet. Doch fragten sich schon die Zeitgenossen, ob Michelangelo nicht eher eine Karikatur Julius' II. gemalt hat. Vatikan, Sixtinische Kapelle

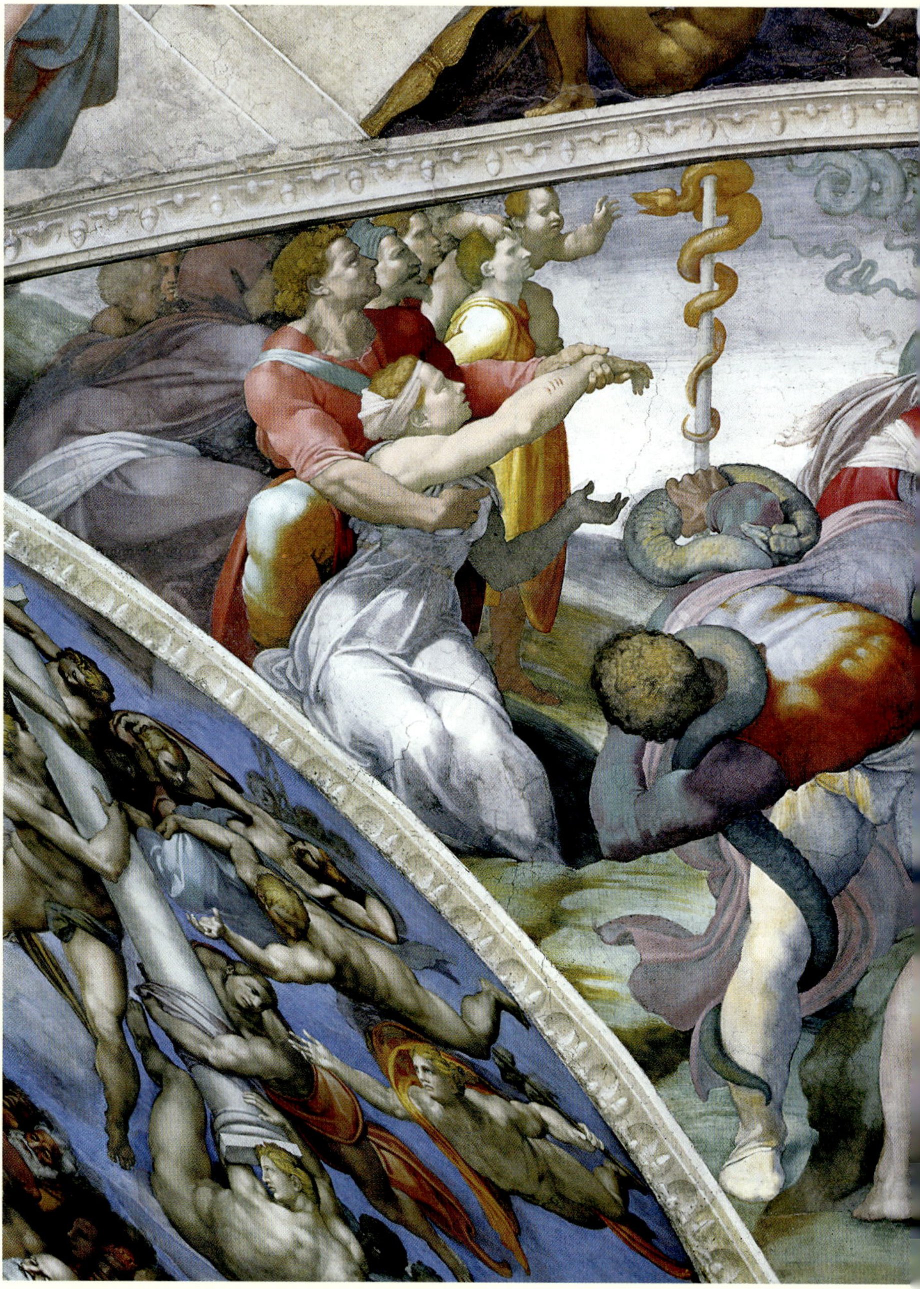

Tafel 9 Wer die Eherne Schlange anschaute, sollte verschont bleiben – diese Gnade hatte Moses für das abtrünnige Volk Israel von Gott erwirkt. Doch Michelangelos Fresko zeigt weniger Verzeihung und Bekehrung als vielmehr das verdiente Verderben der Gottlosen. Vatikan, Sixtinische Kapelle

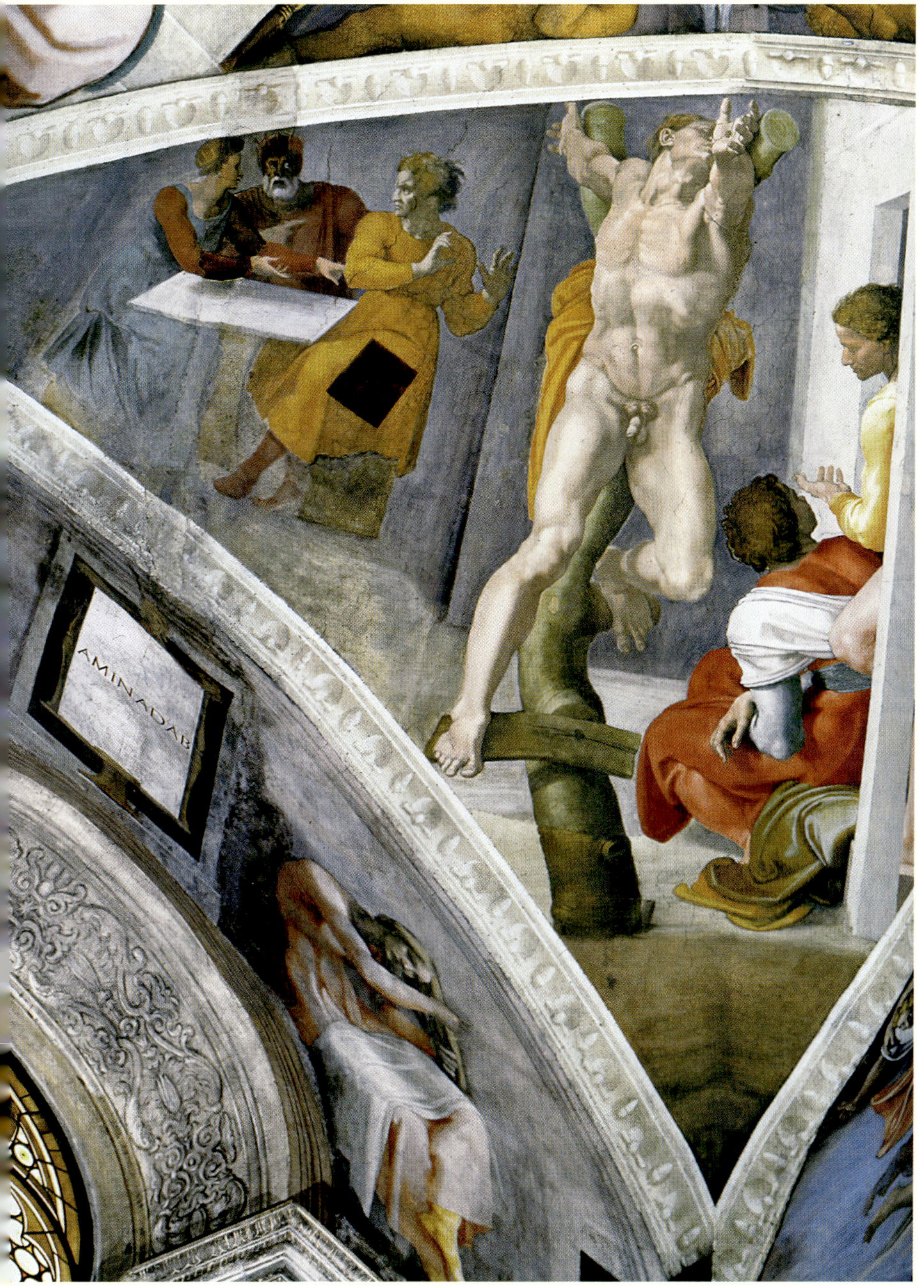

Tafel 10 Im Buch Ester wird Haman, der als Großwesir des persischen Königs Ahasveros die Juden vernichten wollte, gehängt. Michelangelo hingegen lässt ihn an einem grob gezimmerten schrägen Kreuz zu Grunde gehen. Vatikan, Sixtinische Kapelle

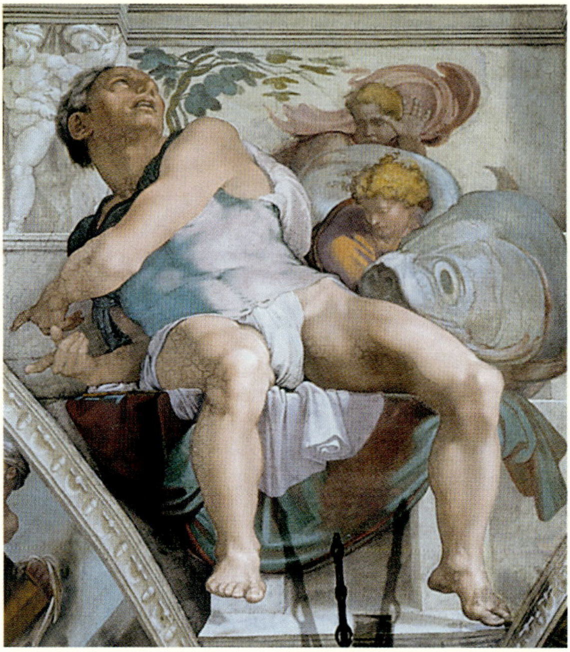

Tafel 11 Dem Propheten Jonas hat seine Vision den Kopf nach hinten und die Füße vom Boden emporgerissen. Die Darstellung des Erhabenen streift auch hier die Komik, nicht zuletzt durch den riesigen, unverwandt starrenden Fisch. Vatikan, Sixtinische Kapelle

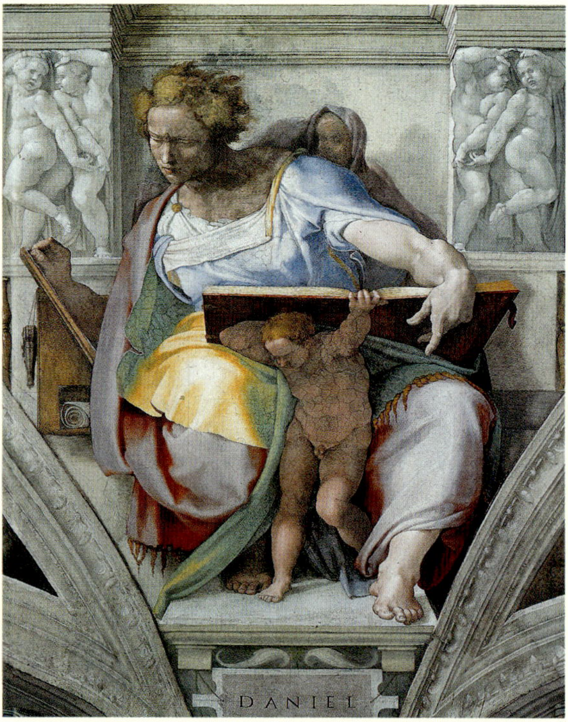

Tafel 12 Den Propheten Daniel malte Michelangelo, anders als viele seiner Vorgänger, nicht in der Löwengrube, sondern als einen kühnen jungen Seher, dem der Sturm durch die goldenen Locken bläst. Vatikan, Sixtinische Kapelle

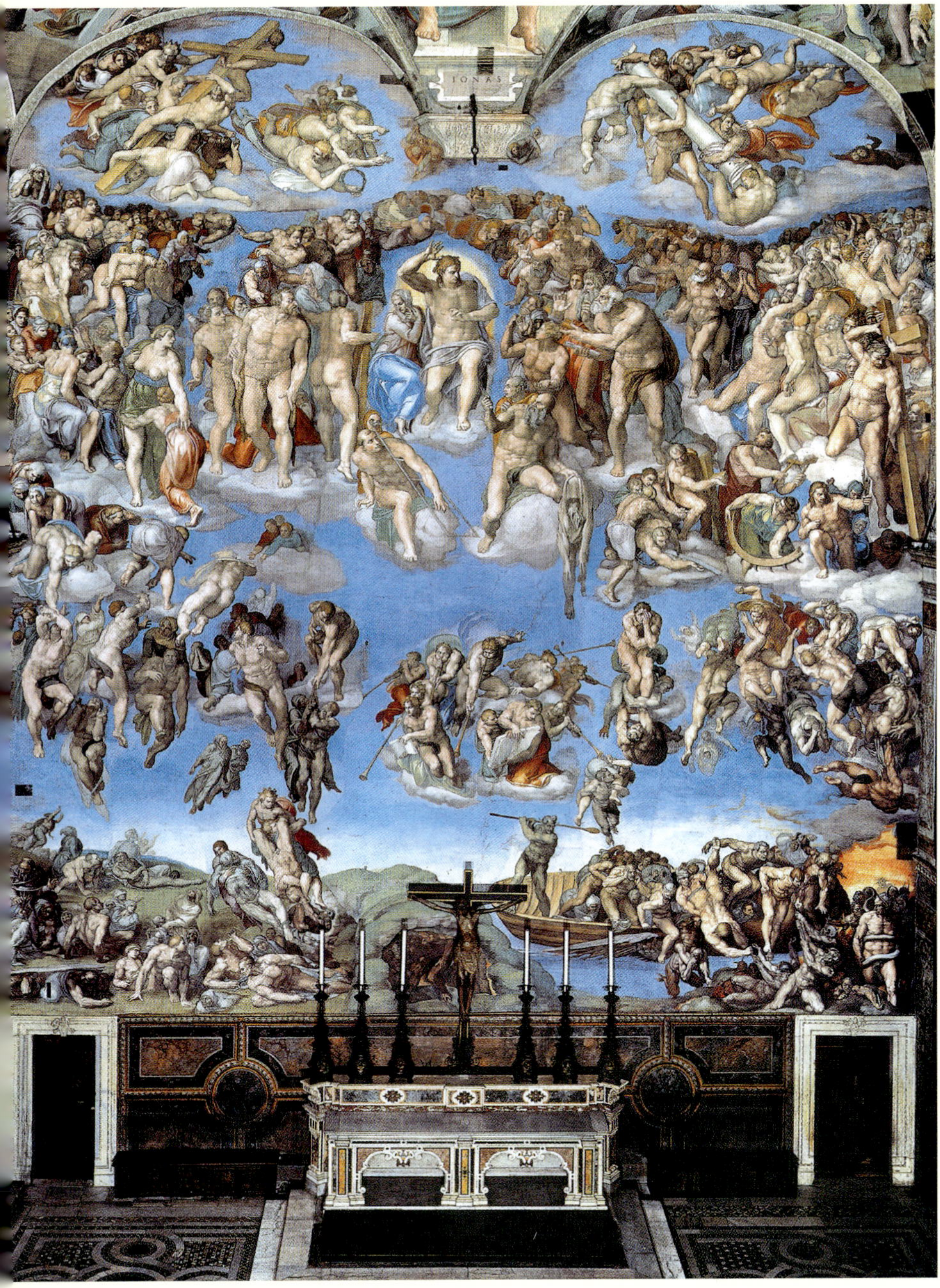

Tafel 13 Das Fresko, das Michelangelo von 1534 bis 1541 an der Stirnseite der Sixtinischen Kapelle schuf, bildet den logischen Abschluss seiner ein Vierteljahrhundert zuvor an der Decke gemalten Bilder: Die menschliche Geschichte, die mit dem Sündenfall beginnt, endet mit dem Jüngsten Gericht. Vatikan, Sixtinische Kapelle

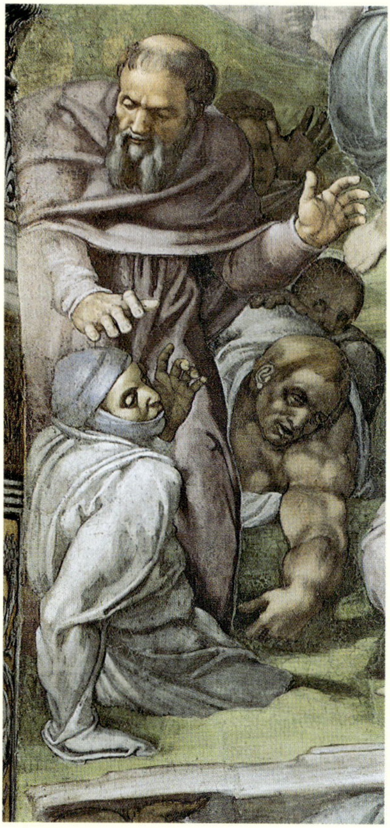

Tafel 14 Der Mönch, der den Auferstandenen seinen Segen erteilt, ist Michelangelos ureigene Erfindung: Die Kirche steht den Gläubigen bis zum Jüngsten Tag mit ihren Sakramenten bei. Vatikan, Sixtinische Kapelle

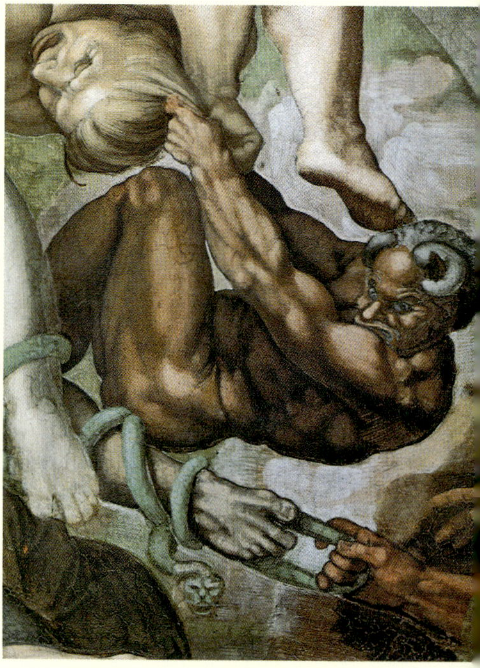

Tafel 15 Diese Beute müssen die gierigen Teufel wieder loslassen: Jeder Auferstandene hat das Recht, vor seinen Richter gebracht zu werden. Leer werden die Dämonen trotzdem nicht ausgehen. Vatikan, Sixtinische Kapelle

Tafel 16 Den Rost, auf dem er zu Tode gemartert wurde, trägt der heilige Laurentius über seiner mächtigen Schulter – als wollte er den strengen Weltenrichter Christus mit diesem Abzeichen seines Martyriums um Milde bitten. Vatikan, Sixtinische Kapelle

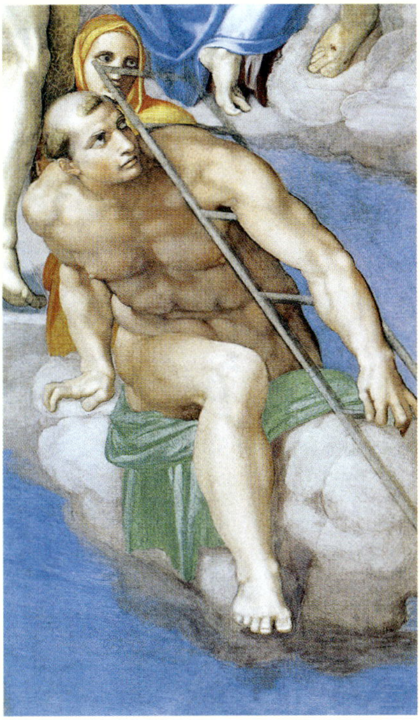

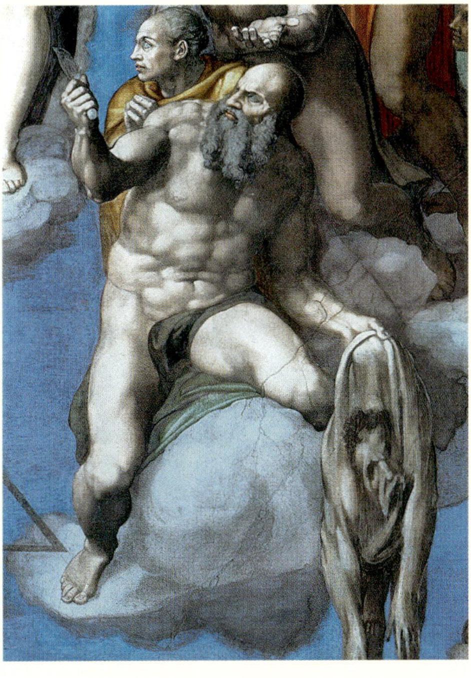

Tafel 17 Der heilige Bartholomäus hält in seiner Linken die Haut, die ihm der Henker bei lebendigem Leibe abgezogen hat. Auf ihr hat Michelangelo seine eigenen Gesichtszüge verewigt, dem Faltenwurf entsprechend verzerrt und mit makabrer Komik – Hände und Füße dieses heiligen Balges zeigen nach unten, in die Hölle. Vatikan, Sixtinische Kapelle

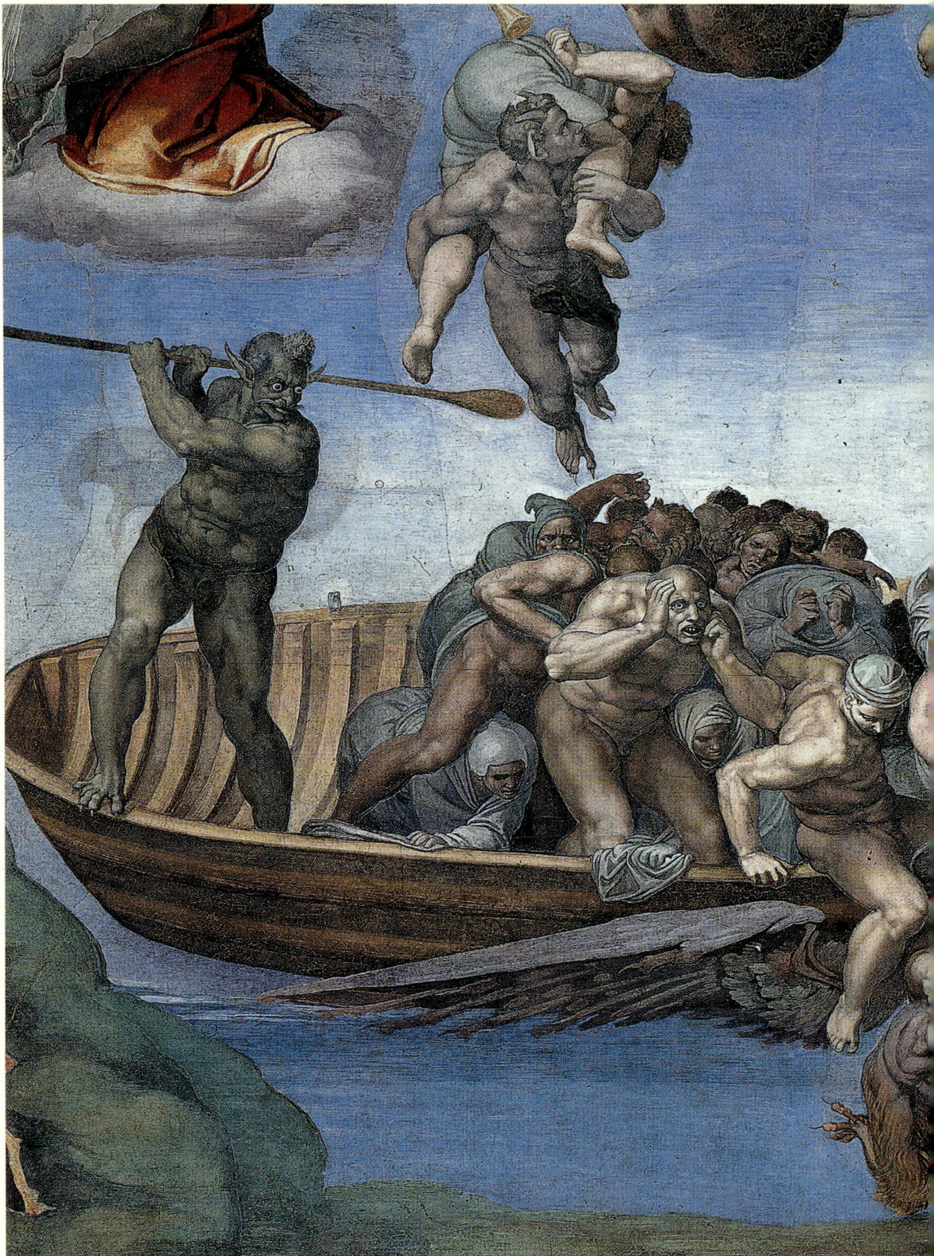

Tafel 18 Wehe denen, die hier angekommen sind! Sie müssen alle Hoffnung aufgeben, dem namenlosen Grauen der Hölle zu entkommen. Vatikan, Sixtinische Kapelle

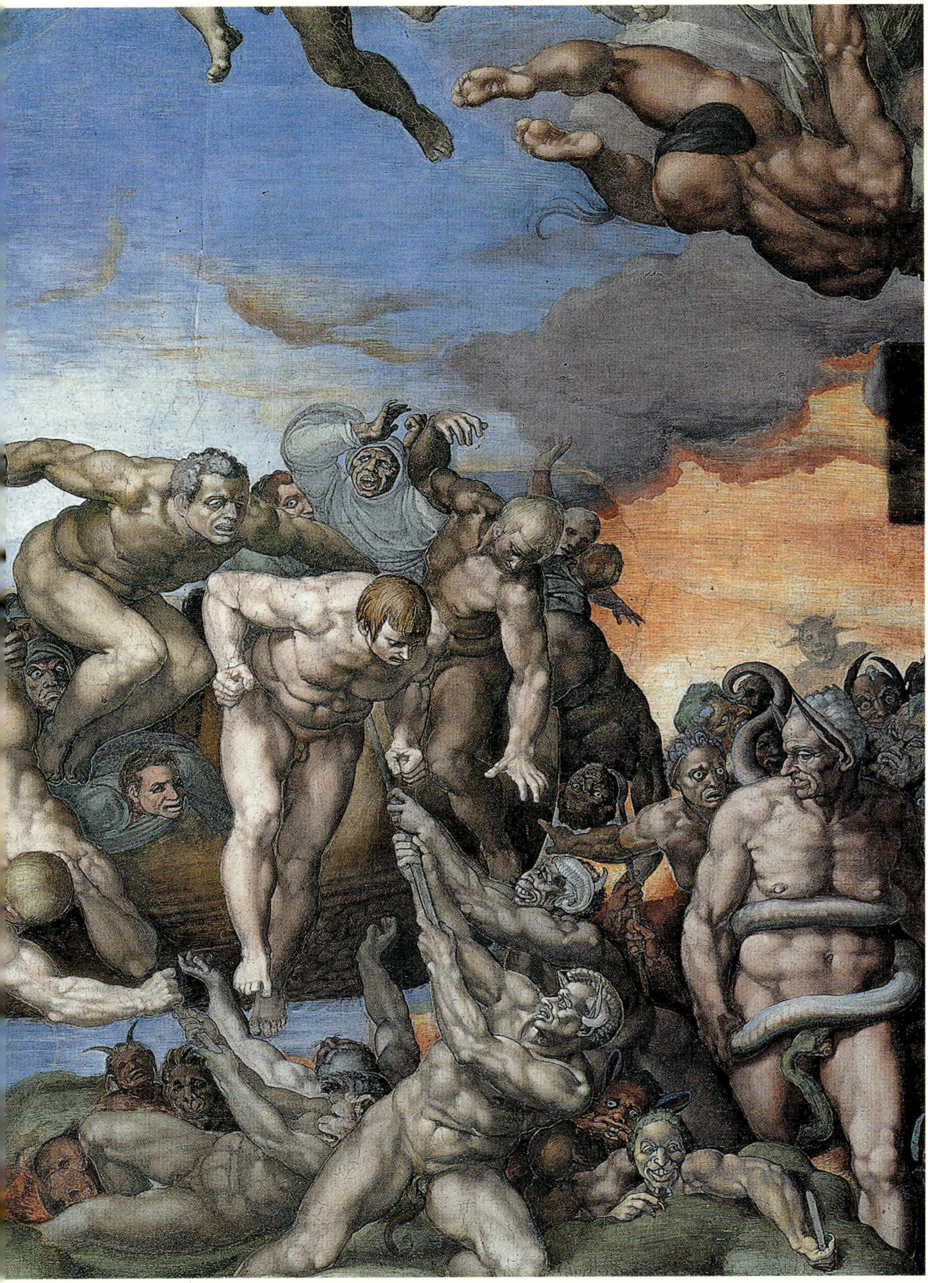

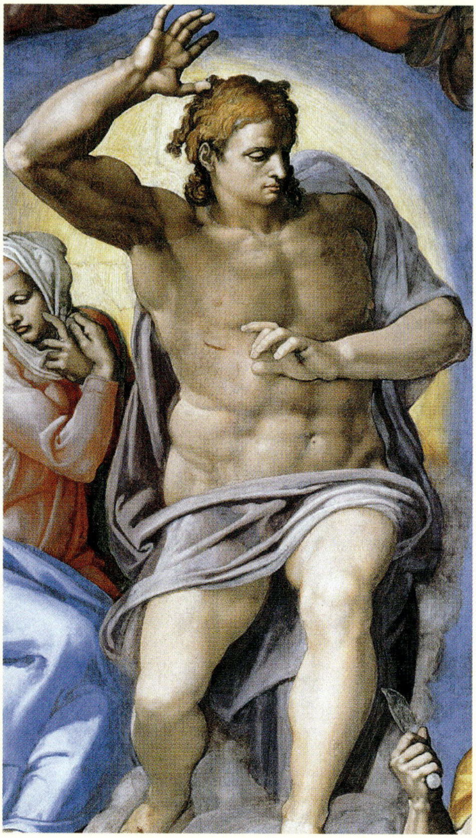

Tafel 19 Von Christus, dem Weltenrichter, nimmt alle Bewegung des Jüngsten Gerichts ihren Ausgang. An seinem machtvoll erhobenen Arm hat Michelangelo, wie die Restauration des Freskos zeigte, bis zum Schluss Veränderungen vorgenommen. Vatikan, Sixtinische Kapelle

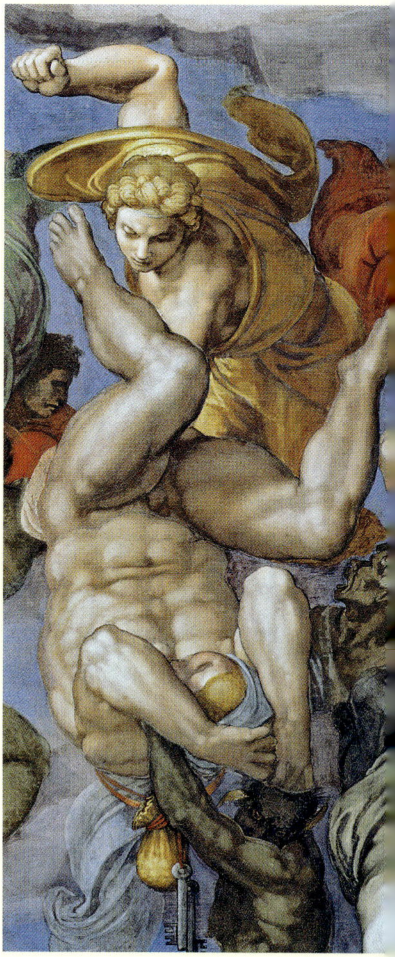

Tafel 20 Die Tresorschlüssel und der Geldbeutel zeigen, warum der Engel diesen Auferstandenen in die Hölle stürzt: Der Geizige hat um der irdischen Besitztümer willen sein Seelenheil verspielt. War das eine Aussage in eigener Sache? Michelangelo galt seinen Zeitgenossen als habgierig und knauserig. Vatikan, Sixtinische Kapelle

unter der Gnade gegenüberstellten, bot es sich für die Ausmalung der Decke an, auf die Vorgeschichte beider Bildfolgen zurückzugreifen (siehe Tafel 3). Das damit vorgegebene Leitmotiv der Verheißung wird sechsfach variiert. Dargestellt werden die Vorfahren Christi, sieben Propheten des Alten Testaments, fünf Sibyllen des heidnischen Altertums und vier dramatische Episoden aus der Geschichte des Erwählten Volkes Israel. Dazu kommen die neun bronzenen Rundschilde (Tondi), deren nicht minder wild bewegte Episoden aus der Bibel und der antiken Geschichte als Versinnbildlichung der Zehn Gebote gedeutet wurden. In allen diesen Bildmotiven wird leitmotivisch auf das künftige Geschehen der Passion, der Erlösung und des Zeitenendes verwiesen. Den erzählerischen Höhepunkt aber bildeten die neun Fresken im mittleren Feld der Decke, die in eigenwilliger Auswahl und Kombination die Geschichte der Welt vom Beginn der Schöpfung bis zu Noahs Trunkenheit nach der Sintflut zeigen. Um den Ablauf der Geschichte zu vervollständigen, fehlte jetzt nur noch das Schlussstück: das Jüngste Gericht. Auch wenn dieses erst fast drei Jahrzehnte später gemalt wurde, steht es bei der Ausmalung der Sixtina-Decke bereits unsichtbar im Raum: als Sinnbezug und als Vision.

Durch die fünf Sibyllen werden ganz unterschiedliche Kulturen und Religionen in die christliche Überlieferungstradition einbezogen. Die berühmteste Wahrsagerin des klassischen Altertums, die delphische Sibylle, steht für Griechenland, die cumäische für Altitalien, die persische wie die wegen ihrer Prophezeiung des Weltenendes berühmte erythräische für Asien, die libysche für Afrika. Dass in den Prophezeiungen dieser Seherinnen ein Teil der göttlichen Wahrheit offenbart wurde, machen Gesichter, Körpersprache, Putten und Attribute wie Bücher und Papierrollen gleichermaßen deutlich. Zudem sind die heidnischen Prophetinnen auf gleicher Höhe wie die sieben Propheten des Erwählten Volkes gemalt; das war eine sichtbare Gleichrangigkeit, die Einwände strenger Theologen provozieren musste. Einen Bruch mit der Tradition bezeichnete überdies der Verzicht auf die Attribute, mit denen die Sibyllen üblicherweise christlich umgedeutet wurden. So wurde die Sibylla Libyca meist mit einer Fackel, die auf Christus, das Licht der Welt, vorausdeutete, und mit einer Kette, die die gesprengten Fesseln des Heidentums bezeichnen sollte, dargestellt, die erythräische hingegen in Lumpen und damit als

Vorbild der weltabgewandten Eremiten und mit einem Fuß auf der Weltkugel als Ausdruck der Weltverachtung. Dass diese Symbolsprache hier ausgespart bleibt, zeigt, dass es nicht nur um die Ankündigung des Erlösers und die – selbstverständlich vorausgesetzte – Erfüllung des Heilsgeschehens im Christentum geht, sondern auch um die Zeugenschaft, Beweiskraft und damit um die Würde und den göttlichen Ursprung der älteren Religionen als Vorläufer der christlichen Wahrheit.

Die christliche Offenbarung und die ihr zugrunde liegende Traditions- und Überlieferungskette bezeichnen die insgesamt vierzig männlichen wie weiblichen Vorfahren Christi. Zu all diesen Hauptpersonen gesellt sich eine überwältigende Fülle weiterer Erfindungen. Propheten und Sibyllen sind von jeweils zwei jugendlichen Gestalten umgeben, zu ihren Seiten tanzen Putten; über ihren Thronen sind *ignudi*, nackte Jünglinge von berückender Schönheit, gemalt. Alle diese Figuren sind höchst unterschiedlich gedeutet worden. Unbestritten ist, dass sie mit ihren Emotionen und Seelenregungen innigen Anteil am inneren Leben ihrer Protagonisten nehmen.

Demgegenüber sind die Fresken in den Gewölbeecken, in den Tondi und im mittleren Feld der Decke erzählend angelegt. Die vier ersteren berichten von dramatischen, ja gewaltsamen Begebenheiten: David schickt sich an, dem bereits überwunden am Boden liegenden Goliath den Kopf abzuschneiden; Judith enthauptet Holofernes, den Feldherrn des Tyrannen Nebukadnezar; Haman, der Großwesir des persischen Königs Ahasveros, der den Juden Mordechai und dessen Glaubensbrüder ermorden lassen will, wird gekreuzigt. Eine gewisse Aufhellung bringt in diese blutige Serie nur das Fresko der Ehernen Schlange. Ihr Anblick schützte vor den Bissen der Feuerschlangen, die Gott als Strafe für den Abfall des Volkes Israel geschickt hatte. Von Treulosigkeit, Hochmut und Verrat, aber auch von Gehorsam und Vergebung handeln auch die biblischen Episoden der neun ausgeführten Tondi (ein zehntes blieb ungemalt). Einer der Rundschilde illustriert die Bestrafung des Tempelräubers Heliodor, die Raffael um dieselbe Zeit in den vatikanischen Stanzen malte. Julius II. konnte von diesem Motiv, in dem er seinen Triumph über Ludwig XII. von Frankreich vorweggenommen sah, offensichtlich nicht genug bekommen.

Beide Bildreihen zeigen somit, wie der Herr sein erwähltes Volk aus höchster Gefahr rettet, doch schildern sie nicht weniger eindringlich, was geschieht, wenn dieses sich von seinem himmlischen Beschützer beziehungsweise von seinem irdischen Führer und Heilsvermittler Moses abwendet. Dass sich an dieser einen Stelle die Themenkreise der Wand- und der Deckenfresken überschneiden, ist alles andere als eine versehentliche Wiederholung: Moses ist der Typus und damit der Vorläufer des Papstes, Widerstand gegen ihn ist Auflehnung gegen den Stellvertreter Christi. Davor gleich doppelt, auf Augenhöhe und im Gewölbe, zu warnen, war ein zentrales Anliegen des Auftraggebers.

Gehorsam und Widerstand: dieses Thema nehmen die Propheten des Alten Bundes machtvoll auf. Zacarias, Joel und Esaias, Ezechiel, Daniel, Hieremias und Ionas (so ihre Namensform in Michelangelos Beschriftung) sind Mahner und Warner, die gegen die Verehrung falscher Götter und die Unrechtsherrschaft auftraten und so den in den Gewölbeecken dargestellten Bund des Herrn mit dem Erwählten Volk zu festigen beziehungsweise zu erneuern bestrebt waren. Dasselbe Spannungsverhältnis von Befehl und Auflehnung, Sünde und Buße beherrscht die Freskenreihe in der Deckenmitte. Die perfekte Schöpfung Gottes wird durch den Sündenfall befleckt, die sündige Menschheit erhält ihre verdiente Strafe in der Sintflut. Davon ausgenommen sind nur die wenigen Gerechten, die in der Arche Noah der allgemeinen Vernichtung entkommen und die Fortsetzung des Menschengeschlechts gewährleisten. Doch steht auch diese Zukunft, wie die letzte Episode der Trunkenheit Noahs zeigt, im Zeichen der menschlichen Schwäche und Verführbarkeit. Am Schluss aller vielfältig verflochtenen Erzählungen wird also die Menschheit, die sich aus freiem Willen dem Bösen verschrieb und daher das Paradies verlassen und den Tod erdulden musste, in die Geschichte entlassen. Doch diese ist nicht offen, sondern begrenzt. Die historische Zeit ist die Bewährungsprobe, die alle Menschen zu bestehen haben; wohl denen, die sich dabei der Führung der Kirche anvertrauen und deren Gebote befolgen! Ihnen wird am Jüngsten Tag das Paradies offen stehen, die Rebellen hingegen erwartet die Hölle. Die Zeit zwischen der Sintflut und dem Tag des Zorns aber steht im Zeichen des immergleichen Gegensatzes von Gehorsam und Auflehnung, der in den Wandfresken eindrucksvoll vor Augen geführt wird. Wächter und Hoffnungsspender in diesem Jammertal der Anfechtungen aber ist der Stellvertreter Christi auf Erden, der Papst. Die Frommen und Folgsamen werden im Schoß seiner Kirche und ihrer Wahrheit geborgen sein, während die von Hochmut getriebenen Aufrührer elendiglich zu Grunde gehen werden. So lässt sich das Michelangelo mitgegebene Programm und seine Botschaft in den Grundzügen zusammenfassen.

In der Kapelle aber regiert keine anonyme Institution, sondern ein Pontifex maximus mit Familienwappen. Aus Füllhörnern und Vasen, die die *ignudi* tragen, aus ihren Armen und in ihrem Rücken sprießen Zweige, die überdimensionale, grün oder golden leuchtende Früchte tragen. Es sind Eichen, die Wappenbäume der Della Rovere, und sie geben dem komplexen Gefüge der Verheißungen einen sehr konkreten Verherrlichungs-Sinn (siehe Tafel 1). Umrahmt von diesen heraldischen Zeichen, sollen die Propheten nicht nur die Ankunft des Herrn und die Abkehr von Abgötterei, sondern auch die Vorherbestimmung des Onkels, des Neffen, ja des ganzen Geschlechts der Della Rovere zur höchsten Herrschaft in der Christenheit verkünden. So, wie die Päpste dieses Geschlechts mit der von Christus verliehenen Schlüsselgewalt im Hier und Jetzt den Weg zum Heil weisen, so werden die nachfolgenden Generationen bis zum Ende der Zeiten über die Geschicke der Kirche und damit der Gläubigen wachen. Vor dem Jüngsten Tag aber wird diese auserwählte Familie die seligen letzten tausend Jahre Christi und seiner Getreuen herbeiführen, sodass sich die Weissagung der Johannes-Offenbarung in einer Ära des Friedens, der Eintracht und der Kulturblüte erfüllt. Diese Mission ist, wie die Bilder vor Augen führen, im Schoße der Geschichte angelegt, um sich jetzt, unter dem Pontifikat Julius' II., in der vorhergesagten Herrlichkeit zu vollenden.

Empörung, Strafe und Buße zum einen, die Vision der strahlenden Endzeit zum anderen – die Verkündigung, die das Bildprogramm der Sixtinischen Decke bestimmt, beherrscht auch die Schriften des Egidio da Viterbo. Der Augustinergeneral mit dem Kardinalshut wurde allerdings nicht müde, zu betonen, dass die Zeit der Erfüllung erst anbrechen werde, wenn sich die Erneuerung der Kirche nach vorangehender Prüfung, Buße und Läuterung vollzogen habe. Eben diese Einkehr und Reue aber, die Egidio im Hier und Jetzt erwartete, blieb nicht nur in den Bildern, sondern auch in der Amtsführung der Päpste ausgespart. Am Ende seines Lebens sollte Egidio denn auch, desillusioniert und verbittert, die furchtbare Plünderung des Sacco di Roma im Jahre 1527 als gerechte Strafe dafür betrachten, dass die sittliche Besserung als Voraussetzung für den Anbruch des Millenniums ausgeblieben war. Schlimmer noch: Selbst die grausame Kasteiung des Sacco, so das letzte Wort des resignierten Reformers, vermochte keine wirkliche Umkehr herbeizuführen. Es war also nicht nur Zeit für eine Neubesinnung des Papsttums, sondern auch für ein Bild des Gerichts. 1541, neunundzwanzig Jahre nach den Deckenfresken, sollte es an der Stirnwand der Sixtinischen Kapelle enthüllt werden.

Ob Michelangelo bei der von 1508 bis 1512 währenden Fron der Freskierung auf die Dienste von Gehilfen zurückgriff, ist bis heute umstritten. Sicher ist, dass er nicht nur für untergeordnete Tätigkeiten wie das Mischen von Farben, sondern auch für anspruchsvollere Aufgaben Fachkräfte anwarb. Die Besten der Besten waren ihm dafür gerade gut genug. Und natürlich mussten sie vertrauenswürdig sein, um unter seiner Aufsicht und nach seinen Angaben an seiner Decke malen zu dürfen. Das aber war eine Anforderung, der in den Augen des stets misstrauischen Meisters allenfalls einige Gefährten der Jugendzeit wie Francesco Granacci und Giuliano Bugiardini, beide längst gestandene Meister ihres Faches, gewachsen waren. Die Vorarbeiten zum großen Projekt bestanden darin, die alte Ausmalung, die sich auf einen gestirnten Nachthimmel beschränkte, abzutragen und Gerüste für die Neuausmalung zu errichten. Dabei durften – so die offizielle Anweisung – die liturgischen Funktionen der Kapelle wie zum Beispiel die prachtvoll zelebrierten Papstmessen nicht beeinträchtigt werden. Doch wurden die Aktivitäten der Prälaten in ihren kostbaren Prunkgewändern durch Farbgestank, Staubwolken und Lärm empfindlich gestört. Auf entsprechende Mahnungen, den kirchlichen Betrieb so wenig wie möglich zu beeinträchtigen, reagierte Michelangelo wie immer in solchen Fällen: mit äußerster Gereiztheit und ohne jegliches Entgegenkommen.

«Teamwork» wurde die Ausmalung der Sixtina-Decke ungeachtet der Anwerbung qualifizierter Mitarbeiter nicht. Dass die sorgsam ausgewählten Gehilfen Michelangelo – wie immer wieder behauptet – längere Zeit zur Hand gegangen seien, ist so gut wie ausgeschlossen, denn ihnen wurde kein Lohn gezahlt. Michelangelos Bankauszüge sind für diese Jahre vollständig erhalten. Kein Salär aber bedeutet: keine Mitarbeit über die allerersten Anfangsstadien hinaus. Aus dem Blickwinkel der nicht zum Zuge gekommenen Assistenten stellte sich die Lage etwas anders dar: Mit diesem reizbaren, ja cholerischen und ständig unzufriedenen Chef war keine Zusammenarbeit möglich. Michelangelos Zorn wurde nicht zuletzt von technischen Problemen entfacht. Um ein langsameres, möglichst kontrolliertes Vorgehen zu ermöglichen, hatte er sich anfangs dafür entschieden, nicht, wie im so genannten «fresco buono» üblich, die mit Wasser angerührten Farben direkt auf den feuchten Putz aufzutragen (was spätestens binnen 48 Stunden geschehen musste), sondern stattdessen Leimfarben zu verwenden. Diese aber waren weniger haltbar und mussten sorgfältig zubereitet werden. Das richtige Mischungsverhältnis wiederum hing von der Beschaffenheit der örtlichen Werkstoffe Kalk und Pozzolanerde ab. Diese aber unterschieden sich so sehr von den in Florenz üblichen Materialien, dass die zuerst gemalte Szene der Sintflut komplett herausgeschlagen und neu gemalt werden musste. Extreme Kälte im Winter 1508/09 und die Konkurrenz Raffaels, der mit der ihm eigenen Leichtigkeit und Schnelligkeit die Fresken der Vatikanischen Stanzen in Angriff nahm, stimmten ihn zusätzlich herab. Auf einem 18 Meter hohen Gerüst wie auf einer Folterbank ausgestreckt, wurde der Maler wider Willen unversehens von Ängsten gepeinigt: Sollte seine mühsam erworbene Ehre durch eine einzige große Blamage wieder verloren gehen? Das Entzücken seiner zahlreichen Feinde über diesen Fehlschlag konnte er sich unschwer ausmalen. Es würde umso größer sein, weil er ihnen so oft und so schroff zu verstehen gegeben hatte, dass sie im Gegensatz zu ihm nichts von den Geheimnissen der Kunst verstünden. Zu allem Überfluss kamen um dieselbe Zeit Streitigkeiten in der Familie hinzu, die stetig an Heftigkeit zunahmen. Just zu dem Zeitpunkt, als es um Sein oder Nichtsein ging, verlor er in seinem heroischen Kampf gegen die Widrigkeiten der Jahreszeit, der Mineralien und vor allem der Menschen auch noch die Unterstützung derjenigen, auf die, ungeachtet aller Reibungen, bislang noch Verlass gewesen war: So muss es der gequälte und erschöpfte Michelangelo in diesen kritischen Monaten empfunden haben. Der Kontrast zwischen der Erhabenheit der Kunst und der Gedrücktheit der Lebensbedingungen wurde abgrundtief. Bei aller unwirschen Knappheit lassen die Briefe der Jahre 1509 und 1510 erahnen, welche Existenzkämpfe der Künstler an welchen Fronten auszutragen hatte.

Das Deckenfresko: die Welt unter dem Himmel

Im Sommer 1508 stand das Unternehmen noch unter günstigen Vorzeichen. Die hohen Vorauszahlungen Julius' II. erlaubten es Michelangelo weiterhin, in der Umgebung von Florenz renditeträchtige Immobilien zu erwerben. Die dauernden Mahnungen Ludovicos, weniger zu arbeiten und zufriedener zu leben, ließen sich vor diesem Hintergrund leicht abtun. Denn natürlich versäumte der scheinbar so besorgte Vater nie, darauf hinzuweisen, dass sein hyperaktiver Sohn reich, er aber arm sei. Doch bescheide er sich demütig mit dem wenigen, was ihm Michelangelo zu überlassen geruhe. Das war die übliche Rollenverteilung. Doch im Gegensatz zu normalen Jahren führte die Strategie des Vaters nicht mehr zum Erfolg, als sich die Probleme in der Sixtinischen Kapelle zuspitzten. Im Umgang mit dem Künstler war jetzt höchste Vorsicht vonnöten, so gereizt reagierte er auf die geringsten Vorhaltungen:

> Buonarroto, mit großem Ärger habe ich aus einem Deiner Briefe erfahren, wie es bei Euch zugeht, und noch ärgerlicher bin ich über die Not, von der Du schreibst, speziell Ludovicos, der nicht einmal etwas Rechtes zum Anziehen habe. Ich habe diesem vor einigen Tagen geschrieben, dass ich für 400 Dukaten Marmor gekauft, davon 140 Dukaten Schulden und ansonsten nicht einen Groschen habe. So schreibe ich Dir heute, damit Du siehst, dass ich Euch momentan nicht helfen kann. Denn ich muss diese Schuld bezahlen und brauche überdies etwas zum Leben und um die Miete zu begleichen. Außerdem erdulde ich im Augenblick große Strapazen.[28]

Obwohl er von Michelangelos bedrängter Lage wusste, hatte der Bruder die Stirn, diesen um eine Empfehlung zwecks beruflicher Förderung in der Ewigen Stadt zu bitten. Er war nicht der einzige, der bettelte. Ende August 1508 ersuchte in Florenz eine arme Nonne, die sich als Tante ausgab, um eine milde Gabe. Der misstrauische Künstler schickte seinem Vater fünf Dukaten, von denen viereinhalb der Bedürftigen auszuhändigen waren, falls sie eine echte Verwandte sei. Um dies zu klären, sollte der Vater Erkundigungen einholen; falls sich der Betrugsverdacht erhärtete, durfte er das Geld für sich behalten. Darüber hinaus beschäftigte die ganze Familie eine Erbschaft, der man vonseiten entfernter Verwandter entgegen sah. Sollte man sie annehmen oder wegen der Schulden, die daran hafteten, lieber ablehnen? Michelangelo, in Geldsachen vorsichtig wie immer, votierte dafür, sie auszuschlagen. Dazu kam eine weitere Enttäuschung: Ein gewisser Jacopo di Sandro hatte den Künstler, wie der Vater eilfertig mitteilte, betrogen. So betrüblich der Fall auch war, Ludovico, der es schon immer besser gewusst hatte, erfüllte er mit Genugtuung:

> Habe ich Dir doch schon oft gesagt, dass alle diese Heulsusen *(piagnoni)* schlechte Menschen sind.[29]

Piagnoni hatte der bissige Florentiner Volksmund die eingefleischten Anhänger Savonarolas getauft, weil sie bei jeder Gelegenheit die Augen zum Himmel verdrehten und die Schlechtigkeit der irregehenden Welt beweinten. Hinter der beiläufig klingenden Ermahnung blitzte eine tiefer reichende Meinungsverschiedenheit auf: Michelangelo sollte seine Bekanntschaften nicht nach politischer Gesinnung, sondern nach individueller Vertrauenswürdigkeit schließen. Offensichtlich waren sich Vater und Sohn in ihrem Urteil über die jüngere florentinische Geschichte nicht einig.

Das galt auch für die Frage, wem es schlechter ging: der permanente Wettstreit in dieser Familie. Im Januar 1509 war Ludovico am Zuge; kurz zuvor hatte ihm Michelangelo ausnahmsweise gute Nachrichten zukommen lassen. Diese Blöße nutzte der Vater postwendend aus:

> Lieber Sohn, mehrere Tage lang habe ich Dir nicht geschrieben, weil ich weiß, wie beschäftigt Du bist ... Seit vielen Jahren erdulde ich, so scheint es mir, große Mühen und Erschütterungen ... Doch will ich Dich damit nicht länger langweilen. Ich hoffe, Dir geht es gut, möge es Gott so gefallen.[30]

Zuerst demütig zeigen, wie hoch man die unermüdliche Tätigkeit des Sohnes schätzt, dann ganz nebenbei das eigene Elend ansprechen, um danach, uneigennützig wie es einem guten Vater geziemte, zum Wohlergehen des Sohnes überzugehen: Das war Ludovicos lebenslange Taktik. Bandinellis lieblose Charakteristik, dass es ihm an jeglicher Art von Begabung gebrach, war falsch: Michelangelos Vater hatte das Talent zum erfolgreichen Klagen. Dahinter stand eine tiefe Einsicht in die Wesenszüge des Sohnes: Michelangelo verachtete seinen Vater und schämte sich zumindest phasenweise dafür. Das aber nutzte Ludovico mit seiner virtuosen Psychologie der Erpressung gnadenlos aus:

> Über alles geliebter Vater, heute habe ich Euren Brief erhalten, dessen Lektüre mir zutiefst missfallen hat. Ich denke, Ihr fürchtet Euch viel mehr, als es nötig ist. Mir wäre es lieb, wenn Ihr mir sagtet, was ich für Euch tun kann, und zwar für den schlimmsten aller Fälle, wenn es um alles geht. Anderes habe ich Euch nicht zu sagen. Mir tut es weh, Euch in dieser Furcht zu sehen. Ich kann Euch nur raten, wappnet Euch gegen ihre Kraft, und zwar mit guten Ratschlägen, und dann macht Euch keine Sorgen mehr! Denn selbst wenn es am schlimmsten kommt und Euch alles genommen wird, was Ihr auf der Welt besitzt, so bin ich doch noch da und werde Euch geben, was Ihr braucht, damit es Euch gut geht.[31]

Dieser Brief vom 27. Januar 1509 war nicht weniger als ein Versprechen komfortabler Versorgung auf Lebenszeit, konkret: die Zusage einer Leibrente. Doch um den unersättlichen Alten gar nicht erst auf verstiegene Ideen zu bringen, folgte die Einschränkung im selben Schreiben auf dem Fuße:

> Ich weiß weiterhin nicht aus noch ein, denn seit einem Jahr erhalte ich von diesem Papst keinen roten Heller. Und ich mag ihn nicht fragen, weil meine Arbeit nicht vorangeht, wie sie es mir zu verdienen scheint. Und das liegt an den schwierigen Arbeitsbedingungen und auch daran, dass die Malerei nicht mein Beruf ist. Und so verliere ich fruchtlos meine Zeit. Gott helfe mir. Wenn Ihr Geld braucht, so geht zum Spitalverwalter von S. Maria Nuova und lasst Euch bis zu 15 Dukaten auszahlen – und schreibt mir, wie viel Euch davon bleibt.[32]

Die Not unter der Decke der Sixtinischen Kapelle wird in zwei dürren Sätzen zum Schutzschild gegen die Zudringlichkeiten der engsten Verwandten.

Aus Nachrichten wie dieser schloss die Familie, dass Michelangelo sich seiner unerträglichen Mühen im feindlichen Rom entledigen und schleunigst ins sichere Florenz heimkehren sollte. Im Zweifelsfall votierten Vater und Brüder immer für die bequemste Lösung. Doch auch wenn der nächste Brief am Anfang Unheil verkündend und am Ende düster klingt – Spuren der Aufhellung waren im Frühsommer 1509 bereits unübersehbar:

> Liebster Vater, aus Eurem letzten Brief entnehme ich, dass man mich tot sagt – Narrheiten, denn natürlich bin ich am Leben. Daher lasst die Leute nur reden, doch redet über mich mit niemandem, es gibt zu viele böse Menschen. Ich arbeite soviel ich nur irgend kann. Seit 13 Monaten habe ich vom Papst kein Geld erhalten. Doch gehe ich davon aus, dass ich in sechs Wochen auf jeden Fall etwas erhalten werde, denn das, was ich bekommen habe, habe ich sehr gut angelegt .... Ich bin hier weiterhin unzufrieden, nicht allzu gesund und mühe mich unablässig ab, ohne Hilfe und ohne Geld. Doch hege ich die begründete Hoffnung, dass Gott mir helfen wird.[33]

Sogar Trost kann der Künstler jetzt wieder spenden. Notare sind, wie jeder weiß, Diebe. Regt euch daher nicht über ihre unziemlichen Geldforderungen auf! Was auch geschieht, bleibt gelassen! Nichts ist so groß, dass es, nüchtern betrachtet, nicht ziemlich klein erscheint. Das war guter Rat. Schade nur, dass derjenige, der ihn gab, ihn nicht selbst befolgte. Denn die nächste Familienkrise folgte auf dem Fuße. Giovan Simone, Michelangelos Problem-Bruder, war wieder einmal in Schwierigkeiten. Diese Nachricht – nach Michelangelos eigenen Worten die schlimmste seit zehn Jahren – traf ihn umso härter, als er Giovan Simone Geld für die Einrichtung eines Ladengeschäfts, einer *bottega*, gegeben und darauf gehofft hatte, dass der Beschenkte zum Geschäftsmann heranreifen werde. Doch es kam anders.

> ... ihm Gutes zu erweisen, nützt gar nichts; hätte ich es nur gekonnt, ich hätte an dem Tag, an dem ich Euren Brief erhielt, mein Pferd bestiegen und sofort für klare Verhältnisse gesorgt. Da das nicht geht, schreibe ich ihm einen Brief, wie er mir angemessen erscheint. Und wenn er danach sein Wesen nicht ändert oder auch nur eine Winzigkeit von zu Hause entwendet oder sonst etwas tut, das Euch missfällt, sagt mir auf jeden Fall sofort Bescheid. Dann werde ich mich um die Erlaubnis des Papstes zur Abreise be-

> mühen, schnurstracks nach Florenz kommen und ihm sein Vergehen vor Augen halten.[34]

So unerfreulich Giovan Simones Fehlverhalten auch sein mochte, es bot Gelegenheit, den Spieß umzudrehen und in der endlosen Familienfehde wieder einmal die Offensive zu ergreifen:

> Ich will, dass Ihr Euch im Klaren seid, dass alle Mühen und Anstrengungen, die ich jemals unternommen habe, nicht weniger für Euch als für mich selbst sind. Und was ich gekauft habe, habe ich gekauft, damit es Euch gehöre, solange Ihr lebt. Und wenn Ihr nicht da wäret, hätte ich es nicht gekauft. Und wenn es Euch gefällt, vermietet das Haus und den Landbesitz. Mit den daraus gezogenen Erträgen und dem, was ich Euch gebe, werdet Ihr wie ein Herr leben ...[35]

Ich aber – so die umgekehrte Nutzanwendung – lebe ohne einen einzigen Freund und zudem in einer Stadt, in der alles dreimal so teuer ist wie in Florenz. Lasst es euch dennoch wohl ergehen, wie es euch beschieden ist, jeder folge seinem Schicksal! Das hieß im Klartext: Ich rackere mich ab, damit ihr das Einkommen und das Ansehen genießt, das uns allen aufgrund unserer Geburt und unseres Ranges zukommt. Zugleich mischte sich Verachtung für diejenigen hinein, die sich diesem Wohlleben ergeben durften: Wie einfach wurde es ihnen doch gemacht! Und wie würdelos war ein Dasein, das seine unerträgliche Leichtigkeit den unablässigen schöpferischen Qualen eines anderen verdankte, der sich diese schalen Freuden konsequent versagte. Vater und Brüder waren zum oberflächlichen Genuss verpflichtet, damit der Verzichtende sich überlegen fühlen durfte. Diese dürften es zufrieden gewesen sein. Mehr noch: alles spricht dafür, dass sie mit dieser Rollenverteilung nicht nur einverstanden waren, sondern auch die psychologischen Mechanismen, die ihr zugrunde lagen, erkannten – und ihr Bestes gaben, dass sich daran nichts änderte. Das wiederum dürfte Michelangelo selbst nicht verborgen geblieben sein.

Ungeachtet aller Zwistigkeiten und aller Verachtung gab die Familie der Existenz des Künstlers erst ihren sozialen Sinn. Trotz aller periodisch aufkommenden Zweifel wurde Michelangelo am siebzig Jahre lang verfolgten Ziel, seiner Familie wieder den ihr gebührenden Rang zu verschaffen, nicht irre. Dass der hyperpassive Vater und die trägen Brüder, individuell gesehen, dieses Ansehen nicht verdienten, spielte keine Rolle. Hier zählte eben nicht «Individualität» – von der ein verfehlter «Renaissance»-Begriff abwegige Vorstellungen erzeugt hat –, sondern das «Kollektiv» der Abstammungsgemeinschaft. Michelangelo, der große Einzelne, verzichtete auf alle Annehmlichkeiten, die ihm sein schnell wachsendes Vermögen in Überfülle geboten hätte, damit die Sippe als ganze wieder emporkommen konnte. Er versagte sich jede Form von «aristokratischem» Lebensstil, damit die anderen ihn in Zukunft praktizieren konnten. Deswegen musste er sie nicht lieben, ja nicht einmal als Einzelpersonen respektieren. Untypisch und damit «individuell» an dieser Konstellation war nur die Verachtung, die der Künstler der Lebensform der gehobenen Kreise entgegen brachte.

Doch diese Rollenverteilung funktionierte nur so lange, wie Michelangelo glauben durfte, dass seine Verdienste als Wiederhersteller der Familienehre gewürdigt wurden und seine Führungsstellung damit feststand. Im Sommer 1509 aber wurde diese Ordnung aufs schwerste gestört. Die Folgen waren dramatisch. Giovan Simone hatte es gewagt, dem 65-jährigen Vater mit körperlicher Gewalt zu drohen. Diese drohte ihm im Sommer 1509 selbst:

> Giovan Simone, es gibt das Sprichwort, dass, wer dem Guten Gutes tut, diesen besser werden lässt, und den Bösen noch schlechter. Seit vielen Jahren versuche ich Dich, mit guten Worten und mit Taten, zu einem guten Leben in Frieden mit Deinem Vater und uns anderen zu bewegen – und dennoch wirst Du immer böser. Ich sage Dir nicht, dass Du von Grund auf schlecht bist, aber Du bist so, dass Du weder mir noch den anderen gefällst. Ich könnte Dir jetzt lange Vorhaltungen über Dein Verhalten machen, doch das wären nur Worte, wie Du sie von mir schon öfter gehört hast. Um es kurz zu machen: Ich sage Dir nur, dass Du nichts auf der Welt hast – Geld und Haus hast Du von mir, aus Liebe zu Gott, weil ich glaubte, dass Du mein Bruder seiest wie die anderen. Jetzt aber bin ich sicher, dass Du nicht mein Bruder bist, denn wärest Du es, so würdest Du nicht meinen Vater bedrohen. Stattdessen bist Du ein wildes Tier, und wie ein wildes Tier werde ich Dich behandeln. So wisse, dass wer seinen Vater bedroht sieht, gehalten ist, sein Leben für dessen Schutz zu geben. Das soll genügen.[36]

An diesem Punkt fließen das Fresko und das Leben in eins. So, wie der pflichtbewusste Sohn die Blöße des trunkenen Noah bedeckte, so schützt der Maler das Leben und die Würde des eigenen Vaters. Kein Wunder also, dass ihm Worte von der Majestät biblischer Szenen in die Feder fließen:

> Ich sage Dir, dass Du nichts auf der Welt hast ... Du bist nicht, wo Du zu sein glaubst. Wenn ich hoch komme, werde ich Dir Sachen klar machen, die Dich heiße Tränen vergießen lassen. Und Du wirst endlich sehen, worauf Du deinen Hochmut gründest.[37]

Dennoch blieb Blut dicker als Wasser. Und so schloss selbst dieser Drohbrief vom Sommer 1509 mit einem Angebot:

> Und noch etwas will ich Dir sagen. Wenn Du Dich endlich dazu entschließt, gut zu leben und Deinen Vater zu ehren, werde ich Dir wie den anderen helfen und Dir eine gute *bottega* eröffnen.[38]

Jetzt fehlte in diesem Schreiben nur noch der Hinweis auf das eigene Martyrium, das zum Wohl der Familie erduldet wurde.

> Am Schluss muss ich Dir doch noch zwei Zeilen schreiben: Seit zwölf Jahren durchziehe ich elend genug ganz Italien, ertrage jede Schande, erdulde jede Strapaze, zerreiße mir den Körper in allen nur möglichen Mühen, setze mein Leben tausend Gefahren aus – und das alles nur für meine Familie. Und jetzt, da ich begonnen habe, deren Rang ein wenig zu erhöhen, willst Du derjenige sein, der in einer Stunde alles verdirbt und ruiniert, was ich in so langen Jahren mit so unsäglichen Anstrengungen erreicht habe – beim Leibe Christi, so wird es nicht kommen! Wenn nötig, nehme ich es mit zehntausend von Deinem Schlage auf![39]

Der Schluss des Briefes deckt vollends auf, woher der Zorn rührte: Wer Schande auf sich lädt, zieht die Angehörigen mit herab. Als Verderber des Familienstatus zog Giovan Simone so viel Hass auf sich, wie er für sich genommen nie und nimmer hätte erregen können. Michelangelos Wut war umso heftiger, als das lockende Ziel, dem Haus Buonarroti wieder das gebührende Ansehen zu verschaffen, zum Greifen nahe war.

Profiteur der hässlichen Affäre war zunächst der Vater, zu dessen Beschützer sich der Sohn aufwarf. Mitte September erhielt er die ansehnliche Summe von 350 Dukaten. Laut Begleitbrief war das nur eine erste Anzahlung; höhere Beträge sollten bald folgen. Doch was lag schon an irdischem Besitz? Ludovico – so die Mahnung Michelangelos, der unversehens in der Rolle des welterfahrenen Lebenslehrers auftrat – möge leben, ohne sich zu sorgen. Geld mache schließlich nicht glücklich. Lieber die Habseligkeiten als die Freude am Leben oder gar dieses selbst verlieren, so müsse die Devise lauten. In diesen ewigen Weisheiten war die Warnung versteckt, den Bogen nicht zu überspannen. Doch der Vater hörte diese Zwischentöne nicht. Statt des gerade erworbenen Landguts wollte er ein anderes, das nach seinen Worten schöner und ertragreicher war. Und auch Michelangelos Bruder Gismondo hatte jetzt Blut geleckt und stellte dreiste Forderungen. Damit aber nahm der Austausch von Freundlichkeiten zwischen dem Künstler und seiner Familie ein jähes Ende. Gismondo wurde nicht einmal einer persönlichen Antwort für wert befunden. Seine schneidend scharfe Absage adressierte Michelangelo an Buonarroto, doch die Warnung vom 17. November 1509 richtete sich an die Schmarotzer-Sippe als ganze:

> Sag Gismondo, dass er von meiner Seite auf keinerlei materielle Unterstützung zählen darf, nicht weil ich ihn nicht wie einen Bruder liebe, sondern weil ich ihm schlichtweg mit nichts behilflich sein kann. Ich bin gehalten, mich selbst mehr als die anderen zu lieben und kann mich selbst kaum mit dem Nötigsten versorgen. Ich bin hier den schwersten Mühen und härtesten körperlichen Anstrengungen ausgesetzt, habe keine Freunde und will auch keine. Ja, ich habe nicht einmal Zeit, um genug zu essen. Deshalb sage ich Euch: belästigt mich nicht weiter, ich ertrage auch die kleinste Störung nicht mehr.[40]

Am Ende folgte der Stoßseufzer, dass die Brüder auf eigenen Füßen stehen und versuchen sollten, das, was sie so reichlich geschenkt bekamen, zu mehren oder mindestens zu bewahren.

Nach so vielen Krisen entspannte sich die Situation innerhalb der Familie erst einmal. Weniger Probleme, weniger Briefe. In Michelangelos spärlichen Nachrichten ging es weiterhin um die Mühen der Arbeit, die

Entbehrungen und die Zeit, die er sich im wahrsten Sinne des Wortes vom Munde absparte. Doch mehrten sich 1510 auch, fast schon widerwillig eingestreut, Zeichen der Zuversicht, dass ein glanzvoller Abschluss näher rückte. In dem Maße, in dem die eigenen Sorgen schwanden, rückte die Familie wieder in den Mittelpunkt. Als Buonarroto im Spätsommer 1510 ernsthaft erkrankte, geriet der Künstler geradezu in Loyalitätskonflikte:

> Schreibt mir, wie es um ihn steht. Und wenn es ihm wirklich schlecht geht, nehme ich nächste Woche gleich die Post und komme hoch – ungeachtet des schweren Schadens, den ich mir dadurch selbst zufüge ... Denn der Papst ist abgereist, ohne mir Geld anzuweisen, so dass ich völlig mittellos zurückbleibe und nicht weiß, was ich machen soll. Ich will nicht, dass er sich über meine Abreise aufregt und ich so verliere, was ich gewonnen habe; doch bleiben kann ich auch schlecht. Daher habe ich ihm geschrieben und warte auf Antwort. Doch wenn Buonarroto in Gefahr schwebt, lasst es mich sofort wissen, dann lasse ich alles stehen und liegen. Sorgt dieweil gut für ihn, und spart nicht an Geld, um ihm zu helfen.[41]

Michelangelo wusste wohl, dass er immer noch auf Bewährung arbeitete: Julius II. ließ nicht mit sich reden. Er erwartete, dass für gutes Geld auch gute Arbeit geleistet wurde. Die Bedenken, Rom zu verlassen, waren so gravierend, dass sie zwei Tage später, am 7. September 1510, nochmals als Entschuldigung vorgebracht wurden: Bei einer Abreise ohne ausdrückliche Erlaubnis zum Krankenbesuch würde der Papst in Rage geraten und Michelangelo alles verlieren, was er bislang verdient hatte. Doch wenn nötig, sei's drum – Menschen sind mehr wert als Geld.

So weit aber kam es nicht. Von den in Florenz kräftig geschürten Gewissensqualen kaufte sich der Künstler mit Geldzahlungen frei. Im Oktober schickte er dem Rekonvaleszenten 450 Dukaten, im Januar 1511 nochmals 228, fünf Monate darauf 100. Unter dem Strich war das so viel, wie ein gut situierter florentinischer Handwerker in zwei Jahrzehnten verdiente. Doch damit hatte die Großzügigkeit erst einmal ein Ende. Der edle Spender fühlte sich wieder einmal ausgenutzt und wollte sein Geld zurück. Seine Begründung: Ich muss hier in vier Monaten von 80 Dukaten, einschließlich aller Ausgaben für meine Arbeit, leben. Ihr prasst in

Florenz – ich muss jetzt an mich denken. An sich zu denken bedeutete für Michelangelo, seinen Immobilienbesitz zu erweitern. Am 4. Oktober 1511 überwies der Künstler 300 der 400 soeben vom Papst erhaltenen Dukaten nach Florenz. Dort sollten seine Verwandten nach Land im Wert von 1400 Dukaten Ausschau halten – so groß war jetzt schon der finanzielle Spielraum. Und am Horizont schienen weitere lockende Perspektiven auf.

> Bittet Gott, dass ich hier Ehre einlege und den Papst zufrieden stelle. Denn ist er zufrieden, so hoffe ich, von ihm viel Gutes zu erlangen. Und so betet zu Gott auch für ihn.[42]

In Anbetracht so günstiger Aussichten war Michelangelo wieder einmal in Spendierlaune. Als Folge seiner gehobenen Stimmung versprach er Buonarroto seine Unterstützung bei der Gründung eines Geschäfts in Florenz. Es war nicht dessen erster Versuch, im kommerziellen Leben der Heimatstadt Fuß zu fassen. Garniert war die Zusage mit guten Ratschlägen und einer bemerkenswerten Sentenz: Habsucht und Geiz sind hässliche Sünden, der Bruder soll sich des schnöden Gewinns wegen nicht mit zweifelhaften Geschäftspartnern zusammen tun, Ehre zählt mehr als Geld. Doch wenn man Geld hat, muss es vernünftig angelegt werden. So wurden im Mai 1512 erneut diverse Landstücke erworben, für Michelangelo selbst, versteht sich. Dennoch war es wieder einmal an der Zeit, darauf hinzuweisen, wem die Familie alles verdankte:

> ... ich werde für Euch tun, was ich kann, wie ich es bisher schon getan habe. Ich mühe mich hier mehr ab als je ein Mensch zuvor, bei schlechter Gesundheit und völlig erschöpft. Und doch habe ich die nötige Geduld, um zum ersehnten Ziel zu gelangen. So könnt Ihr, die Ihr zehntausendmal besser dran seid als ich, wohl zwei Monate warten.[43]

So der barsche Brief vom 24. Juli 1512. Doch zu diesem Zeitpunkt schien längst Licht am Ende des Tunnels. Und die unsäglichen Mühen unter dem Gewölbe ließen sich in einem derben Gedicht beschreiben:

> Ich habe mir in dieser Mühe einen Kropf gemacht,
> wie ihn das Wasser den Katzen in der Lombardei verschafft

oder auch anderswo, egal wo es auch sei.
Mein Bauch drückt sich mit Macht dem Kinn entgegen
und der Bart zum Himmel.
Und die Erinnerung fühle ich im Kreuz, die Brust gleicht Harpyen,
und der Pinsel tropft mir aufs Gesicht
ein Fußbodenmuster, reich an Farben.
Währenddessen schiebt sich mir die Lende in den Wanst
und mit dem Arsch halt ich das Kreuz im Gleichgewicht
und Schritte tu ich, ohne sie zu sehen, vergeblich.
Von vorne dehnt sich meine Schwarte,
die sich nach hinten hin zu einem Buckel krümmt.
Ich aber biege mich wie ein syrischer Bogen.
Trügerisch und fremd
ist auch das Urteil, das meinem Kopf entspringt;
denn schlecht schießt sich's aus einer krummen Haubitze.
So verteidige du, Giovanni, meine tote Malerei und meine Ehre,
ich bin an keinem guten Ort – und bin kein Maler.[44]

Auch wenn am Ende Sorgen um Erfolg und Reputation aufzukommen scheinen – der Grundton des herzhaften Poems ist Erleichterung.

In den zwei Monaten, die die gierige Verwandtschaft in Gottes Namen warten sollte, veränderten sich die Herrschafts- und Lebensverhältnisse in Florenz grundlegend. Während der Künstler gekrümmt unter der Decke der Sixtina lag, war der Streit zwischen Julius II. und Ludwig XII. eskaliert. Der französische König hatte mit seiner Drohung Ernst gemacht, ein Konzil zur Absetzung des Papstes einzuberufen. Da Julius seine Wähler im Konklave bestochen hatte, fehlte es seinen Gegnern nicht an Argumenten. Schützen konnte sich der durch diesen Schachzug aufs höchste gefährdete Pontifex maximus nur durch ein Bündel von politischen und militärischen Gegenmaßnahmen. So setzte er alle verfügbaren diplomatischen und kirchlichen Druck- und Lockmittel ein, um das Konzil von Ludwigs Gnaden ins Abseits zu manövrieren, und zwar mit Erfolg. Am Tagungsort Pisa, der zum florentinischen Herrschaftsgebiet gehörte, trafen nur wenige Kardinäle und sonstige Prälaten ein. Wie der König, dessen Einladung sie gefolgt waren, wurden sie als Schismatiker und Häretiker gebrandmarkt. Julius' wirkungsvollste Gegenmaßnahme aber bestand darin, ein eigenes Konzil einzuberufen. Nicht, dass dem Papst eine Reform der Kirche am Herzen lag, durch die er – so seine Befürchtungen – nur Macht und Einfluss verlieren konnte. Ratsam war eine solche Kirchenversammlung, die sich auf die Autorität des Pontifex maximus berufen und daher als allein legitim ausgeben konnte, dennoch: Zum einen, um den oppositionellen Kräften in Pisa den Wind vollends aus den Segeln zu nehmen, zum anderen, weil ein Konzil von Reformkreisen innerhalb der Kirche immer nachdrücklicher gefordert wurde. Auf diese Weise hatte das Anfang Mai 1512 erstmals zusammentretende V. Laterankonzil den Erfolg, der dem französischen König versagt blieb. Und auch eine Reihe ansehnlicher Reformdekrete kam zustande. Da der Wille zu ihrer Umsetzung fehlte, blieben sie allerdings Makulatur.

Für den zum Äußersten entschlossenen Julius II. erfüllte das Konzil seinen Zweck in jeder Hinsicht. Es isolierte seinen Feind gleich doppelt, innerhalb der Kirche und im politisch-militärischen Kräftespiel. Gleichwohl blieb es Ludwig XII. vorbehalten, sich selbst vollends ins Abseits zu manövrieren. Sein notorischer Geiz hinderte ihn im entscheidenden Augenblick daran, das nötige Kontingent Schweizer Söldner unter Vertrag zu nehmen. Damit setzte ein politischer und militärischer Niedergang ein, der im Laufe des Jahres 1512 zur Vertreibung der französischen Streitmacht aus Oberitalien führte. In der Herrschaft über Mailand folgten ihnen ausgerechnet die brüskierten Eidgenossen nach, die Julius II. in steigender Zahl zu Hilfe geholt hatte. Den Sieg über die Franzosen feierte Julius II. als nationale Heldentat, sich selbst als Befreier Italiens von den Barbaren. Was allerdings damit gewonnen war, die Franzosen gegen die als wild, ungeschlacht und in Gelddingen unersättlich geltenden Krieger aus den unwirtlichen Alpen-Kantonen auszutauschen, blieb sein Geheimnis. Zweifel waren umso angebrachter, als die zweite europäische Großmacht Spanien, der seit 1504 ganz Süditalien gehörte, in absehbarer Zeit der lachende Dritte sein würde. Doch den Triumph über seinen französischen Erzfeind ließ sich Julius II. durch solche Einwände nicht verderben.

Um ihn zu vervollständigen, gab er dem Drängen des Kardinals Giovanni de' Medici nach, seine Familie an der Spitze eines spanisch-päpstlichen Heeres nach Florenz zurückzuführen. Auf diese Weise, so Julius II., erhielt die Stadt am Arno ihre verdiente Strafe dafür, dass sie im Streit um das Konzil zu Frankreich gehalten hatte. Im August 1512 war es so weit: Die große Politik wirkte ganz unmittelbar in die kleine, aber nicht weniger turbulente Geschichte der Familie Buonarroti hinein.

Die Republik unter ihrem auf Lebenszeit gewählten Staatsoberhaupt Piero Soderini schickte, diplomatisch isoliert und finanziell ruiniert, ihre von Niccolò Machiavelli im Stile altrömischer Legionäre ausgerüstete Bauernmiliz ins Feld. Wie unschwer vorhersehbar, ergriff dieses wenig kampftaugliche Aufgebot vor den als unbesiegbar geltenden spanischen Söldnern die Flucht. Als Folge dieser Niederlage wurde das nördlich der Hauptstadt gelegene Prato erobert und rücksichtslos geplündert. Diese Abschreckung erfüllte ihren Zweck: Soderini ergriff die Flucht, die Medici unter Führung des Kardinals kehrten zurück und schafften binnen kurzem den Großen Rat, das zentrale Organ der Republik, und mit ihm das *governo largo* ab. Handwerker und Ladenbesitzer hatten mit einem Schlag nichts mehr zu sagen, doch auch der Einfluss der Patrizier wurde eng begrenzt. Nominell blieb Florenz zwar eine Republik, doch machte sich niemand darüber Illusionen, wer das Sagen hatte: Kardinal Giovanni de' Medici, sein Vetter Giulio, auch er ein hoher Prälat, sowie sein jüngerer Bruder Giuliano und sein Enkel Lorenzo, der Sohn des ein Jahrzehnt zuvor in Süditalien ertrunkenen Piero.

Für Michelangelo, der mit seiner üblichen Arbeitswut letzte Hand an die Sixtina-Fresken legte, waren das unwillkommene, ja potentiell bedrohliche Nachrichten. Seinen Treuebruch hatten die Medici gewiss nicht vergessen und erst recht nicht verziehen. Im Gegenteil: Im Herbst 1512 wurden alle Florentiner aus der Mittel- und Oberschicht sorgfältig überprüft: Wie treu, wie zuverlässig, wie belastbar in Krisenzeiten waren sie gewesen? Das Dossier Michelangelo Buonarroti aber wies dunkle Flecken auf: Nicht nur, dass er Piero in der Stunde der Not verlassen hatte, er war auch in die Dienste der Feinde, der Della Rovere, getreten. Daran änderte nichts, dass diese Feinde durch die guten Dienste Julius' II. jetzt Freunde geworden waren. Am Künstler selbst konnten sich die Medici nicht vergreifen, er stand unter dem Schutz seines päpstlichen Auftraggebers in Rom. Die übrige Familie in Florenz aber war eventuellen Repressalien schutzlos ausgesetzt. Dazu kam die Angst vor der Wildheit der spanischen

Söldner, die als noch ungezügelter und grausamer als die Schweizer galten. Am 5. September 1512, kurz vor der Übergabe der Stadt, riet Michelangelo den Seinen daher zur Flucht. Motto: lieber den Besitz als das Leben verlieren, Siena bietet sich als Refugium an.

Dreizehn Tage später fiel seine Einschätzung der Lage schon sehr viel gelassener aus – und ließ darüber hinaus tief blicken:

> Buonarroto, Deinem letzten Brief entnahm ich, dass unser Land in höchster Gefahr schwebte, was mich zutiefst bewegt hat. Jetzt heißt es, dass das Haus Medici wieder in Florenz eingezogen und die Situation bereinigt ist. So dürfte vonseiten der Spanier keine Gefahr mehr bestehen und die Notwendigkeit abzureisen entfallen sein. Doch verhaltet Euch ruhig, macht niemanden zu Freunden oder gar zu Vertrauten außer Gott, und redet über niemanden gut oder schlecht – man weiß ja nicht, zu was die Dinge führen können. Kümmert Euch ausschließlich um Eure eigenen Angelegenheiten![45]

Die Medici schienen nicht nach Rache zu trachten. Im Gegenteil: Sie waren jetzt die Ordnungsmacht, die die iberischen Barbaren in Schach hielt. Dennoch galt: Bekennermut zahlt sich nicht aus. In einer Welt, in der die Mächtigen ihre Interessen mit ungehemmter Gewalt verfolgen und ihre Machtgier in wohlklingende Phrasen einkleiden, muss jeder sehen, wo er bleibt. Sich verstellen und den Kopf einziehen: So lautet die Überlebensformel der Kleinen, die sonst in den Kämpfen der Großen zerrieben werden. Immerhin hatte sich die Lage so weit entspannt, dass man auch wieder von Geld schreiben konnte. Michelangelo jedenfalls – das war die zweite Botschaft des Briefes – hatte keines und wollte auch nicht darum gebeten werden. Vater und Brüder sollten auf sein Guthaben nur zurückgreifen, wenn wider Erwarten doch noch eine Notlage eintrat. Ansonsten: Hände weg von meinem Kapital!

Bei allen diesen Aufregungen trat das Hauptereignis ganz in den Hintergrund. Anfang Oktober 1512 erging an den Vater die lakonische Mitteilung:

> Ich habe die Kapelle, die ich ausmalte, beendet. Der Papst ist recht wohl zufrieden damit, doch die anderen Dinge gelingen mir nicht wie erhofft.[46]

Vier Jahre der Fron waren vorbei. Und die Fresken wurden nicht mit Achselzucken abgehakt, sondern nahezu einhellig als die größte Offenbarung der Kunst bestaunt und bewundert. Doch bei Michelangelo kam kein Gedanke an Freude oder gar Jubel auf, sondern nur Ärger darüber, dass sich neue Widrigkeiten auftürmten. Dazu gesellten sich neue Ängste. Kurz darauf nämlich erfuhr der Künstler vom Vater, dass man in Florenz munkele, er habe sich negativ über die neuen Machthaber geäußert. Dieses Gerede war Michelangelo eine ausführliche Richtigstellung wert:

> Was die Medici betrifft, so habe ich gegen sie niemals etwas gesagt, was nicht alle im Allgemeinen zum Fall Prato gesagt haben – dass die Steine, wenn sie sprechen könnten, eine Menge zu erzählen hätten. Zu vielen anderen Dingen, die ich gehört habe, habe ich jedoch Folgendes gesagt: «Wenn es wahr ist, dass sie so handeln, dann handeln sie schlecht.» Das heißt aber nicht, dass ich es geglaubt hätte – wollte Gott, es wäre nicht wahr. Darüber hinaus habe ich jemanden, der sich als mein Freund ausgab und sehr schlecht über die Medici sprach, dafür getadelt, so schlecht über sie zu sprechen, und gebeten, nicht in diesem Tone über sie zu reden.[47]

Am Ende wurde Buonarroto sogar damit beauftragt, so diskret wie möglich zu ermitteln, wer das Gerücht in Umlauf gesetzt hatte. Sein letztes Wort über den Umsturz in der Heimat aber hatte der Künstler noch nicht gesprochen.

> Es heißt nun, Geduld zu haben, sich Gott anheim zu stellen und der eigenen Fehler eingedenk zu werden. Denn diese Widrigkeiten treffen uns nicht ohne Grund, sondern sind die Folge von Hochmut und Undank. Nie nämlich habe ich mit Menschen zu tun gehabt, die undankbarer und hochmütiger waren als die Florentiner. Wenn also jetzt die Gerechtigkeit kommt, dann hat das seinen Grund.[48]

Das waren Worte, wie sie der Prophet Savonarola von der Kanzel hätte verkünden können; das galt auch für die Mahnung, die das Ende des Briefes zierte:

> Lebt, so gut es geht. Und wenn Euch die Ehren des Landes versagt bleiben, die anderen Bürgern zuteil werden, so mag Euch Euer täglich Brot genügen, und lebt so arm und in Eintracht mit Christus, so, wie ich hier lebe: erbärmlich, ohne Sorge um das Leben und die Ehre dieser Welt, mit den größten Mühen und tausenderlei Verdacht. Seit ungefähr 15 Jahren habe ich nicht eine einzige gute Stunde gehabt, und das alles nur, um Euch zu helfen – Euch, die Ihr es niemals anerkannt oder auch nur geglaubt habt. Gott vergebe uns allen. Ich für meinen Teil bin bereit, dasselbe zu tun, solange ich lebe, vorausgesetzt, ich kann es.[49]

Das eigene Leben als Nachfolge Christi, dazu der Vorwurf, dass alle Ermahnungen an die Familie fruchtlos und die eigenen Leistungen ungewürdigt blieben, und am Schluss die Einsicht, dass sich an dieser Rollenverteilung nie etwas ändern wird: Mit dieser Verdichtung der Lebensmotive kam dieser Brief vom Herbst 1512 fast einem Gebet gleich.

Das Deckenfresko: die Welt in Farben

Kurz darauf war es so weit: Am 31. Oktober 1512, dem Vorabend von Allerheiligen, durfte das Publikum das fertige Werk an der Decke der Sixtinischen Kapelle in Augenschein nehmen. Wie schon im Jahr zuvor, als ein erster Teil zugänglich gemacht worden war, fiel die Reaktion einhellig aus: grenzenlose Bewunderung, durchmischt mit fassungslosem Staunen über die Neuartigkeit dieser Bildwelt und Erschrecken über die beispiellose Kühnheit der Komposition. Daran hat sich auch nach einem halben Jahrtausend nichts geändert, im Gegenteil: Die 1994 abgeschlossenen Restaurierungsarbeiten haben nicht nur die markante Farbpalette der Fresken wieder vor Augen geführt, sondern dadurch auch mancherlei Sehgewohnheiten als Täuschung erwiesen und die von Anfang an geführte Diskussion wiederbelebt: Wie konnte sich ein Einzelner so weit von allen Traditionen und Vorbildern entfernen? Was wollte er durch seine so ganz und gar aus dem Rahmen fallenden Erfindungen sagen? Die Anhänger des Bewährten, Klaren und Lieblichen stempelten das Ensemble der alle Grenzen überschreitenden Bilder früh als gewaltsame, unruhige, ja verstörende Eigenmächtigkeit ab. Das Wesen wahrhaft erhabener Kunst: edle Einfalt und stille Größe, ging ihm ab. Und auch deren höchste Zweckbestimmung, im Betrachter die Empfindung der Harmonie mit Gott und der Schöpfung zu erwecken, verfehlten die Fresken eklatant.

Die Lobredner hoben stattdessen hervor, mit welch unerschöpflicher Vielfalt die menschliche Gestalt in diesem Bilderkosmos die Regungen der Seele zum Ausdruck bringt. Tiefe und Transparenz der unterschiedlichsten Emotionen, Kraft, Lebendigkeit und Wahrheit der Charakterzeichnung, verbunden mit einem Quantum Unergründlichkeit, Unauslotbarkeit, ja Rätselhaftigkeit und als Summe die Vollkommenheit, zu der sich der Mensch durch Anspannung all seiner Fähigkeit emporzuschwingen vermag: das waren und sind die Leitmotive der Bewunderer bis heute. Dass diese Herrlichkeit aus einem von Entsagung, Schmerz, Leid, Erschöpfung, Angst und Not gezeichneten Alltag ihres Schöpfers hervorging, macht das Wunder für sie schier unbegreiflich. Das eigene Leben so herb, so bar aller Freuden und Vielfalt, das Leben in den Bildern dagegen so überreich an Schönheit und Fülle der Erscheinungen: Dieser Gegensatz erscheint unüberbrückbar.

Doch das ist er nicht. Michelangelo hat mit der ihm eigenen Nüchternheit das wahre Verhältnis zwischen Wirklichkeit und Bildschöpfung auf den Punkt gebracht: Das Leben dient der Kunst, nicht umgekehrt. Das aber hieß auch, dass die Erfahrungen und Erkenntnisse des Lebens in die Fresken einfließen mussten. Nicht Programmgeber, sondern Sinngeber: Damit ist die Rolle des Malers umrissen. Und damit tut sich der wahre Gegensatz in diesen Bilderwelten auf. Der Sinn, den der Künstler dem fremden Konzept verleiht, überdeckt, ja überstrahlt alle Gelehrsamkeit und alle sorgsam ersonnenen inhaltlichen Bezüge. Gewiss, die Eichenzweige mit ihren überdimensionalen Früchten verkünden den Ruhm der Della Rovere. Doch gefesselt wird das Auge nicht von diesen Symbolen persönlicher und dynastischer Verherrlichung. Stattdessen ruht es auf den nackten Jünglingen, die dieses heraldische Zeichen tragen oder umgeben, jeder einzelne von berückender Schönheit, bedeutungsvoll und unauslöschlich einprägsam durch das Antlitz und die Sprache des Körpers. Das gilt nicht minder für die biblischen und die mythologischen Gestalten. Gewiss, die Propheten wie die Sibyllen sind durch Namensschilder kenntlich gemacht und damit in einen theologischen Sinnzusammenhang gestellt, der sich dem eingeweihten Betrachter erschließt. Doch was ist schon diese Rolle im Verhältnis zur Ausdruckskraft, die ihnen der Künstler verliehen hat! Wahrgenommen, aufgenommen und als Erinnerung mitgenommen werden sie nicht als Glieder einer Verkündigungskette, die sich in Christus erfüllt, sondern als unvergleichlich wirkungsmächtige Charakterstudien, als Individuen mit unergründlichen Persönlichkeitsmerkmalen, die weit über die biblischen Zusammenhänge hinausgehen.

In dieser Überlagerung der offiziellen Bildbotschaften durch den Eigen-Sinn des Künstlers konnte sich unvermutet eine Gefahr für den Auftraggeber auftun. Wenn sich das Publikum an der Ausdruckskraft der Figuren, ihrer Schönheit und Kunstfertigkeit berauschte, dann trat die Propagandaaussage immer weiter zurück. Und genau dieser Prozess der Zurückdrängung hat sich in der Wirkungsgeschichte der Sixtina-Fresken exemplarisch vollzogen: Die Bilder triumphierten mit der Zeit über die propagandistische Zweckbestimmung. Die Einzigartigkeit der Komposition und nicht die Größe Julius' II. oder der Della Rovere hat sich in das visuelle Gedächtnis der Menschheit eingegraben. Das belegen nicht zuletzt die zahllosen parodistischen Umdeutungen und Umfunktionierungen der Erschaffung Adams in der Gewölbezone: Gottvater, von Engeln umringt, bringt in der Werbung nicht die vom noch unfertigen Menschen heiß ersehnte Beseelung, sondern die Designer-Jeans oder das aktuelle Handy mit Internet-Anschluss (siehe Tafel 2).

Der weißbärtige Schöpfer der Welt, der seinem edelsten Geschöpf die unsterbliche Seele und damit auch die Freiheit zu sündigen einhaucht, gehörte bereits zur zweiten «Halbserie» des Programms, die Michelangelo nach der Fertigstellung des ersten Teils und einer anschließenden schöpferischen Pause 1511 in Angriff nahm. Im Vergleich damit nehmen sich die zuerst fertig gestellten Fresken, die die biblische Erzählung zum Abschluss bringen, konventioneller und stärker an Bildtraditionen ausgerichtet aus. Das hat auch mit der Thematik der fünf letzten Gewölbefelder zu tun. Im Gegensatz zu den vier in der Bilderzählung vorangehenden, aber später gemalten Szenen – Gott schafft die Urmaterie, Gott weist Sonne und Mond ihren Platz zu und bringt die Pflanzen hervor, Gott schwebt über dem Meer und segnet seine Schöpfung, Gott beseelt Adam – künden sie von Erdenschwere, Versuchung, Sünde, Buße und

Rückfälligkeit. Die Eva, die Gott aus der Flanke Adams ins Leben ruft, mutet im Vergleich mit der physischen Vollkommenheit des Mannes geradezu plump an; für Michelangelo war das schöne Geschlecht unübersehbar das maskuline.

Doch fehlt es auch in den krisengeschüttelten Anfängen der Ausmalung nicht an Bilderfindungen von höchster Expressivität. So wird der Überlebenskampf gegen das unaufhaltsam steigende Wasser der Sintflut mit eindringlicher Dramatik geschildert (siehe Tafel 4). Die einen suchen Zuflucht auf einem erhöhten Felsplateau, das sich inselgleich über den Fluten erhebt, doch bald von diesen überspült sein wird. Die anderen schleppen, habgierig noch im Moment der höchsten Gefahr, ihre Schätze auf ein windgepeitschtes Ufer. Dass der Mensch dem Menschen ein Wolf ist, und zwar umso reißender, je größer die Not, zeigt sich in der Barke, mit der eine Handvoll Verzweifelter die Arche zu erreichen versucht; diejenigen, die das vermeintliche Rettungsboot erreicht haben, wehren mit Keulenschlägen und Würgegriffen die anderen ab, die sich mit letzter Kraft schwimmend nähern. Auch wenn es an Gesten der Solidarität von Mensch zu Mensch nicht völlig fehlt, ist es eine böse, von elementaren Instinkten getriebene Menschheit, die verdientermaßen vom Antlitz der überschwemmten Welt getilgt wird. So verschließt sich die Arche denn auch dem Ansturm der Verdammten, die sie mit Leitern zu erstürmen versuchen. Gott hat das Gefährt versiegelt, damit die wenigen von ihm gerecht Gesprochenen dem allgemeinen Verderben entkommen. Der Arm Noahs streckt sich daher nicht den Rettung Suchenden, sondern dem Himmel entgegen.

Noah allein hat auf die Warnung des Herrn gehört und im vorangehenden Gewölbefeld mit seiner Familie sein Opfer dargebracht. Diese Reihenfolge weicht vom Ablauf der biblischen Erzählung auffällig ab. Darin bringt Noah sein Dankopfer nach der Errettung als Zeichen eines neuen Bundes dar, von einem Opfer vor der Flut hingegen ist keine Rede. Dass an der Decke der Sixtina die gute Tat vor der Rettung kommt, zeigt, wie der Mensch vor Gott gerecht wird: durch Gehorsam, der dem freien Willen und der Gnade Gottes gleichermaßen entspringt.

Doch ist die Welt nach der verheerenden Flut alles andere als ein neuer Garten Eden. Das macht die gebückte Gestalt deutlich, die im Schweiße ihres Angesichts die dürre Erde mit der Hacke bearbeitet, um ihr spärliche Früchte abzuringen. So wie die Fülle des Paradieses unwiederbringlich verloren ist, so ist Noah auch kein neuer Adam, der frei zwischen Gut und Böse zu wählen vermag. Seine Gerechtigkeit ist beschränkt, ja ärmlich und jederzeit von den Rückfällen in Sündhaftigkeit bedroht. Das zeigt drastisch die Szene im Vordergrund. Hier nämlich bedeckt Sem, der gehorsame Sohn, die Blöße seines vom Weingenuss trunkenen Vaters Noah, auf die sein Bruder Ham mit ausgestrecktem Arm hämisch und anklagend zugleich verweist (siehe Tafel 5). Sind es in der biblischen Erzählung zwei Söhne, Sem und Japhet, die die Gesetze der Scham und der Achtung vor den Eltern einhalten und daraufhin gesegnet werden, während Ham der Verfluchung anheim fällt, so handelt hier nur ein einziger wie von Gott befohlen. Das willkürlich veränderte Zahlenverhältnis zwischen Gut und Böse gibt zu denken: Ist es Ausdruck der Überzeugung, dass die Gottgefälligen immer in der Minderzahl sein werden? Oder dringt die unheilige Familie Buonarroti jäh in die erhabene Gewölbezone der Sixtina ein? Ist Noah Michelangelos Vater Ludovico, der mit seiner selbstgerechten Antriebslosigkeit den Stand der Familie nicht zu wahren vermochte? Dann wäre Michelangelo Sem, der Retter der gefährdeten Familienehre, der als einziger entschlossen und gottgefällig handelt. So psychologisch schlüssig diese Deutung auch ist, sie bleibt ein Gedankenspiel.

Von höchster suggestiver Kraft ist die Szene des Sündenfalls, mit der das Menschengeschlecht das Paradies verspielt und dem Tod verfällt (siehe Tafel 6). Der fatale Moment selbst ist wiederum mit großer Kühnheit dargestellt. Eva, deren Gesicht und Körper trotziges Selbstbewusstsein widerspiegeln, empfängt von der Schlange mit menschlichem Antlitz keinen Apfel, sondern eine böse Parodie der Beseelung, die Adam zuteil wurde: Die krallenartig gekrümmt Hand berührt ihren Zeigefinger in einer geradezu obszön anmutenden Geste. Weiblich ist nicht nur das Nehmen, sondern auch das Geben des Bösen. Der Anstoß zur Erhebung gegen Gott kommt nicht von einem Versucher, sondern, wie der Oberkörper anzeigt, von einer Versucherin. Doch sollte man sich vor dem Schluss hüten, dass das Böse schlechthin feminin dargestellt ist. Denn auch Adam greift ins Laub des Baumes; im Gegensatz zu Eva muss er offenbar dazu nicht einmal verführt werden. Im übrigen kann dieser Baum, wie seine

Blätter zeigen, keine Äpfel, sondern nur Feigen tragen. Das ganze Menschengeschlecht, nicht nur dessen weibliche Hälfte, hat sich durch seinen Ungehorsam gegenüber Gott die Vertreibung aus dem Paradies verdient.

Als Folge der Auflehnung werden beide, infolge der Sterblichkeit plötzlich gealtert, in eine öde Welt ohne Vegetation getrieben: Eva ängstlich zurückgewandt, die Haare raufend, Adam voller Verzweiflung über das verlorene Paradies mit wirren Haaren, den Arm abwehrend und schützend zugleich zum Engel mit dem Schwert ausgestreckt, der mit eherner, unbeweglicher Miene den Befehl des Herrn vollzieht. Doch ist dieser Moment des tiefsten Elends nach dem selbstverschuldeten Fall nicht ohne Verheißung. Den Arm des Engels nahezu streifend, ragt die Hand eines nackten Jünglings *(ignudo)* ins Geschehen hinein; sie trägt Blätter und Frucht einer Eiche: Der zweite Della Rovere-Papst verspricht als Stellvertreter Christi auf Erden denen, die seinen Geboten folgen, Erlösung vom Bösen.

Diese Propaganda-Botschaft erschließt sich dem Betrachter heute nur noch durch heraldische Vorkenntnisse. Ganz unmittelbar hingegen teilt sich ihm, über die Leitmotive der menschlichen Bösartigkeit, Verführbarkeit und Schwachheit hinaus, die Erregung mit, die sämtliche Figuren erfüllt. Ob *ignudi*, die Putten in den Kapitellen der Pilaster, die die Propheten umrahmen, die Propheten selbst oder die Sibyllen: Sie alle zeigen oder sehen etwas, das sie mit tiefster Unruhe, Verwunderung, Schrecken, Erwartung oder auch Nachdenklichkeit und meditativer Kontemplation erfüllt. Diese Spannung von Gehorsam und Widerstand, Verheißung und Strafandrohung wird durch die vier Zwickelbilder in den Gewölbeecken weiter gesteigert. Der enthauptete Holofernes liegt wie ein Stück menschliches Schlachtvieh auf dem Bett (siehe Tafel 7). Die Schlangen, die Gott in die Wüste geschickt hat, schlingen sich wie Anakondas um ihre Opfer, die unter grausigen Qualen zu Grunde gehen. Und auch die Folgen der Schlangenbisse sind fürchterlich: Leichenblass vom Gift hält eine junge Frau ihre Bissmale der heilenden Ehernen Schlange entgegen (siehe Tafel 9). Und Haman wird – auch das eine grausame Abweichung vom biblischen Bericht des Buches Ester – an einem schräg gestellten Kreuz mit ausgesuchten Martern zu Tode gebracht (siehe Tafel 10). Im Gegensatz zu den sadistischen Szenen der Todesstrafen überwiegt bei den vierzig Vorfahren Christi ein entschieden ironischer Ton. Nicht wenige dieser

Gestalten, von denen die Bibel oft kaum mehr als den Namen nennt, hat Michelangelo mit unerhörtem Sarkasmus dargestellt. So ist zum Beispiel Boas die krasse Parodie eines zänkischen alten Mannes, der in sein hässliches Ebenbild an der Spitze seines Krückstocks blickt (siehe Tafel 8).

Zur überwältigenden Wirkung der immer freieren und kühneren Bildgestaltung trägt die Farbpalette entscheidend bei; in ihr stechen Grün-, Orange- und Violett-Töne mit feinsten Schattierungen, Übergängen und Glanzpunkten hervor. Der anfängliche Kampf gegen die technischen Schwierigkeiten, die sich im Gewölbe eingestellt hatten, war einem wahren Experimentierrausch gewichen. Ungewöhnliche Farbeffekte und verblüffende Perspektiven aber sind nicht Selbstzweck, sondern Mittel zur Steigerung des Ausdrucks. Das zeigt sich besonders eindrucksvoll in der Gestalt des Propheten Jonas, der in kühner perspektivischer Verkürzung von der Gewalt seiner Visionen nach hinten geschleudert wird und dessen zwischen Grün und Violett changierende Gewandung seine tiefe seelische Erschütterung widerspiegelt (siehe Tafel 11). Mit dem Propheten Daniel ist ein weitere Mahner und Warner des Volkes Israel im Zustand der höchsten Erregung, ja des Außer-sich-Seins dargestellt (siehe Tafel 12). Seinen seelischen Aufruhr zeigt nicht nur seine Physiognomie, sondern auch der Reigen der Putten an, der ihn umgibt. In den Pilastern, die das Haupt Daniels säumen, tanzen diese nackten Knaben mit geradezu bacchantisch anmutender Wildheit. Und ein weiterer Putto trägt, atlasgleich gebeugt, einen riesenhaften Folianten, über den der muskulöse Arm des jugendlichen Propheten mit der nach unten gerichteten Hand nachlässig herabfällt. So würdigt Daniel das Buch und dessen verbriefte Weisheit keines Blickes, ihm wird eine ganz neue, erregendere Vision zuteil, die nur er, nicht aber die Außenwelt sieht. Sein Blick richtet sich, die Augen halb zugekniffen, nach innen. Was er dort schaut, schleudert ihn regelrecht zur Seite: weg vom bereits niedergeschriebenen Wort, hin zu einer Schreibtafel, auf der er soeben die ersten Zeilen notiert. Der Traumdeuter der Bibel, der König Nebukadnezar, der die Bedeutung seiner nächtlichen Gesichte erläutert, ist hier als ein Ergriffener dargestellt, der vom Sturm der Offenbarung aus der Bahn geworfen wird, mit tiefer Stirnfalte, die Haare zerzaust, der Mund schmallippig, fast wie versiegelt. Der Prophet Jonas wird ebenfalls vom rasenden Ballett der Putti umschlossen und hält den linken Arm, als wollte er sich gegen die visionäre Attacke, die ihn aus dem Gleichgewicht gebracht hat, wehren. Dadurch trifft sich der linke Arm mit der rechten Hand zu einer geheimnisvollen Zeichensprache gespreizter und gekrümmter Finger. Die Wucht des Geschauten ist so heftig, dass sie den Propheten, der seinem Amt zuvor zu entfliehen versuchte, empor gerissen hat – seine Füße hängen in der Luft, während ein riesenhafter Fisch mit einem Auge auf den Betrachter blickt.

Was aber hat diese Erschütterung verursacht? In den Deckenfresken über den Propheten war die Menschheit nach der Sintflut, dem ersten Gericht über ihre Verderbtheit, in die alten Bahnen der Trägheit und Sündhaftigkeit zurückgekehrt. Die Neigung des Menschen zum Bösen, die Folge des Sündenfalls, war mit einer Wasserflut allein nicht heilbar. Nach der Erlösungstat Christi aber, dessen Leben die Wandfresken zeigten, war ein anderes, höheres Heilmittel in der Welt: die Gnade. Sie wird denen zuteil werden, die zum Guten streben; die Hartherzigen und Verstockten aber verweigern dieses Angebot. Am Schluss aber werden sie alle, ob gut oder böse, Rechenschaft ablegen. Christus hat vor seiner Himmelfahrt verheißen, dass er binnen kurzem zurückkehren wird. Dann wird der Tag des Gerichts anbrechen, der für die Bösen der Tag des Zorns und für die Guten der Tag der Hoffnung ist. In ihren Visionen sehen die Propheten dieses Ende der Welt in Zittern und Zagen, Angst und Zuversicht voraus – so, wie es Michelangelo mehr als zwei Jahrzehnte später an der Stirnseite der Sixtinischen Kapelle malen wird.

Und seine persönliche Sicht des biblischen Geschehens? So, wie er dieses in den kunstvoll ineinander verschlungenen Bildfolgen erzählt, lässt es sich folgendermaßen zusammenfassen: Als Folge des Sündenfalls wandelt der Mensch hienieden also auf einem schmalen Grat. Sein Wesen birgt Erhabenheit und Fehlbarkeit gleichermaßen in sich. Alles, was er tun kann, ist sich Gott anzuvertrauen und darauf zu hoffen, dass ihm die Gnade nicht versagt bleiben wird. Doch wohin sie sich auch wenden, ob zum Guten oder Bösen, im Kern sind die Menschen von einerlei Art. Im Kampf des Lebens neigen sie zur Selbstgerechtigkeit und zum Egoismus. Für die, die irren und am Ende verworfen werden, bleibt, bei aller Missbilligung ihrer schlechten Taten, nur das Mitleid, das ihnen im Leben so oft verwehrt wird.

Zurück zum Grabmal

Nach vier Jahren war es jetzt wieder Zeit für die Arbeit am Julius-Monument. Am 18. Januar 1513 ließ der Papst Michelangelo über die Fugger-Bank 2000 Dukaten anweisen. Das war eine stolze Summe, wenn man bedenkt, wie viel bereits gezahlt und wie wenig fertig gestellt war. Doch nicht nur deshalb war es höchste Zeit für das Grabmal; die Zeit des zweiten Della-Rovere-Papstes war fast abgelaufen. Fünf Wochen nach der Zahlung starb Julius II. am 21. Februar 1513 im 70. Jahr seines Lebens. Jetzt durften sich die Römer wieder ihrem liebsten Ratespiel widmen: Wer wird Papst, wer setzt wie viel auf welchen Kandidaten?

Auch für die Künstler hing viel davon ab: Wer hatte beim neuen Papst die besten Chancen, lukrative Aufträge zu erhalten? Bei gleicher Qualität bevorzugten die Mächtigen meistens ihre Landsleute. Ihr Können mehrte den Ruhm der Heimat. Zudem galten Maler und Bildhauer aus derselben Stadt oder Gegend als zuverlässiger, da loyaler. In dieser Hinsicht war Michelangelo die Ausnahme von der Regel. So, wie er sich dessen Familie gegenüber verhalten hatte, konnte er die Wahl Giovannis de' Medici nicht wünschen. Doch wurden dessen Aussichten auf die Tiara Anfang 1513 überwiegend als gering eingeschätzt. Gegen ihn sprach sein geradezu jugendliches Alter von 37 Jahren. Ein so junger Papst – so war zu befürchten – würde so lange regieren, dass das auf regelmäßigem Austausch und Ausgleich beruhende römische Kräftegleichgewicht aufs schwerste gestört würde. Vor allem würden seine Nepoten und deren Anhänger eine solche Machtstellung gewinnen, dass man sie nach dem Ende des Pontifikats nur unter größten Mühen in die Schranken weisen könnte. Das hatten Sixtus IV. und Alexander VI. mit ihrer dreizehn- beziehungsweise elfjährigen Regierungszeit gezeigt. In der Regel setzten sich die älteren Kardinäle, die ihre eigenen Chancen wahren wollten, mit diesen Argumenten im Konklave durch.

Doch diesmal kam es anders. Zum Erstaunen der ganzen Christenheit ging am 11. März 1513 Giovanni de' Medici, der den Namen Leo X. annahm, als Sieger aus dem Konklave hervor. Zu seiner Wahl hatte wesentlich beigetragen, dass er sich durch gezielt ausgestreute Gerüchte als chronisch krank ausgab. Vor allem hatte sich der erste Kardinal der Medici kaum Feinde geschaffen. Nach achtzehn Jahren im Exil hatten diese binnen weniger Monate die Macht in Florenz und in Rom gewonnen und waren damit die mächtigste Familie Italiens geworden. Was für eine Wendung durch Gottes Fügung! Leo X. glaubte daran, dass ihn die Vorsehung durch diese doppelte Begünstigung zu großen Taten vorherbestimmt hatte, und ging entschlossen daran, das Beste aus diesem plötzlichen Aufstieg zu machen: für sich, seine Familie und deren Gefolgschaft. Das hieß konkret: heiteren Lebensgenuss für den Papst, einen eigenen Staat für die Familie, fette Pfründe für die führenden Parteigänger und reichen Lohn für alle, die den Papst zu unterhalten vermochten. Leos Lust auf amüsante Zerstreuung wurde rasch sprichwörtlich: Komödienaufführungen, Stegreifrezitationen, musikalische Darbietungen und andere Spektakel rissen im Vatikan nicht mehr ab. Dabei gab der neue Papst das Geld mit so vollen Händen aus, dass der Kirchenstaat bald ein Finanzproblem hatte.

Für Florenz brachen jedoch nicht, wie erhofft, fette, sondern magere Jahre an. Leo X. mit seinem unerschöpflichen Geldbedarf schröpfte auch seine Heimatstadt ganz ungeniert. Nutznießerin aller finanziellen und politischen Anstrengungen war, wie zu erwarten, die Familie Medici; auf ihre Erhöhung waren sämtliche diplomatischen, militärischen und propagandistischen Strategien des Pontifikats gerichtet. Leos wichtigster Berater war sein Vetter Giulio de' Medici, der sogleich zum Kardinal erhoben wurde. Im Gegensatz zum hedonistischen, jovial wirkenden Papst galt er als ernst, verschlossen, pflichtbewusst und sittenstreng. Bei der Verteilung der Aufgaben zwischen den Cousins fiel ihm die Zuständigkeit für Imagepflege und Propaganda zu. Das waren Tätigkeiten, die unter Leos Pontifikat einen hohen Stellenwert hatten. Bei den Künstlern, mit denen er zu tun hatte, genoss Giulio durchweg einen guten Ruf; er galt als klug, zuverlässig und fleißig. Seine Hauptaufgabe aber bestand darin, die Macht der Medici in Florenz zu festigen. Das war eine schwierige Mission. Die Fassade der Republik, hinter der die Medici ab 1512 wie vor 1494 die Fäden zogen, war brüchig geworden; Anhänger und Gegner standen sich immer unversöhnlicher gegenüber. Vor einem Staatsstreich, der aus der Republik ein Fürstentum gemacht hätte, aber schreckten Papst und Kardinal zurück. Ein solcher Umsturz erschien zwar in Anbetracht der römischen

Ressourcen rein machttechnisch erfolgversprechend, doch die Frage war, was danach, genauer: nach dem Ende des Pontifikats, kommen würde. Konnte sich ein Medici-Fürst aus eigener Kraft, ohne die Unterstützung des Pontifex maximus, behaupten? Noch schien das florentinische Patriziat für eine Medici-Monarchie nicht reif, das Risiko zu hoch. Die Macht musste einstweilen mit anderen Mitteln konsolidiert werden. Dazu sollten jetzt die Voraussetzungen geschaffen werden. In Rom wurde Kardinal Giulio von seinem Vetter so reichlich mit Ämtern und Einkünften ausgestattet, dass ein zweiter Familien-Pontifikat in Anbetracht der Beeinflussbarkeit der Kardinäle durch «Wahlgeschenke» eine aussichtsreiche Option wurde – umso mehr, als Leo wie schon seine Vorgänger zahlreiche Kardinalate nach dem Gesichtspunkt des finanziellen und politischen Ertrags für seine Familie vergab. Doch für Leo X. war das alles noch nicht genug. Weiterer Machtzuwachs außerhalb von Florenz und Rom schien ihm erforderlich.

So wurde sein jüngerer Bruder Giuliano mit einer französischen Prinzessin verheiratet, die sich verwandtschaftlicher Beziehungen zum Königshaus rühmen konnte; der Bräutigam erhielt vom französischen Monarchen das Herzogtum Nemours als Hochzeitsgeschenk. Durch diese Eheschließung zählten die Medici zum europäischen Hochadel. Bedenkt man, dass Giulianos Urgroßvater Cosimo Bankier und damit in den Augen vieler Theologen wenig mehr als ein reicher Wucherer gewesen war, durfte sich die Familie zu ihrem steilen Aufstieg beglückwünschen. Der nächste Schritt musste darin bestehen, die Herrschaft über ein italienisches Territorium zu gewinnen, um von dort das Ziel der Ziele, die Umwandlung der Republik Florenz in ein erbliches Familienfürstentum, in Angriff zu nehmen. Allzu viele Gebiete kamen dafür nicht in Frage. Es musste – im Gegensatz zu den Lehen der römischen Adelsfamilien Colonna und Orsini – politisch weitgehend autonom, vom konfliktträchtigen Brennpunkt Rom möglichst weit entfernt und zudem prestigeträchtig, also mit ruhmvollen Traditionen gesegnet sein. Diese Kriterien erfüllten innerhalb des Kirchenstaats nur Ferrara und Urbino. Ferrara aber war mindestens eine Nummer zu groß für die Medici. Die altadeligen Este, die dieses Herzogtum regierten, waren mit den vornehmsten Fürstenhäusern Europas verschwägert und zudem mit den Großmächten Italiens optimal vernetzt; der Versuch, sie zu vertreiben, hätte einen landesweiten Krieg vom Zaun gebrochen. So blieb nur Urbino – und für Francesco Maria della Rovere, der sich nach Antritt seiner Herrschaft dort Montefeltro nannte, wurde es jetzt eng. Gewiss, sein Onkel Julius II. hatte seinen Einfluss geltend gemacht, um die Medici in ihre Heimat zurückzuführen. Dafür schuldeten diese Julius' Nepoten Dank. Doch die Gier nach Macht erwies sich rasch als stärker als alle Anstandsregeln.

Für Michelangelo wurden diese Verwicklungen folgenreich. Durch den Tod Julius' II. wurde seine Arbeit am Grabmal erst einmal aufgewertet. Die Erben waren darauf angewiesen, die Erinnerung an den vergangenen Pontifikat so aufwendig wie möglich zu zelebrieren, um daraus Prestige für Gegenwart und Zukunft zu gewinnen. Die Heldentaten des Familienpapstes zu beschwören wurde geradezu eine Überlebensstrategie. Wer, wenn nicht der große Tote, sollte seine Nachkommen gegen die Anschläge der Medici schützen? Aus diesen Gründen drängte Julius' Testamentsvollstrecker, sein Neffe Kardinal Leonardo Grosso della Rovere, darauf, so schnell wie möglich einen neuen Vertrag mit Michelangelo in Sachen Grabmal zu schließen. In der langen Geschichte der Entwürfe für dieses Monument ist der Vertrag vom 6. Mai 1513 ein Schlüsseldokument.

Wie sehr Julius II. dieses Erinnerungszeichen am Herzen lag, zeigt, dass er seinen Erben enorme Summen für die Fertigstellung hinterlassen hatte. Sie erlaubten es dem Kardinal, die 1505 vereinbarte Gesamtsumme von 10 000 Dukaten nochmals um 6500 Dukaten aufzustocken. Davon sollten dem Künstler bis zum Abschluss der Arbeiten 200 Dukaten pro Monat ausbezahlt werden. Diese 2400 Dukaten jährlich machten mehr als das Fünfzigfache eines Handwerkerjahresgehalts aus; selbst wenn man die Materialkosten abzieht, bleibt unter dem Strich ein die üblichen Bildhauer-Honorare sprengendes Salär. Die Erhöhung der Gesamtkosten spiegelte nicht nur Michelangelos Ruf als Ausnahme-Künstler, sondern ist auch auf die vorgesehene Erweiterung des Monuments zurückzuführen. In Anbetracht der gestiegenen Bedeutung des Grabmals für die Lebenden war die Entscheidung, die ohnehin schon gewaltigen Dimensionen nochmals zu erweitern, durchaus vernünftig. In einem Punkt jedoch waren Zugeständnisse an die gewandelte politische Lage unumgänglich: An ein freistehendes Grabmal im Chor der neuen Peterskirche war unter einem fremden Papst nicht mehr zu denken. Stattdessen waren die Würfel für ein Wandmonument gefallen, eine wohl auch schon 1505 erwogene Lösung (siehe Seite 131). Dieses allerdings sollte alle bekannten Vorbilder in den Schatten stellen. Allein schon die Maße von fast 11 Metern Höhe, 7,70 Metern Tiefe und 4,40 Metern Breite waren Ehrfurcht gebietend. Doch damit nicht genug. In einem gut zwei Monate nach dem Hauptvertrag zwischen Michelangelo und dem Steinmetz Antonio da Pontassieve geschlossenen Kontrakt über Verzierungsarbeiten, die dieser ausführen sollte, wurde die Breite sogar noch um die Hälfte vergrößert. Der veränderten Aufstellung wie der neuen historischen Lage Rechnung tragend, sollte der verstorbene Papst nicht mehr auf dem Thron sitzen, sondern, von Engeln gestützt, auf einer Bahre liegen. Es war nicht die einzige Abwandlung, die dem Ganzen eine geistlichere Note verlieh. Zur Verchristlichung des ursprünglich von heidnischen Motiven dominierten Monuments sollte überdies eine Madonna mit dem Jesuskind über dem zur ewigen Ruhe gebetteten Pontifex maximus beitragen. Ungeachtet dieser Bestrebungen, die Erinnerung an den kriegerischen Papst zu spiritualisieren, sollte die gewaltige Sockelzone mit den Siegesgenien und Gefangenen jedoch weitgehend unverändert bleiben. Auf mittlerer Höhe kamen Figuren von Propheten und Sibyllen neu hinzu. Wie in der Sixtinischen Kapelle sollten sie die Weissagung der Erlösung, aber auch die göttliche Vorherbestimmung des Pontifikats verkünden.

Dass dieser Plan so nicht zur Ausführung gelangte, sondern immer weiteren Einschränkungen unterworfen wurde, hat Michelangelo selbst im Rückblick als eine Tragödie bezeichnet: für das Werk wie für sein Leben. Bei nüchterner Einschätzung des Entwurfs von 1513 aber musste absehbar sein, dass dieser kaum realisierbar war. Für alle Nachfolger Julius' II. stellte ein derartig gewaltiges Monument eine regelrechte Hypothek auf ihre Herrschaft dar. Dem ungeschriebenen, doch verpflichtenden Gesetz der Konkurrenz folgend, würden sie sich gezwungen sehen,

Kurz vor seinem Tod im Februar 1513 erweiterte Julius II. die Pläne für sein Grabmal nochmals. Nicht weniger als vierzig Statuen von der Größe des Moses sollte das Monument, wie es Giacomo Rocchettis Kopie der Entwurfszeichnung Michelangelos zeigt, jetzt zählen.
Berlin, Kupferstichkabinett

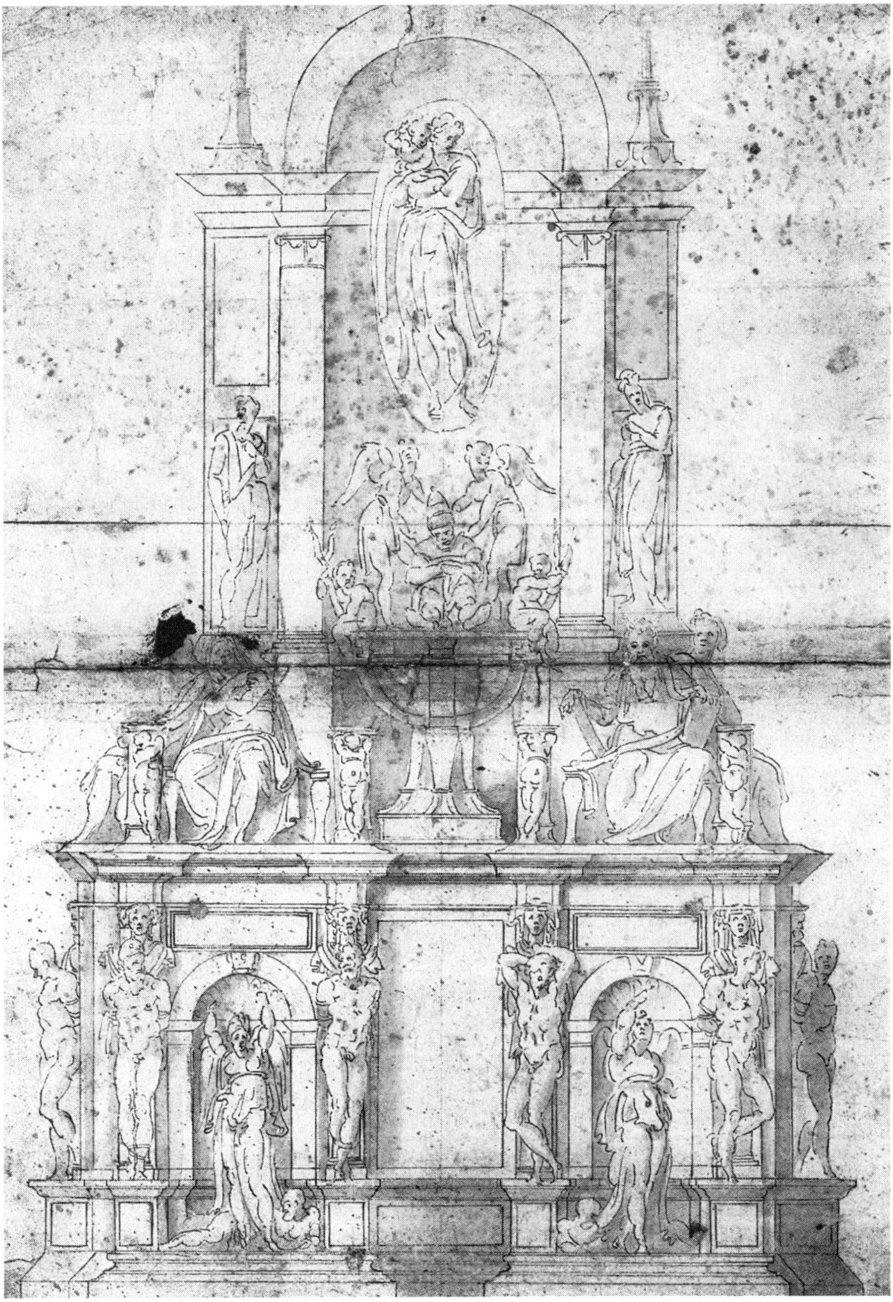

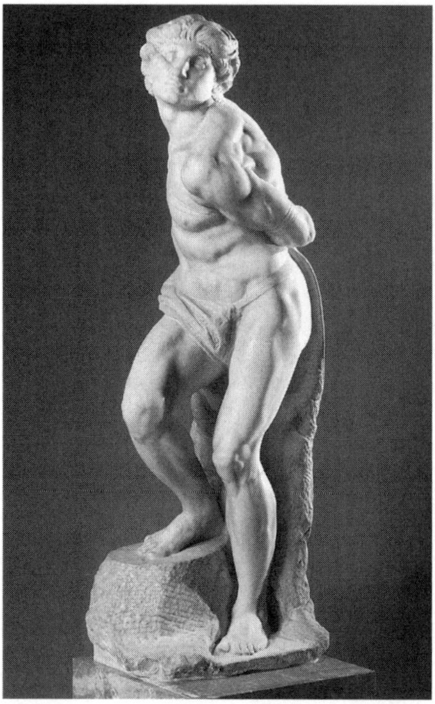
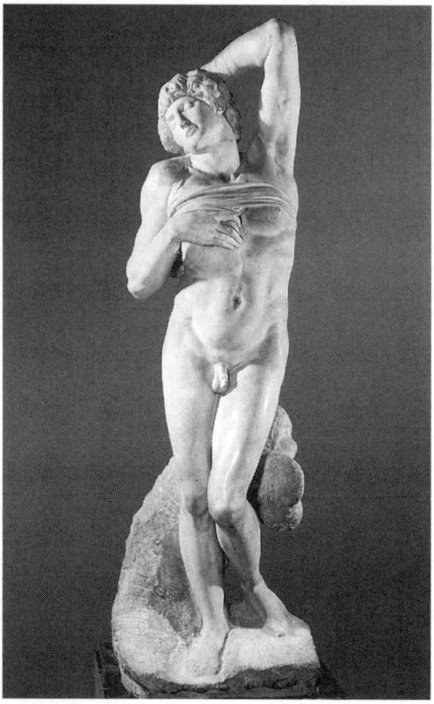

Zwei gefangene Jünglinge, der eine rebellisch, der andere sterbend: Berückend schön, weitgehend nackt und damit für das Grabmal Julius' II., das sie schmücken sollten, äußerst unpassend waren sie beide. Paris, Musée du Louvre

etwas mindestens Gleichwertiges in Auftrag zu geben. Doch selbst wenn ihnen dies gelingen sollte, was unwahrscheinlich war, blieb die Botschaft des riesenhaften Monuments für das Papsttum als Institution unannehmbar: Dass die Geschichte der Nachfolger Petri unter Julius, dem Alle-und-Alles-Bezwinger, durch politische Triumphe und kulturelle Blüte ihren Gipfel erreicht hatte – diese Aussage musste wie ein schwerer Schatten auf den nachfolgenden Pontifikaten lasten. Dass Leo X., dem es gleichfalls nicht an Selbst- und Sendungsbewusstsein mangelte, bestrebt war, die testamentarischen Kreise seines Vorgängers so schnell wie möglich zu stören, erklärt sich daher nicht nur aus den sich stetig verschlechternden Beziehungen zwischen den Della Rovere und den Medici.

Michelangelo machte sich, wie der Vertrag mit dem Steinmetz Antonio zeigt, ans Werk. Ab 1513 entstanden die heute im Louvre ausgestellten Figuren des gefesselten und des sterbenden Gefangenen *(prigioni)*. Obwohl beiden dasselbe harte Schicksal zuteil wird, reagieren sie darauf ganz unterschiedlich (siehe Seite 132). Der eine der beiden empört sich gegen seine Unterwerfung, sein (nicht abschließend bearbeitetes) Antlitz zeigt die Sehnsucht nach Befreiung und spiegelt zugleich Verzicht, Entsagung und Hoffnungslosigkeit. Ob man ihn als Allegorie der nach Julius' Tod niedergehenden Kunst der Malerei, als Sehnsucht der Seele nach Befreiung aus dem Gefängnis des Körpers oder, am einleuchtendsten, als eine der vom Papst unterworfenen Provinz deutete: Auf jeden Fall war der muskulöse Körper des jugendlichen Rebellen mit seiner hinreißenden Schönheit selbst nach den damals recht laxen Maßstäben für ein Papstgrabmal denkbar ungeeignet. Hinter seinen Beinen ist ein Affe in Marmor skizziert. Nach herkömmlicher Auslegung sollte er als Allegorie der Malerei zu verstehen sein, die die Natur nachahmt. Restlos geklärt aber ist seine Funktion an dieser Stelle nicht. Michelangelo erlaubte sich so manche Abweichung von den herrschenden Regeln der Dezenz. Besonderes Vergnügen bereitete es ihm, das Erhabene mit dem Komischen, also tiefen Ernst mit ätzender Ironie zu vermischen. Noch viel stärker ist die erotische Ausstrahlung, die vom zweiten sterbenden Gefangenen ausgeht; fast völlig nackt, mit entblößtem Genital, hält er den linken Arm hinter das Haupt und den rechten an die Brust. Sein Kopf ist geneigt und zurückgewandt, wie vom beginnenden Todesschlaf oder von amourösen Empfindungen durchdrungen. Im Gegensatz zu seinem streitbaren Genossen ist seine Anatomie weich und nachgiebig, ja fast feminin gestaltet.

An die Klausel, die ihn dazu verpflichtete, ausschließlich für das Julius-Grabmal zu arbeiten, hielt sich Michelangelo bezeichnenderweise von Anfang an nicht. Kurz nach der Unterzeichnung des Exklusiv-Kontrakts nahm er den Auftrag an, für den Römer Metello Vari de' Porcari einen auferstandenen Christus zu schaffen, der in der Kirche Santa Maria sopra Minerva aufgestellt werden sollte. Die Porcari gehörten zum römischen Stadtadel und standen hinter den regierenden Nepoten sowie den großen Baronalfamilien der Colonna und Orsini auf dem dritten Platz der römischen Elitenskala. Unter Papst Nikolaus V. (1447–1455) hatte ein Mitglied dieser Sippe wie ein neuer Brutus die Herrschaft der Päpste stürzen und die Republik wieder einführen wollen. Doch war das Attentat fehlgeschlagen und der Verschwörer hingerichtet worden. Vielleicht war es die Erinnerung daran, die Michelangelo zur Übernahme dieses Auftrags bewog. Das eher bescheidene Honorar von 200 Dukaten konnte es jedenfalls nicht gewesen sein, eher schon die Freundschaft des Auftraggebers zu seinem Bankier und ein gewisses Aufmerksamkeits-Defizit im Rom Leos X. Zur selben Zeit nämlich gingen die prestigeträchtigen und lukrativen Aufträge Leos X. an Michelangelos großen Konkurrenten Raffael. Dessen Fresken in den Vatikanischen Stanzen hatten für den Medici-Papst einen so hohen propagandistischen Stellenwert, dass er in einem für seinen Vorgänger gemalten Bild, das die Vertreibung des Hunnenkönigs Attila durch Papst Leo den Großen zeigt, dessen Gesichtszüge herausschlagen und sein eigenes Porträt einfügen ließ.

Michelangelos Hauptwerk in diesen wahrscheinlich ruhigsten Jahren seines Lebens war die ebenfalls für das Julius-Grabmal geschaffene Statue des Moses (siehe Seite 135). Sie allein reiche aus, um die Erinnerung an den kriegerischen Della-Rovere-Papst ruhmvoll zu bewahren: Diese bewundernde Bemerkung eines Kirchenfürsten hatte mit der Zeit das Missverständnis zur Folge, dass die biblische Gestalt die Gesichts- oder zumindest die Wesenszüge des hier Bestatteten wiedergebe. Doch davon kann keine Rede sein. Sehr viel mehr hat der marmorne Moses mit Julius' Auffassung von seinem Amt und dessen Kompetenzen zu tun. Schon in den von Sixtus IV. in Auftrag gegebenen Wandfresken der Sixtinischen Kapelle war der geistliche und politische Führer des Volkes Israel Vorläufer Christi und nahm als solcher die Machtfülle des Papsttums vorweg. In dieser ganzheitlichen, priesterliche und politische Befugnisse bündelnden Funktion erscheint er auch auf dem Grabmal des zweiten Della-Rovere-Papstes. Mit zum Äußersten gesteigerter Ausdruckskraft zeigt Michelangelos Statue Moses als Verkörperung göttlich legitimierter Macht, als Vermittler zwischen Himmel und Erde, als Überbringer der vom Herrn erlassenen Gesetze und nicht zuletzt als Versöhner, der den Zorn des Höchsten über die untreuen Kinder Israel besänftigt und den Abschluss eines neuen Bundes herbeiführt. So einzigartig ist seine Stellung unter den Menschen, dass der Herr mit ihm wie mit einem Freund gesprochen

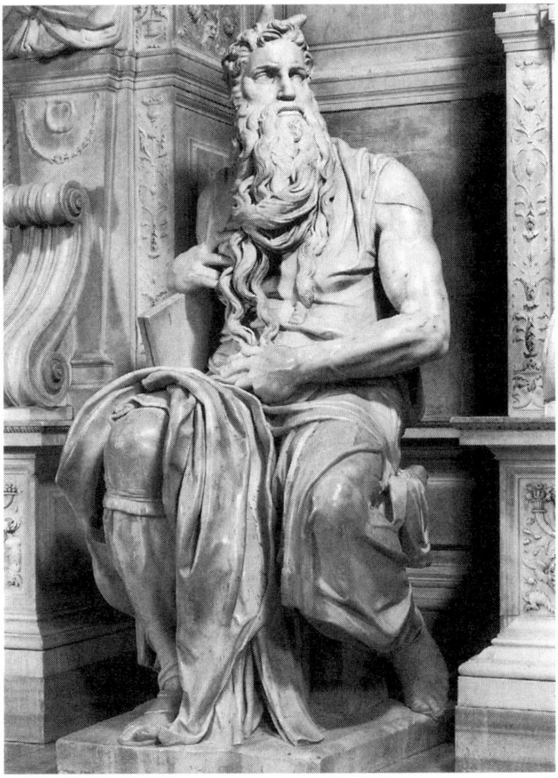

Michelangelos Moses prägte das Bild, das sich die Welt vom Führer der Israeliten machte, auf Dauer und wurde zum Inbegriff der Bildhauerkunst schlechthin. Dabei hat der Künstler die Statue nach fast drei Jahrzehnten nochmals einschneidend verändert. Rom, San Pietro in Vincoli

hat (Exodus, Kapitel 33, Vers 11). Und auch wenn Moses die Bitte, das Antlitz Gottes zu sehen, verwehrt bleiben musste, weil kein Mensch nach diesem Anblick weiterleben konnte, liegt doch ein Abglanz davon auf seinen eigenen Gesichtszügen. Mit ihrer Ergriffenheit und Energie, ihrer Verinnerlichung wie mit ihrem Zorn und ihrem Willen zu handeln spiegelt die Statue die Dramatik des biblischen Geschehens und damit das spannungsreiche Verhältnis zwischen Gott, seinem Beauftragten auf Erden und dem erwählten Volk wider.

Dargestellt ist Moses nämlich so, wie er in Exodus, Kapitel 34, Vers 29 bis 34 geschildert wird: Nachdem er vierzig Tage und vierzig Nächte lang auf dem Berg Sinai mit Gott Zwiesprache gehalten und von diesem Gesetze erhalten hatte, glänzte seine Haut, und die Israeliten fürchteten sich, ihm nahe zu kommen. Um Gebote niederzuschreiben, hatte Moses zuvor zwei steinerne Tafeln gefertigt. Diese trägt er, wie Michelangelo zeigt, nach der Rückkehr zu seinen Schutzbefohlenen als Zeugnis der Bundeserneuerung unter dem Arm. Dieser zweite Bund war nötig geworden, weil das Volk zuvor aufs schwerste gesündigt hatte. Als Moses nämlich zum ersten Mal auf dem Berg Sinai geweilt und zwei von Gott selbst beschriftete Gesetzestafeln erhalten hatte, war das Volk vom Glauben abgefallen und hatte sich den Götzen des Goldenen Kalbes errichtet. Aus Zorn über diesen Verrat hatte Moses die Tafeln zerbrochen und den Kindern Levi, die als einzige treu geblieben waren, befohlen, die Gottlosen, ob Brüder oder Freunde, zu töten. Erst nach dieser Strafe, die dreitausend Israeliten das Leben gekostet hatte, hatte ihr Führer wieder gewagt, vor das Angesicht des Herrn zu treten.

Als Rächer des Abfalls und Stifter des Bundes rief Moses nun Aaron, die Obersten der Gemeinde, und danach das ganze Volk zusammen, um ihnen die Gebote Gottes zu verkünden: als Mensch, doch von der Nähe zu Gott so gezeichnet, dass sich das Volk vor seiner Erscheinung fürchtet. In der lateinischen Bibelübertragung des Hieronymus wird dieser Widerschein des Herrn als *cornuta facies*, wörtlich: «gehörntes Antlitz», beschrieben. In diesem unmittelbaren Wortsinn trägt Moses bei Michelangelo Hörner; neuere Übersetzungen geben den Reflex des Göttlichen als Leuchten oder Glänzen der Haut wieder. In der seelischen Verfassung unmittelbar vor der Verkündigung der Gesetze wird Moses am Grabmal Julius' II. gezeigt: Er ist von der Mission der Bundesstiftung, aber auch von der Erinnerung an die vorangegangene Auflehnung durchdrungen, bereit, erneuten Widerstand mit einer Aufwallung des Zorns im Keim zu ersticken, aufgewühlt von der göttlichen Offenbarung, wie die wehenden Barthaare und die in sie greifende Hand zeigen: menschlich und zugleich weit über Menschenmaß hinaus.

Das alles muss bereits eindrucksvoll sichtbar gewesen sein, als sich im April 1516 illustrer Besuch einstellte: Elisabetta Gonzaga, die Witwe des letzten Herzogs von Urbino aus der Familie Montefeltro und «Adoptivmutter» des regierenden Herzogs Francesco Maria, besuchte den Künstler in seiner Werkstatt am Macello de' Corvi nahe dem Trajans-Forum, wo dieser in seiner selbstgewählten Ärmlichkeit wohnte und arbeitete. Die hochgeborene Dame kam als Bittstellerin: Der Papst möge im Namen alter Freundschaften und christlicher Werte davon Abstand nehmen, ihren Adoptivsohn aus seinem von der Familie ihres verstorbenen Gatten geerbten Herrschaftsgebiet zu vertreiben. Doch dieser Versuch, in letzter Minute zu retten, was noch zu retten war, erwies sich als verlorene Liebesmüh. Leo X. hatte den Angriff auf Urbino längst geplant und war davon nicht mehr abzubringen. Der nachfolgende Krieg wurde nicht nur beiden Dynastien, sondern auch der Statue des Moses und dem ganzen Grabmal zum Schicksal.

Als Michelangelo das Monument drei Jahrzehnte später zum Abschluss brachte, hatte sich auch die Statue des Moses verändert, und zwar zum Staunen, ja geradezu mystischen Erschauern des Publikums. Zudem sollte sich das Wunder der Verwandlung nach einem Augenzeugenbericht in nur zwei Tagen vollzogen haben. Wie ein zweiter Schöpfergott wendete Michelangelo den Kopf des Moses, der ursprünglich von einem vier Meter hohen Podest auf den Betrachter herabblicken sollte, zur Seite. Doch damit hatten die Eingriffe des 70-jährigen Bildhauers, der mit seinem frühen Werk nicht mehr zufrieden war, nicht ihr Bewenden. Auch die Sitzposition der Statue erschien ihm jetzt korrekturbedürftig. Aus Moses' linkem Fuß wurde nun der neben dem rechten Bein auf den Boden herabfallende Gewandzipfel. Zudem versetzte der greise Meister das linke Bein weit nach hinten, als ob der Führer des Volkes Israel seinen Widersachern regelrecht entgegen springen wollte. Diese kunstvolle Operation an den Marmorgliedmaßen verlieh der Figur nicht nur zusätzliche Dynamik, sondern auch eine räumliche Tiefe, die die historischen Hintergründe, ja Abgründe der biblischen Erzählung zum Ausdruck bringt. Ob mit diesen Interventionen weitere Aussagen verbunden waren, bleibt Spekulation. Mit nach vorne gerichtetem Kopf hätte Moses an seinem definitiven Aufstellungsort in San Pietro in Vincoli auf die Ketten des heiligen Petrus geblickt, die der ehemaligen Titelkirche des Kardinals Giuliano della Rovere den Beinamen gaben. Jetzt aber blickte er in Richtung eines (heute zugemauerten) Fensters. Sollte diese Verschiebung Michelangelos Abwendung vom Reliquienkult und seine Hinwendung zur mittlerlos erlangbaren göttlichen Gnade anzeigen? Drückt die späte Umgestaltung des Meisterwerks also Kirchenkritik oder gar das lutherische *sola gratia,* den Heilserwerb «durch die Gnade allein» aus? Die Statue spricht eine andere Sprache. Der Moses

Michelangelos birst schier vor Willenskraft und verdient sich sein Heil so, wie es dem Menschen laut katholischer Lehre gegeben ist: durch eigenes Streben in Kooperation mit der göttlichen Gnade.

Bei genauem Hinsehen fällt überdies auf, dass Moses' Hörner ungleich gestaltet sind; das eine zeigt nach oben, das andere nach unten. Diese durch die Drehung des Hauptes bedingte Asymmetrie wäre bei der von Michelangelo ursprünglich vorgesehenen Aufstellung in der Nische des Grabmals unbemerkt geblieben. Sie trat erst hervor, als die Statue zu Beginn des 19. Jahrhunderts weiter vorne und auf einem Podest platziert wurde, um so die vermeintlichen Schwächen des späteren Figurenschmucks zu überstrahlen. Einen wie auch immer gearteten tieferen Sinn aber dürften die ungleichen Hörner nicht in sich bergen. So sind sie eine heilsame Warnung davor, in jedem Detail eine geheime Botschaft zu wittern.

Im Windschatten

So ruhig die Jahre 1513 bis 1516 auch verliefen, glücklich waren sie für Michelangelo nicht, zumindest nicht nach herkömmlichen Definitionen von «Glück». Die familiären Rollenmuster lagen unveränderlich fest; und die politische Entwicklung zugunsten der Medici entsprach nicht der republikanischen Gesinnung des Künstlers. Diese allerdings manifestierte sich – den nach der Rückkehr der Medici selbst formulierten «Schweigegeboten» gemäß – kaum je in Worten. Wie es in seinem Inneren aussah, lässt sich nur aus wenigen Briefen dieser Zeit erschließen. Ein solches Schreiben stammt von Giovanni Gellesi aus Prato, der sich darin als enger Freund, ja vertraut und vertrauenswürdig wie ein Bruder vorstellt. Es ist auf den 14. April 1515 datiert, in Rom aufgegeben und an Michelangelo in Florenz adressiert.

> Liebster Michelangelo, seit Ihr abgereist seid, will es mir scheinen, als ob ich verwaist in diesem großen Babylon zurückgeblieben sei, so willkommen waren mir die Gespräche mit Euch. Doch man muss sich mit Geduld dem Willen des Herrn ergeben, von dem alles Folgende, sei es ausdrücklich, sei es verschwiegen, abhängt... und wir tun Euch kund, dass wir einen Fischfang getan, gemeinsam zu Abend gegessen und dabei Eurer gedacht haben.[50]

Diese Töne sind unüberhörbar religiös eingefärbt. Ein wundersamer Fischfang nebst einem Abendmahl zur Erinnerung an den großen Abwesenden in Florenz: Das klingt nach Konventikel- oder gar Sektenbildung. Ganz offensichtlich wurde der Kreis, der hier Erwähnung fand, durch gemeinsame Überzeugungen zusammengehalten. Ein Teil dieses Credos blitzt gleich zu Anfang auf: Rom ist Babylon – das war seit langem ein Gemeinplatz der heftigsten Kirchen- und speziell Kurienkritik. Diese Gleichsetzung wurde von den Reformatoren verbreitet, doch tauchte sie schon lange vorher auf, zum Beispiel bei Savonarola. Rom der Hort aller Verworfenheit: das war die Sprache der Apokalypse und wies auf den Sitz des Antichrist am Tiber hin. Gewiss, diese Wendung benutzte nicht Michelangelo, sondern sein weitgehend unbekannter «Brieffreund». Doch würde er sich ihrer wohl kaum bedient haben, wenn er im Empfänger nicht einen Gesinnungsgenossen gewusst hätte. Auf eine solche Gleichgestimmtheit verweisen einige weitere Schreiben Gellesis. In ihnen war ebenfalls von Übereinstimmung, doch auch von unterschiedlichen Einschätzungen die Rede. In vielen Dingen, die man in der Vergangenheit besprochen habe, glaube Michelangelo inzwischen, dass man kühler sein müsse, er, Gellesi, aber sei glühender denn je. Leider schwieg er sich in diesen raunenden Briefen darüber aus, worin diese Meinungsverschiedenheiten bestanden. So bleibt nur die begründete Vermutung, dass es weiterhin um Kritik an der Kirche ging. Dass die Kleriker so zu leben hätten wie er selbst, nämlich bedürfnislos, einfach und arbeitsam, war Michelangelos lebenslange Überzeugung. Die Differenzen mit Gellesi dürften daher wohl eher die Art und Weise betroffen haben, wie man diesen Einspruch vorbringen sollte.

Selbst in den endlosen Streitigkeiten mit der Familie klangen jetzt religiöse Töne an, wie Michelangelos Brief vom 30. Juli 1513 an seinen Bruder Buonarroto bezeugt. Anlass der quälenden Auseinandersetzungen war wie immer das Geld.

> Wenn Du genügend Verstand hättest, um die Wahrheit zu erkennen, würdest Du nicht sagen: So viel habe ich von meinem eigenen Geld ausgegeben!, und würdest auch nicht mit mir darüber streiten, weil Du dann nämlich sehen würdest, wie ich mich Euch gegenüber in der Vergangenheit verhalten habe. Sondern Du würdest sagen: Michelangelo wird schon wissen,

> was er uns geschrieben hat, und wenn er davon heute abweicht, dann wird es dafür einen Hinderungsgrund geben, den wir nicht kennen – und würdest Geduld haben. Denn man soll das Pferd loben, das so schnell läuft, wie es kann, und nicht das, das sich übernimmt. Aber Ihr habt mich nie gekannt und kennt mich auch jetzt nicht richtig. Gott vergebe Euch. Denn Gott hat mir die Gnade verliehen, dass ich das, was ich tue, bis zum Ende tue beziehungsweise getan habe, und zwar damit Euch geholfen werde. Das alles werdet Ihr jedoch erst begreifen, wenn Ihr mich nicht mehr habt.[51]

Ein Schreiben im Predigtton: Der Künstler nahm eine göttliche Gnade in Anspruch, die ihn im Zusammenspiel mit seinem eisernen Willen dazu befähigte, seine Ziele zu erreichen. Die Gerechtsprechung des Menschen durch Gott wird hier zur Rechtfertigung vor der Familie. Verdienst erwirbt der Mensch durch Willenskraft, die ihn zum Verzicht auf Lebensgenuss, ja zur innerweltlichen Askese führt. Dazu sollen auch Vater und Brüder angespornt werden, daher der Verweis auf das eigene Beispiel. Darüber hinaus wird das eigene Leben als Martyrium vor Augen geführt. Wie die Märtyrer harrt auch Michelangelo bis zum Ende aus; und wie sie wird auch er erst nach seinem Tode gewürdigt werden. Doch im Unterschied zu den christlichen Blutzeugen beklagte er sich über sein hartes Schicksal. Hart war es nicht zuletzt deshalb, weil sich der Künstler selbst unter Druck setzte. Schließlich musste die Fähigkeit, alles wie geplant zu Ende zu führen, stets vom Neuen unter Beweis gestellt werden. Doch diese Bilanz fiel sehr zwiespältig aus. Das Piccolomini-Projekt: unfertig; der Christus für Santa Maria sopra Minerva in Rom: kaum begonnen; das Julius-Grabmal: Arbeit für ein ganzes Leben.

Umso mehr musste Michelangelo die Trägheit erbittern, die er bei seinem Vater und den Brüdern vorherrschen sah. Offenbar war die Faulheit der De' Simoni-Sippe in Florenz sprichwörtlich. Darauf deutet der Brief eines anonymen «Wohlmeinenden» vom 10. November 1513 hin, der Michelangelo darüber aufklären wollte, wie schlecht seine Verwandten die ihnen zuteil werdende Unterstützung nutzten:

> Liebster Michelangelo, von der Liebe getrieben, die ich Dir immer wie ein Sohn entgegen gebracht habe, habe ich mich dazu durchgerungen, Dir diese Zeilen zu schreiben, deren Sinn Du wohl verstehen wirst. Vor einigen Tagen unterhielt ich mich mit Buonarroto und einem weiteren Deiner Brüder und

> erfuhr so, dass Du beabsichtigst, ihnen mit Deinem Geld ein Geschäft zu eröffnen, das sie Dir ans Herz legen. Danach habe ich auf eher ungewöhnliche Weise in Erfahrung gebracht, dass sie danach trachten, aus diesem Geschäfte weder Erträge zu ziehen noch das Kapital zu bewahren. Und das wird ihnen sicherlich gelingen, weil, wer Schlechtes tun will, viele Wege offen hat ... damit will ich Dir nicht abraten, Deinen Brüdern und Deinem Vater Gutes zu tun, so wie Du es, wie ich weiß, bislang schon reichlich getan hast, doch bisher wohlweislich so, dass sie zwar eventuelle Einkünfte nutznießen, doch das Kapital nicht angreifen konnten. Und so solltest Du es auch in Zukunft halten, denn Häuser, Landgüter und Staatsobligationen können sie nicht vergeuden.[52]

Der unbekannte Freund als Anlageberater: Er dürfte Michelangelo kaum Neues mitzuteilen gehabt haben. Dieser verstand sich mehr denn je als Ernährer und Erzieher zugleich. Der Vater solle seine Ausgaben für Almosen in Grenzen halten und Buonarroto darauf achten, in seinem Geschäft kein Kapital zu verlieren. Zugleich wird leitmotivisch das eigene Leben als Modell gezeigt: Er, Michelangelo, lebe einfach und spare sich das viele Geld für seine Verwandten vom Munde ab. Und um seine Gehilfen gar nicht erst auf Abwege geraten zu lassen, zahle er ihnen ein Gehalt von drei Dukaten im Monat – punktum! Und das sei in Anbetracht der erbrachten Leistungen immer noch zu viel. Pfusch und Müßiggang waren nicht aller Laster Anfang, sondern deren Gipfel – und rissen den Meister zu vulgären Tönen hin:

> Und nun habe ich hier dieses trockene Stück Scheiße von einem Lehrjungen, der sagt, er wolle keine Zeit verlieren, sondern lernen. Zuvor hatte er mir gesagt, es würden ihm zwei oder drei Stunden am Tag dazu ausreichen; jetzt aber genügt ihm der liebe lange Tag dafür nicht, auch nachts will er zeichnen.[53]

Die Lektionen, die der Künstler den Seinen erteilte, beschränkten sich nicht auf Anweisungen zum richtigen Umgang mit unfähigem Personal, sondern erweiterten sich zu regelrechten Moraltraktaten. Zwei Auffassungen vom Leben – so Michelangelo – stehen sich unvereinbar gegenüber: seine eigene und die der übrigen Familie. Buonarroto hatte ihm, nicht zum ersten Mal, vorgeworfen, sich zu viele Sorgen um den

Lauf der Welt im Allgemeinen zu machen und sich dabei in Angst-Phantasien hineinzusteigern. Die Antwort ließ an Schärfe nichts zu wünschen übrig:

> Ich sitze keinen Ammenmärchen auf und bin auch nicht völlig verrückt, wie Ihr glaubt. Ihr werdet die Briefe, die ich Euch im Laufe von vier Jahren geschrieben habe, schon noch besser verstehen als jetzt – wenn mich nicht alles täuscht. Wenn ich mich aber täusche, dann gewiss nicht in schlimmen Dingen, denn ich weiß, dass es schon immer vernünftig war, sich um sich und seine Angelegenheiten zu kümmern. Ich erinnere mich, dass Du vor etwa achtzehn Monaten einen bestimmten Entschluss fassen wolltest; ich aber schrieb Dir, es sei dafür die Zeit noch nicht reif und Du solltest besser ein Jahr damit warten. Kurz darauf starb der König von Frankreich; du aber schriebst mir, dass mit dem Tod des Königs keine Gefahr mehr in Italien herrsche und dass ich Mönchen und Gerüchten aufsitze, und Du machtest Dich über mich lustig. Jetzt aber siehst Du, dass der König nicht tot ist; und es wäre viel besser für uns, wenn Ihr Euch so verhieltet wie ich seit mehreren Jahren. Doch genug damit.[54]

Manches an diesem Brief vom 8. September 1515 klingt wie chiffriert. König Ludwig XII. von Frankreich hatte unbestreitbar in der Neujahrsnacht 1515 das Zeitliche gesegnet. Dass der König nicht tot war, konnte also nur bedeuten, dass sein Nachfolger Franz I. umso lebendiger war. Das hieß im Klartext: Er stand als Verbündeter der republikanisch gesinnten Florentiner zur Verfügung, um gemeinsam die Medici zu vertreiben – und zwar diesmal endgültig. In dieser Hoffnung Michelangelos lebte der Geist Savonarolas fort. Der verbrannte Prophet hatte im französischen Monarchen das Instrument gesehen, mit dem Gott Florenz für seine endzeitliche Mission bereit machen wollte. Dass Michelangelo weiterhin an diese Weissagungen glaubte, geht aus den Vorhaltungen hervor, gegen die er sich verwahrte: Die Mönche, denen er laut Buonarroto zu viel Glauben schenke, würden schon noch recht behalten, wohl denen, die ihren Warnungen Gehör schenkten. Dass Vater und Brüder, die unter der Herrschaft des Hauses Medici leben mussten, solche unterschwellig apokalyptischen Töne nicht gerne hörten, ist verständlich.

Auch die praktischen Konsequenzen, die der Künstler daraus zog, konnten sie nicht billigen. Diese lauteten in einem Brief an Buonarroto vom 20. Oktober 1515: Von niemandem Gefälligkeiten entgegen zu nehmen, um niemandem verpflichtet zu sein.

> Wisse also, dass ich Pier Francesco Borgherini keinen Auftrag geben und keine Mühe machen will, weil ich ihm so wenig wie möglich verpflichtet sein möchte ...[55]

Ich nehme nicht, damit ich nicht geben muss: Mit dieser Haltung war das Grundgesetz der sozialen Ordnung durchbrochen. Dabei hatte Michelangelo Borgherini, den Bankier, kurz zuvor ausdrücklich als Freund bezeichnet. Wer so handelte wie er, stellte sich außerhalb aller nützlichen Netzwerke, verzichtete auf Protektion und beraubte sich jeglichen Einflusses – es sei denn, er konnte aufgrund einer selbstständig, durch seine überragende Befähigung, erworbenen Machtposition seine eigenen Bedingungen diktieren. Doch das kam für Michelangelos Verwandte, die sich keiner hervorstechenden Talente rühmen konnten, nicht in Frage. Insofern mussten sie die im selben Brief erteilten Ratschläge des einzig erfolgreichen Familienmitglieds als Anweisungen zur sozialen Isolation betrachten.

> Ich höre, wie ihr demnächst das Übereinkommen feiern werdet. Es ist mir lieb, weil mir unser Wohlergehen am Herzen liegt; doch kümmere dich um deine eigenen Sachen und lasse dich in nichts verwickeln – und mach dich nicht über die Ratschläge lustig, die ich dir in vorangehenden Briefen erteilt habe.[56]

Die Festlichkeiten galten dem Einzug Leos X. in seine Heimatstadt, mit der er einen politischen Modus vivendi ausgehandelt hatte. Dieser Pakt wahrte formell die republikanische Selbstverwaltung der Stadt, legte jedoch die tatsächliche Macht einseitiger denn je in die Hände der Medici und ihres Anhangs. Wer am Arno das Sagen hatte, trat deutlich genug hervor, als Pieros Sohn Lorenzo im Mai 1515 zum Kapitän und damit zum militärischen Oberbefehlshaber der Republik ernannt wurde. Erneut zeigt der verklausulierte Stil des Briefes, dass Michelangelo diese immer notdürftiger verdeckte Vorherrschaft zutiefst missbilligte. Buonarroto aber, an den das Schreiben gerichtet war, sollte zum Nutzen und Frommen der Familie mit den Wölfen heulen und auf die Zeitenwende warten, die alle Triumphe der Medici nicht aufhalten konnten. Diese Regel zeugte nicht nur von Verachtung, sondern auch von Unkenntnis der Netzwerke und ihrer Mechanismen. Die Medici hatten seit jeher genau unterschieden, wer sie mit echter Ergebenheit und wer nur aus Opportunismus unterstützte. Mit Lippenbekenntnissen und Mitläufertum würden sich die Buonarroti also keinen Gefallen tun. Michelangelos Irrtum bestand darin, dass er sein individuelles Prestige mit dem Rang der Familie gleichsetzte. Doch soweit war es, wie sich in den nachfolgenden Jahrzehnten zeigen sollte, noch längst nicht. Das bekamen Vater und Brüder täglich zu spüren. Dass sie ungeachtet aller Erfolge des Künstlers den Kürzeren ziehen würden, war ihre nicht unbegründete Angst – und der Grund für viele weitere Zwistigkeiten.

Im Frühling und Sommer 1516 brachen auch die Medici die Regeln der Treue und Dankbarkeit, die ihr untreuer Ex-Hauskünstler Michelangelo lebenslang systematisch mit Füßen trat. Im Auftrag Leos X. vertrieb eine päpstliche Armee den Herzog Francesco Maria della Rovere alias Montefeltro, den Nepoten ihres «Freundes» Julius' II., aus dem Herzogtum Urbino, das unverzüglich dem jungen Lorenzo de' Medici übertragen wurde. In den Eliten Italiens griff kaltes Entsetzen um sich. Wenn die goldene Regel «Ich gebe, damit du gibst» und die daraus resultierenden Verpflichtungen nicht mehr galten, konnte sich niemand mehr sicher fühlen, am allerwenigsten die Medici, die diesen Umsturz aller Werte herbeigeführt hatten. In kluger Voraussicht der Folgen hatte Leos jüngerer Bruder Giuliano denn auch vom Angriff auf Urbino abgeraten. Doch gegen die eigentliche Kriegstreiberin Alfonsina Orsini, die Mutter des künftigen Herzogs, konnte er sich nicht durchsetzen. Die Verantwortung für die fragwürdige Aktion aber trugen der Papst und sein Vetter Giulio.

Die Folgen bekam auch Michelangelo zu spüren. Die Della Rovere, jetzt im Exil, brauchten das prestigeträchtige Grabmal dringender denn je und waren dadurch zu Zugeständnissen bereit, die vorher undenkbar gewesen wären. In einem dritten Vertrag mit Michelangelo vom 8. Juli 1516 erklärten sie sich damit einverstanden, die Zahl der Statuen auf zwanzig, also um die Hälfte, zu verringern, und zwar ohne jede Reduzierung des Honorars. Mit einem Schlag war so jede Statue das Doppelte wert. Vom Absinken in Machtlosigkeit und Vergessen bedroht, setzten die Della Rovere mehr denn je auf die Kraft der ruhmvollen Erinnerung, ohne Rücksicht auf die Kosten.

Darüber hinaus erneuerte Michelangelo mit dem neuen Grabmals-Kontrakt die Verpflichtung, bis zur Fertigstellung keine anderen Aufträge anzunehmen. Dass er sich an solche Klauseln nicht gebunden fühlte, hatte schon die Arbeit an der Christusstatue für Metello Vari de' Porcari gezeigt, die aufgrund von Unregelmäßigkeiten im Marmor unfertig liegen geblieben war. Für einen einzigen Auftraggeber tätig zu werden, widersprach Michelangelos Auffassung von Unabhängigkeit und Ehre. Neue Großprojekte aber konnten im Augenblick nur die Medici finanzieren. So war es an der Zeit, die der eigenen Familie eingeschärften Ratschläge selbst zu beherzigen und gedeihliche Beziehungen zu den Herren von Rom und Florenz anzubahnen. Darauf drängten auch diejenigen, die sich wie der venezianische Maler Sebastiano del Piombo künstlerisch eng an Michelangelo angeschlossen hatten und daher von ihm Fürsprache erwarteten. Auch wenn der Verächter der Netzwerke die Rolle des Patrons ablehnte, schuldete er seinen Gefolgsleuten gleichwohl Loyalität. Fördern aber konnte er diese nur, wenn er selbst bei den Mächtigen wohlgelitten war. Die Rivalität mit Raffael dürfte ein Übriges getan haben. Das Monopol der großen Aufträge, das dieser im Vatikan innehatte, drohte Michelangelos Ehre zu schaden.

3 FÜR DIE MEDICI – GEGEN DIE MEDICI (1516–1534)

Im Steinbruch

Michelangelo ging auf die Medici zu, doch auch die Medici kamen ihm weit entgegen. Bei seinem feierlichen Besuch in Florenz hatte Leo X. beschlossen, auch dort eine verstärkte Propagandatätigkeit zu entfalten. «Carpe diem!», nutze den Tag! So lautete die Devise am Tiber wie am Arno. Solange der Papst regierte, hatten die Medici den Zugriff auf die reichen Mittel der Papstfinanz. Es galt daher, diese Ressourcen für eine dauerhafte Stabilisierung der Herrschaft in der alten Heimat zu nutzen. Wer die Zukunft gewinnen wollte, musste die Vergangenheit verklären. Diese Strategie hatten Medici und Della Rovere gemeinsam. Das bedeutete für Leo X. und Kardinal Giulio: Sie mussten aus ihren großen Toten Kapital schlagen. Das war bisher geradezu sträflich vernachlässigt worden. Eine Umformung der gelenkten Republik in ein Fürstentum konnte dauerhaft nur gelingen, wenn die Elite ihren Vorteil durch die neue Staatsform gewährt sah und zugleich an deren Berechtigung glauben konnte. Zu diesem Zweck musste schon jetzt die Geschichte der Medici umgeschrieben werden, und zwar als von der Vorsehung gebahnter Weg zur Monarchie. Leos und Giulios Vorfahren mussten daher so fürstlich wie möglich zur ewigen Ruhe gebettet werden. Deshalb wurde der treulose Klient Michelangelo jetzt dazu ausersehen, die Kirche San Lorenzo, in der vier Generationen der Medici bestattet waren, der Größe der Familie entsprechend umzugestalten.

Den dringendsten Erneuerungsbedarf wies die Hauskirche der Medici an der Fassade auf. Hier war nichts als roher Stein zu sehen. Für das Projekt, San Lorenzo eine eindrucksvolle Front zu errichten, war Michelangelo jedoch nach herkömmlichen Maßstäben allenfalls partiell qualifiziert, nämlich als Bildhauer für den Figurenschmuck, doch nicht als Architekt. Andererseits war sein Ansehen in der Bildhauerei und in der Malerei so groß, dass man auch in der Baukunst höchste Hervorbringungen von ihm erwartete. Ja, seine Reputation als Meister aller Meister war so weit gestiegen, dass sich die Mächtigen Italiens einem regelrechten Erwartungsdruck, ausgesetzt sahen, ihm prestigeträchtige Aufträge zu erteilen. Wer abseits stand, musste sich drei gleichermaßen unangenehme Fragen stellen lassen: Erkannte er die Größe der Begabung nicht, die legitime Herrscher doch zu fördern verpflichtet waren? Hatte er das Geld nicht, das ein Künstler dieses Ranges als verdienten Lohn verlangen durfte? Oder zählte er etwa nicht zur ersten Macht-Garde Italiens und stand stattdessen in der Warteschleife der minder Einflussreichen? Dass Leo X. und sein Vetter Giulio über Mittelsmänner und dann auch direkt mit Michelangelo Verbindung aufnahmen, folgte somit der Logik der Macht. Beide Seiten konnten es sich in Anbetracht ihres Ranges nicht leisten, nicht in Kontakt zueinander zu treten.

In ein konkretes Stadium traten diese Verhandlungen Ende Oktober 1516 ein, am 19. Januar 1518 gelangten sie mit einem Vertrag zum Abschluss. Dieser wurde am 10. März 1520 durch ein Breve Leos X. formell annulliert. In den dreieinhalb Jahren zwischen der Anbahnung und dem Scheitern des Projekts spielten sich Dramen ab, aus denen Legenden und Mythen entstanden.

Ihre Hauptschauplätze waren Carrara und Pietrasanta. Dort hielt sich Michelangelo von 1516 bis 1519 auf, um den für das Julius-Grabmal beziehungsweise die Fassade von San Lorenzo benötigten Marmor aus den Steinbrüchen herausschlagen zu lassen. Mehr denn je war diese Materialgewinnung die erste Phase der künstlerischen Bearbeitung; schon der rohe Block musste so beschaffen und bemessen sein, dass er dem Künstler alle kreativen Optionen offen ließ. Die Besessenheit, mit der sich Michelangelo in den Jahren 1516 bis 1519 den Steinbrucharbeiten in den Apuanischen Alpen und dann im toskanischen Pietrasanta widmete, warf allerdings schon für die Zeitgenossen Fragen auf: Nahm der größte lebende Künstler, der selbst für Kleinplastiken Traumhonorare fordern konnte, das an Entbehrungen und Gefahren reiche Leben in den rauen Bergen, in zugigen Verschlägen bei Schnee und Eis, mit karger Speise und unter rohem

Volk, wirklich nur auf sich, um mit selbst ausgewähltem Marmor von allerfeinster Qualität arbeiten zu können? Konnte man diesen nicht mit genauen Anweisungen und unter der Aufsicht vertrauenswürdiger Delegierter auch ohne die eigene Präsenz an so unwirtlichen Orten gewinnen?

Eine solche Arbeitsteilung scheiterte daran, dass Michelangelo nicht delegieren wollte. Diese Weigerung spiegelte seine Überzeugung wider, von Stümpern, Faulenzern und Schmarotzern umgeben zu sein. Darüber hinaus scheint ihn gerade das Titanische seines Kampfes in den ungastlichen Steinwüsten mit Stolz und Genugtuung erfüllt zu haben. Sich gegen tausend Widerstände der unbelebten Materie wie der störrischen Bergbewohner durchzusetzen, entsprach seinem Selbstverständnis und nicht zuletzt seiner Rolle in der Familie. Alle Strapazen der Welt für die Gewinnung des perfekten Marmors auf sich zu nehmen, dazu die Widrigkeiten der Natur durch die Anlage neuer Straßen zu überwinden – diese schier übermenschlichen Leistungen prägten seine Selbstdarstellung nach außen und das Bild, das sich die Welt von diesem «schrecklichen» Genius machte.

Diese Mythenbildung findet ihren Ausdruck in einem der wenigen aus dem Marmor-Feldlager verfassten Briefe. Er datiert vom 2. Mai 1517 und ist an Domenico Buoninsegni, den Bau-Beauftragten Leos X., in Rom gerichtet und beginnt ganz sachlich mit der Entschuldigung dafür, das erbetene Modell für die Fassade von San Lorenzo bisher nicht geschickt zu haben. Dann aber folgen einige der stolzesten Sätze, die ein Künstler jemals an seinen Auftrageber geschrieben hat:

> Ich habe Euch mehrere Dinge zu sagen – lest sie mit etwas Geduld, denn es ist sehr wichtig. Ich traue mir nämlich zu, das Werk der Fassade von San Lorenzo zu vollbringen, das mit seiner Architektur und mit seinen Skulpturen der Spiegel ganz Italiens sein soll. Doch dafür ist es nötig, dass der Papst und der Kardinal entscheiden, ob sie wollen, dass ich es mache oder nicht. Und wenn sie wollen, dass ich es mache, müssen wir zu einem verbindlichen Abschluss gelangen; dieser aber kann nur so aussehen, dass sie mir diesen Auftrag formell und zudem so übertragen, dass sie mir diesen in jeder Hinsicht vollständig und vertrauensvoll zukommen lassen – oder auf irgend eine andere, mir unbekannte Weise, die ihnen zusagt.[57]

«Fidarsi interamente di me d'ogni cosa»: Dass Leo X. dem Künstler den Auftrag «in jeder Hinsicht vollständig und vertrauensvoll» erteilen sollte, war eine Umschreibung für dessen unumschränkte Herrschaft über das Projekt, in das sich niemand, sei er Papst oder Kardinal, einzumischen habe. Absolute Macht für Michelangelo oder das Ende aller Verhandlungen: das war die einzige Entscheidung, die den Mächtigen noch zu treffen blieb. Die Konditionen aber diktierte der Künstler, und zwar im selben Brief:

> Die Kosten für die Fassade, so wie ich sie zu schaffen und in die Tat umzusetzen beabsichtige, können – inklusive aller Posten, und zwar so, dass sich der Papst um nichts mehr kümmern muss – der sorgfältigen von mir vorgenommenen Prüfung entsprechend nicht weniger als 35 000 Dukaten betragen.[58]

Zu diesen Bedingungen gehören des weiteren 1000 Dukaten Vorauszahlung, die zurückgezahlt werden sollten, wenn es nicht zum Abschluss des Vertrages kam.

Michelangelo pflegte seine Werke nicht zu rühmen, im Gegenteil: Einmal aus der Hand gegeben, waren sie ihm nur noch lakonische oder mürrische Kommentare wert. Wenn hier ausnahmsweise das neue Projekt als ein Wunder Italiens angepriesen wurde, so musste es einen Grund dafür geben. Er bestand darin, die persönliche Ehre gegen zwei Auftraggeber zu behaupten, die diese exakt drei Monate zuvor zu beschneiden gewagt hatten. In seinem Brief vom 2. Februar 1517 hatte Kardinal Giulio de' Medici Michelangelo Treuebrüche vorgeworfen und ihn ultimativ angewiesen, den Marmor für die Fassade von San Lorenzo nicht aus Carrara, sondern aus dem toskanischen Pietrasanta zu beziehen. Und jetzt diese Töne!

Noch erstaunlicher war, dass der Künstler damit Erfolg hatte, zumindest im Großen und Ganzen. Der arme Buoninsegni, Michelangelo von Herzen zugetan und zugleich an die Vorgaben des Papstes gebunden, schrieb schon am 9. Mai freundlich, ja geradezu devot zurück: Der Papst hätte gerne ein Modell gesehen, doch da keines verfügbar sei, werde er sich eben gedulden. Und dann war da noch eine finanzielle Kleinigkeit: Hatte man nicht einen Gesamtpreis von 25 000 Dukaten vereinbart? Waren die zehntausend zusätzlichen Dukaten für Mehrarbeiten hinzugekommen, oder hatte der viel beschäftigte Meister sich schlicht verschrieben? Der päpstliche Kunstbeauftragte fasste den reizbaren Künstler – bei aller milden Ironie, die diesem kaum entgangen sein dürfte – also mit Samthandschuhen an. Doch natürlich war die Summe kein Irrtum. Beim formellen Vertragsabschluss am 19. Januar 1518 wurde sie sogar nochmals erhöht, und zwar auf 40 000 Dukaten. Beim Feilschen um das Honorar hatte sich Michelangelo somit wieder einmal durchgesetzt. Allerdings hatte er dafür auch unerhörte Verpflichtungen auf sich genommen. Die exorbitante Summe war ein Pauschalpreis, der alles einschloss, was für die Fassade überhaupt zu tun war, von der Gewinnung des Marmors über dessen Transport bis hin zu den zahlreichen Reliefs und Statuen, nicht zu vergessen die eigentlichen Bauarbeiten. Der Generalunternehmer Michelangelo war am Ziel. Er hatte die unumschränkte Herrschaft über das Projekt gewollt und bekommen. Doch zugleich war er in einer Sackgasse: Wie sollte er diese Fülle von Arbeiten in den vorgeschriebenen acht Jahren zu Ende führen und nebenbei noch das Juliusgrabmal zum Abschluss bringen, von kleineren Aufträgen wie dem Christus für die Minerva-Kirche ganz zu schweigen? Während seiner Abwesenheit in den Steinbrüchen schrieben Metello Vari de' Porcari und Kardinal Leonardo Grosso della Rovere Brief um Brief, um ihn an die vereinbarten Fristen zu erinnern, die eine nach der anderen abliefen. Das Grabmonument bis 1522, die Fassade bis 1526: Diese vertraglich fixierte Terminplanung hätte selbst eine große, perfekt organisierte Werkstatt nicht einhalten können. Wie sollte es da der Einzelkämpfer Michelangelo schaffen? Welcher innere Dämon trieb den Künstler, unerfüllbare Aufträge gleich reihenweise anzunehmen?

Die Frage drängt sich umso mehr auf, als Michelangelo zwischen Ende 1516 und Anfang 1518 unter Aufbietung seiner ganzen Autorität und mit mancherlei Intrigen alles daran gesetzt hatte, das Projekt San Lorenzo in Abweichung von den ursprünglichen Planungen alleine übertragen zu bekommen. Am Anfang hatten die Medici eine realistische Verteilung der Lasten auf drei Schultern vorgesehen. Demnach wäre Michelangelo für die Pläne und das Duo der erfahrenen Architekten Baccio d'Agnolo und Giovanni di Baccio Bigio für deren praktische Umsetzung verantwortlich gewesen. Diese Aufteilung hätte den nachgewiesenen Kompetenzen des Trios entsprochen und Michelangelo eine ehrenvolle Rolle als Ideengeber abseits des Baubetriebs zugewiesen, wie sie der aus einer vornehmen Familie gebürtige Humanist und Architekt Leon Battista Alberti ein Menschenleben zuvor bekleidet hatte. Doch dieses Kooperations-Modell endete nach Zerwürfnissen über angeblich verpfuschte Fundamentierungen und schadhafte Baustoffe sowie Sabotagevorwürfen Michelangelos schnell in einem lebenslangen Zerwürfnis.

War es Habgier? Unerlaubte Absprachen Michelangelos mit den Carrareser Steinbruchbesitzern unterstellte ja schon Kardinal Giulios böser Brief vom Februar 1517. Der Verdacht, dass es um illegale Zusatzgewinne ging, drängt sich bei der Einsicht in einen Subvertrag auf, den Michelangelo am 12. Februar 1517 mit dem Steinbruchbesitzer Leonardo Cagione aus Carrara schloss. Aus dessen Beständen sollte nicht nur der gesamte für San Lorenzo benötigte Marmor bezogen werden, sondern Michelangelo bildete mit ihm sogar eine Geschäftsgemeinschaft mit geteilten Kosten und Gewinnen. Auf diese Weise hätte er – so der Vorwurf – an den Baumaterialien verdient, die er sich als Generalunternehmer selbst verkaufte. Doch diese Rechnung ist anfechtbar. Denn was Michelangelo durch den teuren Verkauf des Marmors einstrich, hätte er als Alleinverantwortlicher für die Baustelle, der mit der Pauschalsumme von 40 000 Dukaten alle Kosten zu bestreiten hatte, wieder eingebüßt. Ohne das Gewinnstreben des Künstlers in Abrede zu stellen, ist davon auszugehen, dass es im bizarren Streit um den Marmor aus Carrara oder Pietrasanta um mehr als zeitübliche Zusatzprofite ging.

Die Interessen der Medici zumindest waren eindeutig nicht finanzieller Natur. Ihre Briefe betonten immer wieder, dass der toskanische Marmor Vorrang haben solle, auch wenn er um ein Vielfaches teurer wäre als der von Carrara. Stattdessen gehe es, so Kardinal Giulio, um den «öffentlichen Nutzen» von Pietrasanta und damit der Toskana. Die Medici waren bestrebt, sich als fürsorgliche Landesväter zu präsentieren, die heimische Produkte und das bodenständige Gewerbe begünstigten. Eine Konkurrenz zu Carrara aufzumachen, mit dessen Marchese die Beziehungen nicht die freundlichsten waren, war offensichtlich ihr Ziel in dieser Kontroverse, die darüber hinaus dem Künstler seine Grenzen aufzeigen sollte. Der Papst und sein Vetter waren sich bewusst, dass ihre Herrschaft in Florenz immer unbeliebter wurde, was sehr viel mit finanziellen Lasten zu tun hatte. Anstatt vom Pontifikat ihres Landsmanns zu profitieren, hatten die meisten Einwohner der Arnostadt immer höhere Abgaben für dessen immer kostspieligere Unternehmungen zu zahlen. Der erste Medici-Pontifikat war für sie, von den wenigen Hauptprofiteuren abgesehen, ein Verlustgeschäft ohne Ende. Da traf es sich gut, wenn die Medici etwas für ihr Image als gütige Landsväter tun konnten, und sei der Anlass auch noch so geringfügig.

Michelangelo hingegen dürfte es neben seinen finanziellen Interessen um Qualität und Kontrolle gegangen sein. Der Kontrakt mit Cagione sicherte ihm den größtmöglichen Einfluss auf die Gewinnung des Materials zu, allerdings um den Preis unsäglicher Mühen. Diese bestanden nicht nur im Steinbrechen und im Straßenbau; schon früh kamen weitere Misshelligkeiten hinzu. Die Fährleute waren nach Michelangelos Einschätzung nicht nur unfähig, sondern auch unzuverlässig. Ob im Steinbruch oder auf See: Überall witterte er Sabotage. Doch hatten schon seine klugen Ansprechpartner, die päpstlichen Beauftragen Domenico Buoninsegni und Jacopo Salviati, den Eindruck, dass er es so und nicht anders wollte. Wie oft bot ihm Salviati, einer der engsten Vertrauten Leos X. und ein nobler Charakter dazu, an, dieses oder jenes lästige Geschäft in andere und trotzdem vertrauenswürdige Hände zu legen: vergeblich. Im Kontakt mit dem schnell gekränkten und stets misstrauischen Künstler entwickelte Salviati eine Strategie der Vertrauensbildung, bei der er sich dessen ganzer Familie bediente. Immer wenn wichtige Entscheidungen anstanden, unterhielt er sich darüber – ganz zufällig, wie es schien – mit Michelangelos Bruder Buonarroto. Geschmeichelt von so viel Interesse von Seiten eines so mächtigen Mannes, hatte dieser nichts Eiligeres zu tun, als den großen Bruder von diesem Gespräch in Kenntnis zu setzen: Salviati und der Papst schätzten und würdigten ihn über alles, würden ihm in allen Dingen entgegenkommen und ihm gegen alle Anfeindungen die Treue halten. Am besten trete Michelangelo daher ganz und auf Dauer in ihre Dienste über. Sie würden diese Loyalität zu würdigen wissen. Das hieß im Klartext: Die Familie als ganze würde davon profitieren.

> Aber Du bist klug und brauchst keine Ratschläge. Doch ist es nicht von Nachteil, sich daran zu erinnern, dass man verlorene Zeit nicht zurückgewinnen kann.[59]

Lass den Marmor Marmor sein und tu, was der Papst will, und zwar zu unserem Vorteil! So lautete Buonarrotos Ratschlag in seinem Brief vom 25. Juli 1517. Damit hatte er mit sicherem Gespür die Achillesferse des Bruders getroffen. Wenn Michelangelos Streben der Erhöhung der Familie diente, wie dieser zu predigen nicht müde wurde, dann war es nur konsequent, ganz und gar in die Gefolgschaft der Medici einzutreten und alle staatsfeindlichen Beziehungen zu aufrührerischen Mönchen und deren Anhängern aufzugeben. Ein Loyalitätskonflikt zeichnete sich ab.

Die ungebaute Fassade und der umfunktionierte Christus

Doch den Forderungen der Medici kam der Künstler nicht entgegen. Darüber konnten auch die gelegentlich geradezu unterwürfig klingenden Briefe nicht hinwegtäuschen. Selbst in der leidigen Marmorsache vermochten die Auftraggeber ihren Willen nicht gänzlich durchzusetzen. Michelangelo musste zwar nach Pietrasanta übersiedeln, wo er sich mit noch größeren Schwierigkeiten konfrontiert sah als in Carrara, doch einen Teil des benötigten Materials bezog er dessen ungeachtet von dort. Die Scharte vom 2. Februar 1517, als Kardinal Giulio de' Medici den Künstler ultimativ aufgefordert hatte, den Marmor aus Pietrasanta zu beziehen, war damit ausgewetzt. Im bizarren Machtkampf um den edlen weißen Stein stand es unentschieden. Diesen Teilerfolg hatte Michelangelo mit großem Geschick eingeleitet. Am 18. April 1518, drei Monate nach Abschluss seines Monopolvertrags, kündigte er in einem Brief an Buonarroto an, dass er nach Carrara, wo man ihn wie Christus verehre, zurückkehren werde, falls seine Bedingungen nicht erfüllt würden. Diese alarmierende Nachricht reichte der Bruder natürlich unverzüglich an Salviati weiter. Dessen Antwort zeigt wie auch die Schreiben Buoninsegnis in der Folgezeit eindrucksvoll, wie die eben noch auftrumpfenden Auftraggeber nach und nach Zugeständnisse machten und am Ende klein beigaben. Jetzt nur keine Befehlstöne mehr, stattdessen jedes Lebenszeichen des empfindlichen Meisters mit Bekundungen von Wohlwollen und Freude aufnehmen! So lautete offensichtlich die Anweisung von ganz oben. Das Modell der Fassade, das Michelangelo nach vielen vergeblichen Bitten

Ende Dezember 1517 zu schicken geruht hatte, sei von Papst und Kardinal mit Entzücken betrachtet worden, so Salviati. Beide seien ihm überaus freundlich gesonnen und würden Großes für ihn tun. Bei aller Pflichterfüllung solle der Künstler an seine Gesundheit denken und sich nur nicht übernehmen. In diesem beschwörenden Stil setzte sich die Korrespondenz fort. Die Machtverhältnisse hatten sich ganz im Sinne Michelangelos verschoben. Die Medici brauchten ihn jetzt mehr als er sie.

Gnädiger gestimmt wurde Michelangelo dadurch jedoch nicht. Binnen kurzem war die Situation in Pietrasanta noch verfahrener als in Carrara. Wiederum musste zum Transport der riesigen Marmorbrocken, wie sie Michelangelo vorschwebten, eine neue Straße angelegt werden; deren Bau aber provozierte einen wütenden Konflikt mit dem Nachbarort über den Verlauf der Gemeindegrenzen. Zu allem Überfluss – so Michelangelo – hätten die beleidigten Carraresen sämtliche Schiffseigentümer weit und breit bestochen, ihm keine Frachträume zur Verfügung zu stellen oder, noch schlimmer, seinen Marmor unterwegs ins Meer zu kippen. Auch die Steinhauer übten sich in Boykott und Sabotage. War das Wahn oder Wirklichkeit? Die Frage ist schwer zu beantworten. Wahrscheinlich kam von beidem etwas ins Spiel. Für Michelangelo hatte sich spätestens im April 1518 die Welt der missgünstigen Mittelmäßigen gegen ihn, den Titanen, verschworen.

Ich habe mich daran gewagt, Tote erwecken zu wollen, als ich daran ging, diese Berge zu zähmen und die Kunst in dieses Land zu bringen.[60]

Der Künstler sah sich als gefesselter Prometheus, dem der Neid der Götter kein Jota von seiner Erhabenheit fortnahm.

> Die Schiffe, die ich in Pisa mietete, sind nie angekommen; ich glaube, man hat mich hereingelegt – und so geht es mir mit allen Dingen. Tausendmal seien der Tag und die Stunde verflucht, an denen ich Carrara verließ. Darin allein liegt der Grund für meinen Ruin. Aber bald werde ich dorthin zurückkehren. Heutzutage ist es Sünde, etwas Gutes zu tun.[61]

Wer den Mächtigen folgt, verirrt sich; wer sich ihnen wie Michelangelo widersetzt, handelt moralisch integer.

Illoyalität als ethische Maxime: Diese Haltung fand bald darauf ihren Niederschlag im Kontakt mit Piero Soderini. Das ehemalige Oberhaupt der florentinischen Republik wandte sich wegen eines Tabernakels für den florentinischen Staatsheiligen Johannes den Täufer an den Bildhauer. Michelangelo wurde zuerst nur darum gebeten, Entwürfe von fremder Hand zu begutachten und gegebenenfalls zu verbessern. In späteren Briefen aber verlieh der verbannte Patrizier seiner Hoffnung Ausdruck, dass der Schöpfer des David einem Werk, das dem Patron seiner Heimatstadt huldigen sollte, seine Mitarbeit nicht verweigern werde. Auch wenn diese Verhandlungen, die von beiden Seiten unter dem Siegel strengster Verschwiegenheit geführt wurden, am Ende ergebnislos verliefen, wären sie für die Medici ein subversiver, ja staatsfeindlicher Akt und somit ein weiterer Beweis dafür gewesen, dass man diesem Künstler kein Vertrauen schenken durfte. Denn natürlich wäre ein solches Tabernakel von der Hand Michelangelos nicht nur ein frommes, sondern auch ein eminent politisches Werk gewesen. Mit ihm wollte sich Soderini als unverdient exilierter Patriot, ja, als Gralshüter der florentinischen Bürgerwerte profilieren. Und als Aufstellungsort war selbstverständlich die von der Tyrannis der Medici befreite Stadt am Arno vorgesehen.

Der Briefwechsel mit Soderini hielt Michelangelo jedoch nicht davon ab, das Vertragsverhältnis mit den Medici so weit wie möglich auszunutzen. Knapp sechs Wochen nach der Aufnahme der geheimen Korrespondenz, im Juli 1518, wandte er sich an den Kardinal Giulio de' Medici mit einer ungewöhnlich anmutenden Bitte. Er habe bei Florenz ein Grundstück, das dem Domkapitel gehörte, zu einem überteuerten Preis erworben:

> Und sie haben mich sechzig Dukaten mehr zahlen lassen, als es wert ist, was ihnen Leid tut, doch sagen sie, dass sie durch Verpflichtungen einer päpstlichen Bulle in dieser Sache gebunden sind. Nun, wenn der Papst Bullen mit der Lizenz zum Stehlen erlässt, so bitte ich Eure Durchlaucht, so eine Erlaubnis auch für mich ausstellen zu lassen. Denn ich brauche diese dringender als sie.[62]

Nicht das Anliegen, sondern der Ton, in dem es abgefasst wurde, sprach allen Regeln des Anstands Hohn. Trotz seiner beispiellosen Respektlosigkeit hatte auch dieses Schreiben den erwünschten Erfolg. Schon vier Tage später antwortete Kardinal Giulio de' Medici geradezu beflissen, man werde Michelangelo in allen Punkten entgegenkommen. Diese Kapitulation mit einer Ermahnung zu verbinden, war sich der Kirchenfürst allerdings schuldig.

> Und so ermuntern wir Euch wohl – da, wie Ihr seht, Seine Heiligkeit Euch in jeder Hinsicht zufrieden zu stellen bestrebt ist –, dass Ihr das große Werk voranbringt und ihm Euch ohne Unterbrechung widmet. Und wir versichern Euch, dass Seine Heiligkeit diese Kirche so schnell wie möglich in der vereinbarten Form ausgestattet zu sehen wünscht.[63]

Doch auch dieser eher halbherzige Versuch, im Machtkampf mit dem Künstler wieder die Oberhand zu gewinnen, blieb erfolglos. Die Sachlage war schließlich unverändert. Die Medici wollten die Fassade von Michelangelos Hand und unter seiner Aufsicht, Alternativen dazu waren nicht in Sicht. Und so ließ sie der Künstler ihre Abhängigkeit fühlen. Auf ihre je nach Situation aufmunternden, tröstenden, beruhigenden oder verheißungsvollen Briefe erhielten Buoninsegni, Salviati und selbst der Kardinal nur noch knappe, nicht selten sogar grobe Antworten. Dabei konnten sie sich glücklich schätzen, überhaupt eine Nachricht zu erhalten. Andere, die wie der Kardinal Leonardo Grosso della Rovere und Metello Vari de' Porcari nicht minder berechtigte Anliegen vorzutragen hatten, wurden nicht einmal einer Antwort gewürdigt. Im Ringen mit den missgünstigen Marmorbergen war für Michelangelo jeglicher Zeitdruck eine unerträgliche Zumutung:

> Ich möchte Euch ein für alle Mal zu verstehen geben, dass ich dieses Drängen wie einen Messerstich empfinde. Denn ich sterbe vor Kummer darüber, dass ich als Folge meines Unglücks nicht arbeiten kann, wie ich es möchte.[64]

Das Unglück, das im diesem Brief vom Dezember 1518 an den Vertrauten Leonardo Sellaio beschworen wird, hatten in Michelangelos Augen seine Feinde verschuldet, die unablässig gegen ihn intrigierten. Zu diesen zählte er unterdessen auch den Bildhauer Jacopo Sansovino. Dieser hatte ursprünglich ebenfalls am Fassadenprojekt mitarbeiten sollen, war dann aber wie alle anderen von Michelangelo mit anfechtbaren Methoden davon ausgeschlossen wurde. Sansovino, als zweitgrößter Bildhauer Italiens allgemein anerkannt, reagierte darauf mit einem Brief, der über alle persönliche Kränkung hinaus zeigt, wie die Außenwelt den reizbaren Meister sah:

> Und zudem sage ich Euch, dass der Papst, der Kardinal und Jacopo Salviati Männer sind, auf deren Wort Verlass ist – wenn sie ja sagen, ist das so gut wie ein Vertrag, denn sie sind vertrauenswürdig und nicht so, wie Ihr behauptet. Ihr aber messt sie an Eurer Elle, nach der weder Verträge noch Ehrenwort gelten. Und Ihr sagt jederzeit nein und ja, je nachdem, wie es Euch passt.[65]

Für Sansovino war Michelangelo ein Verächter aller Regeln und der Erfinder eigener Gesetze, nach denen sich die anderen richten sollten, also ein sozialer Störfaktor. «Sie sind vertrauenswürdig und nicht so, wie ihr behauptet» – offenbar hatte Michelangelo gegenüber dem Bildhauer-Kollegen kein Blatt vor den Mund genommen und seiner Verachtung für die Medici freien Lauf gelassen. Dass er trotzdem den ganzen Auftrag einstrich, erfüllte einen Ehrenmann wie Sansovino verständlicherweise mit Empörung: Die Welt war nicht gerecht. Schlimmer noch: Ein Ungerechter wie Michelangelo machte die gerechten Mächtigen ungerecht. Schließlich hatten der Papst und der Kardinal Sansovino seinen Anteil am Fassadenprojekt bindend zugesagt.

Dass das Projekt unter der Leitung eines Architekten, der mit Steinbrucharbeitern und Frachtschiffskapitänen stritt, statt sich in Florenz um die Bauarbeiten zu kümmern beziehungsweise die bestellten Skulpturen zu meißeln, nicht zum Erfolg geführt werden konnte, wurde jetzt auch für die Medici absehbar. Im März 1520 lösten sie daher den zwei Jahre zuvor geschlossenen Vertrag mit Michelangelo, und zwar in den verbindlichsten, für diesen geradezu schmeichelhaftesten Formen. Dessen ungeachtet war dieser vom Undank der Welt als Lohn des Gerechten mehr denn je überzeugt. Allerdings fiel seine Bilanz von Gut und Böse anders aus als die Sansovinos. In einem seiner längsten Briefe überhaupt legte er dem päpstlichen Beauftragten Domenico Buoninsegni Anfang März 1520 eine regelrechte Chronik des Fassadenprojekts dar, die sich wie eine Anklageschrift las. Michelangelo sah sich in jeder Hinsicht als Opfer und seine heroischen Leistungen ungewürdigt. Ihm jetzt auch noch eine minutiöse Rechenschaft über Einnahmen und Ausgaben abzuverlangen, war in seinen Augen der Gipfel der Unverschämtheit. Sein Fazit lautete:

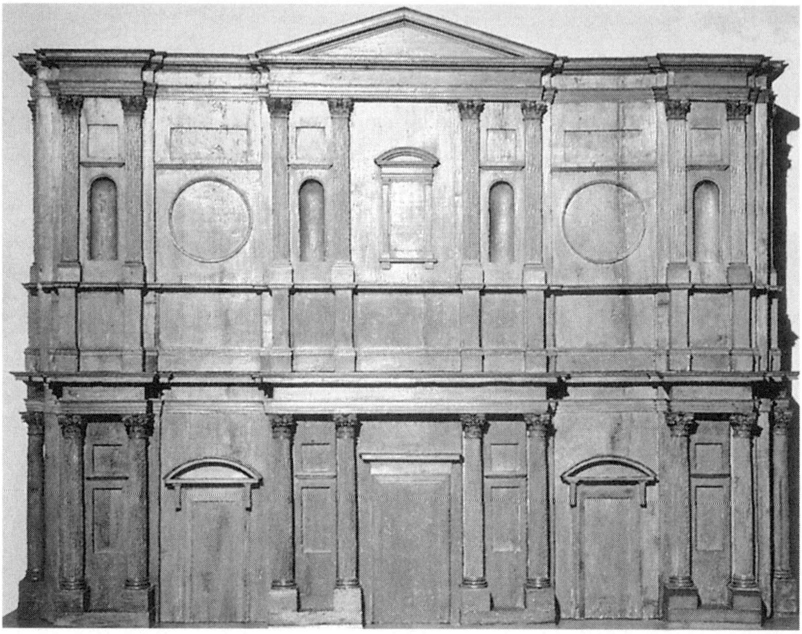

So hätte die Vorderfront der Kirche San Lorenzo aussehen können, wenn die Medici 1520 nicht mit Michelangelo die Geduld verloren hätten. Dieser hatte noch nicht einmal den Marmor für die Fassade beschafft, von der Arbeit an den zahlreichen Statuen, die in deren Nischen stehen sollten, ganz zu schweigen. Florenz, Casa Buonarroti

> Ich stelle nicht in Rechnung das Holzmodell, das ich von der besagten Fassade geschaffen und dem Papst nach Rom gesandt habe; ich stelle ihm ebenfalls nicht die drei Jahre Lebenszeit in Rechnung, die ich in diesem Projekt verloren habe; ich stelle ihm nicht in Rechnung, dass ich mich bei diesem Werk von San Lorenzo regelrecht ruiniert habe; ich stelle ihm nicht die furchtbare Blamage in Rechnung, die er mir dadurch antat, dass er mich wegen dieses Projekts hierhin führte und es mir dann wieder wegnahm, ohne dass ich bis heute weiß, warum; ich stelle ihm nicht in Rechnung mein Haus in Rom, das ich verlassen habe und das während meiner Abwesenheit vor die Hunde ging … Und da ich das alles nicht in Rechnung stelle, bleiben mir von den 2300 erhaltenen Dukaten gerade einmal 500 übrig.[66]

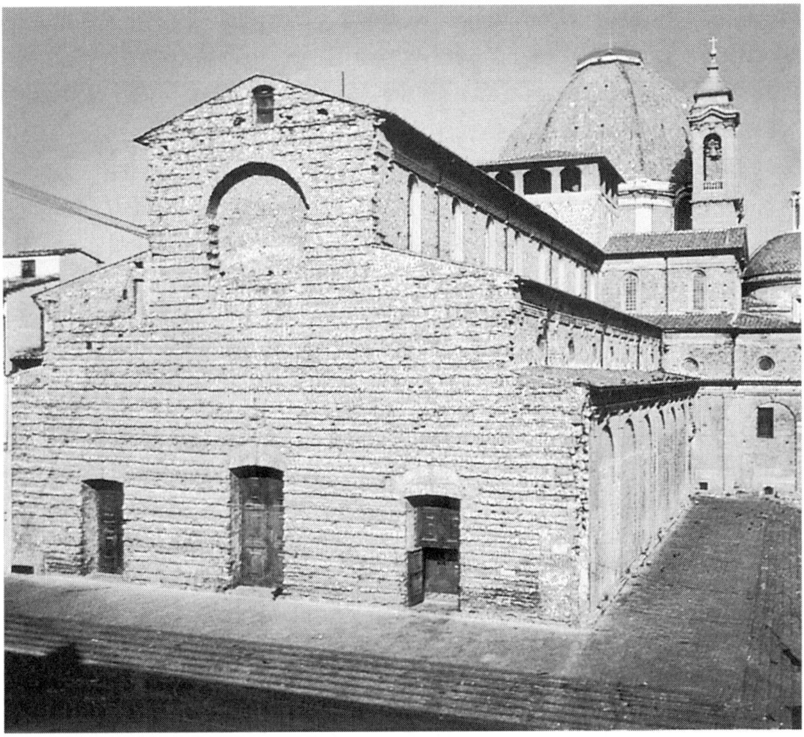

Und so sieht die Fassade bis heute aus: roh und ungeschlacht.

Der Brief war an Buoninsegni adressiert, das heißt, er wurde mit Sicherheit dem Kardinal oder sogar dem Papst vorgelegt. Was mögen diese zu dieser Bilanz gesagt haben? Gebt mir meine verlorene Ehre und die vergeudete Lebenszeit wieder! Und weil die Reputation und die Zeit nicht in Geld aufzuwiegen sind, nehmt die Hände weg von den Vorschüssen, die ich bekommen habe! Eine solche Auflistung wie am Schluss dieses Briefes hatte kein Mächtiger jemals von einem Künstler erhalten.

> So seien sie jetzt damit einverstanden: Papst Leo möge mit dem gebrochenen Marmor so verfahren, wie es ihm beliebt, und ich mit dem Geld, das ich behalte. Und ich bin frei. Und ich bin der Meinung, dass ich jetzt ein Breve aufsetzen sollte, welches der Papst unterschreiben wird.[67]

Das war kein Ungehorsam mehr, sondern geradezu eine Umkehrung der Machtverhältnisse: Michelangelo verfasst das päpstliche Schriftstück, der Papst darf seinen Leo darunter setzen. Was darin stehen sollte, war klar: Niemand möge sich erdreisten, von Michelangelo Geld für das gescheiterte Projekt zurückzuverlangen. Dazu die Sprache! Nicht von «Unserem Herrn» oder «Seiner Heiligkeit», wie es sich gehörte, war die Rede, sondern rüde und kurz angebunden von «Papst Leo». Zu behaupten, die Gründe für die Kündigung des Vertrags nicht zu kennen, war nicht minder gewagt. Schließlich hatte das Fassadenprojekt keine nennenswerten Fortschritte gemacht. So blieb von dem, was «der Spiegel Italiens» werden sollte, nur das Holzmodell (siehe Seite 158). Es zeigt, was in den Marmorbrüchen von Carrara und Pietrasanta verloren ging: eine zweistöckige Kirchenfront, unten vor allem durch korinthische Säulen, oben durch Pilaster gegliedert, von einer Ausgewogenheit und Kraft, wie sie die Welt noch nicht gesehen hatte und so auch nicht mehr zu sehen bekam. Mit der Aufkündigung des Vertrags nämlich verlief das Vorhaben endgültig im Sande. Bis heute ist die Front der Medici-Hauskirche roh und ungeschlacht wie zu der Zeit, als Michelangelo nach dem Stein für ihre Verzierung suchte.

«Und ich bin frei» – das hieß: frei von der Last der Fassade und frei, ältere Verpflichtungen zu erfüllen. Ab März 1520 diskutierte Michelangelo im Briefwechsel mit Metello Vari de' Porcari und seinem Beauftragten in Rom darüber, wie und wo die Statue des auferstandenen Christus in der römischen Kirche Santa Maria sopra Minerva platziert werden sollte (siehe Seite 161). Das war ein Indiz dafür, dass der Meister die «Figur» (so die Kurzbezeichnung des Erlösers in der Korrespondenz) endlich zu liefern geruhte. Allerdings kam er nicht selbst an den Tiber, was prompt Komplikationen zur Folge hatte. Denn der mit der Aufstellung des Werks beauftragte junge Bildhauer Pietro Urbano nahm sich Eigenmächtigkeiten heraus, die in Anbetracht der kultischen Verehrung, die Michelangelos Werke inzwischen erfuhren, nur als ungeheuerlich bezeichnet werden konnten: Er schnitt am rechten Fuß die Zehen ab und verkürzte die Finger beider Hände, vor allem der rechten. Sebastiano del Piombo, der treue Freund und Bewunderer in Rom, ließ es sich – bei allem aufrichtigen Bedauern über die Verunstaltung der Statue – nicht nehmen, darüber mit so viel Häme wie möglich für den Lehrling, der dem Meister ins Handwerk pfuschte, zu berichten: So, wie sie Urbano jetzt beschnitten habe, sähen die Hände des Auferstandenen wie Brotteig aus, ja wie von einem Brezelbäcker gefertigt. Für seine Verhältnisse reagierte Michelangelo geradezu gelassen. Obwohl Urbano sein Geld in Spielhöllen und mit Kurtisanen verjubelte – wie Sebastiano, selbst kein Kind von Traurigkeit, mit der Lästerfreudigkeit der römischen Künstlerkolonie kolportierte –, fiel er nicht in Ungnade. Man musste den streng denkenden und asketisch lebenden Meister zu nehmen wissen, dann konnte man ihm Wahrheiten sagen, die Fürsten und Kardinäle nicht auszusprechen wagten. Und wenn der Misstrauische einmal Vertrauen gefasst hatte, ließ sich

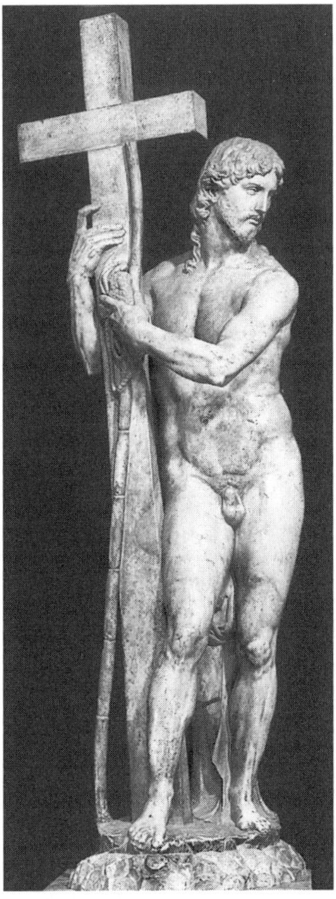

Michelangelos auferstandener Christus wurde für die römische Stadtadelsfamilie Porcari geschaffen, doch bald darauf von den Medici für die Gräber ihrer Päpste Leo X. und Clemens VII. «zweckentfremdet». Rom, Santa Maria sopra Minerva

dieses durchaus auch für eigene Zwecke ausnutzen. In den Genuss dieses Vertrauens aber gelangten fast nur einfache Leute, kaum je Intellektuelle und erst recht keine Mächtigen.

Urbanos Stümpereien waren nicht die einzige Ursache dafür, dass Michelangelos Christusstatue schwächere Wirkungen erzielte als seine anderen Werke. Aus den Händen des Meisters war der auferstandene Erlöser nackt hervorgegangen; die prüde Nachwelt legte ihm einen züchtigen Lendenschurz an. Und auch sein Standort wurde zum Nachteil verändert. Aus der Korrespondenz geht hervor, dass die «Figur» in einer Fassadennische und nicht, wie heute, frei stehen sollte. Überdies fiel ihr bald danach eine Funktion zu, die ihr der Auftraggeber keineswegs zugedacht hatte, und zwar als Folge einer regelrechten Enteignung beziehungsweise Aneignung durch eine dritte Person. Kardinal Giulio de' Medici hatte die Entstehung des Werks von Anfang an mit eifersüchtigem Interesse verfolgt, was nicht verwundert; schließlich trat es in unmittelbare Konkurrenz zum Fassadenprojekt von San Lorenzo. Als er sich, 1523 selbst Papst geworden, Gedanken für das Grabmal seines Vetters Leos X. und die eigene letzte Ruhestätte machte, galt es zuerst, sich zwischen Florenz und Rom zu entscheiden. Als die Würfel schließlich für die Ewige Stadt gefallen waren, wurde die passende Kirche gesucht und mit Santa Maria sopra Minerva gefunden. Auf diese Weise wurde Michelangelos auferstandener Christus, der als Ruhmeszeichen einer römischen Stadtadelsfamilie in Auftrag gegeben worden war, zu einem Symbol des Hauses Medici umfunktioniert, als die Gebeine Leos X. und Clemens' VII. 1542 dort beigesetzt wurden. Alles spricht dafür, dass die Statue bei der Wahl der Begräbniskirche sogar den Ausschlag gegeben hatte.

Warum? Die theologische Rechtfertigung dafür, die Statue des auferstandenen Christus in zwei Papstgrabmäler einzubeziehen, bestand darin, dass sie die Überwindung des Todes und die Hoffnung auf das ewige Leben verkörperte. Doch hatte dieses religiöse Thema für die Medici zugleich eine zweite, sehr weltliche Bedeutung: Der Bestand ihrer Dynastie war nach 1519 aufs höchste gefährdet; umso dringlicher war es, mit allen propagandistischen Mitteln den unerschütterlichen Glauben an die glänzende Zukunft der Familie zu verkünden. Absterbende und wieder ausschlagende Zweige, Phönix aus der Asche, Winter und neuer Frühling: So vielfältig wurde in diesen Jahren das Thema Wiederauferstehung und Wiedergeburt variiert, dass man den Eindruck gewinnt, die wenigen verbleibenden Medici wollten nicht nur die anderen, sondern auch sich selbst von ihrer Lebensfähigkeit überzeugen.

Im Gegensatz zu Kardinal Giulio di Medici haben die meisten Zeitgenossen die Statue in Santa Maria sopra Minerva mit gedämpfter Begeisterung aufgenommen. Bei allen Schuldzuweisungen an unfähige «Nachbearbeiter» herrschte der Eindruck vor, dass der Statue das fehlte, was die Meisterwerke Michelangelos so einzigartig machte, nämlich die eigene, über die Vorgaben der Programmgeber hinausreichende Sinngebung. Bezeichnenderweise zirkulierten bald Gerüchte, das Werk sei gar nicht von der Hand des Meisters. Der Christus der «Minerva» ist, rein körperlich betrachtet, ein antiker Athlet im frühen Mannesalter und als solcher mit unübertrefflicher technischer Meisterschaft modelliert. Göttlichkeit strahlt seine vollendete Anatomie ebenso aus wie das in erhabener Gelassenheit zur Seite geneigte Haupt, das bereits in den Himmel entrückt zu sein scheint. Ungewöhnlich kraftvoll, ja wie zum Ausholen angespannt ist der linke Arm. Er lässt die ungleich dynamischere Haltung vorausahnen, die der Gottessohn des zwei Jahrzehnte später vollendeten «Jüngsten Gerichts» einnehmen sollte. Aus der – im Vergleich mit dem Moses oder mit den für das Juliusgrab geschaffenen Gefangenen – konventionelleren Gestaltung der Christusstatue lässt sich die Vermutung ableiten, dass dem Künstler die Verkündigung des christlichen Triumphes weniger am Herzen lag als die Vorstellung von Buße, Reue und Gericht.

Mit dem Scheitern des Fassadenprojekts für San Lorenzo war Michelangelos Tätigkeit für die Medici keineswegs beendet. Im Gegenteil: Leo X. und Kardinal Giulio sahen nicht nur über alle Treuebrüche, anmaßenden Briefe und uneingelösten Verträge hinweg, sondern waren mehr denn je darauf bedacht, neue Werke von seiner Hand zu bestellen, ungeachtet der Verzögerungen und Komplikationen, die aller Voraussicht nach damit verbunden sein würden. Michelangelo Aufträge zu erteilen, war für sich genommen ein prestigeträchtiger Akt geworden, unabhängig von der Funktion und der Aussage des Werkes selbst. Doch auch an ganz konkretem Bedarf fehlte es den Medici nicht. Gefragt waren vor allem Grabstatuen. Denn nach teuer erkauften Triumphen hatten sie schwere Rückschläge hinnehmen müssen.

Kaum hatten die Medici das Herzogtum Urbino erobert, da zettelte 1517 eine Gruppe junger Kardinäle eine Verschwörung gegen Leib und Leben Leos X. an. Die oppositionellen Kirchenfürsten waren davon überzeugt, dass ihnen ihre teuer erworbene Würde weder finanziell noch politisch den erhofften Ertrag eingebracht hatte. Dass sie daraus die Konsequenz zogen, den Papst zu ermorden, zeigt, dass das Kardinalskollegium in den letzten Jahrzehnten nicht nach moralischen, sondern fast ausschließlich nach finanziellen und politischen Kriterien besetzt worden war. Die Kurie war auf diese Weise zu einem Hof wie alle anderen geworden, an dem man sich vor Komplotten frustrierter Höflinge in Acht zu nehmen hatte. Das hohe geistliche Amt schützte dessen Inhaber nicht mehr. Im letzten Augenblick vom geplanten Anschlag in Kenntnis gesetzt, reagierte Leo nach allen Regeln skrupelloser Herrschaftskunst: Er ernannte auf einen Schlag 31 neue Kardinäle, womit er die Zahl der Purpurträger mehr als verdoppelte. Durch diese inflationäre Vermehrung sank der Einfluss des Gremiums wie seiner Mitglieder. Zugleich hatten die Gefolgsleute des Medici-Papstes im Kollegium jetzt die Mehrheit. Dadurch standen die Chancen Giulio de' Medicis, der Nachfolger seines Vetters zu werden, besser denn je.

Ließ sich der Giftanschlag noch abwenden, so hielt der Tod danach in den ohnehin schon gelichteten Reihen der Medici reiche Ernte. Schon 1516 war Giuliano, wegen seiner Milde und Freundlichkeit der beliebteste Spross der Familie seit drei Generationen, im Alter von siebenunddreißig Jahren verstorben. Seine Ehe mit der hochadeligen Filiberta di Savoia war kinderlos geblieben, doch hinterließ er einen «natürlichen» Sohn namens Ippolito. Dieser sollte es in seinem kurzen Leben zwar zum Kardinal bringen, er wurde aber als Nachfolger für die politische Führung von Florenz nie in Erwägung gezogen. Der zweite schwere Schlag für die Dynastie ließ nicht lange auf sich warten: 1519 starb mit Lorenzo der letzte legitime männliche Angehörige der Hauptlinie, gerade einmal siebenundzwanzig Jahre jung. Auch er hatte keine Söhne, sondern nur eine Tochter namens Caterina. Wie es daraufhin mit der Herrschaft der Familie weitergehen sollte, war unsicher. Theoretisch hätte Giulio – wie in solchen dynastischen Notfällen erlaubt – die Kardinalswürde ablegen und heiraten können. Doch damit hätten die Medici ihre starke Stellung an der Kurie und die Chancen auf einen zweiten Pontifikat eingebüßt. Ansonsten aber gab es nur noch zwei jüngere Familienmitglieder, beide aus unterschiedlichen Gründen nicht unbedingt Wunschkandidaten. Alessandro de' Medici, 1510 geboren, war der Sohn einer afrikanischen Sklavin und väterlicherseits von ungeklärter Herkunft. Offiziell wurde er als außerehelicher Sprössling des jüngeren Lorenzo ausgegeben, doch wollten die Gerüchte nicht verstummen, sein Vater sei Giulio, der spätere Papst Clemens VII. Die auffällige Begünstigung, die Alessandro im Gegensatz zu Ippolito erfuhr, spricht für diese Abstammung. Ansonsten blieb nur der Rückgriff auf die jüngere Linie der Familie, der just im Jahr des Unglücks 1519 ein Knabe geboren wurde. Dieser war über seine Großmutter mit dem Hauptzweig verwandt und wurde nicht zuletzt deshalb auf den optimistisch stimmenden Namen Cosimo getauft. Mit Cosimo, dem großen Bankier, hatte die Macht der Medici begonnen, mit einem neuen Cosimo sollte sie sich glanzvoll fortsetzen – so die Symbolik dieser Namenswahl. Dennoch blieb dieser zweite Cosimo einstweilen zweite Wahl. Die Nebenlinie hatte sich zwischen 1494 und 1512 aus der Sicht des Hauptzweigs mehr Untreue und Verrat zuschulden kommen lassen, als sich in zwei Generationen wieder gutmachen ließ. Erst Alessandro und dann, falls unbedingt nötig, Cosimo: So lautete daher die neue Erbfolge.

Am liebsten weder der eine noch der andere: So lautete das Votum der florentinischen Republikaner, die darauf hofften, dass die verhasste Vorherrschaft der Familie durch natürliche Abgänge beendet würde. Der exzentrischste Querdenker von allen, Niccolò Machiavelli, wagte es sogar, eine Denkschrift zu verfassen, in der er die Medici aufforderte, in weiser Voraussicht ihres Erlöschens den Übergang in eine wohl geordnete Republik in die Wege zu leiten. Doch zu so viel hochherziger Uneigennützigkeit waren Leo X. und Kardinal Giulio de' Medici nicht zu bewegen. Ihre Strategie war genau umgekehrt. Sie wollten ihren Toten ein so ruhmvolles Gedenken bereiten, dass die Lebenden die Geschichte des Hauses umso glanzvoller fortsetzen konnten. An diesem Punkt ihrer Überlegungen kam Michelangelo ins Spiel.

Die Grablege der Medici: der Plan

Michelangelo war zwar als Marmorbrecher gescheitert, doch wurde er weiterhin als größter Bildhauer aller Zeiten gefeiert. Um diese überragenden Fähigkeiten auszunutzen, musste man ihm eine Aufgabe übertragen, die ihn daran hinderte, seine destruktiven Eigenschaften auszuleben – so dürften die Überlegungen der Medici gelautet haben. Und ein solches Projekt hatten sie 1520 im Sinn: eine repräsentative Grablege für die Mitglieder ihrer Familie, die in den letzten 42 Jahren gestorben waren. Das waren in chronologischer Reihenfolge: Giuliano, der 1478 von den Verschwörern vor dem Altar erdolchte Märtyrer, der als Vater des Kardinals Giulio überdies einen wichtigen Platz in der Familien-Genealogie einnahm; Lorenzo der Prächtige, mit dessen Tod Italien – so der Mythos – zum Zankapfel der europäischen Großmächte abgesunken war; dessen jüngster Sohn Giuliano, der Herzog von Nemours, mit dem die Familie die Stufe des europäischen Hochadels erklommen hatte; und schließlich Lorenzo der Jüngere, den – so die offizielle Familien-Mythologie – ein neidisches Schicksal daran gehindert hatte, seine glänzenden Fähigkeiten als Herzog von Urbino zum Segen seiner Untertanen und seines Geschlechts zu entfalten. Für diese vier Toten sollte eine neue Ruhmeshalle an die Familienkirche San Lorenzo angebaut werden. Durch diese Zweckbestimmung war zugleich der architektonische Bezugspunkt vorgegeben. Ihn bildete die von Filippo Brunelleschi in den Jahren 1420 bis 1429 errichtete Sakristei, in der Cosimo, der Machtbegründer, und sein Vater Giovanni di Bicci bestattet waren. Michelangelos Grabkapelle, die in Abgrenzung davon «Neue Sakristei» genannt wurde, sollte an die letzte Ruhestätte der großen Vorfahren anknüpfen und sie dem gewachsenen Rang der Familie entsprechend überstrahlen. Das galt auch für die Grabmäler, die wie Reliquien den Schrein des neuen Familienheiligtums füllen sollten. Hier war sogar eine zweifache Abstufung vorgesehen. Das Monument Lorenzos des Prächtigen und seines Bruders sollte schlichter ausfallen als die letzte Ruhestätte der kürzlich verstorbenen, durch ihre Adelstitel höher gestellten Familienmitglieder. Zudem planten anfangs auch Leo X. und Kardinal Giulio, ihre Grabmäler in diesem Familienheiligtum zu errichten, was die Kapelle weiter aufwerten musste.

Der Aufstieg der Familie zu den stolzesten Höhen war die verzweifelt optimistische Botschaft der «Neuen Sakristei». Sie sollte davon künden, dass die Geschichte der Medici, ungeachtet aller Todesfälle der jüngsten Zeit, ungebrochen nach oben führte, ja, dass die große Zeit der Familie noch im Schoße der Zukunft schlummerte. Gott will die Größe der Medici, seiner sakrosankten Treuhänder auf Erden: Diese Kernaussage der «Neuen Sakristei» sollte auch in den religiösen Zeremonien ihren Niederschlag finden. Der Priester, der in der Kapelle die Messe las, sollte sein Gesicht dem Grabmal Lorenzos des Prächtigen und seines Bruders, des unschuldigen Blutopfers neidischer Feinde, zuwenden. Auf diesem Monument sollte die Gottesmutter mit dem Jesuskind stehen, flankiert von den Statuen der Familien-Heiligen Cosmas und Damian, die schon unter Cosimo dem Älteren als Sinnbilder für das segensreiche Wirken der Familie gedient hatten. Der Überlieferung nach waren sie Ärzte, italienisch *medici*, und als solche dazu prädestiniert, den göttlichen Auftrag der gleichnamigen Dynastie zu symbolisieren. Als Ärzte, die die Leiden von Florenz kurierten, hatten die Medici selbst die höchste Heilung, nämlich die Erlösung durch Christus, verdient. Diese Analogie sollte ein Fresko des auferstehenden Gottessohnes verdeutlichen – die Parallele zu Michelangelos Christusstatue, die in die Papstgrabmäler von Santa Maria sopra Minerva integriert wurde, ist unübersehbar. Um die liturgischen Funktionen der Kapelle, die Clemens VII. dreizehn Jahre nach Baubeginn minutiös festsetzte, zu gewährleisten, konnte Michelangelos ursprünglicher Plan, ein monumentales Grabmal für alle vier verewigten Medici zugleich zu schaffen, nicht verwirklicht werden; es hätte den Tag und Nacht ihres Amtes waltenden Priestern im Wege gestanden.

Mit der Übernahme dieses Projekts bürdete sich der Künstler abermals eine schier übermenschliche Aufgabe auf. Für jedes der drei Grabmonumente in der «Neuen Sakristei» waren nicht weniger als zehn Statuen vorgesehen, von der gleichfalls Michelangelo übertragenen Errichtung der Kapelle ganz zu schweigen. Diese Arbeitslast ähnelte fatal dem Julius-Grabmal, von dessen Figurenfülle erst ein Bruchteil in Angriff genommen worden war, wie die Erben des Della-Rovere-Papstes wortreich beklagten. Und das war noch nicht alles. Zu der Kapelle und ihren Statuen gesellte sich kurz darauf der Auftrag, neben der Kirche San Lorenzo zum höheren Ruhme der Medici eine neue Bibliothek zu errichten. Alle drei Vorhaben termingerecht zum Abschluss zu bringen, war ein Ding der Unmöglichkeit; das hatte nicht erst das Fiasko in den Marmorbrüchen gezeigt. Michelangelo suchte und fand neben der Position als Alleinherrscher im Reich der bildenden Künste auch die Rolle des Sisyphos. Gegen alle Wahrscheinlichkeit und Widerstände das Unmögliche zu versuchen: diese konsequent herbeigeführte Situation heroischer Aussichtslosigkeit verschaffte ihm, ungeachtet aller gesundheitlichen Krisen und endlosen Streitigkeiten, offensichtlich ein besonderes Glücksgefühl. Schwieriger zu erklären ist, warum sich der Papst und sein Kardinal nach der ernüchternden Erfahrung mit dem Fassadenprojekt darauf einließen, dass dieser chronisch unzuverlässige Künstler erneut alle Projekte an sich zog. Die rationale Erklärung, dass Michelangelo wie kein anderer Künstler seiner Zeit die dringend benötigten Verherrlichungszeichen mit konkurrenzloser Wirkungsmächtigkeit zu produzieren verstand, ist ohne Frage stichhaltig – und stößt zugleich an Grenzen. Die Vorliebe für Werke von der Hand des Meisters mutet abergläubisch, ja geradezu magisch an. Zwei in allen Künsten der Staatsräson beschlagene Kirchenfürsten ließen sich auf Verträge ein, die sich aller Voraussicht nach nicht erfüllen ließen. Auflösen lässt sich dieser Widerspruch nur, wenn man die Kraft der Hoffnung jenseits aller Vernunft in Rechnung stellt. Das galt für die Zukunft der Dynastie wie der Grabkapelle. Das Schicksal der Lebenden war mit dem Bauwerk für die Toten unauflöslich verknüpft.

Giulio de' Medici, dem es als rechte Hand Leos X. nicht an Beschäftigung fehlte, widmete sich den Planungen daher mit wahrer Leidenschaft. So diskutierte er brieflich – höchstpersönlich oder durch seine Delegierten – sehr detailliert über Proportionen, Aufstellungsorte und Wandgliederungen. Doch so klar der Kardinal seine Vorstellungen auch artikulierte, wenn Michelangelo anderer Meinung war, gab er nach. Diese Gefügigkeit zeigt nochmals an, was für die Medici Vorrang hatte: ein ruhmvoller Erinnerungsort von der Hand des göttlich inspirierten Meisters. Ihm durfte man dabei nicht ins Handwerk pfuschen.

> Doch sind wir bereit, uns dem, was Ihr für angemessen haltet, anheim zu stellen; und so ist das, was Ihr zur Ordnung der Kapelle verfügt, ausschlaggebend.[68]

Bezeugungen der Unterwürfigkeit wie in diesem Brief des Kardinals vom 28. November 1520 durchziehen die Korrespondenz auch in der Folgezeit: Man werde sich der überlegenen Einsicht des Meisters vertrauensvoll überlassen. Gewiss, eine Blankovollmacht, zu bauen und zu meißeln, was und wie es ihm gefiel, erhielt Michelangelo damit nicht. Dem stand die alles dominierende Zweckausrichtung der «Neuen Sakristei» entgegen. Um diese sicherzustellen, gaben die Medici die Aufsicht über das Projekt zu keinem Zeitpunkt aus der Hand. Im Gegenteil: Kaum je dürften Kunstwerke unter intensiverer Beobachtung von Seiten der Mächtigen entstanden sein. Ebenso selbstverständlich legte Michelangelo Pläne vor, die zeigten, was er zu schaffen gedachte. Doch traten darüber Meinungsverschiedenheiten auf, setzte er sich bis zum Schluss durch. Alles, was über das von den Medici vorgegebene Pflichtprogramm hinausging, fiel somit in die Gestaltungs- und Deutungshoheit des Künstlers.

Diese durch die Quellen gestützte These lässt sich um eine Hypothese erweitern: Wäre es nach Leo X. und Giulio de' Medici allein gegangen, so hätten zumindest die drei Grabmonumente in der «Neuen Sakristei» anders ausgesehen. Dieser Schluss lässt sich aus den anderen Kunstwerken ziehen, die von beiden Kirchenfürsten an den Brennpunkten ihrer Macht, in Rom und Florenz, in Auftrag gegeben wurden. Die großformatigen Fresken, die Raffael und seine Schüler im Vatikan malten, waren Propaganda pur. Überall, wo Verherrlichungsmotive überhaupt in Frage kamen, ließ Leo X. sein Porträt nebst dem Kugelwappen seiner Familie anbringen, ohne Rücksicht auf die Verewigungs-Rechte seiner Vorgänger. Ausgerechnet da aber, wo der intensivste Kult der Dynastie zu erwarten gewesen wäre, nämlich an der letzten Ruhestätte ihrer Toten, wurden diese Ruhmeszeichen weitgehend ausgespart. Dass die Auftraggeber diesen Verzicht freiwillig leisteten, ist wenig wahrscheinlich. Michelangelo aber war ein Feind jeglichen Personenkults. Bei der Ausmalung der Sixtinischen Kapelle und auch beim Grabmal Julius' II. war er von dieser ehernen Regel abgewichen. Doch so entgegenkommend war er jetzt nicht mehr.

Was ein Grabmal dieses Typs für die Geldgeber leisten sollte, zeigten Michelangelos Entwürfe für das Monument Julius' II. mit aller Deutlichkeit. Ein solches Monument war ein Tatenbericht. Mit ihm rechtfertigte sich der Tote nicht nur vor den Menschen, sondern auch vor Christus, der am Jüngsten Tag sein Urteil über ihn fällen würde. Darüber hinaus sollte es die Herrschaft des Verstorbenen verherrlichen und dadurch seiner Familie vielfältige Aufstiegschancen eröffnen. Um diesen Hauptzwecken zu genügen, bedurfte ein solches Erinnerungszeichen unverwechselbarer Merkmale. Unverzichtbar waren in der Regel Namen, Lebensdaten, Stationen der Laufbahn, herausragende Taten und Qualitäten, verbunden mit individuellen Gesichtszügen, Amtskleidung und ähnliche Abzeichen. Alles zusammen machte die Lebensbilanz aus, die der Verstorbene den Lebenden und den späteren Generationen präsentierte – und seine Hoffnung auf Erlösung am Jüngsten Tag. Natürlich konnte man das alles bescheidener haben als Julius II. Es galt als Zeichen besonderer Frömmigkeit und konnte deshalb Prestige fördern, wenn man sich ohne prunkvolles Grabmal nur mit einer Inschrift bestatten ließ, die die Nichtigkeit alles Irdischen verkündete. Zu einem solchen Verzicht rangen sich die kirchlichen und die weltlichen Führungsschichten Italiens jedoch kaum je durch. Fast immer dominierte der Wille, den Rang der Familie zu verewigen.

Was Michelangelo in der «Neuen Sakristei» von San Lorenzo schuf, war weder hochgemute Selbstanpreisung noch demütige Selbstentäußerung, sondern einzigartig: Grabmonumente mit Grabstatuen, die keinerlei Porträtähnlichkeit aufwiesen. Wer von den beiden Medici-Herzögen, Giuliano oder Lorenzo, auf welcher Seite und mit welchem allegorischen Statuenschmuck beigesetzt wurde, ist für den Besucher bis heute nicht auszumachen. Er findet kein Sterbenswörtchen zum Leben und Tod der Verewigten, auch keine erklärenden Attribute, sondern wird stattdessen zusätzlich verwirrt: Der eine trägt die Kleidung und die Abzeichen, die beim anderen zu erwarten wären; dieser wiederum ist in der Haltung gezeigt, die nach allen überlieferten Zeugnissen bei seinem Gegenüber angebracht wäre. Statt Zuordnung von Text und Bild, Lebensstationen und verbürgten Eigenschaften wurde also ein Austausch aller Merkmale vorgenommen. Die Identität der Bestatteten wird nicht für alle Ewigkeit gefestigt, sondern aufgelöst. Statt frommer Gewissheiten drängt sich eine alles beherrschende Frage auf: Welches Spiel wurde hier zu welchem Zweck getrieben? Und wer machte welche Miene zu diesem Spiel?

Die Grablege der Medici: die Geschichte

Die «Neue Sakristei», die Michelangelo 1520 in Angriff nahm, sollte die Herrlichkeit der Medici für alle Ewigkeit verkünden und der in ihrem Fortbestehen akut bedrohten Familie den Weg in eine noch größere Zukunft bahnen. Doch das Verhältnis von Kunst und Zeit gestaltete sich anders als von den Auftraggebern erhofft. Während der Künstler an der Kapelle und ihren Grabmälern arbeitete, nahm die Geschichte einen für die Herren von Florenz zuerst günstigen, dann aber fatalen Verlauf. Der Gang der Ereignisse wiederum wirkte vielfältig auf die Werke zurück, die Michelangelo für sie schuf. Die Statuen der Grabkapelle wurden auf diese Weise zu Zeitzeugen. Man muss die Geschichte von Florenz und Rom in den 1520er Jahren kennen, um sie zum Sprechen zu bringen.

Trotz der Todesfälle innerhalb der Familie stand der erste Medici-Pontifikat 1521 in seinem Zenit. Zwar hatte Leo X. 1519 die Wahl Karls V., des spanischen Königs aus dem Hause Habsburg, zum Kaiser des Heiligen Römischen Reiches deutscher Nation nicht verhindern können, doch ließen sich die Beziehungen zum neuen Reichsoberhaupt rasch verbessern. Mit tatkräftiger Unterstützung des Papstes vertrieb Karl V. 1521 die Franzosen aus Mailand und setzte dort einen Schattenherzog aus dem Hause Sforza ein. Ganz von der großen Politik gefesselt, wo er so viel wie möglich für seine Familie zu gewinnen versuchte, schenkte Leo X. den Anfängen der Reformation im Reich zunächst nur geringe Aufmerksamkeit und beschränkte sich auch hier auf politische Schachzüge. Dass sich in den Jahren 1517 bis 1521 durch das Auftreten Luthers und die Resonanz, die sein Wirken bei Fürsten und Städten fand, nicht nur eine neue Theologie, sondern auch eine neue Kirche herausbildete, entzog sich seiner Wahrnehmung. Parallel dazu hatte sich nördlich der Alpen das Bild des Papsttums düster, ja apokalyptisch eingefärbt. Dass der Pontifex maximus der Antichrist, also der teuflische Nachäffer des Erlösers, und Rom das neue

Babylon sei, diese bestürzende These fand nicht nur unter Intellektuellen immer mehr Anklang. Gleichzeitig gärte es auch in der katholischen Kirche. Zusammen mit Kritik an der Pfründenhäufung und am weltlichen Lebensstil vieler Kirchenfürsten kamen schon vor Beginn der reformatorischen Bewegungen Forderungen nach einer verstärkten Rückbesinnung auf die geistlichen Aufgaben der Kirche und speziell der Kurie auf. Allerdings blieben diese Ansätze vorerst auf schmale, um einzelne Bischöfe oder Adelige gescharte Reformkreise beschränkt. Unter dem ganz und gar politisch ausgerichteten Pontifikat Leos X. bestand keine Aussicht auf Gehör oder gar Verwirklichung dieser Ziele. In seiner Einschätzung, dass es sich bei den «lutherischen Unruhen» um ein politisches Erpressungsmanöver handele, dem man mit ähnlichen Mitteln zu begegnen habe, sah sich der Papst nach dem Reichstag von Worms bestätigt, der den Unruhestifter aus Wittenberg mit der Reichsacht belegte. Auch im hinterwäldlerischen Deutschland, so schien es, entwickelte sich alles nach Wunsch. Doch auf dem Höhepunkt seiner Erfolge starb Leo plötzlich und unerwartet am 1. Dezember 1521. Nach einer kalten und zugigen Nacht in seinem Jagdschloss La Magliana bei Rom hatte ihn, so die Version der Ärzte, ein plötzlicher Katarrh dahingerafft. Doch starb man an einer einfachen Erkältung? Für Zyniker war es Gift, für abergläubische Naturen war Michelangelos Grabmalsprojekt schuld: Man sollte eben nicht zu Lebzeiten für sich und die eigene Familie letzte Ruhestätten bauen.

Das Projekt der «Neuen Sakristei» gewann durch den Tod des Papstes nochmals an Bedeutung. Denn jetzt hing die Stellung des Hauses Medici nur noch am seidenen Faden, genauer: am Lebensfaden Kardinal Giulios. Starb auch er, dann wurde das ohnehin an vielen Stellen rissig gewordene Netzwerk der Medici einer gefährlichen Belastungsprobe ausgesetzt. In den letzten Jahren hatte die führende Familie von Florenz viel soziales Kapital und politischen Kredit verspielt. Noch einseitiger als zuvor war ihre Patronage ausgefallen, noch weniger Familien waren in den Genuss lukrativer Pfründen gekommen. Am härtesten aber hatte die stolzen Florentiner getroffen, dass ihre Stadt von Rom immer mehr zur Nebenresidenz degradiert worden war. In ihren Augen hatten jetzt die würdelosen Kreaturen der Medici, allesamt freche Parvenüs, statt der angestammten Führungsschicht das Sagen. Ohne die römische Machtbasis der Familie musste sich dieser Unmut gewaltsam entladen. So hing jetzt alles von einem Mann ab.

Selten stand ein Kardinal so unter Druck wie Giulio de' Medici im Konklave vom Dezember 1521 und Januar 1522. Und wie fast immer, wenn ein Kirchenfürst um jeden Preis Papst werden wollte, wurde er es nicht, und das Konklave zu einer Tortur für alle Beteiligten. Denn natürlich hatte die fast neunjährige Vorherrschaft der Medici deren Feinde auf den Plan gerufen – die alten wie die neuen, die von der stärksten römischen Adelsfamilie, den Colonna, angeführt wurden. Die Bemühungen, einen Nachfolger Leos X. zu küren, zogen sich nach vielen vergeblichen Wahlgängen in die Länge. Und die Anarchie in Rom nahm täglich zu. Da sich beide Seiten mit ihren wechselseitigen Sperrminoritäten blockierten, kam nur noch die Wahl eines neutralen Kardinals in Frage, dem alle verfeindeten Parteien ein gewisses Vertrauen entgegenbringen konnten. Doch selbst ein solcher Kompromisskandidat stand im Konklave nicht bereit. So blieb nur noch ein letzter Ausweg: auf einen großen Unbekannten zu setzen und zu hoffen, dass man mit ihm das große Los zog. Doch kaum hatten sich die ermatteten Wähler in ihrer Ratlosigkeit schließlich auf einen Außenseiter geeinigt, da begannen sie sich auch schon mit dem Stoßseufzer «Was haben wir nur getan?» die Haare zu raufen.

Der am 9. Januar 1522 gewählte Papst, der den Namen Hadrian VI. annahm, wies gleich vier gravierende Nachteile auf. Zum einen war er Erzieher Karls V. gewesen, würde also, so war zu befürchten, die ohnehin schon überwältigende Machtstellung seines ehemaligen Zöglings in Italien weiter verstärken. Zum anderen war Hadrian VI. ein erklärter Anhänger einer durchgreifenden Reform, was den hedonistischen Lebensstil vieler Prälaten akut bedrohte. Zum dritten hielt er sich in Spanien auf, konnte also die chaotischen Zustände in Rom nicht sofort bekämpfen. Am bedenklichsten aber schien viertens, dass er nicht Italiener, sondern Niederländer war, was für die stolzen italienischen Humanisten so viel wie Feind aller Künste, Verächter der Wissenschaften, in einem Wort: Barbar hieß. So schienen durch den Pontifikatswechsel Hunderte hoch bezahlter Arbeitsplätze im Vatikan aufs stärkste gefährdet: Ob Possenreißer, Stegreifkomödianten oder Dichter lateinischer Epen, Musiker, Architekten, Maler und Bildhauer – sie alle mussten unter dem neuen Papst ihre Entlassung fürchten. Das Echo auf Hadrians Wahl war daher in Rom vernichtend. Selbst die versprengten Reformer reagierten verhalten. Die Besserung der Sitten und der Bildung war gewiss erwünscht, doch sollte sie sich auf humanistische Art, durch eigenverantwortliches Streben und Selbstkontrolle, nicht durch die harschen Umerziehungsversuche eines verknöcherten Theologieprofessors vollziehen.

Am Ende kam es noch viel schlimmer als befürchtet. Der neue Papst schuf sich durch seinen Reformrigorismus nicht nur, wie jeder seiner Vorgänger, Gegner unter den Kardinälen, sondern machte die Kardinäle insgesamt zu Gegnern und brachte überdies die von den Humanisten gelenkte öffentliche Meinung Roms wie ganz Italiens gegen sich auf. Dazu trug bei, dass Hadrian in öffentlichen Verlautbarungen die Verantwortung des Papsttums für die sich rapide vertiefende Spaltung der Kirche einräumte und dadurch seinen Vorgängern und den älteren Kirchenfürsten ein gerüttelt Maß an Schuld am Verlust der Glaubenseinheit zuschrieb. Dass Hadrian diese Zugeständnisse dadurch wieder wettmachte, dass er dem Papsttum allein die Pflicht und das Recht zur Reform vorbehielt, fiel demgegenüber kaum ins Gewicht, zumal diese Chance ungenutzt blieb. Auch Michelangelo in Florenz hatte allen Grund, mit dem «barbarischen» Papst zu hadern. Als Hüter des Rechts und Schützer der Verträge forderte ihn Hadrian auf, endlich seinen Verpflichtungen gegenüber den Erben Julius' II. nachzukommen. Für den Bildhauer waren das unliebsame, ja unheilvoll klingende Mahnungen. Wie sollte er zwanzig überlebensgroße Grabstatuen für die Della Rovere schaffen, wenn schon die Arbeiten in der «Neuen Sakristei» langsamer als gedacht voranschritten? Die Gunst der Medici durfte er sich keineswegs verscherzen. Sich taub zu stellen, das Ende des lästigen Pontifikats abzuwarten und auf die Wahl des zweiten Medicipapstes zu hoffen, schien demgegenüber die richtige Taktik.

Das sahen auch die frustrierten Kardinäle so. In den Kreisen der römischen Prälaten machte sich die Sehnsucht nach dem Goldenen Zeitalter Leos X. mit der offenen Tasche breit. Diese Geisteshaltung war ganz im Sinne Giulios de' Medici, der genau diese Wiederanknüpfung an die guten alten Zeiten zu versprechen schien. Als Hadrian VI., erschöpft von der Opposition des kurialen Apparats, der Feindseligkeit der Römer und der Erfolglosigkeit seiner Bemühungen um Eindämmung der Reformation im Reich am 14. September 1523 starb, schlug nochmals die Stunde der Medici. Jetzt oder nie, lautete Giulios Devise.

Und es gelang. Nach den verheerenden Erfahrungen mit dem «Ausländer» zeigte sich die Mehrheit der Purpurträger nach einem bewegten Konklave schließlich geneigt, die geballt eingesetzten Wahlgeschenke des Kandidaten aus Florenz als stichhaltige Argumente zu akzeptieren. Es waren nicht die einzigen. Giulio hatte sich an der Seite Leos einen ausgezeichneten Ruf als kluger und besonnener Ratgeber erworben. Wer konnte schon ahnen – so die konsternierte Frage der Wähler bald nach der Wahl –, dass er als Papst so ratlos, ja hilflos agieren würde? Sein scharfinniger Berater Francesco Vettori brachte dieses eklatante Missverhältnis zwischen dem Verhalten des Kardinals und des Pontifex maximus auf den Punkt: Es war eben nicht dasselbe, ob man einem von Natur aus unbekümmert regierenden Herrscher wie Leo X. die möglichen Folgen seiner Entscheidungen vor Augen führte oder selbst Beschlüsse fassen musste. Und genau dazu war Clemens VII., wie Giulio sich nach seiner Wahl am 19. November 1523 nannte, nicht in der Lage. Der zweite herausragende Intellektuelle an seiner Seite, der Karrierediplomat und spätere Historiker Francesco Guicciardini, hatte das Dilemma erkannt: Clemens war gewissenhaft, einsichtig und ängstlich zugleich. Verstand schafft Leiden: Auf diese Formel ließ sich das Elend bringen. Nach endlosen Beratungen entschied sich der Papst unter Gewissensqualen für eine Option, die nach nicht minder erschöpfenden Beratungen schließlich zugunsten der anfangs verworfenen Lösung wieder umgestoßen wurde. Seelenlähmung mit den Symptomen Zick-Zack- und Chaos-Politik, so lautete am Ende Guicciardinis Diagnose. Die Resultate ließen nicht auf sich warten. Das Papsttum erlebte den verheerendsten Pontifikat seiner neueren Geschichte. Auch in Florenz besserte sich die schon unter Leo angespannte Lage nicht. Im Gegenteil: um der von seinem Vetter verschuldeten Misere der Papstfinanz Herr zu werden, erlegte der zweite Medici-Papst Florenz immer drückendere Abgaben auf. Für die großen Familien stellte sich wieder einmal die Frage, ob sie ohne die Vorherrschaft der Medici nicht besser fahren würden. Da es auch im Mittelstand gärte, bedurfte es wie 1494 nur noch eines äußeren Anlasses, um die Explosion der Unzufriedenheit auszulösen.

Dieser Anlass sollte nicht mehr allzu lange auf sich warten lassen. Denn trotz seiner Entscheidungsunfähigkeit fühlte sich Clemens VII. zu einer aktiven Rolle in der großen Politik berufen. Hatte Leo X. im Kampf um die Hegemonie in Europa und Italien konsequent auf Karl V. und die Vertreibung der Franzosen gesetzt, so vollzog sein Vetter schon bald nach seinem Regierungsantritt einen vollständigen Kurswechsel und ging auf die Seite von Karls Konkurrenten, Franz I. von Frankreich, über. Für einen solchen Umschwung fehlte es nicht an guten Gründen. Der spanische König und römisch-deutsche Kaiser herrschte in Süditalien und zog in Mailand hinter dem schattenhaften Herzog die Fäden; diese doppelte Machtposition empfand Clemens als Zangengriff, der seine Handlungsfreiheit bedrohte. So begünstigte er die Kräfte, die sich der spanischen Universalmonarchie entgegenstellten. Wenn diese Politik fehlschlug – so die römische Risikoanalyse – würde den Stellvertreter Christi auf Erden die Aura seines geistlichen Amtes vor allzu harschen Repressalien schützen.

Im endlosen Hin und Her der kurialen Beratungen setzte sich die profranzösische Seite nicht zuletzt deshalb durch, weil der Erfolg ihr Recht zu geben schien. Schließlich eroberte Ende Oktober 1524 ein französisches Heer Mailand. Um diese Schlüsselmetropole zurückzugewinnen, aktivierte Karl V. seine letzten Ressourcen, und zwar mit Erfolg. Am 24. Februar 1525 schlugen seine Truppen das französische Heer im Schlosspark von Pavia vernichtend. Und sie machten einen illustren Gefangenen: König Franz I. fiel in die Hände seiner Gegner. Damit hatte die Politik Clemens VII. Schiffbruch erlitten. Allerdings war für ihn die Lage vorerst weniger fatal als für seinen französischen Alliierten, der in einem spanischen Kerker schmachtete. Wie vorhergesehen, ließ es der Sieger dabei bewenden, dem Papst sein Befremden über die einseitige Parteinahme des «Vaters aller Christen» auszudrücken und ihm die Bedingungen für ein künftiges Bündnis zu diktieren. Doch obwohl diese Konditionen annehmbar waren, verfolgte Clemens VII. weiterhin das Ziel, die spanisch-habsburgische Übermacht mit allen Mitteln zu bekämpfen. Als er im Mai 1526 einer gegen den Kaiser gerichteten Koalition Venedigs und Frankreichs beitrat, war der Weg in die Katastrophe vorgezeichnet. Daran änderten auch die inzwischen üblichen Kehrtwendungen, Sonderverträge,

Geheimabmachungen und kurzfristigen Waffenstillstände nichts mehr. Im Gegenteil: Die bizarre «Heute so, morgen so»-Diplomatie des Papstes kostete ihn den Respekt der Feinde und das Vertrauen der Verbündeten.

Für alle Republikaner in Florenz war die Herrschaft Clemens' VII. vollends untragbar geworden. Zugleich erschien ihr Ende absehbar. Es bedurfte nur noch des Funkens, der das Pulverfass zur Explosion brachte; und man musste 1526 kein Prophet sein, um den Zündstoff zu erkennen, aus dem das Feuer an die Lunte gelangen würde. So war es nur logisch, dass Michelangelo die «Neue Sakristei» nicht als Verherrlichung der Medici-Macht, sondern als deren Abgesang gestaltete.

In die Konflikte, die auf italienischem Boden immer heftiger tobten, wurde auch der Künstler zunehmend hineingezogen. Die große Politik erwies sich auch für ihn persönlich als folgenreich, weil sein Werk für die Mächtigen von großer politischer Bedeutung war. Ansprüche auf seine Arbeitskraft erhoben außer den Medici deren Todfeinde, die Della Rovere, die nach dem Tode Leos X. ihr Herzogtum Urbino mit geringem militärischem Kraftaufwand und unter dem Beifall der italienischen Fürsten bis auf einige Randgebiete zurückgewonnen hatten. Nach ihrer Rückkehr an die Macht pochten sie immer energischer auf die Einhaltung des Vertrags mit Michelangelo, der sein fürstliches Gehalt weiter bezogen, doch kaum für das Grabmal Julius' II. gearbeitet hatte. Für den säumigen Künstler war die Wahl Clemens' VII. daher ein Glücksfall, der zu den kühnsten Hoffnungen berechtigte. Schon als Kardinal leidenschaftlich auf die Vollendung der «Neuen Sakristei» bedacht, würde Giulio de' Medici als Papst doch wohl Mittel und Wege finden, die Della Rovere in die Schranken zu weisen. Das war Michelangelos ureigene Variante des «Mächtegleichgewichts»: Ein Mächtiger sollte den anderen daran hindern, mit allzu dreisten Zumutungen zudringlich zu werden. Diese Erwartungen erwiesen sich anfangs als durchaus begründet; dann aber kamen ihnen die politischen und militärischen Entwicklungen in die Quere.

Von Grab zu Grab

Wortführer der so lange hingehaltenen Erben Julius' II. war der wieder eingesetzte Herzog Francesco Maria della Rovere. 1526 hatte er den prestigeträchtigen Posten des venezianischen Truppenkommandeurs erhalten. Auf die militärische Unterstützung aber war Clemens VII. jetzt mehr denn je angewiesen. Diese Abhängigkeit wiederum hatte zur Folge, dass sich Michelangelo ausgerechnet vom zweiten Medicipapst zur Wiederaufnahme der Arbeiten am ältesten seiner Projekte gedrängt sah. Für ein solches Entgegenkommen sprach auch der Charakter des von den Montefeltro adoptierten Herzogs. Francesco Maria della Rovere galt als gewalttätig, herrisch und unberechenbar. Selbst für einen Künstler im scheinbar sicheren Florenz war es nicht ratsam, seinen Zorn zu erregen.

Zittern aber musste vor allem der Papst. War auf diesen Feldherrn Verlass? Dessen Auftraggeber an der Lagune schworen zwar heilige Eide, dass er ihren Anweisungen Folge leisten würde, doch war die ganze Republik Venedig in römischen Augen wenig vertrauenswürdig. Der Herzog selbst sah sich von Fortuna auf geradezu wundersame Weise begünstigt. Hatte ihn das neidische Glück eben noch um seinen Staat gebracht, so gab es ihm jetzt nicht nur diesen zurück, sondern schenkte ihm darüber hinaus eine Gelegenheit zur Rache, wie er sie sich in seinen kühnsten Träumen nicht grausamer vorstellen konnte.

Für Michelangelo war es also höchste Zeit, mit diesem unangenehmen Auftraggeber zu einer Einigung zu gelangen. Ihr musste ein Kassensturz vorangehen. Doch gerade damit begannen die Schwierigkeiten. Michelangelo scheute nichts mehr, als erhaltene Vorschüsse zurückzuzahlen, und zwar aus dem einfachen Grund, dass er sämtliche erhaltenen Zahlungen in sicheren Grundbesitz investiert hatte. Das hatte für ihn den angenehmen Nebeneffekt, dass er stets Geldnot reklamieren konnte. Sein Bevollmächtigter Giovanni Francesco Fattucci, der zugleich im Auftrag des Papstes die Schlichtungsverhandlungen leitete, hatte somit keine leichte Aufgabe. Denn die Bilanz des Künstlers fiel Ende 1523 eigenwillig genug aus.

> Herr Giovanni Francesco, Ihr batet mich in einem Brief darum, darzulegen, wie es mit mir in Sachen des Papstes Julius steht. Um es gleich vorwegzunehmen: Wenn ich Verluste und Gewinne bilanzieren sollte, dann, so bin ich überzeugt, hätte ich eher etwas zu bekommen als zu geben.[69]

In Anbetracht der Tatsache, dass sich durch die regelmäßigen Überweisungen der Della Rovere stolze 8500 Dukaten, also mehr als die Hälfte der für das gesamte Grabmal vereinbarten Summe, auf seinem Konto angesammelt hatten, war das eine verwegene Feststellung – umso mehr, als sich aufgrund seiner minutiösen Kassenbuchführung der Zahlungsverkehr ohne Mühe rekonstruieren ließ. Aber Michelangelo hatte seine eigene Sicht von den Vorgängen. Wie schon bei der rabiaten Abrechnung mit Leo X. nach dem Entzug des Fassadenauftrags kalkulierte er mit Kategorien, die seinen Rang als Künstler in klingende Münze umrechnen. So wurden den Della Rovere über die vertraglich festgelegte Summe hinaus angebliche Verdienstausfälle in Rechnung gestellt, die sich durch die Übernahme des Projekts ergeben hätten. Dabei summierten sich stolze 3000 Dukaten allein für das nicht ausgeführte Fresko im Saal des Großen Rates von Florenz, die ihm wegen der Verpflichtung gegenüber Julius II. entgangen seien. Das war – um es vorsichtig auszudrücken – ein anfechtbares Argument. Schließlich hatte Michelangelo nicht nur für das Grabmal, sondern gleichzeitig auch für die Arbeit an der Bronzestatue in Bologna und für die Fresken der Sixtina Spitzenhonorare bezogen. Doch selbst das wurde jetzt schlichtweg geleugnet: Beide Werke seien ihm nie angemessen vergolten worden. Dazu kämen die Strapazen in den Steinbrüchen und die unaufhörlichen Querelen, die sich daran knüpften, so dass unter dem Strich die Erbengemeinschaft des Papstes als Schuldner, er aber als Verlierer dastehe. Ja, er sei das unschuldige Opfer böswilliger Verleumdung, habe ihn doch der Kardinal Leonardo Grosso della Rovere einen Betrüger genannt! Natürlich fiel die Summierung des unbestechlichen Fattucci, die dieser in seinem Brief vom 10. März 1524 vornahm, anders, nämlich korrekt aus. Trotzdem waren die Konsequenzen der unerfreulichen Dispute für den Künstler günstig. Von den 8000 Dukaten, die als Entlohnung für das fertige Grabmal noch ausstanden, erhielt er einen weiteren Vorschuss in Gestalt eines Hauses.

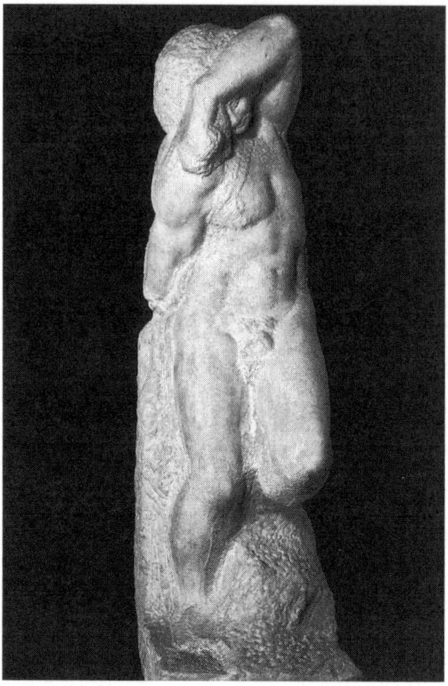

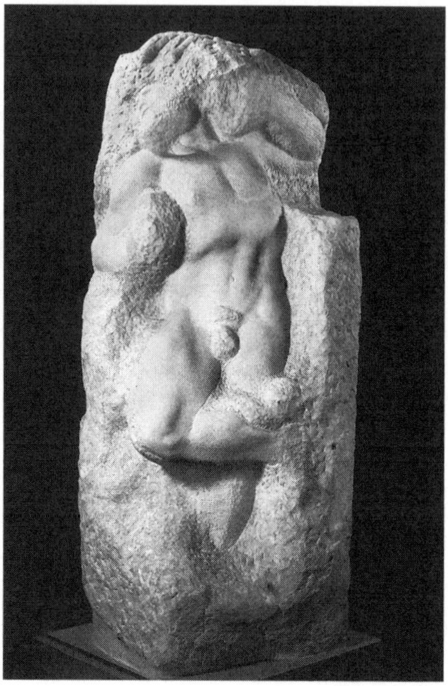

In den 1520er Jahren war Michelangelo gleichzeitig für die Gräber der verfeindeten Familien Della Rovere und Medici tätig. Für das Monument Julius' II. arbeitete er an vier weiteren Gefangenen, die wie ihre zwei Vorgänger neben den Siegesgöttinnen auf Augenhöhe mit dem Betrachter stehen sollten. Der jüngste der prigioni *ist von seinem grausamen Schicksal wie betäubt und schlägt vor Entsetzen den Arm vor die Augen – die Zukunft kann ihm nur Schlimmes bringen. Ein zweiter Gefangener erwacht zu neuen Qualen, in denen sich sein Körper bereits windet. Was ihn erwartet, zeigen seine Leidensgenossen: Der eine hat den Nacken gebeugt, als müsse er die Last der Welt auf den Schultern tragen. Und auch der andere, der sein bärtiges Haupt leidvoll sinnend zur Seite neigt, ist von einer übermächtigen Gewalt bezwungen. Florenz, Galleria dell'Accademia*

Zu diesem Zeitpunkt hatten die Arbeiten an weiteren Figuren des Grabmals bereits Fortschritte gemacht. Zusätzlich zu den zwei Gefangenen, die in seinem römischen Haus beim Trajansforum unter Verschluss standen, nahm Michelangelo jetzt vier weitere dieser *prigioni* sowie die Statue eines Siegers in Angriff, der dem Unterworfenen sein Knie in den Nacken drückt. Drei dieser vier Besiegten sind im Verhältnis zu ihren

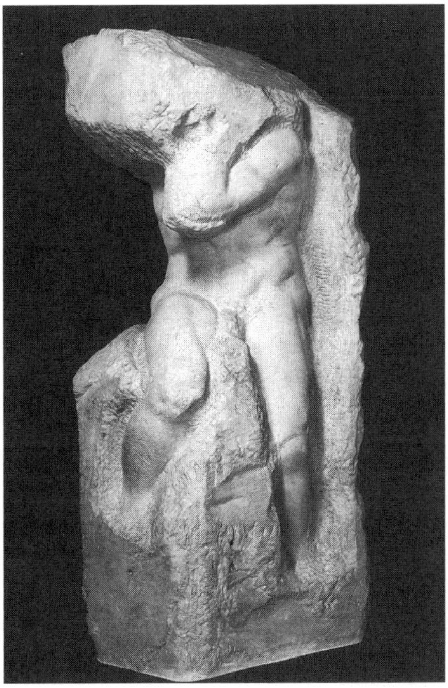

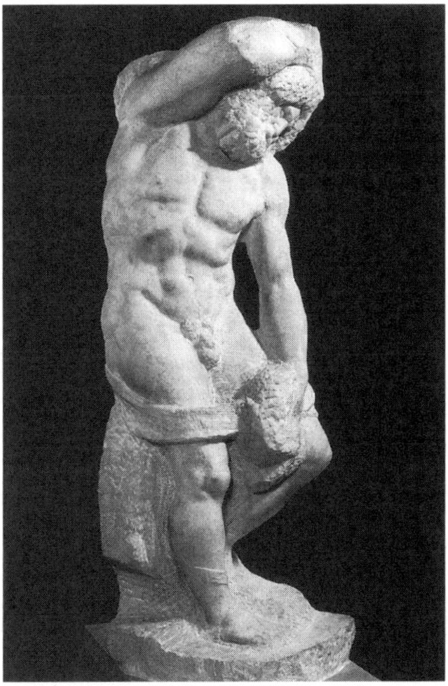

Vorgängern beträchtlich gealtert. Ihre Körper, die sich aus dem rohen Stein winden, weisen alle Zeichen des Kampfes, der Niederlage und des Leids auf. Der einzige Jüngling unter ihnen hält sich den linken Arm über das Gesicht, als ob er dem feindlichen Schicksal nicht ins Auge blicken wollte (siehe Seite 180). Bei der Arbeit an diesen Figuren wich der Meister von der herkömmlichen Technik, zuerst die Grobumrisse der gesamten Figur in den Block zu schlagen und danach die Feinarbeit folgen zu lassen, wagemutig ab. So sind einzelne Partien der Statuen vollendet, andere weiter vorangeschritten, während sich die übrigen Gliedmaßen noch kaum oder gar nicht abzeichnen. Diese Vorgehensweise entsprach in idealer Weise dem neoplatonischen Konzept vom Künstler als gottgleichem Schöpfer, der die von Anbeginn der Zeiten im Stein schlummernde Gestalt durch seinen Meißel ins Leben ruft. Schier übermenschliche Fähigkeiten waren bei dieser Schöpfung tatsächlich gefordert; der Künstler musste den Marmor räumlich vollständig erfassen, um die vom Material

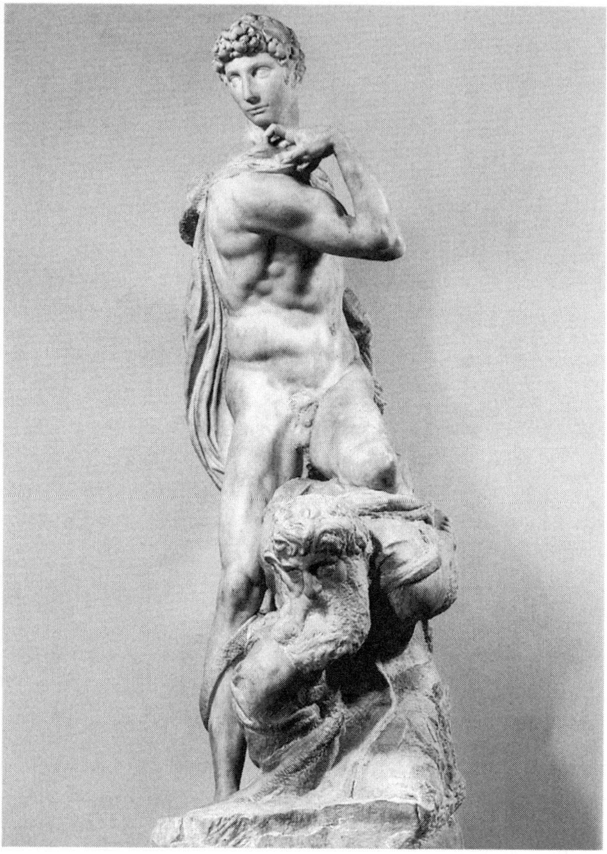

Ein strahlender Held ist dieser Sieger, den Michelangelo in den 1520er Jahren für das Grabmal Julius' II. schuf, nicht. Sein Blick wandert gedanken- und sorgenvoll ins Nirgendwo. Und der bärtige Alte, dem er provozierend das Knie in den Nacken presst, sinnt ungebrochen auf Widerstand. Florenz, Palazzo Vecchio

gebotenen Gestaltungsmöglichkeiten zu nutzen und zugleich bis zum letzten Augenblick offen zu lassen. Exemplarisch tritt so an diesen ganz unterschiedlichen «Fertigkeitsgraden» hervor, wie sehr der schöpferische Prozess für Michelangelo eine andauernde Entwicklung und nicht eine Festlegung von Anfang an bedeutete. Daraus erklärt sich sein Unwille, verbindliche Modelle zu liefern, die keine Veränderungen mehr zuließen.

Von allen für das Julius-Monument geplanten Statuen wurde die des Siegers am weitesten ausgearbeitet; auch sie war nach den herrschenden Normen für ein Papstgrabmal denkbar unpassend. Gewiss, auch dieser kraftvolle junge Mann, der einem bärtigen Greis triumphierend das Knie in den Nacken setzt, ließ sich allegorisch deuten: als Tugend, die das Laster bezwingt, oder als Ordnung, die das Chaos besiegt. Doch warf eine solche Erklärung zugleich Fragen auf: Sah die gute Regierung oder gar das moralisch Gute wirklich wie dieser gewalttätige Jüngling aus? Das Werk selbst sprach eine ganz andere Sprache: Hier ging es um Gewalt und Gegengewalt, da half kein Allegorisieren und Moralisieren. Diese Aussage bestimmte auch das weitere Geschick der Statue. Nach Michelangelos Tod wollte sein Freund Daniele da Volterra den «Sieger» für das Grabmal des Meisters in der Florentiner Basilika Santa Croce verwenden. Er sollte dem Monument eine triumphale Note verleihen. Der göttliche Künstler, der sich am Ende gegen alle Widerstände einer ignoranten Welt hinwegsetzte, so sollte die Botschaft lauten. Doch so weit kam es nicht. Michelangelos Erbe, sein Neffe Lionardo, schenkte die Statue in kluger Einschätzung ihrer Brisanz seinem Landesherrn Cosimo de' Medici. Dieser ließ sie sogleich in dem Saal aufstellen, in dem der Große Rat der letzten, den Medici feindlichen Republik getagt hatte. Dadurch wurde das Werk des glühenden Republikaners Michelangelo zum Abgesang auf die republikanische Staatsform in Florenz. Cosimo, der gute Fürst, und mit ihm die Monarchie als Staatsform siegte über die Pöbelherrschaft und ihre Zerstörungswut am Arno.

Doch die Statue wäre kein Werk Michelangelos, wenn sie nicht auch Verunsicherung auslösen würde. Obwohl der angewinkelte rechte Arm mit der Schleuder in der Hand an die Statue des David erinnert und sich der vollendete Körperbau des Jünglings triumphal von der ungeschlachten Gestalt des Unterworfenen abhebt, steht dieser Sieger nicht so fest und unbezwingbar wie das strahlende Symbol der Republik von 1504. Seine Gestalt ist gewunden und alles andere als unumstößlich. So unbequem die gegenwärtige Position für den Geschlagenen auch ist, eine kraftvolle Regung des gebeugten Rückens würde genügen, um den Bezwinger zu Fall zu bringen. Und wer in diesem noch keineswegs entschiedenen Ringen als nächster am Zug ist, erscheint unsicher. Bei allem Schmerz über die Demütigung, die aus dem nur roh behauenen Haupt des Geduckten spricht, ist sein Widerstandsgeist doch keineswegs erloschen. So treffen hier antagonistische Kräfte in höchster Verdichtung und vibrierender Spannung aufeinander. Sie sind zwar in einem Augenblick des Verharrens gezeigt, doch muss die prekäre Pose des Sieges binnen kurzem einem neuen Ausbruch der Gewalt weichen, dessen Ausgang ungewiss ist. Auch das Antlitz des Siegers will nicht zum Triumph passen. Es zeigt nichts von der stolzen Selbstgewissheit des David, kein ruhiges Vertrauen auf die eigenen Kräfte. Stattdessen richtet sich der Blick voraus, auf neue Kämpfe, und zugleich melancholisch umflort nach innen. So erscheint dieser rätselhafte Sieger zugleich von barbarischer Rohheit und von des Gedankens Blässe angekränkelt. Jedwede «Auflösung» dieser Widersprüche ist damit ausgeschlossen. Darüber hinaus trägt er im lockigen Haar den Eichenkranz der Della Rovere. In Anbetracht der Zeitläufte, die diese Familie wieder nach oben gehoben und die Medici in eine Krise nach der anderen gestürzt hatten, musste dieses Wappensymbol eine eminent politische Bedeutung haben. Doch welche? Ruhm für die Della Rovere, Hohn für die Medici – oder für beide Seiten? Auch das bleibt offen.

Die Grablege der Medici: der Nachruf des Künstlers

Um die Mitte der 1520er Jahre arbeitete Michelangelo parallel an den Monumenten beider Familien, der Della Rovere und der Medici, doch überwiegend in der «Neuen Sakristei». Deren Architektur entsprach mit der Kuppel, der rhythmisierenden und akzentuierenden Verwendung der grauen *pietra di Firenze* und der vertikalen Ausrichtung im Großen dem von Brunelleschi vorgegebenen Muster. Doch weiter reichen diese Gemeinsamkeiten nicht. Michelangelo gliederte den Raum insgesamt und insbesondere die von grauen Architraven in drei Zonen geteilten Wände mit unerhörter Dynamik: Vorsprünge und Vertiefungen, Pfeiler und Säulen, Fenster und Nischen erzeugen ein Wechselspiel der Bewegung, die erst in der dem römischen Pantheon nachgebildeten Kuppel mit fünf Kassettenreihen aufgefangen und zur Ruhe gebracht wird (siehe Seite 185).

Doch auch mit dem Skulpturenschmuck ging es jetzt zügig voran, wie Michelangelos Brief vom 17. Juni 1526 an Giovanni Francesco Fattucci belegt:

> Ich arbeite so viel, wie ich kann, und in zwei Wochen werde ich den zweiten Kapitän beginnen; dann bleiben mir an wichtigen Dingen nur noch die vier Flüsse. Die vier Figuren auf den Sarkophagen, die vier Figuren auf dem

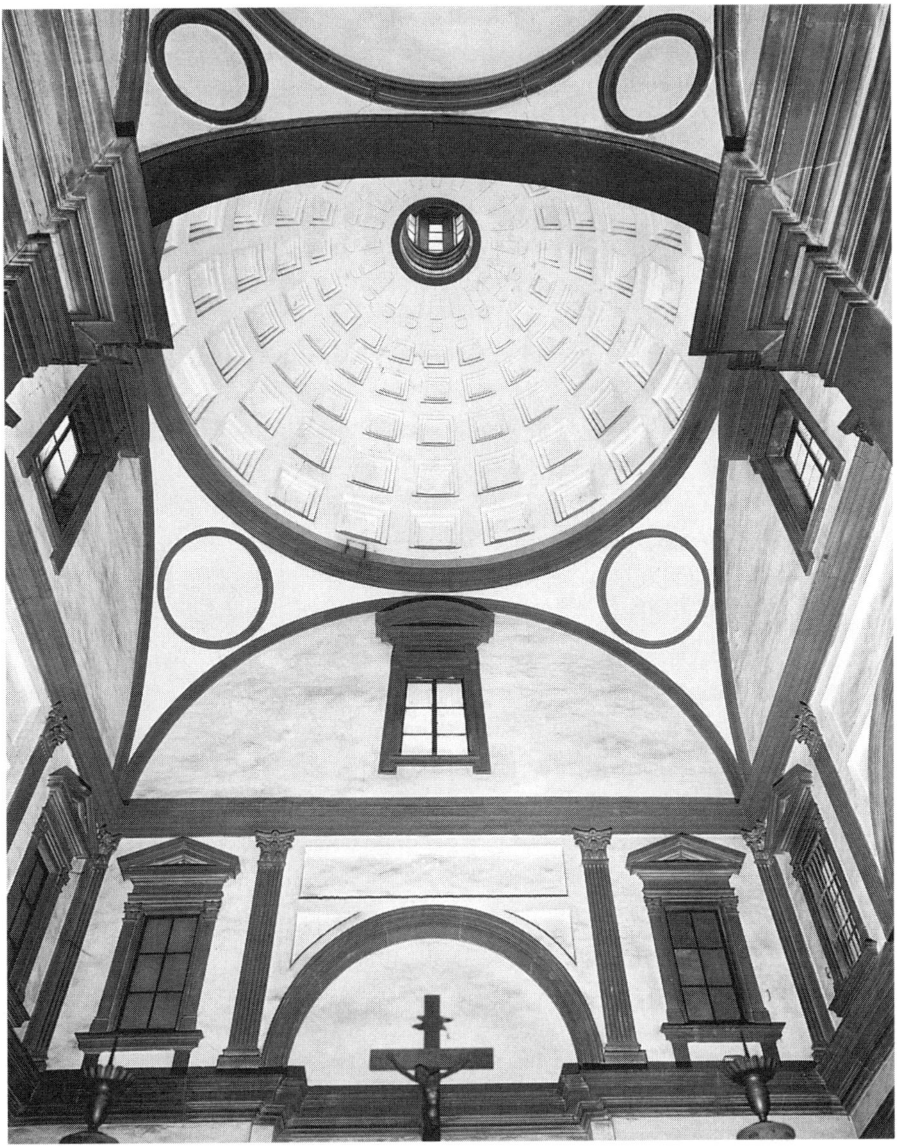

Die «Neue Sakristei», die Grabkapelle der Medici bei San Lorenzo, sollte den Ruhm der Toten verkünden und dadurch die Macht der künftigen Generationen vermehren. Bei seiner Abreise aus Florenz im September 1534 hinterließ Michelangelo ein Chaos aus mehr oder weniger behauenen Marmorblöcken, die erst Jahrzehnte später ihre endgültige Aufstellung fanden.

> Boden, das heißt die Flüsse, die zwei Kapitäne und die Madonna, die zum Grab an der Kopfseite gehört, will ich eigenhändig machen. Und von diesen habe ich sechs begonnen. Und ich traue mir wohl zu, sie in angemessener Zeit fertigzustellen und die anderen, die weniger wichtig sind, von anderen machen zu lassen.[70]

Für Michelangelo, der sich in Sachen seiner Produktion gerne bedeckt hielt, mit Nachrichten zum Fortgang seiner Arbeiten geizte und sich noch unwilliger auf Zeitpläne festlegen ließ, waren das ungewöhnlich klare Aussagen, Prognosen und nicht zuletzt Arbeitsteilungen. Die Statuen der «Neuen Sakristei» zerfallen in eine Zweiklassen-Gesellschaft von Hauptwerken und Beiwerk. Die weniger wichtigen Figuren konnten andere unter seiner Aufsicht machen – so ökonomisch war Michelangelo, der Alles-an-sich-Zieher, mit seiner kostbaren Arbeitszeit und Arbeitskraft noch nie zuvor umgegangen. Offensichtlich hatte die Einsicht gesiegt, dass die «Neue Sakristei» sonst auf ewig unvollendet bleiben würde – oder spiegelte sich in der neuen Fähigkeit zu delegieren beginnendes Desinteresse an diesem Projekt?

Fattucci, der wie seine Vorgänger als Kunstbeauftragte bzw. Aufsichtsbeamte Buoninsegni und Salviati in der Kooperation mit dem reizbaren Meister einiges auszuhalten hatte, dürfte gleichwohl entzückt gewesen sein: Die Wahrscheinlichkeit, dass Clemens VII. die Ruhestätte der toten Medici noch zu Lebzeiten fertiggestellt sehen würde, stieg rapide. Rechnerisch schlüssig ist die hier präsentierte Zwischenbilanz allerdings nicht. Die beiden «Kapitäne», das heißt die männlichen Figuren auf den Sarkophagen Giulianos und Lorenzos, die Fluss-Gottheiten, von denen nur ein Bronzemodell zustande kam, sowie die auf den Sarkophagen zu platzierenden Allegorien von Tag und Nacht, Morgen- und Abenddämmerung nebst der Maria mit dem Jesuskind – das ergab *elf* eigenhändig zu verfertigende Statuen, von denen *sechs* in Angriff genommen seien und *vier* noch ausstünden.

Wie auch immer der Künstler zählte, seine Ausdrucksweise lässt bei aller Bündigkeit tief blicken. Die Rede ist vom «zweiten Kapitän» und nicht von Lorenzo oder Giuliano. Dadurch spricht er selbst den beiden Figuren, die heute in den erhöhten Nischen sitzen, jegliche Individualität ab. Diese Anonymisierung wird so konsequent durchgehalten, dass lange Zeit beträchtliche Unsicherheit darüber herrschte, wer eigentlich auf welcher Seite begraben war. Man wundert sich, dass der so emsig um die Errichtung der «Neuen Sakristei» bemühte Auftraggeber dieser Lösung zustimmte. Man staunt umso mehr, als Giulio de' Medici als Kardinal wie als Papst die Entstehung der Werke, wie schon die Briefe aus der Anfangsphase zeigten, mit höchster Aufmerksamkeit verfolgte. Allerdings zeigte sich auch hier die fatale Unstetigkeit, die Clemens VII. zum Unheil seiner Untertanen in der großen Politik an den Tag legte. Machen wir es so oder doch lieber anders? Stimmen hier die Maße und dort die Größenverhältnisse – oder sollte nicht doch lieber alles ganz anders aussehen? Diese chronische Unentschlossenheit ist eine weitere Erklärung dafür, dass Michelangelo sowohl bei der Architektur als auch bei der Ausstattung der Kapelle das letzte Wort behielt. Auf diese Weise bestimmte er am Ende allein die Gestalt und die Aussage der Werke. Der Künstler hatte die unumschränkte Hoheit über das Ruhmesmonument der Mächtigen gewonnen – ein in der gesamten Kulturgeschichte einzigartiger Fall. Michelangelo bestimmte die *memoria* der Medici und damit das Bild, das sich die nachfolgenden Generationen von ihnen machen sollten. Damit hatten sich die Machtverhältnisse zwischen den Familien Buonarroti und Medici umgekehrt; aus dem Kostgänger, der im Skulpturengarten hauste, war der Herr des Gedächtnisses geworden. Was für ein Triumph! Die Wandgräber der «Neuen Sakristei» sind Michelangelos Nachruf auf die zwei Medici-Herzöge. Doch was genau wollte er der Nachwelt damit sagen?

Michelangelo selbst äußert sich dazu auf einem Skizzenblatt wie folgt:

> Der Himmel und die Erde
> Der Tag und die Nacht sprechen und sagen: Wir haben durch unseren schnellen Lauf den Herzog Giuliano zu Tode gebracht. So ist es verständlich, dass er sich, so wie er es tut, rächt. Und die Rache besteht darin, dass er uns, die wir ihn getötet haben, als Verstorbener das Licht weggenommen und mit seinen geschlossenen Augen unsere Augen verschlossen hat, so dass diese nicht mehr auf der Erde leuchten. Das aber wollte er schon mit uns tun, als er noch lebte.[71]

Dieser verschlüsselte Text ist als eine neoplatonische Deutung der menschlichen Existenz interpretiert worden: Die Seele strebt danach, sich aus dem Gefängnis des Körpers zu befreien und in eine reinere Daseinsform vorzustoßen. Dieser Deutung entsprechend wäre Giuliano begierig, die Fesseln der Zeit und der irdischen Existenz abzustreifen – eine Haltung, wie sie einem tiefsinnigen eigenständigen Denker mit melancholischen Neigungen wohl anstehen würde. Nun konnte die Medici-Propaganda aus der beschaulichen, tatenfernen Vita des Herzogs von Nemours ohne allzu groteske Verzerrungen das Bild eines Philosophen formen, der nicht nach weltlichem Ruhm, sondern nach der Erkenntnis dessen begehrte, was die Welt im Innersten zusammenhielt.

Doch diese Erklärung hat einen Nachteil: Wort und Marmor stimmen nicht überein. Die Statue auf Giulianos Grabmal ist nicht, wie nach dieser Textpassage zu erwarten, der introvertierte Grübler, sondern der kraftstrotzende Held (siehe Tafel 22). Das wiederum hatte für den armen Vasari, der als Michelangelos Biograph und Minister Herzog Cosimos zur Lösung dieses Rätsels gleich doppelt verpflichtet war, zur Folge, dass er aus Giuliano einen ehrgeizigen Tatmenschen machen musste. Wie man es auch drehte und wendete, es ging nicht auf. Zugleich zeigt die von Ratlosigkeit diktierte Erinnerungs-Fälschung Vasaris, dass Michelangelos Statuen schon um die Mitte des 16. Jahrhunderts das Bild der Nachwelt von den beiden blässlichen Persönlichkeiten zu bestimmen und zu überlagern begannen. Die große Kunst erwies sich als mächtiger als das kleine Leben. Alle Versuche, den historischen Giuliano in die Ruhmesgalerie der Medici zu integrieren, mussten jetzt von der Statue ihren Ausgang nehmen, und sei es um den Preis der Geschichtsklitterung.

Michelangelos Figur auf Giulianos Sarkophag verkehrt alle überlieferten Eigenschaften ins schiere Gegenteil. Sie zeigt einen jungen römischen Feldherrn von großer Schönheit und athletischem Körperbau. Die Schulter leicht nach rechts geneigt, ist der jugendliche Imperator voller Energie, Kraft, Handlungsbereitschaft und Beherrschtheit zugleich. Zwei Jahrzehnte nach dem «David» führt Michelangelo eine weitere Verkörperung von *virtus*, von Willensstärke, Energie und zielgerichteter Intelligenz vor Augen. Das rechte Bein ist vorgestreckt, das linke nach hinten abgestützt. Der früh berufene Feldherr will, so scheint es, aufstehen und Befehle erteilen. Den Feldherrnstab, der seine höchste Kommandogewalt symbolisiert, hält er mit beiden Händen, doch nicht in verkrampfter Kampfeswut, sondern locker, fast spielerisch. Der Sieg ist ihm sicher. Das zeigen auch seine gelassen auf die bevorstehende Aufgabe gerichteten Gesichtszüge.

Auf der Suche nach Übereinstimmungen mit dem historischen Giuliano wurden die konsternierten Zeitgenossen bei der römischen Rüstung endlich fündig. Hatten die beiden Herzöge nicht kurz nach dem Regierungsantritt Leos X. in einer aufwendig begangenen Zeremonie auf dem Kapitol mit anschließender Massenverköstigung das römische Bürgerrecht erhalten? Und war damit nicht zugleich eine Art Städtepartnerschaft zwischen Florenz und Rom geschlossen worden, welche die Flussgottheiten des Arno und des Tiber an den Grabmälern veranschaulichen sollten? Dass Florenz das neue, bessere Rom ohne die Grausamkeiten und Gewaltsamkeiten der Stadt auf den Sieben Hügeln war, hatten die florentinischen Humanisten seit Leonardo Bruni verkündet. Ein Reflex dieser Geschichtstheorie ist in der allegorischen Ausschmückung der «Neuen Sakristei» tatsächlich zu finden. Doch der Fall des Grabmals ist damit nicht gelöst. Was haben diejenigen, die den wahren Giuliano gekannt hatten, von der Statue auf seinem Sarkophag gehalten? War sie in ihren Augen nicht purer Hohn?

Dieselbe Frage provoziert ihr Pendant, die Figur Lorenzos de' Medici (siehe Tafel 23). Verblasste die Erinnerung an den jovialen Giuliano rasch, so blieb das Bild des hier bestatteten Medici-Fürsten länger lebendig. Nach seinem frühen Tod im Jahr 1519 kursierten drei unvereinbare Bilder von ein und derselben Person. Sein von den Medici bestellter Mentor, Francesco Vettori, charakterisierte ihn in seiner kurzen Biographie – der einzigen zeitgenössischen Würdigung – als einen tapferen, militärisch befähigten Feldherrn und guten Menschen zugleich. Bei aller *virtus* habe er so wenig Blut wie möglich zu vergießen versucht sowie Recht und Gesetz beachtet. Dem Papst, der ihn zum Herzog von Urbino bestimmt hatte, seiner ehrgeizigen Mutter, aber auch seinem Gewissen verpflichtet, sei er von diesen widerstreitenden Loyalitäten regelrecht zerrissen worden und als Opfer unvereinbarer Pflichten eines tragischen Todes gestorben. In krassem Gegensatz zu diesem Idealbild des um Milde und Schonung der Schwachen bemühten christlichen Modellherrschers stand die Erinnerung der übrigen Welt. Für die Insider der Medici-Klientel war Lorenzo das arrogante Muttersöhnchen, das die einfachsten militärischen Unternehmungen durch seine hochfahrende Unbelehrbarkeit verpfuschte. Für die große Mehrheit der Florentiner aber war er schlicht der hochmütige Möchtegerntyrann von Großonkels Gnaden, dessen Willkürherrschaft der Stadt durch sein zeitiges Ableben erspart blieb. Alles spricht dafür, dass Michelangelo diese Einschätzung des jüngsten Medici-Sprosses teilte. Als glühender Anhänger Savonarolas musste er den historischen Lorenzo als verdienstlosen, anmaßenden Möchtegerndespoten verachten.

Geschaffen aber hat Michelangelo über dessen Grabmal die Statue eines grüblerischen, ja gedankenverlorenen jungen Mannes, der nur durch seine Gewandung als Feldherr ausgewiesen ist. Das Kinn ist versonnen auf die linke Hand gestützt (wobei der Zeigefinger, die Anstandsgrenzen streifend, der Nase sehr nahe kommt). Die rechte Hand ist in einer ebenso künstlichen wie unbequemen Bewegung vom rechten Oberschenkel abgespreizt. So blickt dieser introvertierte Krieger aus der sichtbaren Welt hinaus ins Unbekannte, nicht jedoch auf einen Feind, den es zu bekämpfen gilt. Die Widersinnigkeit eines in abgrundtiefe Meditation versunkenen Generals treibt die Körperhaltung auf die Spitze. Dadurch, dass er das rechte Bein vor das linke stellt, blockiert sich dieser Anti-Held selbst. Wenn jetzt ein plötzlicher Alarm zu den Waffen riefe wie in Michelangelos Karton der Schlacht von Cascina, dann müsste dieser «Lorenzo» erst einmal seine Gliedmaßen ordnen, um aufstehen zu können.

Dass Michelangelo beide Herzöge in freier Auslegung ihrer Wesenszüge als die beiden Idealgestalten der menschlicher Existenz, der aktiven und der betrachtenden Daseinform, dargestellt habe, ist die bis heute vorherrschende Auslegung der beiden Statuen. Wer sie nicht als einzige Erklärung akzeptiert, dem bieten sich zwei weitere Deutungswege. Zum einen könnte Michelangelo von jedwedem Versuch, Erinnerung an historische Persönlichkeiten zu stiften, Abstand genommen haben. Dann dienten die beiden Grabstatuen und die ihnen beigegebenen allegorischen Figuren nur noch der Veranschaulichung seiner Vorstellung vom unaufhebbaren Gegensatz zwischen Geist und Tat, Lebensfülle und Vergänglichkeit sowie der Vergegenwärtigung der unaufhaltsam voranschreitenden, alles Irdische zerstörenden Zeit. Diesen Kontrast führt auch die Statue der Madonna mit dem Jesusknaben vor Augen, die heute auf dem Doppelgrabmal Lorenzos des Prächtigen und seines ermordeten Bruders Giuliano steht (siehe Tafel 24). Die Gottesmutter trägt einen kraftstrotzenden kleinen Herkules auf den Knien, während ihr sinnender, trauerumflorter Blick die Grauen und Geheimnisse der Passion zu ahnen scheint.

Denkbar ist jedoch auch noch eine dritte Variante. Sie wurde selten formuliert und kaum je zu Ende gedacht, weil sie dem lieb gewordenen Bild Michelangelos, des Philosophen-Bildhauers, entgegensteht. Geht man davon aus, dass Michelangelo freie Hand bei der Ausgestaltung der Grabmäler und ihrer Botschaft hatte, tritt seine Haltung zu den Medici und speziell zu den hier Bestatteten in den Vordergrund. Sie ist nach allen vorliegenden Zeugnissen nicht nur im Fall des jüngeren Lorenzo, sondern insgesamt durch Ablehnung bestimmt. Dann drängt sich die Schlussfolgerung auf, dass er in der «Neuen Sakristei» den Abgesang auf die Macht der Medici schuf. Eine solche Umkehrung der Auftraggeber-Absichten ins absolute Gegenteil aber würde heißen, dass Ironie und Parodie ins Spiel kamen.

Ironie, und zwar eine Ironie der subversiven Art, wäre es dann, aus Giuliano einen Tatmenschen zu machen und aus Lorenzo den Sinnsucher. Diese Ironie verquickt sich in denselben Monumenten mit tiefstem, melancholischem Ernst. Er kommt in den tiefgründigen Allegorien von Tag und Nacht und der ihnen vorangehenden Morgen- und Abenddämmerung zum Ausdruck, die zusammen genommen das unaufhaltsame Fließen der Zeit, in einem Wort: Vergänglichkeit symbolisieren. Speziell die Figur der Nacht ist von unergründlicher Vielschichtigkeit (siehe Tafel 25). Der Schlaf, in den sie trotz äußerst unbequemer, ja geradezu unmöglicher Körperhaltung mit aufgestützten Beinen und Armen versunken ist, bringt weder Erquickung noch Vergessen. Das zeigen die Attribute nur allzu deutlich. Die Mohnkapseln unter dem linken Fuß erzeugen nicht traumlose Tiefe, sondern Visionen. Von welcher Art diese sein können, zeigen die tragische Maske und die Eule, das Symbol der Weisheit: Erkenne dich selbst, wer du bist und wozu du da bist. Die Statue auf dem Sarkophag aber ist gerade nicht wiederzuerkennen.

Die Botschaft der beiden Grabmäler lautet also: Das Spiel ist aus, die Rolle der Medici ist ausgespielt! Bittere Ironie ist, so betrachtet, auch Michelangelos rätselhafter Satz, dass Giuliano dem Tag und der Nacht schon zu Lebzeiten das Licht nehmen und die Augen verschließen wollte. Warum diese Rache, die erst für den Toten Sinn ergibt, der es der Zeit heimzahlt, die für ihn allzu schnell zu Ende gegangen ist? Als Lebender wollte Giuliano offensichtlich alles durch seinen Ruhm überstrahlen, was ihm aber nicht gelang. Die Auslöschung durch die Zeit ist daher die verdiente Strafe für den Hochmut, mehr sein zu wollen, als ihm durch Leistung und Verdienst zustand. So ergibt sich eine Aussage, die der politischen Einschätzung der Medici durch die florentinischen Republikaner voll und ganz entsprach. Eine noch sarkastischere Aussage hätte die von Michelangelo geplante Maus hinzugefügt. Auf einem der Sarkophage platziert, hätte sie das Abbeißen des Lebensfadens symbolisiert. Wie schon der geheimnisvolle Affe hinter einem Gefangenen, den Michelangelo für das Julius-Grabmal schuf, war das unauffällige Nagetier mehrdeutig. Für die alten Römer war es ein Glücksbringer, in der christlichen Symbollehre galt es dagegen als ein Geschöpf des Teufels oder zeigte sogar die Strafe Gottes an. In diesem Sinne hätte die am Ende ungemeißelte Maus das unrühmliche Ende der Florentiner Despoten durch Gottes Willen und die Tapferkeit der Republikaner bezeichnet.

Auch auf das dritte von Michelangelo übernommene Großprojekt, den Bau der Biblioteca Laurenziana, wirkten die Zeitläufe nachhaltig ein. Die Pläne für dieses Heiligtum der Bildung, das Clemens VII. zur Verherrlichung der Kulturleistungen seines großen Vorfahren Lorenzo il Magnifico in Auftrag gegeben hatte, waren im Sommer 1526 fertig gestellt, die Arbeiten konnten beginnen. Dann aber trat infolge der sich überstürzenden politischen Ereignisse ein längerer Baustopp ein.

Melancholie

Gab es für den inzwischen fünfzigjährigen Künstler ein Leben außerhalb der Arbeit? Der Meister-Goldschmied Benvenuto Cellini schreibt in seinen aus den 1560er Jahren stammenden Lebenserinnerungen, dass es sich Michelangelo nicht nehmen ließ, in lauen Sommernächten dem Gesang eines schönen jungen Mannes mit schlechtem Ruf namens Luigi Pulci zu lauschen. Dass es dem großen Meister dabei um mehr gegangen sei als um die Freude an der Musik, deutet ein einziger Satz an: Michelangelo habe immer genau gewusst, wo sich Pulci aufhielt. Doch waren diese Zusammenkünfte keine intimen Tête-à-Têtes, sondern regelrechte Improvisationswettbewerbe, denen ein größeres Publikum beiwohnte. Zudem habe sich der Schönling von einem reichen Florentiner aushalten lassen und sei als dessen bezahlter Liebhaber in geckenhafter Kleidung durch Florenz stolziert. Dass Michelangelo mit diesem käuflichen Jüngling engere Kontakte unterhielt, erscheint in Anbetracht seiner rigiden Moralvorstellungen kaum glaubhaft. Zudem ist Cellini alles andere als ein glaubwürdiger Zeuge. Durch Misserfolge am Hofe Cosimos I. verbittert, schrieb er seine Memoiren als nostalgischen Rückblick auf eine bessere Vergangenheit. Dabei nahm er sich alle dichterischen Freiheiten heraus, um sein Bild als Universalgenie zu vervollständigen. Doch auch wenn der Wahrheitsgehalt seiner Erinnerungen nicht selten gegen Null tendiert, bleibt Cellinis Notiz von Belang: als Beleg dafür, dass Michelangelos homoerotische Neigungen für die besser informierten Zeitgenossen ein offenes Geheimnis waren.

Von heiterem Lebensgenuss in ausgelassener Gesellschaft weiß die Korrespondenz der 1520er Jahre allerdings nicht zu berichten. Sie zeichnet das gewohnte, von besessener Arbeit und familiären Misshelligkeiten geprägte Bild. Die Ärgernisse des Alltags reichten von den Abgaben, die für die Einfuhr der Christus-Statue beim römischen Zoll zu entrichten waren, über das Gerücht, er habe diese gar nicht selber geschaffen, und den immer stärkeren Druck Francesco Maria della Roveres, endlich das Julius-Grabmal fertig zu stellen, bis hin zu heftigen Querelen mit dem Vater. Die Probleme mit dem rabiaten Herzog ließen sich – so hoffte der Künstler weiterhin – lösen, wenn ihm Clemens VII. nur die nötige Rückendeckung verschaffte. Entgegen allen selbst geschaffenen Mythen von der «Tragödie des Grabmals» als einer unendlichen Geschichte unverschuldeter Widrigkeiten, drückte der bedrängte Meister schon im April 1523 seine wahre Sicht der Dinge aus:

> Und wenn der Kardinal de' Medici wiederum wünscht, dass ich – wie Ihr mir sagt – die Gräber in S. Lorenzo mache, so seht Ihr, dass ich das nicht

> kann – es sei denn, er befreit mich von dieser römischen Sache. Und wenn er mich von ihr befreit, so verspreche ich ihm, mein ganzes Leben lang ohne jeden Lohn für ihn zu arbeiten. Dabei erbitte ich diese Befreiung nicht, um das Julius-Grabmal nicht zu machen – im Gegenteil: ich mache es gern –, sondern um ihm zu dienen. Wenn er mich aber nicht davon befreit und trotzdem etwas von meiner Hand in diesen Gräbern von S. Lorenzo will, so werde ich mich bemühen, während der Arbeit am Julius-Grabmal Zeit für etwas zu finden, das ihm gefallen möge.[72]

Was denn nun? So dürfte Fattucci, der Empfänger, bei der Lektüre reagiert haben. Will er oder will er nicht? Und was bitte soll «befreien» bedeuten, wenn nicht das sofortige Ende aller Tätigkeiten für die Della Rovere oder zumindest die Verschiebung auf den Sankt-Nimmerleins-Tag? Der Klartext des verklausulierten, mit mancherlei verbalen Notausgängen gesicherten Schreibens aber lautet: Keine Verpflichtungen mehr gegenüber den Erben Julius' II., doch auch keine Verantwortung für die Kündigung des Vertrags! Soll doch Giulio de' Medici den Kopf dafür hinhalten! Das konnte man auch Erpressung nennen: Wenn der Kardinal etwas wirklich Exquisites will, dann soll er vorher seinen Konkurrenten ausbooten. Ich aber wasche die Hände in Unschuld. Als Dank dafür gelobte der notorisch Treulose ewige Treue. Das mochte glauben, wer wollte. Das Schreiben zeigt, dass Michelangelo, der Verächter der Netzwerke, bei Bedarf die Rolle des servilen Höflings zu spielen versuchte. Fattucci, der in so vielen Briefen wegen kleinster Finanzangelegenheiten behelligt wurde, dürfte skeptisch geblieben sein. Eindeutig ist der Brief jedoch, was die Prioritäten des Künstlers betrifft: Das Julius-Grabmal stört nur noch, daher weg damit! Dass sich die Della Rovere allmählich verraten und verkauft fühlten, kann man ihnen kaum verübeln.

Taktierte Michelangelo hier, wo es um viel Geld und um Politik ging, kühn, so gebrach es ihm in Familienangelegenheiten weiterhin an jeglicher Souveränität. Der Mann, der einen Papst abkanzelte und Fürsten gegeneinander ausspielte, trat unverändert als der ewige Sohn, und das heißt: abwechselnd hilflos und wütend, auf. Diese Wut hatte im Februar 1521 zu einem schweren Zerwürfnis zwischen dem Künstler auf der einen sowie dem Vater und den Brüdern auf der anderen Seite geführt. Als Folge des Streits hatte Ludovico mit dem Rest der Familie das angestammte Haus in Florenz verlassen und war nach Settignano übergesiedelt. Michelangelo blieb alleine in der Wohnung zurück, und zwar in einem aus Wut, Schuldbewusstsein und Selbstrechtfertigung gemischten Seelenzustand.

> Ihr habt jetzt dreißig Jahre Erfahrung mit mir, Ihr und Eure Söhne, und wisst, dass ich immer nur nach Eurem Wohl gestrebt und gehandelt habe. Wie aber kommt Ihr dann dazu zu behaupten, dass ich Euch vertrieben hätte? Seht Ihr nicht, welchen Ruf Ihr mir mit diesem Gerücht eintragt? Das fehlte mir gerade noch, angesichts der Strapazen, die ich in so vielen anderen Dingen aus Liebe für Euch auf mich nehme. Dafür zahlt Ihr mir wahrhaft einen guten Lohn! Doch will ich mir, auch wenn es sich anders verhält, einreden, dass ich Euch verjagt und immer nur Schande gemacht und Schaden verursacht habe und Euch so, als wenn ich das alles wirklich getan hätte, um Verzeihung bitten. Bequemt Euch also, Eurem Sohn zu verzeihen, als ob dieser immer schlecht gelebt und Euch immer nur alles Böse dieser Welt angetan hätte. So bitte ich Euch inständig ein weiteres Mal: Verzeiht mir als dem Bösewicht, der ich bin, und nehmt bitte Abstand davon, das Gerücht zu verbreiten, ich hätte Euch vertrieben, denn mein Ruf ist mir wichtiger, als Ihr glaubt. Immerhin bin ich Euer Sohn![73]

Michelangelos Reaktion charakterisiert in wenigen Zeilen sein lebenslanges Verhältnis zur Familie: Es geht nicht um Gefühle, sondern um Ehre. Die Ehre des Künstlers aber war in Gefahr, wenn die Florentiner glaubten, er habe seinem greisen Vater die Tür gewiesen. Das tat ein Adeliger auch dann nicht, wenn er allen Grund dafür hatte. Eine aristokratische Familie wahrte den Schein. Mit seinem plötzlichen Auszug hatte Ludovico also Michelangelos Achillesferse getroffen. Und er traf sie weiter, wie sein Brief vom 4. Dezember 1522 zeigt:

> Michelangelo, der Grund für diesen Brief ist der schlechte Zustand der Zeit, die Angst der Menschen und der Verdacht, dass Schlimmes auf sie zukommt; und obwohl ich alt, krank und hinfällig bin, bin ich doch ein Sterblicher aus Fleisch und Blut und habe auch Angst.[74]

Aus der Feder eines Achtundsiebzigjährigen sollten diese Worte zu Herzen gehen – wäre es dabei nicht um rein finanzielle Auseinandersetzungen gegangen. Ludovico verdächtigte seinen Sohn, die Zinszahlung für Staatsanleihen, die er der Familie überschrieben hatte, zu blockieren, was dieser mit heiligen Eiden bestritt. Wie die Fortsetzung des Schreibens belegt, hatte der Vater bei dieser Auseinandersetzung von der Taktik des Sohnes gelernt.

> Und für alles, womit ich Dir Schaden angetan oder Dein Missfallen erregt habe, bitte ich als der Sünder, der ich bin, Gott um seiner Liebe willen und Dich um Verzeihung.[75]

Diese Methode verfing jedoch nicht. Michelangelo tat weiterhin, was er für seine Pflicht hielt, und überwies ansehnliche Beträge an seine Familie. Doch an die Stelle der Beschwörungen und Ermahnungen trat jetzt immer häufiger der blanke Sarkasmus. So ließ er seinen Vater im Juni 1523 wissen:

> Ich habe immer getan, was Ihr von mir wollt. Und ich weiß nicht, was Ihr eigentlich noch von mir wollt. Wenn meine Existenz Euch das Leben vergällt, so habt Ihr Mittel und Wege für Eure Besserung gefunden – Ihr werdet den Schlüssel zum Schatz erben, von dem Ihr sagt, dass er sich in meinem Besitz befindet. Und ihr werdet recht daran tun, denn ganz Florenz weiß, dass Ihr steinreich wart, ich Euch immer bestohlen habe und deshalb Strafe verdiene. Dafür wird Euch wahrhaft Lob zuteil werden! Heult und sagt von mir, was Ihr wollt, doch schreibt mir nicht mehr, weil Ihr mich dadurch am Arbeiten hindert. Arbeiten aber muss ich, weil ich all das abschreiben muss, was ich Euch in 25 Jahren geschenkt habe.[76]

Das klang nach einem endgültigen Zerwürfnis. Doch auf Zorn- und Hassausbrüche folgten auch diesmal Versöhnungsangebote. Einen Vater konnte man nicht einfach wie einen lästigen Auftrag loswerden, auch wenn man ihn im Grunde noch so sehr verachtete. Und so endet der bitterböse Brief fast versöhnlich: «Ich wollte Euch all das nicht sagen. Doch ich kann nicht anders, als es Euch zu sagen.»[77]

Aus dieser Verstrickung konnten kein Kardinal und kein Papst heraushelfen. Auf die andauernden Misshelligkeiten reagierte Michelangelo wie gewohnt, nämlich mit noch mehr Arbeit, die ihm noch höhere Honorare eintrug. Doch die Angst, dass das viele Geld für die Bedürfnisse der unersättlichen Familie nicht ausreichen würde, trieb ihn auch weiterhin um. Sie dürfte ihren Anteil an den merkwürdigen Bilanzen gehabt haben, die er Fattucci unterbreitete. Sein Briefwechsel mit diesem zeigt darüber hinaus, in welchem Maße das Leben des noch nicht einmal Fünfzigjährigen bereits zum Mythos geworden war. Obwohl zur Objektivität im Streit Michelangelos mit den Della Rovere verpflichtet, rekapitulierte der päpstliche Beauftragte geradezu ehrfurchtsvoll die Stationen von dessen Vita. Auch für ihn, den nüchternen Finanzspezialisten, war Michelangelos Streit mit Julius II. im April 1506 bereits eine erhabene Legende. Allerdings versäumte es der lebenskluge Fattucci nicht, Michelangelo auf die großen Freiheiten hinzuweisen, die er im Gegensatz zu damals heute, während seiner Tätigkeit für Clemens VII., genieße. Doch war in seiner Korrespondenz mit Michelangelo überwiegend von Geld und speziell von künftig noch höheren Gehaltszahlungen die Rede.

Für solche Zuwendungen an Michelangelo gab es verschiedene Möglichkeiten. Der Künstler selbst dürfte eine so genannte «Pension», die jährliche Zahlung einer festen Summe aus den Erträgen eines Bistums oder einer anderen Pfründe, favorisiert haben, wie sie für Kleriker gehobener Würdegrade damals üblich war. Doch daran knüpfte das kanonische Recht Bedingungen: Man musste ehelos sein und mindestens die niederen priesterlichen Weihen empfangen haben.

> Was die Pension betrifft, von der Ihr mir schreibt, so weiß ich nicht, wie ich in einem Jahr dazu stehen werde; ich will auf jeden Fall nichts versprechen, was mich später reuen könnte.[78]

Heiraten wollte Michelangelo gewiss nicht. Seine Anfang Januar 1524 geäußerten Bedenken dürften also dem Eintritt in den geistlichen Stand gegolten haben. Kleriker zu werden und danach lukrative Pfründen zu empfangen, war für Künstler ein günstiger Weg zu ökonomischer Sicherheit. Die Ablehnung dieses lukrativen Angebots muss von der Abneigung gegen die reiche und verweltlichte Kirche motiviert gewesen sein. Umso mehr lässt eine Bemerkung Fattuccis kurz danach aufhorchen:

> so hoffe ich die Dinge mit Gottes Hilfe so zu regeln, dass Ihr auch dann, wenn Ihr, sei es durch Alter oder Krankheit, nicht mehr arbeiten könnt, reich seid, solange Ihr lebt.[79]

Offenbar befürchtete der Künstler, zum Pflege- und Sozialfall zu werden; in Anbetracht der Vermögenswerte, die er mittlerweile erworben hatte, war das eine erstaunliche Angst. Nicht nur Fattucci wusste genau, wie viel die verschiedenen Auftraggeber für Michelangelos Werke zahlten; dass er davon, asketisch wie er lebte, kaum etwas ausgab, war gleichfalls allgemein bekannt. Dass ihm anstelle der Pension schließlich – über alle zuvor vereinbarten Honorare hinaus – ein monatliches Gehalt von 50 Dukaten für seine Arbeiten in der «Neuen Sakristei» angewiesen wurde, zeigt nochmals, wie bedeutsam dieses Projekt für Clemens VII. war. Zudem wurde Michelangelo der Bezug noch weitaus höherer Summen in näherer Zukunft in Aussicht gestellt.

An Michelangelos Grundstimmung oder gar Lebensgefühl änderten diese Vergünstigungen nicht das Geringste. Opfer seiner Übellaunigkeit wurde auch der rastlos um eine Vermittlung mit den Della Rovere bemühte Fattucci. Bei aller Engelsgeduld, die er den ständigen Klagen und Forderungen des Meisters entgegenbrachte, zog jedoch auch er Grenzen. Sein Brief vom 22. März 1524 beginnt mit einem Donnerwetter:

> Michelangelo, Gott, der alles machen kann, kann offenbar auch machen, dass Ihr alles ins Gegenteil verdreht, was ich Euch schreibe ... Was zum Teufel soll ich Euch gesagt haben? Wenn Ihr den Brief noch einmal lest, so glaube ich nicht – es sei denn, ich bin völlig von Sinnen –, dass Ihr darin dieses vernichtende Urteil wieder findet.[80]

Die ganze Aufregung entzündete sich an der Frage, ob Fattucci Michelangelo geraten hatte, an Francesco Maria della Rovere wegen des Juliusgrabmals zu schreiben (was der päpstliche Beauftragte unter Anrufung Gottes und der Heiligen bestritt), oder nicht. Nüchtern betrachtet, war das viel Lärm um nichts: Ohne Frage hätte es Michelangelo gut zu Gesicht gestanden, mit den verärgerten Erben Julius II. selbst Kontakt aufzunehmen. Doch für den Künstler war allein schon ein solches Ansinnen der Gipfel der Zumutung. Fattucci, dem kurzfristig die Galle überlief, machte sich daraufhin Gedanken über den offenbar hochgradig erregten Seelenzustand seines «Schützlings». Wie schon seine Vorgänger Buoninsegni und Salviati sparte er in seinem Brief vom 25. März 1524 nicht mit therapeutischen Ratschlägen:

> Liebster Michelangelo, in meinem letzten Brief schrieb ich Euch mit sehr großer Leidenschaft, wie Ihr wohl verstehen könnt. Und zwar deshalb, weil meiner Meinung nach – um mit Engelszungen zu reden – Eure Angelegenheiten gar nicht besser stehen könnten, weil Ihr drei Sachwalter von der Qualität des Papstes, des Kardinals von Santi Quattro und Jacopo Salviatis habt, dazu manch anderen. So aber könnt, nein müsst Ihr Euch wie in Abrahams Schoß geborgen fühlen.[81]

Doch Michelangelo vertraute niemandem außer sich selbst. Für Fattucci lag in diesem Misstrauen der Grund des Übels. Resolut wie er war, scheute er sich nicht, es wenige Zeilen weiter beim Namen zu nennen: «Deshalb bitte ich Euch, lasst von Euren wirklich verrückten Wahnvorstellungen endlich ab ...»[82]

Und kurz darauf, im selben Brief, dasselbe Wort: pazzo, verrückt: «Und lasst diese Verrücktheiten, denn ich muss sie ausbaden!»[83]

So weit war es tatsächlich gekommen. Clemens VII. machte Fattucci Vorwürfe, weil Michelangelo seinetwegen erzürnt sei. Doch die Ermahnungen, endlich zur Ruhe zu kommen, fruchteten nichts. Der Künstler witterte weiterhin Verrat. Kurz darauf steigerte er sich erneut in einen solchen Wahn hinein, dass Fattucci es nicht wagen konnte, das Schreiben, wie sonst üblich, dem Papst vorzulegen – obwohl es diesen wegen der guten Nachrichten zur «Neuen Sakristei» brennend interessiert hätte. Alle Gunsterweise änderten nichts an der Grundeinstellung des Künstlers zur Welt und zum Menschen:

> ... der Undankbare ist so beschaffen, dass er, wenn Ihr ihm in seiner Not helft, behauptet, dass Ihr das, was Ihr ihm gebt, gar nicht braucht. Und wenn Ihr Euch bemüht, ihm etwas Gutes zu tun, so sagt er, dass Ihr dazu gezwungen wart und das nur verdecken wolltet; und von allen Wohltaten, die er empfängt, behauptet er, der Wohltäter habe sie zu seinem eigenen zwingenden Vorteil erwiesen. Und wenn die Wohltaten so evident sind, dass man sie nicht leugnen kann, dann hofft der Undankbare, dass der, von dem er sie erhalten hat, sich in aller Öffentlichkeit etwas zuschulden kommen lässt, so dass er die Gelegenheit hat, schlecht über ihn zu reden und dabei glaubwürdig zu klingen. Denn dadurch kann er die Bande der Verpflichtung, durch die er sich gefesselt glaubt, endgültig auflösen. So ist es mir im Leben immer ergangen.[84]

Derselben Meinung wie Michelangelo in diesem Brief vom 28. Januar 1524 war im Übrigen auch Niccolò Machiavelli: Dankbarkeit erzeugt nicht Treue, sondern Hass. Laut Michelangelo galt diese Feststellung für alle, außer für ihn selbst: Er war einfach zu gut für diese böse Welt, deren schändlichen Intrigen er sich wehrlos ausgeliefert fühlte. Die Della Rovere, Andrea Sansovino und viele, viele andere hätten dazu einiges zu sagen gehabt.

Blind für seine Wirkung auf andere, drückte der reizbare Meister in solchen Wehklagen sein Lebensgefühl aus:

> Weh mir, ich bewege mich im Kreise,
> und in meiner vergangenen Zeit finde ich nicht
> einen einzigen Tag, der mit gehörte.
> Trügerische Hoffnungen, vergebliche Wünsche
> haben mich, der ich weinte, liebte, brannte und seufzte
> gefesselt (keine menschliche Empfindung ist mir fremd),
> wodurch ich weiß und leide, weit weg gewiss vom Wahren.[85]

Seine Grundstimmung war pure Melancholie. Melancholie, das hieß: suchen, ohne zu finden, ödes Gleichmaß der Zeit, Sehnsucht ohne Erfüllung.

> Wozu muss ich jetzt nur dies heftige Sehnen
> mit Weinen und traurigen Worten ersticken,
> wenn der Himmel die Seele von diesem Schicksal
> spät oder nie befreien mag?
> Warum treibt mich mein müdes Herz zu noch mehr Kummer,
> wenn andere sterben müssen? So mag durch dieses Licht die Todesstunde
> weniger peinvoll sein;
> denn jedes andere Gut gilt weniger vor meinem Schmerz.[86]

So tief Michelangelo Ausweglosigkeit und Einsamkeit auch empfunden haben mag, sich von aller Welt angefeindet und verfolgt zu präsentieren, bot zugleich Handlungschancen. Mit seiner abgrundtief negativen Sicht des Menschen drängte der Künstler seine Mitmenschen in die Defensive, ja er zwang sie zu Vorleistungen. Sollten sie doch erst einmal beweisen, dass sie nicht so böse waren! Ähnlich pragmatisch ging Michelangelo mit dem um, was er seine melancholische Veranlagung nannte. Wenn es darum ging, kühne Forderungen durchzusetzen, konnte sich der Künstler selbst als *pazzo*, verrückt, oder auch *pazzo e cattivo*, verrückt und schlecht, bezeichnen. Damit sollte eine Warnung ausgesprochen werden: Mit einem Künstler von so düsterem Temperament musste man schonend umgehen. Ein so schwarz umflorter Charakter konnte sich viel herausnehmen. So bot es sich an, diese Melancholie öffentlich zu machen.

> Liebster Sebastiano, gestern Abend wollte Euer Freund, der Kapitän Chuio, zusammen mit anderen Edelleuten, dass ich mit ihnen zu Abend essen sollte, woran ich großen Gefallen fand. Denn so konnte ich meiner Melancholie oder besser: meiner Verrücktheit ein wenig entrinnen.[87]

Melancholie war für Michelangelo Stigma und Auszeichnung zugleich. Er setzte voraus, dass die anderen davon wussten und Rücksicht darauf nehmen würden. Das galt für den stets heiteren Sebastiano del Piombo, an den dieses Schreiben vom Mai 1525 gerichtet war, aber auch für Papst Clemens VII., dem man eine ähnlich düstere Veranlagung nachsagte. Doch ließ sich dieser Spieß auch umdrehen: War das melancholische Naturell erst einmal als Michelangelos unveränderliches Merkmal eingeführt, dann konnten sich die anderen dieses Argument für ihre Zwecke nutzbar machen. Wie das ging, führte der kluge Fattucci in seinem Brief an Michelangelo vom 30. Oktober 1525 vor:

> Und so macht Euch keine Gedanken, Ihr werdet alles erhalten, was Ihr nur wollt, Euren Feinden zum Trotz. Und bei der Liebe zu Gott, wenn Ihr mir wohl wollt, dann schenkt diesen Dingen kein Gehör und vor allem entwickelt nicht diese irrigen Vorstellungen, denn es sind Erfindungen und Fallen derjenigen, die Euch schaden wollen. Und sie bemühen sich, Euch diese abwegigen Ideen in den Kopf zu setzen, weil sie Eure Natur kennen und Euch auf diese Weise von der Arbeit abhalten wollen, so dass Ihr die Gunst der Mächtigen verliert …[88]

Das war kunstvolle Psychologie: Fattucci brachte die Melancholie, die der Künstler selbst für sich in Anspruch nahm, so ins Spiel, dass sie dessen Verfolgungsängste kräftig steigerte, nach dem Motto: Der Melancholiker ist ein hilfloser Spielball seiner Feinde. Danach musste man sich nur noch als Heiler von diesem Übel präsentieren, um die Oberhand zu gewinnen.

Clemens VII. selbst war sich nicht zu schade, ähnliche Töne wie der Meister anzustimmen. Ende Dezember 1525 fügte der Papst einem Schreiben seines Sekretärs an Michelangelo eigenhändig die folgenden Zeilen hinzu:

> Du weißt, dass die Päpste nicht lange leben; und daher ist uns so außerordentlich daran gelegen, die Kapelle der Unseren und auch die Bibliothek fertig zu sehen oder zumindest von ihrer Fertigstellung zu hören. Daher legen wir Dir beides aufs dringendste ans Herz. Bis dahin aber werden wir uns (wie du schon einmal sagtest) zur Geduld bequemen und Gott bitten, dass er Dir alles zusammen ans Herz legt. Und zweifle nicht daran, dass es Dir nicht an Aufträgen und Lohn fehlen wird, solange wir leben.[89]

Melancholisch an diesem Schreiben ist der Hinweis auf den nahen Tod, ein Argument, das Clemens VII. auch in den Briefen seiner Beauftragten an Michelangelo anklingen ließ: Beeil Dich in Gottes Namen, unsere Zeit läuft ab! Bezeichnenderweise ist dieses persönliche Postscriptum mit «Iulius» signiert. Das ist die lateinische Form von Clemens' Taufnamen, doch auch der Amtsname des Papstes, für den Michelangelo ein Grabmal fertigte, das dieser zu Lebzeiten nicht zu sehen bekommen hatte. Was immer damit auch suggeriert werden soll, die Vertraulichkeit des Schreibens sticht ins Auge: Ein regierender Papst gewährte einem Bildhauer Einblick in seine geheimsten Ängste und Sorgen! Oder hatte Clemens nur die Taktik gewechselt, um den Meister zur Eile anzuspornen? Wie dem auch sei, der persönliche Zusatz spiegelt erneut ein Machtverhältnis zugunsten Michelangelos wider: Wer etwas leidenschaftlich begehrt, wird von dem abhängig, der es geben oder verweigern kann.

Dieselben Motive durchziehen die Korrespondenz der päpstlichen Beauftragten mit dem Künstler das ganze Jahr 1526 hindurch: Lieber Michelangelo, der Papst will Deine Arbeitskraft ganz für sich. Das Leben ist so kurz, drum spute Dich! Zur Vertraulichkeit kommt das Lob, ja die Bewunderung: Wir wissen, dass Du Übermenschliches leistet. Doch geht es nicht trotzdem etwas schneller?

Die Position des leidenschaftlich Umworbenen nützte Michelangelo kaltblütig wie immer aus. Am 1. November 1526 schrieb er wiederum im Stil eines devoten Höflings zurück: Euer Wille ist mein Wille. Erneut fühlte er sich von den Forderungen Francesco Marias della Rovere bedrängt; gegen diese Zumutungen sollte ihm der Papst helfen. Doch damit hatte es jetzt ein Ende. Clemens VII. brauchte selbst Hilfe. Auf Michelangelo aber konnte er in der Not nicht zählen.

Das Ende der Welt

Bislang waren die Bedrohungsszenarien, die Michelangelos Seelenfrieden störten, mehr oder weniger imaginär gewesen. Im Sommer 1526 aber wurden nicht nur seine Ängste, sondern die Alpträume ganz Italiens wahr. Jetzt ging es um Sein oder Nichtsein. Im Kampf gegen die kurz zuvor von Frankreich, Venedig und dem Papst geschlossene Liga von Cognac hatte Kaiser Karl V. spanische Söldner und deutsche Landsknechte, letztere unter ihrem legendären Führer Georg von Frundsberg, zu den Waffen gerufen. Diese kamen auch zahlreich nach Italien, doch erhielten sie so gut wie keinen Sold. Der Kaiser hatte schlicht kein Geld, um sie zu entlohnen. Sie mussten sich also selbst nehmen, was ihnen ihr Auftraggeber nicht gab: Sie raubten, erpressten und plünderten. Für die Reichen wurde es lebensgefährlich.

Währenddessen agierte Francesco Maria della Rovere, der Feldherr der Republik Venedig, auf seine Weise. Obwohl das von den Spaniern besetzte Mailand durch immer neue Abgaben halb verhungert, am Rande der Revolte und daher eine leichte Beute war, verweigerte er im Juli 1526 die Schlacht und zog sich zurück, zum Entsetzen Francesco Guicciardinis, des päpstlichen Militärbefehlshabers. Dieser schüttete nicht nur Hohn und Spott über dem kleinmütigen General aus, sondern stellte auch die richtige Diagnose: Der Herzog von Urbino fühlte sich allein zum Schutz Venedigs verpflichtet, der Papst durfte von ihm gar nichts erwarten, zumindest nichts Gutes. Schließlich hatte ihm Clemens immer noch nicht alle Gebiete zurückgegeben, die die Medici zehn Jahre zuvor erobert hatten. Kurz darauf sah sich Clemens VII. sogar im Vatikan, wo er sich am sichersten fühlte, aufs höchste bedroht. Die Colonna, die mit ihren vielen Festungen einen großen Teil des römischen Umlandes beherrschten und mit dem Kaiser verbündet waren, eröffneten kurzerhand eine zweite Front im Herzen des päpstlichen Herrschaftsgebiets. Ihr Verhältnis zu den Medici war seit längerem zerrüttet. Von kaiserlichen Ratgebern unterstützt, täuschten die Colonna Versöhnungsbereitschaft vor, während sie in Wirklichkeit ihre Truppen südlich von Rom zusammenzogen und den Überfall auf den Papst vorbereiteten. Als die Familienarmee am Morgen des 20. September 1526 die römische Stadtmauer erreichte, waren die Tore unbewacht. Auch bei der Plünderung des päpstlichen Palastes stellte sich ihnen niemand in den Weg. Der Papst, der sich durch die Würde seines Amtes unantastbar geglaubt hatte, konnte im letzten Moment in die Engelsburg fliehen.

Dort blieb er einen Tag lang, dann war der ganze Spuk vorbei. Doch anstatt nach dieser Schreckenserfahrung konsequent auf Frieden zu setzen, machte Clemens weiter, als sei nichts geschehen. Die nächst höhere Gefahrenstufe war erreicht, als Frundsberg und der Mailänder Kommandant Bourbon im Februar 1527, von der Liga weiterhin unbehelligt, ihre Truppen vereinigten und nach Süden zogen, um Beute zu machen. Nach Lage der Dinge hatten sie gar keine andere Wahl. Karl V. blieb den zugesagten Sold weiterhin schuldig, so dass die spanischen und deutschen Söldner, unter ihnen viele Anhänger Luthers, zuerst zu murren und dann offen zu meutern begannen. Frundsberg erlitt beim Versuch, sie durch eine Ansprache zu mäßigen, einen Schlaganfall, der ihn für den Rest des Feldzugs außer Gefecht setzte. Von jetzt an kämpften die Soldaten Bourbons, des einzig übrig gebliebenen Kommandanten, nicht mehr für die Zwecke ihrer Auftraggeber, sondern nur noch um ihr nacktes Überleben. Im eisigen März 1527 ging es von Bologna weiter Richtung Süden, dem Frühling und der Aussicht auf Beute entgegen, die diese verzweifelte Truppe allein noch zusammenhielt. Nur mit viel Geld konnte man die wilde Soldateska jetzt noch aufhalten, wie Bourbon Clemens VII., dem Meistgefährdeten, zu schreiben nicht müde wurde: Zahlt, und wir ziehen ab! Dass sich diese Lösegelder erhöhten, je weiter das Heer Richtung Florenz vorrückte, verstand sich von selbst. In den Gemächern des Vatikans aber spielten sich eigentümliche Szenen ab. Clemens VII., der seit Pontifikatsbeginn Gefahren gewittert hatte, wo keine waren, war jetzt, da die Situation immer bedrohlicher wurde, von unbegreiflicher Zuversicht erfüllt. Ausgerechnet derjenige, der seine Verbündeten durch so viele Winkelzüge vor den Kopf gestoßen hatte, glaubte an die unverbindlichsten Versicherungen, dass man ihn nicht im Stich lassen werde – und das, obwohl die Tatsachen das Gegenteil belegten. Denn der Herzog von Urbino beschränkte sich wie bisher darauf, dem zunehmend unkontrollierbaren Heerhaufen Bourbons in sicherem Abstand zu folgen. Zur Gutgläubigkeit kam jetzt auch noch der Geiz. So großzügig Clemens VII. den Bau und die Ausstattung der Medicikapelle von San Lorenzo auch finanzierte, für alle außerfamiliären Bereiche zeigte er sich zugeknöpft. Das von Bourbon geforderte Lösegeld wurde daher zuerst verweigert und dann, Ende April, so stark heruntergehandelt, dass es die ausgehungerte Söldnerarmee nicht mehr zur Umkehr bewegen konnte.

Zu diesem Zeitpunkt lagerte Bourbon bereits südlich von Florenz. Vom ursprünglichen Plan, die reiche Kaufmannsstadt am Arno zu erobern, nahm der kluge Feldherr wohlweislich Abstand. Francesco Maria della Rovere war nahe heran gerückt; zudem hatten die Angreifer keine Geschütze, die Florentiner aber starke Befestigungen. Innerhalb der Mauern kam es währenddessen zu dramatischen Szenen. In den Straßen rotteten sich bewaffnete Handwerker zusammen, die den Sturz der Medici-Herrschaft forderten. Bei diesen Scharmützeln wurde auch Michelangelos Davidstatue beschädigt; sie verlor durch einen Steinwurf den linken Arm. Doch ihr Ruhm war bereits so groß, das dieses Bruchstück wie eine kostbare Reliquie aufgehoben wurde und später wieder angesetzt werden konnte; unwiederbringlich verloren ging nur der Mittelfinger der rechten Hand. Im Augenblick der höchsten Gefahr schrumpfte die Gefolgschaft der Medici auf einen kleinen, aber harten Kern tatkräftiger Patrizier unter Führung Francesco Guicciardinis und Francesco Vettoris. Sie konnten verhindern, dass aus einem bewaffneten Auflauf ein Bürgerkrieg wurde. Da sich Bourbons Armee anschickte, weiter nach Süden zu ziehen, blieb in der Stadt vorerst alles beim Alten.

Auch jetzt noch hatte der Papst die Möglichkeit, das Unheil abzuwenden. Bis zum letzten Augenblick, als sein Heer schon vor der Aurelianischen Mauer Roms lagerte und auf die Baustelle der Peterskirche blickte, verhandelte Bourbon mit Clemens VII. über ein weiteres Lösegeld als Voraussetzung für den kampflosen Abzug. Doch der von unfassbarer Euphorie beflügelte Papst fühlte sich in seiner Hauptstadt weiterhin sicher und hielt es nicht einmal für nötig, auf diese Angebote überhaupt zu antworten. In letzter Minute hatte er einige Hundertschaften Söldner angeworben und flammende Appelle an die römische Bürgerschaft gerichtet, sich und ihn tapfer zu verteidigen. Doch die römische Stadtgemeinde dachte gar nicht daran, für diesen florentinischen Papst viel zu investieren oder gar zu riskieren.

So begann in den Morgenstunden des 6. Mai 1527 mit dem Sturm auf die Mauern des Borgo, des Viertels um den Vatikan, der später so genannte Sacco di Roma. Gleich bei einer der ersten, noch vergeblichen Angriffswellen wurde Bourbon durch einen Musketenschuss tödlich verwundet. Die Verteidiger glaubten daraufhin, gewonnenes Spiel zu haben. Sie unterschätzten die nach dem Tod des Kommandanten zur Raserei gesteigerte Wut der Landsknechte, die nichts mehr zu verlieren, ihren Gewinn aber vor Augen hatten. Diese erstürmten mit Leitern die Mauern, schlugen Breschen und eroberten nach erbittertem Straßenkampf mit der Schweizer Garde die Peterskirche und den Vatikan. Clemens VII. floh unter dem Schutz der letzten überlebenden Schweizer in die uneinnehmbare Festung der Engelsburg am Tiber. Doch noch waren die zwölf Stadtteile auf der anderen Tiberseite und das Gebiet von Trastevere nicht erobert. Da die Römer wegen der Wiederaufbau-Kosten die Brücken nicht zerstört hatten, wurde diese zweite Etappe der Eroberung für die Söldner zu einem Spaziergang, für die Römer aber zum Spießrutenlaufen. Als sich die Nacht über die Ewige Stadt senkte, waren 55 000 wehrlose Zivilisten der Willkür der feindlichen Söldner ausgeliefert. Um dieselbe Zeit erreichten die Vorauskommandos der Liga-Armee die nördlichen Stadtmauern. Doch Francesco Maria della Rovere sah keinen Grund einzugreifen; seine Soldaten kamen, sahen und kehrten um. Auch in den folgenden Tagen, als die Sieger weiter raubten, erpressten, mordeten und vergewaltigten, hütete sich der Herzog, etwas gegen diesen außer Rand und Band geratenen Feind zu unternehmen. Elf Jahre nach der Vertreibung aus Urbino nahm er auf diese Weise Rache an den Medici. Sie kostete den Papst einige Monate lang die Herrschaft und ungefähr viertausend Römern das

Leben. Dass auch die unselige Geschichte des Julius-Grabmals zu diesem Hass beigetragen hatte, darf als sicher gelten. Die Medici hatten den Della Rovere alles, den Staat und das Ruhmesmonument ihres großen Papstes, rauben wollten. Jetzt erhielten sie dafür die Quittung.

Als die Nachricht vom Fall der Ewigen Stadt am Arno eintraf, waren die Stunden der Medici auch hier gezählt. Ohne die römische Machtbasis brach ihre Vorherrschaft wie ein Kartenhaus zusammen, sie mussten froh sein, mit dem Leben davon zu kommen. Wie ein lange in den Untergrund abgedrängter Strom setzten sich jetzt die Kräfte durch, die Florenz im Geiste des 1498 verbrannten Propheten Savonarola zu einer wahrhaft gottgefälligen Republik umgestalten wollten. Zu Beginn hatten in dem neuen Gemeinwesen, das den Großen Rat von 1494 wieder einführte und damit die Rolle des Mittelstandes stärkte, noch gemäßigte Politiker das Sagen, darunter einige führende Patrizier. Sie waren daran interessiert, die Beziehungen zu Clemens VII. nicht völlig abreißen zu lassen und so die politische Isolation ihrer Stadt innerhalb des italienischen Staatensystems zu verhindern. Doch auf die Dauer hatten sie den von endzeitlicher Erregung ergriffenen Handwerkern und Ladenbesitzern nichts entgegen zu setzen. Für diese war der Medici-Papst der Antichrist und Christus das wahre Oberhaupt der Republik, wie eine Inschrift am Palazzo della Signoria verkündete. Hatte Savonarola nach der ersten Vertreibung der Medici noch eine Versöhnung zwischen den großen Familien und der Mittelschicht versucht, so war von diesem Geist der Eintracht und Befriedung jetzt nichts mehr zu spüren. Im Gegenteil: Die Patrizier wurden als Erfüllungsgehilfen der Medici-Tyrannen angeklagt und mussten um Besitz und Leben fürchten. Wer konnte, versuchte zu fliehen. Doch wohin? Rom kam erst wieder als Refugium in Frage, nachdem die Söldner im Herbst 1528 die gepeinigte Stadt verlassen hatten und die Pest, ihre Hinterlassenschaft, abklang. Paradoxerweise hatte die bedrängte Lage der alten Elite für Clemens VII. und die Seinen auch ein Gutes. Durch den Terror gegen die Reichen und Mächtigen wurden diese in hellen Scharen in die Arme der Medici getrieben. Mit dem entfesselten Volk, das bar aller politischen Vernunft von der Sehnsucht nach der Wiederkehr Christi auf Erden angetrieben wurde, ließ sich kein Konsens mehr finden, geschweige denn eine neue Republik aufbauen.

Der Festungsbaumeister und die Leda

Die Florentiner sahen sich im Mai 1527 vor die Wahl gestellt: für die Republik oder für den Papst? Michelangelo, der weiter an den Grabmälern der «Tyrannen» arbeitete, scheint nicht lange gezögert zu haben. Ungeachtet aller brieflichen Bekundungen ewiger Treue zu Clemens VII. ergab er sich mit Leib und Seele dem neuen, radikalen Gemeinwesen. Die republikanische Gesinnung war stärker als alle Nützlichkeitserwägungen oder gar Loyalitäten. Der zweite Medici-Papst hatte sich, wie Fattucci zu Recht betonte, als ein freigebiger und entgegenkommender Patron erwiesen. Mehr noch: Er hatte das Projekt der «Neuen Sakristei» auch in den dunklen Monaten vor der Eroberung Roms mit einer Hingabe gefördert, die seine Berater zutiefst irritierte. Trafen Neuigkeiten von der Baustelle ein, so fanden alle politischen Erörterungen sofort ein Ende. Für Clemens' Umgebung sah es so aus, als ob die Beschäftigung mit der Familienkapelle die harten Realitäten verdrängen sollte. Dass der Künstler, dem er mit nie versiegender Großzügigkeit so weitgehend freie Hand gelassen hatte, jetzt mit wehenden Fahnen zu seinen Todfeinden überging, muss Clemens hart getroffen haben. Da war es ein schwacher Trost, dass Michelangelos Autorität in diesem neuen Staatswesen zumindest die Zerstörung der Kapelle verhinderte.

Die immer radikalere Republik lud den Papst vor Gericht und verurteilte ihn in Abwesenheit. Zugleich erließ sie, ganz im Geiste Savonarolas, immer strengere Sittengesetze, auch gegen Homosexuelle. Darüber hinaus glaubte sie an die große Aufgabe, die der Prophet ihr schon 1494 gestellt hatte: sich zu reformieren, der Welt das Beispiel einer brüderlich geeinten Gemeinde zu bieten und sie danach im Glauben an die baldige Wiederkehr Christi zusammen zu schließen. Zu diesem Zweck aber hieß es, erst Florenz und dann die Welt vom Bösen zu säubern. Opposition gegen das Regime wurde mit Ketzerei gleichgesetzt. In dieser erregten Atmosphäre war die Zeit der Wunder und Visionen angebrochen. Der Herr – so lautete die Staatsdoktrin – sandte den Seinen Zeichen, um sie im Glauben und im Widerstand gegen die irre gehende Welt zu stärken. Solche Ermutigung hatte Florenz auch dringend nötig. Denn natürlich sah Clemens dem Treiben seiner Feinde nicht tatenlos zu. Wollte er seine Heimatstadt zurückerobern, so musste er dafür die Unterstützung Karls V. gewinnen.

Nachdem 1528 ein Versuch des französischen Königs, das Königreich Neapel, das Erbe der Anjou, zurückzugewinnen, nach viel versprechenden Anfangserfolgen gescheitert war, durfte sich der spanische König und erwählte Kaiser als Schiedsrichter Italiens fühlen. Venedig war nach den wechselvollen Kämpfen gegen die Liga von Cambrai gezähmt; Mailand wurde zwar offiziell von einem Sforza-Herzog regiert, doch stand dieser unter spanischer Kontrolle. Dasselbe galt für den Papst, der soeben mit einem Knebelvertrag aus seiner demütigenden Haft in der Engelsburg entlassen worden war. Neapel und Sizilien waren spanische Vizekönigreiche. So blieb nur noch Florenz, das republikanische Tollhaus, das die *pax hispanica* auf der Halbinsel gefährdete. So bedurfte es keiner großen Anstrengungen des Papstes, um Karl V. für eine militärische Unternehmung gegen die aufrührerische Stadt am Arno zu gewinnen. Schon im Oktober 1529 schloss sich der Belagerungsring um die florentinischen Mauern. Als sich Karl am 24. Februar 1530 in Bologna von Clemens VII. zum Kaiser krönen ließ – einträchtig und harmonisch, als habe es nie einen Sacco di Roma gegeben –, wurde man sich auch über die neue politische Ordnung einig, die nach der Niederringung der Republik an deren Stelle treten sollte. Alessandro de' Medici wurde die Herzogswürde und darüber hinaus die Heirat mit einer unehelichen Tochter Karls, Margarethe von Österreich, versprochen. Diese Eheschließung kam einer inoffiziellen Anerkennung der neuen Medici-Monarchie gleich.

Schon bevor das spanische Heer gegen die Mauern von Florenz vorrückte, hatte das republikanische Regime Vorkehrungen für eine Belagerung getroffen. Dass die Befestigungswerke der Stadt, die aus dem 13. und 14. Jahrhundert stammten, der Schusskraft der modernen Artillerie nicht mehr standhalten würden, hatte schon Clemens VII. erkannt und daher Michelangelo 1526 um eine Begutachtung gebeten. Dass dieser dieselbe Aufgabe jetzt für die Republik übernahm, musste der Papst als ganz besondere Kränkung empfinden. Für den Künstler aber war es das definitive Bekenntnis zum neuen Staat. Am 10. Januar 1529 wurde er in das Gremium der «Nove delle Milizie» berufen, das die Verteidigungsanstrengungen koordinieren sollte. Schon drei Monate später, am 6. April, ernannte ihn die Stadtregierung mit folgender Begründung zum obersten Aufseher der florentinischen Stadtmauern:

> ... in Anbetracht der Tatkraft und Zuverlässigkeit von Michelangelo di Ludovico Buonarroti, unseres Bürgers, und im Wissen, wie er, über seine einzigartigen Fähigkeiten nicht zuletzt in den freien Künsten hinaus, in der Architektur brilliert ..., und da er wegen seiner Liebe zum Vaterland und seiner gegenüber diesem bezeugten Ergebenheit jedem anderen guten, aufopferungsvollen Bürger ebenbürtig ist, eingedenk der Mühe und Sorgfalt, die er bis zum heutigen Tag für dieses Werk gratis und aus Liebe zum Vaterland an den Tag gelegt hat ...[90]

So ehrenvoll die Formulierungen im einzelnen auch klangen, die Lobeshymne auf die untadelige Gesinnung ließ zugleich erkennen, dass man sich der republikanischen Loyalität des Bürgers Michelangelo nicht immer so sicher gewesen war wie zum gegenwärtigen Zeitpunkt. Jetzt aber hatte er die Probe bestanden und das Gütesiegel der republikanischen Zuverlässigkeit verdient. Offensichtlich waren die Machthaber der Meinung, dass es für den ehemaligen Haus-Künstler der Medici jetzt kein Zurück mehr gab. Dass der als habgierig geltende Michelangelo unentgeltlich für die Republik gearbeitet hatte, flößte ihnen mehr als alles andere Vertrauen ein.

Und die Stadtregierung täuschte sich nicht. Michelangelo widmete sich der ihm übertragenen Aufgabe mit wahrem Feuereifer, allerdings auch mit seiner unverwechselbaren Eigenart. Ob Steinbrucharbeiter, Straßenbauer, Fähr- oder Fuhrleute – sie alle hatten von ihm lernen müssen. Warum sollte es bei den Festungsbaumeistern anders sein? Die Vorschläge, die die Florentiner Ingenieure zur Verstärkung der Mauern vorbrachten, verwarf er in Bausch und Bogen und entwickelte stattdessen grandiose Pläne: Um die Stadt dauerhaft zu schützen, wollte er ganze Stadtviertel dem Erdboden gleichmachen und gewaltige neue Bastionen errichten. Seine Zeichnungen, die diese gewaltigen Bollwerke entwerfen, stehen in der Militärarchitektur einzig da (siehe Seite 211). Michelangelos Bastionen waren nicht nur Zweckbauten, sondern patriotische Bekenntnisse in Stein. Sie waren dazu bestimmt, die sakrosankte Republik Florenz und damit zugleich Christus, ihr Staatsoberhaupt, gegen die ruchlosen Feinde der Freiheit und

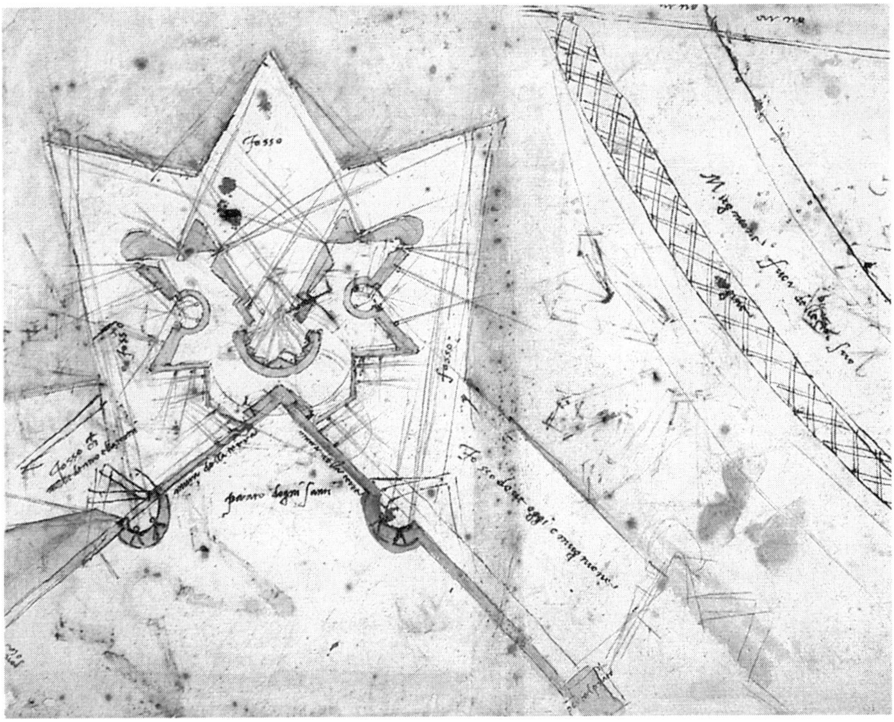

Diese mächtigen Bastionen sollten die gewaltsame Rückführung der Medici in ihre Heimatstadt verhindern. Doch wie so viele Werke Michelangelos blieben auch die kunstvoll entworfenen Festungen unausgeführt. Florenz, Casa Buonarroti

des gottgefälligen Lebens zu schützen. Jede einzelne Skizze atmet diesen Geist und ist zugleich von bezwingender ästhetischer Kraft. Die Pläne hatten nur einen einzigen Nachteil: Ausführbar waren sie nicht. Das Regime hatte während des immer prekäreren Belagerungszustands weder die Zeit noch die Mittel, um derartig aufwendige neue Befestigungsanlagen bauen zu lassen, ganz abgesehen vom Unmut, den der Abriss von dringend benötigtem Wohnraum hervorrufen musste. Dennoch zeigten die Verantwortlichen so viel guten Willen wie möglich und schickten ihren Festungsbeauftragten Anfang August 1529 auf eine Dienstreise nach Ferrara.

Der dortige Herzog Alfonso d'Este galt nämlich als der beste Geschütz-Spezialist Europas; trotz seines hohen Ranges scheute er sich nicht, selbst neue Kanonen zu entwerfen und diese danach eigenhändig zu testen. Für einen um sichere Mauern bemühten Baumeister bot es sich daher an, seine Planungen im Laboratorium dieses Meister-Ballistikers auf ihre Widerstandskraft zu überprüfen. Für Alfonso d'Este seinerseits bedeutete der Besuch des republikanischen Abgesandten Michelangelo die Einlösung lange gehegter Hoffnungen. Seit zwei Jahrzehnten bemühte sich seine Schwester, die ehrgeizige Kunstsammlerin Isabella d'Este, vergebens darum, ein eigenhändiges Werk des Meisters in ihrem prestigeträchtigen Studiolo ausstellen zu können. Jetzt, so schien es, war die Gelegenheit gekommen, in der langen Warteschlange der Möchtegern-Auftraggeber mit einem Schlag an die Spitze vorzustoßen. Die Republik Florenz war auf jede nur erdenkliche Unterstützung angewiesen; und Michelangelo selbst war gut beraten, sich für den Fall der Fälle, das heißt für den Fall der Republik, nach mächtigen Protektoren umzusehen, die ihn vor dem unvermeidlichen Zorn der Medici schützen konnten. So nutzte der Herzog beide Notlagen aus, um bei seinem Gast ein Bild nach seinem Geschmack zu bestellen. Seine Vorlieben waren erotischer Natur. Was also lag näher, als eine Leda mit dem Schwan zu ordern? Dem notorischen Frauenverächter und strengen Moralisten Michelangelo gerade dieses Thema zu übertragen, war eine ganz besondere Pointe, über die nicht nur der Hof zu Ferrara herzlich lachen würde. Alfonso hatte wie so viele Fürstenkollegen sein abgeschiedenes Kabinett für solche leicht anrüchigen Kostbarkeiten. Die Szene, in der Zeus als Schwan mit der schönen Prinzessin Leda, der Gemahlin des Tyndareos, des Königs von Sparta, Kastor und Helena zeugte, war prickelnd genug, um die Sammlung mit anderen pikanten Bildern aufs sinnreichste zu ergänzen.

Darüber hinaus würde diese «Leda» mit den Schöpfungen anderer renommierter Meister, zum Beispiel des Venezianers Tizian, rivalisieren. Solche Wettbewerbe «Wer ist der größte Künstler im Land?» waren eine beliebte höfische Unterhaltung, speziell für hochgestellte Besucher, die man dadurch zugleich beeindrucken und zerstreuen konnte. Den Großmeister der toskanischen Kunst gegen den Vorkämpfer der venezianischen Schule antreten zu lassen, verlieh dieser Konkurrenz einen ganz besonderen Reiz. Zudem war das Leda-Motiv ein Stück Familien-Mythologie. Das Haus Este erfand sich, wie so viele andere vornehme Familien der

Zeit, einen ruhmesträchtigen Stammbaum, der bis in die Zeit des Trojanischen Krieges zurückreichte. Diesen Krieg hatte der Streit um die schöne Helena ausgelöst; deren Zeugungsakt im Bild auszustellen, war also ein diskreter Hinweis auf die Vornehmheit des eigenen Geschlechts. Darüber hinaus hatte das Thema noch einen sehr emotionalen beziehungsweise amourösen Bezug zum Herzog selbst. Seit dem Tod seiner Gattin Lucrezia Borgia im Jahre 1519 war Alfonso Witwer und unterhielt eine Liaison mit Laura Dianti, der schönen Tochter eines Ferrareser Mützenmachermeisters, aus der Kinder hervorgegangen waren. Die Tochter des ehrbaren Handwerkers als Prinzessin und sich selbst, mit gebührendem Rangabstand, als Göttervater malen zu lassen, veredelte diese Beziehung in den Augen des Auftraggebers beträchtlich. Mit anderen Worten: Mit dem Bild der Leda würde Michelangelo dem Herzog einen Herzenswunsch erfüllen.

Zwei weitere Aufenthalte in Ferrara führten dem Künstler vor Augen, wie ratsam es war, Alfonsos Wunsch als Befehl aufzufassen. Am 21. September 1529 hatte Michelangelo Florenz heimlich verlassen, um sich nach Venedig zu begeben. Wie schon 1494 floh er vor der herannahenden Gefahr. Allerdings machte es einen Unterschied, ob sich ein unbekannter junger Bildhauer oder der oberste Festungsbaumeister der Republik bei Nacht und Nebel absetzte. 1529 wurde ihm die Abreise als Fahnenflucht ausgelegt. Doch konnte sich der Künstler nicht nur bei den Päpsten, sondern auch bei den radikalen Republikanern einiges erlauben; auch diese brauchten sein Können und sein Prestige. Wie einst Julius II. baute ihm daher auch die oberste Regierungsbehörde der Dieci di Balìa eine goldene Brücke: Wenn er unverzüglich heimkehre, werde man ihm alles verzeihen. Auf dem Hin- und Rückweg machte Michelangelo jeweils bei Alfonso in Ferrara Station und durfte sich so der Hilfe für den Notfall nochmals versichern. Im Nachhinein wurde diese Flucht unter tätiger Mithilfe des Geflohenen mit mancherlei Anekdoten ausgeschmückt und dadurch beschönigt. Er sei dem Verrat des obersten Befehlshabers Baglioni auf die Spur gekommen, und dieser habe ihm nach dem Leben getrachtet. Michelangelo nennt in einem Brief, den er zehn Tage nach der Flucht an seinen Vertrauten Battista dalla Palla in Florenz schrieb, jedoch ganz andere Gründe.

> Battista, liebster Freund, ich reiste aus Florenz ab – wie Ihr wahrscheinlich wisst –, um mich nach Frankreich zu begeben ... Ich brach auf, ohne einem meiner Freunde auch nur ein Sterbenswörtchen zu sagen, und zudem in großer Unordnung. Und obwohl ich, wie Ihr wisst, auf jeden Fall nach Frankreich wollte und dafür um Erlaubnis bat, ohne diese zu erhalten, war es doch nicht so, dass ich nicht entschlossen gewesen wäre, vorher frei von jeder Furcht das Ende des Krieges abzuwarten. Doch am Morgen des Dienstags, 21. September, kam jemand durch die Porta San Niccolò, wo ich auf den Bastionen war, und flüsterte mir ins Ohr, dass ich auf keinen Fall länger in Florenz bleiben, sondern mein Leben retten solle. Und er ging mit mir nach Hause und speiste dort, brachte mir Pferde und ließ nicht locker, bis ich Florenz verlassen hatte, unter der Beteuerung, das sei für mich das Beste. Ob Gott oder der Teufel – ich weiß nicht, wer das war.[91]

Der Herr des Himmels oder der Hölle: Einer der beiden obersten Gewalthaber musste es schon gewesen sein, darunter tat es der Meister nicht. So wurde kurzerhand ein Notstand konstruiert, dem unbedingt Folge geleistet werden musste. Die Ähnlichkeit zum Alles-stehen-und-liegen-Lassen anno 1506 sticht ins Auge. Andererseits ist die Behauptung, nicht vor den Folgen des Krieges geflohen zu sein, nicht ganz unglaubwürdig. Immerhin kehrte Michelangelo zwei Monate danach in das umkämpfte Florenz zurück und harrte dort, wie angekündigt, bis zum bitteren Ende aus – im Unterschied zum Empfänger des Briefs, der sich im Laufe des Herbstes ins sichere Lucca absetzte und den Freund dringend aufforderte, ihm dorthin nachzufolgen. Überhaupt fehlte es nicht an Asyl-Angeboten, die allesamt ausgeschlagen wurden. So ist die Erklärung des Briefes, dass es sich um eine plötzliche Panikreaktion handelte, immer noch die glaubwürdigste. Nach seiner Rückkehr nahm Michelangelo nicht nur die Arbeiten an den Medici-Grabmälern, sondern auch an den Festungen wieder auf und malte zudem das Bild der Leda, das Alfonso d'Este von ihm erpresst hatte

Am 12. August 1530 musste die ausgehungerte und ausgeblutete Stadt nach tapferem Kampf kapitulieren. Die nachfolgenden Tage dürften die angstvollsten im Leben des Künstlers gewesen sein, der sich – die Darstellungen differieren in diesem Punkt – entweder in einer Kirche oder bei Freunden verborgen hielt. Doch zeigte sich sehr bald, dass er nichts zu befürchten hatte. Ja, Clemens VII. tat geradezu so, als sei nichts gewesen. Schon im Herbst 1530 klangen die Briefe, die zwischen dem Papst beziehungsweise dessen Beauftragten und dem Künstler gewechselt wurden, fast wie fünf Jahre zuvor: Der Papst will um jeden Preis, dass die Grabmäler der Seinen fertig gestellt werden. Um den Stand der Arbeiten in Augenschein zu nehmen, werde der mit Clemens verschwägerte Kardinal Cibo nach Florenz geschickt. Michelangelo solle doch bitte so freundlich sein, an diesem Tag seine Arbeit ruhen zu lassen und den hoch gestellten Abgesandten in die «Neue Sakristei» zu führen. Selbst an den vertrauten Ton, wie er vor der Vertreibung der Medici geherrscht hatte, knüpfte die römische Seite jetzt an:

> Liebster Michelangelo, unser Herr (= Clemens VII.) trägt mir auf, Euch zu sagen, dass der Mensch nicht vom Brot alleine lebt, sondern dass man sich das Leben durch mancherlei Dinge erhalten soll – Dinge, die Euch wie unzähligen anderen die Soldaten weggenommen haben. Diese kann man zwar nicht zurückholen, doch steht der Papst mit seinem Geld für Euch ein, und so viel Ihr wollt, steht zu Eurer Verfügung, jetzt oder durch meine Vermittlung etwas später.[92]

Das Verhalten dieses politisch so unberatenen Papstes gegenüber Michelangelo beeindruckt durch seine Menschlichkeit. Gewiss, Clemens VII. war vom Projekt der «Neuen Sakristei» geradezu besessen, doch zeugt die Art und Weise, wie hier alles vergessen und verziehen wurde, von menschlicher Größe.

Michelangelo aber – das hatte Alfonso d'Este kurz zuvor erfahren müssen – war aus anderem Holz geschnitzt. Im Oktober 1530 hatte eine Nachricht des Meisters die kühnsten Hoffnungen des Herzogs genährt, wie dessen Brief bezeugt:

> Liebster Freund, Alessandro Guarino, mein ehemaliger Botschafter in Florenz, hat mir zu verstehen gegeben, was Ihr ihm in Sachen des für mich geschaffenen Bildes aufgetragen habt, worüber ich mich sehr freue. Und da ich seit langem ein Werk von Eurer Hand in meinem Hause zu haben wünsche, wie ich Euch mündlich mitteilte, bin ich begierig darauf, dieses zu sehen. Zu diesem Zweck sende ich extra den Überbringer dieses Briefes, meinen Diener namens il Pisanello, und bitte Euch, ihm das Bild mitzuge-

> ben ... Und bitte nehmt keinen Anstoß daran, dass dieser Euch keine Bezahlung überbringt, denn ich habe weder von Euch erfahren, wie viel Ihr dafür wollt, noch kann ich es meinerseits, ohne es gesehen zu haben, in seinem Wert einschätzen. Doch verspreche ich Euch, dass Ihr diese Anstrengung um meinetwillen nicht umsonst auf Euch genommen habt. Und Ihr tut mir einen sehr großen Gefallen, wenn Ihr mir schreibt, wie viel ich Euch schicken soll, denn ich halte Euer Urteil bei einer solchen Schätzung für viel sicherer als meines; und über den Preis Eurer Mühe hinaus versichere ich Euch, dass ich mich stets darum bemühen werde, Euch zu Gefallen und nützlich zu sein, so wie es meiner Ansicht nach Euer hoher Wert und Eure seltene Schöpferkraft verdienen. Und so biete ich Euch aufrichtig für jetzt und immerdar an, alles was Euch genehm ist, für Euch zu tun.[93]

Das war ein Patronage-Angebot, wie es im Buche steht. Einer der angesehensten und mächtigsten Herrscher Italiens trug Michelangelo seine Protektion auf dem Silbertablett an. Ohne Tücken war das Schreiben dennoch nicht. Man kann sich des Eindrucks nicht erwehren, dass der Herzog den Künstler auf die Probe stellen wollte. So wie der Leda-Auftrag zustande gekommen war, nämlich im Zeichen von Not und Bedrängnis, hätte Michelangelo dem höfischen Ehrenkodex gemäß eigentlich gratis für den Herzog arbeiten müssen. Alfonso wollte mit diesem Schreiben offenbar sondieren, ob der Meister diese Verpflichtung anerkannte und bereit war, auf sein Honorar zu verzichten. Doch das war, wie sich alsbald zeigen sollte, eine gefährliche Strategie. Mit Michelangelo spielte man solche Spiele nicht ungestraft.

Die Episode zu schildern, die sich zutrug, als «il Pisanello» an Michelangelos Haustür klopfte, um das heiß ersehnte Kunstwerk in Empfang zu nehmen, machte seinen höfischen Biographen seit jeher die größte Mühe. Streicht man alle anekdotischen Einkleidungen weg, dann stehen die folgenden Fakten fest: Michelangelo verweigerte dem Boten des Herzogs mit beleidigender Schroffheit das Bild und schenkte es stattdessen einem Gehilfen, der dringend Geld brauchte. Laut Condivi, der damit Michelangelos eigene Darstellung wiedergeben dürfte, hatte Alfonsos Abgesandter den Künstler, ja die Kunst selbst gekränkt, als er das Bild wegen seines kleinen Formats gering einschätzte.

> Und von Michelangelo, der wusste, dass jeder nach seiner Tätigkeit zu urteilen pflegt, befragt, welches denn sein eigenes Gewerbe sei, entgegnete dieser grinsend: Oh, ich bin Kaufmann!, vielleicht aus Ärger darüber, von Michelangelo nicht als der Edelmann erkannt worden zu sein, der er war, und aus Verachtung für den Gewerbefleiß der Florentiner, von denen die meisten mit Handel ihr Geld verdienen, als wenn er sagen wollte: Du fragst mich nach meinem Beruf – hältst du mich etwa für einen Kaufmann? Darauf sagte Michelangelo: Ihr treibt für Euren Herrn schlechten Handel, macht, dass Ihr weg kommt![94]

Die Geschichte erscheint durchaus glaubwürdig: Michelangelo, der die Ehre seines Hauses längst wiederhergestellt glaubte, sah sich in seiner Reputation gekränkt. Und doch kann das nicht die ganze Wahrheit sein. Der Künstler wusste sehr wohl zwischen der Unverschämtheit eines Boten und den Absichten seines Herrn zu unterscheiden. Wenn er den Herzog tödlich beleidigte, dann mussten die Ursachen in dessen Verhalten zu finden sein. Und das sind sie auch. Wiederum laut Condivi hatte der Herzog bei Michelangelos erstem Aufenthalt in Ferrara im August 1529 etwas gesagt, das besser unausgeprochen geblieben wäre:

> Aber als Michelangelo abreisen musste, sagte ihm der Herzog spöttisch: Michelangelo, Ihr seid mein Gefangener. Wenn Ihr wollt, dass ich Euch frei lasse, müsst Ihr etwas Eigenhändiges für mich schaffen, ob eine Skulptur oder ein Bild, das überlasse ich Euch.[95]

Dazu kam weiterer Groll. Der Künstler dürfte kaum vergessen haben, dass Alfonso den Kopf der bronzenen Julius-Statue als eine Art hämische Trophäe aufbewahrte. Zudem war er Florenz in der Stunde der Not ungeachtet aller Versprechungen nicht zu Hilfe gekommen. So ergab sich die einmalige Gelegenheit, nicht nur einem Mächtigen, der es verdiente, die tiefste Verachtung zu bezeugen, sondern sich zugleich wie ein wahrer Herrscher zu verhalten. Daher wurde das kostbare Bild nicht, wie es ein gieriger Kaufmann getan hätte, zu Geld gemacht, sondern einem bedürftigen Mann aus dem Volke geschenkt. So handelte ein wahrer Aristokrat, mochte sich der Herzog ein Beispiel daran nehmen. An dessen großspurig angebotenem Schutz bestand zudem kein Bedarf mehr. Michelangelo hatte die beruhigenden Zusicherungen der Medici erhalten; die Protektion Alfonsos, der sich vor und nach dem Sacco di Roma dem Papst gegenüber feindlich gezeigt hatte, wäre jetzt nur noch kompromittierend. So spricht alles dafür, dass die Zurückweisung des tumben Agenten an der Haustür nur der Höhepunkt einer von langer Hand geplanten Inszenierung war.

Dem Bild, das seinem Auftraggeber auf so beleidigende Weise vorenthalten wurde, ist diese Verweigerung letztlich zum Verhängnis geworden. Antonio Mini, der glückliche Empfänger, hatte nichts Eiligeres zu tun, als das kostbare Geschenk zu Geld zu machen. Das Bild wechselte daraufhin an den französischen Hof, wo es 113 Jahre später auf Befehl der Königinwitwe Anna von Österreich, der Mutter Ludwigs XIV., wegen seiner angeblichen Laszivität verbrannt wurde. Michelangelo, der sittenstrenge Asket, als Schöpfer mythologisch verbrämter Pornographie? Ein Urteil lässt

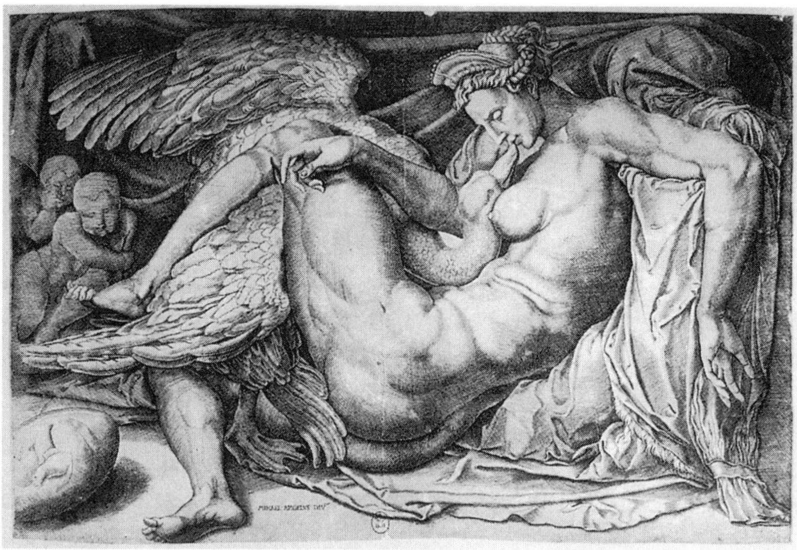

Das Bild der Leda mit dem Schwan hatte der Herzog von Ferrara bei Michelangelo bestellt. Doch aus Verärgerung über den Auftraggeber schenkte es dieser einem Diener. Ob der Herzog, der ein Faible für erotische Kunst hatte, auf seine Kosten gekommen wäre, lassen die Kopien des 1643 verbrannten Bildes bezweifeln. Cornelis Bos nach Michelangelo, Paris, Bibliothèque nationale

sich nur nach späteren Kopien fällen. Sie legen nahe, dass die bigotte Königinmutter einem Fehlschluss erlegen ist und der lüsterne Herzog ohnehin nicht auf seine Kosten gekommen wäre. Denn die geschlechtliche Vereinigung von Tier und Mensch wird nicht lustvoll oder gar rauschhaft, sondern stumpf, wie betäubt, vollzogen. Dabei erinnert die linke Hand der Leda mit ihrem gekrümmten Zeigefinger an den Adam des Sixtina-Gewölbes, der der Beseelung durch den Herrn harrt. Hier aber wird der seelenlose Akt der Sodomie wie auf einer Schaubühne im Reich der Finsternis präsentiert, ja, wie ein zweiter Sündenfall dargestellt, dem Putten mit düsterem Gesichtsausdruck beiwohnen. Da sich – Vorwegnahme der Folgen – hinter der Schale des Eis bereits die Umrisse der Nachkommenschaft abzeichnen, wird der Fluch der Sünde, das heißt die fleischliche Gier als Wurzel aller Übel, bis zum Ende der Zeit fortdauern. Auf diese Weise wäre das Bild selbst eine subtile Rache am Auftraggeber und seiner Themenwahl gewesen.

So glimpflich wie Michelangelo war seine Familie nach dem Untergang der Republik nicht davon gekommen. Sein Bruder Buonarroto, so lange der Hauptansprechpartner des Künstlers in Familiensachen, war schon 1528 der Pest-Epidemie zum Opfer gefallen, die als Folge der Plünderung Roms Italien verheerte. Und nach Jahrzehnten des Jammers über mehr oder weniger fiktive Bedrängnisse lernte auch der sechsundachtzigjährige Ludovico in diesen Jahren des Umsturzes und des Krieges echte Not kennen. Doch stand auch ihm der Papst verlässlich zur Seite, so dass das Schlimmste bald überstanden war. Allerdings überlebte Michelangelos Vater, wie er sich seit langem selbst nannte, den Untergang der Republik nicht allzu lange. Er starb 1531 in Settignano. Briefliche oder sonstige Äußerungen seines großen Sohnes liegen dazu nicht vor.

Die Republik, der Herzog und die Bibliothek

Schon während der langen Belagerung von Florenz hatte Clemens VII. seine Berater aufgefordert, Pläne für die politische Zukunft von Florenz zu entwerfen. Befolgt wurden schließlich die Vorschläge Francesco Vettoris, der in einer Reihe von Memoranden präzise Umrisse der künftigen sozialen und politischen Ordnung zeichnete. Sie sind ein Dokument der vollständigen Desillusionierung. Ihr Fazit lautete: Die Republik hat ausgedient. Patrizier und Mittelstand sind von so unversöhnlichem wechselseitigem Hass beseelt, dass jede gemeinsame Regierung in Mord und Totschlag enden muss. Eine Herrschaft der großen Familien alleine aber kommt auch nicht in Frage, denn die kleinen Leute sind auf den Geschmack an der Politik gekommen; freiwillig lassen sie von dieser Leidenschaft nimmermehr ab. Also heißt es hier, tabula rasa zu machen. Der Große Rat, Geist vom Geist Savonarolas, wurde deshalb ersatzlos gestrichen. Selbst die altehrwürdige Signoria, die alle zwei Monate neu gewählte Stadtregierung, fand keine Gnade. Es war besser, sie abzuschaffen, als sie mit Scheinkompetenzen fortbestehen zu lassen. Eine solche Aushöhlung würde nur die Sehnsucht nach der Wiederherstellung der ursprünglichen Machtbefugnisse wecken. Auch was die Treuebindungen der Florentiner an die Medici betraf, fiel Vettoris Einschätzung düster aus – als ob ihm Michelangelo dafür Modell gestanden hätte. Selbst lebenslange Förderung, so Vettori, garantiere keine dauerhafte Loyalität mehr; die jüngeren Generationen waren gewohnt, die Hand aufzuhalten, aber nicht mehr bereit, selbst zu geben. Deshalb durften sich die Medici nicht mehr, wie noch zu Zeiten Cosimos und Lorenzos, darauf beschränken, durch Mittelsmänner Macht auszuüben. Zweimal hatte die Erfahrung gelehrt, dass auf diese in der Stunde der Not kein Verlass war; eine dritte Probe aufs Exempel durfte es nicht geben. Daher musste sich der neue Staat vorrangig auf militärische und polizeiliche Macht gründen. Das hieß konkret, die Florentiner zu entwaffnen und selbst eine schlagfähige Truppe zu unterhalten, die Unruhen im Keim unterdrücken würde. Doch Gewalt alleine konnte nicht ausreichen. Bei aller Stärke und ungeachtet aller Drohgebärden musste das neue Medici-Regime so viele Interessen von Gruppen, Korporationen und einflussreichen Individuen wie möglich bedienen. Nur dann würde die Mehrheit das politische Gebilde annehmen und sich mit ihm identifizieren. Da in der untergegangenen Republik so viel Abschaum nach oben gespült worden war, dessen Hauptvergnügen darin bestand, unter dem Deckmantel des Staatsinteresses die Mitbürger zu schikanieren, musste auch dafür ein Auffangbecken geschaffen werden. Im Rat der Zweihundert durften diese Parvenüs die Kunst der Speichelleckerei lernen und sich dadurch für höhere Aufgaben qualifizieren. Der Spitze der Machtpyramide kamen ein Senat von achtundvierzig Patriziern und ein Kollegium von vier Räten nahe. Wer es so weit gebracht hatte, durfte sich zu den neuen *primi* zählen.

Ganz oben aber stand der neue Herzog von Florenz, genauer: der Herzog der Republik Florenz. Als solcher war er ein politisches Zwitterwesen. Der Grund für die paradoxe Kombination lag darin, dass Karl V. der Stadt während der Belagerung – in der Hoffnung, sie zur Aufgabe zu bewegen – versprochen hatte, ihre Freiheit auch nach der Kapitulation zu schützen, und ein kaiserliches Ehrenwort musste gehalten werden. Zugleich erwies sich der Begriff Freiheit als dehnbar. Der Herzog würde die Kontrolle über alle sozialen Schichten, Korporationen und Ämterkollegien ausüben, doch diesen zugleich so viel Selbstverwaltung wie möglich übertragen. Wenn sie diese unter seinem wachsamen Auge nicht missbrauchten, sondern zur Stabilisierung des neuen Machtgefüges einsetzten, würde dieses reibungslos funktionieren. Zu diesem Zweck sollte auch die Justiz so wenig wie möglich in den Alltag der kleinen Leute eingreifen. War eine solche Intervention unvermeidlich, sollten die Urteile möglichst milde ausfallen. Florenz wurde so – dem Geiste Savonarolas widersprechend – zum einzigen Ort Europas, an dem Homosexualität nicht mit der Todesstrafe belegt wurde, sondern als Bagatelldelikt galt. Billiges Brot und öffentliche Unterhaltung in Form religiöser und kommunaler Feste sollten das Volk bei Laune halten. Auf diese Weise behielten die führenden Familien unter der strikten Aufsicht des Herzogs das Monopol auf die Spitzenpositionen des Staats und damit auch ihren sozialen Einfluss. Doch sollten diese Freiräume niemanden täuschen. Der Herzog hatte die ungeteilte militärische und diplomatische Macht; ihm war die Besetzung der führenden Ämter vorbehalten. Und er allein hatte die Propaganda-Hoheit. Wer diesen Pakt in Frage stellte, musste mit harten Sanktionen rechnen; so milde die Rechtsprechung auch ausfiel, auf unbeugsame Republikaner lauerten gedungene Mörder. Die Mitläufer der gestürzten Republik aber, die sich reuig bekehren ließen, durften darauf hoffen, dass sie bei guter Führung wieder in Gnaden aufgenommen würden. Für oder gegen die neue Ordnung: Auch Michelangelo musste sich entscheiden.

So klug das neue System auch auf die Erwartungen, Hoffnungen und Ängste der Florentiner zugeschnitten war, eine Schwachstelle hatte es dennoch: die Person des Herzogs. Dessen waren sich Clemens VII. und seine Ratgeber leidvoll bewusst. Das Oberhaupt des neuen Staates musste mit Autorität und Entgegenkommen, mit Energie und Fingerspitzengefühl, mit Fürsorge und Abschreckung zugleich regieren. Das war keine leichte Aufgabe. Für sie war – glaubte man den Zeitgenossen – niemand ungeeigneter als der einzige, der dafür zur Verfügung stand: Alessandro de' Medici. Wie kein anderes Mitglied seiner Familie hat er in Florenz Hass erregt. So ist es bis heute schwer, sich einen unvoreingenommenen Eindruck von seiner immerhin sechseinhalbjährigen Regierung zu verschaffen. Spuren im Stadtbild hat nur sein wichtigstes Bauvorhaben hinterlassen: die gewaltige Fortezza da Basso bei Santa Maria Novella. Mit dieser finsteren Zwingburg, in der sich die herzogliche Terrortruppe verschanzte, fand die republikanische Freiheit – so die Gegner – ihr trauriges Ende. Doch war die Bedrohung, die von dieser florentinischen Bastille ausging, eher symbolisch als real. Als gesichert darf darüber hinaus gelten, dass sich Alessandro durch seine Umgangsformen bei den führenden Familien schnell unbeliebt machte; sein Auftreten war nicht fürstlich, sondern herrisch. Vor allem aber beachtete er Machiavellis wichtigste Vorsichtsmaßregel des klugen Fürsten nicht: Hände weg von den Frauen der Untertanen! Andererseits konnte der zwanzigjährige Herzog unbefangen und leutselig mit Leuten aus dem Volk plaudern, deren Vergnügungen er teilte. Lenkbar durch seine Ratgeber aber war er nicht. Im Gegenteil: Er brachte seine Berater, die ihn im Auftrag des Papstes beaufsichtigen sollten, durch seine Kapriolen, Streiche und Abenteuer zur Verzweiflung. Vettori brachte es mit dem ihm eigenen Galgenhumor auf den Punkt: Was sollte man mit einem Herzog anfangen, der nachts mit Strickleitern in die Schlafzimmer verheirateter Patrizierinnen kletterte? Alessandros kluge Gattin Margarethe von Österreich erlebte ebenso wie ein Großteil der Führungsschicht traumatische Jahre. Als bedrückend und am Ende erdrückend empfand auch Michelangelo die neuen Machtverhältnisse. Die von ihm selbst in Umlauf gebrachte Überlieferung besagt, dass der unstete Herzog den großen Künstler aus tiefstem Herzen gehasst und zu beseitigen geplant habe. Sichere Zeugnisse dafür gibt es jedoch nicht.

Vorerst aber blieb Michelangelo im Florenz des «Tyrannen». Dort arbeitete er an den Grabmälern der «Neuen Sakristei» mit einer Besessenheit, die den Papst um die Gesundheit des Meisters fürchten ließ. Allerdings übermittelte Clemens seine Aufforderungen, sich bei aller Hingabe an das Werk zu schonen und mit seinen Kräften hauszuhalten, nicht mehr selbst, sondern durch die üblichen Beauftragten. Die Zeiten der direkten Kommunikation von Melancholiker zu Melancholiker waren nach allem, was vorgefallen war, vorbei. Doch hatte Michelangelos leidenschaftliches Engagement für die letzte Republik seinem Marktwert auch unter den engsten Anhängern der Medici nicht geschadet, wie dieser Brief vom 1. Juli 1531 zeigt:

> Unser liebster Herr Michelangelo, Benvenuto della Volpaia hat uns davon unterrichtet, dass Ihr Euch liebenswürdigerweise dazu bereit erklärt habt, ein Bild für uns zu malen, wie er es mit Euch besprochen hat. Dafür sind wir Euch umso mehr zu unendlichem Dank verpflichtet, als Ihr mit so vielen anderen Arbeiten beschäftigt seid .... Und wir bitten Euch zu glauben, obwohl unsere Autorität gering ist, dass alles, was wir haben, ausgegeben werden wird, um Euch zufrieden zu stellen – wie Ihr an den Tatsachen sehen werdet, die wir mit noch so vielen Worten nur unvollkommen ausdrücken können. Und seid ganz sicher, dass Ihr uns am Herzen liegt wie unser eigenes Leben, so sehr haben uns Eure herausragenden, einzigartigen, eher göttlichen als menschlichen Fähigkeiten schon jetzt verpflichtet.[96]

Leidenschaftlicher und zugleich demütiger konnte man nicht um Werke von der Hand des Meisters bitten. Derjenige, der sich aus lauter Bewunderung klein machte, war in Wirklichkeit ein großer Herr: Kardinal Giovanni Salviati, aus vornehmster Florentiner Familie und mit dem Papst verschwägert. Wer Arbeiten von Michelangelo wollte, befleißigte sich jetzt einer ausgeklügelten höfischen Sprache. Um den Meister günstig zu stimmen, lobte man von jetzt an seine Unvergleichlichkeit in Ausdrücken der höchsten Verzückung, die dem Wortschatz der platonischen Liebe und der Frömmigkeit entlehnt waren. Offensichtlich hatte sich die Abfuhr Herzog Alfonsos herumgesprochen.

Die Unterstützung Clemens' VII. und anderer einflussreicher Prälaten hatte zur Folge, dass sich Michelangelo in Form eines neuen – des inzwischen vierten – Vertrags über das Julius-Grabmal gegen die immer drängenderen Forderungen des Herzogs von Urbino wehren konnte. Dieses Abkommen von 1532 verschaffte ihm Rechtssicherheit, Atempausen sowie eine beträchtliche Verringerung der Arbeitslast, und das alles ohne finanzielle Einbußen, das heißt Rückzahlungen der Vorschüsse. Der wichtigste Unterschied gegenüber den vorangehenden Entwürfen bestand darin, dass das Monument jetzt nicht mehr für die Peterskirche beim Vatikan, sondern für Julius' ehemalige Kardinalstitelkirche San Pietro in Vincoli in der Nähe des Kolosseums geschaffen werden sollte. Eine Aufstellung in der vatikanischen Basilika war zu diesem Zeitpunkt angesichts der stockenden Bauarbeiten illusorisch. So spiegelt die lange Planungsgeschichte einen eigentümlichen Schrumpfungsprozess wider: Je länger der zeitliche Abstand zum Pontifikat Julius' II. wurde, desto mehr nahm die Erinnerung an den «schrecklichen» Papst und mit ihr die Stellung der Della Rovere an der Kurie ab. Die Übertragung des Monuments in die relativ unbedeutende Kirche in einem abgelegenen Stadtviertel schwächte die Position der Erben zusätzlich. Dass sie mit der Verlegung trotzdem einverstanden waren, zeigt, welche Bedeutung die ruhmvolle Erinnerung an Julius' II. für sie besaß: Lieber ein prächtiges Grabmal an der Peripherie als auf absehbare Zeit gar keines.

Michelangelos Präferenz lautete anders. In einem Brief an Sebastiano del Piombo, der in seinem Namen die Unterhandlungen mit den Della Rovere führte, nahm er im August 1531 erneut kein Blatt vor den Mund:

> Was das Grabmal Julius' II. betrifft, so habe ich, wie Ihr mir schreibt, oft darüber nachgedacht; es gibt, so scheint mir, zwei Wege, sich dieser Verpflichtung zu entledigen. Der eine Weg wäre, das Grabmal zu machen, der andere, ihnen das Geld zurückzugeben, damit sie den Auftrag neu vergeben. Von diesen beiden Möglichkeiten heißt es nun, die zu wählen, die dem Papst zusagt. Ihm aber wird es nicht gefallen, wenn ich das Grabmal mache, denn dann könnte ich mich seinen Sachen nicht widmen. Also müsste man – das heißt Giulio (= Clemens VII.) – sie (= die Della Rovere) überreden, dass sie das Geld nehmen und es von jemand anders machen lassen. In diesem Fall würde ich ihnen Zeichnungen, Modelle und alles, was sie sonst noch wollen, geben, dazu die bereits von mir bearbeiteten Marmorblöcke sowie zweitausend Dukaten – so würde man daraus, glaube ich, ein schönes

> Grabmal machen können. Zudem gibt es junge Leute, die es besser machen würden, als ich es machen würde.[97]

Das waren bekannte und unbekannte Töne. Dass Clemens VII. die Erben Julius' II. in Schach halten sollte, entsprach Michelangelos Logik und Selbstverständnis: Wer etwas von mir will, muss etwas dafür tun. Neu war die Bescheidenheit, die hier anklang: Warum muss es unbedingt ich alter Mann sein, wenn es so viele tüchtige Nachwuchskräfte gibt, die mich längst überflügelt haben? Hatte der Meister, der so lange nichts und niemanden hatte gelten lassen, wirklich abgedankt? Sich im Angesicht allzu großer Verpflichtungen klein zu machen, konnte sinnvoll sein. Ein rein taktisches Argument war auch, dass der Wille des Papstes dem Künstler Befehl sei; vorgebracht wurde es, wie der Papst aus leidvoller Erfahrung wusste, immer dann, wenn Michelangelo seine eigenen Interessen damit bemäntelte. So spricht nichts für Demut, sondern alles für Ironie: Sollten die Della Rovere doch jemanden finden, der ihn, Michelangelo, ersetzen konnte!

Parallel zu den Medici-Grabmälern in der «Neuen Sakristei» konnte sich Michelangelo jetzt, da die Machtverhältnisse in Florenz ein für alle Mal geklärt schienen, dem dritten Großprojekt widmen: der Biblioteca Laurenziana, deren Entwürfe in der Korrespondenz mit Clemens VII. aus den Jahren 1525 und 1526 ausführlich diskutiert worden waren. Die «libreria» – so die Kurzbezeichnung im Briefwechsel zwischen Künstler und Auftraggeber – war für die Medici ein Prestigeprojekt par excellence (siehe Tafel 26 und 27). Einen prachtvollen Schrein für die kostbaren lateinischen und griechischen Manuskripte des Altertums zu errichten, das hieß, den *studia humanitatis,* den Forschungen und Publikationen der Humanisten, zu huldigen, die die Weisheitsschätze der Antike für die Gegenwart nutzbar machten. Daher war ein repräsentativer Lesesaal für die Gelehrten vorgesehen, die hier ihre Studien betreiben sollten. Derjenige, der diesen herrlichen Kultort der Wissenschaften erbauen ließ, war für alle Zeit nicht nur als Förderer der Kultur, sondern auch als gottgefälliger Herrscher legitimiert. Dass Frömmigkeit und Gelehrsamkeit eine harmonische Einheit bildeten, stellte schon die Platzierung der Bibliothek symbolisch unter Beweis. Sie sollte nämlich in den Kreuzgang des Klosters von San Lorenzo, direkt über den Zellen der Mönche, eingefügt werden. Michelangelo musste daher auf die alten Baulichkeiten Rücksicht nehmen und eine Reihe statischer Probleme lösen.

Dies gelang ihm dadurch, dass er den lang gestreckten Studiensaal so leicht wie möglich gestaltete, nämlich außen durch Säulen und innen durch Pfeiler, beide aus dem grauen Material der so genannten *pietra di Firenze,* abstützte. Diese Pfeiler gliedern die Wand und verleihen ihr zugleich mit der erhöhten Basis, auf der sie ruhen, eine vertikale Dimension. Sie setzen sich in der Holzdecke fort, wo die Balken eine Reihe von Rechtecken bilden. Deren Ornamentschmuck wird auf dem nicht minder erlesen gestalteten Fußboden wieder aufgenommen. Michelangelo war sich selbst für die Entwürfe der Bänke, in denen die kostbaren Manuskripte aufbewahrt wurden, nicht zu schade. Zugleich sollten sie den Benutzern alle nur denkbare Bequemlichkeit bieten. Geschnitzt wurde das Prunkmobiliar nach seinen Anweisungen im Sommer 1533. Für die äußeren Bauteile der Bibliothek sahen die Planungen einen monumentalen Zugang und eine Wandgliederung vor. Deren Elemente bildeten eine neue, ganz und gar «unklassische» Formensprache, die den approbierten Regeln der an der Antike geschulten Baukunst widersprach.

Unten scheinen die Konsolen und Voluten die darüber stehenden Säulenpaare in ihren engen, schattenerfüllten Nischen zu tragen und damit die statischen Gesetze umzukehren. Nicht minder verblüffend sind die mit beträchtlicher Raumtiefe versehenen blinden Fenster gestaltet. Die sie umrahmenden Pilaster sind am Grunde schmaler als an der Spitze, was den Eindruck des dynamischen Emporstrebens verstärkt. Die darüber angebrachten Nischen hingegen scheinen zwischen Giebel und Fenstergesims regelrecht erdrückt zu werden. Den durch diese antagonistischen Kräfte erzeugten Eindruck von Spannung unterstreicht die monumentale, aus ovalen, geschwungenen und viereckigen Stufen zusammengesetzte Treppenanlage, die allerdings erst 1558 nach einem ganz neuen Entwurf des Meisters gebaut wurde. Nach seiner Eröffnung im Jahre 1571 zeigte das neue Heiligtum der antiken Studien der Welt, was Bildung für Michelangelo bedeutete: nicht harmonisches Ausruhen auf sicheren Gefilden der Überlieferung, sondern unablässiges Ringen um Erkenntnis.

4 DER HERR DER KÜNSTE (1534–1549)

Das Licht der Welt

Ende September 1534 verließ Michelangelo Florenz für immer und ging nach Rom. Sein Aufbruch war wie so oft überstürzt. Warum? Der Künstler selbst verbreitete die Version, dass ihm der unberechenbare Herzog Alessandro nach dem Leben getrachtet habe. Doch gab es außer der Angst – wie begründet sie auch gewesen sein mag – weitere Gründe, die für eine Übersiedlung in die Ewige Stadt sprachen. Michelangelo hatte nach dem Tode des Vaters 1531 keine unmittelbaren familiären Fürsorgepflichten mehr. Zudem waren die Arbeiten in der Grabkapelle der Medici so weit vorangeschritten, dass das Restprogramm auch von anderen Bildhauern nach den Anweisungen des Meisters erledigt werden konnte.

Doch der bei weitem wichtigste Grund für den Umzug nach Rom war Tommaso Cavalieri, der Empfänger dieses Briefes vom Dezember 1532.

> Doch da ich vom Strand aufgebrochen bin, da mir kein dürftiger Fluss, sondern der weite Ozean mit seinen hohen Wogen erschienen ist, so würde ich, um von diesen nicht völlig verschlungen zu werden, nur allzu gern an die Gestade zurückkehren, von denen ich ausging. Doch da ich nun einmal hier bin, werde ich mir ein Herz fassen und voranschreiten. Und wenn ich nicht die Kunst beherrsche, durch die Meereswogen Eures kühnen Geistes zu segeln, so wird mich dieser entschuldigen und sich weder über mein Ungenügen empören noch von mir verlangen, was nicht in mir ist. Denn wer in allem allein ist, wird nirgendwo Gefährten haben. So aber könnt Ihr, als Licht unseres Zeitalters einzigartig in der Welt, Euch mit keinem anderen Werk zufrieden geben, da Ihr ihresgleichen auf Erden nicht ansatzweise findet. Wenn aber dennoch von meinen Sachen, die ich zu machen hoffe und verspreche, etwas Gnade vor Ihren Augen findet, so werde ich diesen

> Erfolg eher unverdientem Glück als Verdienst zuschreiben ... Lest im Herzen und nicht im Brief, denn «die Feder kann der Fülle des Gefühls nie nahe kommen». Ich muss mich entschuldigen, dass ich mich zuerst über Euren so weit ausgreifenden Geist zutiefst erstaunt zeigte – erst danach erkannte ich, in welchem Irrtum ich befangen war. Denn so wie man sich darüber zu verwundern hat, dass Gott Wunder bewirkt, so muss man darüber erstaunen, dass Rom göttliche Männer hervorbringt. Das aber kann das ganze Universum bezeugen.[98]

Cavalieris Bekanntschaft hatte Michelangelo kurz zuvor bei einem Besuch in Rom gemacht. Dieser war für ihn, wie das Schreiben zeigt, durch die Fülle von Geist und Kunstsinn eine göttliche Offenbarung in der Hülle eines sterblichen Menschen. Für die anderen war dieser ein schöner junger Mann aus guter Familie mit guter Bildung und guten Manieren – nicht weniger, aber auch nicht mehr. Ja, der Vergötterte selbst dürfte kaum geahnt haben, welche erhabenen Eigenschaften in ihm schlummerten.

> Ich habe von Euch einen Brief erhalten, wie ich ihn nie und nimmer erhoffen durfte, gerade deshalb aber umso dankbarer annehme. Nicht erhoffen, sage ich, weil ich mich für gänzlich unwürdig erachte, dass jemand von Eurem Rang mir schreibt. Was Euch Pier Antonio (= Pier Antonio Cecchini, Michelangelos römischer Sachwalter) zu meinem Lob gesagt hat und meine Arbeiten betrifft, die Ihr mit eigenen Augen gesehen habt und für die Ihr mir so viel Anerkennung erweist, so entgegne ich Euch, dass sie völlig unzureichend dafür sind, dass ein so großer Mann wie Ihr, der auf Erden nicht seinesgleichen findet, den Wunsch verspüren könnte, mir, einem Jüngling, der die Welt gerade erst betreten hat und daher so unwissend wie nur möglich ist, zu schreiben. Doch will ich damit keineswegs sagen, dass Ihr ein Lügner seid. Sondern ich glaube, ja ich bin sicher, dass Ihr mir deshalb Zuneigung und Wohlwollen entgegen bringt, weil Ihr – voller Schöpferkraft, ja geradezu deren Inbegriff – diejenigen liebt, die dieser folgen und sie lieben. Zu diesen nämlich zähle ich mich, und in diesem Streben muss ich nicht vielen den Vorrang überlassen. So verspreche ich Euch, dass Ihr von mir gleiche und vielleicht sogar größere Erwiderung erfahren werdet, denn niemals brachte ich einem Menschen mehr Liebe entgegen als Euch und niemals wünschte ich eine Freundschaft mehr als die Eure. Und wenn ich sonst auch nirgendwo ein sicheres Urteil habe, hier habe ich es.[99]

Bei aller Aufrichtigkeit des Gefühls, das diese wohltemperierte Antwort widerspiegelt, lenkt sie Michelangelos Emotionen doch diskret in die Bahnen einer gesellschaftlich akzeptablen Beziehung zwischen Meister und Jünger – ein Verhältnis, das, im Einklang mit den Schicklichkeitsregeln der Zeit, ganz auf die Vermittlung ästhetischer Werte ausgerichtet ist und so dem platonischen Ideal von Lehrer und Lernendem entspricht. Dass der fast sechzigjährige Michelangelo von Gefühlen beseelt war, die darüber hinausreichten, zeigt weniger die vorgeprägte Sprache der Minne als vielmehr der Ton der Ergriffenheit jenseits aller ausgeklügelten Metaphern. Seine Vorliebe für schöne und, zumindest in seinen Augen, kluge Jünglinge war bekannt und hatte verschiedentlich Angebote zur Folge, deren Derbheit den Künstler angewidert zurückschrecken ließ. Wie weit sich die anderen, schwärmerisch angebahnten Freundschaften entwickelten, muss wie immer offen bleiben, so auch in einem Fall, der der Abreise aus Florenz unmittelbar vorausgeht. Der Brief eines anonymen Verfassers muss Michelangelo wichtig genug gewesen sein, um ihn aufzuheben.

> Liebster Michelangelo, wundere Dich nicht über diese wenigen, ungelenken Zeilen – denn wer wüsste nicht, dass derjenige, der alles verloren hat, was das Leben lohnend und erfreulich macht, wie von Sinnen ist?... Und richte Dein Augenmerk nicht auf mein zartes Alter, sind doch die Kräfte der Liebe in mir schier übermächtig und quälen mich so ob Deines Verlustes, dass ich nicht weiß, wohin ich mich wenden soll, um meine Ruhe zu finden, wenn nicht in Dir. Du bist also derjenige, der mir Zufriedenheit und Vergnügen zurückgeben kann. Vielleicht sagst Du, dass ich Dir gegenüber gefehlt habe ... Aber Du, der Du so klug bist, wirst auch so mitleidsvoll sein, dass Du mir die Fehler, die ich mir unbedachterweise Dir gegenüber zuschulden kommen ließ, in Deiner unendlichen Großmut verzeihst. Denn ich wünsche mir so sehr, dass Du mein bist und ich Dein aller herzlichster Freund.[100]

Der Unbekannte schreibt im verzweifelten Bewusstsein, den Geliebten bereits verloren zu haben. Obwohl der Liebende seine Identität nicht preisgibt, verrät er doch, über das «zarte Alter» hinaus, einiges von sich: Er ist gebildet und einer gehobenen Sprache mächtig, in der er seine Gefühle ausdrucksstark zu artikulieren vermag. So liegt die Vermutung nahe, dass es sich auch hier um ein platonisch ritualisiertes Verhältnis von Meister und Jünger handelt, die durch die gemeinsame Liebe zum Schönen zusammen gekommen sind.

Wie tief die Empfindungen Michelangelos für Tommaso Cavalieri reichten, verraten weniger die rhetorisch ausgefeilten Schreiben an den Angebeteten selbst als vielmehr beiläufig eingestreute Wendungen. So schreibt Michelangel sechs Jahre nach der ersten Begegnung mit Cavalieri in einem an seinen Freund Luigi del Riccio gerichteten Brief:

> Dieses Madrigal verfertigte ich vor einiger Zeit in Florenz. Jetzt, da ich es seinem Zweck entsprechend überarbeitet habe, schicke ich es Euch, damit Ihr es, wenn es Euch gefällt, dem Feuer gebt, das mich verbrennt.[101]

Für Cavalieri, das brennende Feuer, arbeitete Michelangelo ohne Auftrag und Entgelt. Dass er dem Vergötterten drei Zeichnungen schenkte, erregte verständlicherweise den Neid derjenigen, die eine solche Produktivität trotz verlockender Honorarangebote nicht entfachen konnten. Für alle, die Augen hatten zu sehen, waren die drei Blätter eine einzige Liebes- beziehungsweise Liebesleiderklärung. Die Motive entstammten der antiken Mythologie: Tityos, den der Adler des Zeus quälte, weil er vom Olymp das Feuer entwendet und den Sterblichen gebracht hatte, ließ sich ebenso unmittelbar auf den Künstler selbst beziehen wie Phaeton, der mit seinem Himmelswagen abstürzte, weil er der Sonne zu nahe gekommen war (siehe Seite 231 und 232). Im Gegensatz dazu veranschaulichte die Entführung des schönen Jünglings Ganymed durch den Göttervater die Erfüllung eines Begehrens, das für Michelangelo ein Wunschtraum bleiben musste (siehe Tafel 28). Die Trilogie der leidvollen beziehungsweise seligen Leidenschaft erregte nicht nur höchste Bewunderung, sondern erwies sich auch als vielseitig verwendbar. Kardinal Ippolito de' Medici ließ sie sogleich kopieren und in Kristall schneiden, um sie der schönen, von ihm umworbenen Prinzessin Giulia Gonzaga zu schenken.

Phaeton hatte von seinem Vater Helios, dem Sonnengott, die Erlaubnis erhalten, einen Tag lang den Sonnenwagen zu steuern, doch hatte er die Rosse des Gefährts nicht zu bändigen vermocht. Zeus stürzte ihn daraufhin mit einem Blitz ins Verderben. Michelangelos ganz persönliche Aussage lautet: Wer dem Objekt seiner Begierde zu nahe kommt, fällt ins Bodenlose. Venedig, Galleria dell'Accademia. Vgl. Tafel 28

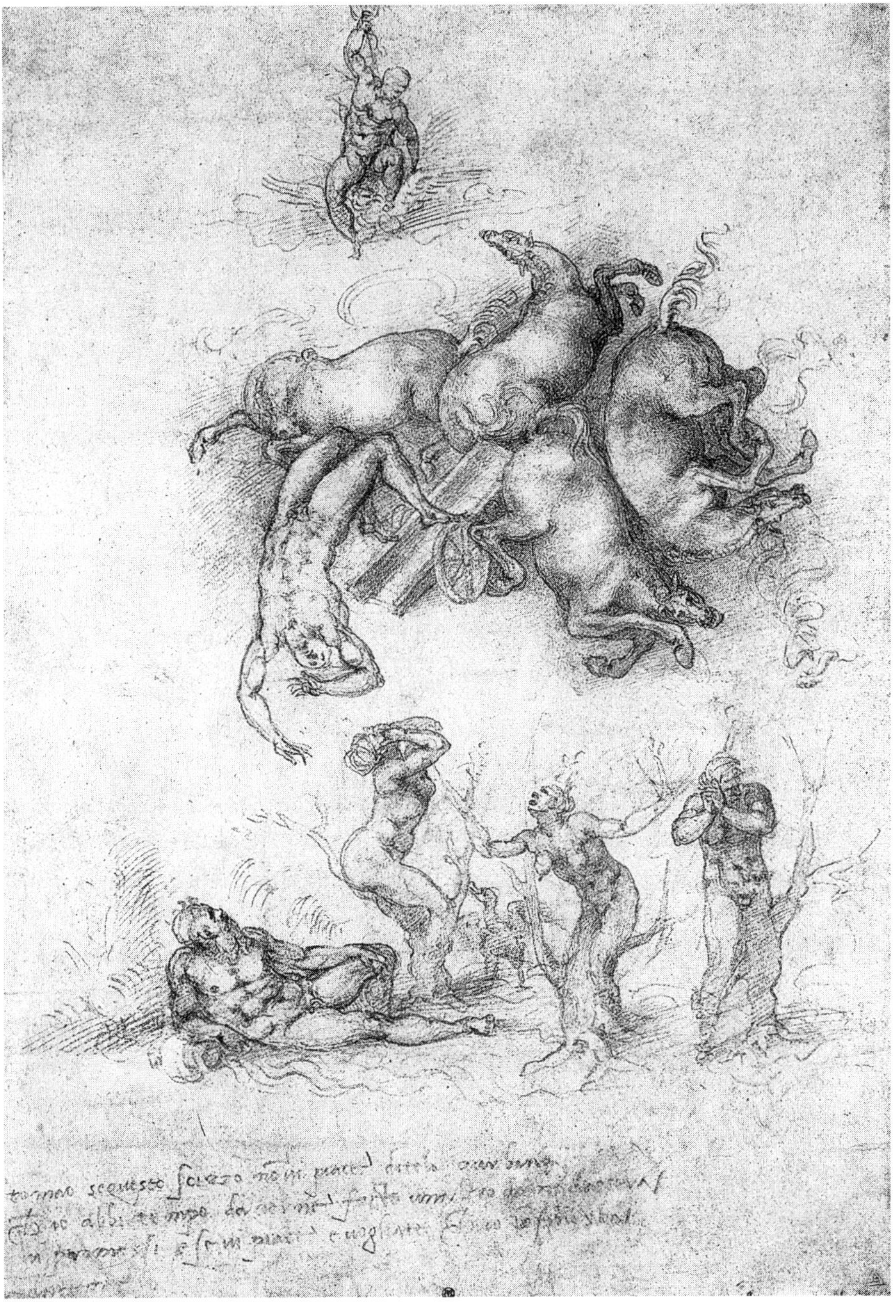

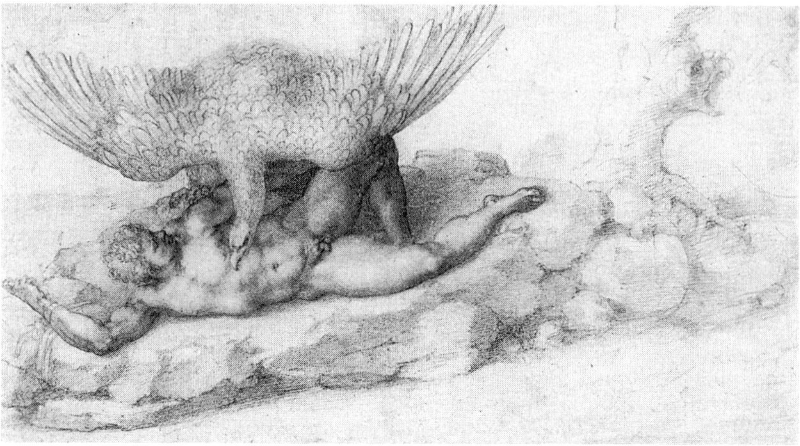

Tityos, ein Sohn des Zeus, wollte der schönen Leto Gewalt antun und wurde als Strafe dafür von zwei Geiern gepeinigt, die seine Leber fraßen. Michelangelo hat aus den beiden Aasfressern einen Adler gemacht – die Qual des unglücklich Liebenden bleibt dieselbe. Windsor Castle, Royal Library

Dass auch Clemens VII. mit Michelangelos Übersiedlung nach Rom einverstanden war, hing mit einem neuen Großauftrag zusammen, den er für Michelangelo parat hatte. Er wollte die beiden Stirnseiten der Sixtinischen Kapelle freskieren lassen, und zwar mit zwei Themen, die zum einen die dort gemalte biblische Erzählung ergänzten und zum anderen unmittelbare Bezüge zu seinem Pontifikat herstellten: der Auferstehung der Toten und dem Höllensturz Luzifers. Die Bilder sollten also den Anfangs- und Endpunkt der Geschichte schildern. Durch den Hochmut Luzifers, der sich gegen Gott, seinen Herrn, empörte, kam das Böse in die Welt; sein Wüten richtete sich vor allem gegen das Papsttum, dem Gott die Welt bis zum Ende der Zeiten anvertraut hatte. Dieses Ende kommt nach der Niederringung des Antichristen im Jüngsten Gericht, zu dem die Toten auferstehen. Der Sinn, den der Auftraggeber beiden Bildern unterlegte, konnte nicht zweifelhaft sein. Die durch ihren unstillbaren Ehrgeiz von der Wahrheit abgefallenen Engel bezeichneten die abtrünnigen Mächte, die sich in ihrer Gier nach noch mehr Macht und Reichtum der Reformation zugewandt hatten und damit wie Luzifer von Gott abgefallen waren.

Diese Erfahrung hatte Clemens in den zehn Jahren seiner Regierung reichlich gemacht. Nicht nur zahlreiche Städte und fürstliche Territorien im Heiligen Römischen Reich deutscher Nation, sondern auch die dänische und schwedische Monarchie kündigten Rom die Gefolgschaft auf. Noch schwerer wog, dass der englische König dieselbe Trennung vollzog, wenngleich aus anderen Gründen und in anderen Formen. Im Januar 1533 heiratete Heinrich VIII. Anne Boleyn, obwohl ihm der Papst die Auflösung seiner Ehe mit Katharina von Aragón, einer Tante des Kaisers, verweigerte. Als Folge dieses ebenso langwierigen wie bizarren Streits machte sich Heinrich kurz darauf zum Herrn der englischen Kirche – ein Desaster, das sich Clemens nach Einschätzung vieler Kirchenfürsten durch seine sprunghafte, ja widersprüchliche Verhandlungsführung selbst zuzuschreiben hatte. Der zweite Medici-Papst aber fühlte sich in jeder Hinsicht gerechtfertigt. Ob in der Plünderung Roms 1527 oder in den reformatorischen Bewegungen Europas, überall sah er die Hand des Teufels am Werke und wusch seine Hände in Unschuld. Politisch auf der ganzen Linie gescheitert, erzielte er zum Schluss einige Erfolge, die die Machtstellung seiner Familie dauerhaft sicherten und für ihn wahrscheinlich mehr zählten als alle vorangegangenen Niederlagen. Im Interesse der Familie nahm Clemens sogar eine beschwerliche Reise ins Ausland auf sich. Auf dem Weg nach Marseille, wo er seine Nichte Caterina mit Heinrich, dem zweiten Sohn Franz' I. von Frankreich, verheiratete, führte er im Herbst 1533 in San Miniato bei Florenz erste Besprechungen mit Michelangelo über die beiden Fresken, die seinen Pontifikat ins rechte Licht der Geschichte rücken sollten.

Michelangelos Papst

Während Michelangelo Ende September 1534 auf dem Weg von Florenz nach Rom war, starb Clemens VII., erst sechsundfünfzig Jahre alt. Seine Vorhersage, dass die römischen Päpste nicht lange lebten, hatte sich also bewahrheitet. Damit hatten die Medici ihr Oberhaupt verloren, das allein den immer unberechenbareren Herzog von Florenz einigermaßen unter Kontrolle halten konnte. An einen dritten Medici-Pontifikat war unter den gegebenen Umständen nicht zu denken. Der einzige Kardinal des Hauses, Ippolito, kam aufgrund seines jugendlichen Alters und seines weltlichen Lebensstils nicht in Frage. Doch auch seriösere Kandidaten aus der Verwandtschaft oder Gefolgschaft der Medici waren jetzt chancenlos. Das Trauma des Sacco war in Rom allgegenwärtig. Es war Zeit für einen Wechsel. Ja, es war Zeit für einen Römer, der die Ewige Stadt regierte, wie sie es verdiente – so die öffentliche Meinung.

Und sie bekam, was sie verlangte. Der Kandidat, der am 13. Oktober 1534 das Rennen machte, durfte sich römischer Wurzeln rühmen: Alessandro Farnese, aus einer in der Gegend des Lago di Bolsena ansässigen Landadelsfamilie, Jahrgang 1468 und damit ein älterer Generationsgenosse Michelangelos. Allerdings wies seine Vita einen Makel auf: Alessandros schöne Schwester Giulia Farnese war die Mätresse Alexanders VI. gewesen und hatte als Gegenleistung für ihre Liebesdienste einen Kardinalshut für ihren Bruder ausgehandelt. In der Folgezeit aber hatte der Seiteneinsteiger Alessandro Farnese nicht nur Pfründen gesammelt und am Tiberufer den Bau eines Palastes begonnen, sondern sich auch durch seine politische Klugheit Ansehen und Autorität erworben. Als Papst spielte er die Großmächte gegeneinander aus, um für seinen gewalttätigen Sohn Pier Luigi das Herzogtum Parma und Piacenza zu gewinnen. Doch dieser Großnepotismus war nur die eine, rückwärts gewandte Seite des Pontifikats. In ausgeprägtem Gegensatz dazu erwies sich Paul III., wie sich der Neugewählte nannte, als offen für die Bestrebungen der Katholischen Reform, die schon seine ersten Kardinalsernennungen einleiteten. Zum ersten Mal seit siebzig Jahren wurde jetzt Prälaten der Purpur verliehen, die sich nicht durch politische Beziehungen oder Geld, sondern durch theologische Bildung und pastorales Engagement für dieses hohe Amt qualifiziert hatten. Über diese Gemeinsamkeiten hinaus verfolgten sie allerdings sehr unterschiedliche Ziele. Für die eine Gruppierung um den Kardinal Carafa war die schroffe Abgrenzung vom Protestantismus, notfalls mit Feuer und Schwert, von höchster Bedeutung, während die Kardinäle Morone, Pole und Contarini einen Ausgleich mit den Anhängern der Reformation suchten und dafür auch zu theologischen Zugeständnissen bereit waren. Zwischen diesen Lagern, die sich später zum Nachteil Michelangelos erbittert bekämpfen sollten, hielt Paul III. die Mitte. Zwar rief er die erneuerte römische Zentralinquisition ins Leben, doch erwies er sich gegenüber allen Richtungen der Reform relativ tolerant und als Gegner von Bespitzelungen und Verdächtigungen innerhalb der Kurie.

Michelangelo durfte sich glücklich schätzen: Beim großen Lotteriespiel der Papstwahl hatte er, wie sich schnell zeigte, den Hauptgewinn gezogen. Unter seinen vielen Bewunderern war Kardinal Farnese der glühendste. Da es ihm bislang nicht vergönnt gewesen war, beim Meister große Werke in Auftrag zu geben, hatte er in dieser Hinsicht Nachholbedarf und große Pläne. Dabei stellte sich mit der Zeit ein ungewöhnlich vertrautes Verhältnis zwischen Papst und Künstler ein, wie das Schreiben des päpstlichen Sekretärs Jacopo Meleghino vom August 1537 zeigt:

> Hoch geehrter Herr Michelangelo, Unser Herr (= Paul III.) hat in seiner kleinen Palastkapelle eine Messe abhalten lassen, da heute das Fest des heiligen Laurentius, Ihres Patrons, ist. Und er wird heute im Palast bleiben, um morgen früh ein Dampfbad zu nehmen. Am Abend wird er dann nach San Marco zurückkehren. Jetzt aber wünscht Seine Heiligkeit, da sie alleine und ohne Gelegenheit zur Unterhaltung ist, sich mit Euch, falls es Euch keine Ungelegenheiten bereitet, zu unterhalten. Und sie würde, wenn es Euch gefällt, gerne Eure Malereien in der Sixtinischen Kapelle sehen.[102]

Um baldige Antwort auf diese Einladung zum gemütlichen Beisammensein zweier alter Männer wurde gebeten. Schon zuvor hatte der Papst für die geplante Zusammenarbeit Vorleistungen erbracht, die selbst den anspruchsvollen Michelangelo zufrieden stellen mussten: Er war am 1. September 1535 zum obersten Architekten, Bildhauer und Maler des Vatikanischen Palastes mit einem monatlichen Gehalt von 100 Dukaten ernannt worden. Diese stolze Summe wurde zur Hälfte aus den Einkünften der Po-Fähre von Piacenza bezogen. Als Herr über diesen strategisch bedeutsamen Fluss-Übergang zeigte sich der Künstler von seiner kaufmännischen Seite. Er schrieb den Posten des Fährmanns zur Versteigerung aus und erteilte dem Meistbietenden den Zuschlag; gegen den vorangehenden Pächter aber ging er juristisch wegen des schlechten Zustands der Anlegestelle vor.

Bilder des Gerichts

Die Stellung als päpstlicher Palastkünstler hatte einen weiteren angenehmen Nebeneffekt: Paul III. hielt Michelangelo, so gut er konnte, die Della Rovere vom Leibe, die nach mehr als zwanzig Jahren und vier uneingelösten Verträgen mehr denn je auf die Fertigstellung des Julius-Grabmals drängten. Da traf es sich gut, dass der Farnese-Papst auf der Suche nach einem eigenen Staat für die Familie seine begehrlichen Blicke zunächst auf Urbino richtete, wo Francesco Maria della Rovere somit eine Wiederholung des Alptraums von 1516 befürchten musste. Doch nicht nur mit seiner Feindschaft gegenüber der Familie Julius' II., sondern auch mit seinen Kunstprojekten knüpfte Paul III. zunächst an die Planungen Clemens VII. an. So war die Ausmalung der Sixtinischen Kapelle auch nach dem Regierungswechsel eine beschlossene Sache. Schon zu Beginn des Jahres 1535 war Michelangelo intensiv mit den Entwürfen für das «Jüngste Gericht» beschäftigt. An der Entstehung dieses Werks nahm der Farnese-Papst weit über das übliche Maß hinaus Anteil. Zusammen mit zehn Kardinälen stattete er dem Meister sogar einen regelrechten Staatsbesuch in dessen Haus am Macello de' Corvi ab, dessen Untergeschoss als Werkstatt diente. Was die vornehme Gesellschaft von diesem kargen Domizil eines Künstlers hielt, der sich einen Kardinalspalast hätte leisten können, ist nicht bekannt. Die Visite des Herrschers brachte unmissverständlich zum Ausdruck, dass er dem gewaltigen Gemälde an der Stirnseite der Sixtinischen Kapelle seine allerhöchste Wertschätzung entgegen brachte; für dessen weiteres Schicksal sollte sich diese offizielle Billigung als bedeutungsvoll erweisen.

Ein Vierteljahrhundert nach der Ausmalung der Decke war sich Michelangelo über die technischen Schwierigkeiten eines solchen Unterfangens im Klaren. Im Gegensatz zum unglücklichen Beginn 1508 wurde diesmal alles generalstabsmäßig vorbereitet. Um Staubablagerungen vorzubeugen und die Haltbarkeit der Farben zu fördern, wurden vor die auszumalende Fläche Ziegel gemauert. Gehilfen wurden diesmal gar nicht erst angeworben. Michelangelos Diener Francesco da Casteldurante, genannt Urbino, leistete bei der Aufbereitung der Farben Handreichungen; den täglich zu bemalenden Mörtel dürfte ein Maurer aufgetragen haben. Alles andere machte Michelangelo selbst. Bei allen physischen Strapazen, die mit der Ausmalung verbunden waren, bestand das Projekt vor allem aus Gedanken-Arbeit. Michelangelo erfand eines der Hauptthemen der christlichen Kunst neu.

Das zeigt ein Vergleich mit der Tradition. Darstellungen des Jüngsten Gerichts erfüllten seit jeher einen klar umrissenen religionspädagogischen Zweck: Sie sollten Furcht und Hoffnung erregen und so zu einem gottgefälligen Leben anleiten. Daher zeigten solche Bilder herkömmlicherweise die Qualen der Verdammten und die Seligkeit der Erlösten, unterteilten also die Menschheit am Ende ihrer Geschichte klar voneinander geschieden in Gut und Böse. In dieser unwiderruflichen Schlussbilanz wurde jedem das Seine zuteil. Das Urteil, das Christus, der Weltenrichter, sprach, sollte als Drohung, aber auch als Verheißung aufgefasst werden. Ein Versprechen waren Bilder des Gerichtstages vor allem für die Masse derjenigen, die auf Erden zu den Schwachen und Ohnmächtigen gehört hatten. Ihnen wurde vor Augen geführt, dass ihre Entbehrungen nicht umsonst waren. Wenn sie ihre Leiden klaglos auf sich genommen und auf Gott vertraut hatten, durften die Geschlagenen und Gedemütigten die Zuversicht hegen, am Ende der Geschichte zu den Siegern zu zählen, und zwar in alle Ewigkeit. Die Bösen hingegen, die zu Lebzeiten triumphiert hatten, fielen jetzt der verdienten Bestrafung anheim. Sichtbare Vergegenwärtigungen des Jüngsten Gerichts hatten somit die Aufgabe, die extreme soziale und wirtschaftliche Ungleichheit hienieden durch die Aussicht auf gerechten Ausgleich im Jenseits erträglich zu machen. Dadurch, dass sie gesellschaftliche Hierarchien als vorübergehend und, vom religiösen Standpunkt aus betrachtet, als fragwürdig auswiesen, sollten sie diese de facto stabilisieren.

Der Mentalität der kleinen Leute kamen Bilder von Verdammnis und Erlösung entgegen, weil sie die Welt ohne Übergänge und Grauzonen in Schwarz und Weiß aufteilten und zugleich die Mittel aufzeigten, mit denen sich zu Lebzeiten Vorsorge für ein günstiges Urteil am Jüngsten Tag treffen ließ. Als Vorbilder dafür dienten die Heiligen, die nach kirchlicher Lehre aufgrund ihrer herausragenden Verdienste gleich nach ihrem Tod in den Himmel aufgenommen worden waren und dort als

Fürsprecher für diejenigen intervenierten, die sie mit aufrichtiger Zerknirschung um ihre Vermittlung baten. Als gerechtes Gegenbild zu einer ungerechten Welt war der Himmel des Gerichtstags zugleich ein Abbild der irdischen Verhältnisse, und zwar zum einen durch die Patronage der Heiligen und zum anderen durch seine strikt hierarchische Gliederung. Selbst die Heiligen waren alles andere als gleich; in der volkstümlichen Vorstellungswelt war nicht nur ihre jeweilige Zuständigkeit für alle Arten menschlicher Nöte klar getrennt, sondern auch ihr Rang genau markiert.

Für die kirchlichen Auftraggeber der Gerichtsbilder stand darüber hinaus eine weitere Botschaft im Vordergrund: *extra ecclesiam nulla salus*: Außerhalb der Kirche gab es kein Heil. Christus hatte dem Papst die Vollmacht zu binden und zu lösen übertragen, so dass nur diejenigen Einlass ins Paradies fanden, die den Geboten der Kirche folgten und ihr Heilsangebot annahmen. Auch das war Drohung und Verheißung in einem. Die biblische Erzählung vom reuigen Schächer zeigte, dass auch den sündigsten Menschen bis zum letzten Atemzug eine Frist zur Bekehrung eingeräumt wurde. In diesem Sinne mahnten die Bilder des Jüngsten Gerichts zur Einkehr, bevor es zu spät war. Dieses «Nutzet die Zeit, bevor sie abgelaufen ist!» richtete sich an alle, doch speziell an die Mächtigen, die die Oberhoheit des Papsttums über alle Königreiche und Republiken anerkennen und die Sonderrechte der Kirche respektieren sollten. Darüber hinaus zeigten Darstellungen des Letzten Gerichtstages, wie das Papsttum die Geschichte deutete. Die Zeit, die dem Menschen auf Erden gegeben ist, soll ihm dazu dienen, sich den Aufenthalt im Paradies zu verdienen; die Welt ist ein immerwährendes Exerzierfeld, auf dem die zur Erlangung des Jenseits notwendigen Leistungen erbracht werden müssen. Zeit ist also dafür da, um Überzeitlichkeit zu gewinnen. Geschichte wird nicht von Menschen, sondern von Gott gemacht, der darin seinem unerforschlichen Ratschluss entsprechend dem Bösen mancherlei Freiraum, doch nicht den Sieg überlässt. Die Historie ist auf diese Weise eine ewige Abfolge des Kampfes zwischen den Kräften des Himmels und der Hölle. Sie kennt keine dauerhafte Entwicklung zum Besseren, geschweige denn innerweltlichen Fortschritt oder Dynamik. Jeder Mensch muss selbst entscheiden, ob er zu den Kräften des Bösen oder des Guten gehören will. Die Bilder des Jüngsten Gerichts stellten ihn vor die Wahl und zeigten ihm die Konsequenzen seiner Entscheidung.

Vor allem aus diesem Grunde erfreute sich das Thema im Laufe des 16. Jahrhunderts im katholischen Europa wachsender Beliebtheit. Es bot die Gelegenheit, die katholische Auffassung von der Gerechtwerdung des Menschen vor Gott zu veranschaulichen: Aus dem Zusammenwirken des freien Willens mit der allen Menschen angebotenen Gnade entsprangen die guten Werke. Dieses Dogma, das durch das Konzil von Trient (1545–1563) als Summe der theologischen Tradition formuliert wurde, unterschied sich schroff von der reformatorischen Doktrin. Denn diese verkündete – mit mancherlei Unterschieden im Einzelnen – die Vorherbestimmung (Prädestination) jedes Menschen zu Heil oder Verdammnis durch Gott. Durch den Sündenfall war der im Paradies noch freie Wille des Menschen für immer verloren gegangen, so Luther und Zwingli; für den Genfer Reformator Calvin war selbst die Urauflehnung im Garten Eden von Gott vorherbestimmt. Dadurch standen sich in einer zentralen Frage christlicher Glaubenslehre unvereinbare Positionen gegenüber, die in zahllosen theologischen Kontroversen ihren Niederschlag fanden. Alle Versuche, doch noch einen Konsens zu finden, waren langfristig zum Scheitern verurteilt, was überraschende Kompromisslösungen in einer Übergangszeit nicht ausschloss. So endete das Religionsgespräch in Regensburg 1541 – Michelangelos Fresko näherte sich der Vollendung – mit einer Einigung, die Katholiken wie Protestanten gleichermaßen entgegenzukommen versuchte, doch letztlich von den obersten Autoritäten beider Seiten verworfen wurde. Dass man sich überhaupt auf eine solche Basisformel zu verständigen vermochte, zeigt, dass die konfessionellen Lager zu diesem Zeitpunkt noch nicht völlig geschlossen, das heißt auf absolut verbindliche Standpunkte festgelegt waren. Für Rom hatte in Regensburg Kardinal Gasparo Contarini verhandelt, der nicht nur eine strenge Reform der Kirche und speziell der Kurie in Sachen Pfründen und Lebensstil befürwortete, sondern sich auch in dogmatischen Fragen offen dafür zeigte, protestantische Vorstellungen zumindest partiell aufzunehmen und in das katholische Lehrgebäude zu integrieren. Contarini starb 1542 – früh genug, um nicht mehr erleben zu müssen, wie die von ihm vertretene Richtung ins Visier der Inquisition geriet und als häretisch ausgegrenzt zu werden drohte.

Vor dem Hintergrund der Polarisierung innerhalb der katholischen Kirche selbst wie unter den rivalisierenden Konfessionen wurde Michelangelos «Jüngstes Gericht» zu einem Politikum. Das Fresko entstand schließlich in der päpstlichen Hauskapelle im Auftrag des regierenden Pontifex maximus. Man musste es daher als ein mehr oder weniger offizielles Werk ansehen, als eine Art «Roma locuta, causa finita» in Farben, mit dem die höchste Autorität der Kirche in dieser kontroversen Frage ein für alle Mal Stellung bezog. Selten dürfte daher der Fertigstellung eines Kunstwerks mit größerer Spannung entgegen gesehen worden sein. Dabei wussten die Eingeweihten, dass das Ergebnis alles andere als ein typisches Auftragskunstwerk sein würde, das den Vorgaben von höherer Stelle gehorsam Folge leistete. Michelangelo war als Selbstdenker, ja, als eigensinnig bis zur völligen Unlenkbarkeit bekannt und berüchtigt. Was dabei heraus kam, wenn man ihm freie Hand ließ, hatte man in der neuen Sakristei von San Lorenzo in Florenz vor Augen. Bei Familiengrabmälern mochte diese beispiellose Selbstherrlichkeit des Künstlers noch angehen, in einem theologisch so brisanten Fresko durfte es solche Freiräume nicht geben – so lautete der Standpunkt vieler Theologen an der Kurie. Sie beobachteten Michelangelos rastlose Arbeit in der Sixtinischen Kapelle mit Sorge.

Das neue Florenz und die neue Familie

Im Gegensatz dazu lebte der Künstler für seine Verhältnisse geradezu sorglos; während der Arbeit am «Jüngsten Gericht» glättete sich so manche Woge. Der Künstler war sich der Unterstützung Pauls III. sicher und durfte sich mit dieser Loyalität gegen alle Anfeindungen in Rom gefeit fühlen. Nicht nur aus diesem Grund durfte er sich zu seiner Übersiedlung nach Rom beglückwünschen.

In Florenz hatte die unstete Herrschaft Alessandros de' Medici im Januar 1537 durch die Dolchstiche eines Mörders ein Ende gefunden, das die herzoglichen Ratgeber seit langem befürchtet hatten. Besonderes Aufsehen erregte die Bluttat, weil sie einer Familienfehde entsprang. Der Attentäter Lorenzo de' Medici war ein entfernter Verwandter des Opfers, das diesen jahrelang gedemütigt hatte. Sein Versuch, sich als Tyrannenmörder in der Nachfolge eines Brutus und Cassius feiern zu lassen, schlug deshalb fehl; allzu deutlich lagen seine privaten Rachemotive vor Augen. Trotzdem war der Jubel unter den Republikanern im Exil groß. Doch sie freuten sich zu früh. Mit Alessandros Ermordung war nicht nur die Machtstellung des Hauses Medici, sondern auch die staatliche Unabhängigkeit von Florenz aufs höchste gefährdet. Schließlich hatte der Herzog eine natürliche Tochter Karls V. geehelicht; dieser war durch den Anschlag persönlich herausgefordert. Zudem war seine Geduld mit der unruhigen Stadt am Arno erschöpft. Es schien an der Zeit, sie unter seine unmittelbare Botmäßigkeit zu bringen, Florenz drohte zur spanischen Kolonie abzusinken.

Vor diesem Hintergrund spielte das Florentiner Patriziat unter Führung Francesco Guicciardinis und Francesco Vettoris seine letzte Karte aus. In einer improvisierten Zeremonie hoben die großen Familien den achtzehnjährigen Cosimo de' Medici auf den Schild, der väterlicherseits aus der jüngeren Linie der Familie stammte, doch durch seine Mutter Maria Salviati zugleich ein Urenkel des großen Lorenzo war. Mit seiner Ausrufung zum Herzog, der der Kaiser nach umfangreichen Sicherheitsvorkehrungen schließlich zustimmte, verfolgte die alte republikanische Elite ihr pures Eigeninteresse. An eine Republik war in Anbetracht des unheilbaren Zerwürfnisses mit dem Mittelstand nicht mehr zu denken. So schien ein junger und unerfahrener Fürst die beste Lösung. Er würde verhindern, dass Karl V. die Toskana seinem Imperium einverleibte; zudem durfte man davon ausgehen, dass er sich aus Dankbarkeit für seine Inthronisation als lenkbar erweisen würde.

Die erste der beiden Hoffnungen erfüllte sich, die zweite nicht. Karl legte eine Garnison spanischer Truppen in die Fortezza da Basso und stellte den neuen Herzog unter strikte Beobachtung. Nach Ablauf dieser Bewährungsfrist durfte Cosimo, der sich lebenslang als treuer Parteigänger Spaniens erwies, nach innen und außen immer freier agieren. Er nutzte diese Freiheit, um mit der Billigung des Kaisers die inneren Verhältnisse von Florenz ein weiteres Mal, und zwar endgültig, umzugestalten. Was unter Alessandro Theorie geblieben war, wurde jetzt Praxis. Der alte Herzog hatte in Vettoris sorgsam ausbalanciertem Herrschaftssystem seine Führungsrolle nicht wie vorgesehen gespielt und dadurch alles in Frage gestellt. Der neue Herzog hingegen spielte den Part als starker Fürst und gütiger Landesvater so perfekt wie kaum ein anderer Herrscher seiner Zeit. Schon 1539 wurde das letzte Aufgebot der Republikaner vernichtend geschlagen. Von außen ungefährdet, handelte Cosimo im Inneren das «Ich gebe Euch, damit ihr mir gebt» mit der alten Elite so aus, dass die Machtverhältnisse auf Dauer festgelegt wurden. Er sicherte sich das Monopol der Patronage auf höchster Ebene, die Besetzung aller ausschlaggebenden Ämter, speziell für den Senat, die uneingeschränkte Leitungskompetenz in Diplomatie und Militär sowie die unbegrenzte Propaganda-Hoheit. Als Gegenleistung behielten die führenden Familien der Republik die alleinige Anwartschaft auf die führenden Positionen in Justiz und Verwaltung und gewannen außerdem die heiß begehrten feudalen Titel, durch die sie sich dem Adel nördlich der Alpen anglichen. Aus den Inhabern republikanischer Führungsämter wurden auf diese Weise Grafen, Markgrafen und Barone. Viel zu sagen hatten die neuen Aristokraten in ihren ländlichen Lehen allerdings nicht. Cosimo erwies sich als ein Meister der sozialen und politischen Kontrolle. Er delegierte mancherlei Kompetenzen und Freiräume, wusste aber stets, wer was tat oder auch nur plante.

Cosimo war bei Herrschaftsbeginn ein weitgehend unbekannter junger Mann und musste daher schnell und so intensiv wie möglich Prestige gewinnen. Vor ihrer Machteroberung im Jahr 1434 waren die Medici eine Familie von vielen gewesen, jetzt wollten sie eine fürstliche Dynastie werden. Diesen Aufstieg musste Cosimo nicht nur rechtfertigen, sondern als geschichtliche Notwendigkeit vor Augen führen. Um sich und die Seinen über die anderen Familien so weit emporzuheben, dass ihm keine von diesen mehr gefährlich werden konnte, und um die zur Herrschaft unverzichtbare Distinktion zu gewinnen, waren eindrucksvolle Propagandazeichen erforderlich. Zu diesem Zweck ließ Cosimo die Geschichte von Florenz in Kunstwerken umschreiben: als von der Vorsehung gebahnten Weg der Medici zur fürstlichen Macht. Alles, was diesem Prinzipat voranging, war jetzt nur noch ein Vorspiel. Die eigentliche Geschichte von Florenz aber würde unter der Ägide des von Gott vorherbestimmten Herzogs in ein Goldenes Zeitalter einmünden. Für Maler, Bildhauer und Architekten gab es dementsprechend viel zu tun. Wer, wenn nicht Michelangelo, sollte diese ungeheuren Aufgaben in Angriff nehmen?

Doch dieser blieb in Rom. Das umfassende Verherrlichungsprogramm, an dem jetzt gemalt, gemeißelt und gebaut wurde, war seine Sache nicht. Mit Gräbern ohne Wiedererkennungswert wie in der «Neuen Sakristei» war es unter diesem medienbewussten Herrscher nicht getan. Seine Auftragskunstwerke trugen nicht nur sein Gesicht, sondern hatten auch eine klare Botschaft: Es lebe die Monarchie unter ihrem ruhmreichen Fürsten! Er hat dem Chaos der Republik für immer ein Ende bereitet und führt Florenz herrlichen Zeiten entgegen. Diese Aussage ließ sich direkt, doch auch in mythologischer Verkleidung verkünden. Als antike Alter Egos bevorzugte Cosimo Augustus, Perseus und Herkules. Michelangelo, der Verächter des Personenkults, durfte sich glücklich schätzen, nicht zur Equipe der rastlos zum Ruhm des neuen Herzogs tätigen Staatskünstler zu zählen. Doch so schnell gab Cosimo nicht auf. Er richtete in den 1550er Jahren Anfrage auf Anfrage an den Meister, eine ehrenvoller als die andere: Ob er, der durch seine göttliche Begabung seiner Heimatstadt das Lob als Hochburg aller Künste eingetragen habe, nicht dahin zurückkehren und dort, von einem verständnisvollen Fürsten umfassend gefördert, unsterbliche Werke vollenden wolle. Auf diese salbungsvollen Briefe antwortete der Umworbene mit nicht minder formvollendeten Absagen: Leider hinderten ihn seine unauflöslichen Verpflichtungen in Rom daran, diesem ehrenvollen Ruf Folge zu leisten; auch der Hinweis auf die Gebrechen des Alters leistete gute Dienste. Der höfische Stil kann kaum darüber hinweg täuschen, dass sich keiner der beiden Illusionen über die wahren Motive des anderen machte. Der Herzog und der Künstler: Beide wussten, was sie voneinander zu halten hatten.

Doch der kluge Cosimo wusste das Beste aus dieser Situation zu machen. Auch der abwesende Michelangelo ließ sich langfristig als Ruhmestitel vermarkten – vorausgesetzt, er verhielt sich nicht offen oppositionell. Doch dagegen konnte sich der Herzog von Florenz wirksam schützen. Schließlich lebte Michelangelos Familie weiterhin in Florenz, wo sie auf sozialen Aufstieg hoffte. Und nicht nur sie: Der Künstler in seinem römischen Exil lebte und webte dafür, den Seinen den ihnen gebührenden Rang zu verschaffen. Gab es für den Herzog eine bessere Garantie für das

Wohlverhalten ihres großen Sohnes? Cosimo durfte sich umso sicherer fühlen, als Michelangelo jetzt endlich die Früchte seiner jahrzehntelangen Bemühungen erntete. Er hatte sein ganzes Renommee in die Waagschale geworfen, um seine Nichte Francesca standesgemäß zu verehelichen, und zwar mit Erfolg: Buonarrotos Tochter heiratete mit Michele Guicciardini einen der jungen *primi* von Florenz. Und ein noch freudigeres Ereignis ließ ebenfalls nicht lange auf sich warten, wie der Brief Niccolò Guicciardinis, des stolzen Schwiegervaters, vom 7. März 1538 bezeugt:

> Liebster Verwandter, durch diesen Brief komme ich meiner Pflicht nach und drücke zugleich meine Freude und meinen Glückwunsch darüber aus, dass Eure und unsere Francesca heute morgen um 11 Uhr 30 einem schönen Knaben das Leben geschenkt hat, dem wir aus Pietät gegenüber meinem Onkel, dem Kardinal, und aus Verehrung für den Erzengel unseres Herren den Namen Gabriele Maria verliehen haben ... Durch Gottes Gnade ist die Mutter gesund und guter Dinge, und sie rühmt Euch in den höchsten Tönen, da Ihr sie wie eine Tochter behandelt habt, sie in Euch ihren Vater erkennt und sich Euch auch so empfiehlt. Und sie bittet Gott darum, dass Ihr es mit Ihrem Bruder Lionardo genauso halten möget; und ich bestärke sie darin, da ich Euch für einen Mann von höchstem Wert halte, der sein Wort nicht bricht, vor allem da, wo es seine Ehre und sein Nutzen gebieten. Da wir alle sterbliche Menschen sind, glaube ich, dass Ihr alles als der weise und vorausschauende Mann bedenkt, der Ihr seid. Über anderes will ich mich jetzt nicht mehr auslassen. Und wenn es sich ergibt, dass ich etwas für Euch tun kann, so müsst Ihr mir nur befehlen.[103]

Was sich wie ein Gratulationsschreiben liest, entpuppt sich als ein vielschichtiger Text mit Angeboten, aber auch Bedingungen. Dass der Verfasser einer der führenden Männer im neuen Florenz war, machte der dezente Verweis auf den Kardinal in der Familie deutlich, doch das wusste der Empfänger natürlich selbst. So erübrigte es sich, anzuführen, dass Niccolòs Brüder Francesco, der berühmte Staatsmann und Historiker, und Luigi höchste Würdenträger unter Herzog Cosimo waren. Durch diese Heirat erfuhr der so lange verdunkelte Name Buonarroti somit die in den Augen des Künstlers längst fällige Aufwertung. Die Familie Guicciardini hingegen sah diese Allianz etwas anders. Sie stimmte dieser Verschwägerung zu, doch machte sie deutlich, wer hier wen zu sich hinaufzog. Dass die Guicciardini sich überhaupt darauf einließen, dass sich einer von ihnen unter seinem Stand verheiratete, erklärte sich allein durch die einzigartige Stellung Michelangelos. Sein Rang glich das soziale Gefälle aus – vorerst. Denn auf gleicher Augenhöhe standen beide Familien deshalb noch lange nicht. Der Brief drückt vielmehr Vorbehalte aus, die einer gelinden Erpressung gleichkommen. Dass sich Michelangelo wie ein Vater um Francesca gekümmert habe, bedeutete im Klartext, dass er die Seinen so versorgt hatte, dass seine Nichte eine ansehnliche Mitgift in die Ehe einbringen konnte. In diesem Stile sollte er, der asketische Krösus, dem die Päpste Traumhonorare zahlten, bitte auch fortfahren. Diese Unterstützung sollte auch dem männlichen Stammhalter der Buonarroti, Francescas Bruder Lionardo, zugute kommen. Ihn sollte der Künstler so ausstatten, dass er seinen neuen Verwandten keine Schande machen, sondern Ehre für sie einlegen würde. Dann – so die gedämpfte Verheißung – könnte die Ebenbürtigkeit beider Familien unter Umständen von Dauer sein.

Natürlich hatte der Verfasser Recht mit seiner Einschätzung, dass der Adressat diesen Ratschlag beherzigen würde. So war, mitten in der Arbeit am «Jüngsten Gericht», Michelangelos eigenes Urteil gesprochen: lebenslange Ankettung an die Familie, sogar noch in der nächsten und übernächsten Generation, ohne Einspruchsmöglichkeit und ohne Entrinnen. Was jahrzehntelang dem Vater und den Brüdern geschrieben wurde, bekam jetzt der Neffe Lionardo zu lesen: Briefe, die es in sich hatten, erträglich für den Empfänger nur durch die Geldüberweisungen, die ihnen mit schöner Regelmäßigkeit beilagen.

> Lionardo, Du schreibst mir, dass Du diesen September mit Guicciardini nach Rom kommen willst. Ich sage Dir aber, dass dafür jetzt noch keine Zeit ist, denn Du würdest meine Verdrießlichkeiten nur weiter vermehren, zusätzlich zu all den Strapazen, die ich momentan auf mich nehme. Das sage ich ausdrücklich auch an die Adresse von Michele, denn ich bin so beschäftigt, dass ich mich unmöglich um Euch kümmern kann, und jede Kleinigkeit ist für mich eine große Belastung – das allein will ich Euch sagen. Du musst schon bis zur nächsten Fastenzeit warten, dann werde ich Dir Geld schicken, damit Du anständig und nicht wie ein wildes Tier nach Rom kommen kannst ... Und lerne schreiben, ich habe den Eindruck, es wird bei Dir immer schlimmer damit.[104]

Dass der Verfasser Ende August 1541, kurz vor der Fertigstellung des «Jüngsten Gerichts», keine Zeit hatte, jungen Müßiggängern die Wunder Roms zu zeigen oder sie gar bei Hofe vorzustellen, mochte verständlich erscheinen. Die Grobheit, mit der dieses Ansinnen zurückgewiesen wurde, aber hatte Methode: Die Familie musste man sich vom Hals halten. So wurden die alten Rollen weitergespielt. Lionardo, der Neffe, war jetzt an der Reihe, von den Entbehrungen zu erfahren, die sein Onkel für ihn auf sich nahm. Wie schon sein Vater und Großvater konnte er damit leben.

Der Tag des Zorns

Als das Fresko des Jüngsten Gerichts am 25. Dezember 1541 dem Papst und handverlesenen Gästen erstmals offiziell gezeigt wurde, sahen viele Theologen ihre schlimmsten Befürchtungen bestätigt. In Michelangelos Fresko blieb so gut wie nichts, wie es vorher gewesen war. Sein Werk war der reine Umsturz in Farben. Im Gegensatz zur Decke der Sixtinischen Kapelle mit ihrer kunstvollen Scheinarchitektur spielt sich das dramatische Geschehen an der Stirnwand in einem weitgehend ungegliederten Raum vor einem Himmel von strahlendstem Blau ab (siehe Tafel 13). Eine klare Topographie gibt es nur im unteren Bereich des Gemäldes. Alle Bewegung der gewaltigen Komposition mit ihren fast vierhundert Körpern geht vom richtenden Christus in der oberen Bildmitte aus. Auf seinen Befehl hin blasen Engel die Posaunen, die die Toten auferwecken (siehe Seite 247). Von der Welt ist am Ende der Geschichte nur noch ein Gräberfeld übrig geblieben. Dessen Grüfte haben sich aufgetan und öffnen sich weiter, während das Gericht bereits begonnen hat. Skelette, vom Leichentuch umhüllt, und Tote in allen Stadien der Verwesung werden zu einem neuen Leben erweckt. Sie blicken benommen, ungläubig staunend über dieses Mysterium der Auferstehung des Fleisches. Und welches Fleisches! Die zum Gericht Gerufenen werden in einen neuen Körper gehüllt. Dieser hat nichts von der Hinfälligkeit des alten Leibes, der im Moder der Grabeserde vergangen ist, sondern ist von idealer Natur. Unter allen Verstorbenen, die ihrem Richter vorgeführt werden, ist keiner gebrechlich, mögen die Gesichter auch noch so eindringlich die verschiedenen Altersstufen widerspiegeln. Zusammen mit der Sterblichkeit hat dieser neue Körper auch die geschlechtlichen Begierden hinter sich gelassen. Der dem Fresko am häufigsten und heftigsten gemachte Vorwurf, dass es durch so viel Nacktheit zur Lüsternheit anreize, ist daher gegenstandslos. Stattdessen bringen die wieder auferstandenen Leiber des Jüngsten Tages die gesamte Bandbreite der Empfindungen zum Ausdruck, derer der Mensch in der Erwartung seines unwiderruflichen Richtspruchs fähig ist: Hoffnung, Zweifel, Zerknirschung, Angst und Verzweiflung.

Die wieder zum Leben erweckten Toten werden von einem Sog ergriffen, der sie nach oben treiben soll. Doch während einige wie von einer unwiderstehlichen Himmels-Thermik erfasst werden und von selbst nach oben schweben, bedürfen andere der Unterstützung durch Engel, die ihnen unter die Arme greifen. So weit nimmt alles seinen geordneten Flug zum Gericht. Doch hat Michelangelo, der Meister der verstörenden Regeldurchbrechung, bereits in dieses Ausgangsgeschehen zwei Elemente

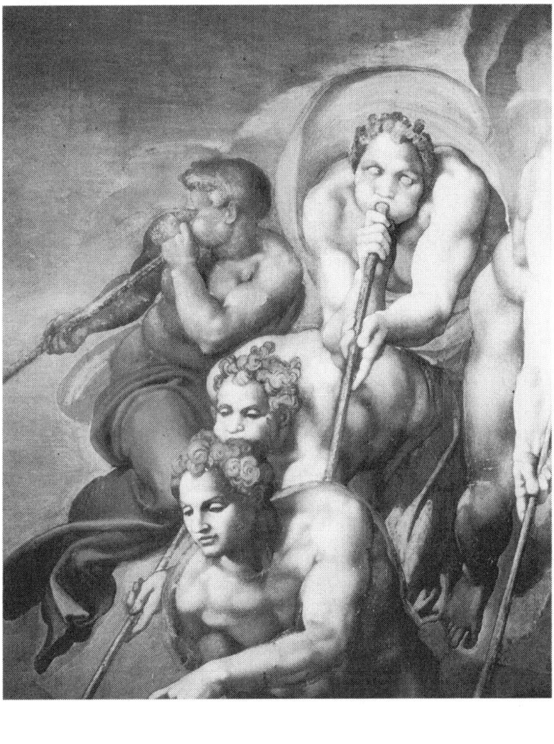

Im Fresko ist der dies irae, *der Tag des Zorns, angebrochen, doch fehlt es auch in den Szenen des Jüngsten Gerichts nicht an Komik. So bläst der zweite Posaunenengel in der oberen Reihe sein Instrument so heftig, dass ihm die Augen aus den Höhlen zu quellen drohen. Vatikan, Sixtinische Kapelle*

der Verfremdung eingefügt, die den Betrachter verblüffen und verstören. So streckt ein – durch Tonsur und Gewandung als solcher kenntlich gemachter – Mönch den rechten Arm über das Haupt eines der gerade Auferstandenen aus (siehe Tafel 14). Dieser Gestus der Handauflegung und Segnung erinnert an die Austeilung von Sakramenten und ist zugleich ein Verstoß gegen den approbierten Ablauf des Jüngsten Tages. Wie gelangt ein Ordensmann zu dieser Zeit an diesen Ort? Er musste ja nicht nur vor dem Schall der Trompeten wiedererweckt worden sein, sondern auch seinen Urteilsspruch vor den anderen empfangen haben oder aber von diesem Gericht gänzlich ausgenommen worden sein. Dieses Privileg kam jedoch nur den Heiligen zu. Und wie ein Heiliger wird der Segensspender im aufbrechenden Gräberfeld auch verehrt; einer der Auferstandenen will ihm sogar den Fuß küssen. Doch die Heiligen haben ihren Platz nicht hier, sondern neben Christus, wo sie die Instrumente ihrer Marter vorzeigen. So bleibt nur die Erklärung, dass dieser Geistliche an diesem ungewöhnlichen Ort die Heilsvermittlung der Kirche und speziell ihrer Sakramente veranschaulichen soll; das zeigen darüber hinaus die Rosenkränze, an denen sich einige der Auferstandenen zum Gericht empor hangeln. *Extra ecclesiam nulla salus* – nur im Schoße der römischen Kirche ist Erlösung möglich: Unmissverständlicher konnte man diese Botschaft nicht malen. Die kühne Erfindung muss somit als Bekenntnis zur katholischen Rechtgläubigkeit gewertet werden. Strenge Theologen dürften gleichwohl die Stirn gerunzelt haben. Denn im selben Augenblick, in dem der Geistliche seines Amtes unter den Auferstehenden waltet, streckt Petrus dem richtenden Christus seine Schlüssel entgegen und zeigt damit, dass die Mission der Kirche am Ende der Zeiten erfüllt ist.

Nicht weniger rätselhaft erscheint eine zweite Abweichung vom üblichen Ablauf des Gerichtstages. Rechts von dem sich öffnenden Gräberfeld sind einige der gerade Wiederbelebten den Ausgeburten der Hölle zu nahe gekommen, die gleich nebenan, nur durch einen niedrigen Wall getrennt, ihre grausigen Wohnstätten haben (siehe Tafel 15). Einer der Auferstandenen, dessen rohes Gesicht noch die Dumpfheit des Todes widerspiegelt, wird von einem Engel emporgezogen, während ein Dämon mithilfe einer Schlange dagegenhält; nur seine Hand ragt aus den Schlünden der Unterwelt hervor, in die er diese Seele herabholen möchte. Noch erbitterter wird direkt daneben gerungen. Hier hat ein apollinisch strahlender Engel im güldenen Lockenkranz zusammen mit einem weiteren, nur schräg von hinten zu erkennenden Himmelsboten einen muskulösen jungen Mann an den Beinen gepackt, während ein herkulischer Teufel mit Widderhörnern diesen an den Haaren in die Hölle zu zerren versucht. Beide Szenen ähneln dem traditionellen Bildmotiv der Psychomachie, des Streits, den sich Engel und Teufel um die Seelen der Sterbenden liefern. Doch die Ähnlichkeit täuscht. Hier kommt dieser Kampf zu früh. Denn noch sind die Auferstandenen ja gar nicht ihrem Richter vorgeführt, geschweige denn erlöst oder verdammt worden. Die beutelüsternen Teufel können einfach nicht warten und greifen verfrüht zu. Das aber können die Engel nicht dulden. Denn selbst wenn die von den Dämonen gepackten Seelen in ihren strahlend neuen Leibern schuldig sein sollten, haben sie allemal Anspruch auf Anhörung und einen fairen Prozess. Alles andere wäre Rechtsbeugung, wie sie den Herren der Hölle wohl ansteht. Gott aber ist gerecht und verweigert niemandem das Seine. So müssen sich die ungeduldigen Teufel hier noch geschlagen geben. Verzweifeln müssen sie dennoch nicht, ihre Stunde wird kommen.

Welchen Sinn hat dieser voreilige Kampf, den die Dämonen verlieren müssen? Eine theologische Deutung drängt sich auf: Niemand ist von vornherein verdammt, es gibt keine Vorherbestimmung ohne Abwägung der individuellen Sünden und Verdienste, sondern jeder Mensch wird danach beurteilt, wie er von der Gnade Gottes Gebrauch gemacht hat. Die reformatorische Lehre von der Prädestination, wonach Gott in seinem unerforschlichen Ratschluss vor der Geburt über Erwählung oder Verdammnis jedes Menschen entschieden hat, wird dadurch sichtbar widerlegt. Doch eine Entscheidung zum Heil ist durch dieses siegreiche Gefecht der Engel über den Gräbern noch keineswegs gefällt. Gute und Böse treiben gleichermaßen dem Gericht entgegen.

Die Auferstandenen wissen kaum, wie ihnen geschieht. Im Auftrieb, der sie zum Richter führt, ist der Todesschlaf noch nicht völlig von ihnen gewichen. Erst allmählich zerstreut sich die Benommenheit. Und auf die Betäubung folgt das alles beherrschende Gefühl der Angst. Der Augenblick der Urteilsverkündung ist gekommen, jetzt wird allen Menschen Gerechtigkeit widerfahren. Wer aber kann vor diesem Gericht bestehen?

Was soll ich Elender sagen, wenn selbst der Gerechte sich kaum sicher fühlen darf? Dieser furchterregende Satz aus der Totenmesse nimmt hier Gestalt an. Doch auch Verteidiger sind vor Gericht erschienen. Den Richter umgibt die Schar der Gerechten, die aufgrund ihrer heroischen Verdienste das Recht haben, als Fürsprecher für die übrige Menschheit tätig zu werden. Fürbittend, schutzflehend, demütig um Milde und Schonung nachsuchend, zeigen sie dem Weltenrichter die schauerlichen Folterwerkzeuge vor, die sie zu Tode quälten, doch ihre Standhaftigkeit nicht brechen konnten. So trägt der heilige Laurentius das Eisengestänge (siehe Tafel 16), auf dem er geröstet wurde, der Apostel Andreas das nach ihm benannte Kreuz, an das er geflochten wurde, der heilige Blasius die eisernen Kämme, die ihn zerfleischten, und der heilige Bartholomäus das Schabmesser, mit dem ihm der Henker bei lebendigem Leib die Haut abzog. Auf dieser Haut hat Michelangelo stark verfremdet, doch wiedererkennbar sein eigenes Bildnis gemalt (siehe Tafel 17). Dieses Selbstporträt war historisch korrekt, denn er lebte ja noch in der Zeit und in seinem alten Fleisch, und zugleich ein Bekenntnis: Auch mein Leben ist ein Martyrium. Alles Irdische ist vergänglich, Gesichter und Leiber vergehen. Jedes Bildnis ist daher ein Zerrbild. Beständigkeit gibt es erst nach dem Gericht.

Auch die Märtyrer, die Blutzeugen des Glaubens, sind nicht im Zeichen des sicheren Triumphs, sondern im Zustand höchster Anspannung und innerer Erregung dargestellt. Laurentius und Bartholomäus zu Füßen Christi werden von der Druckwelle, die dessen rechter Arm erzeugt, regelrecht zur Seite geworfen, wo sie wie geduckt verharren und demütig, ja eingeschüchtert zu Christus aufschauen. Andere Heilige wenden sich dem Richter mit beschwichtigenden, geradezu trotzig wirkenden Gesten zu; fast hat es den Anschein, als wollten die den Herrn, der doch alles weiß, an ihre Leiden und Verdienste erinnern. Sogar die Gottesmutter schmiegt sich schutzbedürftig und mäßigend zugleich an die Seite ihres Sohnes. Dieser aber ist wie ein christlicher Apollo gemalt, den eine mystische Sonne in Glorienlicht hüllt; die Herrlichkeit seines Körpers spiegelt seine Göttlichkeit und richterliche Vollgewalt wider (siehe Tafel 19). In dieser vollendeten Anatomie sind die Wundmale der Kreuzigung nur geringfügige Ritzungen. Das Leid, das der Gottessohn für die Menschheit

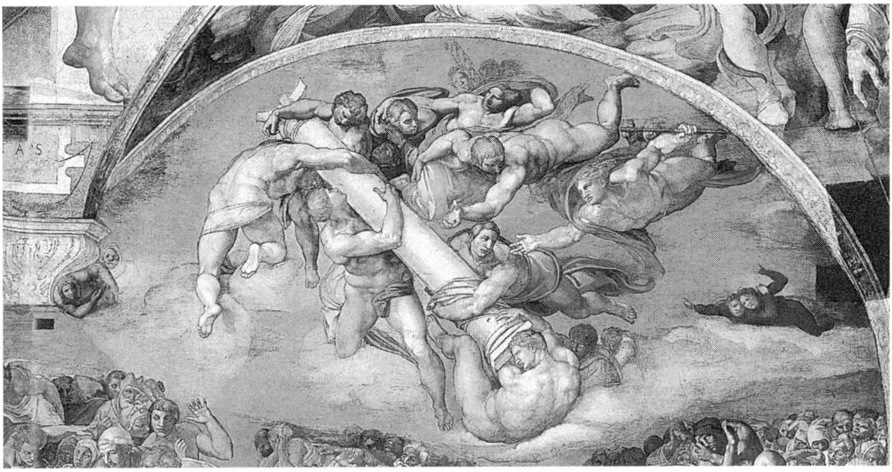

Diese Engel tragen die Säule, an der Christus gegeißelt wurde, haben jedoch keine Flügel. Spätere Theologen werden deren Fehlen als Verstoß gegen die Korrektheitsregeln des Konzils von Trient kritisieren. Vatikan, Sixtinische Kapelle

getragen hat, zeigt sich in den Lünetten über der Gerichtsszene. Hier tobt ein Sturm, der die Engel durcheinander wirbelt. Ja, die Himmelsboten, die die Werkzeuge der Passion tragen, vermögen der Turbulenzen kaum Herr zu werden. Die einen klammern sich an das Kreuz, die anderen an die Dornenkrone und an die Säule der Auspeitschung. Sie zeigen damit, wie teuer die Erlösung erkauft wurde, die einem Teil der Menschheit zuteil wird. Der alles beherrschende, gebieterisch und drohend erhobene Arm Christi stellt die Verbindung zwischen der Passion und dem Gericht her. Und er stellt den Betrachter vor die Frage, wer vor dem Angesicht des Gottessohns bestehen kann, der sündenlos für die Sünden der Menschheit starb?

Auch diejenigen, die gerecht gesprochen wurden, sind kaum von der Angst befreit. Den Weg ins Paradies treten sie mit allen Zeichen des unterwürfigsten Dankes und der Beteuerung ihrer Unwürdigkeit an, als könnten sie selbst nicht glauben, dass sie der ewigen Seligkeit für würdig befunden wurden. Andere liegen sich brüderlich in den Armen, falten die Hände, verdecken das Gesicht oder sind noch ganz vom Sturm der widerstreitenden Empfindungen gebeutelt. Doch einerlei, welche Gefühlsre-

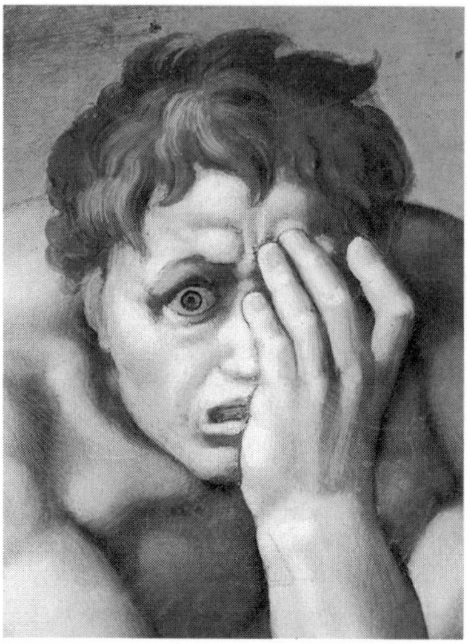

Ein Auge zugehalten, das andere vor Schrecken geweitet: Der Blick, den dieser Verdammte in die Zukunft wirft, verheißt niemals endendes Grauen. Vatikan, Sixtinische Kapelle

gung sie in diesem ersten Augenblick der Ewigkeit auch erfüllt, ihre Blicke sind immer noch wie gebannt, die Spannung will nicht weichen. Noch sind die beseligenden Folgen des erlösenden Urteils für sie nicht ermessbar. Fassungslosigkeit kennzeichnet auch die Verdammten. Nicht wenige von ihnen wollen ihr Los nicht hinnehmen. Wie sollten sie auch, müssen sie doch in diesem furchtbaren Augenblick alle Hoffnung aufgeben. Diese – von Dante in seiner *Göttlichen Komödie* ans Tor der Hölle geschriebene – Erkenntnis wird einem muskulösen jungen Mann zuteil, den zwei Dämonen umschlungen haben und der Hölle entgegen ziehen. Er hat in namenlosem Entsetzen die linke Hand vor ein Auge geschlagen, um das Grauenvolle nicht in seiner ganzen Unabänderlichkeit sehen zu müssen. Zugleich zeigt sein zusammengekrümmter Körper, dass er vor der Unausweichlichkeit des Schrecklichen, das ihn erwartet, resigniert hat. Im Gegensatz dazu tobt zu seiner Linken noch wildes Getümmel.

Während einige Verdammte wie gelähmt dem Höllenschlund entgegenstürzen, leisten andere heftigen Widerstand gegen die Engel, die sie mit kraftvollen, die Geste Christi aufnehmenden Armbewegungen in die Richtung der ewigen Verdammnis stoßen. Doch ihre Gegenwehr ist nutzlos, der Urteilsspruch unwiderruflich. Diesen Kampf dürfen die Teufel, die ja selbst gefallene Engel sind, mit Billigung des Herrn gewinnen. Das machen auch hier mancherlei Attribute deutlich; im Gegensatz zu den Werkzeugen des Martyriums sind es die Zeichen der Laster und der aus ihnen entspringenden Sünden. So greift ein Teufel einem der Verdammten, der verzweifelt gegen seinen Sturz ankämpft, brutal in die Genitalien, denen dieser offensichtlich sein Leben gewidmet hatte. Ein anderer Verurteilter, der von einem an Michelangelos Statue des Siegers erinnernden Engel in die Tiefe gestoßen wird, trägt einen Satz Tresorschlüssel und einen Sack mit Goldstücken. Ihm sind Habsucht und Geiz zum Verhängnis geworden (siehe Tafel 20).

Alle Verdammten stürzen zunächst auf die Barke des Höllenfährmanns Charon, der sie danach mit seiner Keule an das Ufer der ewigen Verzweiflung treibt (siehe Tafel 18). Was sie dort erwartet, wird in einem winzigen Ausschnitt des riesigen Freskos nur angedeutet, doch dieses Wenige ist furchtbar genug. Die Teufel, die die Verdammten in alle Ewigkeit quälen werden, sind als grausige Mischwesen gemalt, in denen bei aller Tierhaftigkeit doch die menschliche Bosheit hervortritt. Dem Oberteufel mit Fledermausohren beißt eine Schlange ins Geschlecht, während eine weitere Schlange von Anakonda-Ausmaßen seinen Leib umschlingt. Hier schließt sich der Kreis der Sünde, der durch die Verführung der Schlange im Gewölbe der Kapelle begann. Während Satan Anweisungen gibt, entladen die Unterteufel die menschliche Fracht des Schiffes; sie ziehen die vor Entsetzen gekrümmten Verdammten wie eine heiß ersehnte Beute ans Höllenland, voller Vorfreude auf das, was sie diesen antun dürfen. Diese Qualen aber werden durch die diabolischen Gesichter und das am Rand lodernde Feuer nur vorweggenommen. Die Hölle selbst ist unmalbar schrecklich.

Die Richter des Gerichts

Zittern und Zagen, Furcht und Schrecken durchziehen den gewaltigen Strudel des Freskos. Gemalt ist der *dies irae*, der Tag des Zorns. Wohl dem, der ihm entrinnt! Mitleid, doch keine Entschuldigung verdient, wer der gerechten Verdammnis anheim fällt: So lassen sich die Empfindungen umreißen, die das gewaltige Bild vom Augenblick seiner Enthüllung an erregt hat. Die meisten Betrachter waren betroffen und sprachlos, doch kam von Anfang an auch Unbehagen und in dessen Folge Kritik auf: War das alles gut katholisch? Vom Standpunkt derjenigen, die ein theologisch korrektes Bild forderten, war die Mängelliste rasch erstellt: Die Engel walteten zwar wie vorgeschrieben ihrer diversen Ämter, wenn sie die Posaune bliesen, Auferstandene emporzogen, Leidenswerkzeuge trugen und Verdammte herabstießen, doch waren sie dafür alles andere als angemessen ausgestattet. So besaßen sie keine Flügel und waren außer durch ihre Hilfstätigkeiten für das Gericht in keiner Weise aus der Menschenmasse hervorgehoben. Das war nicht nur ein Bruch mit der Tradition, sondern auch ein schwerer Verstoß gegen die Hierarchien des Himmels. Im gewaltigen Sog des Jüngsten Tages sind die Himmelsboten – im Gegensatz zu den ausschließlich von fremder Kraft bewegten Auferstandenen – zwar selbst Beweger, doch scheint ihre Kraft in den Wirbeln der oberen Bildzone an Grenzen zu stoßen. Den Verdacht der Gleichmachung des Ungleichen nährten mindestens ebenso sehr die Gestalten der Heiligen: Wo zum Beispiel war der Nimbus, der ihr Haupt von Rechts wegen zu zieren hatte? Noch viel anstößiger als das Fehlen der Heiligenscheine erschien denjenigen, die auf eine korrekte Wiedergabe katholischer Glaubenslehren pochten, die Haltung der Märtyrer. Anstatt als andächtige, über jeden Verdacht erhabene Zeugen der Urteilsverkündung beizuwohnen, waren sie selbst in den Sog des Gerichts geraten, ja sogar von Zittern und Zagen erfüllt. So viel Verzagtheit aber musste bohrende Fragen aufwerfen: Hatten die Heiligen in diesem Bild den Rang inne, der ihnen laut katholischer Doktrin zukam? Oder waren sie «protestantisch» gemalt, das heißt ohne das Privileg, Gott bereits vor dem Jüngsten Gericht zu schauen?

Wer suchte, der fand. Einmal in die Welt gesetzt, zog der Verdacht der Ketzerei immer weitere Kreise. Suspekt musste den Bild-Inquisitoren darüber hinaus erscheinen, dass zwischen den Erlösten und den Verdammten außer in ihrer Reaktion auf das Urteil kaum ein Unterschied zu sehen war. Das ließ vermuten, dass den zum Höllenfeuer Verurteilten Unrecht geschah. War eine Strafe verdient, dann musste das auch im Bild zu sehen sein. Doch was die Rechtfertigung der Höllenpein betraf, so hatte es mit sparsamen Andeutungen sein Bewenden. Dadurch drängte sich der theologisch gravierendste Verdacht überhaupt auf: Hatte Michelangelo die

Menschheit als eine einzige Masse der Verderbnis gemalt, so wie es Jean Calvin, der Erzketzer in Genf, in seinem 1536 erstmals veröffentlichten Hauptwerk der *Unterweisung im christlichen Glauben* lehrte? Gott – so Calvin – erwählte die einen und bewahrte sie so durch seine Barmherzigkeit vor der verdienten Verdammnis, der die anderen anheim fielen; die Kriterien, nach denen er diese Auswahl vornahm, waren für den Menschen unerforschlich. Niemand kannte seinen eigenen Heilsstand, geschweige denn den seines Nächsten. Nach geschäftlichem oder politischem Erfolg ließ sich die Frage, wer erwählt und wer verdammt war, am allerwenigsten beantworten. Zudem konnte Gott die einmal gewährte Gnade jederzeit wieder entziehen. Die unwiderstehliche Neigung zum Bösen tragen auch die Erwählten in sich. Von den Verdammten unterscheidet sie nur, dass der Herr diejenigen, die er in seiner grenzenlosen Güte an Kindes Statt angenommen hat, am Ende nicht im Abgrund der Sünde versinken lässt; den Anfechtungen durch die Verlockung des Teufels aber sind sie gleichfalls ausgesetzt.

Ist diese Lehre vom Menschen und seiner Erlösung in der Palastkapelle des Vatikans gemalt worden? Hat sich also die teuflische Häresie, als Frömmigkeit getarnt, ins Zentrum der katholischen Kirche eingeschlichen, um ihre Wahrheit zu verdunkeln? Diese beunruhigende Frage stellten sich die Glaubenswächter nicht zuletzt wegen des Umgangs, den der Künstler während der Arbeit am «Jüngsten Gericht» pflegte. Vor allem Vittoria Colonna, die Witwe des Marchese di Pescara, war wegen ihrer Frömmigkeitsübungen und wegen des Kreises, der sich um sie geschart hatte, verdächtig. In ihrem Haus, in dem Michelangelo ein und aus ging, wurde – so munkelten die Inquisitoren – eine Rechtfertigung des Menschen allein durch den Glauben, ohne die Werke, gelehrt, die dem protestantischen *sola fide* gefährlich nahe kam. Zudem nahm die vornehme Dame kein Blatt vor den Mund, wenn es um die Missstände in der Kirche ging. Sie vor die 1542 gegründete Zentralinquisition zu laden, hätte allerdings nur unliebsames Aufsehen und Jubel bei den Ketzern erregt, von Vittorias vielen einflussreichen Freunden ganz zu schweigen. Doch sie heimlich auszuspionieren und ein umfangreiches Dossier über ihre Freunde und Briefe anzulegen, ließ sich Kardinal Carafa gleichwohl nicht nehmen. Dass Michelangelo zu ihren Vertrauten zählte, sprach gegen ihn.

Gegen das Fresko ließ sich am wirkungsvollsten der Vorwurf der Unsittlichkeit vorbringen. So viele menschliche Leiber von höchster anatomischer Vollkommenheit ohne alle Bekleidung, und das an der Stelle, wo der Heilige Vater seinen Gottesdienst abhielt: Darin würden die Protestanten ihre Anklage, dass Rom die grosse Hure Babylon sei, voll und ganz bestätigt sehen. Dagegen kam auch der theologisch berechtigte Einwand nicht an, dass es sich ja nicht mehr um irdische, das heißt sündige, sondern um neue, ideale Körper handelte.

Der Einwand, dass in dem Gemälde alle Hierarchien von Verdienst und Würdigkeit aufgehoben würden, ließ sich dadurch entkräften, dass die Heiligen durch ihre Nähe zu Christus hervorgehoben waren und durch die Instrumente ihrer Marter bezeugten, wie standhaft ihr Wille mit der Gnade kooperiert und wie viele gerechte Werke er dadurch hervorgebracht hatte. Dass sie, erschrocken über die verdammende Gebärde des Richters, dessen Urteil über andere durch den Verweis auf ihr Martyrium abzumildern versuchten, entsprach ihrer Aufgabe als Fürsprecher der fehlbaren Menschheit. Theologisch war daran nichts auszusetzen.

Das gilt auch für das alles beherrschende Sünden- und Schuldbewusstsein. Dass sich der Gläubige im Bewusstsein, den göttlichen Geboten nicht genügen zu können, als Sünder erkennt, um danach auf die Gnade des Herrn zu hoffen, war eine der zentralen Botschaften Savonarolas gewesen. Aus dieser Erkenntnis sollten heilsame Verzweiflung, Zerknirschung, Buße und das Streben nach Besserung hervorgehen, so dass der geläuterte Gläubige am Tag des Gerichts auf ein gnädiges Urteil hoffen durfte. Hoffen zu dürfen hieß jedoch nicht, der Erlösung sicher zu sein. Der Arm des richtenden Christus, den Michelangelo nach zahlreichen Vorzeichnungen selbst noch auf dem Wandputz variierte, war nicht dazu angetan, das angstvolle Gemüt zu beruhigen. Wer dem richtenden und strafenden Gottessohn den barmherzig verzeihenden lieben Gott vorzog, musste (und muss) von diesem Bild zutiefst beunruhigt werden. Ins Kreuzfeuer der Theologen geriet das Fresko letztlich deshalb, weil die hier gemalte Auffassung des Heilsgeschehens und Heilserwerbs im fortschreitenden Prozess der Konfessionalisierung als unkatholisch oder zumindest für katholische Zwecke untauglich in Frage gestellt wurde. Konfessionalisierung nämlich hieß, dass immer präzisere Regeln und Richtlinien der

Rechtgläubigkeit ausgearbeitet wurden, die das religiöse Leben insgesamt und somit auch das Leben des einzelnen Gläubigen anleiten sollten. Dafür brauchte man didaktisch wirkungsvolle Bilder, die durch ihren klaren Aufbau zum Gehorsam gegenüber den Geboten der Kirche aufriefen und dadurch Glaubensgewissheit vermittelten. Diesen Anforderungen konnte und wollte Michelangelo nicht entsprechen, nicht, weil er die katholischen Glaubenslehren in Zweifel zog, sondern weil er das Erscheinungsbild der sichtbaren Kirche missbilligte: das Wohlleben der Kleriker, den Nepotismus und das Machtstreben der Päpste.

Doch nicht nur Theologen meldeten sich in Sachen «Jüngstes Gericht» zu Wort. Zu den Schattenseiten von Michelangelos Ruhm gehörte, dass er ins Visier des gefürchteten Publizisten Pietro Aretino geriet, der mit seiner scharfen Feder, mit oder ohne Auftrag der Mächtigen, die öffentliche Meinung Italiens wesentlich mit bestimmte. «Er bedenke mit Anerkennung oder Schande die Verdienste oder Verfehlungen seiner Zeit»[105] – so beschrieb Aretino in seinem Brief an Michelangelo vom 16. September 1537 seinen Beruf. Das war eine Selbstdarstellung, die der Empfänger als schmeichelhaft und drohend zugleich empfinden sollte. Diesem Stil blieb der ebenso wortmächtige wie skrupellose Journalist in seiner Korrespondenz mit Michelangelo treu. So erging er sich zunächst in Lobeshymnen über den größten Bildhauer und Maler, dieses «Wunder der Natur», das alle Künstler der Antike in den Schatten stellte. Jetzt also – so Aretino – habe sich dieser Vollender der Kunst dazu entschlossen, sich am Ort seines höchsten Triumphs durch das Fresko des «Jüngsten Gerichts» selbst zu übertreffen. Das zeigt, wie intensiv das große Fresko lange vor seiner Fertigstellung die öffentliche Meinung beschäftigte. Aretinos Lob war freilich vergiftete Schmeichelei. Hinter dem Ausdruck der Bewunderung ließ er den Verdacht des Hochmuts, ja, der Selbstüberschätzung, das Laster der Ketzer schlechthin, hervortreten. Maßte sich hier nicht ein Laie an, verbindliche Aussagen zu den Letzten Dingen zu treffen? Wie um zu zeigen, dass die Ausmalung des Jüngsten Gerichts nicht Michelangelo, sondern ihm selbst, dem Künstler des Wortes, zustand, schwelgte Aretino in den nachfolgenden Briefpassagen geradezu darin, Angst und Schrecken am Tag des Zorns mit den Mitteln der pompösesten Prunkrhetorik zu beschwören. Darin dürfte der Zweck des Schreibens bestanden haben:

sich in Sachen eines Kunstwerks, das schon vor seiner Fertigstellung die Welt bewegte, prestigeträchtig zu Wort zu melden, ja die Deutungshoheit darüber zu beanspruchen und so die Ebenbürtigkeit mit dem als «göttlich» apostrophierten Michelangelo zu unterstreichen.

Diese Selbstverherrlichung spießte dieser mit seiner von beißender Ironie durchtränkten Antwort vom 20. November 1537 auf:

> Hoch verehrter Herr Pietro Aretino, mein Herr und Bruder! Euer Brief hat mich mit Freude und Schmerz zugleich erfüllt. Freuen tue ich mich darüber, von Euch, die Ihr an Tugend einzig dasteht, zu hören. Mit Gram hingegen erfüllt mich, dass ich nach Fertigstellung eines großen Teils des Freskos Eure Einbildungskraft ins Werk nicht mehr einfließen lassen kann. Diese Einbildungskraft aber ist so beschaffen, dass Ihr den Jüngsten Tag selbst dann nicht besser schildern könntet, wenn er bereits vorbei wäre und Ihr ihn selbst erlebt hättet.[106]

In seiner Eitelkeit getroffen, bemühte sich Aretino, im selben ironischen Ton zu antworten: Er habe Michelangelos Schreiben in einem Reliquienschrein, gleich neben einem Brief Kaiser Karls V., verwahrt. Offenbar fühlte er sich nach so viel Ehrfurchtsbezeugungen befugt, endlich zu einem weiteren Anliegen vorzustoßen: Er wünsche sich ein Werk von der Hand Michelangelos! Diese Bitte aber ließ der Künstler jetzt wie nochmals sieben Jahre später unbeantwortet – er war nicht erpressbar. In seiner Eitelkeit gekränkt, ließ Aretino daraufhin die Maske fallen und denunzierte das fertige «Jüngste Gericht» 1545 als unzüchtiges, ja unfrommes Machwerk. Diese Predigt – so die öffentliche Meinung Italiens – kam von einer seltsamen Kanzel, war Aretino doch als der Verfasser erotischer Schriften wie der berühmt-berüchtigten Kurtisanengespräche bekannt. Ungefährlich war diese Denunziation, mit der sich der Denunziant in einem verhärteten Zeitklima offenbar selbst schützen wollte, für Michelangelo dennoch nicht. Dieser befand sie einer Antwort nicht mehr für würdig.

Von der Enthüllung des «Jüngsten Gerichts» gingen somit Erschütterungen aus. Für die römische Künstlerschaft war das Fresko die höchste Offenbarung einzigartiger Meisterschaft, ein Objekt der Verehrung, des Studiums und der Nachahmung. Dieses Urteil sollte sich die Öffentlichkeit rasch zu Eigen machen. Spätestens mit der Fertigstellung dieses nach nahezu einhelligem Urteil größten Kunstwerks aller Zeiten wurde sein Schöpfer zu einer Gestalt der öffentlichen Einbildungskraft. Wer ihn, den Meister aller Meister, als Zeugen für seine Sicht der Dinge in künstlerischen oder auch weltanschaulichen Fragen zitieren konnte, durfte auf breite Zustimmung hoffen. «Also sprach Michelangelo»: Sich auf Gespräche mit dem Meister zu berufen, hieß, sich höchste Autorität zu verschaffen, und wurde daher Mode.

Tyrannenmord

Trotz aller Widrigkeiten gab es in Rom nach der Fertigstellung des «Jüngsten Gerichts» mancherlei Lichtblicke, und zwar nicht nur durch den liebreizenden Tommaso Cavalieri. Die Niederlage der florentinischen Republikaner hatte zur Folge, dass die überlebenden Gegner Herzog Cosimos ins Exil gingen. So weilte ab 1539 auch Donato Giannotti am Tiber. Er diente als Sekretär des gleichfalls oppositionellen Kardinals Ridolfi. Giannotti hatte während der letzten Republik als Sekretär des obersten Exekutivorgans der Dieci di Balìa eine führende Rolle in der Organisation des militärischen Widerstands gespielt; eine Zusammenarbeit mit dem obersten Festungsinspekteur Michelangelo hatte sich so von selbst ergeben. Dass dieser mit dem republikanischen Gesinnungsgenossen Giannotti in den 1540er Jahren Umgang pflegte, ist bezeugt. Wie eng sich diese Kontakte gestalteten und was der Künstler von den eigenwilligen politischen Vorstellungen Giannottis hielt, der für eine auf breite Schichten gestützte Republik mit strikter Gewaltentrennung votierte, ist weniger sicher, obwohl oder besser: gerade weil Giannotti ein Buch über seine Gespräche mit Michelangelo verfasste. Dass es den republikanischen Politiker und Staatstheoretiker dazu drängte, einen solchen Gedankenaustausch festzuhalten, zeigt, wie viel Michelangelos Meinung zählte: Wer so viel göttlich inspirierte Schöpferkraft besaß, der durfte mit Fug und Recht auch höhere politische Einsichten für sich beanspruchen. Obwohl der Verfasser selbst großes Ansehen unter den Gelehrten besaß, sind die von ihm aufgeschriebenen Dialoge durch den Ton andächtiger Verehrung für den

Künstler geprägt. Giannottis tiefsinniger Traktat belegt somit, wie sehr dieser zu Lebzeiten zum Mythos geworden war.

Legendenumwoben ist auch Michelangelos Freundschaft mit Vittoria Colonna, der verwitweten Marchesa di Pescara. Im Unterschied zu den Kontakten mit Giannotti ist ihre Beziehung durch eine Reihe von Briefen bezeugt; darüber hinaus wurde sie durch Aufzeichnungen von dritter Hand verewigt: In seinen *Römischen Dialogen* veröffentlichte der humanistisch gebildete portugiesische Kunsttheoretiker und Handschriften-Illuminator Francisco de Hollanda, der sich von 1537 bis 1547 in Italien aufhielt, Gespräche über die Kunst der Malerei, die er – so die Einleitung zum ersten Dialog – mit Michelangelo und der Marchesa di Pescara geführt habe. Diese wird wie folgt vorgestellt:

> Frau Vittoria Colonna, verwitwete Marchesa di Pescara und Schwester des Herrn Ascanio Colonna, gehörte zu den vornehmsten Frauen Italiens und Europas, ja der ganzen Welt: adelig, immer noch schön, im Lateinischen bewandert, klug und mit allen weiblichen Tugenden gesegnet. Nach dem Tode ihres großen Gatten führte sie ein zurückgezogenes, demütiges und beschauliches Leben, das der Erinnerung an vergangene Tage und vor allem der Hingabe an Jesus Christus gewidmet war. Dabei tat sie mit der Gnade, die ihr zuteil wurde, viel Gutes für die Armen und erfüllte so exemplarisch die Pflichten einer guten Katholikin.[107]

In den 1540er Jahren unterhielt Michelangelo somit drei ungewöhnliche Freundschaften. Die erste war schwärmerisch platonisch, die zweite hoch politisch und die dritte der Inquisition verdächtig.

Was hat Michelangelo in den Gesprächen, die Giannotti und De Hollanda mit ihm geführt haben wollen, zu sagen? Und in welchem Verhältnis stehen diese Äußerungen zu den authentischen Aussagen in Briefen und anderen Dokumenten? Giannotti bettet seine Gespräche in den literarischen Rahmen eines römischen Spaziergangs ein. Er selbst, Michelangelo und ihr gemeinsamer Freund Luigi del Riccio unterhalten sich auf dem Weg zur Milvischen Brücke und zurück ausführlich über Dante und nur kurz, doch dafür kontrovers, über Politik. Dass dieses Thema den Höhepunkt des Gedankenaustauschs bildet, deutet der Verfasser schon zu Beginn mit einem Kunstgriff an. Denn kaum sind die drei Spaziergänger in der milden römischen Morgenluft zusammengekommen, da lenkt Michelangelo auch schon das Gespräch auf die Problematik der Tyrannei und der Republik. Die beiden anderen verstehen es jedoch, ihn von dieser Leidenschaft vorerst abzuhalten. So bleibt es einstweilen bei einem summarischen Fazit des Künstlers:

> Es sticht ins Auge und ist auch bei uns zu beobachten, dass kaum je der eine dem anderen beipflichtet und sich, sobald mehrere Personen zum Gespräch zusammen kommen, zahllose Unterschiede in den Einschätzungen hervortreten. Deshalb preise ich die Antwort, die einer unserer Mitbürger auf die Frage gab, ob er sich einer Partei der Aufständischen anschließen wolle … Er sagte nämlich, es genüge ihm völlig, zur Partei des Großen Rates zu gehören, den er für erhaben und aller Ehren wert hielt.[108]

Diesem patriotischen Glaubensbekenntnis des Künstlers, dass es in der Not des Vaterlandes keine Parteien, sondern nur noch Florentiner gibt, pflichten Donato und Luigi zwar bei, doch ist ihre Zustimmung von liebevoller Ironie eingefärbt: Wenn wir nicht aufpassen, wird uns Michelangelo diesen schönen Vormittag mit seiner Kritik am Verfall der Sitten in der Gegenwart verderben. Um solche trüben Monologe zu vermeiden, verwickeln die beiden den Meister in ein Gespräch über sein zweites Lieblingsthema, Dantes *Göttliche Komödie*. Die Frage, die sie sich und ihm stellen, ist besonders verzwickt: Wie lange hat die Wanderung des Dichters durch das Jenseits gedauert, und wann hat er sie unternommen? Bei der Lösung dieser in Florentiner Gelehrtenkreisen gerne gestellten Denksport-Aufgabe legt Michelangelo bewunderungswürdigen Scharfsinn an den Tag. Ja, er wird durch seine philologischen, astronomischen und historischen Kenntnisse als Gelehrter von höchstem Rang ausgewiesen.

Da der Dichter im letzten Kreis der Hölle die Verbrecher gegen die höchste himmlische und irdische Majestät, nämlich Judas, den Verräter Christi, sowie Brutus und Cassius, die Mörder Cäsars, antrifft, kommt es am Ende doch noch zu einer hoch emotionalen Diskussion über ethische Grundfragen der Politik. Dabei steht die rechtmäßige Bestrafung des Judas außer Frage; die Debatte spitzt sich auf die Frage zu, ob die Cäsarmörder Verdammung, Lob oder nichts dergleichen verdienen. Giannotti, der das Gespräch eröffnet, spart nicht mit schweren Vorwürfen an den

Autor der *Göttlichen Komödie*: Dante sei ein politischer Ignorant gewesen, der den Untergang der römischen Republik rechtfertigte und die Errichtung der Kaiserherrschaft verherrlichte, anstatt die Cäsaren, wie es sich gehörte, als Tyrannen zu brandmarken. Durch die Verdammung der heldenhaften Attentäter Brutus und Cassius habe er sich zum Lobhudler von Gewaltherrschern erniedrigt. Spätestens jetzt geht es nicht mehr um anderthalb Jahrtausende zurückliegende Begebenheiten, sondern um die jüngste Vergangenheit. Warum sollten sich die drei Herren, allesamt gesetzten beziehungsweise fortgeschrittenen Alters, sonst so erhitzen? Nicht das Attentat auf Cäsar, sondern die Ermordung Herzog Alessandro de' Medicis gilt es zu bewerten. Dieses Thema aber lässt niemanden kalt. Selbst mit Beleidigungen wird nicht gespart. So bezeichnet Michelangelo Giannotti als Starrkopf, der aus reiner Verbohrtheit nicht verstehen wolle, was doch ein für alle Mal bewiesen sei.

Am Anfang sind sich die beiden Streithähne noch einig. Einen Tyrannen zu töten, so Michelangelo, heißt, ein wildes Tier zu erlegen, ist also nicht Mord, sondern eine Rettungstat, denn wie eine reißende Bestie wütet der Tyrann gegen Gut und Blut unschuldiger Menschen. Aus diesem Blickwinkel betrachtet, sind Brutus und Cassius aller Ehren wert. Dennoch hat Dante für Michelangelo nicht Unrecht. Laut Dante habe Gott die höchste politische Autorität auf Erden zuerst dem römischen Volk und danach als dessen Vertretern den Kaisern übertragen; die Cäsar-Attentäter hätten sich also für Dante an einem Beauftragten des Herrn vergangen. Diesen Einwand aber lässt Giannotti nicht gelten. Gerade darin, dass er die Mörder des Tyrannen zu Verbrechern gegen die göttliche Weltordnung abstempele, zeige sich ja, wie verfehlt Dantes Vorstellungen von einem gerechten Staat gewesen seien. Durch diesen Einspruch sieht sich Michelangelo zu differenzierteren Darlegungen genötigt. Gewiss, Cäsar hatte nichts anderes im Sinn, als König der Römer zu werden.

> Das gebe ich zu, aber wäre das nicht vielleicht ein kleineres Übel geworden als das, was sich danach zutrug? Wer kann schon sagen, ob Cäsar nicht mit der Zeit seiner Einzelherrschaft überdrüssig geworden wäre und nach dem Beispiel des Sulla Rom die Freiheit zurückgegeben und eine neue Republik eingerichtet hätte? Wäre in diesem Fall nicht die Mordtat der beiden das größere Übel gewesen? Mir scheint es vermessen, ein Staatsoberhaupt, ob

> gut oder böse, zu ermorden, wenn man nicht weiß, ob daraus etwas Gutes hervorgeht, und man von seinem Wirken zu Lebzeiten immerhin noch Gutes erhoffen kann. Mir sind diejenigen zutiefst zuwider, die der Meinung sind, dass das Gute zu seiner Entstehung des Schlechten bedarf, dass am Anfang also das Töten steht. Denn sie erwägen nicht, dass sich die Zeiten wandeln und Unvorhergesehenes geschehen kann.[109]

In der alten, in der Antike wie im Florenz des 15. Jahrhunderts mit Leidenschaft geführten Debatte über den Vorrang von Republik oder Monarchie, Scipio oder Cäsar, bedient sich Michelangelo alter und neuer Argumente. Michelangelo greift zuerst das traditionelle Argument auf, dass aus Tyrannen, sei es durch Anleitung guter Lehrer, sei es durch eigene Bekehrung, nachträglich rechtmäßige Monarchen werden können. Im 16. Jahrhundert wurde es allerdings um zwei neue Gesichtspunkte bereichert: erstens, dass aus dem, was nach herkömmlichen moralischen Maßstäben schlecht sei, politisch Gutes hervorgehen kann; und zweitens, dass der geschichtliche Wandel alle Prognosen über die künftige Entwicklung von Staaten und Gesellschaften hinfällig macht. Waren sich die beiden florentinischen Staatsdenker und Historiker Machiavelli und Guicciardini im ersten, von Michelangelo vehement bestrittenen Punkt weitgehend einig, so hielt Machiavelli, was die Vorhersagbarkeit des historischen Verlaufs betraf, im Gegensatz zu Gucciardini an seiner optimistischen Einschätzung fest: Geschichte vollzieht sich einst wie jetzt nach den immergleichen Gesetzen. Das Regelwerk des politischen Erfolgs kann die Gegenwart daher aus dem alles überstrahlenden Beispiel der römischen Republik lernen. Für Guicciardini hingegen überstieg der Wandel alle menschlichen Vorstellungen; er veränderte Sitten, Geschmack, Moral und Religion. Geschichte ist also offen: Das sah, glaubt man Giannotti, auch Michelangelo so.

Dieser zeigte sich damit nicht nur als exzellenter Dante-Kenner, sondern auch auf der Höhe der aktuellsten politischen und historischen Diskussionen. Seine Antwort auf die Ausgangsfrage, ob der Tyrannenmord angebracht oder verhängnisvoll sei, lautete somit: ja und nein. Was moralisch einwandfrei ist, kann sich als historisch falsch, ja sogar als schuldhaft erweisen. Einfache Lösungen verbieten sich, Gewalt bringt mit Sicherheit nur weitere Gewalt hervor, ob aus Mord erträglichere Zustände hervorgehen, ist ungewiss. Erlaubt ist die Tötung des Gewaltherrschers nur dann, wenn keinerlei Hoffnung auf Besserung besteht. Doch kann man Einsicht und Einkehr jemals sicher ausschließen? Bei aller republikanischen Gesinnungsfestigkeit vertritt der Michelangelo, der uns in Giannottis Dialogen entgegentritt, Ansichten, die jedem politischen Aktionismus abhold sind. Gedankenreich, doch tatenarm: War das tatsächlich die Haltung des Künstlers zum Problem der Unrechtsherrschaft? Giannotti jedenfalls zeigte sich auf dem Tiberspaziergang von diesen Argumenten nicht überzeugt. Auf Michelangelos feine Unterscheidungen reagierte er mit Häme. Er werde, so sein Schlusswort, diese Predigt mit goldenen Buchstaben aufzeichnen.

Michelangelo selbst hat seine Meinung zur Tyrannis in Marmor ausgedrückt. Giannottis Dienstherr Kardinal Ridolfi bestellte um 1545 bei ihm eine Büste des Cäsarmörders Brutus. Dass der vielbeschäftigte Künstler diesen Auftrag annahm, ist nicht nur der Vermittlung Giannottis zu verdanken, sondern zeigt, wie intensiv ihn dieses Thema beschäftigte. In welchem Verhältnis steht dieses Werk zu den Gedanken, die Giannotti seinem Schöpfer in den Mund legt?

Wie so viele seiner Arbeiten hat Michelangelo die Büste des Brutus, gemessen an den herkömmlichen Regeln des Bildhauer-Metiers, nicht vollendet (siehe Seite 265). Dieser scheinbaren «Unfertigkeit» haben sich die Medici später mit Geschick bedient, um die Botschaft des Werkes in ihrem Sinne zu formulieren. Eine bis heute lesbare Inschrift besagt, dass dem Künstler bei der Arbeit am Porträt des Cäsarmörders die Frevelhaftigkeit seines Tuns aufgegangen sei und er diese daher unvollendet gelassen habe. Immerhin ist die Büste weit genug vorangeschritten, um ein fertiges Bildnis im Bildnis aufzuweisen. Auf der Fibula, der Klammer, die Brutus' Gewand an der linken Schulter zusammenhält, ist ein Profil zu sehen, das durch seine Adlernase und seine Haare römisch anmutet (siehe Seite 265). Hat Michelangelo an dieser abgelegenen Stelle einen Phantasiekopf oder einen Schlüssel zur Deutung des Werkes platziert? An unterschiedlichen Deutungen fehlt es jedenfalls nicht. So hat man in den Gesichtszügen des Fibula-Bildes die Physiognomie des Brutus, wie sie von antiken Künstlern dargestellt wurde, doch auch das Porträt Giannottis und sogar, die originellste Version, einen Mix beider

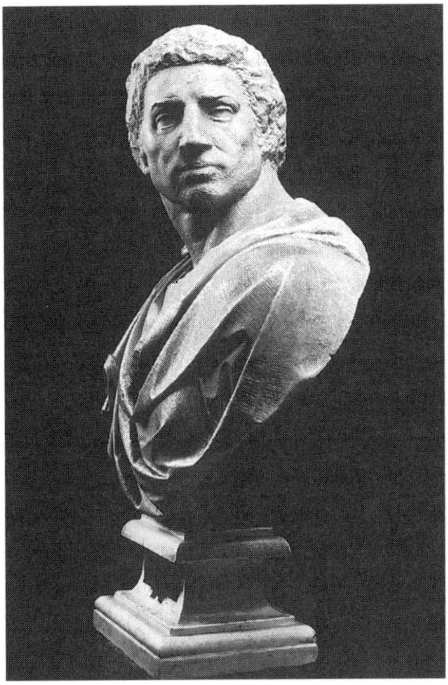

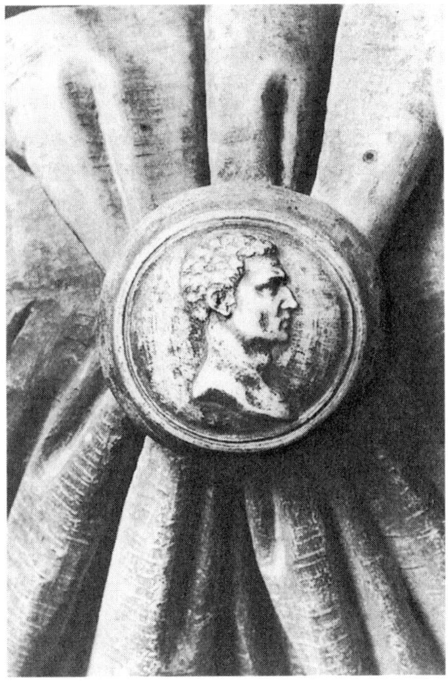

Dieser Brutus ist kühn und brutal, heldenhaft und roh zugleich. Die Physiognomie des Cäsar-Mörders spiegelt wider, was Michelangelo über den Tyrannenmord dachte: Gewalt bringt Gewalt hervor. Florenz, Museo nazionale del Bargello

Über das Porträt auf der Fibula, der Schulterklammer des Brutus, ist viel gerätselt worden: Zeigt es den Mörder Cäsars ein zweites Mal oder stattdessen Donato Giannotti, Michelangelos republikanisch gesinnten Freund – oder ist es eine Synthese von beiden? Florenz, Museo nazionale del Bargello

Antlitze zu erkennen geglaubt. Doch selbst wenn es sich, wofür einiges spricht, tatsächlich um eine Kombination beider Gesichter handelt, ist damit für die von Michelangelo beabsichtigte Aussage noch nicht allzu viel gewonnen. Giannottis Verehrung für den Cäsarmörder war allgemein bekannt; ihn mit seinem Helden sichtbar gleichzusetzen, war daher eine witzige Pointe, mehr nicht.

Fraglos veranschaulicht der Kopf des Brutus Eigenschaften, die sich im Begriff der *virtù* zusammenfassen lassen: höchste Konzentration auf die ins Auge gefasste Tat, machtvolle Anspannung des Willens, unbändige

Energie und Tatkraft. Das alles lässt sich aus dem markanten Kinn, dem ungewöhnlich plastisch herausgearbeiteten Kiefer, den trotzigen Lippen, dem wagemutig in die Ferne gerichteten Blick ablesen. Doch stellen sich die Züge des von jeglicher Blässe des Gedankens unangekränkelten Tatmenschen nicht nur als kühn, sondern auch als roh, ja ungeschlacht und vor allem unbedacht dar. Dieser Attentäter ist zum Äußersten entschlossen, ohne Rücksicht auf die Folgen, geschweige denn Einsicht in die Konsequenzen seines Handelns. Somit zeigt er sich als Revolutionär aus ungezügelter Leidenschaft, der das Schlechte tut, um das Gute herbeizuführen, doch durch die ungestüme Überstürztheit seines Handelns alles nur noch schlimmer macht. Mochte der Antrieb zur Tat selbst auch noch so ehrenhaft sein, diese selbst blieb ambivalent. Der Ausdruck des Brutus bestätigt also die Uneindeutigkeit des Dialogs, das «sowohl als auch» und damit die Einsicht, dass in der gewaltsamen Befreiungstat der Keim der Zerstörung, im moralisch Guten der historische Untergang angelegt sein kann.

Weitere Belege dafür, dass Michelangelo, der politische Denker, an den unerschütterlichen Gewissheiten und ehernen Überzeugungen seiner Zeitgenossen zweifelte, lassen sich in seinem eigenen politischen Handeln finden. Der überstürzte Aufbruch aus der bedrängten Republik im Jahr 1529 und die Rückkehr nach gutem Zureden, die Verachtung und gleichzeitige Nutznießung von Netzwerken – das alles spiegelt das «ja, aber» in Giannottis Text wider. Diesem dürfte es darum gegangen sein, Michelangelos grundsätzliche Billigung des Tyrannenmordes zur Stärkung seiner eigenen Position einzusetzen. Dass der Künstler mit dem Urteil des Verfassers nicht völlig übereinstimmte, sondern Vorbehalte äußerte, musste die Schrift umso glaubwürdiger erscheinen lassen. Glaubwürdig ist, so betrachtet, auch der fiktive Michelangelo des Tiberspaziergangs; alles spricht dafür, dass er so und nicht anders über das moralische und politische Dilemma des Tyrannenmordes dachte. Auch Giannotti verhehlte seine Überzeugungen wohl kaum. Dass er das in seinen Augen widersprüchliche Schlusswort Michelangelos mit feiner Ironie bedachte, dürfte gleichfalls seiner wahren Einschätzung entsprechen.

Kunst und Frömmigkeit

Die Gespräche im Palazzo Colonna drehten sich – glaubt man Francisco de Hollanda – nicht um Politik, sondern um Kunst, Religion und das Verhältnis zwischen beiden. Worüber die hoch geborene Dichterin Vittoria Colonna, die Witwe des kaiserlichen Feldherrn Marchese di Pescara, mit dem Bildhauer, Maler, Architekten und Dichter sonst noch redete, ist kaum bezeugt. Die Korrespondenz der beiden beschränkte sich in den neun Jahren zwischen dem Beginn der Freundschaft 1538 und dem Tod der Marchesa im Jahre 1547 auf gerade einmal acht Briefe: fünf von ihr an ihn, drei von ihm an sie. Zudem sind alle diese Schreiben nicht sicher datiert und zwei von der Hand Michelangelos weitgehend inhaltsgleich. Sichere Entwicklungen des Gedankenaustauschs und der jeweiligen Positionen lassen sich daher aus dem Briefwechsel allein nicht nachzeichnen. Rückschlüsse auf das Verhältnis der Hocharistokratin zum Künstler lassen sie dennoch zu.

> Mein herzlichster Herr Michelangelo, ich bitte Euch, mir das Kruzifix, auch wenn es noch nicht fertig ist, zu schicken, denn ich möchte es den Edelleuten des Kardinals von Mantua zeigen. Und wenn Ihr heute nicht durch Arbeit abgehalten werdet, könntet Ihr, wenn es Euch passt, zu mir zum Gespräch kommen.[110]

Das wahrscheinlich erste Billett spiegelt bereits eine beträchtliche Vertrautheit des Umgangs und nicht zuletzt einen Auftrag wider: Michelangelo arbeitete an einer Darstellung des Gekreuzigten, die die Marchesa hochgestellten Besuchern zeigen wollte. Seine Antwort lautete wie folgt:

> Signora Marchesa, es schien mir, da ich in Rom bin, nicht angebracht, das Kruzifix Herrn Tommaso zu übergeben und diesen somit als Mittler zwischen Ihnen und mir, Ihrem Diener, einzuschalten. Und zwar umso weniger, als ich mir gewünscht hatte, für Sie mehr zu leisten als für irgendeinen anderen Menschen auf der Welt. Doch haben mich die intensiven Beschäftigungen, denen ich mich ausgesetzt sah und sehe, daran gehindert, Ihnen diese Wertschätzung erkennen zu lassen. Und da ich weiß, dass Sie wissen,

> dass die Liebe keinen Lehrmeister will und dass, wer liebt, nicht schläft, brauchte ich mich keines Vermittlers zu bedienen.[111]

Das waren Ausdrücke einer Ergebenheit, wie sie sonst nur für Tommaso Cavalieri gefunden wurden. Die Zeichnung, die Michelangelo am Schluss des Schreibens ansprach, traf wenig später bei Vittoria Colonna ein, wie ihr nachfolgender Brief zeigt:

> Einziger Meister Michelangelo, mein aller einzigartigster Freund, ich habe Euren Brief bekommen und das Kruzifix gesehen, welches in meinem Gedächtnis alle anderen Gemälde, die ich jemals gesehen habe, regelrecht gekreuzigt hat. Besser, lebendiger, vollendeter lässt sich kein Bild machen.[112]

Ein Künstler, der über solche Gaben verfügte, musste sie vom Himmel verliehen bekommen haben:

> Und ich habe gesehen, dass dem Gläubigen alles möglich ist. Ich hatte größtes Vertrauen in Gott, dass er Euch mit einer übernatürlichen Gnade ausgestattet hat, um diesen Christus zu schaffen; dann aber sah ich ihn so wunderbar, dass er alle meine Erwartungen übertraf. Darauf, durch Eure Wunder mutig geworden, wünschte ich mir das, was ich jetzt auf wundersame Weise erfüllt sehe, was in jeder Hinsicht aufs höchste vollendet ist und sich nicht perfekter denken, ja nicht einmal in dieser Herrlichkeit wünschen ließe. Und ich sage Euch, dass ich mich sehr darüber freue, dass der Engel zur Rechten am schönsten ist, denn der Erzengel Michael wird Euch, Michelangelo, am Jüngsten Tag zur Rechten des Herrn platzieren. Und in Mitten von all dem weiß ich mir nicht anders zu helfen, als zu dem süßen Christus zu beten, den Ihr so gut und vollendet gemalt habt, und Euch darum zu bitten, dass Ihr über mich in allem und für alles verfügt.[113]

Rein funktional betrachtet, belegen die Briefe ein Verhältnis zwischen der Auftraggeberin und dem Künstler, dessen Arbeit höchste Zufriedenheit hervorrief. Darüber hinaus bezeugen sie die Wertschätzung des Künstlers für die Auftraggeberin, den Respekt, den sie seinem Genius zollt, und die Empfindungen der Frömmigkeit, die sein Werk in ihr auslöst. Aus der geschliffenen Rhetorik der wechselseitigen Bewunderung eine vertiefte Seelenfreundschaft abzuleiten, wäre gewagt. Sicher hingegen ist, dass beide eine Überzeugung teilten: Religiöse Kunst ist kein Selbstzweck, sondern hat den Betrachter Gott näher zu bringen. Überdies ist wahrhaft fromme Kunst christozentrisch, der Passion und der Erlösungstat des Gottessohns gewidmet. Im Wortspiel «Michael – Michelangelo» klingt zudem die Gewissheit der Auftraggeberin an, dass der Künstler die besondere Gnade Gottes besitzt; für seine frommen Werke wird er den verdienten Lohn im Himmel empfangen. Um dieselben Themen kreisten auch die übrigen Briefe:

> Ich wollte für Sie, bevor ich Ihre Geschenke annahm, etwas von eigener Hand machen, um diese mit weniger unwürdiger Hand entgegennehmen zu können. Dann aber habe ich erkannt, dass man die Gnade Gottes nicht kaufen kann, sie gering zu schätzen jedoch eine sehr schwere Sünde ist. Und so sage ich «mea culpa» und nehme die Geschenke gerne entgegen.[114]

In diesem wahrscheinlich aus dem Jahr 1541 stammenden Schreiben nimmt der Künstler göttliche Gnade als Quelle seiner Eingebung in Anspruch; Gnade aber kann man sich nicht verdienen, sie ist ein Geschenk des Herrn. Der vorletzte Brief der Marchesa, den sie wohl im Juli 1543 an Michelangelo schrieb, war im Ton nüchterner gehalten.

> ... wenn wir unsere Korrespondenz gemäß meinen Verpflichtungen und Eurer Höflichkeit fortsetzen, so muss ich die Kapelle der heiligen Catherina und die Gesellschaft der dortigen Schwestern zur vorgeschriebenen Stunde im Stich lassen, so wie Ihr die Kapelle des heiligen Paulus und das vom frühesten Morgen bis zum Abend dauernde Zwiegespräch mit Euren Malereien vernachlässigen müsstet, die Euch mit ihrer Natürlichkeit nicht weniger zu sagen haben als mir die lebenden Personen meiner Umgebung – so dass ich den Bräuten Christi und Ihr dem Stellvertreter Christi fehlen werdet.[115]

Dieses Schreiben wurde aus Viterbo abgeschickt, wo sich Vittoria Colonna im Kloster der Heiligen Katherina aufhielt. Zu diesem Zeitpunkt wurde ihre Korrespondenz bereits von den Agenten der Zentralinquisition abgefangen, gelesen und ausgewertet – mit dem Ergebnis, dass viele ihrer Äußerungen zu Glaubensfragen als der «lutherischen» Irrlehre verdächtig eingestuft wurden. In diesem Brief an Michelangelo dürften die Rechtgläubigkeitswächter allerdings kaum fündig geworden sein. Zum einen wird der Papst respektvoll als Vikarius Christi angesprochen. Und auch die Schlusswendung war als Beleg für eine Ketzerei-Anklage gänzlich unbrauchbar:

> … und so bitte ich den Herrn, von dem Ihr mir bei meiner Abreise mit so glühendem und demütigem Herzen gesprochen habt, dass ich Euch bei meiner Rückkehr mit seinem so tief erneuerten, wahren und in der Seele so lebendigen Glauben wieder treffe, wie Ihr ihn in meiner Samariterin gemalt habt.[116]

Die Bitte, dass Gott Michelangelo mit dem wahren Glauben segnen möge, war ein uneigennütziger frommer Wunsch, doch zeichnete sich darin zugleich ein gewisser Anspruch auf spirituelle Führung und Deutungshoheit an. So sehr sich beide auch ihrer Übereinstimmung im religiösen Denken und Fühlen versicherten, so übernahm die Marchesa auch die Aufgabe der Seelenführerin. Als solche hat Michelangelo sie in einem Gedicht angesprochen, das während der Arbeit am «Jüngsten Gericht» entstand. Es ist «An die Marchesa von Pescara» überschrieben und setzt mit dem Ausdruck tiefer Verunsicherung im Glauben ein:

> Erst auf dem rechten, dann auf dem linken Fuß
> suche ich nach meinem Heil.
> Zwischen Laster und Tugend schwankend,
> plagt und ermattet mich mein zerrissenes Herz
> wie den, der den Himmel nicht sieht
> und sich auf jeglichem Pfade verliert und irrt.
> Und so reiche ich Eurer heiligen Tinte
> ein weißes Blatt,
> auf dass Liebe mir die Augen öffne und Frömmigkeit die Wahrheit hinein schreibe:
> Dass die Seele, aus sich frei geworden,
> meinen kurzen Lebensrest nicht unseren Irrtümern unterwerfe,
> sondern weniger blind leben möge.
> Von Euch, hohe, göttliche Frau,
> aber begehre ich zu wissen, ob im Himmel die demütige Sünde
> geringer geschätzt werde als das stolze Gute.[117]

Wo in dieser Poesie die kunstvolle Selbstinszenierung endet und der Ausdruck existenzieller Betroffenheit einsetzt, muss offen bleiben. Da die Bitte, dass Vittoria Colonna dem Künstler religiöse Orientierung bieten möge, in der ebenfalls mit literarischem Anspruch verfassten, doch ohne Frage weitaus persönlicheren Korrespondenz wieder aufgenommen wurde, darf man eine solche Rollenverteilung für die Gespräche im Palazzo Colonna annehmen. Die aristokratische Dichterin lieferte Ideen, die den Künstler zur bildlichen Darstellung anregten:

> Hochverehrter Herr Michelangelo, der Ruf, den Euch Eure künstlerische Schöpferkraft verleiht, ist so groß, dass Ihr ihn vielleicht für unsterblich, für weder durch die Zeit noch irgend etwas anderes zerstörbar, gehalten hättet, wenn nicht in Euer Herz jenes göttliche Licht Eingang gefunden hätte, das Euch bewiesen hat, dass auch der irdischen Ruhm, so lange er auch dauern mag, seinen eigenen, zweiten Tod hat. So wie man in Euren Skulpturen die Güte des Herrn sieht, der Euch zum einzigartigen Meister gemacht hat, so werdet Ihr erkennen, dass ich in meinen fast schon toten Schriften nur dem Herrn danke, weil ich ihn durch Schreiben weniger beleidige, als ich es durch die reine Muße tue.[118]

Auch mit diesem 1545 oder 1546 verfassten Brief mussten sich die Spitzel schwer tun. Das zu Anfang zitierte Vanitas-Motiv – alles ist eitel, auch der höchste Ruhm – war nicht zu beanstanden. Es zeugte von wahrhaft christlicher Gesinnung. Dass sich in der Schöpferkraft des Künstlers die Güte der Schöpfung und des Schöpfers widerspiegelte, könnte gewagt klingen, wenn nicht unmittelbar darauf in der Unwürdigkeit der Verfasserin vor dem Angesicht des Herrn das Motiv der Erbsünde und der Erlösungsbedürftigkeit des Menschen angestimmt würde. Es half alles nichts: Über einen vagen Anfangsverdacht kamen die Inquisitoren nicht hinaus. Dieser Meinung war auch Paul III. Bis zu ihrem Tod im Februar 1547 wurde gegen Vittoria Colonna keine Anklage erhoben. Über ihren hohen sozialen Rang hinaus schützte sie die Weigerung des Farnese-Papstes, die immer kontroverser diskutierte Trennlinie zwischen «katholisch» und «häretisch» so eng zu ziehen, wie es der strengste Reformflügel an der Kurie wünschte.

Wo die spirituelle Herzensfreundin Michelangelos in Glaubenssachen wirklich stand, darüber gehen bis heute die Meinungen auseinander. Dabei ist die Einschätzung der Inquisitoren weder maßgeblich noch irrelevant. Im Gegensatz zu ihrer Vermutung, dass es sich bei der Marchesa um eine Kryptoprotestantin handele, ist in Rechnung zu stellen, dass sie selbst wie auch die Gleichgesinnten inner- und außerhalb ihres Kreises kein eigenes theologisches Gedankengebäude errichten wollten, sondern sich zu einer tief verinnerlichten Gefühls-Religiosität bekannten. Beeinflusst wurde sie in dieser ganz auf das Leiden und die Erlösungstat Christi konzentrierten Haltung von den Ideen des in Neapel wirkenden Spaniers Juan Valdés, dem englischen Kardinal Reginald Pole sowie von der anonym veröffentlichten Erbauungsschrift *Trattato utilissimo del beneficio di Giesu Christo crocifisso, verso i christiani* (in der gängigen Kurzform als *Beneficio di Christo* bezeichnet). In Anlehnung an diese Vorbilder hob Vittoria Colonna in ihren Dichtungen die Bedeutung des eigenständig erfahrenen Glaubens für die Rechtfertigung des Menschen vor Gott hervor. Dieses individuelle Glaubenserlebnis ist zugleich die einzige Quelle der Heilsvergewisserung: Dem seiner Unwürdigkeit bewussten, um Vergebung und Erlösung flehenden Menschen wird Gott seine Gnade nicht verweigern. Diese Überzeugung mit der lutherischen Formel «sola fide» (durch den Glauben allein) zu bezeichnen, ist irreführend, da damit eine Übereinstimmung mit dem theologischen Denken des Wittenberger Reformators unterstellt wird. Für diesen aber war das «sola fide» ursächlich mit dem «sola gratia» (durch die Gnade allein) verknüpft. Nur durch das einseitig von Gott gemachte Geschenk der Gnade kann – so Luther – der Glaube überhaupt aufkommen; wem er die Gnade verleiht oder verweigert, hat Gott in seinem unerforschlichen Ratschluss ohne Ansehen des einzelnen Menschen, seines Lebens und seiner Werke entschieden. Dieses Dogma der Prädestination aber stieß in der humanistisch geprägten Kultur der italienischen Eliten fast überall auf Unverständnis und Ablehnung.

Für Vittoria Colonna und Michelangelo, den sie als ihren geistlichen Schüler betrachtet haben dürfte, waren Glaube und Gnade gewiss untrennbar verknüpft, doch im Zusammenspiel mit dem *liberum arbitrium*, dem freien Willen des Menschen. Frei war dieser insofern, als er das universelle göttliche Angebot der Gnade annehmen oder ausschlagen konnte. Wandte sich der Mensch aus eigenem Entschluss dem Guten zu, dann wurde er mit Hilfe der Gnade immer freier und näherte sich auf dem langen, dornigen Weg der Vervollkommnung Gott an, ohne seine durch den Sündenfall verursachte Neigung zum Bösen vollständig abzulegen. Hinter dem innigen Bemühen, sich durch die Versenkung in die Erlösungstat Christi zu läutern, traten die von der Kirche vorgeschriebenen guten Werke – Gebete, Almosen, Unterstützung der Bedürftigen – in ihrer Bedeutung für den Heilserwerb zurück; umso glühender hatte sich der fromme Christ den Werken der Mildtätigkeit im Geist der Nächstenliebe zu widmen. Einerseits konnten die Inquisitoren hier eine partielle Übereinstimmung mit protestantischen Lehren konstatieren, andererseits war für reformierte Theologen schon das Festhalten am freien Willen und das Streben nach persönlicher Vervollkommnung finstere, vom Laster des Hochmuts diktierte Werkgerechtigkeit. Das Credo der Marchesa war somit im Kern alles andere als lutherisch. Zum Bruch mit der Kirche führten solche Überzeugungen erst, wenn darüber hinaus die Führungsstellung des Papsttums oder die Wirksamkeit der Sakramente als Instrumente der Heilsvermittlung in Zweifel gezogen wurden. Doch diesen Austritt vollzogen auch aus dem Kreis der Marchesa am Ende nur wenige, wie zum Beispiel der Kapuzinergeneral Bernardino Ochino. Bezeichnenderweise konnte auch er sich mit den Vertretern der reformierten Rechtgläubigkeit in Wittenberg, Zürich und Genf nicht verständigen, sondern starb als Dissident im böhmischen Exil.

Blinden Übereifer kann man den Agenten des «Heiligen Offiziums», wie die Inquisitionsbehörde von 1542 offiziell hieß, jedoch nicht vorwerfen. Ihre Aufgabe war es, Motive zu sammeln. Und diese klangen in ihren Ohren suspekt: Das fast erotisch anmutende Schwärmen vom süßen Christus, der Kult des Kreuzes und der Passion, die Präsenz des Lichtes als Metapher der Gnade, die Betonung des «lebendigen», durch Studium der Heiligen Schrift und durch mystische Versenkung zugleich gewonnenen Glaubens: All das hatte für sie einen diffus häretischen Unterton. So ist es verständlich, dass sie die Sympathisanten der Marchesa und ihre Werke im Auge behielten.

Im Falle Michelangelos sind diese Werke naturgemäß aussagekräftiger als schriftliche Zeugnisse. Das erste der beiden Blätter, die er der Marchesa schenkte, das «Kruzifix», ist im Gegensatz zu den herkömmlichen Darstellungen des Kreuzestodes mit ihren Soldaten, Schächern und Gaffern wahrhaft christozentrisch (siehe Tafel 29). Zu sehen sind außer dem Gottessohn nur zwei als Halbfiguren gezeichnete Engel, die kaum aus dem Dunst heraustreten; schemenhaft ist auch der Schädel am Fuße des Kreuzes gezeichnet. Umso dramatischer hervorgehoben ist der Gekreuzigte. Er ist im Augenblick des höchsten Leides dargestellt; der Kopf ist in Todesqual gekrümmt, der Mund in der Agonie halb geöffnet, der Blick mit brechenden Augen zum Himmel gerichtet. Im Sinn der späteren Katholischen Reform bezog Giorgio Vasari in seiner Michelangelo-Biographie den hier wiedergegebenen Augenblick auf das Lukas-Evangelium, Kapitel 23, Vers 46: «Vater, ich befehle meinen Geist in Deine Hände.» Im Gegensatz zu diesen den Glauben stärkenden Worten schrieb Condivi dem Sterbenden den verzweifelten Aufschrei «Mein Gott, mein Gott, warum hast du mich verlassen?» zu (Markus 15, 34 und Matthäus 27, 46), und zwar zu Recht, wie die Zeichnung zeigt. Dass gerade der in Todesqual verzweifelnde Gottessohn nicht Glaubenszweifel säte, sondern – wie der Brief Vittoria Colonnas bezeugt – Glaubensgewissheit stiftete, ist nur scheinbar paradox. In seinem Todeskampf war der Mensch gewordene Gottessohn dem Menschen am nächsten. Dadurch erweckte Michelangelos Zeichnung die tiefsten Empfindungen des Mitleids, das Gefühl der eigenen Unwürdigkeit und der Dankbarkeit sowie die Hoffnung auf Erlösung und erfüllte damit exemplarisch die Zwecke der religiösen Kunst. Die Gefühle, die das «Kruzifix» hervorrufen soll, beseelen auch die beiden Engel. Während der Engel zur Rechten des Herrn mit einer Geste schier auswegloser Resignation den Kopf in die Hand stützt und zugleich anklagend auf den Körper des Sterbenden zeigt, ist sein Gefährte zur Linken im seelischen Zustand des tiefsten Schmerzes gezeigt. Das waren Haltungen, die die Reaktionen des Betrachters vorwegnehmen und daher wie eine Anleitung zur Frömmigkeit wirken sollten. Dass der Tod auf Golgatha nicht das Ende, sondern der Anfang des Heilsgeschehens ist, wird durch die vollendete Anatomie des gekreuzigten Körpers gezeigt, dessen Wundmale mit Ausnahme der Nagelstellen an Händen und Füßen bereits geschwunden sind. *Beneficio di Christo*, «Wohltat Christi», wie das Andachtsbuch aus dem Umkreis des Kardinals Pole in Kurzform hieß: Hier war sie gezeichnet. Diese Wohltat besteht in der Selbstaufopferung des Unschuldigen für die sündige Menschheit und in der Aufforderung, ihm auf diesem Wege nachzufolgen. Mit dieser Botschaft, von der die weiteren Personen, die üblicherweise unter dem Kreuz dargestellt wurden, nur ablenken konnten, ist Michelangelos Zeichnung nicht konfessionell, sondern im wahrsten Sinne des Wortes christlich. Starke Wirkungen entfaltete das meisterliche Blatt dementsprechend im katholischen wie im protestantischen Europa.

In Michelangelos Zeichnung der Pietà fand Vittoria Colonna den Engel zur Rechten am schönsten (siehe Tafel 30). Dieses Urteil kann der Betrachter bis heute unschwer nachvollziehen. Die beiden puttenhaft dargestellten Himmelsboten haben den toten Christus unter den Armen gefasst; hinter dem Leichnam ihres Sohnes steht Maria, die Arme zur Klage ausgebreitet, die Augen zum Himmel erhoben. Das Blatt fällt dadurch aus dem Rahmen, dass es sein Schöpfer selbst mit einem Schriftzug versehen hat, der dem 29. Gesang des Paradieses aus Dantes *Göttlicher Komödie* entlehnt ist und aus dem Haupt der Gottesmutter zu entspringen scheint: «Man bedenkt nicht, wie viel Blut es kostet, das Gotteswort in der Welt zu verbreiten, und wie willkommen Gott derjenige ist, der sich diesem demütig nähert.» Die Übereinstimmung zu Michelangelos poetischer Anfrage an Vittoria Colonna, ob der demütige Sünder oder der stolze Gerechte vor dem Angesicht des Herrn willkommener sei, sticht hervor. Natürlich ist diese Frage rhetorisch: Wer sich seiner Gerechtigkeit sicher glaubt, wird zu Schanden werden. Die Quelle der Erlösung ist Christus allein; nur wer an ihn glaubt, wird von seinen Sünden freigesprochen. Das ist die Botschaft des Dante-Zitats wie der Zeichnung insgesamt. Der Ort des Geschehens, der mit wenigen Strichen angedeutet wird, fällt aus dem Rahmen: Die vier Gestalten sind wie auf einer Wolke dargestellt, sie befinden sich nicht mehr auf dem harten Boden des irdischen Passionsgeschehens, sondern streben bereits dem Himmel zu. Da erst der auferstandene Christus zum Himmel fährt, ist diese Lokalisierung, theologisch betrachtet, widersinnig. Ihren Sinn hat sie gleichwohl. Die räumliche Verlegung soll zeigen, dass die Verzweiflung Marias vorübergeht und der Tod nicht das letzte Wort hat. In dieselbe Richtung könnte der Balken mit dem Schriftzug verweisen, den man als Pfeiler des Kreuzes wahrnimmt. Doch wo ist der Querbalken geblieben? Hat sich das Kreuz aufgelöst, weil der Sieg des Todes nicht von Dauer ist? Die Zeichnung belegt, mit welcher Freiheit Michelangelo traditionelle religiöse Themen behandelte. Darüber hinaus zeugt sie von seiner Hoffnung auf Erlösung durch Gnade. Mehr darin sehen zu wollen, ist Spekulation.

Kunsttheorie

Francisco de Hollanda, der Künstler-Diplomat in Diensten König Philipps II. von Spanien, führt in seinen 1548 veröffentlichten römischen Dialogen Michelangelo als Kunsttheoretiker, genauer: als Theoretiker seiner eigenen Kunstwerke vor. So viel Respekt de Hollanda der Aristokratin und Dichterin Vittoria Colonna einleitend auch zollte, nicht ihr, sondern dem größten Künstler aller Zeiten wird in diesem Text die Bühne der Verehrung bereitet. Erst als der Meister aller Meister mit seinem Diener Urbino an der Seite zufällig des Weges kommt, beginnt sich – so die literarische Fiktion – das Gespräch in der Kirche San Silvestro auf dem Quirinal zu entfalten. Da Vittoria Colonna Michelangelos Unwillen kennt, von seinen Werken zu sprechen, leitet sie die Unterredung mit einer frommen List ein. Sie wolle mit der Genehmigung des Papstes ein neues Kloster errichten. Ob man wohl Teile des alten Gebäudes dafür wieder verwenden könne? In diesem Zusammenhang spricht sie eine der herausragenden Eigenschaften Michelangelos an: seine Weigerung, die Aufträge der Mächtigen devot entgegenzunehmen, und sein Bestreben, sich stattdessen «in sich selbst wieder zu finden». Malerei als Gottsuche: die Brücke zwischen Kunst und Religion ist damit auch hier geschlagen. Zugleich tut sich ein Abgrund auf. Wenn man sich in der frommen Kunst wieder finden, also seine Seele stärken kann, dann kann man in der falschen, der unfrommen Kunst untergehen. Auf diese Weise formuliert die fromme Marchesa ein Dogma für wahrhaft religiöse Kunst: Fromme Maler dürfen nur fromme Bilder malen, sonst setzen sie ihr Seelenheil aufs Spiel. Die große – offene und zugleich kontroverse – Frage aber lautet, wie dieser Zweck, durch Bilder Frömmigkeit zu erzeugen, erreicht werden konnte. Und wie sollten fromme Bilder eigentlich aussehen?

Bevor er darauf antwortet, fühlt sich Michelangelo zu einer Ehrenrettung des Künstlers als Menschentyp gedrängt. Damit polemisiert er zugleich gegen ein negatives Klischee: Künstler sind nicht ungesellig, geschweige denn Phantasten oder gar Narren hart an der Grenze zur Verrücktheit, wie so oft verleumderisch behauptet wird. Künstler, die diesen Namen verdienen, sind Perfektionisten, die sich mit Leib und Seele der Kunst verschreiben. Das macht sie in den Augen der anderen zu Sonderlingen; doch das ist die Schuld der anderen.

> Denn die Sterblichen, die ihre Arbeit gut machen, sind dünn gesät. Und nicht einer von denen, die diejenigen anklagen, die ihre Pflicht tun, erfüllt die seine ... Und ich versichere Ihnen, dass der Papst selbst mich manchmal belästigt und stört, wenn er mich vorwurfsvoll fragen lässt, warum ich ihn nicht besuche. Ich aber glaube, dass ich ihm dadurch besser diene, dass ich ihn trotz seines Ersuchens – und ohne mein persönliches Interesse zu suchen – nicht besuche, wenn ich bei mir zu Hause viel für ihn zu tun habe. Als Michelangelo sage ich ihm dann, dass ich ihm so mehr diene, als wenn ich wie seine Hofschranzen um ihn herum scharwenzele.[119]

Die Übereinstimmung mit den Briefen Michelangelos ist frappant: Die Welt wird von Stümpern regiert, ja, diese haben sich gegen ihn verschworen, um ihn mit allen Mitteln von seiner Arbeit abzuhalten. Dazu zählt selbst der Papst, der es doch besser wissen müsste. Der Mensch ist dazu da, um seine Pflicht zu tun, nicht, um seinen angeborenen Hang zum Müßiggang auszuleben. Für den Künstler hieß das, jeden Augenblick seiner kostbaren Zeit zum Ruhm der Kunst zu nutzen. Das Leben bedarf der Rechtfertigung durch Leistung. Die Welt im Allgemeinen und die Kunst im Besonderen können nicht bleiben, wie sie sind. Sie müssen grundlegend verändert werden, und zwar durch Arbeitsethik und strengste Disziplin. Der wahre Künstler – im Singular, denn es gibt ja nur einen – hat einen göttlichen Auftrag, ja eine Mission, an deren Erfüllung ihn der träge Rest der Menschheit zu hindern sucht. Wenn es ihm zupass kam, hatte sich auch Michelangelo, dem verbreiteten Klischee folgend, als «verrückt» bezeichnet. Doch diese strategischen Maskenspiele hatte er in der Darstellung Francisco de Hollandas wie im wirklichen Leben nicht mehr nötig. So steigerte sich sein Monolog über das Wesen des Künstlers zu einem stolzen Bekenntnis des Andersseins, der Überlegenheit und Einzigartigkeit.

Und trotzdem hat man mich deswegen noch nicht umgebracht, im Gegenteil, es ist der Papst, der mich am Leben erhält.[120]

Der Künstler hat die Aufgabe, Kaisern und Päpsten die Stirn zu bieten. Souveräner konnte man das Ansinnen der Mächtigen, ihnen beflissen zu dienen, nicht zurückweisen – umgekehrt sollte es sein! Äußerungen von dieser Kühnheit konnte der Höfling aus Portugal unmöglich erfunden haben. Gewiss, Michelangelo mochte im Gedankenaustausch mit Vittoria Colonna fromm, ja zerknirscht und demütig klingen. Solche Briefe und Gedichte sind der Heuchelei unverdächtig, doch konnte sich der Künstler virtuos auf die Sprache seines Gegenübers einstellen. Sein ureigener Ausdruck aber bricht sich in Selbstbewusstsein, gepaart mit Ironie und Sarkasmus, Bahn. Sie fehlte selbst im ersten hymnischen Brief an Cavalieri nicht, wo der verliebte Künstler seinem Hohn über das verkommene Rom freien Lauf ließ. In den Gesprächen, wie sie Francisco de Hollanda notiert, tritt uns Michelangelo jedenfalls in sarkastischer Hochform entgegen.

Solche Töne will die fromme Marchesa denn auch nicht hören. Daher leitet sie schleunigst zu ihrem Lieblingsthema Malerei und Religion über. Was sagt der Meister zur verbreiteten Meinung, dass die flämische Kunst frommer sei als die italienische? Doch mit dieser Frage öffnet sie dem beißenden Spott des wortgewaltigen Künstlers erst recht Tür und Tor.

> Die flämische Malerei, Madame, befriedigt die Bedürfnisse aller Frommen besser als die italienische, die diese keine Tränen vergießen lässt – im Gegensatz zur flämischen, die sie nachhaltig zum Weinen bringt. Doch ist das nicht das Resultat ihrer Kraft oder Innigkeit, sondern der Frömmigkeit, die ihre Bewunderer in sich tragen. Die flämische Malerei beeindruckt die Frauen, vor allem die ganz alten und die ganz jungen, ebenso Mönche und Nonnen sowie Edelleute, die aus dem seelischen Gleichgewicht geraten sind.[121]

Und zwar deshalb, so weiter die höhnische Tirade, weil die Flamen bevorzugt Heilige und Propheten, grüne Felder und dunkle Bäume malen: Sujets, die die Empfindsamen rühren. Solche Bilder waren für Michelangelo Gefühlskunst; heute würde man sagen: Kitsch! Wahre Malerei, die diesen Namen verdient, gibt es nur in Italien, gemeint ist: nur in der Sixtinischen Kapelle.

> Und so sage ich, dass es nichts Edleres und nichts Heiligeres gibt als wahre Malerei, denn nichts lässt den Weisen intensiver die Schwierigkeit der Vollendung erkennen und bedenken, als wenn sie sich mit Gott vereint und mit ihm verschmilzt. Gute Malerei ist nichts anderes als eine Übertragung der Vollendung Gottes, ein Abbild von Gottes Malerei, summa summarum eine Musik und eine Melodie, deren höchste Vielschichtigkeit nur der Intellekt aufnehmen kann.[122]

Zwar wird kurz darauf angemerkt, dass so vollendete Malerei niemand beherrsche; doch diese Demutsformel kann nicht darüber hinwegtäuschen, dass der Meister von sich spricht. Sein Spott über die gefühlsselige Malerei der Flamen nimmt sich vor dem Hintergrund der Briefe, die er mit Vittoria Colonna tauschte, eigentümlich aus. Musste sich die Marchesa, die Michelangelos Malerei wegen der von ihr erweckten Gefühle pries, nicht getroffen fühlen? Der Michelangelo, der sich hier zur Malerei äußert, hat so gar nichts von dem zerknirschten Sünder, der sie um geistliche Führung bat. Im Gegenteil, was er über den Künstler sagt, klingt ziemlich heidnisch: Wer große Kunstwerke schafft, ist ein zweiter Gott. Als solcher steht er über dem Rest der Menschheit, denn wer sonst hätte solche Schöpferkraft? Ja, man könnte sich sogar fragen, ob er als Vize-Gott überhaupt dem allgemeinen Weltgericht unterworfen oder aber schon vorher erlöst ist.

Die Tirade über die Flamen mündet in das Dogma: Gute Malerei kann es für immer und ewig nur in Italien geben. Selbst wenn Ausländer mehr Talent besitzen sollten, so haben sie doch ein nie wettzumachendes Handicap. Ihre italienischen Konkurrenten stehen auf den Schultern der großen Meister und profitieren von deren Hervorbringungen, auch wenn sie individuell weniger begabt sind. Dazu kommen der Kunstsinn der Mächtigen und der Wettbewerb, den dieser unter den Künstlern erzeugt. Folge: In Italien ist die Malerei ein angesehener und lukrativer Beruf. Michelangelos Generationsgenosse Albrecht Dürer aus Nürnberg hätte diesen kunstsoziologischen Erkenntnissen aus vollem Herzen zugestimmt: In Venedig bin ich ein Herr, zu Hause ein Schmarotzer, so lautete sein ernüchtertes Fazit. Zur Kunst-Soziologie gesellte sich in Michelangelos Ausführungen der Kunst-Nationalismus: Wie seine humanistisch gebildeten Landsleute sieht auch er außerhalb Italiens nur Barbaren.

Nach so viel Polemik fühlt sich die Marchesa bemüßigt, an die erbauliche Zweckbestimmung der Malerei zu erinnern.

> Sie ruft Freude im Melancholiker, im Glücklichen wie im Verunsicherten das Bewusstsein der menschlichen Hinfälligkeit, im Stolzen Zerknirschung, im weltlich Gesinnten Buße und im Leichtsinnigen Scham und Furcht hervor. Sie führt uns den Tod und das, was wir sind, vor Augen, und das alles viel subtiler, als es anders möglich wäre. Sie vergegenwärtigt uns die Qualen der Hölle, und, soweit irgend möglich, den Ruhm und den Frieden der Gerechten und das unbegreifliche Bild Gottes selbst, dazu die Bescheidenheit der Heiligen, die Standhaftigkeit der Märtyrer und die Liebe, in der sich die Engel ergehen – das alles wird so weit wie möglich dargestellt. Darüber hinaus erhebt sie unseren Sinn und vertieft unser Verständnis bis zu den Sternen, und wir stellen uns das himmlische Königreich vor, das dort liegt.[123]

Theologisch korrekter konnte kein Gottesgelehrter die religionspädagogische Funktion von Kunstwerken auf den Punkt bringen; nicht zufällig sollte das 1563 erlassene Dekret des Konzils von Trient über die Bilder ganz ähnlich klingen. Dass Vittoria Colonna nach diesen Ausführungen Tränen in den Augen hat, überrascht die Runde nicht. Welch ein Kontrast zum hartgesottenen Zyniker Michelangelo! In den nachfolgenden Dialogen hat dieser Gelegenheit, ein weiteres Glaubensbekenntnis vorzutragen: Der Künstler ist der unerreichte Meister aller verwandten Metiers und in den Wissenschaften und nützlichen Künsten wie kein anderer beschlagen. Dabei gilt das Motto: Was der Maler abbilden will, muss er nicht nur verstehen, sondern auch beherrschen. Wer ein Schiff malt, muss es besser lenken können als Kapitän und Steuermann zusammen. Das waren fraglos Erinnerungen an Carrara und an die Unfähigkeit der Schiffsleute, die Marmorblöcke nach seinen Anweisungen zu transportieren.

Kurz vor Schluss folgt dann noch ein Credo, das kühnste von allen:

> Stellen Sie sich den Papst Clemens und die Spanier vor, wie sie Florenz belagerten und allein durch das Werk Michelangelos in Schach gehalten wurden; sein Mut allein erlaubte es den Belagerten, sich zu verteidigen, ja er hätte es erlaubt, die Stadt zu befreien. Die Hauptleute und Soldaten des Feindes wurden von panischem Schrecken ergriffen und vernichtet, getötet durch die Bastionen und Schutzwälle, die ich nachts auf den Türmen er-

> richtet hatte, so wie ich sie außen mit Sandsäcken und Pulver traktiert habe, mit dem ich das Blut der Kastilier verbrannte und sie in der Luft zerfetzte.[124]

Michelangelo, der Spanier-Töter, der Held von Florenz: Ob sich der Künstler, der wie Cäsar zuerst in der dritten Person und erst dann in Ichform spricht, wirklich in dieser martialischen Sprache seiner militärischen Großtaten rühmte, muss offen bleiben. Doch spricht manches dafür, dass der Höfling Philipps II. von Spanien diesen Hassausbruch gegen die Spanier nicht erfunden hat. Auch in Condivis Biographie ist von seinen meisterlichen Kriegslisten und verblüffenden Coups ausführlich die Rede. Die Verherrlichung der eigenen Kriegstaten mündet schließlich in ein Lob der Zeichenkunst, von der alles Militärwesen seinen Ausgang nehmen muss. Den definitiven Schlusspunkt aber setzt Michelangelo mit dem Bekenntnis zur künstlerischen Freiheit:

> Und der Verstand ist umso befriedigter, wenn man in die Malerei gewisse Ungeheuerlichkeiten einfügt, und zwar zur Entspannung und Ablenkung des Geistes, aber auch um den Blick des Menschen zu schärfen, der häufig sehen will, was er nie gesehen und nicht für möglich gehalten hat; es gibt für den menschlichen Körper und für die Tiere keine vorgegebenen Formen, obwohl manche von ihnen wunderbar sind.[125]

Der Affe und die Maus, der Priester am Tag des Gerichts, der voreilige Kampf der Teufel: das alles waren solche Einfälle, die die hier ausgesprochene Theorie der Verfremdung belegen. Michelangelos Absage an eine formelhafte, in festen Regeln lernbare Kunst könnte nicht vollständiger sein. Das schloss nicht aus, dass der Künstler als zweiter Schöpfer die Schöpfungen Gottes so getreulich wie möglich in seiner Kunst zu erfassen versuchte und dass er am Ende das, was mit unendlicher Mühe geschaffen wurde, mühelos erscheinen ließ. Alles spricht somit dafür, dass der Michelangelo in Francisco de Hollandas Dialogen ebenfalls nach der Natur gezeichnet ist.

Das Monument Julius' II. und die Fresken der Cappella Paolina

Während ihm ein ehrfürchtiges Publikum ungeliebte Theorie abrang, war der Meister als Maler und Bildhauer rastlos tätig, und zwar für Paul III. und das Grabmal Julius' II. zugleich. Ja, dieses näherte sich nach so vielen Planungen und Unterbrechungen mit Riesenschritten der Vollendung. Vorausgegangen waren die üblichen Geplänkel.

Das Monument des kriegerischen Papstes ließ aus Sicht der Della Rovere jetzt schon dreißig Jahre auf sich warten. Auch hier war ein Generationenwechsel eingetreten. Francesco Maria della Rovere, der Schlachten-Verweigerer des Jahres 1527, war 1538 gestorben und hatte seinen Platz als Herzog wie als Nachlassverwalter seinem Sohn Guidobaldo II. abgetreten. Dieser hatte sich am 6. März 1542 wie folgt an den säumigen Künstler gewandt:

> Hoch verehrter Herr Michelangelo, Seine Heiligkeit hat geruht, mir ihren dringenden Wunsch mitzuteilen, sich Eurer Person bei der Ausmalung und Ausschmückung der von ihr im Apostolischen Palast neu erbauten Kapelle zu bedienen. Und da ich jegliches Anliegen Ihrer Heiligkeit als mein eigenes ansehe und mir nichts mehr am Herzen liegt als deren Zufriedenheit, so bin ich, damit Ihr Euch umso unbeschwerter diesen Aufgeben widmen könnt, vollkommen und restlos einverstanden damit, dass Ihr für das Grabmal des Papstes Julius, meines Onkels heiligen Angedenkens, die drei Statuen verwendet, die Ihr eigenhändig geschaffen und beendet habt, darunter die des Moses …, und dass Ihr die anderen drei Statuen von einem anderen guten und anerkannten Meister machen lasst, doch nach Eurem eigenen Entwurf und unter Eurer persönlichen Anwesenheit. Und dabei vertrauen wir unerschütterlich Eurer Güte und Liebenswürdigkeit, sowohl gegenüber der heiligen Erinnerung an Julius II. wie gegenüber meinem ganzen Haus, und sind sicher, dass Ihr mit Erfolg dafür sorgen werdet, dass das Werk in allen seinen Teilen nichts als Lob ernten und als Eurer würdig beurteilt werden wird, so dass ich damit aufs beste zufrieden sein kann.[126]

Michelangelo, der Herzensfreund der Della Rovere: Das waren ganz neue Töne – Töne der politisch erzwungenen Unterwürfigkeit gegenüber Paul III., aber auch des Entgegenkommens in Sachen Grabmal. Für die enorme Summe von 16 500 Dukaten verlangte der neue Auftraggeber nicht mehr viel: letzte Abschlussarbeiten an den eigenen Statuen, dazu Zeichnungen für die noch fehlenden Skulpturen und ein Auge auf die Bildhauer, die sie meißeln sollten. Das Vertrauen in Michelangelos Liebenswürdigkeit war allerdings, wie dessen Klage über seine angebliche Steinigung zeigte, gänzlich unbegründet. Wer hier gegen wen mit Steinen warf, zeigte ein langer Rechtfertigungsbrief des Künstlers vom 20. Juli 1542 an Paul III., der diesem als Muster für einen Vertrag dienen sollte.

> Und da Herr Michelangelo von der Heiligkeit unseres Herrn Papst Paul III. aufs dringendste ersucht wird, für die Ausstattung seiner Kapelle zu arbeiten, und da dieses anspruchsvolle Vorhaben dessen Person ganz und gar beansprucht und seine Freistellung von allen anderen Pflichten erforderlich macht, und da besagter Michelangelo alt und bestrebt ist, Seiner Heiligkeit, die ihn zudem nachdrücklich dazu anhält, mit aller seiner Kraft zu dienen, und da er all das nicht leisten kann, wenn er sich nicht zuvor von dem gesamten Auftrag für Papst Julius freimacht, der ihn körperlich und seelisch aufs schwerste bedrückt, bittet er Seine Heiligkeit, da sie nun einmal beschlossen hat, dass er für sie arbeiten solle, dass sie sich beim erlauchten Herzog von Urbino für ihn ins Werk setzen möge, dass dieser ihn von diesem Grabmal befreien und alle Verpflichtungen zwischen diesem und ihm annullieren möge, mit den oben genannten ehrenvollen Klauseln.[127]

Nach Leo X. und Clemens VII. war jetzt Paul III. an der Reihe, die Rolle des juristischen Erfüllungsgehilfen für seinen Hofkünstler zu spielen. Die Logik war dieselbe: Gib mir, weil Du etwas von mir willst. So wurde jetzt das Julius-Grabmal wiederum verraten; der Papst sollte alle dafür eingegangenen Verpflichtungen lösen. Der «Tatenbericht», ja fast schon Lebensabriss, den Michelangelo als Begründung für dieses Ansinnen lieferte, machte deutlich, dass nichts vergessen und nichts verziehen war. Im Gegenteil: Das unablässige Nachdenken über die Vergangenheit ließ diese immer ungerechter erscheinen. So zeigt die autobiographische Skizze, was «Erinnerung» war, nämlich die unaufhörliche Umformung von Geschehnissen, die schließlich ins Ungeheuerliche und Übermenschliche gesteigert wurden. Ungeheuerlich erschienen dem Künstler die Demütigungen, die Julius II. ihm im April 1506 zufügt hatte, übermenschlich die Arbeiten, die er wie ein neuer Herkules für seine stets undankbaren Auftraggeber vollbrachte. Für alles, was er im Zusammenhang mit dem Julius-Grabmal geleistet hatte, wurde daher ein weiter gestiegener Mehrwert berechnet. So kam eine Summierung zustande, die von Herzog Guidobaldo als abenteuerlich empfunden werden musste. Unter dem Strich, so Michelangelos «Bilanz», schuldeten ihm die Erben Julius' II. 5000 Dukaten, und zwar ohne weitere Verpflichtungen seinerseits. Doch mit diesen maßlos überzogenen Forderungen drang er nicht durch. Der junge Herzog von Urbino hatte sich mit Frankreich verbündet; auf diesen mächtigen Alliierten musste Paul III. Rücksicht nehmen. So kam es nicht, wie der Künstler gehofft hatte, zur Auflösung des Vertrags, sondern am 20. August 1542 zur Aufsetzung eines neuen Kontrakts. Zu den drei im Brief Guidobaldos vom 6. März 1542 erwähnten Statuen sollten nach den jetzt vereinbarten Bestimmungen auch die zwei weitgehend fertig gestellten Gefangenen zählen. Doch für ihren Schöpfer hatten die prigioni im Grabmonument, wie es jetzt aussehen sollte, keinen Sinn mehr. Bei allem Feilschen um Geld und Aufträge: Die Ehre ging vor. Also mussten zwei neue Statuen geschaffen werden. So machte sich der viel beschäftigte Meister ans Werk, um zum ersten Mal in seinem Leben für einen zahlungskräftigen Auftraggeber Gratis-Arbeit zu verrichten.

Doch vorher ließ er nichts unversucht, um sich der lästig gewordenen Verpflichtung doch noch zu entledigen. Paul III. schwelgte nämlich nicht nur in Entzücken über das «Jüngste Gericht», sondern wollte mehr, und zwar sofort. Diesen unter den Eliten Italiens allenthalben zu beobachtenden «Suchteffekt» – einmal Michelangelo, immer Michelangelo – nutzte der Künstler kühl bis ans Herz hinan aus.

> Monsignore, Sie lassen mir ausrichten, dass ich malen und mir über nichts Sorgen machen soll. Ich aber entgegne Ihnen, dass man mit dem Gehirn und nicht mit den Händen malt; und wer nicht den Kopf frei hat, macht sich selbst nur Schande. Solange meine Angelegenheit nicht bereinigt ist, bringe ich nichts Gutes zustande. Die Berichtigung des letzten Vertrages kommt nicht; und durch die Bestimmungen des anderen, in Gegenwart von Clemens, geschlossenen Kontrakts werde ich jeden Tag gesteinigt, als ob ich eigenhändig Christus gekreuzigt hätte.[128]

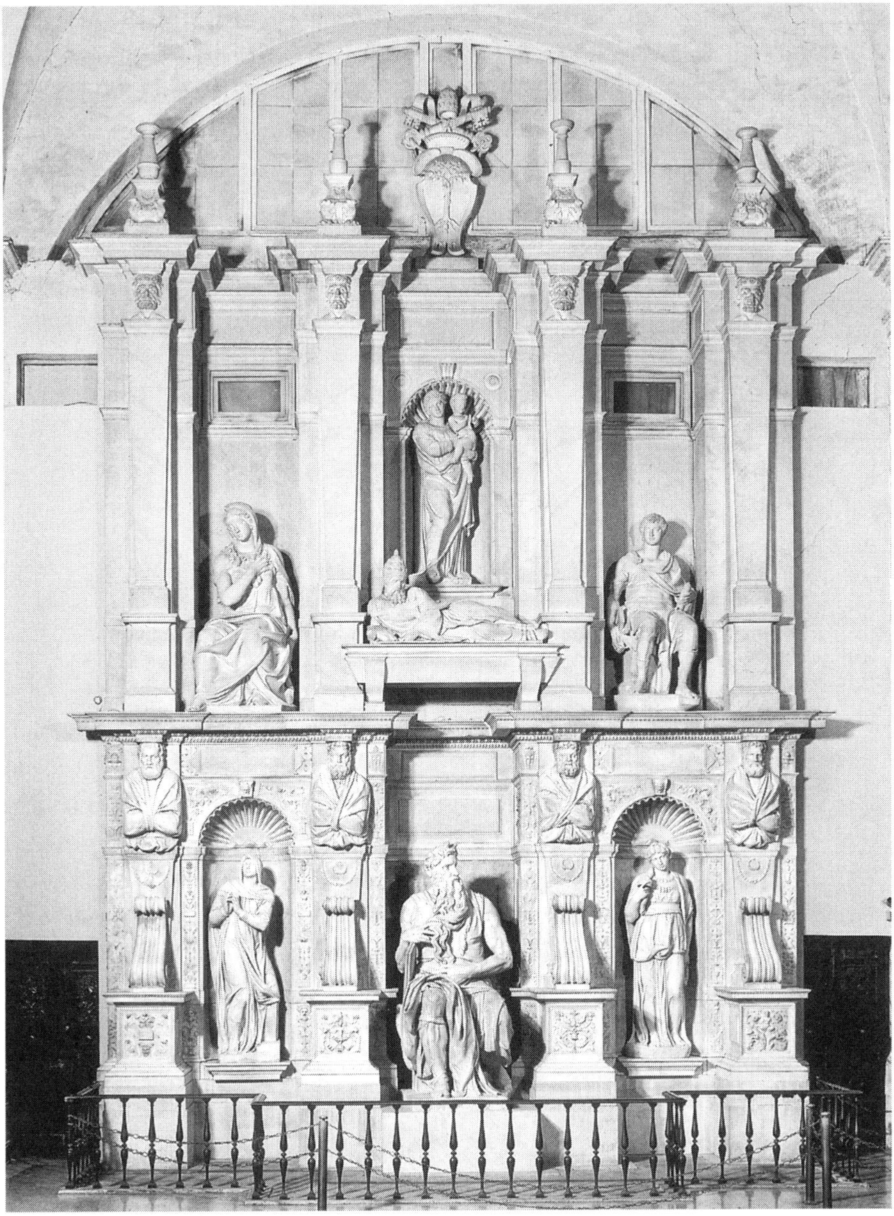

Das Grabmal Julius' II. in San Pietro in Vincoli oder: was 1545 von den kühnen Entwürfen der Jahre 1505 und 1513 übrig blieb.

Doch auch dieses Schreiben vom 24. Oktober 1542 fruchtete nicht: Der «berichtigte Vertrag» kam. Und so machte sich der Meister an die Arbeit, um der Tragödie für die Auftraggeber ein Ende zu bereiten. Im Februar 1545 war es schließlich so weit. Vierzig Jahre nach den ersten Entwürfen wurde die letzte Ruhestätte Julius' II. in San Pietro in Vincoli fertiggestellt (siehe Seite 285).

Die beiden neuen Statuen, die an die Stelle der Gefangenen traten, stellten in Gestalt der Schwestern Lea und Rahel, der ersten und zweiten Frau Jakobs, die Vita activa und die Vita contemplativa, das aktive und das kontemplative Leben dar. Damit war die systematische Umformung der Erinnerung an den kriegerischen Papst weiter vorangeschritten. Was Michelangelo von seinem ersten großen Auftraggeber und der Kirche hielt, die dieser repräsentierte, spiegelt sich in der folgenden Gedichtstrophe wider:

> Hier macht man aus Kelchen Helme und Schwerter,
> und das Blut Christi verkauft man eimerweise,
> und Kreuz und Dornenkrone werden Lanzen und Schilde,
> selbst Christus wäre mit seiner Geduld am Ende.[129]

In den nachfolgenden Versen wird dem Heiland dringend abgeraten, nach Rom zu kommen. Am Ende aber steht das Fazit, dass nur die Armut in den Himmel führt; für Michelangelo selbst hieß das, leicht abgewandelt, dass auch der Reiche, der arm lebte, gute Chancen auf das Himmelreich hatte. Mit seiner Kritik an der machtgierigen und pflichtvergessenen Kurie stand der Dichter zu dieser Zeit längst nicht mehr allein. Dieser Wertewandel diktierte unwiderruflich die Neugestaltung des Grabmals.

Der Gegensatz zwischen dem kriegerischen Della-Rovere-Papst und der Allegorie der frommen Kontemplation war so krass, dass er zu einem früheren Zeitpunkt wahrscheinlich unfreiwillig komisch und damit kontraproduktiv gewirkt hätte. Die nach der ersten Frau Jakobs Lea genannte, im Vertrag mit Guidobaldo II. della Rovere vom 20. August 1542 als weitgehend fertig bezeichnete Statue verkörpert höchste Glaubensinnigkeit (siehe Seite 287). Ihr Körper dreht sich wie die gefalteten Hände und das sehnsuchtsvoll erhobene Haupt dem Himmel entgegen, von dem sie Gnade erfleht. Diese darf sie erhoffen, weil sie ihr ganzes Leben auf Gott

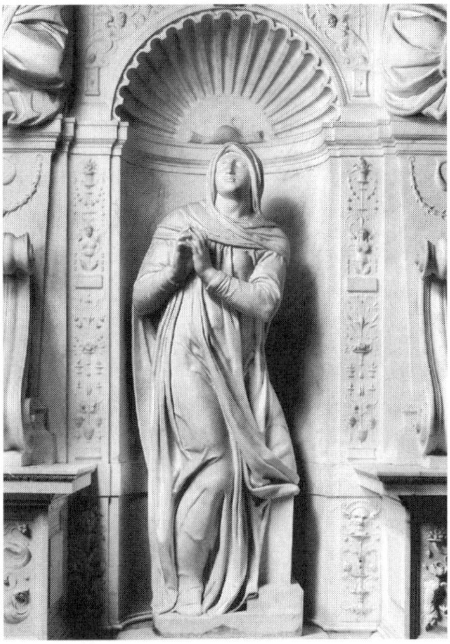 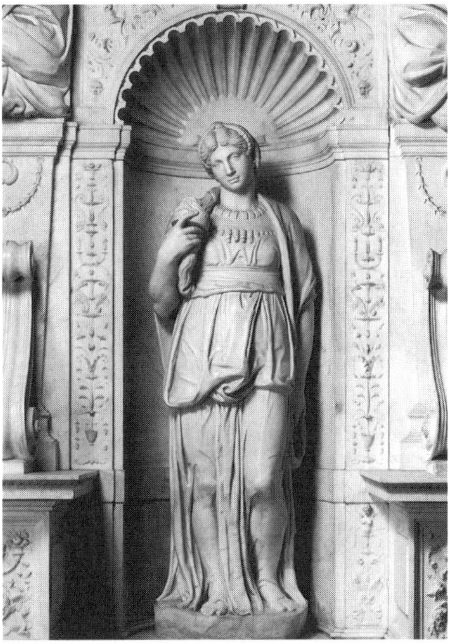

Für das Juliusgrab schuf Michelangelo, wie es der letzte Vertrag vom 20. August 1542 vorsah, die Statuen der Laban-Töchter Lea und Rahel, die das kontemplative beziehungsweise aktive Leben verkörpern und dem Monument des kriegerischen Papstes eine spirituelle Note verleihen. Rom, San Pietro in Vincoli

ausgerichtet hat. Ihr Leib unter dem Faltenwurf, der die Aufwärtsbewegung virtuos hervorhebt, ist schmal, ja abgezehrt und versinnbildlicht, dass das Leben um des Jenseits willen gelebt wurde. Fromm ist auch das aktive Leben ihr gegenüber. Ja, beide Lebensformen verschmelzen zu einem einzigen Lob der innigen Versenkung, die gute Taten hervorbringt. Rahel, die Verkörperung der Vita activa, steht im Gegensatz zu ihrer fragilen Schwester solide mit beiden Beinen auf der Erde; ihr Körper ist nicht nur kompakter, sondern auch ruhig, ausgeglichen, ja geradezu bodennah modelliert. Doch geht auch sie nicht in blindem Tatendrang auf. Ihr sinnend zur Seite gewandtes Haupt zeigt an, dass sie über ihre rastlose Wohltätigkeit profunde reflektiert. Die Öllampe in ihrer rechten Hand, deren Flamme von den eigenen Haaren genährt wird, bezeichnet Caritas, die Liebe zum Nächsten. Die linke hingegen trägt den Lorbeerkranz als

Lohn für so viel Selbstaufopferung. Glaube und Werke stehen in einem Verhältnis, an dem kein noch so misstrauischer Inquisitor etwas aussetzen konnte.

Verwandelt, ja geradezu unerkennbar geworden ist auch der hier verewigte Papst selbst. Der Pontifex maximus, der auf Erden mit so vielen Feinden kämpfte, ruht auf seinem Sarkophag, vom Tod besiegt, und muss wie alle Menschen auf die Auferstehung warten, die das Kreuz auf der Gewandung des linken Arms verheißt. Seine Tiara ist zwar das Abzeichen des doppelten Primats über die Kirche und die Mächtigen der Christenheit, doch ist das Haupt, das sie trägt, von tiefer Müdigkeit und der Körper von greisenhafter Schwäche gezeichnet. Die Lider geschlossen, das Kinn auf die Schulter gestützt, scheint der Krieger-Papst aus bleiernem Schlaf zu erwachen und sich aufrichten zu wollen, doch nicht zu neuen Städtebelagerungen, sondern zum Jüngsten Gericht. Dafür ist er gerüstet, denn über ihm steht als Fürsprecherin die Gottesmutter mit dem Jesuskind im Arm. Sie wurde nicht von Michelangelo selbst, sondern – wie es der letzte Vertrag vorsah – mit seinem Rat und unter seiner Aufsicht von den erprobten Mitarbeitern Scherano da Settignano und Raffaele da

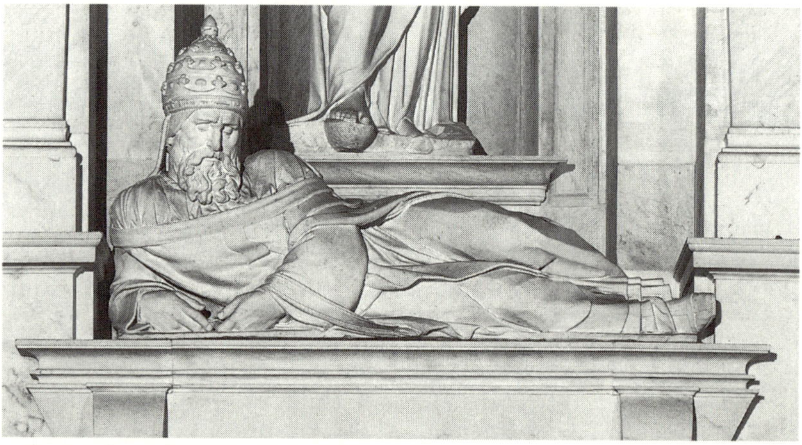

Ursprünglich wollte Julius II. auf seiner letzten Ruhestätte über den Tod triumphieren, hier ist er wie alle Menschen vom Tod bezwungen. Doch nicht nur der Tod, sondern auch die Katholische Reform siegt in diesem Grabmal mit ihren Normen. Rom, San Pietro in Vincoli

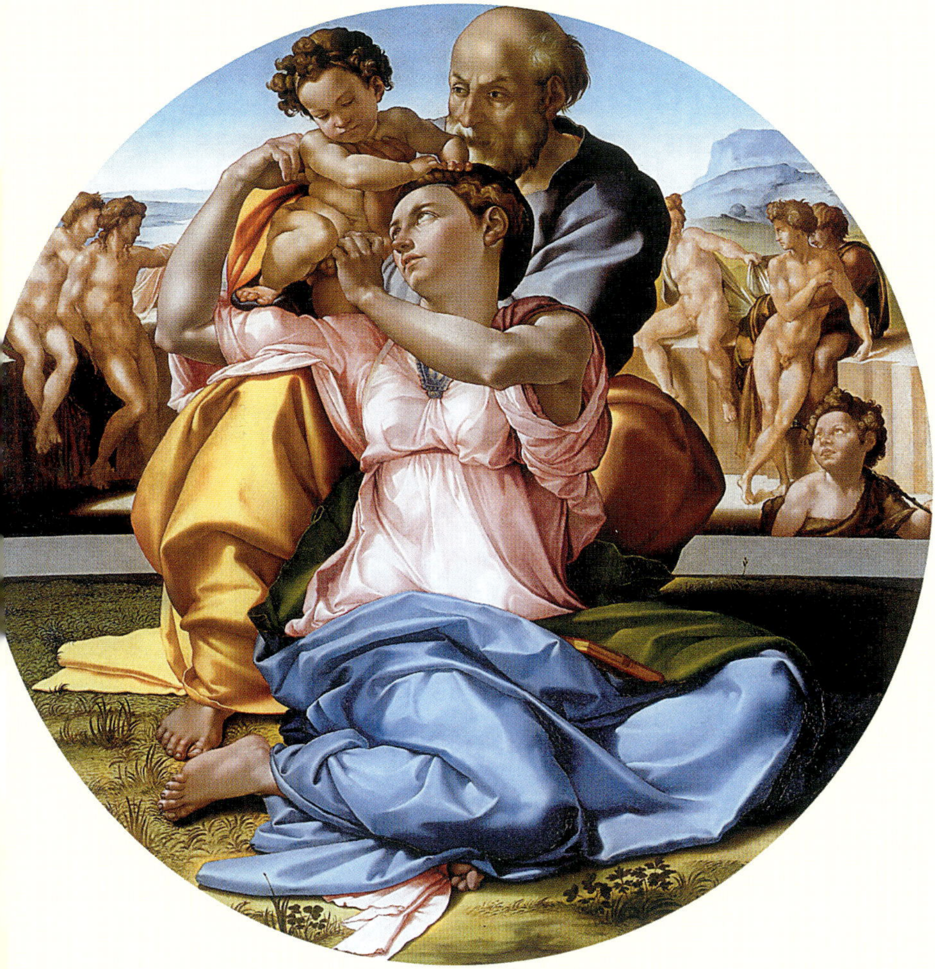

Tafel 21 Im «Tondo Doni» zeigte Michelangelo, was er als Maler zu leisten vermochte. In diesem für einen florentinischen Patrizier geschaffenen Rundbild heben sich die Figuren wie aus Marmor gemeißelt von der nur angedeuteten Landschaft ab. Die metallisch anmutenden Farben und die Jünglinge im Hintergrund weisen auf die Ausmalung der Sixtinischen Kapelle voraus. Florenz, Galleria degli Uffizi

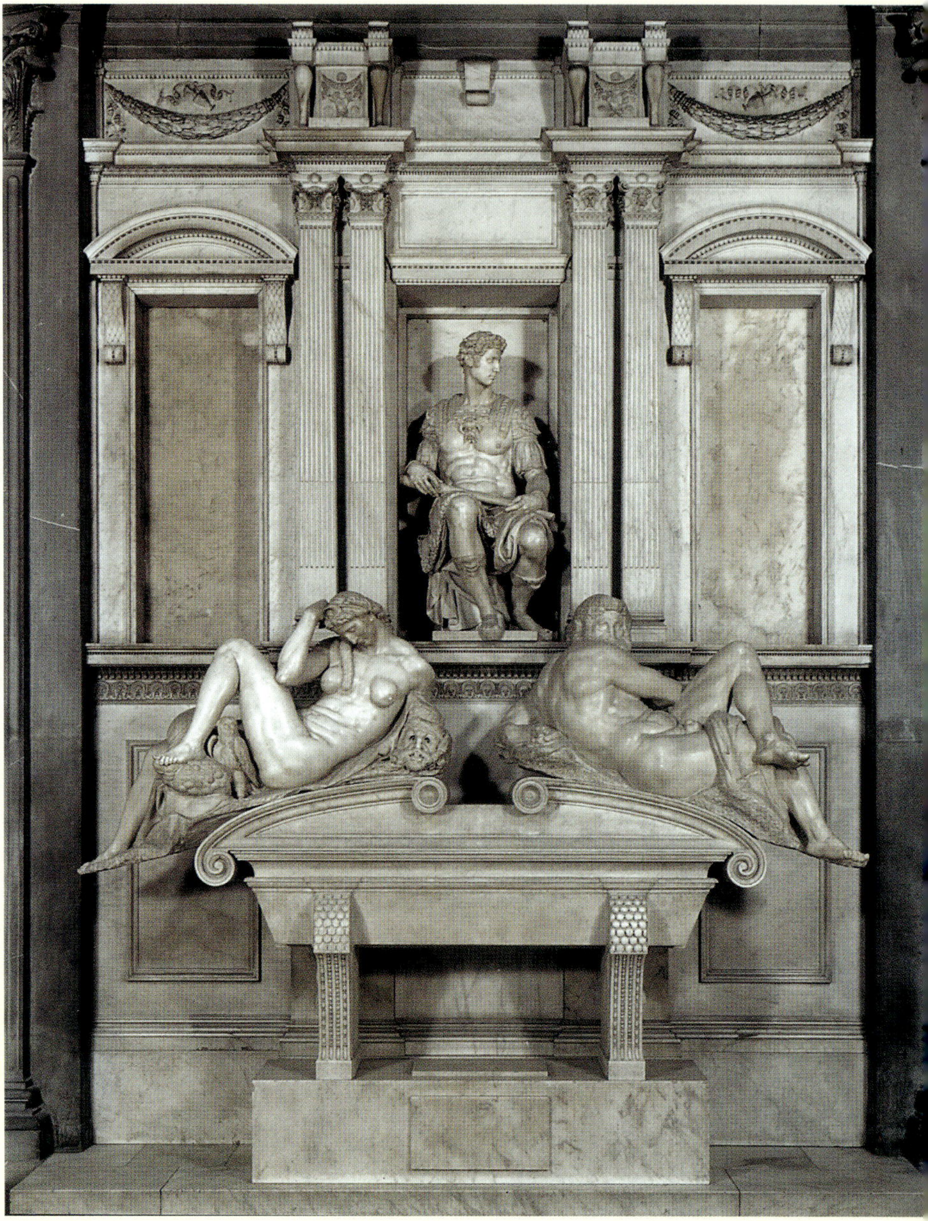

Tafel 22 und 23 «Die beiden Kapitäne», die Michelangelo für die Grabmäler Giulianos und Lorenzos de' Medici schuf, sind keine Porträtstatuen, sondern Idealbilder von rätselhafter Unergründlichkeit. Speziell das Standbild des «pensieroso», des «Grüblerischen», auf dem Sarkophag des Herzogs von Urbino hat die Phantasie der Dichter beschäftigt. Florenz, San Lorenzo, «Neue Sakristei»

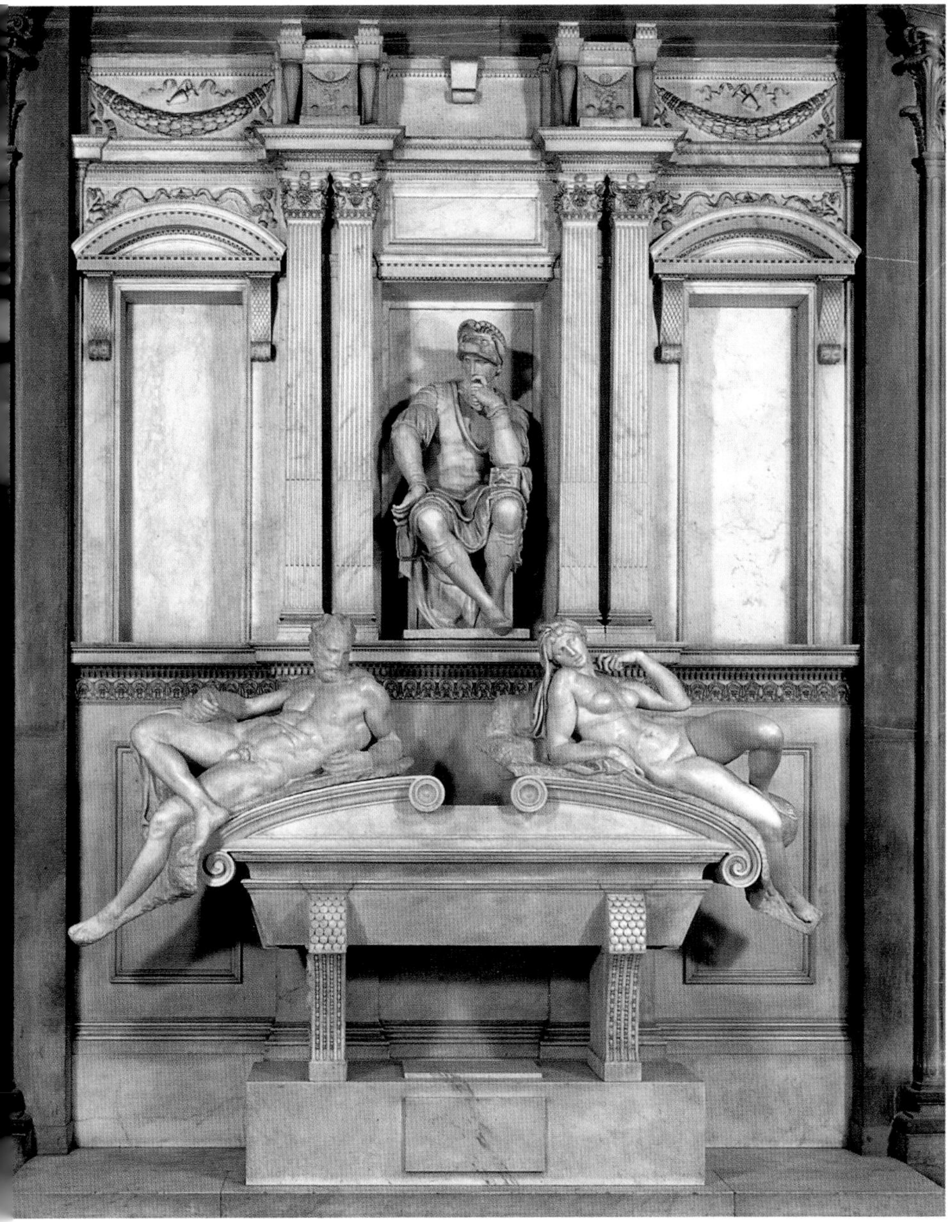

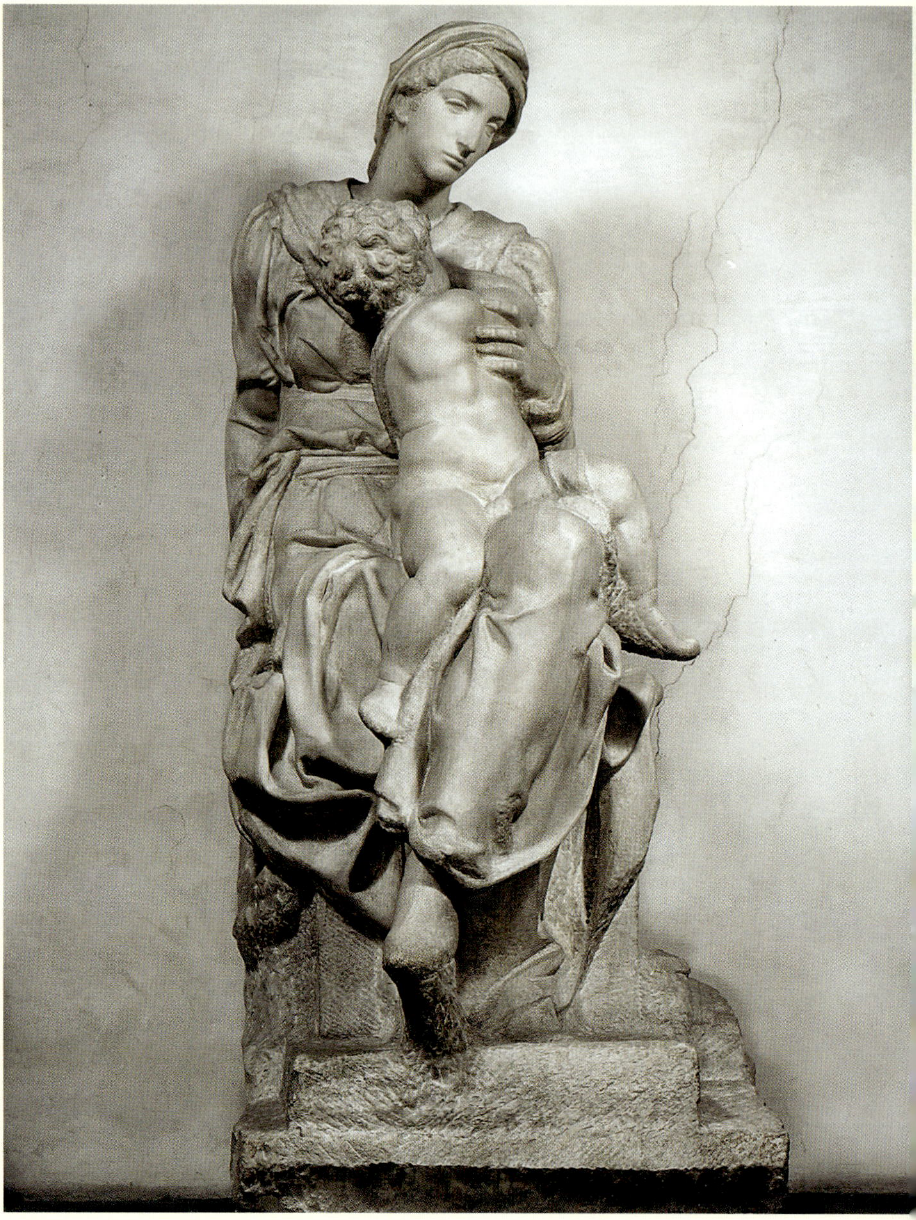

Tafel 24 Die Jungfrau Maria mit dem Jesusknaben auf dem Sarkophag Lorenzos des Prächtigen und seines während der Pazzi-Verschwörung 1478 ermordeten Bruders Giuliano ist von herber und zugleich schwermütiger Schönheit. Sie sieht die Leiden voraus, die ihr Sohn zur Erlösung der Menschheit auf sich nehmen wird. Florenz, San Lorenzo, «Neue Sakristei»

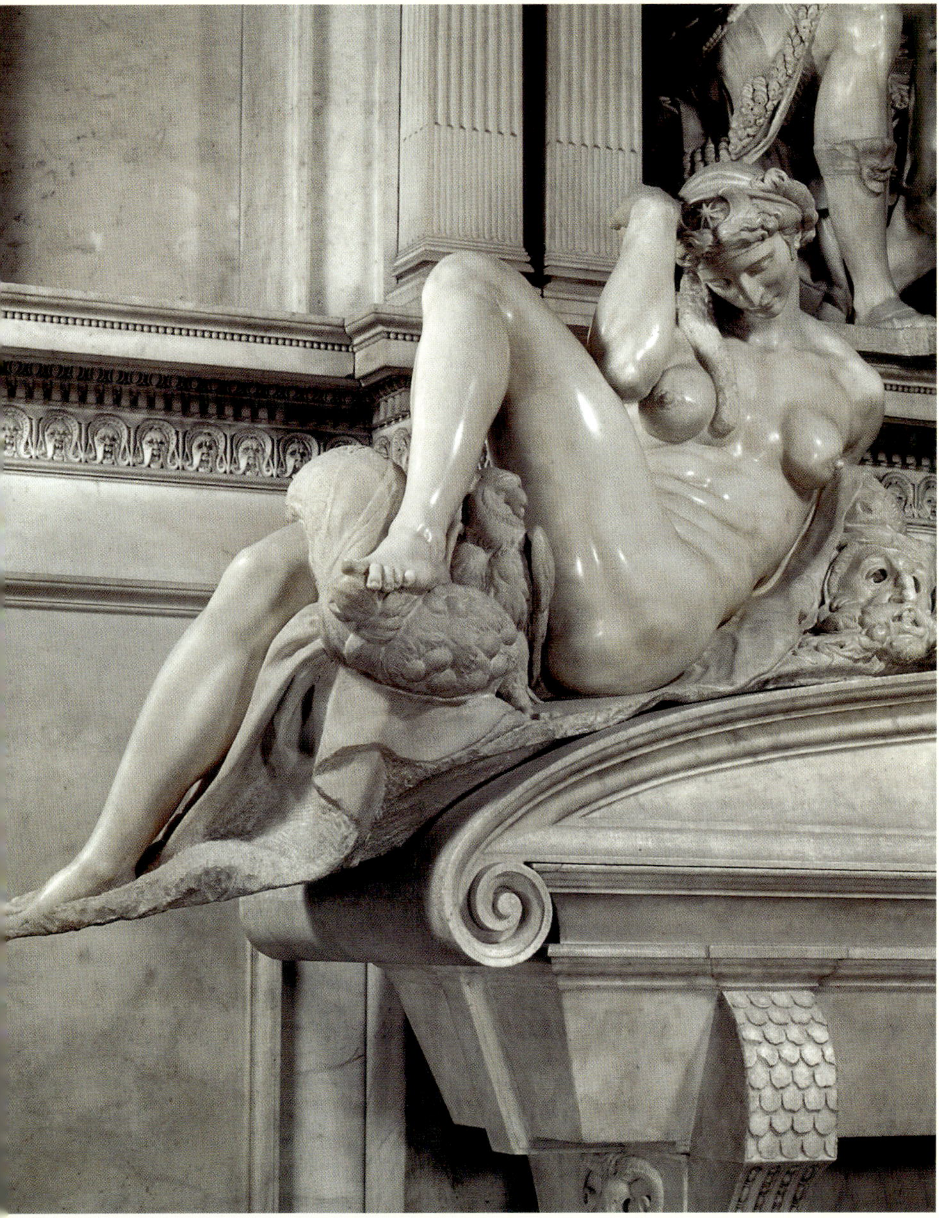

Tafel 25 Die Nacht auf dem Grabmal Giulianos de' Medici neigt das Haupt in tiefem Schlaf. Die Mohnkapseln, auf die sie ihren linken Fuß stützt, die Eule und die tragische Maske zeigen, dass ihr bedeutungsvolle Träume beschieden sind. Florenz, San Lorenzo, «Neue Sakristei»

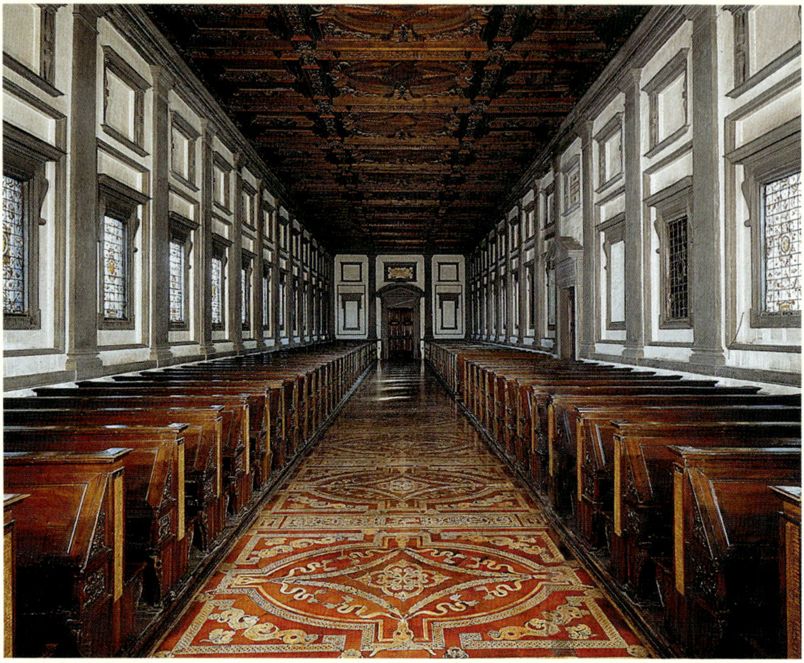

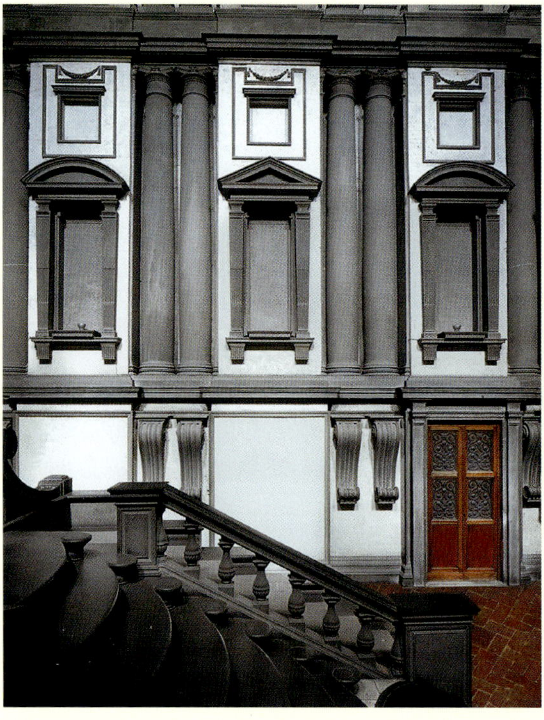

Tafel 26 und 27 Die Biblioteca Laurenziana, an der Michelangelo seit 1523 arbeitete und die er 1534 unvollendet zurückließ, sollte den Florentinern zeigen, dass die Medici ein neues Goldenes Zeitalter der Kultur heraufführten. Michelangelo gestaltete diese Kultstätte klassischer Bildung in ganz und gar unklassischen, spannungsreichen und dynamischen Architekturformen.

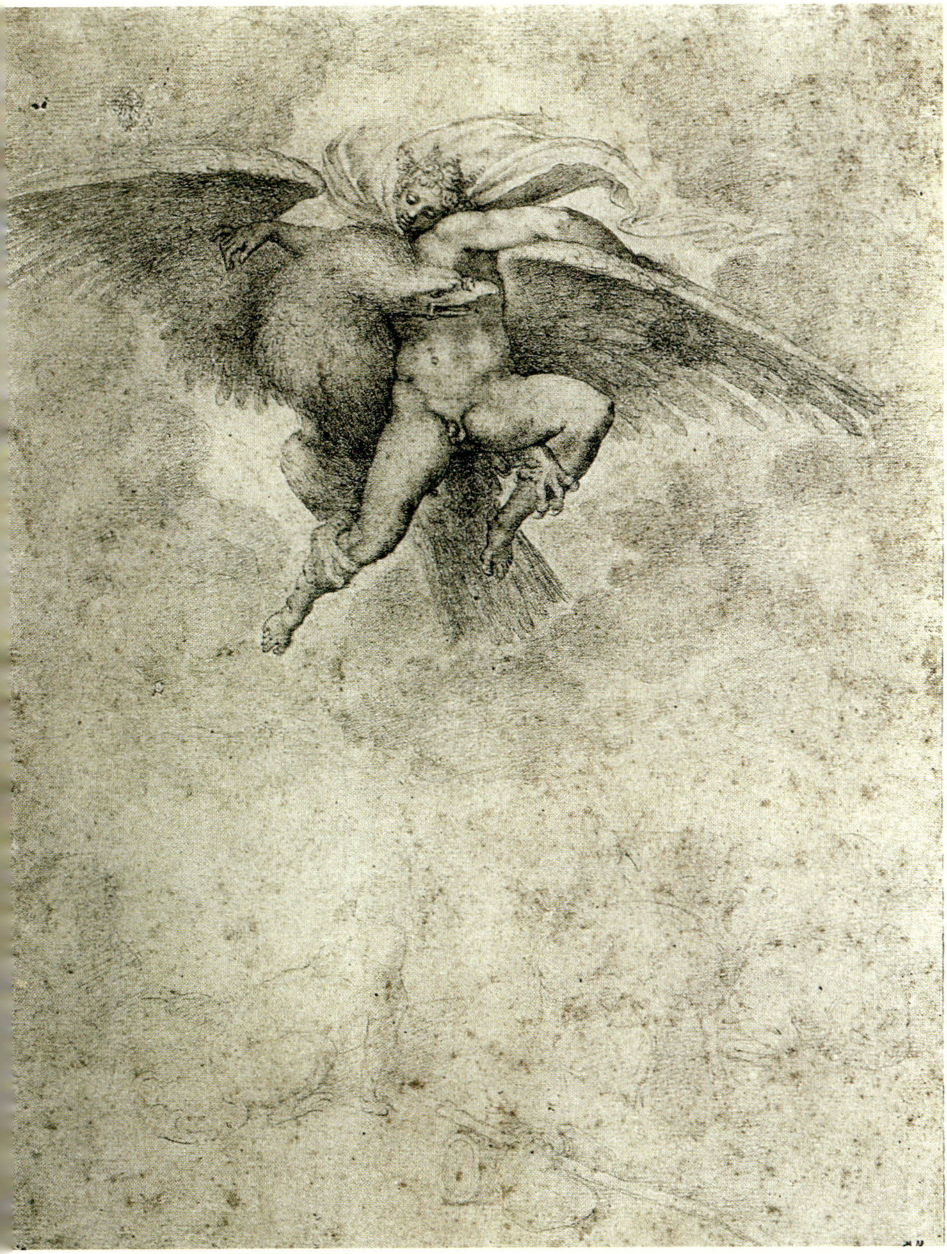

Tafel 28 Für den angebeteten Tommaso Cavalieri schuf Michelangelo drei Zeichnungen mit Themen der griechischen Mythologie. Auf diesem Blatt entführt der Göttervater Zeus in Adlergestalt den schönen Jüngling Ganymed. So erfüllte sich auf dem Olymp eine Sehnsucht, die im Falle des Künstlers ungestillt geblieben sein dürfte. Vergleiche die Abbildungen Seite 231 und 232. Cambridge/Mass., Fogg Art Museum

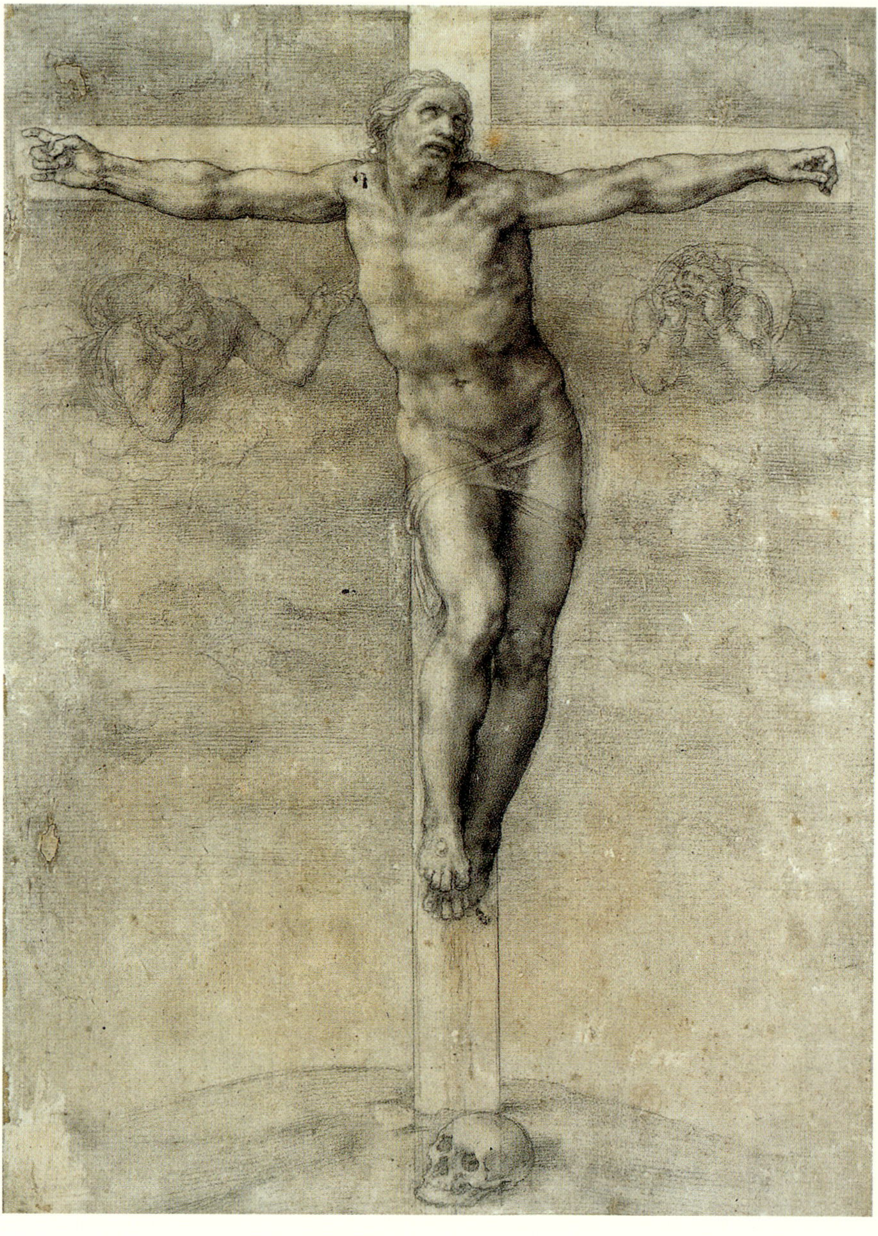

Tafel 29 und 30 Aus erbaulichen Gesprächen entstanden fromme, zur Meditation anleitende Werke: Für Vittoria Colonna, seine theologische Beraterin, zeichnete Michelangelo den sterbenden Christus am Kreuz, von zwei Engeln beweint. London, British Museum. Ein zweites Blatt zeigt das Thema der Pietà, eigenwillig abgewandelt: Maria beklagt den Tod ihres von zwei Engeln gestützten Sohnes vor einem Balken, dessen Inschrift die demütige Frömmigkeit preist. Boston, Isabella Stuart Gardner Museum

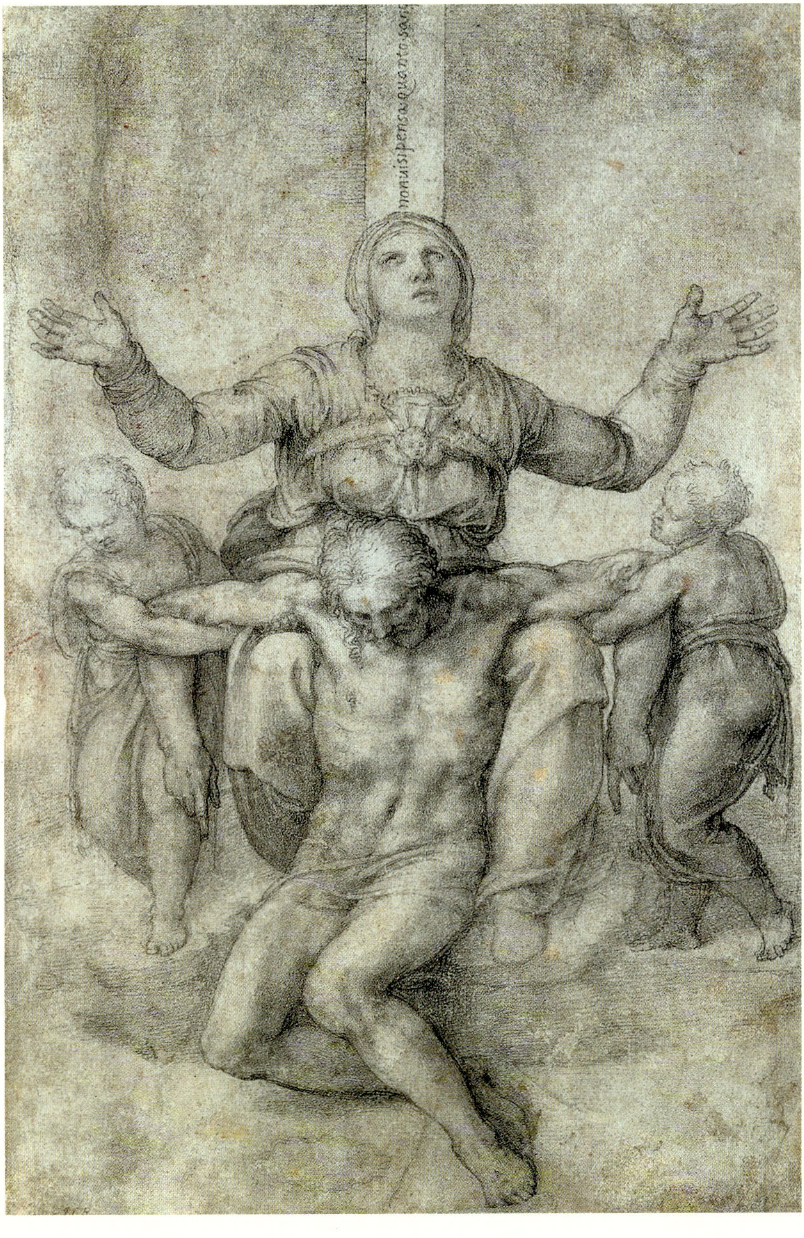
nonuisipensa quanto

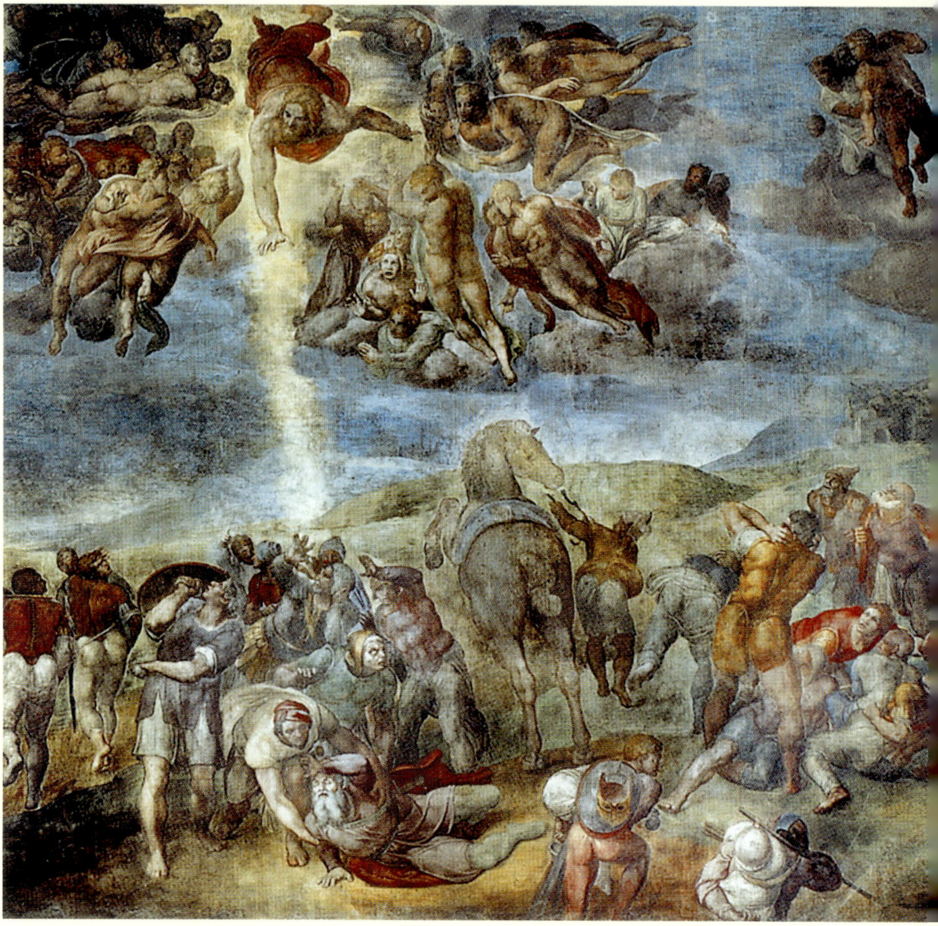

Tafel 31 In der von Paul III. erbauten Cappella Paolina malte Michelangelo von 1542 bis 1550 seine letzten Fresken. Auf dem Weg nach Damaskus ist der Christenverfolger Saulus durch die Erscheinung Christi geblendet und vom Pferd geworfen worden. Die Bekehrung, die danach folgt, muss sich der Betrachter dazudenken. Vatikan, Cappella Paolina

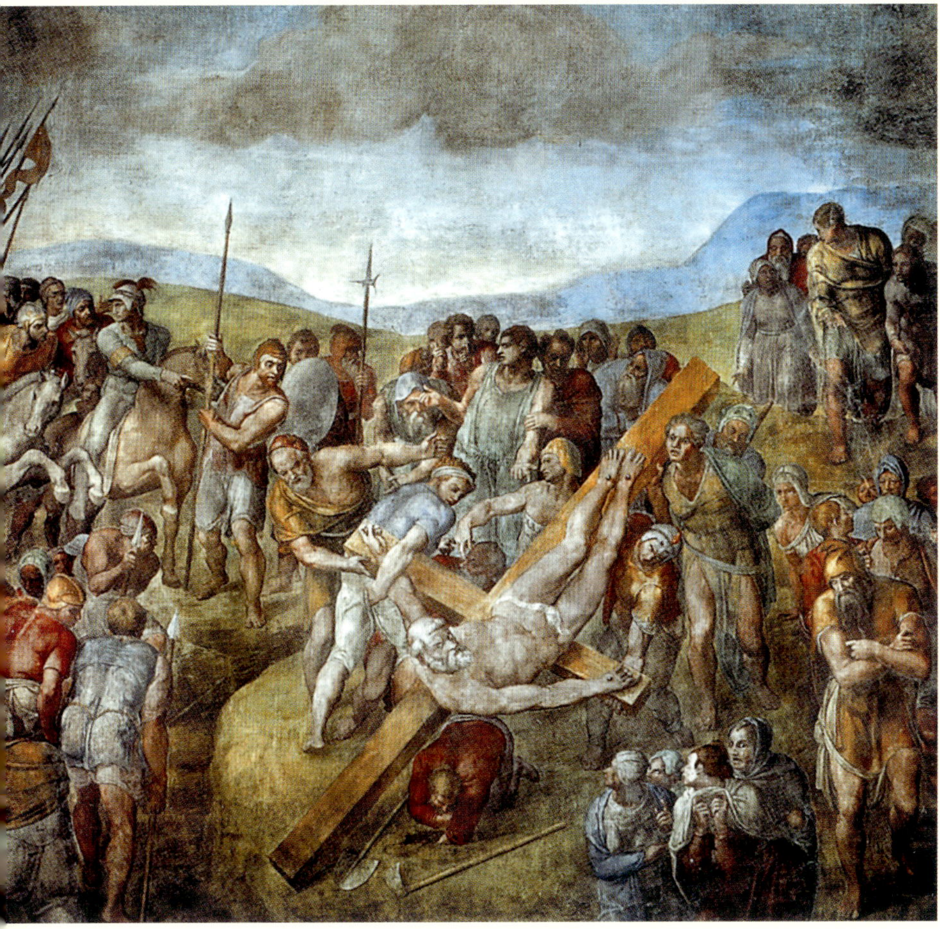

Tafel 32 Quo vadis? Wohin gehst du?, soll Christus den aus Rom fliehenden Petrus gefragt haben. Dieser kehrte daraufhin um und ließ sich mit dem Kopf nach unten kreuzigen. Vatikan, Cappella Paolina

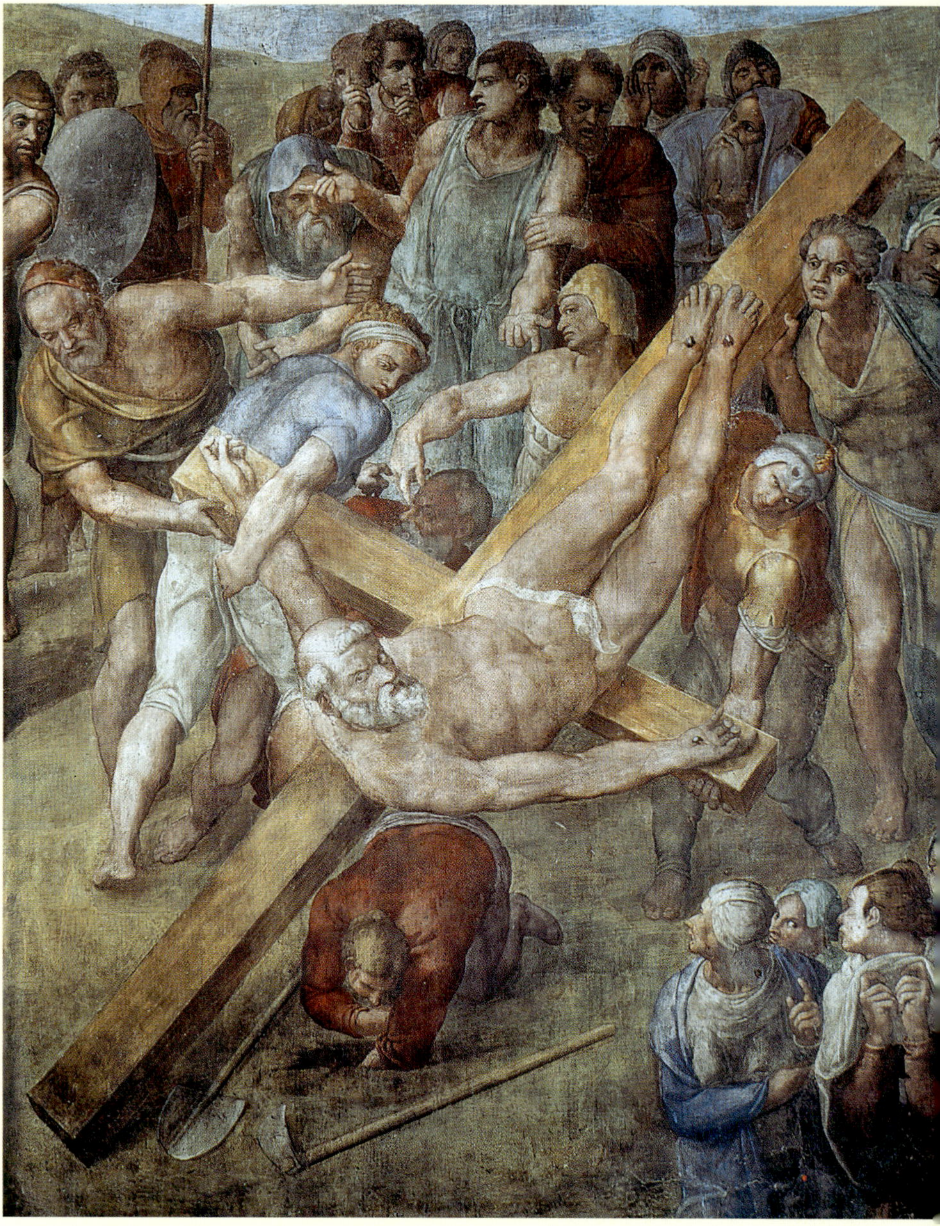

Tafel 33 Mit einer letzten gewaltigen Willensanstrengung wendet sich der schon ans Kreuz genagelte Petrus dem Betrachter zu. Sein Blick fordert zur Nachfolge auf, vor allem die Kardinäle, die hier den neuen Papst wählen sollten. Vatikan, Cappella Paolina

Tafel 34 Ein Platz als Bühne päpstlicher Macht: 1538 ließ Michelangelo die Reiterstatue Mark Aurels auf das Kapitol übertragen.

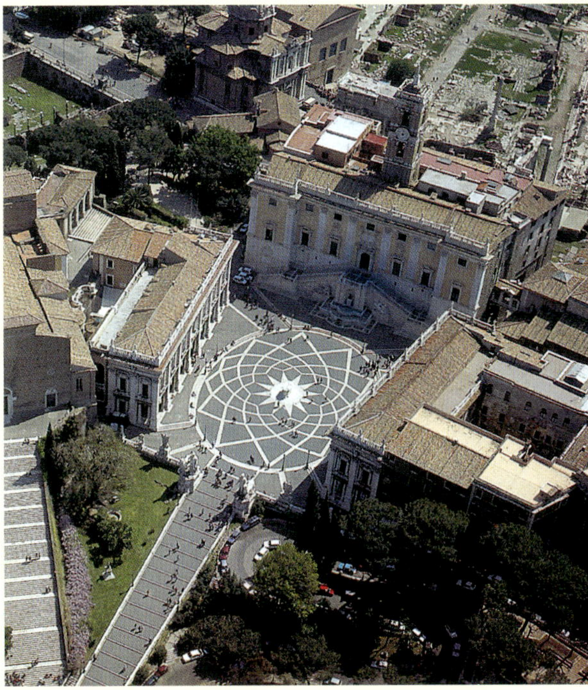

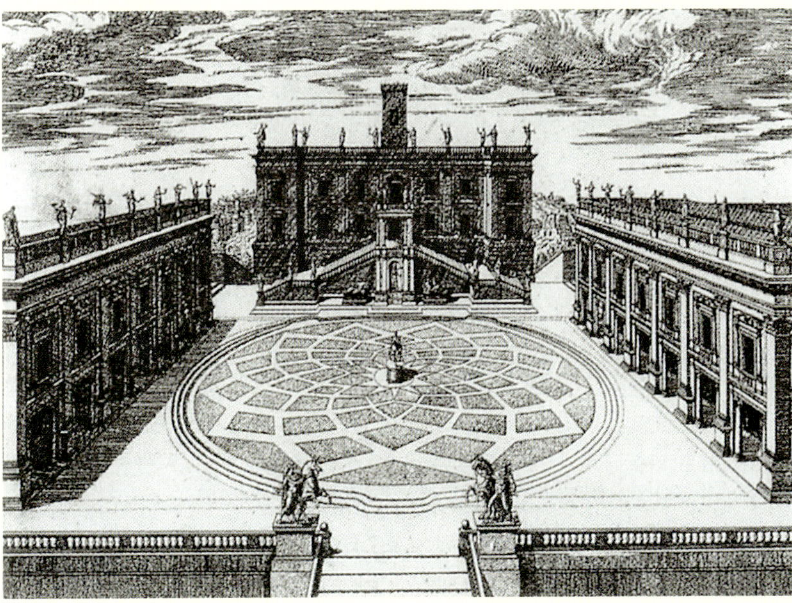

Tafel 35 Die übrigen Bauten wurden bis 1655 weitgehend nach seinem Plan errichtet, den der Kupferstich von Etienne Dupérac aus dem Jahr 1569 zeigt.

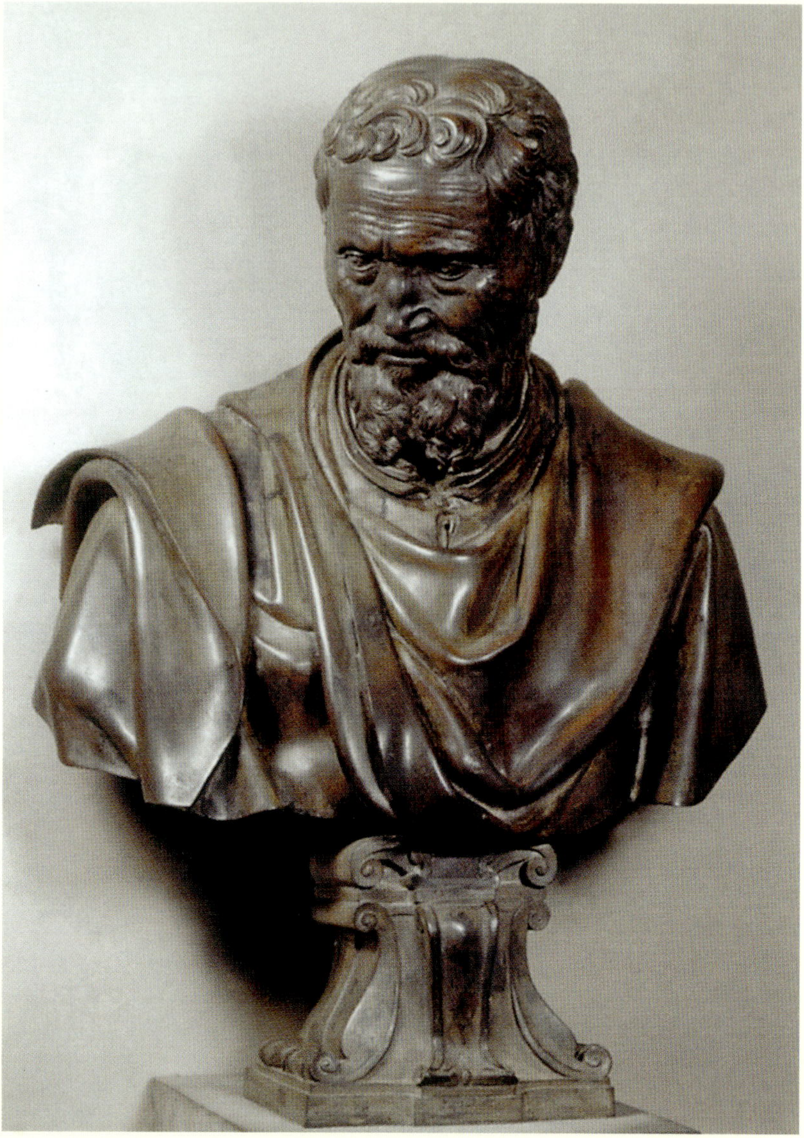

Tafel 36 Das Antlitz gedankenvoll und von Leiden zerfurcht, der Blick voller Willenskraft und Spottlust: So zeigt diese Porträtbüste Daniele da Volterras den greisen Michelangelo. Florenz, Museo nazionale del Bargello

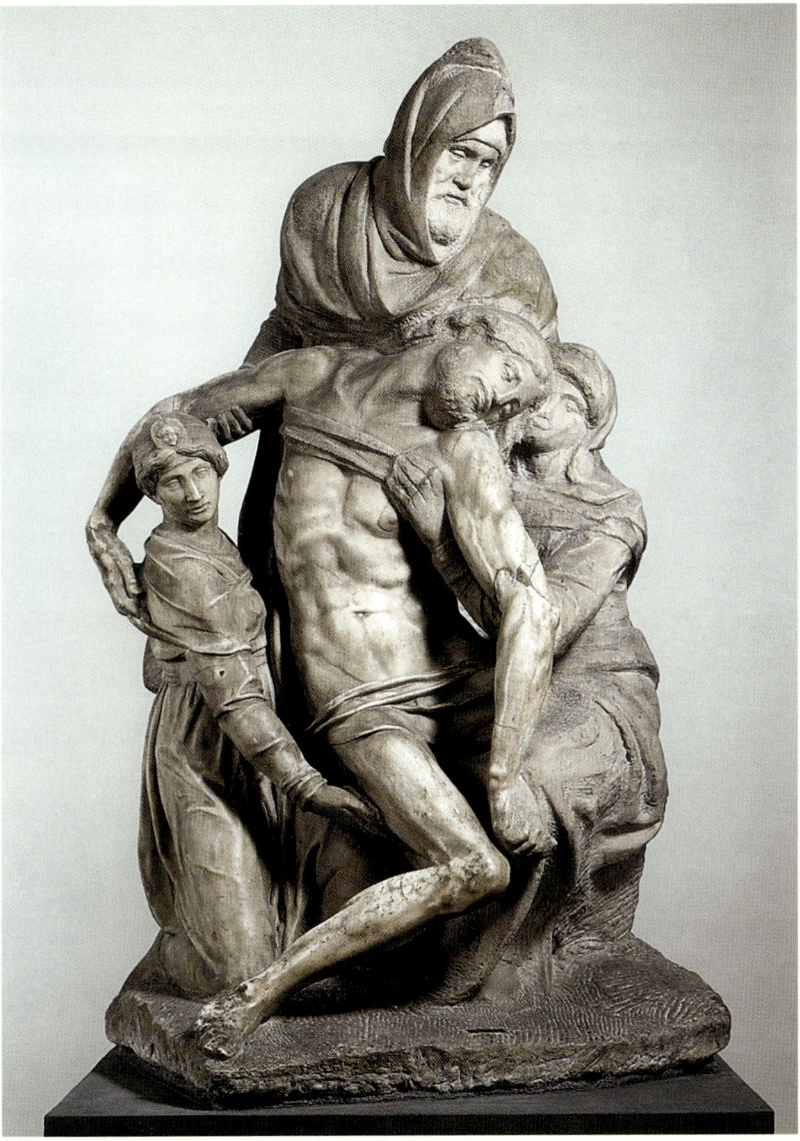

Tafel 37 Die Statue des toten Christus mit Nikodemus, Maria und Maria Magdalena hatte Michelangelo für sein eigenes Grabmal vorgesehen. Am Ende verunstaltete er sie mit Hammerschlägen. Florenz, Museo dell' Opera del Duomo

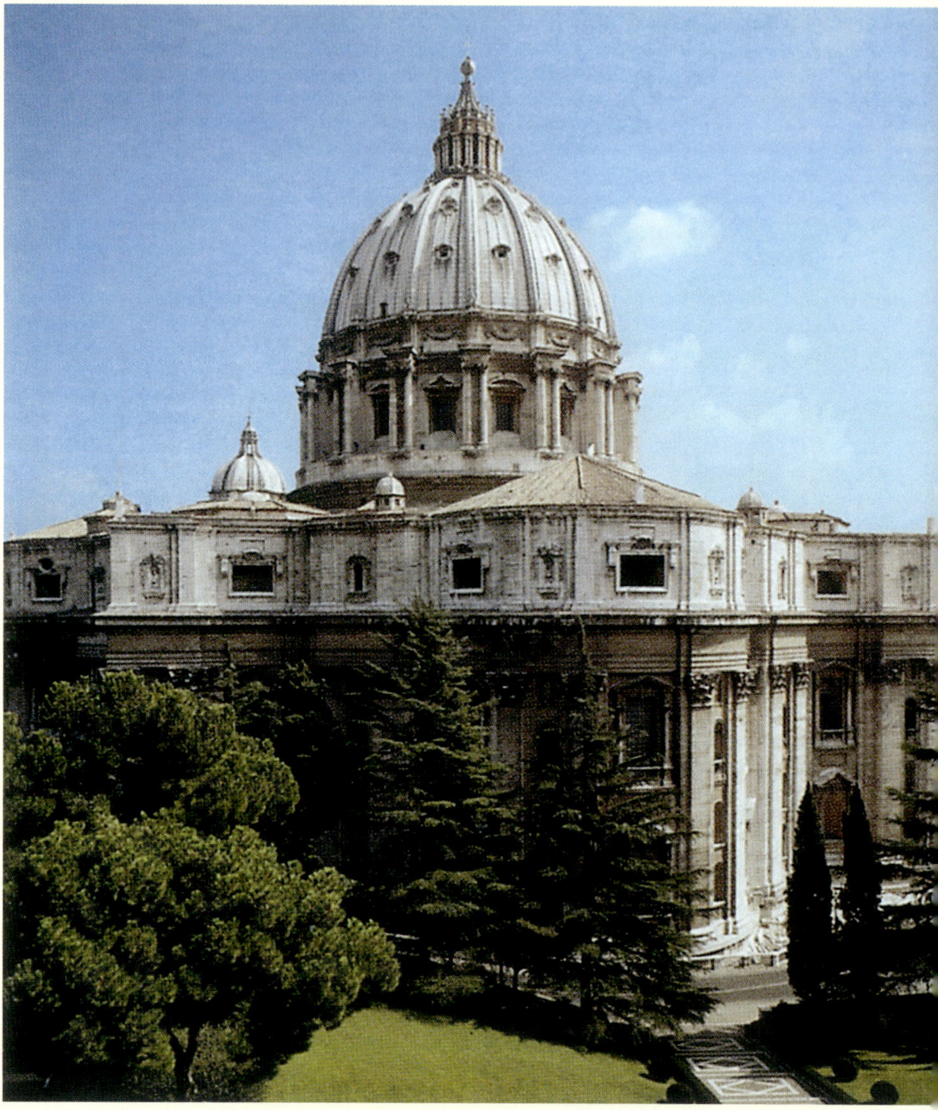

Tafel 38 Eine Ahnung von Michelangelos Peterskirche gewinnt man heute nur noch wie hier von den vatikanischen Gärten oder vom Neubauviertel Monteverde aus. Dann verdecken weder Langhaus noch Fassade den Blick auf die Kuppel, die die Ausmaße der Pantheons-Kuppel erreicht.

Montelupo geschaffen; dieser zeichnete auch für die Sibylle und den Propheten neben der Liegestatue des Papstes verantwortlich. Unter den sechs neuen Statuen von inniger Frömmigkeit, stiller Andacht, ruhiger Todesergebenheit und gelassener Erlösungsgewissheit wirkt der Moses mit seiner ungeheuren Energie wie ein Fremdkörper.

Die Statue des Moses ragt wie das Zeichen einer fremden Zeit in das meditative Ensemble hinein. Durch die veränderte Blickrichtung, hin zum Licht, dem Symbol der Erlösung, gewann zwar jetzt auch der Führer des Volkes Israel zusätzliche religiöse Aussagekraft, doch erratisch wirkt er in dieser stillen Umgebung trotzdem. Besonders der Kontrast zwischen seiner unbändigen Tatkraft und der nahezu erloschenen Lebenskraft des Papstes sticht ins Auge. *Sic transit gloria mundi,* so vergeht der Ruhm der Welt: Das ist die eine, ins Auge stechende Botschaft des Grabmals. Dass der kraftstrotzende Moses nicht zum Sinnbild eines Papsttums taugt, das sich auf seine geistlichen Aufgaben besinnen sollte: Auch diese zweite, kritischere Aussage könnte man aus dem Monument herauslesen. Gerade durch seine Heterogenität ist die letzte Ruhestätte Julius' II. ein getreuer Spiegel der Geschichte. Wie in kaum einem anderen Kunstwerk treten hier Brüche hervor, die das Papsttum schon bald danach durch eine neue Selbstdarstellung im Geist der Katholischen Reform zu verdecken bestrebt war: Brüche zwischen unvereinbaren Amtsauffassungen, Brüche zwischen den Erwartungen der Gläubigen und dem Selbstverständnis der Kurie, Brüche zwischen heidnischer Antike und Christentum, aber auch Brüche innerhalb der Führungsspitze der Kirche selbst. Alle Verwandlungskunst des Bildhauers konnte diese Risse nicht überdecken. Was Michelangelo selbst die Tragödie des Grabmals nannte, ist in Wahrheit ein von den Zeitverhältnissen erzwungenes Schauspiel des Wandels. Dass dem neuen Geist der Reform entsprechend das Individuum hinter dem Amt zurücktreten und durch die Wahl zum Papst eine höhere Identität gewinnen sollte, zeigt auch die Dimension des Wappens, das das Monument krönt. Die Della-Rovere-Eiche prangt zwar unter Tiara und gekreuzten Schlüsseln, doch fällt der Schild im Verhältnis zu den Statuen bescheiden aus. Die Della Rovere durften trotzdem oder besser: gerade deshalb zufrieden sein. In den Annalen des Papsttums wurde ihr zweiter Pontifex maximus jetzt zu einem Vorläufer der inneren Erneuerung der

Kirche umgedeutet. Auf diese Weise wurde das problematische Erinnerungs-Erbe entsorgt und eine *memoria* geschaffen, auf die sich die Familie bei der Herrschaft in ihrem immer unbedeutenderen Herzogtum Urbino bis zum Erlöschen im Jahre 1631 stützen konnte.

Paulus und Petrus vereint

Für Michelangelo bedeutete der Abschluss des Julius-Grabmals in den rastlosen 1540er Jahren kaum mehr als eine Nebentätigkeit. Paul III. nämlich war gesonnen, aus seinem hoch bezahlten Hofkünstler den größtmöglichen Nutzen zu ziehen. Diesen sah er in Projekten gewährleistet, die unmittelbar an das «Jüngste Gericht» anschlossen. Wie beeindruckt der Farnese-Papst von diesem Werk war und wie sehr er dessen Gestalt und Aussage als «katholisch», ja emblematisch für seine Regierungszeit ansah, zeigen die beiden unmittelbar danach erteilten Aufträge: die beiden Fresken der Bekehrung des Paulus und der Kreuzigung des Petrus in der neu errichteten Cappella Paolina des Vatikanischen Palastes. Beide Bildthemen waren vom Papst vorgegeben und unmissverständlich auf dessen Pontifikat bezogen. Die elementarste Beziehung zum ersten Fresko war durch den Papst-Namen gegeben. Dieser wurde zwar in der Regel, so auch im Falle Pauls III., als Zeichen der Dankabstattung an einen Vorgänger gewählt, gewann im Klima der Reform aber eine zusätzliche Aussagekraft. Schließlich hatten sich alle Reformatoren in ihrer theologischen Lehre vorrangig auf den Apostel Paulus berufen. Dessen Autorität als das eigentliche Werkzeug Gottes (so Calvin) hatte den reformierten Kirchen geradezu als Rechtfertigung ihrer Abspaltung von Rom und als Begründung ihres Anspruchs auf Rechtgläubigkeit gedient. Demgegenüber war im Protestantismus die Bedeutung der Gestalt Petri, des Apostelfürsten, geschrumpft. Die Reformatoren leugneten, dass ihm die alleinige Führung der Kirche übertragen worden sei; diese gebührte ihrer Ansicht nach den Aposteln insgesamt. Zudem hatte Petrus dreimal Christus, seinen Herrn, verleugnet.

Beide Apostel zusammen, als untrennbare Einheit, in ein und derselben päpstlichen Privatkapelle malen zu lassen, war ein geschickter programmatischer und propagandistischer Schachzug. Die katholische Kirche und das Papsttum gewannen – so die Botschaft – mit dem Heidenapostel eine zentrale Gestalt des Christentums zurück und reinigten sie von dem Verdacht, Vordenker von Ketzern zu sein beziehungsweise denjenigen Vorschub zu leisten, die die Führungsstellung des Petrus und seiner Nachfolger, der Päpste, bestritten. Die Theologie des Heidenapostels Paulus unter der Führung des Apostelfürsten Petrus für das Papsttum in Anspruch zu nehmen hieß, von den Protestanten besetztes Terrain im Handstreich zurückzuerobern. Darüber hinaus mochte, wer wollte, in der Bekehrung des Christenverfolgers Saulus auch ein ganz persönliches Bekenntnis des Auftraggebers erkennen: Dass auch ihm, Alessandro Farnese, himmlische Erleuchtung zuteil geworden sei, mit welchen Methoden und Zielen er als Paul III. die Kirche zu führen habe. Selbst ein verklausuliertes Schuldeingeständnis ließ sich in der Wandlung vom Saulus zum Paulus entdecken: Dass das Papsttum der vorangehenden Jahrzehnte seine wahren Aufgaben vernachlässigt, jetzt aber durch göttlichen Fingerzeig seine Bestimmung wiedergefunden habe.

Wie viel Selbstkritik im diesem Bild auch immer mit enthalten sein mochte, sie wurde durch die Thematik des zweiten Freskos in jedem Fall reichlich kompensiert. Denn mit der Kreuzigung Petri wurde das Martyrium dargestellt, durch das nach römischer Auffassung der Auftrag zur Gründung der Kirche erfüllt wurde. Diesen hatte Christus zwar schon vorher erteilt, doch fand er in diesem Akt der heroischen Selbstaufopferung seinen krönenden Abschluss. In beiden Bildern wurde somit das zwischen Katholiken und Protestanten strittige Dogma der Werkgerechtigkeit vor Augen geführt. In der Paulus-Szene ist der Wende- und Ausgangspunkt, im Petrus-Martyrium der Höhepunkt dieser Bewährung durch verdienstvolle Taten gezeigt. Nach seiner Bekehrung zog Paulus, der ehemalige Todfeind der christlichen Lehre, rastlos und allen Gefahren trotzend durch die Lande, um die Erlösungsbotschaft zu verbreiten. Petrus aber war getreu bis in den Tod und machte sein Sterben zum Vermächtnis für seine Nachfolger. So sollten beide Szenen aus dem Leben der Apostel zeigen, was der Wille zusammen mit der Gnade vermochte: standhaft bis zum Ende zu bleiben und sich dadurch die höchsten Verdienste vor Gott zu erwerben. Petrus hatte sich als letzte Gnade von seinen Henkern ausbedungen, mit dem Kopf nach unten ans Kreuz genagelt zu werden. Aufrecht wie Christus zu sterben, fühlte er sich nicht würdig. Durch dieses Bekenntnis der Unwürdigkeit aber wurde die höchste Würdigkeit unter Beweis gestellt. Würdig vor allen anderen Orten wurde damit zugleich Rom, die erwählte Stadt. Petrus erlitt sein Martyrium entweder auf dem Gianicolo oder im Zirkus des Nero auf dem Vatikanischen Hügel – darüber gingen die Meinungen der kurialen Gelehrten auseinander. Seine Grabstätte aber fand er nach übereinstimmender Auffassung dort, wo die zu seinen Ehren errichtete Vatikanische Basilika stand. Und so, wie Christus seine Kirche auf Petrus, den Felsen, baute, so war die doppelte Herrschaft des Papsttums über die Kirche und die Staaten der Christenheit auf dieses Martyrium gegründet. Nicht mehr Moses, der machtvolle Führer des Volkes Israel, sondern der gemarterte Fischer vom See Genezareth, der zum Seelenfischer wurde, diente jetzt als Sinnbild des Papsttums, zusammen mit Paulus, dem Lehrer der göttlichen Wahrheit, der ebenfalls in Rom sein Bekenntnis zu Christus mit seinem Blute besiegelt hatte. In diesem Bildprogramm zeigte sich Paul III. somit als Förderer der Katholischen Reform. Als emsig um die Erneuerung der Kirche bemühten Pontifex malte ihn in denselben Jahren Michelangelos junger Bewunderer und Gefolgsmann Giorgio Vasari im Saal der Hundert Tage der Cancelleria.

Michelangelo nahm die «Bekehrung des Paulus» Ende 1542, also bald nach Abschluss des «Jüngsten Gerichts», in Angriff (siehe Tafel 31). Als er die Arbeit an der Kreuzigung Petri acht Jahre später abschloss, ruhte Paul III. nach dem längsten Pontifikat des Jahrhunderts bereits seit einem Jahr im Grabe. Vom Recht auf außergewöhnliche Erfindungen, das er in Francisco da Hollandas Dialogen so nachdrücklich für sich in Anspruch nahm, machte der Künstler in beiden Werken reichlich Gebrauch. Genau genommen zeigt das erste Fresko nicht die Bekehrung des Saulus zum Paulus selbst, sondern deren dramatische Vorgeschichte. Dem Durchbruch zur Wahrheit musste der hier gemalte Sturz des Hochmütigen vorausgehen, denn der Weg zum Heil war schmerzhaft, von Anfang bis Ende. Der Blick des Betrachters wird durch die kunstvolle Inszenierung des Malers zuerst auf die Ursache des Geschehens und danach auf die Wirkung gelenkt. Am linken oberen Bildrand geht, wie im «Jüngsten Gericht», alle

Energie von Christus aus. Doch im Gegensatz zum Sixtina-Fresko ist der Erlöser hier schwebend, ja geradezu wie ein Lichtpfeil herabstürzend dargestellt. War er als Richter vom Licht umhüllt, so teilt er hier Licht von seinem Licht aus. Dieses Licht, das aus der Aureole des Gottessohns geströmt ist, stößt mit elementarer Gewalt auf Saulus zu, es wirft ihn vom Pferd und blendet ihn. Auf den Licht spendenden Gottessohn wiederum fliegen die Engel und Heiligen zu, die bei diesem Akt der Niederwerfung als Zeugen dienen: ungläubig, erschrocken, staunend, demütig, abwehrend, bewundernd, betend. So zeigen sie das ganze Spektrum der Regungen, die ungeheure Geschehnisse in der menschlichen Seele auslösen. Christus selbst aber blickt ernst und gesammelt, sein rechter Arm, aus dem das Licht entspringt, ist muskulös, die rechte Hand, die es aussendet, ist geöffnet, um die ganze Fülle der Erleuchtung zu gewährleisten. Die Linke hingegen wendet er, die unerträgliche Spannung mildernd, zur Seite. Ihr Zeigefinger richtet sich auf einen Ort im Licht: den künftigen Platz des Paulus.

Die Wirkungen, die dieser Ausbruch überirdischer Helligkeit auf Erden erzeugt, sind eruptiv. Zwar hat der Lichtblitz nur Saulus selbst getroffen, doch werden alle anderen, die Leibwachen, Diener und Gefolgsleute des gestürzten Anführers, von den Druckwellen des Einschlags mit erfasst, je nach ihrer Nähe zum Ort des Geschehens. Am schwächsten sind die Erschütterungen an der Peripherie; unten links drehen sich zwei Bewaffnete, die offenbar die Vorhut des Zugs gebildet hatten, unwillig über die unvorhergesehene Störung um. Im Zentrum des Licht-Einfalls aber hebt der eine abwehrend die Hände, der andere zum Schutz den Schild, während ein Diener dem Gefallenen aufzuhelfen versucht. Ein weiterer Begleiter blickt erschrocken zur Seite, als ob die zerstörerische Wucht von dort hereingebrochen sei. Seine Reaktion ist verständlich, denn die Sprengwirkung war stark genug, um selbst an dieser Flanke noch eine Gruppe Gewappneter zu Boden zu reißen. Sogar das Pferd bäumt sich auf und kann nur mit Mühe am Zügel gehalten werden. Um die Dramatik dieses für die Ausbreitung der christlichen Lehre so entscheidenden Augenblicks zu erhöhen, hat Michelangelo kühne perspektivische Verkürzungen vorgenommen. So sind die beiden im Vordergrund auf das Geschehen zueilenden Gestalten, ihrer geringen Bedeutung entsprechend, kleiner dargestellt als die Hauptakteure. Und seiner Verachtung für die Malerei, die Landschaften dazu benutzt, um Gefühle zu erregen, hat der Künstler durch einen fast völligen Verzicht auf die Ausgestaltung des Raumes Ausdruck verliehen. Ganz am rechten Rand sieht der Betrachter, aufs Nötigste zusammengedrängt, Mauern und Häuser; sie markieren minimalistisch die Stadt Damaskus, der Saulus zustrebte, als ihn sein Schicksal ereilte. Ansonsten aber herrscht Kahlheit vor. Das Auge des Betrachters gleitet haltlos über öde Kuppen ohne Vegetation oder Spuren menschlicher Kultur. Was zu sagen ist, sagen die Gesichter, die Körper und die Farben. Die direkte, vermittlungslose Beziehung zwischen dem Erlöser und seinem erwählten Werkzeug wird durch das intensive Rot unterstrichen, das vom Gewand Christi auf den Mantel des Paulus übergesprungen zu sein scheint. Um diesen Farben-Gleichklang gebührend hervorzuheben, erlaubt sich der Maler weitere perspektivische Freiheiten; die hintere Seite des Gewandes, das den Gestürzten umhüllt, müsste eigentlich durch dessen Rücken verdeckt sein.

Entspricht den Freiheiten der Gestaltung die Freiheit der Gedanken? Zeigt sich Michelangelo in seinem letzten Fresko doch noch als der religiöse Abweichler oder gar Protestant, als den ihn die Inquisitoren zu Lebzeiten verdächtigten und viele Kunsthistoriker bis heute dingfest machen möchten? Unzweifelhaft ist ein Akt der unmittelbaren Gnadenwahl durch Christus selbst dargestellt. Paulus hat zum Zeitpunkt, den das Bild festhält, vor Gott nicht nur keine Verdienste erworben, sondern er ist als erbitterter Feind der christlichen Lehre ein Vorkämpfer des Bösen. Dass der Gottessohn gerade ihn zum Verkünder der Wahrheit beruft, entspringt seinem unerforschlichen Ratschluss. Kann der Mensch also nichts für sein Heil tun, reißt ihn die Gnade Gottes wie ein Sturzbach (wie Luther lehrte) oder wie der hier gemalte Lichtstrahl mit sich fort?

Bei genauem Hinsehen stellt sich der Verlauf des Geschehens im Bild ganz anders dar. Michelangelo zeigt die verheerende Wirkung des göttlichen Lichtstrahls auf den Christenverfolger Saulus. Diese Folgen aber sind ganz und gar körperlich. Die erste spontane Reaktion des vom Pferd Geworfenen ist ohnmächtige Abwehr: Er hält den Arm vors Gesicht und zeigt damit, dass ihn die Überfülle des Lichts blind gemacht hat. Dieser Verlust des Augenlichts ist Strafe, Warnung und Mahnung zugleich. Doch die Hauptsache bleibt noch zu tun: Der Gezeichnete muss die himmlische Botschaft deuten und die richtige Erkenntnis aus ihr ziehen. Danach muss er sie in praktisches Handeln umsetzen. Diese Einsicht aber kann sich nur einstellen, wenn der Wille des Gestraften ins Spiel kommt. In der Apostelgeschichte bleibt Paulus drei Tage lang blind und betet, bis ihm der von Gott gesandte Ananias endgültig die Augen öffnet. Diese Nachgeschichte hat Michelangelo in der Cappella Paolina nicht gemalt. Sie muss sich der Betrachter dazudenken; damit ist er zugleich aufgefordert, dem Heidenapostel nachzueifern. Das Fresko selbst zeigt einen Moment der Erschütterung aller festen Gewissheiten, der der Abkehr vom Bösen und der Umkehr vorausgeht. Der Prozess der widerwilligen, tastenden, aber schließlich erfolgreichen Suche nach dem Heil wird damit eingeleitet. Dass man der Lüge überdrüssig werden musste, um sich der befreienden Botschaft des Evangeliums zu öffnen, lehrten die Theologen aller Konfessionen als Voraussetzung des wahren Glaubens. So konnte man das Fresko von katholischer Seite als eine Aufforderung an die Protestanten verstehen, wie Saulus ihrer Irrtümer inne zu werden und sich von ihnen abzuwenden.

Die Kritik, die sich an diesem Bild von Seiten katholischer Reformer entzündete, zielte denn auch nicht auf die dogmatische Basis, sondern auf einen eklatanten Mangel an Anstand, Hierarchien und Schicklichkeit ab. Christus, so der Hauptvorwurf, fehle es an sichtbarer Majestät. Anstatt in unantastbarer Würde im Himmel zu thronen, stürze er sich von dort auf die Erde herab, um einen Sünder zu bekehren. Damit verkehrten sich die Rangverhältnisse ins Gegenteil. Überhaupt sei von solchen Abstufungen kaum etwas zu sehen. Nicht nur zwischen Christus und den Menschen, auch zwischen Engeln und Heiligen sowie zwischen Paulus und seinen Begleitern fehle es an Ehrfurcht fördernder Distanz. Wo aber keine Ehrfurcht herrscht, könne auch keine Verehrung der Heiligen und der Kirche aufkommen. Ohne sie aber gebe es keine Frömmigkeit und erst recht keine Sicherheit im Glauben. Anstößig war auch hier die Nacktheit der himmlischen Heerscharen. Dass sich die Empörung der Wohlmeinenden vorrangig auf sie richtete, war am Ende für das Bild ein Glück, denn so kamen auch die Fresken der Cappella Paolina mit einer nachträglichen Bedeckung der Blößen relativ glimpflich davon.

Auch auf der gegenüberliegenden Seite der Kapelle fehlte es nicht an Elementen der Verfremdung. An der Kreuzigung des Petrus sticht zu allererst die Anonymität des Ortes hervor (siehe Tafel 32). Nichts verweist auf Rom als Stätte des Geschehens, die Szene könnte überall stattfinden. Kahle grün-braune Hügel mit tiefen Tälern, eine Bergkette im Hintergrund, graue Wolken an einem Himmel, der sich am Horizont aufhellt: Mehr ist von den Örtlichkeiten nicht zu sehen. Das allein war schon ein Bruch mit der Tradition, ja, eine Kühnheit, die Kritik auf den Plan rufen musste: Wo war Rom, die erwählte Stadt? So, wie Michelangelo malte, wurden die Ereignisse ihrer historischen Einzigartigkeit beraubt und zur Parabel verallgemeinert: Jeder Mensch ist zum Tod für die Wahrheit verpflichtet wie Petrus. Von ihm, dem Dulder, geht alle Dynamik aus. Anstatt willfähriges Objekt seiner Peiniger zu sein, wird der bereits ans Kreuz geschlagene Delinquent zum eigentlichen Akteur. In einem physischen Kraftakt ohnegleichen beugt er den herkulischen Oberkörper vor und zieht die bereits an den Balken genagelten Beine so weit wie möglich nach vorne, um Kraft und Spielraum für die Hinwendung zum Betrachter zu gewinnen. Dieser Blick nach hinten, aus dem Bild heraus, ist das zentrale Thema des Freskos. Die tiefe Stirnfalte zwischen den Augen zeugt von äußerster Willensanspannung und Konzentration, der Mund von Stärke, Unbeugsamkeit und Trotz. Die Augen bohren sich geradezu in die des Publikums außerhalb des Bildes – und damit in das Gedächtnis der Nachwelt (siehe Tafel 33). Kein Zeuge des Dramas wird dieses Blickes gewürdigt, auch der mit dem Ausdruck tiefster Erschütterung auf das Martyrium deutende Greis im rechten Vordergrund nicht. Was hier geschieht, soll eine Lehre für alle Zeiten sein. Der mahnende, ja vorwurfsvolle Gesichtsausdruck scheint die Nachgeborenen herauszufordern: Wie haltet ihr es mit dem Gebot Christi, ihm nachzufolgen? Auch als ein Blick zurück auf das eigene Leben, das unter Qualen zu Ende geht, ließe er sich deuten. Die dreimalige Verleugnung des Herrn und dazu der Fluchtversuch, von dem eine Legende erzählt – das alles wird durch diesen Augenblick am Kreuz ausgelöscht.

Um die Szene der Kreuzigung, den hell erleuchteten Kraftquell des Bildes, scharen sich wiederum Akteure und Zuschauer in allen nur denkbaren Seelenzuständen. Direkt hinter dem Apostelfürsten wird ein junger

Mann von seinen Gefährten daran gehindert, seine Empörung allzu laut herauszuschreien, aus Sorge um seine Sicherheit, doch auch im Wissen, dass diese Kreuzigung dem Heil des Gemarterten selbst und der Menschheit dient. Die Gesichter und Körper des übrigen Publikums spiegeln Schaulust, Entsetzen, Grauen, aber im Gesicht des Soldaten mit der Schlange auf dem Helm auch sadistische Freude daran, das Kreuz aufzurichten und so einen Unschuldigen zu töten. Doch all das ist Beiwerk. Beherrscht wird die Szene vom Haupt des Petrus. Auffälligerweise ist es geschoren. Diese Tonsur war eine Abweichung von der Bildtradition und biblisch nicht begründet. Dafür berichtet die Legenda aurea des Jacopo da Voragine aus der zweiten Hälfte des 13. Jahrhunderts, Petrus sei in Antiochia das Haupthaar abgeschnitten worden, um ihn dadurch zu demütigen. In seiner Nachfolge hätten daraufhin alle Priester die Tonsur getragen: als Zeichen der Ehre, dem Apostelfürsten nacheifern zu dürfen, und als Symbol ihrer Verpflichtung, ein sittlich einwandfreies Leben zu führen. Was der kahle Schädel und der bohrende Blick des Apostelfürsten in diesem Fresko an diesem Ort zu bedeuten haben, zeichnet sich ab, wenn man sich die Funktion der Kapelle vergegenwärtigt: Paul III. hatte sie zum Ort der künftigen Papstwahlen bestimmt. Auf diese Weise würde der erste Stellvertreter Christi auf Erden den Kardinälen, die seine Nachfolger zu wählen hatten, unmittelbar in die Augen blicken. Um diesem Blick standzuhalten, musste jeder Purpurträger nach bestem Wissen und Gewissen den Kandidaten wählen, den er für den würdigsten hielt. Ein Bild als Schutzschild: Petrus blickt dir ins Herz! Sein Nachfolger sollte über dieselben Eigenschaften verfügen, die der Gemarterte am Kreuz unter Beweis gestellt hatte: Bescheidenheit, Demut, Pflichtbewusstsein, Standhaftigkeit und den Mut zur Selbstaufopferung. Darüber hinaus sollte er den Luxus verachten und ein Leben in Armut lieben – wie Michelangelo selbst. Wie anspruchslos, ja allem Irdischen abgewandt die Urgemeinde war, zeigen die ärmlich gekleideten Christen, die dem Martyrium ihres geistlichen Führers in tiefer und zugleich gefasster Trauer beiwohnen. Nicht ein einziger reicher Mann oder gar Würdenträger hat sich unter sie gemischt. Der Glaube gehört denen, denen auf Erden nichts, aber nach dem Tode das Himmelreich gehört. Ihnen soll der neue Papst ein Schutz und ein Trost sein. Das fordert das kühn zurückgeworfene

Haupt des Petrus von seinem Nachfolger, doch ist diese Nachfolge im Geist nicht auf ihn beschränkt, sondern sie gilt für alle Christen, in Rom wie in der ganzen Welt.

Konzil und Kapitol

Janusköpfig, wie er 1534 begonnen hatte, setzte sich der Pontifikat des Farnese-Papstes in den 1540er Jahren fort. Die intensiven diplomatischen Bemühungen um einen eigenen Staat für die Familie Farnese führten 1545 zum Ziel, als Pier Luigi, dem übel beleumundeten Sohn des Papstes, das Herzogtum Parma und Piacenza verliehen wurde. Pier Luigis Sohn Ottavio, der Margarethe von Österreich, die Witwe Alessandros de' Medici, geheiratet hatte, erhielt überdies das an der Grenze zwischen der Toskana und dem Kirchenstaat gelegene Herzogtum Castro. Der greise Papst musste noch erleben, wie sein als Tyrann verschriener Sohn 1547 ermordet wurde und die Herrschaft der Farnese zeitweise in höchste Gefahr geriet. Knüpfte Paul III. dadurch an die nepotistischen Traditionen seiner Vorgänger an, so führte er auf der anderen Seite auch die mit den Kardinalsernennungen von 1535 begonnene Reform energisch weiter. Der erfolgreichste Schritt in diese Richtung war die Einberufung eines Konzils, das 1545 in der zum Reich gehörigen Stadt Trient am Südrand der Alpen seine Arbeit aufnahm. Das Konzil wurde in der Folgezeit immer wieder durch politische Ereignisse behindert und auch unterbrochen. Dass die Kirchenversammlung überhaupt zustande kam, war ein Ergebnis der diplomatischen und militärischen Entwicklung.

Die Erwartungen, die sich an das Konzil richteten, waren von Anfang an höchst unterschiedlich und im Kern unvereinbar. Die Protestanten lehnten die Lenkungsbefugnis des Papstes ab und ließen nur die Heilige Schrift als Grundlage der Verhandlungen zu. Karl V. erhoffte sich die Wiederherstellung der Glaubenseinheit, um dadurch die politischen Probleme des Reichs zu lösen und seine Position zu stärken. Aus diesem Grund hatte sein Rivale, König Franz I. von Frankreich, jahrzehntelang mit allen Mitteln gegen das Konzil opponiert, oft im politischen Zusammenspiel mit den Reichsfürsten, die an einer übermächtigen Stellung des

Reichsoberhaupts gleichfalls kein Interesse hatten. Nicht minder systematisch hatte Clemens VII. das Zustandekommen eines Konzils verhindert. Er befürchtete, wegen seiner unehelichen Geburt für illegitim erklärt zu werden. Hinzu kam die traumatische Erinnerung der Kurie an die Konzilien von Konstanz und Basel, die die Unterordnung des Papsttums unter ihre Oberhoheit dekretiert hatten.

Dass der greise Paul III. das Wagnis einging, zeugte von Mut, aber auch von Berechnung. Gegen überzogene Ansprüche der Kirchenversammlung war so weit wie möglich Vorsorge getroffen worden; ein Restrisiko blieb dennoch. Denn in den Beratungen, die zuerst der verbindlichen Formulierung der dogmatischen Basis galten, zeigte sich schnell, wie tief die Gräben zwischen den verschiedenen Strömungen innerhalb der katholischen Kirche selbst geworden waren. An den Rändern des Spektrums standen sich die Befürworter einer radikalen Reform, die so genannten *zelanti*, und eine konservative Fraktion gegenüber, die vor allem an der gängigen Pfründenpraxis so wenig wie möglich verändern wollte. Doch waren die Reformer auch unter sich zutiefst gespalten. Um die Kardinäle Pole und Morone scharte sich eine Gruppierung, die für ein partielles Entgegenkommen gegenüber den Protestanten votierte, eine Aufwertung des bischöflichen Amtes gegenüber dem römischen Zentralismus erstrebte und eine Rückbesinnung des Papsttums auf Seelsorge und sittliche Erziehungsarbeit forderte. In schroffem Gegensatz dazu wollte die von Kardinal Carafa angeführte Partei die Einheit der Kirche durch die rigorose Ausgrenzung aller Kräfte herbeiführen, die in ihren Augen gegenüber den protestantischen Häretikern zu kompromissbereit waren. Darüber hinaus forderte sie die Einschärfung verbindlicher Glaubenssätze und die Anwendung inquisitorischer Zwangsmittel gegenüber allen Abweichlern, und zwar unter der Leitung einer weiter gestärkten römischen Zentralgewalt. Leidenschaftlich debattiert wurde ferner über eine Reihe von Grundsatzentscheidungen, am heftigsten über die Frage, ob das Konzil befugt war, rigorose Reformen wie zum Beispiel die Pflicht der Bischöfe, in ihrer Diözese zu wirken, als göttliches Recht durchzusetzen, von dem auch der Papst keine Ausnahmen zulassen konnte.

Doch Paul III. regierte nicht nur als Herr des Konzils, Haupt der Kirche und Chef des Hauses Farnese, sondern auch als Herrscher Roms. Als solcher setzte er im Bild der Ewigen Stadt machtvolle Akzente. Sein urbanistisches Hauptprojekt war die Neugestaltung des Kapitols, des erinnerungsschwersten aller römischen Hügel. Mit dem Kapitol verband sich die Erinnerung an die Triumphzüge der heidnischen Imperatoren, die im Jupitertempel dem höchsten Gott ihre Dankesopfer darbrachten; und ab dem 12. Jahrhundert hatte hier die Stadtgemeinde ihren Sitz. Eine solche Kommune hatte sich wie überall in Nord- und Mittelitalien auch am Tiber gebildet, um die Forderungen der städtischen Führungsschichten gegenüber dem traditionellen Stadtherrn, in diesem Fall dem Papst, vorbringen und durchsetzen zu können. Im Unterschied zu kommerziell und gewerblich florierenden Metropolen wie Florenz, Siena oder Pisa fehlte in der Ewigen Stadt eine ökonomisch potente Großhändler- und Bankierschicht, die zusammen mit den wohlhabenderen Handwerkern die Macht auf Dauer hätte erobern können. In Rom rekrutierte sich die Kommune überwiegend aus Pächtern der großen kirchlichen und feudaladeligen Landgüter, Viehhändlern und Notaren, die sich zwar als Inbegriff der *romanità*, der urrömischen Traditionen, als Erben der Republik und Nachfolger der patrizischen Geschlechter betrachteten, doch de facto wirtschaftlich und politisch weitgehend von den großen Baronalfamilien Colonna, Orsini, Savelli und Caetani abhängig blieben. Nur wenn sich diese großen Feudalherren wie um die Mitte des 14. Jahrhunderts besonders heftig befehdeten, konnte sich die Kommune kurzfristig gegen sie und das Papsttum zugleich durchsetzen und die Stadt nach ihren Vorstellungen regieren. In diesen Jahren erhob die Stadtgemeinde die Kirche Santa Maria in Aracoeli zu ihrem sakralen und politischen Heiligtum; ihre Amtsgebäude hatte sie gleich daneben auf der Hauptkuppe des Kapitols. Im Langzeitgedächtnis Roms war das Kapitol also ein kommunaler Hügel und insofern für das Papsttum feindliches Terrain. Das galt auch dann noch, als die römische Stadtgemeinde nach einem letzten Aufschwung kurz vor der Mitte des 15. Jahrhunderts endgültig unter die Oberhoheit des Papsttums geriet. Für die Stadtherren im Vatikan war das ein Triumph, der gefeiert werden musste. Wo aber ließ er sich prächtiger zelebrieren als auf dem Kapitol, das die jetzt entmachtete Gemeinde so lange dominiert hatte?

Paul III., der diesen Sieg verewigen lassen wollte, hatte auch den Meisterregisseur zur Hand, der dafür die Bühne bereiten sollte: Michelangelo.

Dieser löste die Aufgabe wie alle vorangehenden: Auf dem einst vornehmsten, jetzt jedoch beklagenswert vernachlässigten Hügel entstand eine Platzanlage, die mit ihren szenischen Wirkungen ihresgleichen sucht (siehe Tafel 34 und 35). Ihr Ausgangs-, Mittel- und Endpunkt zugleich ist das antike Reiterstandbild des Kaisers Mark Aurel, das Michelangelo vom Lateran hierhin übertragen ließ, wie die Inschrift auf dem eleganten Sockel erzählt. Wessen Ruhm der heidnische Philosophen-Kaiser hoch zu Ross verkünden sollte, machte das über der Inschrift angebrachte Lilienwappen der Farnese deutlich. Paul III. – so die Botschaft des neuen Kapitolsplatzes – hatte das römische Imperium von den heidnischen Kaisern geerbt, um es kraftvoll und christlich zugleich zu regieren. Dass der auf seinem neuen Platz erhaben über die Ewige Stadt hinweg schwebende Mark Aurel die politische und kirchliche Herrschaft des Papstes *urbi et orbi*, über Rom und den ganzen Erdkreis, bezeichnete, sollte darüber hinaus eine Statue des Blitze schleudernden Jupiter verdeutlichen. Doch wurde diese mythologische Reminiszenz schon bald nach dem Tode Pauls III. für unpassend gehalten und aus dem Programm gestrichen. Im Zeitalter der Katholischen Reform durfte das heidnische Rom nur überleben, wenn es nicht mehr triumphierte, sondern dem Christentum huldigte oder diesem zumindest als Gegenbild moralischer Verworfenheit diente.

Mit der Aufstellung des bronzenen Imperators hoch zu Ross im Januar 1538 hatte die Bühne ihren Hauptakteur, doch noch keine Kulissen. Völlig neu gestalten oder auch nur verschieben ließen sie sich nicht. Der Senatorenpalast an der Rückseite des Platzes und der (gleichfalls auf antiken Fundamenten errichtete) Amtssitz der Konservatoren standen in einem Winkel von 80 Grad zueinander; damit war die trapezförmige Grundform der gesamten Anlage vorgegeben. In diesen Rahmen fügte Michelangelo einen ovalen Platz im Platz ein: das eigentliche, durch drei Treppenstufen abgesetzte Herrschafts- und Weihezentrum, dessen Erhabenheit durch das kunstvolle Muster nach allen Seiten ausstrahlt. Der harte Zusammenprall von Trapez und Ovaloid wiederum erzeugt, zusammen mit der Orientierung der seitlichen Gebäude hin zur majestätischen Treppe, eine Spannung, ja, einen regelrechten Energiestrom, der auf die Reiterstatue, das ideologische Kraftfeld, zufließt: Allein die vom Stellvertreter Christi treuhänderisch übernommene und dadurch moralisch veredelte imperiale Gewalt vermag die Gegensätze dieser Welt zu versöhnen. Hinter dem Kaiser als Sinnbild der allumfassenden Macht des Papstes erhielt der Palast des Senators, seines Stellvertreters in der Stadt Rom, 1546 bis 1554 eine monumentale Freitreppe nebst Portal vorgeschaltet.

Weitgehend nach diesen ursprünglichen Plänen wurde 1563 bis 1568 die Fassade des Konservatorenpalastes mit den gewaltigen Lisenen, dem Portikus, den Giebelfeld-Fenstern und der von Statuen gekrönten Balustrade geschaffen. Der Amtssitz der höchsten gewählten Amtsträger der Kommune – sie selbst sagten sehr viel pathetischer: des römischen Volkes – nimmt sich in seiner neuen Gestalt zwar eindrucksvoll aus. Doch im Verhältnis zum Senatorenpalast, der eindrucksvoll aufgewerteten Abschlusswand der Szene, ist er durch Michelangelos Umbau deutlich zurückgesetzt. Räumlich und symbolisch flankiert er den Imperator und die Residenz von dessen Statthalter. Die Botschaft dieser architektonischen Unterordnung ist eindeutig: Die obersten Vertreter der Gemeinde Rom standen dem Papst bei dessen Herrschaft in der Ewigen Stadt zur Seite, sie waren unselbstständige Assistenten einer fremden Macht. So haben es die Konservatoren auch selbst gesehen. An der Fertigstellung der Platzanlage, die ihre Niederlage besiegelte, hatten sie keinerlei Interesse. Erst auf ausdrücklichen Befehl Papst Innozenz X. (1644–1655), dessen Beziehungen zur Kommune äußerst gespannt waren, wurde in enger Anlehnung an Michelangelos Entwurf der so genannte «Neue Palast» gegenüber vollendet. Bezeichnenderweise war der von Girolamo Rainaldi und seinem Sohn Carlo errichtete Bau ein Bühnenbild ohne Funktion, das später die Sammlungen des Kapitolinischen Museums aufnahm. Größere Abweichungen von Michelangelos Plan erlaubten sich Giacomo della Porta und Girolamo Rainaldi bei der Umgestaltung des Senatorenpalastes zwischen 1582 und 1605; so erhöhten sie die Fenster des ersten Stocks, des *piano nobile,* beträchtlich. Kurz zuvor war der Glockenturm, dessen mittelalterlicher Vorgänger nach Michelangelos Plan erhalten geblieben wäre, von Martino Longhi neu errichtet worden.

Ungeachtet aller dieser Veränderungen bewahrt der Kapitolsplatz, wie er sich bis heute präsentiert, im Wesentlichen den Geist Michelangelos. Ideologische Skrupel dürfte dieser kaum gehabt haben. Die römische Kommune war zu einem Jahrmarkt der Eitelkeiten abgesunken, auf dem sich der römische Stadtadel mit hochtrabenden Titeln und prachtvollen Kostümen schmückte. Diese Privilegien erkaufte er sich durch einen Gehorsam gegenüber dem vatikanischen Machtzentrum, der nur nach dem Tod besonders unbeliebter Päpste in kurzfristige Aufmüpfigkeit während der Sedisvakanz umschlug. Das war nicht die republikanische Ordnung, von der Michelangelo träumte. Diese Pseudo-Republikaner symbolisch zu entmachten, dürfte ihm kaum Gewissensbisse bereitet haben.

Der alte Mann, sein Diener und die böse Welt

Während der Arbeit an den größten Kunstaufträgen, die Europa im 16. Jahrhundert zu vergeben hatte, stand das private Leben Michelangelos nicht nur im Zeichen der Freundschaft zu Vittoria Colonna, sondern auch im Schatten der seit Jahrzehnten üblichen Miseren. Der Kontrast zwischen den gepflegten Diskussionen im Palast der ersten Dame Roms und dem Alltag in der spartanischen Wohnung beziehungsweise Werkstatt am Macello de' Corvi war in den 1540er Jahren tiefer als jemals zuvor. Die Verbundenheit mit den einfachen Leuten wurde nicht nur in der «Kreuzigung Petri» gemalt und im Lebensstil ausgedrückt, sondern schlug sich darüber hinaus auch in einer sehr tiefen Sympathie nieder. Der einzige Mensch, dem Michelangelo in seinem langen Leben sein uneingeschränktes Vertrauen schenkte, hieß Francesco di Bernardino d'Amadore da Casteldurante, nach der territorialen Zugehörigkeit seines Heimatortes schlicht «Urbino» genannt, und war ab 1530 sein einziger Diener. Mit ihm fanden in den Alltag des Künstlers Szenen der Commedia dell'Arte Eingang, die seine eigene, düstere Lebens-Inszenierung mit Komik und Humor anreicherten.

Nach dem summarischen Urteil fast aller Freunde und Bewunderer war Urbino faul, frech, käuflich, dreist, arrogant und als Künstler absolut talentfrei. Doch sie alle mussten zähneknirschend zugeben, dass er darüber hinaus ungemein lebenstüchtig, gewandt, auch den schwierigsten Situationen gewachsen und seinem Herrn bei aller Bestechlichkeit grenzenlos ergeben war – mit anderen Worten: die typische Dienergestalt der Stegreifkomödie. Dass er ohne Scheu von «Ich und Michelangelo» sprach, wenn es darum ging, welcher Auftraggeber den Zuschlag erhalten sollte, trieb andere, die wie Benvenuto Cellini um die künstlerische Anerkennung des Meisters buhlten, zur Weißglut. Mit Humor reagierte nur Vittoria Colonna, die als Aristokratin ein entspannteres Verhältnis zum tolldreisten Verhalten kleiner Leute hatte. So empfahl sie sich am Schluss eines Briefes voller theologischer Meditationen nicht nur Michelangelo, sondern «auch Eurem Urbino» – eine Geste augenzwinkernder Sympathie. Michelangelo aber ließ seinen kecken Diener nicht nur gewähren, sondern belohnte ihn auch fürstlich. Er verschaffte ihm bei Paul III. die Anstellung als «Reiniger der päpstlichen Gemälde» mit dem Gehalt von sechs Dukaten im Monat; für einen Posten ohne nennenswerte Pflichten war das ein stolzes Einkommen. Darüber hinaus schenkte er Urbino Werke von eigener Hand, um die Fürsten vergeblich wetteiferten. Selbst an den Dekorationsarbeiten am Julius-Grabmal durfte Urbino, allerdings unter der Aufsicht eines erfahrenen Meisters, mitwirken – zum Entsetzen der Fachleute, denen die Nachsicht des sonst so unerbittlich strengen Meisters gegenüber den Stümpereien seines Domestiken unbegreiflich war. Darüber hinaus verschaffte Michelangelo Urbinos weitgespannter Verwandtschaft Posten und Pöstchen. Nach seinem Tod 1556 sorgte er, großzügig wie eh und je, für die Witwe und die Kinder.

Er wusste warum. Im Frühjahr 1544 erkrankte Michelangelo, der sich so lange einer unverwüstlichen Gesundheit rühmte, schwer – auf den Tod, wie es vielen schien. Dass er überlebte, schrieb er der Pflege durch treue Freunde wie Roberto Strozzi, Luigi del Riccio und Urbino zu. An seinen Neffen Lionardo aber schrieb er am 11. Juli 1544, kaum genesen, einen bitterbösen Brief:

> Lionardo, mir ging es schlecht. Du aber hast Dich bei Giovanni Francesco Fattucci einquartiert und bist gekommen, um mir den Tod zu bringen und um zu sehen, ob ich etwas hinterlasse. Hast Du in Florenz nicht so viel von mir bekommen, dass es Dir genügt? Du kannst nicht abstreiten, dass Du Deinem Vater ähnelst, der mich in Florenz aus meinem Haus vertrieb. Wisse also, dass ich mein Testament so gemacht habe, dass Du gar nicht daran denken darfst, von meinem römischen Besitz etwas zu bekommen. Also geh mit Gott, komm mir nicht mehr vor die Augen, schreib mir nicht mehr, verhalte Dich wie ein Priester.[130]

Doch das war eine Aufwallung des Zorns und nicht Michelangelos letztes Wort an seinen Neffen. Schon im Januar 1545 nahm er die Korrespondenz mit diesem wieder auf. Ihr Ton ist, als sei nichts gewesen: nüchtern, geschäftsmäßig und voller Ermahnungen. Auch auf die Großzügigkeit seines Onkels durfte Lionardo jetzt wieder zählen. Allerdings schuldete er dafür wie immer Gegenleistungen, wie Michelangelos Brief vom 4. Dezember 1546 zeigt:

> Was den Hauskauf in Florenz betrifft, so bleibe ich bei meiner Meinung, das heißt, dass Ihr nach einem Haus suchen sollt, mit dem wir Ehre einlegen können, für 1500 oder auch 2000 Dukaten, und zwar wenn möglich in unserem angestammten Quartier. Dafür werde ich Euch, sobald ihr etwas Passendes gefunden habt, das Geld auszahlen lassen. Ich sage Euch dies, weil ein ehrenvolles Stadthaus reichlich Ehre einträgt, denn man sieht es viel mehr als die Landgüter. Und schließlich stammen wir als Bürger von Florenz aus einer überaus adeligen Familie. Ich habe mich immer bemüht, unser Haus wieder zu der ihm gebührenden Größe emporzuheben, aber dazu hatte ich nicht die richtigen Brüder. Deshalb bemüht Euch, das zu tun, was ich Euch schreibe. Und Gismondo möge zusehen, dass er endlich wieder in Florenz wohnt, damit mir niemand mehr zu meiner Schande sagen kann, dass ich einen Bruder habe, der in Settignano hinter den Ochsen her geht. Und wenn Ihr das Haus gekauft habt, werden wir weitere Besitztümer erwerben.[131]

Die Brüder waren als untauglich abgetan, jetzt sollte es der Neffe besser machen. Ziel und Programm des inzwischen fast zweiundsiebzigjährigen Künstlers aber blieben unverändert: Stufenleiter um Stufenleiter emporzuklettern, bis die Familie Buonarroti dort stand, wo sie hingehörte, nämlich ganz oben in der florentinischen Pyramide von Rang und Ansehen. Dass sie sich zu diesem Zweck einen repräsentativen Wohnsitz zulegen musste, der ihren Status angemessen vor Augen führte, kam in diesem Brief erstmals zur Sprache. Hatte jemand Michelangelo, den notorischen Verächter des schönen Scheins, darauf hingewiesen, dass die Wohnverhältnisse seiner Verwandten nicht mehr standesgemäß waren? Der Hinweis auf den verbauerten Bruder in Settignano lässt es vermuten. Florenz' Oberschicht wandelte sich unter Herzog Cosimo zur höfischen Gesellschaft, die Buonarroti mussten mit der Zeit gehen. Doch in eigener

Sache ließ Michelangelo das Gesetz, dass das steinerne Haus den Rang seiner Bewohner widerspiegeln musste, nicht gelten. Er kam gar nicht auf den Gedanken, dass sein schäbiges Zuhause in Rom, das Urbino um einen Anbau für sich und seine Familie erweitert hatte, ihm oder seiner Verwandtschaft Schande machen könnte. Er selbst stand über jeglicher Etikette. Für ihn galten nur die Gesetze, die er selber gemacht hatte. Und so kleidete er sich auch: schwarz und altmodisch. In dieser Gewandung zeigen ihn die Porträts dieser Jahre: das Antlitz zerfurcht, christusgleich weltabgewandt, doch auch mit sinnlichen, fast faunischen Zügen (Abbildung 60).

Wo Michelangelo seiner eigenen Einschätzung nach stand, zeigte er weiterhin in seinen Briefen. Eine einzigartige Gelegenheit, diesen Platz sichtbar zu machen, bot ihm ein Schreiben des Königs von Frankreich, das ihn Ende Februar 1546 erreicht haben dürfte.

> Herr Michelangelo, da ich den außerordentlichen Wunsch hege, ein Werk von Eurer Hand zu besitzen, habe ich den Abbé von Saint Martin de Troyes, den Überbringer dieses Schreibens, beauftragt, solche an sich zu nehmen. Und ich bitte Euch, wenn Ihr hervorragende Arbeiten habt, ihm diese bei seiner Ankunft zu überlassen; und ich werde sie Euch dann diesem Auftrag entsprechend bezahlen. Und aus Liebe zu mir bitte ich um Euer Einverständnis, dass er Kopien vom Christus in der Minerva und der Pietà in S. Peter machen darf; damit möchte ich eine meiner Kapellen schmücken, versichert man mir doch, dass diese zu den schönsten und erlesensten Werken Eurer Kunst gehören. Und ich bitte Gott, Herr Michelangelo, dass er Euch schützen möge.
> Geschrieben am 8. Februar 1546 in St-Germain en Laye
> François[132]

Ein eigenhändiger Brief eines solchen Monarchen war Ehre genug, dazu kam die Anrede als «Seigneur Michelangelo», die einem Adeligen gebührte. Michelangelos Antwort datiert vom 28. April, er hatte sich also reichlich Zeit gelassen.

> Heilige Majestät, ich weiß nicht, was größer ist: Eure Gnade oder meine Verwunderung, dass Ihr geruht, jemandem wie mir zu schreiben und dazu Werke, die Eurer nicht würdig sind, zu bestellen. Doch wie dem auch sei, Eure Majestät möge wissen, dass ich mir seit langem gewünscht habe, Euch

> dienen zu dürfen. Doch habe ich dies nie gekonnt, weil Eure Majestät nie in Italien war und sich daher dazu nie Gelegenheit bot. Jetzt aber bin ich alt und für Monate durch Aufträge Papst Pauls gebunden. Doch werde ich, wenn mir nach dieser Beschäftigung noch etwas Lebenszeit übrig bleibt, das, was ich mir immer wünschte, für Eure Majestät zu machen bemühen, etwas in Marmor oder Bronze oder auch ein Gemälde. Und wenn der Tod diesem Wunsch entgegensteht und wenn man im Leben nach dem Tode meißeln oder malen darf, so werde ich nicht versäumen, diese Werke dort, wo man nicht mehr altert, zu verfertigen.[133]

Was formvollendet wie ein höfischer Kniefall in Worten beginnt, geht unversehens in blanken Sarkasmus über: Ich hätte gerne etwas für Euch getan, aber Ihr seid ja nicht gekommen. Welcher Zeitpunkt damit gemeint war, musste dem König nur allzu klar sein: der Sommer 1530, als das republikanische Florenz vergeblich auf die Hilfe seines ältesten Verbündeten wartete. Auch die Schlusswendung ist zumindest doppeldeutig: Dass Michelangelo dem König Werke aus dem Jenseits zu schicken anbot, konnte man als ausgesucht höflich oder aber als blanken Hohn auffassen.

Einen König darauf hinzuweisen, dass er seine Pflicht verletzt hatte, und einen lebenslustigen Neffen zu einem sparsamen Edelmann zu erziehen – das eine erforderte Ironie, das andere Grobheit, doch ansonsten lief es auf dasselbe hinaus. Ob Monarch oder verzogener Florentiner aus bester Familie, beide bestätigten ein Bild vom Menschen, das für Michelangelo längst feststand: «… heute herrscht nichts als Lug und Trug, und man kann niemandem trauen …»[134]

Dieser Stoßseufzer in einem Brief vom 6. März 1546 galt für die Alten wie für die Jungen, auf die der alte Künstler doch seine Hoffnungen setzen musste. Für den Fortbestand der Buonarroti kam ja nur sein Neffe Lionardo in Frage. Was seine pädagogischen Prinzipien diesem gegenüber betraf, so blieb Michelangelo seinem lebenslang befolgten Grundsatz «Zuckerbrot und Peitsche» treu.

> Ich bin fest entschlossen, über die erwähnte Summe (= 1000 bereits überwiesene Dukaten) hinaus Giovan Simone, Gismondo und Dir zusammen 3000 Dukaten zukommen zu lassen, also jedem von Euch 1000; diese Gelder sollten in feste Werte investiert werden oder in irgendetwas anderes, das Euch Gewinn bringt und auf Dauer der Familie gehört. Also geht schleu-

> nigst daran, das Geld sicher und gut anzulegen. Und wenn Ihr etwas gefunden zu haben meint, das Euch zusagt, gebt mir Bescheid, damit ich die Überweisung vornehmen kann.[135]

Dieser Brief vom 9. Januar 1546 war Musik in den Ohren der Empfänger: Ihr wählt aus, ich prüfe und zahle. Auch das eine Woche darauf verfasste Schreiben an Lionardo klang noch verheißungsvoll:

> Soeben höre ich von einem meiner allerbesten Freunde, dass die Besitzungen von Francesco Corboli, der in Venedig lebt, wegen dessen Bankrotts zum Verkauf stehen. Diese bestehen, wie mir gesagt wird, aus einem alten Haus im Quartier von Santo Spirito und einigen weiteren zusammengehörigen Besitzungen, wozu sechs Paar Ochsen sowie ein gutes Wirtshaus zählen, das alles in Monte Spertoli ... Daher wünsche ich, dass Du zusammen mit Giovan Simone sichere Erkundigungen einholst, wie viel Zehnten diese Güter zahlen müssen, wie gut sie sind und welchen Ertrag sie erbringen, in welchem Zustand sie sich befinden, ob es darüber einen Rechtsstreit oder sonstigen Zwist gibt und wie viel sie Euch wert zu sein scheinen. Und über all das gebt Ihr mir so schnell wie möglich Nachricht.[136]

Kein Pfennigfuchser von Kaufmann könnte eine Akquisition minutiöser planen – das war das jahrhundertealte Erbe der Handelsstadt Florenz. Diesen Brief schrieb derselbe Mann, der zur gleichen Zeit die Bekehrung des Paulus in der Cappella Paolina malte und mit Vittoria Colonna über Glauben und Gnade disputierte. Dieselbe Händler- und Bauernschlauheit tritt im nächsten Brief vom 6. Februar 1546 hervor. Sein geharnischter Ton zeigt, dass Michelangelo erneut mit großen gesundheitlichen Problemen zu kämpfen hatte:

> Lionardo, Du hast es ja mächtig eilig gehabt, mich über die Besitzungen der Familie Corboli in Kenntnis zu setzen .... Hast Du etwa Angst bekommen, dass ich es mir anders überlegen könnte, wie Dir vielleicht jemand eingeflüstert hat? Ich aber sage Dir eins: Ich will langsam vorgehen, denn ich habe das Geld mit einer Mühe verdient, die Du Dir, der Du mit Stiefeln und schmuckem Rock geboren bist, nicht einmal vorstellen kannst. Und was Deine Reise nach Rom betrifft, die Du mit so auffälliger Eile unternommen hast, so würde ich doch gerne wissen, ob Du auch so schnell ge-

> kommen wärst, wenn ich im Elend lebte und nichts zu beißen hätte. Schluss damit, dass Du Geld zum Fenster hinaus wirfst, das Du nicht verdient hast! Wie versessen Du darauf bist, Deine Einnahmequelle nicht zu verlieren! Von wegen Liebe zu mir: Die Liebe des neidischen Wurms war es, die Dich zu mir getrieben hat! Wenn Du mich liebtest, würdest Du mir jetzt schreiben: «Michelangelo, gebt die 3000 Dukaten lieber für Euch selbst aus, denn Ihr habt uns längst genug gegeben; Euer Leben ist uns teurer als unser Besitz.» Ihr lebt seit vierzig Jahren von mir, ich aber habe von Euch nie auch nur ein gutes Wort erhalten, von anderem ganz zu schweigen. Es stimmt zwar, dass Du mir letztes Jahr, nachdem man Dich entsprechend gemahnt und getadelt hat, eine Ladung Wein geschickt hast, um mich zu beschämen – hättest Du ihn doch behalten! Ich schreibe Dir nicht, weil ich nicht kaufen will. Ich will kaufen, um mir ein Einkommen zu schaffen, denn ich kann nicht mehr arbeiten. Aber dabei will ich langsam vorgehen und nicht irgendetwas Minderwertiges kaufen. Zu Eile besteht also kein Grund.[137]

Reicher Lionardo, armer Lionardo: womit hatte er dieses verbale Ungewitter verdient? Sein Onkel hatte schnelle Auskünfte gewollt und erhalten. Worüber regte er sich jetzt also auf? Hatte er mit seinem generösen Angebot dem Neffen und den Brüdern eine Falle gestellt, in der alle drei jetzt zappelten? Sollte die Offerte abgelehnt werden, um angenommen werden zu können? Das ganze persönliche Elend, das aus den Grobheiten spricht, lässt sich in dem einen Satz zusammenfassen: Ich kann nicht mehr arbeiten. Ein Leben ohne Arbeit war nicht mehr wert, gelebt zu werden. Zudem weckte die erzwungene Untätigkeit Ängste, die so tief verwurzelt waren, dass keine Vernunft dagegen ankommen konnte. Die Vernunft besagte, dass der Künstler in mehr als einem halben Jahrhundert genug verdient und gespart hatte, um davon weitere hundert Jahre äußerst komfortabel leben zu können – ganz abgesehen davon, dass er trotz seiner Krankheit weiterhin die hundert Dukaten monatlich von Paul III. als festes Gehalt bezog. Doch auch das konnte seine Angst nicht mildern. Ende Februar 1546 schrieb er an Lionardo:

> Ich brauche ein festes Einkommen, weil ich das, was ich jetzt vom Papst bekomme, gerechterweise nicht mehr annehmen kann, wenn ich nicht mehr arbeiten kann. Und die besagten Besitzungen (= der Corboli) sollen Teil

> dieses Einkommens sein. Und daher seid so gut und kauft diese Besitzungen oder andere in Florenz oder anderswo nach Eurem Gutdünken![138]

Nun hatte die Angst auch im Briefwechsel mit Lionardo die Oberhand gewonnen. Sie gebot, mit den Verwandten pfleglich umzugehen, man konnte sie ja noch brauchen. Doch auch die Angst konnte das Misstrauen nicht völlig verdrängen. Im selben Schreiben heißt es:

> Was die Besitzungen der Corboli betrifft, so habe ich eine verlässliche Nachricht erhalten, die mir gar nicht gefallen will. Sie besagt, dass auf ihnen eine Sondersteuer von 25 Dukaten lastet – stimmt das, so handeln wir uns durch den Kauf nichts als Ärger ein. Zudem hat man mir gesagt, dass gewisse Verwandte daran Rechte geltend machen können.[139]

Die Anweisungen an Lionardo waren inzwischen so widersprüchlich, dass der Neffe eigentlich nur alles falsch machen konnte: Kauf, wenn du meinst, aber nicht zu schnell; bedenke, dass meine Alterssicherung davon abhängt, und stelle in Rechnung, was ich von den verborgenen Hypotheken geschrieben habe. Die seelische Krise, die den alten Mann mit voller Wucht ergriffen hatte, schlug sich darüber hinaus in Galgenhumor nieder. So signierte er einen Brief an seinen Vertrauten Luigi del Riccio kurz darauf mit: «Michelagniolo Buonarroti, weder Maler, noch Bildhauer, noch Architekt, sondern was Ihr wollt, außer betrunken».[140]

Bei aller Mutlosigkeit blieb Michelangelo wachsam und hellsichtig; und auch sein Geschäftsinstinkt trog nicht. Im Falle der Corboli-Güter bestätigte sich der Verdacht. Die Sonderabgabe von 25 Dukaten lastete wirklich darauf, so dass sich der Erwerb erübrigte: «Aus langer Erfahrung bin ich misstrauisch und habe das Ganze abgeblasen, um auf meine alten Tage nicht in Not zu geraten.[141]

25 Dukaten für Abgaben auf Gütern, die ein Mehrfaches davon einbrachten, zu Lasten eines Mannes, der das Vierfache pro Monat an Gehalt bezog, von den enormen Rücklagen ganz zu schweigen – gegen die Angst kam das alles nicht an. Die Suche nach geeigneten Anlageobjekten ging also weiter, wie der Brief vom 4. Mai 1546 zeigt:

> ... aus Deinem anderen Brief habe ich von einer Mühle erfahren, die zum Verkauf steht, und ganz zum Schluss schriebst Du mir noch von einer anderen Besitzung bei Florenz. Die Mühle gefiel mir nicht, weil ich einem Einkommen, das auf Wasser beruht, nicht traue. Und das andere Gut ist zu nah an den Stadttoren. Es wäre etwas anderes, wenn Du etwas finden würdest, das acht oder zehn Meilen entfernt läge, doch es besteht keine Eile. Und vor allem mach von all dem nicht so viel Aufhebens.[142]

Zu diesem Zeitpunkt war Michelangelo bereits auf dem Weg der Besserung. Im Juni ging es ihm wieder gut. Und mit der Arbeitsfähigkeit kam auch die Grobheit zurück.

> Und schreib mir nicht mehr, denn jedes Mal, wenn ich einen Brief von Dir erhalte, bekomme ich einen Fieberanfall, solche Mühe habe ich damit, ihn zu lesen. Wo hast Du eigentlich schreiben gelernt? Ich bin sicher, wenn Du dem größten Esel auf der Welt zu schreiben hättest, so würdest Du sorgfältiger schreiben.[143]

Vor allem sollte sich Lionardo nicht einbilden, dass sein Onkel ihn um seiner selbst willen reich machte. Im Zusammenhang mit dem «ehrenvollen» Haus wird im November 1546 erstmals ein bedeutungsschwerer (Neben-)Satz formuliert: «... denn das Haus, in dem Ihr lebt, ist nicht groß genug, da Du Dir eine Frau nehmen musst ...»[144]

Die Investition in den Neffen lohnte sich nur, wenn dieser Nachkommen zeugte und den Buonarroti damit die glanzvolle Zukunft bescherte, auf die sie laut Michelangelo ein Anrecht hatten. Dass der Alte in Rom bei der Brautschau für den vierundzwanzigjährigen Lionardo nicht nur ein Wörtchen mitzureden, sondern das letzte Wort haben wollte, war ebenfalls absehbar. Auf den Bräutigam in spe und die für ihn in Aussicht genommenen Heiratskandidatinnen kamen strenge Prüfungen zu.

Der Herr der Baustelle

Ende 1546 warteten neue, noch größere Aufträge auf den Künstler. Paul III. beauftragte ihn damit, den um 1515 begonnenen Bau seines Familienpalastes am Tiber fortzuführen. Michelangelo erhöhte das dritte Geschoss des

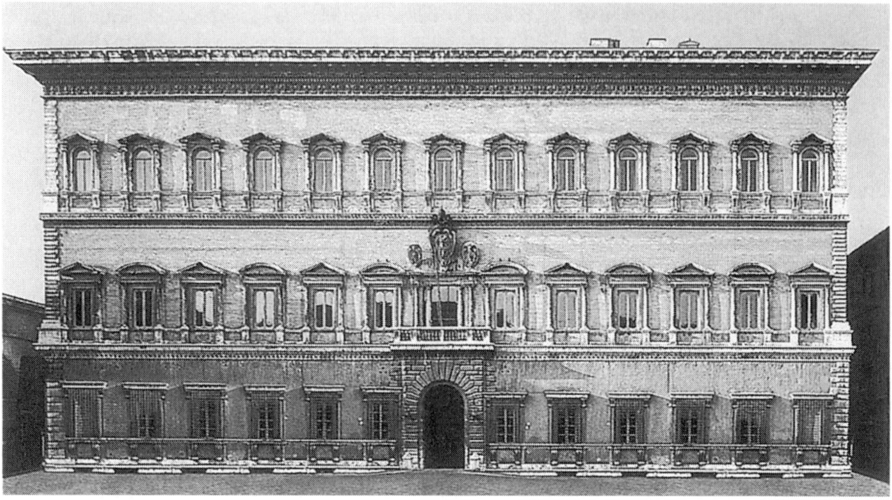

Ein Palast wie für eine Königsfamilie: Drei Jahrzehnte nach Baubeginn setzte Michelangelo der Residenz der Farnese in Rom seine Glanzlichter auf. Nach dem Aussterben der Farnese gehörte der gewaltige Gebäudekomplex dem König von Neapel, heute ist er Sitz der französischen Botschaft.

Hauptflügels und ließ die Fenster zum Platz hin mit monumentalen Kranzgesimsen versehen. Das dritte Geschoss zur Hofseite mit seinen ungewöhnlichen Fensterumrahmungen ist ganz nach seinen Plänen gestaltet. Durch diese Hinzufügungen wurde die konventionell begonnene Palastanlage stilistisch uneinheitlich, aber auch großartiger als jeder andere Adelspalast in Rom. Doch die Arbeiten am Palazzo Farnese waren nur das Vorspiel zu einer noch viel anspruchsvolleren Aufgabe. Im September 1546 war mit Antonio da Sangallo dem Jüngeren der leitende Architekt der *Fabbrica di San Pietro* gestorben. Europas größte und wichtigste Baustelle, der Neubau von Sankt Peter, war somit verwaist, doch nicht für lange. Mit seinem grenzenlosen Vertrauen in die übermenschlichen Fähigkeiten seines Hofkünstlers ernannte Paul III., selbst achtundsiebzig Jahre alt, den einundsiebzigjährigen Michelangelo zum Nachfolger. Damit war dessen Hoheit in Sachen Malerei, Bildhauerei und Architektur komplett.

Alle anderen, die am Neubau der Basilika beteiligt waren, packte jetzt das kalte Grauen. Und sie begannen schleunigst, ihren Widerstand zu organisieren. Schließlich gab es über dem verantwortlichen Architekten noch die Deputati della Reverenda Fabbrica di San Pietro. Die Mitglieder dieses Leitungsgremiums und Aufsichtsrats glaubten, in allen Streitfragen das letzte Wort zu haben. An sie wandten sich die Mitarbeiter Sangallos mit bewegten Worten: Helft uns gegen den Tyrannen, der die unumschränkte Herrschaft über die Baustelle an sich gerissen hat! Doch Michelangelo wusste, dass er mit der rückhaltlosen Unterstützung des Papstes unangreifbar war. Gleich nach seiner Ernennung hatte er Antonio Labacco und Nanni di Bacio Bigio, de facto Sangallos Stellvertreter, zu sich befohlen und ihnen in dürren Worten ihre Entlassung mitgeteilt. Mit Nanni hatte der neue Chefarchitekt seit den fernen Tagen des gescheiterten Fassadenprojekts von San Lorenzo noch eine Rechnung offen; diesem jetzt die Tür zu weisen, dürfte für ihn eine späte Genugtuung gewesen sein. Die Frage, die sich die beiden gedemütigten Bauleiter genauso wie die Mitglieder der Deputation stellten, war, ob er dazu eigentlich befugt war. Ihre Antwort lautete: nein. Doch Michelangelo war nicht einmal bereit, dem Gremium Rede und Antwort zu stehen. Er sei nur dem Papst gegenüber rechenschaftspflichtig und nehme nur von diesem Weisungen entgegen. So musste die Kommission gute Miene zum bösen Spiel machen.

Doch der neue architektonische Alleinherrscher im Vatikan gebärdete sich noch viel rabiater. Nicht nur, dass er alle vorangehenden Planungen der *Fabbrica* für null und nichtig erklärte, er entgegnete laut Vasari auf die Selbstanpreisungen der alten Bauleitung mit den schlimmsten Unterstellungen:

> Und dieses Modell sei eine Wiese, auf der man der Weide nie ermangeln würde. So ist es, entgegnete Michelangelo, aber er meinte das (wie er einem Freund sagte) ironisch: eine Weide für Schafe und Ochsen, die von Kunst keine Ahnung haben.[145]

Doch auch das war erst der halbe Vorwurf. Das Bild der fetten Wiese ließ sich noch hässlicher ausdeuten: Die bisherigen Verantwortlichen hätten die Bauarbeiten absichtlich in die Länge gezogen, um sich und ihren Anhängern eine immerwährende Pfründe zu verschaffen. Die Anklage lautete somit auf Korruption bei der Neuerrichtung der wichtigsten Kirche der Christenheit. Doch er, Michelangelo, würde diesen Sumpf schon trockenlegen. Dabei war das Holzmodell, das er verbal niedergemacht hatte,

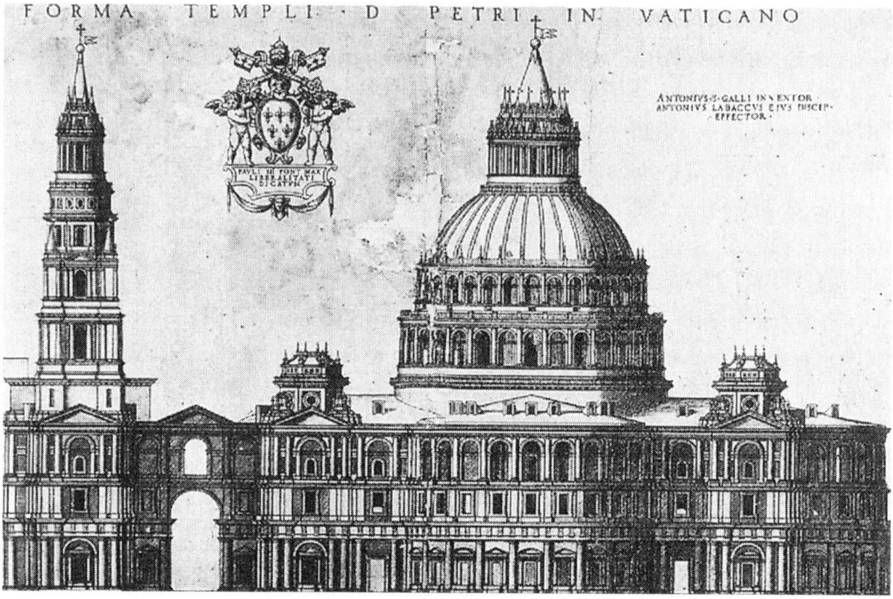

So sollte Neu Sankt-Peter nach den Vorstellungen des Architekten Antonio da Sangallo aussehen. Über diesen Entwurf schüttete Michelangelo Hohn und Spott aus: Diese Kirche werde Verbrechern aller Art als Schlupfwinkel dienen. Stich von Antonio Labacco

der ganze Stolz der alten Equipe: In siebenjähriger Arbeit gefertigt, galt es ihnen als unantastbar, ja geradezu sakrosankt. Michelangelos Hohn erregten nicht zuletzt die Ausmaße, die für die neue Basilika vorgesehen waren. Das Jüngste Gericht werde hereinbrechen, bevor dieser Bau fertig gestellt sei. Doch selbst diese Häme ließ sich noch steigern. Um die Jahreswende 1546/47 schrieb Michelangelo über Sangallos Plan mit beißender Ironie an den päpstlichen Beauftragten Bartolommeo Ferratino:

> … und dieser Bau hat von oben bis unten so viele dunkle Verstecke, dass er unzähligen Verbrechen Vorschub leistet: Banditen kann man heimlich darin unterbringen, Falschgeld produzieren, Nonnen schwängern und mancherlei andere Schurkereien begehen. So aber bräuchte man jeden Abend, wenn man diese Kirche verriegelte, 25 Männer, um diejenigen zu suchen, die drinnen geblieben waren, und nur mit Mühe würde man diese aufspüren …[146]

Der Hass hatte über die Abneigung gegen die entlassenen Mitarbeiter hinaus weitere Ursachen. Michelangelo liebte die Modelle nicht, die ihm die Medici und andere Auftraggeber abgefordert hatten. Jedes Werk, ob Statue, Fresko oder Bauwerk, hatte bis zum Schluss für die Inspirationen des Künstlers aufnahmebereit und daher offen zu bleiben; das Endergebnis von vornherein festzulegen, hieß, den schöpferischen Prozess zu unterbinden. Ein Holzmodell war daher für ihn ein Ausdruck von Beschränktheit und Pedanterie. Stattdessen bevorzugte Michelangelo für seine Entwürfe Ton, der sich bis zum Schluss beliebig formen und veränderten Vorstellungen anpassen ließ.

Doch der Hauptgrund für seine Entrüstung über das, was er auf der Baustelle von Sankt Peter vorfand, lag jenseits aller persönlichen Feindschaften und der Korruptionsvorwürfe:

> Man kann nicht leugnen, dass Bramante in Sachen Architektur niemandem von der Antike bis heute nachstand. Er entwarf den ersten Plan für St. Peter, und dieser war nicht voller Verwirrung, sondern klar und rein, lichterfüllt und abgeschlossen zugleich, so dass er keinem Teil des Palastes Abbruch tat, und so wurde er für eine schöne Sache gehalten, die bis heute hervortritt. So aber hat sich jeder, der von dem besagten Plan Bramantes abwich, wie es Sangallo tat, von der Wahrheit entfernt. Dass dem so ist, kann jeder, der mit unvoreingenommenen Augen darauf blickt, erkennen.[147]

Selbst in diesen lobenden Sätzen aus demselben Brief, die zu den berühmtesten der Architekturgeschichte gehören, schlummert ein böser Vorwurf: Wer sich von der Wahrheit entfernte, wechselte zur Unlauterkeit über. Der Absturz war also nicht rein ästhetisch, sondern auch moralisch.

Das Bekenntnis Michelangelos zu Bramante hingegen verwundert. Er hatte den Architekten, den Förderer Raffaels, immer für seinen Feind gehalten. Doch als Feind seiner Feinde wandelte er sich jetzt zum Kronzeugen der Wahrheit, die es wieder in Kraft zu setzen galt. Auch an sachlicheren Einwänden gegen die Abweichungen von Bramantes Plänen fehlte es dem wortgewaltigen neuen Chefarchitekten nicht. Sangallos Modell sei viel zu kompliziert. Zu viele Säulenreihen übereinander, dazu Vorsprünge, Sporne und weitere überflüssige Elemente machten es zu einem Steingebirge, das im Gesamteindruck deutsch (in der heutigen Architektursprache «gotisch») und daher nicht zeitgemäß wirken würde. Aber auch der Hinweis, dass Bramantes Plan anderen Bauten keinen Schaden zufügte, hatte eine polemische Spitze. Die Umsetzung von Sangallos Modell würde – so Michelangelo – den Abriss bereits bestehender Bauten, darunter der Cappella Paolina, nötig machen und wahrscheinlich auch die Sixtinische Kapelle in Mitleidenschaft ziehen.

Das Gegenteil der architektonischen Wahrheit war für Michelangelo das riesenhafte, 4500 Dukaten (Gegenwert eines ansehnlichen Palastes) teure Modell Sangallos vor allem deshalb, weil es einen Kompromiss zwischen den Konzeptionen eines Zentralbaus und eines Richtungsbaus herzustellen versuchte. Diese Mischform stützte sich zwar in ihren Westteilen weitgehend auf die Planungen Bramantes, Sangallo fügte diesen jedoch ein Vestibül und eine gewaltige, von zwei Türmen gesäumte Loggia hinzu, von der aus der Papst der Menge auf dem Petersplatz den Segen spenden konnte. Auf diese Weise waren zwei Brennpunkte in einem einzigen Gebäude vorgesehen: die riesige Kuppel im Westen und die annähernd gleich hoch aufragende Vorderseite, die beide nur durch schmale, wie eingeschnürt wirkende Glieder miteinander verbunden waren. Alles an diesem Modell war mit einer an Goldschmiedearbeit gemahnenden Liebe zum Detail ausgeführt.

Der Schock, den Sangallos Mitarbeiter empfanden, als sie ihr Prunkstück als Planungsabfall abgetan sahen, ist nur zu verständlich. Ihre Entrüstung wurde noch größer, als Michelangelo nur wenige Tage brauchte, um seine Alternative in einigen rasch hingeworfenen Zeichnungen zu präsentieren. Diese Entwürfe verdichteten sich in der Folgezeit zu einem Zentralbau, den Paul III. bereits bei der Anstellung Sangallos im Jahre 1538 gefordert, aber nicht erhalten hatte. Er bestand aus einem griechischen Kreuz, dessen Längs- und Querbalken gleich lang waren. Um die vier Pfeiler, die das Kernstück des Baus, die gewaltige Kuppel, tragen sollten, führte ein breiter Umgang, an den keine weiteren Räume angeschlossen wurden. Radikal vereinfacht wurde auch die Wandgliederung. Aus den von Sangallo geplanten dreieinhalb Stockwerken wurde jetzt eine einzige kolossale Ordnung. Alles, was zuvor kleinteilig und dekorativ konzipiert war, verschmolz zu Lösungen, die auf monumentale Wirkungen hin angelegt waren.

Das galt vor allem für die Kuppel. Für sie hatte Sangallo eine Gliederung durch übereinander gestellte Arkadenreihen entworfen, die den Blick vom Platz auf die Wölbung weitgehend versperren mussten. Die Kuppel in radikaler Abkehr von dieser Planung zum weithin ausstrahlenden Mittelpunkt der neuen Kirche des Apostelfürsten zu erheben, wurde zur eigentlichen Aufgabe, die sich Michelangelo stellte. So wie im Fresko der Cappella Paolina der von Christus ausgehende Lichtstrahl die Abkehr des Christenverfolgers Saulus vom Bösen zur Folge hatte, so sollte die Helligkeit, die durch die majestätische Kuppel hereinbrach, die göttliche Gnade und damit das Angebot Gottes an alle Menschen guten Willens symbolisieren. Die perfekte Symmetrie des Neubaus sollte darüber hinaus die Einheit der Christenheit im gemeinsamen Glauben an Christus, den Erlöser, und in einer einzigen, unteilbaren Kirche versinnbildlichen.

So und nicht anders musste gebaut werden! Als Gralshüter der architektonischen Wahrheit bekämpfte Michelangelo alle Versuche, «seine» Peterskirche durch die Übernahme älterer Planelemente oder auch nur durch geringste Modifizierungen zu verändern, als Verrat, ja als Blasphemie. Die Baugeschichte von Neu-Sankt Peter wurde auf diese Weise zu einer Kriegsgeschichte, in der sich der leitende Architekt, seinem lebenslangen Rollenverständnis entsprechend, als Leidtragender sah und ausgab. Doch dieses Selbstbild war nachweislich falsch. Allen Anfeindungen zum Trotz, derer sich der streitbare Künstler zu erwehren hatte, behauptete er sich in fünf Pontifikaten als Chef der heiß umkämpften Baustelle und setzte dort seine Vorstellungen bis zu seinem Tod ohne Abstriche durch. Seine Gegner hingegen hatten nicht nur Niederlagen, sondern auch pausenlose Demütigungen hinzunehmen. Dass sie im Kleinen den einen oder anderen Teilerfolg erzielten – so wurde Nanni di Bacio Bigio trotz Michelangelos wütender Proteste nicht entlassen, sondern außerhalb von dessen Gesichtsfeld weiter beschäftigt –, färbte die Bilanz für sie kaum weniger düster ein.

Gegen die schweren Anschuldigungen, die der greise Meister vom ersten Tag an gegen seine Gegner vorbrachte, versuchten diese sich durch gezielte Gegenvorwürfe zu schützen. Ihre bevorzugten Argumente waren Michelangelos fehlende Erfahrung in Sachen Baukunst und, natürlich, sein fortgeschrittenes Alter. Dieses ließ sich propagandistisch ausschlachten, wie ein Brief des von Michelangelo vielfach beleidigten und gekränkten Francesco Pallavicino, Bischof von Aleria und Mitglied der leidgeprüften Baukommission, vom Dezember 1546 zeigt:

> Ich sage ja nicht, dass der besagte Herr Michelangelo keine Verdienste habe, im Gegenteil: Er hat in seinem Metier auf der Welt nicht seinesgleichen. Aber es ist doch in Rechnung zu stellen, dass er alt ist und nach dem normalen Lauf der Dinge nicht mehr lange zu leben hat. Dann aber würde alles, was begonnen wurde, in Unordnung, Chaos, Mehrkosten und Mehrarbeit enden.[148]

Doch darin täuschten sich seine Kritiker. Der einundsiebzigjährige Michelangelo sollte die meisten von ihnen überleben. Diejenigen, die der spätberufene Architekt um Arbeit, Lohn und Prestige brachte, verkündeten verständlicherweise landauf, landab, dass er durch seine senile Unzurechnungsfähigkeit den endgültigen Ruin des Projekts verschuldete. Folgen hatte diese üble Nachrede schon deshalb nicht, weil der angeblich infantile Greis seine Verleumder durch Taten und Worte gleichermaßen widerlegte. Und was die Propaganda im Krieg um Sankt Peter betraf, zeigte sich der neue Herr der Baustelle seinen Feinden um Längen voraus. Das begann schon mit seinem Titel. Hatte Michelangelo bislang die Anrede als «Bildhauer und Maler», gegebenenfalls auch in umgekehrter Reihenfolge, anstandslos akzeptiert, so bestand er von jetzt an auf der Berufsbezeichnung «architetto». Niemand durfte ihn ungestraft in dieser vornehmsten aller bildenden Künste einen Dilettanten nennen. Ein weiteres Mittel, sich Respekt zu verschaffen und zugleich an der eigenen Legende zu weben, war Distanz oder sogar Abwesenheit.

In der Attitüde eines unumschränkten Herrschers, der seine Untertanen so selten wie möglich seiner erhabenen Person ansichtig werden ließ, schickte Michelangelo zu Sitzungen der Deputierten-Kommission, wenn es irgend anging, nachgeordnete Kräfte. Um die Machtverhältnisse von Anfang an klarzustellen, ließ er sich gleich in der ersten Zusammenkunft im Januar 1547 durch seinen ihm treu ergebenen Bauleiter Gian Battista de Alfonsis vertreten. Was als Affront gemeint war, wurde von den Delegierten auch so verstanden. Doch das war erst der Anfang der sorgfältig geplanten Provokation. Durch das, was De Alfonsis im Namen seines Herrn und Meisters zu sagen hatte, wurde sie ins Unerträgliche gesteigert: Die Mitglieder der Kommission hätten auf der Baustelle nicht nur nichts zu sagen, sondern nicht einmal ein Anrecht darauf, informiert zu werden, was dort vor sich gehe – das würden sie schon früh genug gemauert vor Augen haben. In ohnmächtiger Wut verwiesen die Gedemütigten den Überbringer der beleidigenden Nachricht des Raumes, um ihn kurz danach notgedrungen wieder zurückzurufen. Solange Paul III. diese Eigenmächtigkeiten absegnete, blieb nur die Hoffnung auf den Pontifikatswechsel.

Ein kluger Schachzug Michelangelos war zudem, in einer feierlichen Verlautbarung das Gehalt des Chefarchitekten, des höchst bezahlten Postens seiner Art, auszuschlagen und die Arbeit für die Basilika des Apostelfürsten als reinen Dienst der Frömmigkeit, ja der Selbstaufopferung zu deklarieren. Doch Michelangelo wäre nicht Michelangelo gewesen, wenn er auf dieses Salär verzichtet hätte. Da es für ihn der symbolische Ausdruck seiner Ehre war, wurde es sogar verdoppelt.

Am Ende seines langen Pontifikats stellte der greise Paul III. dem Künstler, den er mehr als jeder andere Auftraggeber zur höchsten Produktivität angestachelt hatte, beispiellose Vollmachten aus. Ungewöhnlich in diesem Motu proprio vom 11. Oktober 1549 ist schon die Anrede: Michelangelo wird als «civis florentinus familiaris continuus commensalis noster», das heißt als vertrauter Familiar und Tischgenosse des Pontifex maximus bezeichnet. Die nachfolgenden Passagen lassen vermuten, dass der Text des Schriftstücks nach einer von Michelangelo selbst gelieferten Vorlage verfasst wurde. Zum einen nämlich wird durchgehend zwischen Michelangelos Modell und der künftigen Gestalt des Neubaus unterschieden; beides musste also am Ende nicht übereinstimmen, was Michelangelos kreativer Arbeitsweise in idealer Weise entsprach. Auch die Legende vom Lohnverzicht konnte eigentlich nur der Künstler selbst dem Farnese-Papst in die Feder diktiert haben:

> Den Auftrag für dieselbige Baustelle beziehungsweise für die Gestaltung dieser Kirche aber hat er ohne Lohn und ohne Gehalt übernommen, obwohl wir ihm solches mehrfach angetragen haben; stattdessen arbeitet er aus reiner Liebe und unvergleichlicher Frömmigkeit, die er für die besagte Basilika empfindet.[149]

Als Architekt von Sankt Peter erhielt Michelangelo ein Vielfaches der Einkünfte, die ein so hoch geschätzter Baumeister wie Andrea Palladio zur selben Zeit in Venedig bezog. Dass er dieses Gehalt leugnete, sollte nicht nur fromme, sondern auch aristokratische Gesinnung widerspiegeln, entsprach also vollkommen dem Image, das sich der späte Michelangelo systematisch aufbaute: Adelige verfertigten Architekturzeichnungen aus reiner Freude am Schönen. Selbst der große Lorenzo de' Medici hatte es seinerzeit nicht unter seiner Würde gefunden, mit eigenen Entwürfen an Wettbewerben teilzunehmen.

Doch warum erklärte sich ein Papst wie Paul III. zu einem solchen Täuschungsmanöver bereit? Zum einen rechtfertigte ihn die angebliche Gratisarbeit gegenüber der Baudeputation. Die kostenlosen Dienste eines so großen Künstlers auszuschlagen, der sich mit Leib und Seele der Basilika des Apostelfürsten widmen wollte, wäre undankbar, ja unfromm gewesen. Doch darüber hinaus war die Verpflichtung Michelangelos für den Farnese-Papst ohne Frage ein Vermächtnis und eine Glaubens-Sache. Das Breve mit den unbeschränkten Vollmachten erweckt den Eindruck, dass Paul III. den Erfolg der Baustelle nur durch das Wirken dieses einen Mannes gewährleistet sah – ohne Michelangelo kein Heil für Sankt Peter: der Künstler der Heilsbringer, ja Erlöser des Neubaus vom Bösen. Jahrzehntelang hatten die Protestanten das über der Baustelle waltende Unheil als Zeichen dafür gedeutet, dass Rom das neue Babylon und der Papst der Antichrist sei. Die glanzvolle Fertigstellung der Kirche und speziell der Kuppel sollte dem Papsttum unschätzbare Argumente im Kampf der Konfessionen um die Seelen der Gläubigen verschaffen. Nie zuvor war die Geschichte eines Bauwerks so eng mit der großen Politik verwoben und dadurch selbst ein Politikum ersten Ranges. Das grenzenlose Vertrauen in die einzigartigen Fähigkeiten des Meisters färbte sich auf diese Weise religiös ein, ja, es ähnelte einem umgeschriebenen Glaubensartikel. Nur so ist zu erklären, dass alle nachfolgenden Päpste ungeachtet mancher Bedenken gegen den Künstler und sein Werk an diesem Auftrag, die größte und wichtigste Kirche der Christenheit zu bauen, festgehalten haben.

Der Farnese-Papst hielt sich für befugt, seine Nachfolger in Sachen Bauplanung regelrecht zu entmachten:

> … und so bezeugen wir uneingeschränkt und unbezweifelbar, dass wir wollen, beschlossen und bestätigt haben, dass das alles, weil es zu Schmuck und Zierde der besagten Basilika beiträgt, für alle Zeiten unveränderlich feststehen soll.[150]

Eine solche Festschreibung für alle Zeit widersprach der *plenitudo potestatis*, der uneingeschränkten Machtfülle, jedes neu gewählten Papstes. Ein Federstrich des Nachfolgers, und diese Bestimmung war, rein rechtlich betrachtet, hinfällig. Um eine juristische Fixierung konnte es Paul III. also nicht gehen, wohl aber um eine moralische Verpflichtung. Mehr noch: Durch die mythische Überhöhung des Künstlers und seines Plans sollte ein Tabu errichtet werden. Wer sich an diesem Entwurf verging, würde den Zorn der himmlischen Mächte auf sich ziehen. Auf diese Weise sollten Michelangelo und «seine» Kirche gegen die Wechselfälle der geistlichen Wahlmonarchie Rom geschützt werden. Vollends unangreifbar sollte ihn ein weiterer Paragraph des Motu proprio vom 11. Oktober 1549 machen:

> Beschlossen und bestätigt haben wir überdies die besagten Reduktionen und Veränderungen auf der Baustelle sowie alle Niederreißungen, Errichtungen und alle anderen Maßnahmen, die der besagte Michelangelo auf besagter Baustelle selbst vornahm oder durch andere vornehmen ließ.[151]

Diese Lizenz zum Zerstören galt ausdrücklich auch dann, wenn der Abriss mit hohen Kosten verbunden war. Paul III. bezahlte also die Zerstörung der Gebäudeteile, die sein Vorgänger hatte errichten lassen. Eine schroffere Delegitimation war im päpstlichen Rom kaum denkbar.

Wenn es um höhere Werte ging, spielte Geld keine Rolle. Michelangelo würde – so das Motu proprio – Sankt Peter «zu einer besseren Gestalt zurückführen», und das war unbezahlbar. Das Heil lag nicht im Schoß der Zukunft, sondern der Vergangenheit, deren Schätze Michelangelo allein für die Gegenwart nutzbar zu machen verstand. Abreißen, um danach für die Ewigkeit zu bauen: Das war eine Vollmacht, die an Sintflut und Neuanfang erinnerte und dadurch an göttliches Wirken gemahnte. In Ergänzung vorangehender Passagen wurde zudem jegliche Haftung des Architekten für Schäden oder sonstige von ihm verursachte Extrakosten ausgeschlossen. Was die anderen nicht durften, wurde Michelangelo uneingeschränkt zugestanden. Er durfte den Bau bis zum Schluss abwandeln. Seine «evolutionäre» Arbeitsweise wurde auf diese Weise verbindlich abgesichert.

Was der Architekt gewann, verlor die Bau-Deputation. Sie wurde durch das Motu proprio auf das Niveau einer reinen Hilfs-Institution zur Verfügung des Baumeisters herabgedrückt und damit weitgehend überflüssig. Michelangelo wurde ermächtigt, in alleiniger Verantwortung Verträge mit Mitarbeitern zu schließen, ihnen zu kündigen und angemessene Gehälter zu zahlen. Seine Position auf der Baustelle kam so der Machtstellung eines absoluten Herrschers gleich:

> Und damit der besagte Michelangelo die besagte Baustelle umso freier leiten kann, lösen wir ihn, seine Untergebenen und Delegierten aus der Hoheit, Rechtsprechung und Autorität der Baudeputation vollständig und uneingeschränkt heraus.[152]

Diese Loslösung nimmt sich umso paradoxer aus, als Paul III. derselben Kommission einige Jahre zuvor zusätzliche Kompetenzen und Finanzmittel verliehen hatte. Um diesen Widerspruch aufzulösen und künftige Streitigkeiten um Zuständigkeiten zu verhindern, wurde die neue Machtverteilung so formuliert, dass sie alle gegenteiligen Vorschriften auf Dauer außer Kraft setzen musste:

> Und alle dem entgegenstehenden apostolischen Konstitutionen und Anordnungen sowie Statuten etc., auch solche, die durch Eid etc. bekräftigt wurden, setzen wir hiermit außer Kraft.[153]

Von jetzt an war jedes Konklave für den Architekten von Sankt Peter eine Frage von Sein oder Nichtsein. Die Wahl eines Kardinals, der seine Feinde protegierte und gar von ihm in der Baudeputation vor den Kopf gestoßen worden war, konnte alles zunichte machen. Andererseits hatte jeder günstige Ausgang eine Verlängerung seiner einzigartigen Autorität zur Folge, die es um jeden Preis zu nutzen galt. Die Seelenlage des rastlosen Greises wurde dadurch ebenso bestimmt wie seine Vorgehensweise auf der Baustelle. Was dort auf den ersten Blick unkoordiniert wirkte und bei Gegnern den Eindruck hervorrief, Michelangelo sei jetzt vollends seniler Unzurechnungsfähigkeit verfallen, folgte in Wirklichkeit einem souveränen Plan. Es galt, so viele vollendete Tatsachen zu schaffen, dass keine wesentliche Abweichung von diesem Konzept mehr möglich war. Die letzten anderthalb Jahrzehnte von Michelangelos Leben standen somit nicht, wie es die Handbücher des guten Lebens und Sterbens dringend rieten, im Zeichen des langsamen Loslassens, sondern einer ungeheuren Spannung und Unruhe. Genau diese Art von Herausforderung hatte der Künstler sein Leben lang gebraucht. So spricht alles dafür, dass das unaufhörliche Ringen um Sankt Peter dem greisen Meister die Spannkraft verlieh, der bis zum Schluss kein Gegner gewachsen war (siehe Tafel 36).

5 ZWISCHEN DEN FRONTEN DER KATHOLISCHEN REFORM (1550–1564)

Der fröhliche Papst und die verstümmelte Statue

Kurz nach der Ausstellung des Motu proprio, in dem er Michelangelo umfassende Vollmachten für den Neubau von Sankt Peter gewährte, starb Paul III. am 10. November 1549. Wie immer kommentierte Michelangelo den Tod eines Mächtigen in dürren Sätzen: Er habe sich von diesem Papst noch mehr erhofft. Nach anderthalb Jahrzehnten unumschränkter Kunst-Herrschaft war das eine bemerkenswert undankbare Feststellung. Konkret bezog sie sich darauf, dass Paul III. weitere Pläne für die Ausschmückung der Cappella Paolina gehegt hatte, die jetzt hinfällig wurden. Doch auch die Hoffnungen der moderaten Reformer, dass nach dem Tode Pauls III. mit Kardinal Reginald Pole einer der Ihren den Stuhl Petri besteigen würde, zerschlugen sich Ende 1549 in einem bewegten, von unvereinbaren Vorstellungen und Interessen geprägten Konklave. Ebenso vermochten sich die Hardliner um Gian Pietro Carafa nicht durchzusetzen. Gewählt wurde, wie fast immer in solchen Fällen, ein wenig profilierter Kompromisskandidat, Kardinal Giovanni Maria Ciocchi del Monte, der den Namen Julius III. annahm. Die Befürworter einer innerkirchlichen Erneuerung konnten darauf verweisen, dass Ciocchi del Monte als Präsident des Konzils von Trient amtiert und dabei diplomatisches Geschick an den Tag gelegt hatte. Freuen durften sich jedoch vor allem diejenigen, die keine einschneidenden Veränderungen im Lebensstil der Kurie wünschten, denn der neue Papst zeigte bald, dass er wie Leo X. mehr als dreieinhalb Jahrzehnte zuvor gesonnen war, seinen Pontifikat zu genießen. Zu seinen persönlichen Vorlieben gehörten nächtliche Bootsausflüge auf dem Tiber, Stierhatzen und Maskenbälle – allesamt Vergnügungen, die der «öffentlichen Heiterkeit», dem offiziellen Regierungsmotto Julius' III., dienen sollten. Für die Reformer der verschiedensten Richtungen bedeutete dieser fröhliche Pontifikat in Anbetracht einer ernsten, für den Katholizismus im europäischen Ringen der Konfessionen widrigen Weltlage einen Rückfall in längst überwunden geglaubte Zeiten.

Für das Papsttum war der Pontifikat Julius' III. nicht nur ein Ärgernis, sondern eine Gefahr, denn der Kampf der Konfessionen hatte sich mehr denn je auf die Frage der Moral zugespitzt: Der wahre Glaube, den Katholizismus, Luthertum und Calvinismus gleichermaßen für sich in Anspruch nahmen, musste sich in der überlegenen Sittlichkeit der jeweiligen Geistlichkeit widerspiegeln, so lautete die Grundüberzeugung. Durch einen Papst wie Julius III. aber fiel die katholische Kirche in diesem Wettstreit hinter ihre Konkurrenten zurück und lieferte ihnen Argumente der Verunglimpfung. Über den hedonistischen Lebensstil hinaus ließ sich der Nepotismus des neuen Papstes anprangern, der seine Verwandten mit Adelstiteln und Lehen ausstattete. Doch im Vergleich mit dem eigenen Staat, den die Farnese erhalten hatten, war diese Verwandtenförderung moderat. Stärksten Anstoß erregte dagegen die Kardinalswürde für einen jungen Mann, den der Kardinal Ciocchi del Monte zuerst zu seinem Affenwärter gemacht und dann adoptiert hatte – aus Gründen, über die unterschiedliche, allesamt sehr abträgliche Gerüchte zirkulierten: War der Favorit des Papstes dessen Sohn oder Geliebter? Auf der anderen Seite hatte von diesem Pontifex maximus niemand, der sich zum katholischen Glauben bekannte und keine abweichenden Lehren verkündete, etwas zu befürchten. Das galt auch für Michelangelo.

Mit dem Tod des Farnese-Papstes glaubte die Baudeputation verständlicherweise ihre Stunde gekommen und schritt flugs zur Tat: Sie entzog Michelangelo die Schlüssel zur Baustelle. Das war eine offene Kampfansage. Doch ihre Mitglieder hatten sich verrechnet. Julius III. war mit der Unterstützung der Farnese gewählt worden und daher nicht bereit, seinen Vorgänger zu desavouieren. Er befahl nicht nur umgehend, und zwar im Ton höchster Indignation, dem Chefarchitekten wieder Zugang zu seinem Arbeitsplatz zu gewähren, sondern zeigte sich darüber hinaus dem Mythos «Michelangelo allein kann Sankt Peter retten» verpflichtet. Wenn dieser zu alt werde, um seines Amtes zu walten, dann werde man ihn einbalsamieren, um seinen guten Geist weiterhin über der Baustelle schweben zu lassen: Dieser Scherz war bezeichnend für den Papst, der seinem lebensfrohen Naturell entsprechend nicht vorrangig an St. Peter interessiert war, sondern am Bau seiner prachtvollen Villa außerhalb der Stadtmauern, nahe der Via Flaminia. Dort war er 1527 in die Hände der entfesselten Soldateska gefallen, die Rom plünderte, ihm mit der Ermordung drohte und ein hohes Lösegeld abpresste. Und dort wollte er jetzt die heiteren Seiten des Lebens genießen. Doch dieses elegante Landhaus baute ihm nicht Michelangelo, sondern mit Pirro Ligorio einer der ehrgeizigen jungen Architekten, die ein begehrliches Auge auf die *Fabbrica di San Pietro* geworfen hatten. Dass die weitere Ausschmückung der Cappella Paolina zum Stillstand kam, hatte nichts mit Misstrauen gegenüber Michelangelo zu tun, sondern war in der geistlichen Wahlmonarchie Rom ein normaler Vorgang. Mit jedem neuen Papst endeten die Projekte des Vorgängers, sofern sie nicht wie Sankt Peter für das Papsttum insgesamt bedeutsam waren.

Michelangelo hatte verlässliche Rückendeckung gegen die Manöver seiner Feinde, doch keine neuen Großaufträge aus dem Apostolischen Palast: Mit dieser Situation konnte er leben. Schwer hingegen traf ihn der Verlust der Freunde, deren Reihen der Tod schon seit Jahren lichtete. Luigi del Riccio, der kritische Leser seiner Dichtungen, Sebastiano del Piombo und Vittoria Colonna starben 1546 und 1547. So wurde es allmählich einsam um den alten Mann, dem Giorgio Vasari im Jahre 1550 eine Biographie widmete. Eine Lebensbeschreibung zu Lebzeiten war eine Auszeichnung, wie sie noch keinem Künstler zuteil geworden war. Mit deren Inhalt war Michelangelo allerdings weniger einverstanden. Vasari war bemüht, das Verhältnis des größten Künstlers zu den Mächtigen seiner Zeit so harmonisch wie möglich darzustellen. Außerdem wollte Michelangelo die Deutungshoheit über sein Leben nicht aus der Hand geben. Um seine Sicht der Dinge und nicht zuletzt seinen eigenen Mythos zu verbreiten, diktierte er einem seiner treuesten Anhänger, dem gebildeten, doch als Künstler unbedeutenden Ascanio Condivi, eine eigene Version seiner Vita in die Feder, die 1553 im Druck erschien. Ungeachtet der Differenzen wurde Giorgio Vasari zum eifrigsten Propagator von Michelangelos Ruhm und, je weiter er die Karriereleiter in Florenz emporstieg, auch zum wichtigsten Mitarbeiter Herzog Cosimos in allen Kunstfragen. Als solchem fiel ihm die Aufgabe zu, Michelangelo in seine Heimatstadt zurückzuholen. Doch das war eine unmögliche Mission, wie der Herzog und sein Kulturminister bald einsehen mussten.

In den relativ ruhigen Jahren zwischen 1550 und 1555 fand Michelangelo Gelegenheit zu einigen «privaten», als Geschenk für Freunde gedachten oder für sich selbst bestimmten Arbeiten. Unter diesen sticht die nach ihrem späteren Empfänger benannte, heue im Dommuseum von Florenz aufgestellte Pietà Bandini hervor (siehe Tafel 37). In dieser aus vier Figuren bestehenden Statuengruppe ist Christus – verglichen mit der mehr als ein halbes Jahrhundert zuvor entstandenen Pietà – ungewöhnlich hervorgehoben. Die Gottesmutter, die im Frühwerk noch alle Blicke auf sich zog, ist hier nur noch eine von drei Gestalten, die den Erlöser betrauern. Sie kniet zu seiner Linken und ergreift den Leib des Zusammengesunkenen, mit dem sie zu verschmelzen scheint. Ihr gegenüber unter dem rechten Arm des Toten steht Maria Magdalena. Neu hinzugekommen ist darüber hinaus der hinter Christus stehende Nikodemus, dessen Gesicht an Michelangelos eigene Züge erinnert. Von Nikodemus berichtet das Johannesevangelium, dass er als einflussreicher Vertreter der Pharisäer, die auf eine strenge Beachtung der Gesetze drangen, zum Hohen Rat, dem Jesus feindlichen Gremium, gehörte. Doch suchte Nikodemus im Gegensatz zu seinen Kollegen das Gespräch mit Jesus und intervenierte sogar zu seinen Gunsten. Auf diese Weise geriet er selbst in Verdacht, heimlich zu den Anhängern der neuen Lehre zu zählen. Zu einem solchen hat ihn die christliche Legendenbildung denn auch erhoben. Um die Mitte des 16. Jahrhunderts, als drei große Konfessionen in Europa das Monopol der christlichen Tradition und Wahrheit für sich beanspruchten, gewann die schattenhafte Gestalt des «Kryptochristen» Nikodemus unversehens an Aktualität. Als «Sympathisant», der sich nach außen hin bedeckt hielt, stand er für die Anhänger einer unterdrückten Glaubensrichtung, die sich unter der Herrschaft ihrer Verfolger nicht erkennen zu geben wagten. Ob diese Zustimmung im Verborgenen aus taktischen Gründen erlaubt, vielleicht sogar geboten oder aber als feiger Opportunismus und Verrat verboten war, darüber gingen die Meinungen in unzähligen theologischen Debatten auseinander. Doch dürfte Michelangelos Marmorfigur des guten Pharisäers nicht auf diese Diskussionen Bezug nehmen, sondern stattdessen ein sehr persönliches «Mea culpa» bezeichnen: das Eingeständnis, Christus im eigenen Leben nicht mit der gebotenen Konsequenz nachgefolgt und daher aus Halbherzigkeit schuldig geworden zu sein.

Ein Glaubensbekenntnis ist die Figur des Erlösers, der trotz aller Versuche, ihn zu stützen, unaufhaltsam zusammensinkt. Das Haupt des Gottessohnes ist vom Leid der Kreuzigung und zugleich von dessen Überwindung gezeichnet. Jenseits des Schmerzes weist sein Antlitz eine geradezu überirdische Entrücktheit auf, die genauso wie der anatomisch vollendete Körper auf die nahende Auferstehung und auf die himmlische Herrschaft in Ewigkeit verweist. Diesem Ausdruck des Friedens nach der Tortur entspricht das Gesicht des Nikodemus, der voller Mitleid und zugleich in unergründliche Gedanken versunken auf den toten Christus blickt.

Michelangelo bestimmte die Statuengruppe – nach dem Urteil der Freunde seine herrlichste – für sein eigenes Grabmal, doch dazu kam es nicht. Der Grund dafür ist am linken Knie, am Schlüsselbein und vor allem am rechten Arm Christi bis heute erkennbar; an allen diesen Stellen ist die Figur schwer beschädigt, was auch spätere Wiederherstellungsversuche nicht beheben konnten. Mit solchen Hammerschlägen konnte nur der Schöpfer selbst sein Werk verunstaltet haben. Doch warum? Die harmloseste Erklärung lautet, dass Michelangelo der Marmor des rechten Arms während der Arbeit splitterte und er aus Enttäuschung darüber die Statue beschädigte. So berichtet es Vasari in der zweiten Fassung seiner Michelangelo-Biographie, die vier Jahre nach dem Tod des Meisters erschien. Vasari war mehr denn je bemüht, die Vita des Künstlers zu glätten, das heißt, den Anstandsregeln der Zeit anzupassen. Der größte Künstler aller Zeiten, der sein eigenes Meisterwerk zerschlagen will – eine solche Geschichte hätte alle Bemühungen, Michelangelos Leben «korrekt» zu erzählen, zunichte gemacht. Doch reichte ein Fehler im Stein aus, um so viel Zerstörungswut freizusetzen? Als Michelangelo die Gliedmaßen des Gottessohnes zertrümmerte, diesen also gleichsam ein zweites Mal hinrichtete, wurden die Kreise der Reformer, denen er sich zurechnete, verdächtigt und verfolgt. Und Papst Paul IV. (1555–1559), der diese Maßnahmen angeordnet hatte, sagte der unerschrockene Greis Unerhörtes ins Gesicht: Er sei gerne bereit, sein Fresko des Jüngsten Gerichts zu verbessern, wenn dieser zuvor die Welt verbessert habe. Gründe zu verzweifeln gab es unter diesem Pontifikat für Michelangelo genug. Was den Ausschlag für die Attacke gegen das eigene Werk gab, muss offen bleiben.

Wie kaum ein anderes Werk bringt die Pietà Bandini die Hoffnung ihres Schöpfers auf Erlösung durch den Glauben an Christus zum Ausdruck. Diese ganz persönliche Beziehung deutet auch Vasari an, der von einer nächtlichen Begegnung mit dem Bildhauer und seiner Statue erzählt. Um ein Uhr nachts sei er von Julius III. wegen einer Zeichnung in das Haus Michelangelos gesandt worden und habe diesen bei der Arbeit an der Pietà vorgefunden. Nachdem sie ins Gespräch gekommen waren, richtete Vasari seinen Blick auf das eine Bein des Christus, an dem Michelangelo arbeitete und das er verändern wollte. Um zu verhindern, dass Vasari es näher ansah, habe er die Lampe fallen gelassen und im Dunkeln gesagt: Ich bin so alt, dass der Tod mich oft am Schlafittchen packt, damit ich mit ihm gehe. Und ich werde eines Tages so fallen wie diese Lampe, und so wie sie wird das Licht des Lebens verlöschen. Die fallende Lampe verweist auf den zusammen sinkenden Christus und damit auf die Unausweichlichkeit des Todes: *Memento mori*, erinnere dich, dass du sterben musst!

Brautschau

Trotz aller Gedanken an den Tod erwies sich der betagte Künstler in den Geschäften des Alltags weiterhin als höchst vital. Dabei stand im immer regelmäßiger geführten Briefwechsel mit dem Neffen Lionardo neben den üblichen Immobilienkäufen das Heiratsprojekt im Mittelpunkt. In dieser Angelegenheit, die ihm mehr als jede andere am Herzen lag, schlug der knapp vierundsiebzigjährige Onkel am 1. Februar 1549 ungewohnt moderate, ja geradezu selbstkritische Töne an.

> Lionardo, in meinem letzten Brief schickte ich Dir eine Liste mit mehreren heiratswilligen Mädchen, die mir aus Florenz irgendein Makler zukommen ließ; besonders intelligent kann er nicht sein, sonst hätte er wissen müssen, dass ich mich nach sechzehn oder siebzehn Jahren Aufenthalt in Rom mit florentinischen Familien nicht mehr gut auskenne. Daher sage ich Dir, dass Du bei der Wahl Deiner Frau gar nicht auf mich hören solltest, denn ich

> kann Dich keinesfalls optimal beraten. Doch eines sage ich dir trotzdem: Folge nicht dem Ruf des Geldes, sondern wähle allein nach Güte und gutem Ruf! Ich bin sicher, dass es in Florenz viele arme Familien von Adel gibt, denen man durch eine Verschwägerung ein Almosen gäbe, falls keine Mitgift und auch kein Hochmut vorhanden sind. Du brauchst eine Frau, die zu Dir steht und der Du befehlen kannst, eine, die keinen Aufwand treiben und sich jeden Tag an Gastmählern und Hochzeiten gütlich tun möchte. Denn wo ein Hof ist, ist es leicht, zur Hure zu werden, vor allem wenn man keine Verwandten hat. Und gib nichts darauf, wenn gesagt wird, Du wolltest dich durch die Heirat adeln. Denn es ist bekannt, dass wir als alte Bürger von Florenz so adelig wie nur irgendein anderes Haus sind.[154]

Das war Michelangelos alte, in seinen Augen bewährte Taktik: Er tat so, als ob er sich aus allem heraushielte, doch in Wirklichkeit diktierte er die Bedingungen und stellte sein Gegenüber auf die Probe. Sollte der Neffe glauben, dass ihm sein steinreicher Onkel wirklich die freie Wahl ließ, so täuschte er sich. Stattdessen unterzog ihn dieser durch die Widersprüchlichkeit seiner Aussagen einer Prüfung, die er beim besten Willen kaum bestehen konnte. Das machte schon der nächste Brief acht Tage später deutlich:

> Was Deine Verheiratung betrifft, so habe ich Dir die Liste geschickt, die ich erhalten habe. Und wenn Du eine gewisse Vorliebe für die eine oder andere hegst, so wäre es mir sehr lieb, wenn Du mich informiertest, bevor Du irgendetwas unternimmst.[155]

Bei Eheschließungen die Dienste eines Maklers in Anspruch zu nehmen, war ein in den gehobenen Gesellschaftsschichten übliches Vorgehen. Eine Heirat beruhte nicht auf Liebe, sondern sollte den wirtschaftlichen und sozialen Nutzen mehren. So betrachtet, war Lionardo ein begehrenswerter Junggeselle. Auch wenn sein Onkel noch so oft beteuerte, dass die Buonarroti in Sachen Vornehmheit keinen Vergleich zu scheuen brauchten, war er sich wohl bewusst, dass sein enormes Vermögen so manches Gefälle des Ranges und des Ansehens zwischen seinem Neffen und dessen Braut ausgleichen konnte. Da die Heirat seines Neffen den künftigen Rang der Familie Buonarroti bestimmte, wurde sie für den alten Mann ungeachtet aller gegenteiligen Beteuerungen zur Chefsache, ja zu einer regelrechten Haupt- und Staatsaktion. Als solche rechtfertigte sie alle Register der Staatsräson, nicht zuletzt Verstellung und (Not-)Lügen:

> Lionardo, ich schrieb Dir schon mehrmals, dass Du in Sachen Deiner Verheiratung niemandem glauben darfst, der behauptet, in meinem Namen mit Dir zu sprechen – es sei denn, es geht so aus meinen Briefen hervor. Ich sage Dir das nochmals, weil Bartolomeo Bectini schon vor einem Jahr damit angefangen hat, mir seine Enkelin als Deine Braut schmackhaft zu machen. Ich habe ihn immer mit Worten hingehalten, doch jetzt hat er mich durch einen Freund in dieser Sache erneut heftig umworben. Daraufhin habe ich ihm geantwortet, dass Du für eine Frau Neigung gefasst, Dich quasi erklärt hast und ich Dich nicht davon abbringen will. Ich setze Dich davon in Kenntnis, damit Du entsprechend antwortest … Lass Dich auf jeden Fall nicht an der Nase herumführen, denn der Angebote gibt es viele, und Du kannst warten und auswählen. Bartolomeo ist zwar ein Ehrenmann und sehr hilfsbereit, aber er ist nicht von unserem Stand, denn Deine Schwester hat in das Haus Guicciardini eingeheiratet. Mehr muss ich Dir wohl nicht sagen, denn ich weiß, dass Du weißt, dass Ehre mehr zählt als Besitz.[156]

Der Widerspruch der Argumentation in diesem Brief vom 21. Februar 1549 sticht ins Auge: Die Buonarroti stehen, was Alter, Ehre und Vornehmheit angeht, hinter keiner florentinischen Familie zurück, doch als ihr höchster Ruhmestitel wird die Verschwägerung mit den Guicciardini angeführt. Der Stolz auf diesen Rang und Lionardos Brautschau verleiteten den greisen Meister sogar zu ungewohnter Großzügigkeit. Michelangelo hatte, wie er in seinem Brief vom 15. März 1549 an den Neffen schrieb, Schwierigkeiten, Wasser zu lassen, und hoffte auf Besserung:

> Wenn du von extremer Not in einem adeligen Hause erfährst – und diese gibt es sicher –, dann sag mir Bescheid, wer so bedürftig ist. Dann schicke ich Dir bis zu 50 Dukaten, die Du um meiner Seele willen vergeben sollst.[157]

Dieses Almosen sollte nicht nur die Genesung befördern, sondern auch dem Seelenheil dienen und eine vorteilhafte Verschwägerung anbahnen – die 50 Dukaten waren gut angelegtes Geld. Das schmerzhafte Blasenleiden hatte noch weitere Folgen, wie der acht Tage darauf verfasste Brief zeigt. Nach Genuss des richtigen Mineralwassers war der Blasenstein endlich ausgeschieden, und die Ärzte versprachen vollständige Heilung. Die

Anweisung an Lionardo, einen geeigneten Almosenempfänger zu suchen, blieb dennoch bestehen.

> Dieses Leiden hat mich dazu bewogen, meine Angelegenheiten in Sachen Seele und Körper zu ordnen, wie ich es sonst nicht gemacht hätte. Und ich habe daraufhin die Skizze eines Testaments entworfen, wie es mir recht scheint. Dieses werde ich Euch, wenn ich kann, schicken, damit ihr Eure Meinung dazu sagt. Aber ich will, dass diese Briefe auf sicherem Wege zirkulieren.[158]

Dieser Brief dürfte die ganze Familie Buonarroti in höchste Alarmstimmung versetzt haben. Stellte der reizbare Alte den Seinen wieder einmal eine Falle? Sollten sie ihn, statt sich auf das Erbe zu freuen, bestürmen, zuerst an sich zu denken? Hieß die richtige Antwort also: Denk nicht ans Sterben, sondern lebe noch viele Jahre? Dafür sprach vieles. Fünf Jahre zuvor hatte der kranke Michelangelo die Absicht des Neffen, ihn in Rom zu besuchen, als Versuch der Erbschleicherei aufgefasst und mit einem Wutausbruch beantwortet. Offensichtlich hatte Lionardo daraus gelernt, denn diesmal verhielt er sich klug. Er reagierte erst einmal gar nicht und wartete weitere Erklärungen ab. Michelangelos nächster Brief vom 29. März widmete sich nochmals der Almosenfrage, und zwar mit dem gewohnten Misstrauen:

> Lionardo, ich schickte Dir durch Urbino am 29. März 50 Golddukaten zur Auszahlung durch Bartolomeo Bectini, mit denen Du wie geschrieben verfahren sollst. Du schreibst mir von einem Cerretani, der eine Tochter im Kloster versorgen muss – ich weiß davon nichts. Achte darauf, dass Du nach Bedürftigkeit und nicht nach Freundschaft oder Verwandtschaft gibst, sondern aus Liebe zu Gott. Und lass Dir eine Quittung ausstellen, und sag nicht, wo das Geld herkommt.[159]

Doch das war nicht die Nachricht, auf die in Florenz alle gespannt warteten. Sie kam genau eine Woche später.

> Was ich mit «meine Angelegenheiten in Ordnung bringen» ausschließlich sagen wollte, war, dass ich alt und krank bin und es mir daher angemessen erscheint, ein Testament zu machen. Und dieses Testament wird darin bestehen, dass ich das, was ich habe, Gismondo und Dir hinterlasse, und zwar

> so: Ich werde Euch zu gleichen Teilen bedenken und zwar so, dass keiner ohne die Zustimmung des anderen seinen Teil in Besitz nehmen kann.[160]

Um allzu große Hoffnungen gleich wieder zu dämpfen, folgte die Nachricht, dass das gute Mineralwasser den Harnstein weiterhin auflöste. Trotzdem konnte es sich der Genesende nicht verkneifen, die Begehrlichkeit des Neffen zu schüren, wie die Fortsetzung des Schreibens zeigt:

> Ich möchte, da ich nun einmal alt bin, und aus vielen anderen Gründen, dass das, was ich habe, hier bleibt, um meinen Bedürfnissen zu dienen, und dann an Euch geht. Und das sind ungefähr 4000 Dukaten.[161]

Vorauszahlungen aus den Beständen dieser eisernen Reserve waren also nicht zu erwarten, umso weniger, als der Erbonkel eine Badekur plante. In Sachen Heirat wurde jetzt erstmals ein Name genannt, bezeichnenderweise ein Familienname ohne Vornamen; in die engere Auswahl kam eine Tochter Lionardo Ginoris, die von der Seite der Mutter her aus der Familie Soderini stammte. Sollte Lionardo diese ehelichen, so würde er wie seine Schwester ganz oben in der florentinischen Gesellschaft ankommen. Doch das von Michelangelo planvoll betriebene Verwirrspiel ging im Mai 1549 weiter: Mach ganz so, wie es Dir gut scheint, und richte Dich nicht nach meinen Wünschen – aber sag mir sofort, was Du vorhast!

> Was Deine Verheiratung betrifft, so schrieb ich Dir auf Wunsch eines Freundes von einer Tochter Lionardo Ginoris. Daraufhin antwortetest Du mir mit dem, was ich Dir letztes Jahr in dieser Sache schrieb. Doch das schrieb ich Dir, weil ich Angst vor dem Aufwand und den Verrücktheiten habe, die solche Familien wollen, und damit Du nicht zum Sklaven einer Frau werden solltest. Wenn Dir die Sache aber gefällt, so achte einfach nicht auf mein Schreiben, denn ich kenne mich mit den Bürgern von Florenz überhaupt nicht aus. Wenn Dir also eine solche Verschwägerung zusagt, kümmere Dich nicht um das, was ich Dir schrieb; wenn nicht, lass es sein. Denn mit der Frau musst Du auskommen und nicht ich. Und wenn Du zufrieden bist, bin ich es auch.[162]

Das mochte glauben, wer wollte. Wenn sich jemand in den Rangverhältnissen des florentinischen Patriziats auskannte, dann Michelangelo. Für

Lionardo hieß das, nicht zuletzt vor dem Hintergrund des Testaments: höchste Vorsicht! Offenbar war seine Brautschau, ungeachtet aller von Michelangelo befohlenen Vorsichtsmaßnahmen, im Juli 1549 florentinisches Stadtgespräch, sehr zu dessen Ärger:

> Dieser Tage erhielt ich einen Brief von der Frau des Webers, die Dir angeblich eine Frau verschaffen wollte, die väterlicherseits von den Capponi und mütterlicherseits von den Niccolini abstammt und im Kloster von Candeli lebt. Sie schrieb mir einen Sermon voller frommer Mahnungen: Ich sollte gottgefällig leben und reichlich Almosen spenden! Dich habe sie ebenfalls zu einem christlichen Leben angehalten; und sie sei von Gott inspiriert worden, Dir dieses Mädchen zur Frau zu geben. Ich aber sage, dass sie besser daran täte, zu weben oder zu spinnen, als diese Art von Heiligkeit zu verbreiten.[163]

Während sich das Projekt der standesgemäßen Heirat weiter hinzog, handelten die Briefe von dem zweitwichtigsten Vorhaben: Landgüter bei Florenz zu kaufen. Doch auch damit war nach dem Tod Pauls III. im November 1549 vorerst Schluss. Stattdessen traten wieder die üblichen Befürchtungen in den Vordergrund: Ungunst des Nachfolgers, Krankheit, Arbeitsunfähigkeit, Hunger, Elend. Dass solche Ängste angesichts eines (viel zu niedrig) deklarierten Bargeldvermögens von 4000 Dukaten völlig abwegig waren, tat weiterhin nichts zur Sache. Entwarnung und Entspannung folgten nach der mit Freude aufgenommenen Wahl Julius III. erst im Juni 1550:

> Lionardo ..., ich habe eine Ladung Trebbiano-Wein von Dir bekommen, insgesamt 44 große Flaschen, von denen ich sechs dem Papst und den Rest anderen Freunden geschenkt habe, so dass fast alle bedacht sind.[164]

Dem Papst und anderen Freunden: wohl dem, der das schreiben konnte! Unter diesen Umständen konnte die Suche nach der richtigen Braut im August 1550 weitergehen.

> Was Deine Heirat betrifft, so schreibst Du mir, dass Du vorher mit mir in Rom darüber sprechen willst. Doch habe ich jetzt gerade schwierige Geschäfte und hohe Ausgaben, wie Du sehen wirst. Doch sage ich nicht, dass Du überhaupt nicht kommen sollst, doch besser erst ab Mitte September.[165]

Frauen, sei es für die Ehe, sei es für den Dienst im Haus, waren für Michelangelo ein notwendiges Übel. Auch die Tiere wollen ihre Art erhalten, eine Heirat des Neffen war daher nötig. Die Prioritäten, die dabei zu beachten sind, führt sein Brief vom 20. Dezember 1550 nochmals mit aller Deutlichkeit auf:

> Was Deine Verheiratung betrifft, so habe ich weiterhin nichts anderes zu sagen, als dass Du nicht auf die Mitgift achten sollst …, sondern nur auf den Adel, die Gesundheit und vor allem auf Güte. Was Schönheit betrifft, so bist Du ja auch nicht gerade der schönste Jüngling von Florenz und musst Dich daher darum nicht allzu sehr kümmern, vorausgesetzt, sie ist nicht allzu hässlich oder gar abstoßend.[166]

In diesem Stil ging es mehr als zwei Jahre lang weiter – kaum ein illustrer Name, der nicht ins Gespräch gebracht wurde. Im April 1553 war es dann endlich so weit: Lionardo Buonarroti heiratete Cassandra, eine Tochter Donato Ridolfis, und verschwägerte sich dadurch mit einem der führenden Geschlechter von Florenz. Einer gewissen Pikanterie entbehrte diese Allianz allerdings nicht. Ein Zweig der Familie war entschieden republikanisch gesinnt und mit Donato Giannotti befreundet. Für Michelangelo, der der Hochzeitsfeier in Florenz fern geblieben war, stellte sich die Frage des Hochzeitsgeschenks:

> Danke Deiner Braut für die Grüße, die sie mir bestellt, und grüße sie von mir – das wirst du mündlich besser können als ich per Brief. Ich will sehr wohl, dass ihr bewusst wird, dass sie die Frau meines Neffen ist, doch habe ich ihr wegen der Abwesenheit Urbinos noch keine persönliche Nachricht zukommen lassen können. Vor zwei Tagen aber ist er zurückgekommen, und jetzt will ich dieses Zeichen setzen. Urbino sagte mir, dass eine wertvolle Perlenkette gut wäre. Ich habe nach einem Goldschmied, einem Freund Urbinos, geschickt und hoffe so etwas zu finden. Doch sag ihr noch nichts. Anderes liegt nicht an. Doch sorge dafür, dass Du vernünftig lebst und bedenke, dass die Zahl der Witwen immer viel größer als die der Witwer ist.[167]

So klangen im Mai 1553 die Hochzeitsglückwünsche à la Michelangelo. Am Ende schickte er keine Kette, sondern zwei Ringe, den einen mit Diamanten, den anderen mit Rubinen. Zugleich entschuldigte er sich für die Geringfügigkeit dieses Geschenks: Größeres werde in Kürze folgen. Als Cassandra Buonarroti im Oktober 1553 schwanger war, stellte sich die Frage der Namensgebung. Michelangelo schlug Francesca für ein Mädchen und Buonarroto für einen Knaben vor; und so wurde dieser nach seiner Geburt am 14. April 1554 denn auch genannt. Der zweite Knabe, der Ende Februar 1555 zur Welt kam, erhielt den Namen Michelangelo, starb aber schon eine Woche nach der Geburt.

Der Schrecken Roms

Nicht nur durch den Tod von Lionardos zweitem Sohn wurde 1555 für Michelangelo zu einem Unglücksjahr. 16 Tage nach dem achtzigsten Geburtstag des Künstlers am 6. März starb Julius III., der ihm bis zum Schluss Reverenz erwies und ein hohes Gehalt zahlte. In den fünf Jahren seines Pontifikats hatten sich die Macht- und Mehrheitsverhältnisse innerhalb des Kardinalskollegiums zugunsten der Gruppierungen verschoben, die eine tiefer reichende Reform der Kirche wie der Kurie anstrebten; doch blieb weiterhin ungewiss, ob sich die gemäßigte oder aber die radikale, auf Inquisition und Ausgrenzung der Randgruppen gerichtete Partei durchsetzen würde. Als am 9. April in der Cappella Paolina, gegenüber von Michelangelos gekreuzigtem Petrus, die Würfel gefallen waren, konnten alle diejenigen aufatmen, die für eine weitherzige Auslegung des Begriffs «katholisch» plädierten – alle außer Michelangelo. Denn der neue Pontifex maximus Marcellus II. war ausgerechnet der Kardinal, mit dem er in der Bau-Deputation von Sankt Peter die hitzigsten Debatten geführt hatte. Marcello Cervini, so der Geburtsname des aus Montepulciano stammenden Papstes, war humanistisch gebildet, an Literatur sowie an bildenden Künsten leidenschaftlich interessiert und hielt sich für einen Experten in Sachen Architektur. Als solcher hatte er Michelangelo vorgehalten, dass seine Kuppel zu wenig Licht einfallen lassen würde. Dessen Entgegnung, dass er drei weitere Fenster plane, die genügend Helligkeiten garantierten, konterte Cervini mit dem Vorwurf, dass von diesen zusätzlichen Öffnungen bisher nie die Rede gewesen sei. Das aber war das Stichwort, das den greisen Architekten erst recht in Wut versetzte: Er sei niemandem außer dem Papst Rechenschaft schuldig, die Kommission werde früh genug sehen, was er vorhabe.

Und nun war ausgerechnet dieser vor der ganzen Kommission zusammengestauchte Prälat Papst geworden. Schlimmes war zu befürchten.

> Ich wurde in die *fabbrica di San Pietro* mit Gewalt hinein gezwungen und habe an die acht Jahre gratis, schlimmer noch: zu meinem größten Schaden und Missvergnügen gedient. Und jetzt, wo die Baustelle vorangebracht und Geld vorhanden ist und ich daran gehe, die Kuppel zu wölben, bedeutete mein Weggang den Ruin dieser *fabbrica*, meine allerhöchste Schande in der ganzen Christenheit und für meine Seele eine sehr große Sünde.[168]

Dieser Brief an Giorgio Vasari, der ein verlockendes Angebot Herzog Cosimos unterbreitete, datierte vom 11. Mai 1555 und endete damit, dass Michelangelo die vorgeschlagene Übersiedlung nach Florenz ablehnte – wieder einmal. Denn zu diesem Zeitpunkt war Marcellus II. nach einem Pontifikat von nur 22 Tagen bereits verstorben. Die Sorgen, denen der Brief so beredten Ausdruck verlieh, galten jetzt dem zweiten Konklave des Jahres 1555, doch müssen sie den greisen Künstler schon nach der Wahl des Kardinals Cervini umgetrieben haben. Mit dessen frühem Tod im Alter von nur vierundfünfzig Jahren hatte er Glück gehabt. Offenbar vertraute er jetzt darauf, dass ihm dieses Glück auch bei der nächsten Papstwahl treu bleiben würde.

Doch am 23. Mai 1555 wurde mit Kardinal Gian Pietro Carafa die personifizierte Inquisition Papst, und allen, die sich nicht zur Rechtgläubigkeit im rigorosen Verständnis dieses strengsten aller Glaubenswächter bekannten, fuhr der Schrecken in die Glieder. Paul IV., wie sich der neu Gewählte nannte, war nur ein Jahr jünger als Michelangelo. Er stammte aus einer der mächtigsten Adelsfamilien Neapels und war selbst Neffe eines einflussreichen Kardinals, der seinerzeit gegen die Missstände der Borgia opponiert hatte. Um dieses Erbe fortzuführen, war der greise Pontifex maximus entschlossen, jedwede Form der Häresie mit Stumpf und Stiel auszurotten, ohne Rücksicht auf Rang und Einfluss. Schon zuvor hatte Carafa durch die Inquisition belastendes Material über andere Kardinäle und weitere hochgestellte Persönlichkeiten sammeln lassen. Jetzt hatte er die unumschränkte Freiheit, diese Spitzelberichte auch zu verwerten. Widersprüchlich wie so vieles an der Persönlichkeit Pauls IV. war allerdings, dass er die Reform der Kirche mit einem ausgeprägten Nepotismus verband. Ja, er ernannte seinen Neffen Carlo zum Kardinal und Staatssekretär, obwohl sich dieser zuvor ausschließlich als Soldat betätigt hatte und wegen seiner Gewalttätigkeit berüchtigt war. Als einziger Papst der Neuzeit hat Paul IV. jedoch seine Familienangehörigen nicht nur erhöht, sondern am Ende auch selbst gestürzt. Nachdem ihm von den Machenschaften seiner Nepoten berichtet worden war, hielt er selbst die Anklagerede gegen diese und enthob sie aller Ämter und Einkünfte, mit Ausnahme des Kardinalats. Unter seinem Nachfolger wurden zwei von ihnen sogar hingerichtet.

Hochgradig impulsiv, zum Jähzorn neigend, richtete der eifernde Greis auch anderweitig Verwirrung an. Gegen Kardinal Pole wurde ein Verfahren wegen Irrlehren eröffnet; ihn schützte die englische Königin Maria vor der Verurteilung. Kardinal Giovanni Morone, neben Pole der Führer des moderaten Reformflügels, wurde am 31. Mai 1557 verhaftet und als der Häresie verdächtig in der Engelsburg eingekerkert. Morone hatte zu den Prälaten gehört, die in der Frage der Rechtfertigung des Menschen vor Gott auf dem Religionsgespräch von Regensburg im Jahre 1541 eine Einigung mit den Protestanten gesucht hatten. Das gab der verhaftete Purpurträger offen zu, ebenso, dass er an der Verbreitung des Traktats über die *Wohltat Christi* mitgewirkt und überhaupt das Gespräch mit den Lutheranern gepflegt habe, allerdings mit der Absicht, diese zum wahren Glauben zu bekehren. Aber das alles – so Morones historisch betrachtet völlig korrekte Argumentation – sei zu diesem Zeitpunkt, als die dogmatischen Grenzlinien noch nicht festlagen, nicht verboten, sondern ein Versuch gewesen, die Einheit der Kirche im Sinne des Katholizismus mit friedlichen Mitteln wiederherzustellen. Danach habe er sich uneingeschränkt zu den Beschlüssen des Konzils von Trient bekannt. Paul IV., der Morone und seinen Zirkel, zu dem auch Vittoria Colonna gehört hatte, seit langem verdächtigt hatte, sah das anders. Für ihn standen die Kriterien, nach denen jetzt zwischen «katholisch» und «häretisch» unterschieden wurde, seit jeher fest: Wahrheit kannte keine geschichtliche Entwicklung. Solche Ansichten konnten auch für Michelangelo gefährlich werden.

Als neapolitanischer Adeliger hatte Carafa ab 1504 den spanischen König zum Landesherrn, und zwar sehr zu seinem Leidwesen. Wie nicht wenige seiner Standesgenossen hegte er gegen alles Spanische eine tiefe Abneigung. Diese Aversion steigerte sich mit dem Erfolg des Hauses Habsburg im Kampf um Italien und durch die Vormachtstellung, die Kaiser Karl V. und sein Sohn, der spanische König Philipp II., auf der Halbinsel innehatten, zu einer regelrechten Obsession. Die spanische Hegemonie war für den Carafa-Papst umso unerträglicher, als er selbst von einer Machtfülle nach dem Vorbild von Papst Innozenz III. (1198–1216) träumte. Dieser hatte Kaiser und Könige ab- und eingesetzt und der Welt seinen Willen diktiert. Dem Wiederaufstieg des Papsttums zu dieser Höhe aber stand die habsburgische Universalmonarchie entgegen. So wurde es zum Hauptanliegen des Pontifikats, diese der päpstlichen Oberhoheit zu unterwerfen. Die arroganten Monarchen von der iberischen Halbinsel zu demütigen, erschien Paul IV. umso dringlicher, als er Karl V. der Sympathie mit den Lutheranern verdächtigte und ihm daher die Verantwortung für die Kirchenspaltung in Deutschland und Europa anlastete. Daraus entwickelte sich ein geradezu wahnhaftes Misstrauen, das er auf Philipp II., Karls Sohn und Nachfolger in Spanien, übertrug.

Vor diesem Hintergrund genügte der geringste Anlass, um einen Konflikt herbeizuführen. Schon im Sommer 1556 ging in Rom die Angst vor einem Krieg und damit vor einem zweiten Sacco di Roma um. Paul IV. hatte sich in der Zwischenzeit in extreme Angst- und Hassphantasien hinein gesteigert. Er war davon überzeugt, dass ihm der spanische König nach dem Leben trachte und alle künftigen Päpste zu seinen unterwürfigen Hauskaplänen erniedrigen wolle. Mit diesen Phobien verband sich ein wütender Nationalismus. Für Paul IV. waren die Spanier das minderwertigste Volk auf Erden, das sich auf Kosten der Italiener aufschwingen wolle. Zugleich ging der Carafa-Papst militärisch gegen die führenden römischen Baronalfamilien der Colonna und Orsini vor. Dabei vertraute er auf die Bündniszusagen Frankreichs, das in seinem langen Kampf um die Vorherrschaft in Italien bislang eine Niederlage nach der anderen hatte hinnehmen müssen, und ließ in großer Zahl Soldaten anwerben. Als ein Ultimatum Philipps II., diese Rüstungen unverzüglich einzustellen, unbeantwortet blieb, begann am 1. September 1556 der Präventivkrieg der katholischen Vormacht Spanien gegen den Papst und damit der bizarrste Konflikt des Zeitalters.

Der Krieg rief, wie vorhersehbar, bei den Protestanten Entzücken und auf katholischer Seite einhelliges Entsetzen hervor. Dass Paul IV. allen Ernstes den Prozess zur Exkommunikation und Absetzung des «katholischen Königs», wie der Titel Philipps II. lautete, einleitete, ließ die Frage nach der Zurechnungsfähigkeit des regierenden Pontifex maximus aufkommen. Der in Neapel stationierte spanische General, der Herzog von Alba, galt als der fähigste und zugleich rücksichtsloseste Militärbefehlshaber der Zeit, seine Armee als die schlagkräftigste überhaupt. Nicht weniger bedrohlich war das Truppenaufgebot der Colonna unter ihrem militärisch ebenfalls hoch qualifizierten Clanchef Marc Antonio. Dagegen konnten die vom Papst in aller Eile rekrutierten 2000 Schweizer sowie französische Hilfstruppen nichts ausrichten. Im Sommer 1557 schien ein zweiter Sacco di Roma, dreißig Jahre nach dem ersten, unmittelbar bevorzustehen.

In all diesen Verwicklungen hatte sich Cosimo de' Medici klug auf der Seite Spaniens gehalten und das 1555 eroberte Gebiet der Republik Siena von Philipp II. als Lehen erhalten. Schon bald nach der Wahl Pauls IV. hatte der Herzog sein Angebot an Michelangelo, zu den ehrenvollsten Konditionen nach Florenz zu kommen, erneuert. Am 22. Juni 1555 schrieb Michelangelo in dieser Angelegenheit an Vasari:

> Herr Giorgio, teurer Freund, an einem der letzten Abende besuchte mich ein sehr diskreter junger Herr von Stand namens Lionardo, ein Kammerherr des Herzogs, und machte mir mit großer Liebe und Zuneigung von Seiten seiner Exzellenz dieselben Anerbietungen wie Ihr bei der letzten entsprechenden Gelegenheit. Ich entgegnete ihm dasselbe wie Euch, nämlich dass ich dem Herzog für eine so großzügige Offerte auf das aufrichtigste dankte und dass ich Seine Exzellenz bitte, mit seiner Erlaubnis den Bau von Sankt Peter so weit voranzubringen, dass er nicht mehr in eine andere Gestalt verwandelt werden könne ... Herr Giorgio, Ihr erseht aus meinem Schreiben, dass für mich die vierundzwanzigste Stunde angebrochen und in jedem meiner Gedanken der Tod eingemeißelt ist – wollte Gott, dass ich den Tod noch einige Jahre hinhalten kann.[169]

Bei der ersten Absage sechs Wochen zuvor hatte Michelangelo noch auf eine günstige Papstwahl hoffen dürfen. Ende Juni 1555 aber bedeutete die Weigerung, nach Florenz zu ziehen, etwas völlig anderes, nämlich den Verzicht auf Sicherheit und Annehmlichkeiten. Auch unter dem neuen Papst für Sankt Peter zu arbeiten, war eine Sache der Ehre, der Pflicht und des Seelenheils. Dafür nahm der Künstler bewusst Gefahren auf sich. Von Paul IV. hatte er nach menschlichem Ermessen nichts als Geringschätzung und Demütigungen, unter Umständen sogar Schlimmeres zu erwarten. Dass er zum Kreis um Vittoria Colonna und Kardinal Morone gehört hatte, war ein offenes Geheimnis, ebenso, dass dem eifernden Greis auf dem Stuhl Petri die nackten Körper der Auferstandenen im Fresko des Jüngsten Gerichts zuwider waren. Die ersten Folgen dieser Abneigung ließen nicht lange auf sich warten: Das Gehalt des päpstlichen Hofkünstlers wurde rigoros zusammengestrichen. Das war ein unerhörter Affront für Michelangelo, der Geld sein Leben lang als Ausdruck seiner Wertschätzung betrachtet und als Schutzschild gegen die Angst vor sozialem Abstieg gebraucht hatte. Bei aller Missbilligung des Künstlers und seiner Schöpfungen aber wagte Paul IV., der einen Kardinal einkerkern und einen Häresieprozess gegen den mächtigsten Monarchen Europas führen ließ, den letzten und entscheidenden Schritt nicht: Michelangelo blieb Chefarchitekt von Sankt Peter, mochten seine Feinde noch so sehr auf seine Absetzung drängen. Das Tabu, das Paul III. mit seiner Vollmacht errichtet hatte, blieb unangetastet. Freuen konnte sich der brüskierte Meister darüber allerdings zunächst nicht, da die Arbeiten auf der Baustelle durch die Zuspitzung des Konflikts mit Spanien 1557 zum Erliegen kamen. Erst gut drei Jahre später wurden sie im vollen Umfang wieder aufgenommen.

Trauer, Flucht und Standhaftigkeit

Zu Angst und Wut als Folge der Brüskierung kam ein Unglücksfall nach dem anderen. Im November 1555 starb mit Gismondo der letzte von Michelangelos Brüdern.

> Lionardo, durch Deinen Brief erfahre ich vom Tod meines Bruders Gismondo, worüber ich sehr großen Schmerz empfinde. Doch müssen wir uns fügen. Da er mit reinem Gewissen und mit allen Sakramenten gestorben ist, die die Kirche vorschreibt, haben wir Gott zu danken.[170]

Bei aller Kritik am weltlichen Lebensstil der Kleriker befolgte Michelangelo doch die Gebote der Kirche. In den Augenblicken der tiefsten Erschütterung, sei es durch Krankheit, sei es durch Trauer, zeigte er sich als frommer Katholik. Protestanten kannten keine Sakramente als Heilsmittel und keine Verdienstlichkeit milder Gaben. Doch die Tröstungen der Kirche milderten die Angst vor weiteren schweren Verlusten nicht, wie derselbe Brief vom 30. November 1555 zeigt:

> Ich bin hier in mancherlei Ungelegenheiten, und dann geht es Urbino, der zu Bett liegt, sehr schlecht. Und ich weiß nicht, was daraus werden soll. Und ich leide darunter, als ob er mein Sohn wäre, denn er steht mir seit 25 Jahren in unwandelbarer Treue zur Seite .... Wenn Du also bei Euch eine wirklich fromme Person kennst, so lass sie bitte zu Gott für Urbinos Gesundheit beten.[171]

Doch auch dieses Leid blieb dem greisen Künstler nicht erspart.

> Lionardo, der gesamte Nachlass Gismondos, von dem Du mir schreibst, gehört Dir. Befolge sein Testament und lasse Messen für seine Seele lesen; mehr lässt sich nicht tun. Ich setze Dich davon in Kenntnis, dass gestern Abend, am 3. Januar um vier Uhr, Francesco, genannt Urbino, zu meinem allergrößten Schmerz gestorben ist. Und er hat mich so betrübt und verzweifelt zurückgelassen, dass ich, der Liebe zu ihm wegen, lieber mit ihm gestorben wäre. Und er hat es nicht anders verdient, weil er zu einem Ehrenmann geworden ist, voller Treue und Ergebenheit. So aber scheint es mir, als ob ich durch seinen Tod selbst ohne Leben geworden bin, und ich kann keinen Frieden finden. Daher würde ich Dich gerne sehen, doch weiß ich nicht, wie Du der Liebe zu Deiner Frau wegen hierher kommen kannst. Sag mir Bescheid, ob Du in einem oder anderthalb Monaten hierher kommen könntest, natürlich mit Erlaubnis des Herzogs.[172]

Kein Bruder, kein Fürst und auch kein Papst, geschweige denn der eigene Vater wurde von Michelangelo jemals eines solchen Nachrufs gewürdigt.

Zum allerersten Mal zeigte sich der sonst so spröde Künstler anlehnungsbedürftig. Ja, eine Woche später, am 11. Januar 1556, wurde aus dem Schmerzensschrei ein regelrechter Hilferuf:

> Lionardo, letzte Woche schrieb ich Dir vom Tod Urbinos, dass ich mich in großer Verwirrung und Niedergeschlagenheit befinde und mir lieb wäre, Du kämest hierher. Und so schreibe ich Dir nochmals, dass Du Dich, wenn Du Deine Angelegenheiten für einen Monat ohne Gefahr und Schaden regeln kannst, entschließen mögest, hierher zu kommen. Wenn es Dir ungelegen ist oder Du wegen unsicherer Straßen oder aus anderen Gründen Schaden befürchtest, warte, bis Dir der rechte Zeitpunkt gekommen scheint. Ist er aber da, dann komm, denn ich bin alt und möchte unbedingt vor meinem Tod mit Dir sprechen.[173]

Und der rechte Zeitpunkt kam. Ende Januar 1556 traf Lionardo in Rom ein, wo er einen Monat lang bei Michelangelo blieb. Während dieses Aufenthalts zeigte sich der von Trauer Gebeugte in einem Brief an Vasari schon etwas gefasster:

> Herr Giorgio, mein Lieber, ich kann kaum schreiben, will Euch aber zumindest etwas auf Euren Brief antworten. Ihr wisst, dass Urbino gestorben ist. Dadurch ist mir von Gott eine sehr große Gnade zuteil geworden, doch zugleich schwerer Schaden und unendlicher Schmerz. Die Gnade bestand darin, dass er mich zu Lebzeiten lebendig hielt und mich durch sein Sterben lehrte, nicht widerwillig, sondern freudig zu sterben. Ich habe ihn 26 Jahre in meinen Diensten gehalten und ihn so zuverlässig und treu wie nur möglich gefunden. Und jetzt, da ich ihn reich gemacht und auf ihn als Stütze und Ruhe meines Alters gehofft hatte, ist er verschieden und mir nichts als die Hoffnung geblieben, ihn im Paradies wiederzusehen. Und dafür hat mir Gott durch seinen überaus glücklichen Tod ein Zeichen gegeben. Denn mehr als zu sterben betrübte ihn, mich in dieser verräterischen Welt mit so vielen Widrigkeiten allein zurückzulassen. So aber ist der beste Teil von mir mit ihm dahingegangen, und mir bleibt nichts als unendliches Elend.[174]

Bei allem Leid ist der Brief zu einer ebenso frommen wie gedankenreichen und eleganten Predigt geworden, wie sie kein Theologe erbaulicher hätte halten können. Michelangelo hatte seine Sprachgewalt wiedergefunden. Ein weiteres untrügliches Zeichen dafür, dass der Einundachtzigjährige allmählich ins Leben zurückfand, war sein wieder erwachendes Interesse an finanziellen Angelegenheiten. So wurde ab März 1556 zwischen Rom und Florenz erneut über Immobilienkäufe verhandelt. Doch selbst bei diesen nüchternen Geschäften blieb der Ton zwischen Onkel und Neffe einen Monat lang ungewohnt liebevoll. Ab April aber war die gewohnte Grobheit zurückgekehrt – Michelangelo war wieder der Alte. Mit zwei Unterschieden: Auf Nachrichten über Krankheiten im nächsten Verwandtschaftskreis reagierte er mit ungewohnter Besorgnis; und seine Bereitschaft, in solchen Fällen Almosen auszuteilen, blieb ungebrochen. Mithilfe Tommaso Cavalieris und anderer ergebener Freunde ließ sich in der Verwandtschaft Urbinos ein neuer Diener von erprobter Vertrauenswürdigkeit finden, so dass der Alltag wieder in geordneten Bahnen verlief. Doch diese Normalität wurde brüsk unterbrochen. Die Furcht vor den Spaniern ging um. Am 31. Oktober 1556 berichtet Michelangelo seinem Neffen:

> Da sich die Arbeiten auf der Baustelle von Sankt Peter verlangsamt hatten, entschloss ich mich, aus frommen Motiven nach Loreto zu reisen, und verweilte, etwas erschöpft, auf dem Weg dahin in Spoleto, um mich zu erholen. Und während ich dort war, wurde mir ein Kurier nachgeschickt, dass ich umgehend nach Rom zurückkehren sollte. Um nicht ungehorsam zu sein, leistete ich der Anweisung Folge und kehrte nach Rom zurück, wo ich mich dank der Gnade des Herrn befinde. Und hier geht es einem, wie es Gott in Anbetracht der gegenwärtigen Kriegswirren gefällt. Und ich will mich über nichts weiter auslassen, als dass man hier Hoffnungen auf Frieden hegt, den Gott herbeiführen möge.[175]

Was Michelangelo wie eine spontan unternommene Wallfahrt zum Heiligen Haus in Loreto schilderte, war in Wirklichkeit eine von Angst diktierte Flucht, und zwar nach 1494, 1506, 1529 und 1534 die fünfte. Wer konnte, floh vor der spanischen Bedrohung, doch der Architekt von Sankt Peter war eine zu öffentliche Persönlichkeit, um im sicheren Refugium von Spoleto bleiben zu dürfen. Der päpstliche Befehl zur Rückkehr dürfte im Übrigen nicht nur aus Sorge um die wichtigste Baustelle der Christenheit ergangen sein; auch die Loyalität des «Wallfahrers» war keineswegs über alle Zweifel erhaben. Daher war Michelangelo bemüht, die Sache herunterzuspielen. Entsprechend ironisch fiel seine Mitteilung an Vasari vom 18. Dezember 1556 aus:

> Ich hatte dieser Tage mit großen Kosten und Ausgaben das große Vergnügen, den Einsiedlern in den Bergen von Spoleto einen Besuch abzustatten, woraufhin ich mehr als halbiert nach Rom zurückkehrte. Wahrlich, Friede findet sich heutzutage nur noch in den Wäldern.[176]

Von frommen Zielen und Zwecken war hier keine Rede mehr, sondern, zumindest unterschwellig, von der Angst vor dem Krieg. Kurz danach folgte der nächste Schicksalsschlag: Im Dezember 1556 brachte Lionardos Gattin ein Mädchen zur Welt, das wie der kleine Michelangelo kurz nach der Geburt starb.

> ... über den Tod der Kleinen bin ich sehr traurig, aber verwundern tut er mich nicht. Denn unser Schicksal bestimmt, dass sich unsere Familie in Florenz nicht vermehrt. Also bete zu Gott, dass das eine Kind, das Du hast, lebendig bleibt, und sorge dafür, dass Du selbst am Leben bleibst, damit am Ende nicht alles ans Spital geht.[177]

Gemeint war: damit nicht das gesamte Vermögen, das ich im Schweiße meines Angesichts angehäuft habe, als fromme Stiftung Verwendung finden muss. Doch mit der erzwungenen Rückkehr nach Rom kam, je bedrohlicher sich die politische und militärische Lage entwickelte, auch die Angst zurück, und zwar stärker denn je.

> Dazu ist der Druck gekommen, ein großes Holzmodell (= von Sankt Peter) mit Kuppel und Laterne zu machen, und zwar vollständig ausgearbeitet, so dass sie nach diesem Muster fertig gestellt werden kann. Und darum werde ich von ganz Rom, am meisten aber vom Kardinal von Carpi gebeten, so dass ich glaube, dass ich, um dieses Modell zu machen, hier mindestens noch ein Jahr bleiben muss. Und jetzt bitte ich den Herzog, dass er mir aus Liebe zu Christus und dem heiligen Petrus zugesteht, dass ich danach, wenn ich diesen Auftrag erfüllt habe, nach Florenz zurückkehren kann, ohne nach Rom zurückzugehen. Ich möchte, dass Du dem Herzog diesen Brief vorliest und seine Exzellenz bittest, dass er mir diese Frist gnädigerweise zugestehen möge, die ich brauche, bevor ich nach Florenz zu-

> rückkehren kann. Denn wenn mir die Baustelle, wie es der Neid versucht, unter der Hand neu zusammengestellt würde, so wäre das so, als hätte ich bislang nichts gemacht.[178]

Die Furcht, dass alles umsonst gewesen sein könnte, war im Februar 1557 stärker als die Abneigung, sich auf einen verpflichtenden Plan festzulegen. So wurde das Holzmodell tatsächlich angefertigt. Doch die geplante Flucht nach Florenz fand nicht statt, obwohl Lionardo seines Amtes als Vorleser treulich gewaltet und der Herzog selbst am 8. Mai 1557 einen erneuten Versuch der Abwerbung unternommen hatte:

> Hochverehrter und Liebster, da die Zeitumstände und die Berichte Eurer Freunde die Hoffnung nähren, dass Ihr nicht abgeneigt wäret, nach so vielen Jahren Eure Heimat und Euren Besitz wieder zu sehen, was uns, da wir es immer gewünscht haben, mit sehr großer Freude erfüllen würde, scheint es uns angemessen, Euch von ganzem Herzen zu bitten und zu ermuntern, dieses Vorhaben zu verwirklichen. Und wir versichern Euch, dass Ihr uns überaus willkommen wäret. Befürchtet nicht, dass wir Euch mit Mühe und ärgerlichen Verpflichtungen belästigen werden, wissen wir doch wohl, welchen Respekt wir Eurem Alter und Eurer einzigartigen Schöpferkraft schulden. So kommt nur in aller Freiheit in der sicheren Aussicht, so viel Zeit, wie Euch behagt, hier zu Eurem Vergnügen und zu Eurer Zufriedenheit zu verbringen. Denn uns genügt es, Euch hier zu sehen, und wir haben umso mehr Freude, je mehr Erholung und Ruhe Ihr hier genießt, und haben nichts anderes im Sinn, als Euch Ehre und Vorteile zu verschaffen.[179]

Verlockender konnte man eine Einladung nicht formulieren. In der Kombination von fürstlicher Würde, aufrichtiger Wertschätzung, distanzierter Vertraulichkeit und kühlem Kalkül spiegelt der Brief die Klugheit seines Verfassers wider. Cosimo wusste, wie wichtig Michelangelo die Ehre war. So ehrenvolle Konditionen waren noch keinem Künstler jemals eingeräumt worden.

Doch der Annahme des Angebots standen zwei unüberwindliche Hindernisse entgegen. Zum einen konnte ein Leben in heiterer Muße einen Künstler wie Michelangelo, der lebte, um zu arbeiten, nicht reizen. Und zum anderen trat für den alten Republikaner Michelangelo die Kehrseite der Medaille hervor: Er würde dem Herzog als lebende Trophäe und damit als Rechtfertigung seiner Herrschaft dienen. Dementsprechend gespalten fiel seine Antwort auf das großzügige Anerbieten aus: Er dankte dem Herzog und verlieh zugleich seiner Seelenqual Ausdruck, weil trotz allem Verlangen nach dem sicheren Hafen Florenz in Anbetracht der Zustände auf der Baustelle von Sankt Peter an eine Übersiedlung nicht zu denken sei. Bezeichnenderweise war es jetzt nicht nur das Holzmodell, sondern eine Nebenkuppel, die vorher fertig sein musste. Danach werde er gerne nach Florenz kommen und sich aufs gute Sterben vorbereiten – so schloss der erneute Absagebrief vom Mai 1557. Cosimo dürfte die richtigen Rückschlüsse daraus gezogen haben: Aus der Operation «Holt Michelangelo zurück!» würde so schnell nichts werden, obwohl in Florenz jetzt alle – neben dem Herzog auch Giorgio Vasari und die gesamte Familie unter Führung Lionardos – ins selbe Horn stießen. Michelangelos Angst, bei Cosimo de' Medici durch seine Weigerung in Ungnade zu fallen, nahm zwar zu, je bedrohlicher sich Roms Lage entwickelte. Dennoch blieb er fest. Sankt Peter war ihm inzwischen wichtiger als die eigene Sicherheit.

Im September 1557 durfte Rom endlich aufatmen. Der Herzog von Alba, der das päpstliche Aufgebot vernichtend geschlagen hatte, erwies sich als ein gnädiger Sieger. Die Ewige Stadt blieb verschont. Obwohl auf der ganzen Linie erfolgreich – und zwar nicht nur in Italien, sondern auch im Kampf gegen Frankreich –, hielt Philipp II. Maß und schloss einen Frieden, mit dem Paul IV. sein Gesicht wahren konnte. Danach nahm dieser den spanischen König wieder als treuen und gehorsamen Sohn in den Schoß der Kirche auf, und der politische Zustand vor dem Krieg wurde bestätigt. Ausgenommen blieben nur die Colonna, mit denen der rachsüchtige Papst noch abzurechnen gedachte.

Der Kelch eines zweiten Sacco war an Rom vorübergegangen, doch nach seinem Scheitern in der großen Politik warf sich Paul IV. mit wahrem Feuereifer auf die Inquisition, sein eigentliches Anliegen. Nicht nur angebliche religiöse Abweichler sollten sich jetzt vor dem «Heiligen Offizium» verantworten, sondern auch die Sünder des Alltags: Wer in der Öffentlichkeit fluchte oder die Ehe brach, musste damit rechnen, vor das gefürchtete Tribunal zitiert zu werden. Eine solche Sozialkontrolle waren die Römer nicht gewohnt, im Gegenteil. Es war älteste päpstliche Herrschaftstradition, sich in die Lebenswelt der kleinen Leute so wenig wie möglich einzumischen und stattdessen gewachsene Freiräume in Familie und Nachbarschaft zu respektieren. Ja, in den Augen der Unterschicht war damit sogar ein regelrechter Herrschaftspakt besiegelt. Er lautete: Gehorsam gegen gesicherte Brotversorgung und weitgehende Freiheit im Alltag. Da durch die kriegerischen Wirren auch die Grundnahrungsmittel knapp und teuer wurden, erregten die Zwangsmaßnahmen der Inquisition noch größeren Unwillen. Es brodelte in Rom wie seit mehr als einem Jahrhundert nicht mehr. Leidtragende des harschen Vorgehens waren die römischen Juden. Sie hatten bis zur Wahl Pauls IV., ungeachtet einzelner Diskriminierungen, einigermaßen erträgliche Lebensbedingungen vorgefunden. Damit war es unter dem Carafa-Papst vorbei. Seine extrem judenfeindliche Bulle «Cum nimis absurdum» sperrte die ungefähr 4000 Personen zählende Gemeinde ins hoch ummauerte Ghetto um den Bogen der Octavia, wo sich die Wohnverhältnisse auf engstem Raum prekär gestalteten, und schränkte die wirtschaftlichen Betätigungsmöglichkeiten der religiösen Minderheit rigoros ein.

Von diesem Autokraten auf dem Stuhl Petri hatten weder Konzil noch Kultur etwas zu erhoffen. Paul IV. war von tiefem Misstrauen gegen die Kirchenversammlung beseelt, von der er eine Beschränkung seiner Macht befürchtete; in den gut vier Jahren seines Pontifikats kam die Arbeit der Theologen in Trient daher zum Erliegen. Der Carafa-Papst hasste die in seinen Augen unerträglich verweltlichten Vorgänger, speziell die beiden Medici-Päpste, und betrachtete auch die Kunstprojekte dieser Zeit als Ausdruck des sittlichen Verfalls. Für die römischen Künstler konnte die Parole daher nur lauten: Durchhalten und auf den Anbruch besserer Zeiten hoffen! Wohl denen, deren Leben oder Werke keine kritischen Fragen der Inquisitoren zu befürchten hatten.

Letzte Werke, Letzte Dinge

Während dieser düsteren Jahre von 1555 bis 1559 arbeitete Michelangelo an seiner letzten Pietà, die nach dem späteren Besitzer Pietà Rondanini genannt wurde (siehe Seite 349). An ihr war er nach übereinstimmendem Zeugnis seiner Umgebung noch wenige Tage vor seinem Tod im Februar

1564 tätig. Aus dem Marmor – vielleicht eine antike Säulentrommel – treten Maria und Christus nur schemenhaft hervor; weiter ausgearbeitet sind allein die unteren Partien der Statue. Michelangelos engster Vertrauter, der Maler Daniele da Volterra, berichtet, dass der greise Bildhauer zeitweise zu erschöpft war, um im Stehen zu arbeiten, und daher auf einem Hocker sitzen musste. Von dort aus konnte er nur die Beine des toten Erlösers erreichen, die daher als einziger Teil der Skulptur «fertig» sind. Doch diese Schwäche hielt den Greis nicht von rastloser Tätigkeit ab. Wenn ihn die Unruhe übermannte, band er sich eine Talgkerze um die Stirn und schreckte die Nachbarschaft in tiefster Nacht mit seinem Meißel aus dem Schlaf.

Alle Nebenpersonen und alles Beiwerk sind in dieser Pietà weggelassen; alles konzentriert sich auf Leid und Tod. Das Gesicht der Gottesmutter ist von Schmerz und Versenkung gezeichnet; beim Versuch, ihren toten Sohn zu stützen, hat sie sich zur Seite gewandt. Der Leib Christi ist nicht

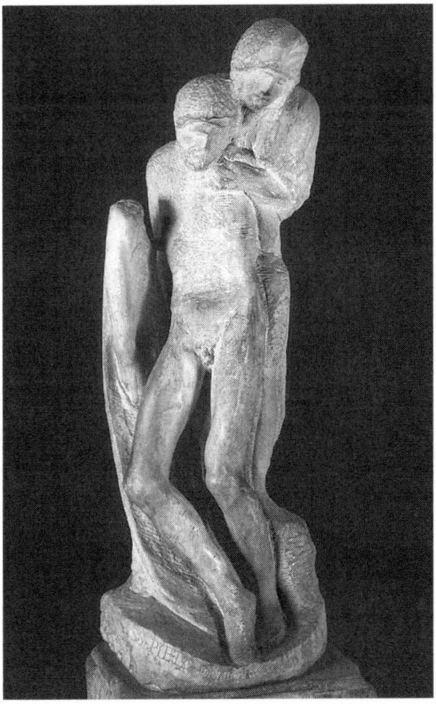

An der Pietà Rondanini arbeitete Michelangelo noch wenige Tage vor seinem Tod. Maria versucht den schmalen, geradezu kindlichen Leib ihres Sohnes zu stützen, kann sein Zusammensinken jedoch nicht verhindern. Alles an den nur schemenhaft hervortretenden Figuren drückt Schmerz und Trauer aus, tief verinnerlicht und gesammelt zugleich. Mailand, Museo del Castello Sforzesco

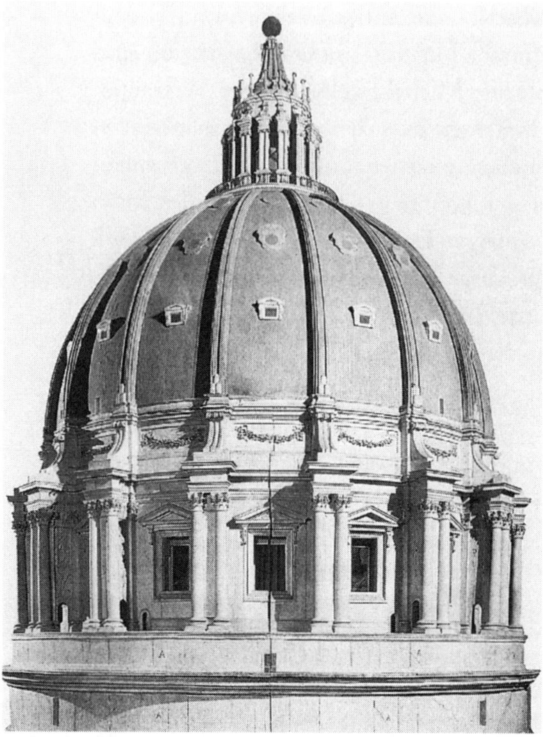

Ist sie es, oder ist sie es nicht? Bis zum Tambour wurde Michelangelos Holzmodell von Sankt Peter getreulich in Stein umgesetzt. Die Wölbung aber ist acht Meter höher als hier vorgesehen. Dabei konnte sich Michelangelos Nachfolger Giacomo della Porta auf alternative Entwürfe des Meisters stützen. Vatikan, Fabbrica di San Pietro

mehr athletisch wie in der Vierergruppe der Pietà Bandini einige Jahre zuvor, sondern erschlafft, ja zerbrechlich. Diese Zartheit verweist auf die unschuldig erlittene Qual, aber auch auf die nahende Auferstehung. Mitleid, Demut, Hoffnung auf Gnade und Erlösung: Mit diesen gerade durch die Skizzenhaftigkeit eindringlich vermittelten Emotionen war die Pietà Rondanini wie ihre Vorgängerin ein Werk des individuellen Bekenntnisses und wie diese für das eigene Grabmal geplant. Doch war ihr ein anderes Schicksal beschieden. Michelangelo hinterließ sie seinem letzten Diener Antonio del Francese, der nach dem Tod seines Herrn, der ihn in seinem Testament großzügig bedachte, ein florierendes Keramikstudio aufmachte. Dort stand die Statue jahrelang in der Nähe von Drehscheiben und Brennöfen und wurde von Ton und Funkenflug verunstaltet.

Die Hauptaufgabe in diesen Jahren des inneren Exils aber war das ungeliebte Holzmodell, das als Vermächtnis für die *Fabbrica di San Pietro* dienen sollte. Die Tambourzone, zu der die Arbeiten auf der Baustelle voranschritten, hatte Michelangelo durch Säulenpaare und giebelgekrönte Fenster gegliedert und darüber eine zurückgesetzte Attika mit girlandengeschmückten rechteckigen Feldern eingefügt. Die Wölbung weist wie Brunelleschis Florentiner Domkuppel Rippen auf, die den Druck auf die doppelten Säulen des Tambours ableiten. Diese Motive werden in der Laterne wieder aufgenommen, wo das Gewicht von den Kandelabern über Voluten ebenfalls zu Doppelsäulen hin geführt wird. Auf diese Weise vereinte die Kuppel vibrierende Spannung und majestätisches Schweben, kraftvolles Aufstreben und ruhiges Beharren. Doch betrachtete Michelangelo selbst das erzwungene Modell nicht als sein letztes Wort. Bis zum Schluss entwarf er Varianten, vor allem für die Wölbung, die auf diese Weise höher, steiler und dynamischer gestaltet wurde.

Gegen Repressalien des eifernden Carafa-Papstes durfte sich der greise Meister nicht nur durch das wachsame Auge Herzog Cosimos, sondern auch durch seinen europäischen Ruhm geschützt fühlen. Sein Renommee kam in einem persönlichen Schreiben der französischen Königinwitwe und Königsmutter Caterina de' Medici vom 14. November 1559 zum Ausdruck. Diese hatte soeben ihren Gatten verloren – König Heinrich II. war beim Lanzenstechen anlässlich des Hochzeitsfests seiner Tochter tödlich verunglückt – und bestellte daher bei ihrem florentinischen Landsmann Michelangelo ein Doppelgrabmal.

> Und da ich wie die ganze übrige Welt weiß, wie unübertrefflich – jedem anderen in diesem Jahrhundert weit überlegen – Ihr in dieser Kunst brilliert und Euch überdies als bewährten und ergebenen Diener kenne, wie beides die einzigartigen Kunstwerke von Eurer Hand in der Grabkapelle meiner Angehörigen in Florenz eindrucksvoll bezeugen, bitte ich Euch, diesen Auftrag zu übernehmen. Und obwohl ich weiß, dass Euch Eure fortgeschrittenen Jahre bei jeder anderen Person entschuldigen würden, glaube ich, dass Ihr Euch mir gegenüber nicht einer solchen Entschuldigung bedienen wollt, so dass Ihr zumindest den Entwurf dieses Werkes übernehmt und die Ausführung, das heißt den Guss, den besten vorhandenen Meistern übertragt. Dafür versichere ich Euch, dass mir niemand auf der Welt einen gleichwertigen Gefallen tun kann und ich darauf brenne, mich Euch umfassend erkenntlich zu zeigen.[180]

Das war Madame Cathérine – so nannten die Franzosen die tatkräftigste und skrupelloseste ihrer Königinnen angst- und respektvoll zugleich –, wie sie leibte und lebte. Ihre Version des Verhältnisses zwischen Michelangelo und ihrer Familie fiel allerdings geschönt aus. Die Medici hatten den Meister in mancherlei Rollen und Gemütslagen, aber gewiss nicht als gehorsamen Diener kennen gelernt. Doch vielleicht war diese Reminiszenz gar nicht ernst, sondern ironisch oder sogar als Warnung gemeint. Ausflüchte wurden jedenfalls vorab mit einem Federstrich beiseite gewischt. Doch der fast fünfundachtzigjährige Michelangelo dachte nicht daran, mehr als ein halbes Jahrhundert nach dem ersten Kontrakt mit Julius II. ein weiteres Grabmalsprojekt zu übernehmen, nicht einmal in Form von Entwürfen. Überdies wurden die Energien von Madame Cathérine kurz darauf anderweitig absorbiert. Nach dem Tod ihres ältesten Sohnes Franz' II. führte sie im Namen beziehungsweise hinter dem Rücken ihres Zweitgeborenen Karls IX. die Geschäfte der Monarchie in immer kriegerischeren und heilloseren Zeitläufen. Im Bemühen, die Einheit des auseinanderbrechenden Königreichs gegen die von der Familie Guise geführten Ultrakatholiken auf der einen und die calvinistischen Hugenotten unter Heinrich von Navarra auf der anderen Seite zu bewahren, zeigte sie, was sie von ihrem Landsmann Niccolò Machiavelli gelernt hatte. So gab sie im August 1572 den Auftrag zum Mord am Hugenottenführer Coligny, der sich zum Massaker an Tausenden von dessen Glaubensgenossen auswuchs. Das Zeitliche segnete sie, kurz vor der Ermordung ihres letzten regierenden Sohnes, Heinrichs III., im Januar 1589.

Als dieses ebenso ehrenvolle wie fordernde Schreiben Anfang Dezember 1559 bei Michelangelo eintraf, hatte Rom den Schreckenspontifikat Pauls IV. gerade überstanden. Nach dem Tod des Carafa-Papstes am 18. August 1559 hatte die römische Volksmenge dessen Herrschaft im Nachhinein die Legitimität abgesprochen. Seine Ehrenstatue auf dem Kapitol wurde geschändet und enthauptet, das Gebäude der Inquisition eingeäschert. Damit war ein Zeichen gesetzt und eine Grenze gezogen: bis hierhin und nicht weiter! Die zum Konklave versammelten Kardinäle verstanden das Signal und wählten mit Pius IV. einen neuen Papst, der moderaten Reformeifer mit der Lust an höfischem Glanz und Festfreude verband. Dabei kam es zu einer ungewöhnlichen, die bisher gültigen

Rollenmuster umkehrenden Arbeitsteilung zwischen dem Pontifex maximus und seinem Kardinalnepoten Carlo Borromeo. Dieser lebte streng asketisch, ganz der Seelsorge und der Besserung der kirchlichen Zustände ergeben, während der Papst im Belvederehof des Vatikans Ritterturniere veranstalten und sich in den Palastgärten eine prächtige Villa errichten ließ. Doch folgte der weltkluge Papst nicht den Einflüsterungen der Reformgegner, die Dekrete des 1563 abgeschlossenen Konzils von Trient für null und nichtig zu erklären, sondern bestätigte diese feierlich. Das zeugte unleugbar von Weitsicht. Denn die Kirchenversammlung hatte die Machtfülle des Papstes nicht, wie so lange befürchtet, geschwächt, sondern im Gegenteil gestärkt. Keine der vielen Reformmaßnahmen war am Ende als unabänderliches göttliches Recht festgeschrieben worden, so dass ihre Umsetzung ganz und gar vom Papsttum abhing. Die nachfolgenden Päpste mussten also bestimmen, wie weit und wie tief die Wirkungen der Erneuerung reichen würden. Allerdings zeichnete sich schon jetzt ein Kompromisskurs ab: Strengere Beachtung der bischöflichen Residenzpflicht und Einschärfung neuer Ausbildungsstandards für den Priesternachwuchs verbanden sich mit einer sehr großzügigen Praxis der Pfründenvergabe. Sie erlaubte es, die geistlichen Nepoten weiterhin mit enormen Einkünften auszustatten und die Papstfamilie insgesamt in die obersten Ränge des römischen Adels emporzubefördern.

Pius IV. war ein Papst, dem nichts Menschliches fremd war; unter seiner Regierung ließ sich leben und arbeiten, was für Michelangelo ohnehin dasselbe bedeutete. Auch für seine von strengen Theologen kritisierten Werke fand der geschmeidige Pontifex maximus Kompromisslösungen. Er erkannte hellsichtig, dass das Papsttum mindestens ebenso sehr auf den Ruhm des Meisters angewiesen war wie dieser auf die Unterstützung der Kurie. Die Kirche war gut beraten, Michelangelo, dem ganz Europa unisono göttliche Schöpferkraft zuschrieb, als einen von Gott gesandten Genius auszugeben, der im Auftrag des Himmels die Basilika des Apostelfürsten errichtete und darüber hinaus die Wahrheit des katholischen Glaubens verkündete. In diesem Sinne sorgte Pius IV. dafür, dass die Sittlichkeitswächter dem «Jüngsten Gericht» und den Fresken der Cappella Paolina zu Lebzeiten des Künstlers nicht zu Leibe rückten. Pietätvoll wurden die dort gemalten Blößen erst nach dem Tod des Meisters mit Lendenschurzen bedeckt.

In seinem Bestreben, das Prestige des größten Künstlers aller Zeiten für sich nutzbar zu machen, erteilte der neue Papst diesem zwei große Aufträge, die einem gemeinsamen Zweck dienen sollten. Im Kampf der Konfessionen setzte das Papsttum in kluger Einschätzung volkstümlicher Mentalitäten verstärkt auf die Waffen, die ihm allein zu Gebote standen: Wallfahrten und Reliquienkult, und zwar in Rom. Hier musste man daher den Pilgern aus aller Herren Länder neue, perfekt organisierte Frömmigkeitsübungen und vor allem das Bild einer heiligen, zugleich züchtigen und prächtigen Stadt bieten, dann würden sie in hellen Scharen kommen. Um diese Reisenden gebührend willkommen zu heißen, mussten die römischen Stadttore eindrucksvoll erneuert werden. Zwei von ihnen, die Porta del Popolo und die Porta Pia, ließ Pius IV. daher neu gestalten, die Porta Pia nach einem Entwurf Michelangelos. Dieser sah eine monumentale Anlage mit antiken Triumphmotiven in zwei Stockwerken vor. An der Spitze sollte, von Doppelpilastern umrahmt, das Wappen Pius' IV. prangen. Alle Konventionen aber durchbrach an der Schauseite des Tores ein *mascherone*, ein Maskengesicht mit tiefen Stirnfalten, unheimlich in den Höhlen liegenden Augen, platt gedrückter Nase, aufgerissenem Mund und lang gezogenen Ohren. Mit diesen Merkmalen, nicht zuletzt dem Bart, erinnerte diese Grimasse an ein verfremdetes Selbstbildnis ihres Schöpfers. An der Eingangspforte der Ewigen Stadt, wo fromme Pilger in Empfang genommen werden sollten, warf dieses gequälte Haupt Fragen auf: Stand denjenigen, die nach Rom kamen, etwa die Hinrichtung oder gar die Höllenfahrt bevor? Zeigte der *mascherone* eine verdammte Seele, die mit Entsetzen ihren Sturz in die Unterwelt voraussah? Und noch etwas fiel aus dem Rahmen: Die Schauseite des Tores richtet sich nach innen, nicht zu den Fremden, sondern zu den Einheimischen. Richtete sich die Botschaft des grausigen Kopfes also an sie?

Pius IV. war als Giovanni Angelo de' Medici geboren worden. Für seine persönlichen Verherrlichungszwecke benutzte er nicht nur seinen Papstnamen, sondern auch seinen Vornamen und seinen Nachnamen. Seinen Papstnamen verlieh er nicht nur dem Stadttor, sondern auch der Via Pia (heute Via XX Settembre), der Straße, die innerhalb der Stadtmauern von diesem Tor zum Quirinal führte. Aus mittlerem Mailänder Patriziat gebürtig, also mit den Medici in Florenz nicht verwandt, verkündete der Papst mit dem Kugelwappen, das ihm Herzog Cosimo de' Medici übertrug, doch das Gegenteil. Und der Vorname Angelo legte es nahe, Engel aufmarschieren zu lassen. Wenn Michelangelo statt des zu erwartenden Engels auf der Porta Pia eine Dämonenfratze zeigte, dann durchbrach er wieder einmal alle Regeln. War diese Umkehrung des Motivs ein höfisches Spiel oder als Umwertung aller Werte gedacht? Das musste nicht nur der Papst selbst herausfinden. Er machte gute Miene zum doppeldeutigen Spiel und zeigte sich begeistert. Zudem sollten rasch in Umlauf gebrachte Anekdoten das Werk entschärfen: Michelangelo habe seinen Diener immer wieder dazu angespornt, die verrücktesten Grimassen zu ziehen, um ein adäquates Modell für den *mascherone* zu haben. Die Römer und ihre auswärtigen Besucher mussten sich dennoch fragen, ob sie in der Hölle weilten oder ob diejenigen, die Rom verließen, alle Hoffnung auf Erlösung fahren lassen mussten – beide Erklärungen waren gleichermaßen plausibel. Was immer er damit auch verkünden wollte, der fünfundachtzigjährige Michelangelo hatte nichts von seinem sarkastischen Humor eingebüßt. Fertiggestellt wurde das ungewöhnliche Stadttor jedoch erst nach seinem Tod, und zwar mit einigen Abweichungen von seinem Plan. 1564 und 1565 fügten Jacopo del Duca und Nardo de' Rossi den imposanten Wappenschild Pius' IV. und die Engel, die diesen flankieren, hinzu (siehe Seite 356). Im 19. Jahrhundert fügte Papst Pius IX. einen neobarocken Giebel und seinen eigenen Wappenschild hinzu. Der *mascherone* aber blieb erhalten – und mit ihm Michelangelos Sarkasmus.

Pius' zweiter Auftrag an den greisen Meister hatte eine ungewöhnliche Vorgeschichte. Antonio del Duca, seines Zeichens Priester der römischen Kirche Santa Maria di Loreto bei der Trajanssäule (deren in den 1570er Jahren geschaffene Kuppel gleichfalls auf Entwürfe Michelangelos zurückgehen könnte), berichtete dem Papst von einer Vision: Eine Engelsschar habe ihm befohlen, die Ruinen der Diokletiansthermen zu einem Marienheiligtum umzugestalten. Gesagt, getan. Pius IV. machte es sich zur Aufgabe, diese Vision Wirklichkeit werden zu lassen. Wie wichtig ihm der Bau der neuen Kirche war, zeigt, dass er dort und nicht, wie üblich, in Sankt Peter sein Grabmal errichten ließ. Die Wiederverwendung antiker

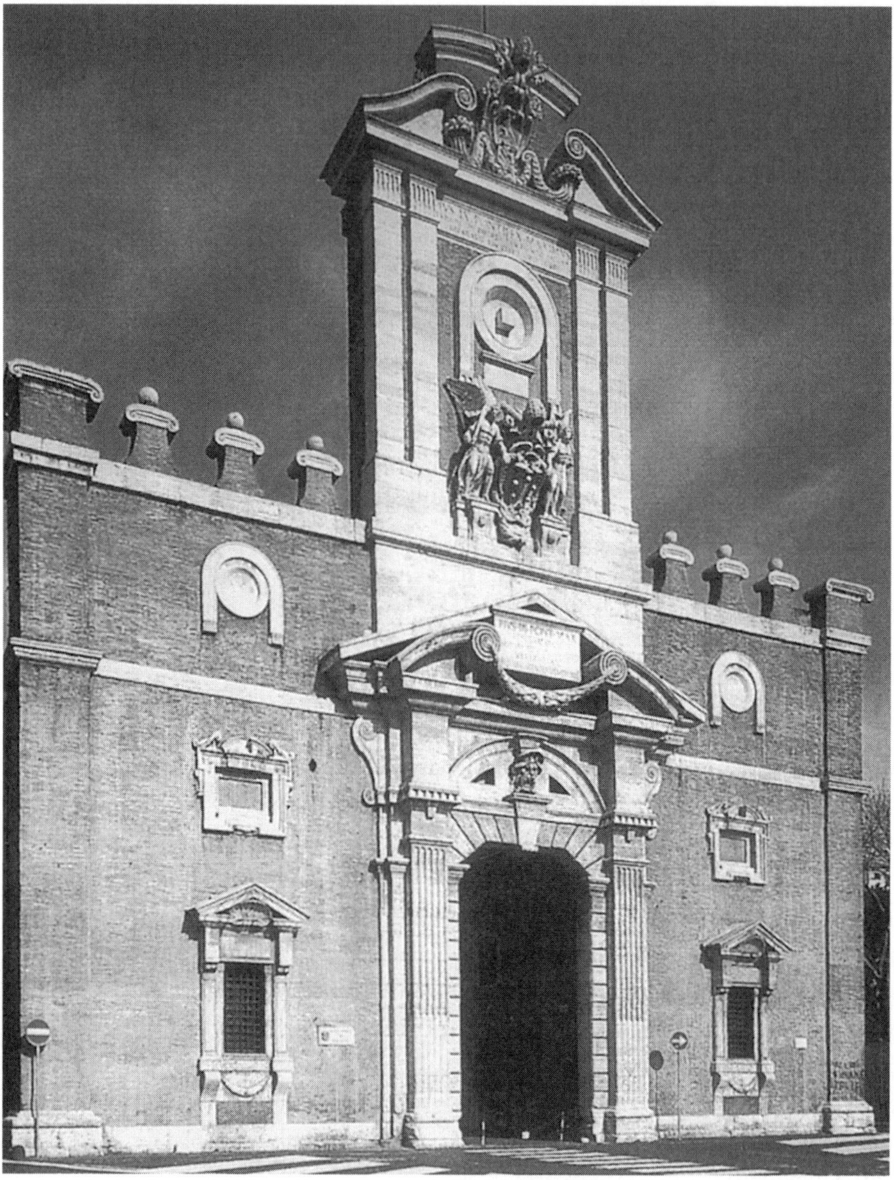

Ein Stadttor mit der Schauseite nach innen und einer Höllenfratze, das war Michelangelos Entwurf für die Porta Pia. Der Bauherr, Papst Pius IV. (1559–1565), zeigte sich trotz dieser doppeldeutigen Motive vom Plan des greisen Meisters begeistert.

Baureste für neue Kirchen entsprach dem Geist der Katholischen Reform; die Kirche der Gegenwart konnte sich dadurch als würdige Erbin des Urchristentums präsentieren und zugleich die Vorwürfe der Protestanten abwehren, diese heilige Tradition veruntreut zu haben. Doch auch Michelangelo kam der Auftrag entgegen, aus der heidnischen Badeanlage einen würdigen Sakralraum zu gestalten. Die in doppelter Mannshöhe erhaltenen Seitenwände der Thermen wurden nach seinen Entwürfen, die sich eng an die antiken Vorgaben hielten, zu den Mauern einer Kirche von rigoroser Herbheit und asketischer Monumentalität (siehe Seite 358). Schmucklos, ja geradezu kahl sollte sie an die christlichen Sklaven erinnern, die für den Christenverfolger Diokletian unter der Knute unbarmherziger Aufseher diesen Ort des ruchlosen Körperkults geschaffen hatten. Dass derjenige, der sich dem Wohlleben ergibt, seine Seele verliert, und diejenigen, die auf Erden Verzicht üben, das Himmelreich gewinnen, das war eine Botschaft, die Michelangelo zusagte, hatte er sie doch selbst exemplarisch vorgelebt. Bis zu einschneidenden Umgestaltungen zu Beginn des 18. Jahrhunderts, die den Raum entgegen den Absichten seines Schöpfers prunkvoll ausschmückten, war Santa Maria degli Angeli, Michelangelos letztes, ebenfalls erst nach seinem Tod vollendetes Bauwerk, zugleich das einzige, das ganz seinen Anweisungen entsprechend verwirklicht wurde.

Im Laufe des Jahres 1563 plagten den achtundachtzigjährigen Greis zunehmend Beschwerden des Alters, die ihn zur Verwunderung der Welt bislang weitgehend verschont hatten. Die Briefe an den Neffen Lionardo fielen immer kürzer aus, was Michelangelo damit begründete, dass ihm seine zitternde Hand keine Schreibdienste mehr leisten wollte. Doch weniger gallig waren diese Schreiben deswegen noch lange nicht, wie eine Kostprobe vom 21. August 1563 zeigt:

> Lionardo, ich ersehe aus Deinem Brief, dass Du üblen Subjekten Glauben schenkst, die Dir Lügen schreiben, weil sie mich, gierig nach meinem Besitz, weder manipulieren noch berauben können. Und Du bist so dumm, dass Du ihnen in Fällen, die mich betreffen, Glauben schenkst – als wäre ich ein unwissender Knabe![181]

Auch auf der Baustelle von Sankt Peter, wo er bis zum Schluss Herrscher blieb, war Michelangelos Kampfeslust keineswegs erloschen. Als die Bau-

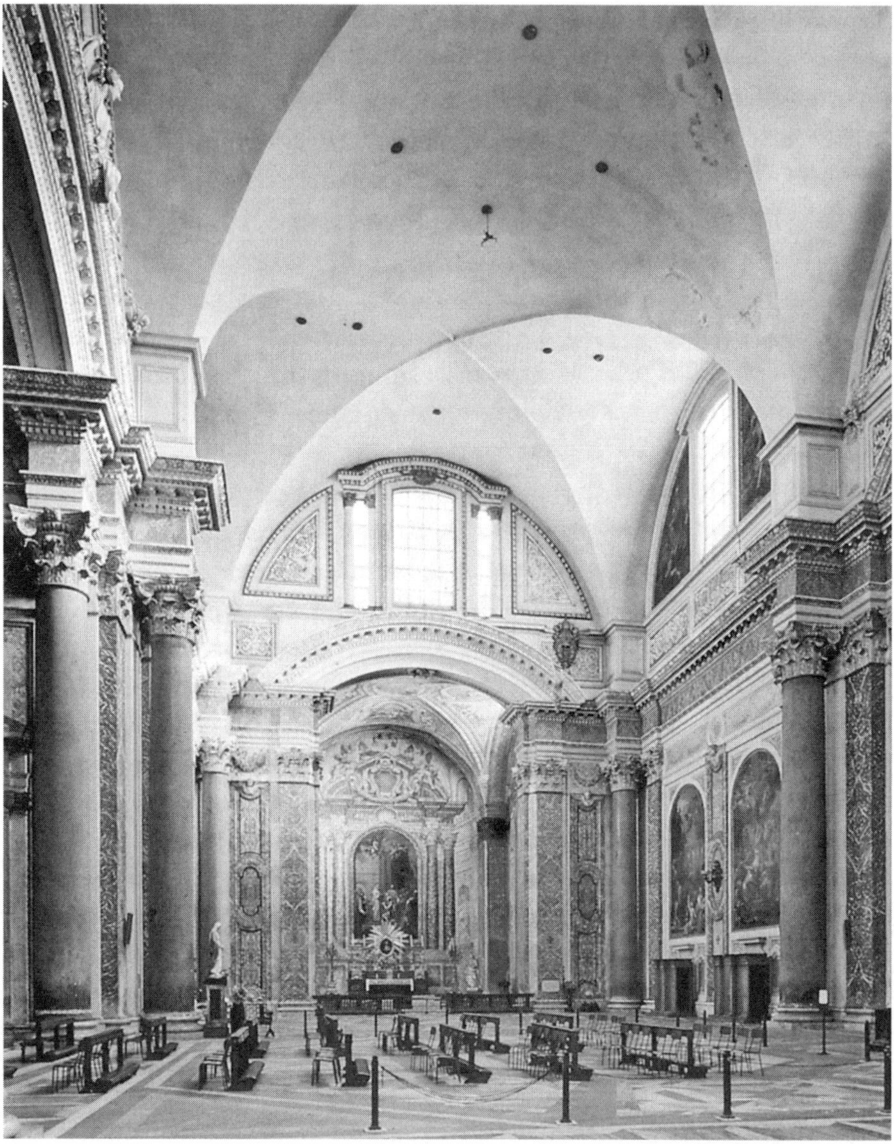

Diese Kirche ist auferstanden aus heidnischen Ruinen. In die Reste der Diokletiansthermen wurde nach Michelangelos Entwürfen die Basilika Santa Maria degli Angeli hineingebaut. Anderthalb Jahrhunderte nach seinem Tod haben ihr barocke Umgestaltungen viel von der ursprünglichen Strenge genommen.

deputation seine immer häufigere Abwesenheit ausnutzte und ausgerechnet Nanni di Bacio Bigio, den am meisten gehassten seiner vielen Feinde, dazu bestimmte, die Ausführung seiner Anweisungen zu überwachen, schrieb er am 6. September 1563 voller Sarkasmus zurück:

> Hochverehrte Monsignori, meine Brüder, ich habe von Ihnen eine Notiz bekommen, dass Sie auf der Baustelle von Sankt Peter Nanni Bigio eingesetzt haben, angeblich auf Befehl Seiner Heiligkeit. In diesem Fall sage ich Ihnen, dass Sie wie die Nonnen aus Genua gehandelt haben, weil Sie zuerst das getan haben, was Sie wollten, und mich erst danach informiert haben. Und was den Befehl seiner Heiligkeit betrifft, so antworte ich, dass diese mir, wenn sie etwas von mir will, Befehle erteilen kann, wie sie es mehrfach getan hat; ich aber bin in Rom nur dazu da, um Seiner Heiligkeit zu gehorchen und zu dienen.[182]

In einer alten Novelle frönen die genuesischen Nonnen zuerst ihrem Vergnügen und fragen die Äbtissin erst danach um Erlaubnis: ein für die würdigen Monsignori der Behörde nicht eben schmeichelhafter Vergleich.

Fünf Monate später waren Michelangelos körperliche Kräfte erschöpft. Am 13. Februar 1564, einem Sonntag, trieb es den greisen Architekten zur Arbeit nach Sankt Peter, wo natürlich Feiertagsruhe herrschte. Bald darauf sah ihn Tiberio Calcagni, einer der treuesten Freunde, im Regen vor seinem Haus herumirren. Mir geht es schlecht, ich finde nirgendwo Ruhe! Diese Äußerungen des verwirrten Greises leitete der alarmierte Calcagni sofort an Lionardo in Florenz weiter. Für die Agenten Cosimo de' Medicis, der Michelangelo seit langem diskret observieren ließ, war jetzt die lange erwartete Stunde gekommen. Sie sollten dafür sorgen, dass der gesamte Nachlass des Meisters in die richtigen, das heißt in die herzoglichen Hände gelangte.

Michelangelos Diener sowie seine engsten Freunde Tommaso Cavalieri und Daniele da Volterra sorgten dafür, dass der völlig Erschöpfte zu Bett gebracht wurde, und wichen ihm nicht mehr von der Seite. Doch noch war der ruhelose Greis nicht zur Kapitulation bereit; er wollte wie gewohnt auf die Baustelle von Sankt Peter reiten, aber dazu reichten seine Kräfte nicht mehr aus. Stattdessen stellte sich eine unbezwingbare Müdigkeit ein, und mit ihr der Gedanke an einen christlichen Tod. Der göttliche Michelangelo starb am Freitag, dem 18. Februar 1564, bei Einbruch der Abenddämmerung im Schlaf.

Gherardo Fidelissimi, Cosimos Mann in Rom, trat umgehend in Aktion. Michelangelo, so meldete er dessen Tod nach Florenz, habe seine ewige Ruhe in seiner Heimatstadt finden wollen. Diesem Letzten Willen müsse unbedingt entsprochen werden, damit Florenz von den überaus ehrenvollen Gebeinen des größten Mannes geziert werde, der jemals auf der Welt gelebt hat. Cosimo, ganz der würdige Landesvater, antwortete mit den Ausdrücken beherrschter Trauer, konnte sich aber eine Richtigstellung nicht verkneifen: Der Tod Michelangelos, obwohl der menschlichen Hinfälligkeit gemäß seit langem zu erwarten, habe ihn betrübt, sei doch mit ihm die in seiner Profession tüchtigste Person aus dieser Welt geschieden. Nicht der größte Mensch aller Zeiten, sondern nur größte Künstler: Für einen Fürsten war das nicht dasselbe und durfte daher auch nicht verwechselt werden. Im Nachlass des Verstorbenen, der von einem Notar inventarisiert wurde, fand sich kaum etwas von dem, was Cosimo erhofft hatte. Das wichtigste Objekt, das der Notar zu Tage förderte, war eine unter dem Bett des Verstorbenen verborgene Schatulle. Sie enthielt, wie die genaue Zählung ergab, 9985 Dukaten. Das entsprach 30 Kilogramm Gold und damit zweitausend Jahreseinkommen eines gut situierten römischen Handwerkers, auf dieser Grundlage umgerechnet 80 Millionen Euro. Doch das war nur ein Bruchteil der Vermögenswerte, die Lionardo Buonarroti erbte. Allein die ihm hinterlassenen Immobilien sind zu Beginn des 21. Jahrhunderts 150 Millionen Euro wert, dazu kamen Staatsanleihen und weitere Geldanlagen. Die Buonarroti waren jetzt eine der reichsten Familien von Florenz. Darüber hinaus listete das notarielle Verzeichnis ein Bettgestell, einen Schrank, einen Tisch und einen Stuhl auf.

Das Nachleben des Michelangelo Buonarroti

Selbst als Toter hatte Michelangelo für die Mächtigen einen hohen Propagandawert. Sowohl Cosimo de' Medici als auch Papst Pius IV. wollten ihm zu ihrem Ruhm die letzte Ehre erweisen. Doch jetzt gewann der Herzog, der zu Lebzeiten des Meisters hatte zurücktreten müssen, durch seine minutiösen Vorbereitungen die Oberhand. Seinen Anweisungen gemäß wurden die sterblichen Überreste, als Warenbündel verschnürt, bei Nacht und Nebel aus Rom herausgeschmuggelt und nach Florenz überführt. Dort ließ Cosimo dem Künstler am 14. Juli 1564 ein Staatsbegräbnis ausrichten, wie es eines Fürsten würdig gewesen wäre. Der gesamte Adel von Florenz lauschte in der überfüllten Kirche San Lorenzo der Grabrede Benedetto Varchis. Diesen republikanisch gesinnten Gelehrten hatte Cosimo an seinen Hof zu binden vermocht – als lebendes Zeichen dafür, dass seine Herrschaft die Fortsetzung der Republik mit anderen, besseren Mitteln darstellte. Mit Michelangelo war ihm diese Vereinnahmung erst nach dessen Tod gelungen, dafür jedoch umso intensiver und dauerhafter. Bis zu ihrem Aussterben im Jahre 1737 sollten sich die Großherzöge des Hauses Medici in ihrer Propaganda darauf berufen, dass sie den mit göttlicher Schöpferkraft begnadeten Großmeister aller Künste durch ihre kongeniale Förderung zu den höchsten Hervorbringungen angespornt hatten. Um diese Erinnerung auf Dauer zum Ruhm seiner Familie zu bewahren, hatte Cosimo nach den großartigen Exequien auch für ein Grabmal in der Kirche Santa Croce gesorgt, wie es so großartig keinem Künstler jemals zuvor zuteil geworden war.

Doch nicht nur Cosimo de' Medici, auch Michelangelo hatte über den Tod hinaus Erfolg. Sein großes Ziel, die Familie Buonarroti auf Dauer in die florentinische Aristokratie zu integrieren, wurde problemlos erreicht. Lionardos Nachkommen erklommen zwar nicht ganz die Höhe der Guicciardini und Ridolfi, doch dafür stachen sie immer wieder durch besondere Charakterzüge und Talente hervor. So feierte schon Lionardos Sohn Michelangelo als Literat, speziell als Komödiendichter, große Erfolge. Sechs Generationen später schließlich gewann Filippo Buonarroti (1761–1837) eine andere, den Mächtigen seiner Zeit nicht geheure Berühmtheit. Als engster Kampfgenosse von Gracchus Babeuf, dem Chef der sozialistischen Bruderschaft der Gleichen und Haupt einer gleichnamigen Verschwörung, entging er 1797 um Haaresbreite dem Schafott und arbeitete in der Folgezeit auf vielen Hundert Seiten den ersten vollständigen Entwurf einer kommunistischen Gesellschafts- und Lebensordnung aus. Michelangelos Verzicht auf die Annehmlichkeiten der Reichen und seine Verachtung der

Herrschenden lebten in diesem späten Großneffen den Zeitumständen entsprechend verwandelt fort. Filippos Sohn Lionardo Cosimo vermochte den Imageschaden, den die politischen Aktivitäten seines Vaters der Familie zugefügt hatten, zu beheben, erhielt deren beschlagnahmtes Vermögen zurück und starb als großherzoglicher Unterrichtsminister 1858. Mit ihm erlosch das Geschlecht der Buonarroti im Mannesstamm.

Auf der Baustelle von Sankt Peter wurde Michelangelos Wille zwar von Papst zu Papst rituell beschworen, doch am Ende nicht vollständig respektiert. Die erste Abweichung vom Holzmodell nahm Giacomo della Porta, einer seiner Nachfolger als Chefarchitekt, vor. Er erhöhte die Kuppelwölbung, den ästhetischen Vorstellungen des Jahrhundertendes folgend, um acht Meter, folgte dabei aber höchstwahrscheinlich einer von Michelangelo selbst autorisierten Variante. Im Mai 1590 schließlich wurde der Schlussstein in die Wölbung eingesetzt. Hier war jetzt keine weitere Veränderung mehr möglich, wohl aber am Grundriss insgesamt. Alt-Sankt Peter hatte sich über eine größere Fläche erstreckt, als der Neubau nach Michelangelos Plänen bedecken sollte. Das lief auf eine Profanierung heiligen Bodens hinaus. Zudem war sein Zentralbau ein griechisches Kreuz mit vier gleich langen Armen; die Liturgie der erneuerten Kirche aber gebot kategorisch ein lateinisches Kreuz, das heißt die Verlängerung nach Osten. Auch die Segensloggia, die Sangallos Entwurf vorgesehen hatte, wurde jetzt angemahnt. So kam, was kommen musste. Unter Paul V. Borghese (1605–1621) setzten sich die Bedenkenträger durch. Den neuen, auf liturgische Korrektheit bedachten Vorstellungen entsprechend baute der Architekt Carlo Maderna ein Langhaus und eine Fassade, die die Konzeption Michelangelos nicht nur einschneidend veränderten, sondern vom Petersplatz den Blick auf die Kuppel verdecken oder zumindest einschränken. Wer eine Ahnung von Michelangelos Sankt Peter gewinnen will, muss die Kirche daher von der Rückseite, von den Vatikanischen Gärten oder vom Neubaustadtteil Monteverde aus, betrachten. Dann schwebt die Kuppel in ihrer eisblauen Glorie über der chaotisch brodelnden Stadt – majestätisch und schwerelos als Symbol überzeitlicher Erhabenheit und Wahrheit, wie sie ihr Schöpfer am Ende eines längst zum Mythos gewordenen Lebens entworfen hatte (siehe Tafel 38).

ZEITTAFEL

1475, 6. März	Michelangelo di Ludovico di Lionardo di Buonarroti Simoni wird in Caprese (Provinz Arezzo) geboren, wo sein Vater Ludovico als Statthalter der Republik Florenz amtiert. Ab 1518 ändert der Künstler seinen Namen in «Michelangelo Buonarroti». Seine früheste Kindheit verbringt er bei einer Amme in Settignano.
1478	Verschwörung der Pazzi und anderer unzufriedener Florentiner Patrizier gegen die Medici. Am Komplott führend beteiligt sind Papst Sixtus IV. und seine Nepoten aus den Familien Della Rovere sowie Riario und Federico da Montefeltro, der Herzog von Urbino. Lorenzo de' Medici überlebt den Anschlag. In der Folge bis Ende 1480 Krieg mit Rom und Neapel.
1481, Dez.	Tod von Michelangelos Mutter Francesca del Sera; 1485 zweite Ehe des Vaters mit Lucrezia Ubaldini da Gagliano.
1488, 1. April	Lehre Michelangelos in der Werkstatt der Maler-Brüder Domenico und Davide Ghirlandaio; diese Ausbildung wird im Herbst 1489 abgebrochen.
1490/91–April 1492	Michelangelo steht als Bildhauer im Dienst von Lorenzo de' Medici. Er arbeitet im Skulpturengarten der Medici bei San Marco und wohnt als Hausangestellter in deren Familienpalast in der Via Larga. Erste Skulpturen: Faunskopf (nicht erhalten), Kentaurenschlacht.
1494, Jan.–Okt.	Michelangelo arbeitet für Lorenzos Sohn Piero de' Medici. Im Oktober 1494 flieht er vor dem Heer Karls VIII. von Frankreich nach Venedig und Bologna. Kurz darauf wird der Hauptzweig der Medici aus Florenz vertrieben. In Bologna entstehen Statuen der Heiligen Petronius und Proculus sowie ein Kandelaberengel.
1495	Rückkehr nach Florenz, wo sich unter dem Einfluss des Dominikaner-Priors Savonarola ein auf Patrizier und Mittelstand gestütztes republikanisches Regiment durchgesetzt hat. Dort arbeitet Michelangelo für Lorenzo de' Medici aus der jüngeren Linie der Familie. Sein Cupido wird Kardinal Sansoni Riario als Antike verkauft. Nach Aufdeckung der Fälschung tritt Michelangelo in dessen Dienste (Statue des Bacchus, 1496/97).
1496–Frühjahr 1501	Aufenthalt in Rom. Die für einen französischen Kardinal geschaffene Pietà (1498/99) macht Michelangelo berühmt.
1501, Frühjahr	Rückkehr nach Florenz; Vertrag mit Kardinal Francesco Todeschini Piccolomini zur Fertigstellung eines Altars in Siena.

1501–1504 Arbeit an der monumentalen Statue des David, des Symbols der florentinischen Republik. Zahlreiche weitere Aufträge für Statuen und Gemälde, darunter eine Marmor-Madonna für die Kirche Notre-Dame in Brügge und das Rundbild der heiligen Familie (Tondo Doni). Der 1503 geschlossene Vertrag über die Zwölf Apostel des Florentiner Domes wird zweieinhalb Jahre später annulliert. Auftrag für das Fresko der Schlacht von Cascina für den Saal des Großen Rates, das über die Entwurfszeichnung nicht hinausgelangt.

1505 Michelangelo tritt in die Dienste Papst Julius' II. Erster Entwurf für dessen monumentales Grabmal in der Peterskirche.

1506, April Beginn des Neubaus der Peterskirche durch Bramante. Michelangelo geht nach einem Streit über die Finanzierung des Julius-Grabmals nach Florenz.

1507 Arbeit an der Bronzestatue Julius' II. in Bologna, die im Februar 1508 an der Fassade der Kirche San Petronio aufgestellt und vier Jahre später zerstört wird.

1508–1512 Arbeit an den Deckenfresken der Sixtinischen Kapelle, deren Enthüllung am 31. Oktober 1512 Michelangelos Ruhm als Maler begründet. Wenige Wochen zuvor hat ein spanisch-päpstliches Heer die Medici nach Florenz zurückgeführt. Dort regieren die Medici bis 1527 hinter republikanischer Fassade.

1513 Tod Julius' II. am 21. Februar. Am 11. März wird Giovanni de' Medici, der sich Leo X. nennt, zu seinem Nachfolger gewählt. Der zweite Vertrag über das Grabmal Julius' II. am 6. Mai 1513 zwischen dessen Erben aus der Familie Della Rovere und Michelangelo sieht eine Verdoppelung der Statuen von zwanzig auf vierzig vor.

1513–1516 Arbeit am Julius-Grabmal: zwei Gefangene, Moses (später verändert). Auftrag für die Statue des auferstandenen Christus von Metello Vari de' Porcari für die römische Kirche Santa Maria sopra Minerva (1520/21 fertig gestellt).

1516, 8. Juli Dritter Vertrag über das im Umfang stark reduzierte Juliusgrabmal zu unveränderten finanziellen Konditionen.

1516–1520 Arbeit für das Projekt der Fassade von San Lorenzo in Florenz. Der Vertrag vom 19. Januar 1518 macht Michelangelo zum Generalunternehmer mit der alleinigen Verantwortung für die Architektur und den Skulpturenschmuck. Da sich der Künstler überwiegend in den Marmorbrüchen von Carrara und Pietrasante aufhält, stagniert das Vorhaben. Annullierung des Vertrags im März 1520.

1520–1534 Arbeit an der «Neuen Sakristei», der Grablege der Medici bei der Kirche San Lorenzo in Florenz. Michelangelo ist auch hier für die Architektur und die Statuen der Grabmäler verantwortlich. Eigenhändig verfertigt er die Statue der Madonna mit dem Kind, die beiden Feldherrn für die Grabmäler Giulianos und Lorenzos de' Medici sowie die Allego-

	rien von Tag und Nacht, Morgen- und Abenddämmerung, die deren Sarkophage schmücken.
1521, 1. Dez.	Tod Leos X. Es folgt ein kurzer Pontifikat des Niederländers Hadrian VI..
1523, 19. Nov.	Giulio de' Medici, der sich Clemens VII. nennt, wird zum Papst gewählt. Er erteilt Michelangelo den Auftrag für die Biblioteca Laurenziana in Florenz.
1525–1527	Der Machtkampf zwischen Kaiser Karl V. und König Franz I. von Frankreich erreicht seinen Höhepunkt auf italienischem Boden. Clemens VII. schließt sich Frankreich an. Ein kaiserliches Heer erobert Rom am 6. Mai 1527: Beginn des Sacco di Roma, Plünderung und Schreckensherrschaft deutscher und spanischer Söldner in Rom, Gefangenschaft Clemens' VII. in der Engelsburg.
1527–1530	Nach der Vertreibung der Medici im Mai 1527 etabliert sich in Florenz ein republikanisches Regiment, das scharf gegen die alte Elite vorgeht und Christus, dessen Rückkehr allgemein erwartet wird, zum König von Florenz proklamiert. Michelangelo wird 1529 zum Mitglied des Verteidigungsrats und obersten Festungsbaumeister ernannt. Im September 1529 flieht er nach Ferrara, wo Herzog Alfonso d'Este ihm den Auftrag für das Bild der Leda mit dem Schwan erteilt (1530 fertig gestellt, später zerstört). Kurz darauf kehrt Michelangelo nach Florenz zurück, das von einem spanischen Heer belagert wird. Nach der Kapitulation der Republik im August 1530 wird Michelangelo von den Medici wieder in Gnaden aufgenommen.
1531	Tod von Michelangelos Vater Ludovico. Alessandro de' Medici wird Herzog der Republik Florenz.
1532	Der vierte Vertrag über das Julius-Grabmal entlastet den Künstler weiter. Erstes Zusammentreffen mit Tommaso Cavalieri in Rom, dem Michelangelo in schwärmerischer Neigung verbunden ist und drei Zeichnungen mit Themen der griechischen Mythologie schenkt.
1534	Ende September verlässt Michelangelo Florenz, wo er die «Neue Sakristei» und deren Statuen sowie die Biblioteca Laurenziana unfertig hinterlässt, und geht nach Rom.
1534, 27. Sept.	Papst Clemens VII. stirbt.
1534, 13. Okt.	Wahl Pauls III. aus der Familie Farnese zum neuen Papst. Er ernennt Michelangelo zum obersten Architekten, Bildhauer und Maler des Vatikans (ab 1. September 1535) und erteilt ihm in seinem fünfzehnjährigen Pontifikat die größten Aufträge der Zeit.
1534–1541	Michelangelo arbeitet am Fresko des Jüngsten Gerichts in der Sixtinischen Kapelle. 1564 werden viele der fast vierhundert nackten Figuren von Michelangelos Freund und Schüler Daniele da Volterra nachträglich «eingekleidet».
1537	Im Januar wird Alessandro de' Medici ermordet. Sein Nachfolger Cosimo aus der jüngeren Linie der Familie festigt die Monarchie nach

	innen und außen (Großherzog der Toskana ab 1569). Unter Bezug auf die Ermordung Alessandros fertigt Michelangelo später die Büste des Brutus an.
1538–1547	Freundschaft und Gedankenaustausch mit der römischen Hochadeligen Vittoria Colonna. Sie gehört kirchlichen Reformkreisen an, die von der Inquisition der Ketzerei verdächtigt werden, und übt starken theologischen Einfluss auf Michelangelo aus. Dieser schenkt ihr Zeichnungen mit religiösen Motiven.
1542	Michelangelo beginnt die Fresken der Kreuzigung des Petrus und der Bekehrung des Paulus in der Cappella Paolina des Vatikans (bis 1550).
1542, 20. Aug.	Fünfter und letzter Vertrag über das Julius-Grabmal, das Anfang 1545 in der Kirche San Pietro in Vincoli vollendet wird.
1547, 1. Jan.	Michelangelos Ernennung zum obersten Architekten der Peterskirche tritt in Kraft; am 11. Oktober 1549 erweitert Paul III. diese Stellung mit außerordentlichen Vollmachten.
1550–1555	Arbeit an der Pietà Bandini, Bestätigung aller Ämter und Funktionen durch Papst Julius III. 1550 veröffentlicht Giorgio Vasari die erste Ausgabe seiner Michelangelo-Biographie.
1553	Heirat des Neffen Lionardo mit Cassandra Ridolfi. Die Lebensbeschreibung Michelangelos von Ascanio Condivi erscheint; der Künstler hat sie seinem Famulus weitgehend in die Feder diktiert.
1555–1559	Pontifikat Pauls IV., der aus der neapolitanischen Adelsfamilie Carafa stammt. Mit ihm ergreift ein Vertreter der strengsten und unduldsamsten Katholischen Reform die Macht in Rom. Der Papst geht rigoros gegen alle der religiösen Abweichung verdächtigen Kreise vor, darunter Kardinäle und Könige. Krieg des Papstes gegen Spanien, in dessen Folge Michelangelo im Herbst 1556 nach Spoleto flieht.
1556	Michelangelos Diener und Vertrauter Urbino stirbt. Arbeit an der Pietà Rondanini (bis 1564).
1559–1565	Pontifikat Pius' IV., der die Katholische Reform in mildere Bahnen zurückführt. Er bestellt bei Michelangelo Entwürfe für das Stadttor der Porta Pia (1565 fertig gestellt) und der Kirche Santa Maria degli Angeli. Diese Basilika wird nach Michelangelos Plan auf den Ruinen der Diokletiansthermen errichtet.
1564, 18. Febr.	Michelangelo Buonarroti stirbt in seinem Haus am Macello de' Corvi beim Trajansforum. Sein Leichnam wird nach Florenz entführt; Staatsbegräbnis am 14. Juli 1564 in San Lorenzo, Grabmal in der Kirche Santa Croce.

STAMMTAFEL DER DE' SIMONI/BUONARROTI (AUSZUG)

- Lionardo di Buonarroto (†1459) ∞ Alessandra Brunaccini (1410–1494)
  - Francesco (1434–1508)
  - Ludovico di Lionardo di Buonarroto (1444–1531) ∞ Francesca di Neri del Miniato del Sera (1455–1481)
    - Lionardo (1473–1510)
    - **Michelangelo** (1475–1564)
    - Buonarroto (1477–1528) ∞ Bartolommea della Casa
      - Francesca (*1517) ∞ Michele Guicciardini
      - Simone (*1518)
      - Lionardo (1519–1599) ∞ Cassandra Ridolfi
        - Buonarroto (*1554) ∞ Alessandra Macigni
          - Lionardo (†1684) ∞ Ginevra Martellini
            - Filippo (1661–1755) ∞ Fausta Malavolti
              - Lionardo ∞ Giulia Bizzarini
                - Filippo (1761–1837) ∞ Elisabetta de' Conti
                  - Lionardo Cosimo (1790–1858)
        - Michelangelo (1555)
        - Michelangelo (1568–1646)
      - Buonarroto (1528–1530)
    - Giovan Simone (1479–1548)
    - Gismondo (1481–1555)
    - Matteo (*1481)

STAMMTAFEL DER MEDICI (AUSZUG)

- **Giovanni di Bicci** (1368–1429) ∞ Piccarda (Nannina) de' Bueri (1368–1432)
  - **Cosimo der Ältere (il Vecchio)** (1389–1464) ∞ Contessina de' Bardi (†1473)
    - **Piero** (1416–1469) ∞ Lucrezia Tornbuoni (1425–1482)
      - **Lorenzo il Magnifico (der Prächtige)** (1449–1492) ∞ Clarice Orsini (1450–1488)
        - Lucrezia (*1470) ∞ Jacopo Salviati (1462–1533)
        - **Piero** (1472–1503) ∞ Alfonsina Orsini (1472–1520)
          - **Lorenzo** (1492–1519) Herzog von Urbino ∞ Madeleine de la Tour d' Auvergne (†1519)
            - **Alessandro** (1510–1537) unehelicher Sohn Herzog von Florenz ∞ Margaretha von Österreich (1522–1586)
            - Caterina (1519–1589) Königin von Frankreich ∞ Heinrich II. von Valois (1517–1559) König von Frankreich
          - Clarice (1493–1528) ∞ Filippo Strozzi (1488–1538)
        - Maddalena (1473–1519) ∞ Franceschetto Cibo Sohn Innozenz' VIII.
        - **Giovanni** (1475–1521) 1489: Kardinal 1513: Papst Leo X.
        - Contessina (1478–1515) ∞ Piero Ridolfi
        - **Giuliano** (1479–1516) Herzog von Nemours ∞ Filiberta di Savoia
          - Ippolito (1510–1535) unehelicher Sohn, 1529: Kardinal
      - Giuliano (1453–1478)
        - **Giulio** (1478–1534) unehelicher Sohn 1513: Kardinal; 1523: Papst Clemens VII.
  - Lorenzo (1395–1440) ∞ Ginevra Cavalcanti
    - Pierfrancesco (1430–1476) ∞ Laudomia Acciaiuoli
      - Lorenzo il Popolano (1463–1503) ∞ Semiramide d' Appiano (†1523)
      - Giovanni il Popolano (1467–1498) ∞ Caterina Sforza (1463–1509)
        - Giovanni delle Bande Nere (1498–1526) ∞ Maria Salviati (1499–1543)
          - **Cosimo I.** (1519–1574) 1537: Herzog 1569: Großherzog der Toskana ∞ Eleonora von Toledo (1522–1562) ∞ Camilla Martelli (1545–1590)

ANMERKUNGEN

1 Carteggio II, S. 245.
2 Carteggio II, S. 245.
3 Carteggio II, S. 247.
4 Carteggio II, S. 253.
5 Carteggio I, S. 244.
6 Carteggio I, S. 244.
7 Condivi, S. 23.
8 Condivi, S. 23.
9 Condivi, S. 24.
10 Condivi, S. 24.
11 Condivi, S. 25.
12 Condivi, S. 27.
13 Poggi, S. 33 f.
14 Carteggio IV, S. 1.
15 Carteggio IV, S. 349 (16.8.1550).
16 Carteggio I, S. 1.
17 Carteggio I, S. 9.
18 Carteggio I, S. 91 (Mai/Juni 1509).
19 Carteggio I, S. 11.
20 Carteggio I, S. 13.
21 Carteggio I, S. 13.
22 Carteggio I, S. 20.
23 Carteggio I, S. 24.
24 Carteggio I, S. 49.
25 Carteggio I, S. 53.
26 Carteggio I, S. 55 (10.11.1507).
27 Carteggio III, S. 8.
28 Carteggio I, S. 74 (22.7.1508).
29 Carteggio I, S. 85 (7.10.1508).
30 Carteggio I, S. 87.
31 Carteggio I, S. 88.
32 Carteggio I, S. 88.
33 Carteggio I, S. 91.
34 Carteggio I, S. 93 (Juni/Juli 1509).
35 Carteggio I, S. 93 f. (Juni/Juli 1509).
36 Carteggio I, S. 95.
37 Carteggio I, S. 95 f.
38 Carteggio I, S. 96.
39 Carteggio I, S. 96.
40 Carteggio I, S. 101.
41 Carteggio I, S. 107.
42 Carteggio I, S. 121.
43 Carteggio I, S. 133.
44 Gedichte, S. 12 f.
45 Carteggio I, S. 136.
46 Carteggio I, S. 137.
47 Carteggio I, S. 139.
48 Carteggio I, S. 140.
49 Carteggio I, S. 140 f.
50 Carteggio I, S. 162.
51 Carteggio I, S. 142 f.
52 Carteggio I, S. 146.
53 Carteggio I, S. 152.
54 Carteggio I, S. 177.
55 Carteggio I, S. 182.
56 Carteggio I, S. 182.
57 Carteggio I, S. 277.
58 Carteggio I, S. 278.
59 Carteggio I, S. 297.
60 Carteggio I, S. 346.
61 Carteggio I, S. 347.
62 Carteggio II, S. 36.
63 Carteggio II, S. 37.
64 Carteggio II, S. 129.
65 Carteggio I, S. 291.
66 Carteggio II, S. 220 f.
67 Carteggio II, S. 221.
68 Carteggio II, S. 260.
69 Carteggio III, S. 7.
70 Carteggio III, S. 227 f.
71 Frey, S. 17.
72 Carteggio II, S. 367.
73 Carteggio II, S. 274 f.
74 Carteggio II, S. 360.
75 Carteggio II, S. 360.
76 Carteggio II, S. 373 f.
77 Carteggio II, S. 374
78 Carteggio III, S. 20.
79 Carteggio III, S. 22.
80 Carteggio III, S. 50 f.
81 Carteggio III, S. 55.
82 Carteggio III, S. 55.
83 Carteggio III, S. 56.
84 Carteggio III, S. 27.
85 Gedichte, S. 64.
86 Gedichte, S. 144 f.
87 Carteggio III, S. 156.
88 Carteggio III, S. 176.
89 Carteggio III, S. 194 f.
90 Milanesi, S. 366 f.
91 Carteggio III, S. 280.
92 Carteggio III, S. 293.
93 Carteggio III, S. 290.
94 Condivi, S. 61 f.
95 Condivi, S. 61.
96 Carteggio III, S. 315.
97 Carteggio III, S. 323.
98 Carteggio III, S. 443 f.
99 Carteggio III, S. 445.
100 Carteggio IV, S. 65.

101 Carteggio IV, S. 98.
102 Carteggio IV, S. 81.
103 Carteggio IV, S. 92.
104 Carteggio IV, S. 117.
105 Der Brief in Carteggio IV, S. 82–84.
106 Carteggio IV, S. 87.
107 De Hollanda, S. 45 f.
108 Giannotti, S. 46.
109 Giannotti, S. 98.
110 Carteggio IV, S. 101.
111 Carteggio IV, S. 102.
112 Carteggio IV, S. 104.
113 Carteggio IV, S. 105.
114 Carteggio IV, S. 120.
115 Carteggio IV, S. 169.
116 Carteggio IV, S. 169.
117 Gedichte, S. 218.
118 Carteggio IV, S. 224.
119 De Hollanda, S. 50.
120 De Hollanda, S. 50.
121 De Hollanda, S. 53.
122 De Hollanda, S. 54.
123 De Hollanda, S. 60.
124 De Hollanda, S. 82 f.
125 De Hollanda, S. 91.
126 Carteggio IV, S. 128.
127 Carteggio IV, S. 136.
128 Carteggio IV, S. 150.
129 Gedichte, S. 16.
130 Carteggio IV, S. 183.
131 Carteggio IV, S. 249.
132 Carteggio IV, S. 229.
133 Carteggio IV, S. 237.
134 Carteggio IV, S. 235.
135 Carteggio IV, S. 225.
136 Carteggio IV, S. 226.
137 Carteggio IV, S. 227.
138 Carteggio IV, S. 231.
139 Carteggio IV, S. 231.
140 Carteggio IV, S. 232.
141 Carteggio IV, S. 235.
142 Carteggio IV, S. 239.
143 Carteggio IV, S. 242.
144 Carteggio IV, S. 248.
145 Vasari VII, S. 219.
146 Carteggio IV, S. 251.
147 Carteggio IV, S. 251.
148 Bardeschi Ciulich, S. 272.
149 Bredekamp, S. 156.
150 Bredekamp, S. 156.
151 Bredekamp, S. 156.
152 Bredekamp, S. 156.
153 Bredekamp, S. 157.
154 Carteggio IV, S. 310.
155 Carteggio IV, S. 312.
156 Carteggio IV, S. 314.
157 Carteggio IV, S. 315 f.
158 Carteggio IV, S. 317.
159 Carteggio IV, S. 318.
160 Carteggio IV, S. 319.
161 Carteggio IV, S. 319.
162 Carteggio IV, S. 325.
163 Carteggio IV, S. 332.
164 Carteggio IV, S. 343.
165 Carteggio IV, S. 349.
166 Carteggio IV, S. 357.
167 Carteggio V, S. 4 f.
168 Carteggio V, S. 30.
169 Carteggio V, S. 35 f.
170 Carteggio V, S. 50.
171 Carteggio V, S. 50.
172 Carteggio V, S. 51 f.
173 Carteggio V, S. 54.
174 Carteggio V, S. 55.
175 Carteggio V, S. 74 f.
176 Carteggio V, S. 76.
177 Carteggio V, S. 77.
178 Carteggio V, S. 84 f.
179 Carteggio V, S. 97.
180 Carteggio V, S. 185.
181 Carteggio V, S. 309.
182 Carteggio V, S. 324.

NACHWEISE DER BILDZITATE

Seite 40: Agosti, S. 27 – *Seite 45, links:* Agosti, S. 33 – *Seite 45, rechts:* Wallace, S. 42 – *Seite 49:* Agosti, S. 35 – *Seite 52:* Agosti, S. 36 – *Seite 58:* Agosti, S. 52 – *Seite 66:* Grömling, S. 35 – *Seite 75:* Bredekamp/Reinhardt, S. 39 – *Seite 89:* M. Rohlmann, Michelangelos Bronzestatue von Julius II. Zur Geschichte und Bedeutung päpstlicher Ehrentore in Bologna und Ascoli, in: Römisches Jahrbuch der Bibliotheca Hertziana 31 (1996), S. 187-206 – *Seite 93:* Agosti, S. 80 – *Seite 131:* Agosti, S. 71 – *Seite 132:* Agosti, S. 279 und 280 – *Seite 135:* Agosti, S. 72 – *Seite 158:* Grömling, S. 62 – *Seite 159:* Grömling, S. 62 – *Seite 161:* Forcellino, Taf. 29 – *Seite 180 f.:* Agosti, S. 282 – Seite 182: Agosti, S. 292 – Seite 185: Agosti, S. 208 – Seite 211: Grömling, S. 64 – *Seite 218:* Agosti, S. 75 – *Seite 231:* Agosti, S. 114 – *Seite 232:* Agosti, S. 112 – *Seite 247:* Sala, S. 130 – *Seite 251:* Agosti, S. 311 – *Seite 252:* Wallace, S. 179 – *Seite 265 links:* Agosti, S. 331 – *Seite 265 rechts:* Riklin, S. 11 – *Seite 285:* Agosti, S. 256 – *Seite 287:* Agosti, S. 298 f. – *Seite 288:* Agosti, S. 264 f – *Seite 312:* Grömling, S. 82 – *Seite 314:* Bredekamp, S. 60 – *Seite 349:* Agosti, S. 136 – *Seite 350:* Bredekamp, S. 77 – *Seite 356:* Grömling, S. 83 – *Seite 358:* Reinhardt, S. 157

Tafel 1: Agosti, S. 175 – *Tafel 2:* Agosti, S. 172 f. – *Tafel 3:* Agosti, S. 155 – *Tafel 4:* Wallace, S. 149 – *Tafel 5:* Wallace, S. 148 – *Tafel 6:* Agosti, S. 170 f. – *Tafel 7:* Pfeiffer, S. 133 – *Tafel 8:* Pfeiffer, S. 123 – *Tafel 9:* Pfeiffer, S. 138 f. – *Tafel 10:* Pfeiffer, S. 134 – *Tafel 11:* Agosti, S. 160 – *Tafel 12:* Agosti, S. 161 – *Tafel 13:* Agosti, S. 307 – *Tafel 14:* Colalucci/Mancinelli/Partridge, S. 60 – *Tafel 15:* Colalucci/Mancinelli/Partridge, S. 67 – *Tafel 16:* Colalucci/Mancinelli/Partridge, S. 138 – *Tafel 17:* Agosti, S. 317 – *Tafel 18:* Agosti, S. 314 f – *Tafel 19:* Colalucci/Mancinelli/Partridge, S. 141 – *Tafel 20:* Colalucci/Mancinelli/Partridge, S. 96 – *Tafel 21:* Agosti, S. 83 – *Tafel 22:* Agosti, S. 211 – *Tafel 23:* Agosti, S. 216 – *Tafel 24:* Agosti, S. 222 – *Tafel 25:* Agosti, S. 214 – *Tafel 26:* Agosti, S. 232 f – *Tafel 27:* Agosti, S. 235 – *Tafel 28:* Agosti, S. 113 – *Tafel 29:* Agosti, S. 124 – *Tafel 30:* Agosti, S. 369 – *Tafel 31:* Agosti, S. 131 – *Tafel 32:* Agosti, S. 130 – *Tafel 33:* Sala, S. 151 – *Tafel 34:* Grömling, S. 85 – *Tafel 35:* Grömling, S. 85 – *Tafel 36:* Agosti, S. 10 – *Tafel 37:* Agosti, S. 318 – *Tafel 38:* Agosti, S. 138

LITERATUR

Quellen

Il carteggio di Michelangelo (hg. von P. Barocchi/R. Ristori, Edizione Postuma di G. Poggi), 5 Bände, Florenz 1965–1983. *Zitiert: Carteggio*

Carteggio indiretto di Michelangelo (hg. von P. Barocchi/K. Loach Bramanti/R. Ristori), 2 Bände, Florenz 1988–1995.

Le lettere di Michelangelo Buonarroti pubblicate coi ricordi ed i contratti artistici, Florenz 1875.

I Ricordi di Michelangelo (hg. von L. Bardeschi Ciulich/P. Barocchi/R. Ristori), Florenz 1970.

Michelangelo Buonarroti, Rime (hg. von E. N. Girardi), Bari 1960. Deutsch: Die Dichtungen des Michelagniolo Buonarroti (hg. von K. Frey), Berlin 1897. *Zitiert: Frey.* Beste zweisprachige Ausgabe: Michelangelo. Sämtliche Gedichte. Italienisch und deutsch (hg. von M. Engelhard), Frankfurt am Main/Leipzig 1992. *Zitiert: Gedichte*

A. Condivi, Vita di Michelagniolo Buonarroti (hg. von E. Spina Barelli), Mailand 1964.

D. Giannotti, Dialogo de' giorni che Dante consume nel cercare l'Inferno e 'l Purgatorio (hg. von D. Redig de Campos), Florenz 1939; deutsch: D. Giannotti, Gespräche mit Michelangelo (hg. von J. Frommel-Haverkorn van Rijsewijk), Amsterdam 1968. *Zitiert: Giannotti.*

A. Gotti (Hg.), Vita di Michelangelo Buonarroti narrata con l'aiuto di nuovi documenti, 2 Bände, Florenz 1871.

Francisco de Hollanda, Dialogos de Roma (hg. von M. Mendes), Lissabon 1955; französisch: Les Dialogues de Rome (hg. von José Frèches), Paris 1973. *Zitiert: De Hollanda.*

G. Vasari, Le Vite de' più eccellenti Pittori Scultori ed Architettori (hg. von G. Milanesi), 9 Bände, Florenz 1906. *Zitiert: Vasari.*

Wissenschaftliche Literatur

Aufgeführt werden neuere Publikationen, die Einblick in den Stand der Forschung zu Michelangelo vermitteln und einzelne Aspekte vertiefen. Die Ausführungen zur Geschichte von Florenz und Rom nach: V. Reinhardt, Geschichte Italiens. Von der Spätantike bis zur Gegenwart, München 2003; Die Medici. Florenz im Zeitalter der Renaissance, München 2004; Die Renaissance in Italien. Geschichte und Kultur, München 2002; Rom. Von der Antike bis zur Gegenwart, München 2009. Dort jeweils auch weiterführende Literatur.

C. Acidini Luchinat, Michelangelo pittore, Mailand 2007.

–, Michelangelo scultore, Mailand 2006.

–, Michelangelo and the Art of Renaissance

Florence, New Haven 2002.

J. Ackermann, The Architecture of Michelangelo, London 1986.

B. Agosti, Michel-Ange et son entourage, Florenz 2008. *Zitiert: Agosti*

D. Arasse/A. Tönnesmann, Der europäische Manierismus 1520–1610, München 1996.

G. C. Argan/B. Contardi, Michelangelo Architetto, Mailand 1990.

L. Bardeschi Ciulich, I Contratti di Michelangelo, Florenz 2005.

P. Barocchi (Hg.), Il giardino di San Marco. Maestri e compagni del giovane Michelangelo, Florenz 1992.

F. Baumgart/B. Biagetti, Die Fresken des Michelangelo, L. Sabbatini und F. Zuccari im Vatikan, Vatikanstadt 1934.

H. Bredekamp, Sankt Peter in Rom und das Prinzip der produktiven Zerstörung, Berlin 2000.

–, Zwei Souveräne: Paul III. und Michelangelo. Das motu proprio vom Oktober 1549, in: Sankt Peter in Rom 1506–2006, München 2008, S. 147–157. *Zitiert: Bredekamp*

–, Michelangelos Modellkritik, in: B. Evers (Hg.), Architekturmodelle der Renaissance. Die Harmonie des Bauens von Alberti bis Michelangelo, Berlin 1995, S. 116–123.

–, Ende (1545) und Anfang (1505) von Michelangelos Juliusgrab, in: H. Bredekamp/V. Reinhardt (Hg.), Totenkult und Wille zur Macht. Die unruhigen Ruhestätten der Päpste in St. Peter, Darmstadt 2004, S. 61–83. *Zitiert: Bredekamp/Reinhardt*

–, Michelangelo. Fünf Essays, Berlin 2009

S. Caponetto, Il Beneficio di Cristo, Florenz/Chicago 1972.

R. J. Clements, Michelangelo's Theory of Art, New York 1961.

G. Colalucci/F. Mancinelli/L. Partridge, La Cappella Sistina. Il Giudizio restaurato, Novara 1998. *Zitiert: Colalucci/Mancinelli/Partridge*

G. Creighton, Michelangelo. On and Off the Sistine Ceiling, New York 1994.

C. Echinger-Maurach, Studien zu Michelangelos Juliusgrabmal, Hildesheim/Zürich/New York 1991.

L. D. Ettlinger, The Liturgical Function of Michelangelo's Medici Chapel, in: Mitteilungen des Kunsthistorischen Institutes in Florenz 22 (1978), S. 287–304.

Exploring David. Diagnostic Tests and State of Conservation, Florenz 2004.

S. Ferino-Pagden, Vittoria Colonna. Dichterin und Muse Michelangelos. Ausstellungskatalog Kunsthistorisches Museum Wien, Wien 1997.

A. Forcellino, Michelangelo. Eine Biographie, Berlin 2006. *Zitiert: Forcellino*

C. Gilbert, Texts and Contexts of the Medici Chapel, in: Art Quarterly 34 (1971), S. 391–408.

A. Grömling: Michelangelo Buonarroti. Leben und Werk, Köln 1999. *Zitiert: Grömling*

R. Hatfield, The Wealth of Michelangelo, Rom 2002.

N. Hegener, Mediceischer Ruhm und künstlerische Selbstinszenierung. Bandinelli und die Papstgrabmäler in Santa Maria sopra Minerva, in: A. Karsten/P. Zitzlsperger (Hg.), Tod und Verklärung. Grabmalskulptur in der Frühen Neuzeit, Köln/Weimar/Wien 2004, S. 259–284.

P. Hemmer, Michelangelos Fresken in der Cappella Paolina und das «Donum Justificationis», in: Capellae Apostolicae Sixtinae Collectanea Acta Monumenta 9 (2003), S. 131–152.

M. Hirstel/J. Dunkerton, Making & Meaning. The Young Michelangelo, London 1994.

C. Justi, Michelangelo. Beiträge zur Erklärung der Werke und des Menschen, Leipzig 1900.

–, Michelangelo. Neue Beiträge zur Erklärung seiner Werke, Leipzig 1909.

A. Karsten, Ein Gartentor zur Hölle. Michelangelos Porta Pia in Rom, unveröffentlichte Magisterarbeit Berlin 1997.

B. Kempers, Die Erfindung eines Monuments. Michelangelo und die Metamorphosen des Juliusgrabmals, in: H. Bredekamp/V. Reinhardt (Hg.), Totenkult und Wille zur Macht. Die unruhigen Ruhestätten der Päpste in St. Peter, Darmstadt 2004, S. 41–59.

H. Koch, Michelangelo, Reinbek 1966.

R. Kuhn, Die Sixtinische Decke. Beiträge über ihre Quellen und zu ihrer Auslegung, Berlin/New York 1975.

C. Leonardi, Michelangelo, l'Urbino, il Taruga, Città di Castello 1995.

S. Levine, The Location of Michelangelo's David. The Meeting of January 25, 1504, in: The Art Bulletin 56 (1974), S. 31–49.

R. S. Liebert, A Psychoanalytic Study of His Life and Images, New Haven/London 1983.

H. Lossow, Die Biblioteca Laurenziana in Florenz, Berlin 1963.

R. De Maio, Michelangelo e la Controriforma, Bari 1978.

H. R. Mancusi Ungaro Jr., Michelangelo: The Bruges Madonna and the Piccolomini Altar, New Haven/London 1971.

P. Marconi/M. Maccari (Hg.), Il Campidoglio di Michelangelo, Mailand 1965.

T. F. Mayer, Cardinal Pole in European Context: a Via Media in the Reformation, Burlington 2000.

F. Wolff Metternich, Die Erbauung der Peterskirche zu Rom im 16. Jahrhundert, Wien 1972.

Michelangelo. La «Leda» e la seconda Repubblica fiorentina/Die «Leda» und die zweite florentinische Republik, Mailand 2007.

Michelangelo e la Sistina: la tecnica, il restauro, il mito, Rom 1990.

Michelangelo, La Cappella Sistina: documentazioni e interpretazioni, 3 Bände, Novara 1994.

Michelangelo. Mostra di Disegni, Manoscritti, e Documenti, Florenz 1964.

S. M. Pagano/C. Ranieri (Hg.), Nuovi documenti su Vittoria Colonna e Reginald Pole, Vatikanstadt 1989.

E. Panofsky, The Neoplatonic Movement and Michelangelo, in: ders., Studies in Iconology: Humanistic Themes in the Art of The Renaissance, New York 1962, S. 171–230.

H. W. Pfeiffer, Die Sixtinische Kapelle neu entdeckt, Stuttgart 2007. *Zitiert: Pfeiffer*

J. Poeschke, Michelangelo and his World, New York 1996.

N. Del Re, La Sacra Congregazione della Reverenda Fabbrica di S. Pietro, in: Studi Romani 17 (1969), S. 288–300.

V. Reinhardt, Francesco Vettori (1474–1539). Das Spiel der Macht, Bern/Göttingen 2007. *Zitiert: Reinhardt*

A. Riklin, Giannotti, Michelangelo und der Tyrannenmord, Bern 1996. *Zitiert: Riklin*

C. Sala: Michelangelo, Frechen 2001

C. Seymour, Michelangelos's David. A Search for Identity, Pittsburgh 1967.

G. Spini, Michelangelo politico e altri studi sul Rinascimento fiorentino, Mailand 2003.

R. di Stefano, La cupola di San Pietro. Storia della costruzione e dei restauri, Neapel 1963.

E. Steinmann, Die Sixtinische Kapelle, 2 Bände, München 1905.

D. Summers, Michelangelo and the Language of Art, Princeton 1981.

A. Tönnesmann, Die Kunst der Renaissance, München 2007.

C. de Tolnay, The Youth of Michelangelo, Princeton 1947.

–, Michelangelo. The Final Period, Princeton 1960.

R. Trexler/M. E. Lewis, Two Captains and three Kings: New Light on the Medici Chapel, in: Studies in Medieval and Renaissance History 4 (1981), S. 93–177.

F. Tuena, Michelangelo. Gli ultimi anni, Florenz/Mailand 2006.

F.-J. Verspohl, Michelangelo und Machiavelli. Der David auf der Piazza della Signoria in Florenz, in: Städelsches Jahrbuch 8 (1981), S. 204–246.

–, Michelangelo Buonarroti und Papst Julius II., Göttingen/Bern 2004.

W. E. Wallace, Michelangelo at San Lorenzo. The Genius as Entrepreneur, Cambridge 1994.

–: Michelangelo. Skulptur, Malerei, Architektur, Köln 1999. *Zitiert: Wallace*

K. Weil-Garris Brandt/C. Acidini Luchinat/J. D. Draper/N. Penny (Hg.), Giovinezza di Michelangelo, Florenz/Mailand 1999.

R. Wittkower, Nanni di Bacio Bigio and Michelangelo, in: Festschrift Ulrich Middeldorf, Berlin 1968, S. 248–262.

F. Zöllner, Michelangelos Fresken in der Sixtinischen Kapelle, gesehen von Giorgio Vasari und Ascanio Condivi, Freiburg i. Br. 2002.

PERSONENREGISTER

Alba, Herzog von (Alvarez de Toledo y Pimentel, Fernando) 340, 347
Alberti, Leon Battista 151
Alessandro de' Medici (Herzog von Florenz) *siehe* Medici, Alessandro de'
Alexander VI. (Papst) 50, 54, 59, 67, 71, 126, 234
Alfonsis, Gian Battista de 318
Amadio, Adriano 43
Amboise, Georges d' 94
Anna von Österreich (Königin von Frankreich) 218
Antonio da Pontassieve 130, 133
Aretino, Pietro 257 f.
Augustus (Gaius Octavius, Römischer Kaiser) 243

Babeuf, Gracchus 361
Baccio d'Agnolo 150
Baglioni 213
Bandinelli, Baccio 105
Bectini, Bartolomeo 331 f.
Bentivoglio (Familie) 44, 71
Bentivoglio, Annibale 86, 90
Bentivoglio, Giovanni 86 f.
Bertoldo di Giovanni 36, 39
Bilhères-Lagraulas, Jean de (Kardinal) 51
Boleyn, Anne 233
Borgherini, Pier Francesco 143
Borghese, Camillo *siehe* Paul V. (Papst)
Borgia (Familie) 55, 67, 71 f., 337
Borgia, Cesare 67
Borgia, Lucrezia 213
Borgia, Rodrigo *siehe* Alexander VI. (Papst)
Borromeo, Carlo (Kardinal) 353
Bourbon, Charles de 204–206
Bramante, Donato 77, 82, 91, 315 f., 364
Brunelleschi, Filippo 29, 166, 184, 351
Bruni, Leonardo 189
Brutus (Marcus Iunius Brutus) 19, 241, 261 f., 264–266, 366
Bugiardini, Giuliano 101
Buonarroti (Familie) 7–10, 23–26, 29, 38, 57, 82, 102, 104, 106–112, 115, 118, 122, 144, 187, 305, 307, 311, 330–332, 347, 360–362
Buonarroti, Buonarroto 8, 23, 55, 87 f., 103, 110–112, 116 f., 139, 141–143, 152 f., 219, 244, 336
Buonarroti, Cassandra (Frau von Lionardo Buonarroti) siehe Ridolfi, Cassandra
Buonarroti, Filippo 361 f.
Buonarroti, Francesca (Mutter Michelangelos) *siehe* Sera, Francesca del
Buonarroti, Francesca (Frau von Michele Guicciardini) 244 f., 331, 363
Buonarroti, Giovan Simone 23, 106–109, 307 f.
Buonarroti, Gismondo 23, 110, 305, 307 f., 332 f., 341 f.
Buonarroti, Lionardo 23, 82, 183, 244–246, 304 f., 307–311, 329–336, 340, 342–347, 357, 359 f., 366
Buonarroti, Lionardo Cosimo (Sohn des Filippo) 362
Buonarroti, Lucrezia *siehe* Ubaldini da Gagliano, Lucrezia
Buonarroti, Ludovico (di Buonarroto) 8, 23–25, 28–30, 37–39, 55, 83, 88, 103–110, 116 f., 122, 194 f., 210, 219, 363, 365
Buonarroti, Matteo 23
Buonarroti, Michelangelo (früh verstorbener Sohn des Lionardo) 336

Buonarroti, Michelangelo (Sohn des Lionardo, Literat) 361
Buonarroti, Selvaggia 24
Buoninsegni, Domenico 13, 148 f., 152 f., 156 f., 159, 186, 198

Caetani (Familie) 300
Cagione, Leonardo 151 f.
Calcagni, Tiberio 359
Calvin, Jean 239, 255, 290
Canossa, Alberto da (Graf) 7
Canossa, Alessandro da (Graf) 7, 9 f.
Canossa, Simone da (Graf) 7
Capponi (Familie) 334
Carafa (Familie) 366
Carafa, Carlo (Kardinal) 234, 338
Carafa, Gian Pietro (Kardinal) *siehe* Paul IV. (Papst)
Cäsar (Gaius Iulius Caesar, Römischer Kaiser) 70, 261–265, 281
Cassius (Gaius Cassius Longinus) 241, 261 f.
Casteldurante, Francesco da 236
Cavalieri, Tommaso 48, 227 f., 230, 259, 268 f., 278, 344, 359, 365
Cecchini, Pier Antonio 228
Cellini, Benvenuto 192 f., 304
Cerretani (Familie) 332
Cervini, Marcello *siehe* Marcellus II. (Papst)
Cibo, Giovanni Battista *siehe* Innozenz VIII. (Papst)
Ciocchi del Monte, Giovanni Maria *siehe* Julius III. (Papst)
Clemens VII. (Papst) 8, 13 f., 95, 115, 127 f., 144, 146 f., 149, 151, 153, 155, 162–168, 172–175, 177 f., 186 f., 189, 192–194, 197–199, 201–209, 215, 219, 222 f., 225, 232 f., 236, 280, 283 f., 299, 348, 365
Coligny, Gaspard II. de 352
Colonna (Familie) 128, 133, 173, 204, 300, 339 f., 347
Colonna, Marc Antonio 340
Colonna, Vittoria 14, 49, 255, 260, 267–276, 278–280, 303 f., 308, 326, 338, 341, 366
Condivi, Ascanio 9, 16 f., 24, 29, 76, 78 f., 216 f., 260, 274, 281, 366
Contarini, Gasparo (Kardinal) 234, 239
Corboli (Familie) 308–310
Corboli, Francesco 308
Cosimo de' Medici (Großherzog der Toskana) *siehe* Medici, Cosimo de'

Daniele da Volterra (Daniele Ricciarelli) 183, 349, 359, 365
Dante Alighieri 16, 260–262, 275
Della Rovere (Familie) 32, 70–74, 76, 79, 92, 95, 100, 115, 119 f., 132, 144, 146, 174, 177–180, 184, 194, 197 f., 200, 207, 224 f., 236, 282, 289 f., 363 f.
Della Rovere, Francesco Maria *siehe* Montefeltro, Francesco Maria da
Della Rovere, Francesco *siehe* Sixtus IV. (Papst)
Della Rovere, Giovanni 72
Della Rovere, Giuliano *siehe* Julius II. (Papst)
Della Rovere, Guidobaldo II. 282–284, 286
Della Rovere, Leonardo Grosso 129, 150, 156, 179
Dianti, Laura 213
Diokletian (Gaius Aurelius Valerius Diokletianus, Römischer Kaiser) 357
Domenico di Giovanni 14
Donatello (Donato di Niccolò di Betto Bardi) 31, 60
Doni, Agnolo 64
Duca, Antonio del 355
Duca, Jacopo del 355
Dürer, Albrecht 279

Erasmus von Rotterdam 68
Este (Familie) 128, 212
Este, Alfonso d' (Herzog von Ferrara) 211–218, 223, 365
Este, Isabella (Markgräfin von Mantua) 212

Farnese (Familie) 298 f., 301, 312, 365
Farnese, Alessandro *siehe* Paul III. (Papst)
Farnese, Giulia 234
Farnese, Ottaviano 298
Farnese, Pier Luigi II. 234, 298

Fattucci, Giovanni Francesco 178 f., 184, 186, 194, 196–199, 201, 208, 304
Ferdinand I. (König von Neapel) 33
Ferratino, Bartolommeo 314
Ferrer, Vicente 96
Ficino, Marsilio 96
Fidelissimi, Gherardo 360
Francese, Antonio del 350
Franz I. (König von Frankreich) 142, 176, 233, 298, 306 f., 365
Franz II. (König von Frankreich) 352
Frundsberg, Georg von 203 f.

Gellesi, Giovanni 138 f.
Ghirlandaio, Davide 30, 36, 39, 363
Ghirlandaio, Domenico 29 f., 33, 36, 39, 363
Giannotti, Donato 17, 259–266, 335
Ginori, Lionardo 333
Giotto (Ambrogiotto di Bondone) 29
Giovanni da Reggio 7
Gonzaga, Elisabetta 136
Gonzaga, Giulia 230
Granacci, Francesco 29 f., 37, 101
Guarino, Alessandro 215
Guicciardini (Familie) 245, 331, 361
Guicciardini, Francesca *siehe* Buonarroti, Francesca
Guicciardini, Francesco 28, 175, 203, 205, 241, 244, 263
Guicciardini, Gabriele Maria 244
Guicciardini, Luigi 244
Guicciardini, Michele 244 f.
Guicciardini, Niccolò 244
Guise (Familie) 352

Habsburg (Familie) 339
Hadrian VI. (Papst) 173, 365
Heinrich II. (König von Frankreich) 233, 351
Heinrich III. (König von Frankreich) 352
Heinrich IV. (König von Frankreich und Navarra) 352
Heinrich VIII. (König von England) 233
Heliodor 94
Hollanda, Francisco de 17, 260, 267, 276–278, 281, 292

Innozenz III. (Papst) 339
Innozenz VIII. (Papst) 43, 215
Innozenz X. (Papst) 302

Jacopo da Voragine 297
Jacopo di Sandro 104
Julius II. (Papst) 18, 20, 67–76, 78–96, 98, 100, 103, 105 f., 111–116, 120, 123, 126, 130, 132–135, 137, 144, 169–170, 174, 177–180, 182, 194, 197 f., 213, 224 f., 236, 282–290, 337, 352, 364–366
Julius III. (Papst) 324–326, 329, 334, 336, 366

Karl V. (Römischer Kaiser) 171, 173 f., 176, 203 f., 209, 221, 241, 258, 298, 339, 365
Karl VIII. (König von Frankreich) 43 f., 46, 71, 363
Karl IX. (König von Frankreich) 352
Katharina von Aragón (Königin von England) 233

Labacco, Antonio 313–315
Landucci, Luca 41
Leo X. (Papst) 8, 10–13, 39, 85, 114 f., 126–128, 132, 134, 137, 143 f., 146–149, 152, 159 f., 162–166, 168 f., 171–177, 179, 189, 283, 324, 348, 364 f.
Leonardo da Vinci 65 f.
Ligorio, Pirro 326
Longhi, Martino 302
Luciani, Sebastiano *siehe* Sebastiano del Piombo
Ludwig XII. (König von Frankreich) 94, 98, 113 f., 142, 218
Luther, Martin 78, 204, 239, 272, 294

Machiavelli, Niccolò 60–62, 67, 115, 200, 222, 265, 352
Maderna, Carlo 362
Mantegna, Andrea 9
Marcellus II. (Papst) 336 f.
Margarethe von Österreich 209, 222
Margarethe von Parma 298
Maria (Königin von England) 338

Mark Aurel (Römischer Kaiser) 78, 301 f.
Mastai-Ferretti, Giovanni Maria *siehe* Pius IX.
Maximilian I. (Römischer Kaiser) 94
Medici (Familie) 8, 11, 13, 19 f., 26–28, 30–39, 41–44, 46 f., 58, 60, 62 f., 115–117, 126, 128 f., 132, 138, 142, 144–146, 151, 154–157, 163–169, 171–175, 177, 180, 183–185, 187 f., 190–192, 204–207, 217, 220, 227, 234, 241, 351–353, 355, 363–365
Medici, Alessandro de' (Herzog von Florenz) 165, 209, 222, 240 f., 259, 262, 298, 365 f.
Medici, Caterina de' (Königin von Frankreich) 164, 233, 351 f.
Medici, Cosimo de'(il Vecchio) 16, 26 f., 31 f., 44, 128, 165–167, 220
Medici, Cosimo I. (Großherzog der Toskana) 165, 183, 188, 193, 241, 243 f., 305, 326 f., 337, 340, 342, 345–347, 351, 355, 359–361, 366
Medici, Giovanni Angelo de' *siehe* Pius IV. (Papst)
Medici, Giovanni de' *siehe* Leo X. (Papst)
Medici, Giovanni di Bicci de' 166
Medici, Giuliano de' (Herzog von Nemours) 33, 115, 128, 164, 166, 170, 186, 188, 191 f., 365
Medici, Giulio de' *siehe* Clemens VII. (Papst)
Medici, Ippolito de' (Kardinal) 164 f., 230, 234
Medici, Lorenzo (Bruder von Cosimo il Vecchio) 44
Medici, Lorenzo de' (der Prächtige) 8, 28, 31–44, 50 f., 166 f., 191 f., 220, 241, 320, 363, 365
Medici, Lorenzo (Herzog von Urbino) 115, 143 f., 164 f., 170, 186, 189–191, 363, 365
Medici, Lorenzo, genannt Lorenzaccio 241
Medici, Piero de' 40–44, 46 f., 51, 115, 363
Meleghino, Jacopo 235
Mini, Antonio 218
Montefeltro (Familie) 72
Montefeltro, Federico da (Herzog von Urbino) 72, 363
Montefeltro, Franceso Maria da (Herzog von Urbino) 70, 72, 129, 136, 144, 178, 193, 198, 203, 205 f., 224, 236, 282
Montefeltro, Giovanna da 72
Montefeltro, Guidobaldo da (Herzog von Urbino) 72
Morone, Giovanni (Kardinal) 234, 299, 338, 341

Nanni di Baccio Bigio 150, 313, 315, 317, 359
Narduccio, Filippo di 24
Niccolini (Familie) 334
Nikolaus V. (Papst) 74 f., 133

Ochino, Bernardino 273
Orsini (Familie) 128, 133, 300, 339
Orsini, Alfonsina 144

Palla, Battista della 213 f.
Palladio, Andrea 320
Pallavicino, Francesco 318
Parentucelli, Tommaso *siehe* Nikolaus V. (Papst)
Paul III. (Papst) 234–236, 240, 246, 270 f., 276 f., 282–284, 290–292, 297–302, 304, 307, 309, 311 f., 316, 319–322, 324, 334, 337, 341, 365
Paul IV. (Papst) 255, 299, 324, 328, 337–341, 348, 351 f., 366
Paul V. (Papst) 362
Pazzi (Familie) 32 f., 363
Perugino (Pietro Vannucci) 10, 92
Pescara, Marchese di (Fernando Francesco d'Avalos) 255, 260, 267
Petrarca, Francesco 16
Philipp II. (König von Spanien) 276, 339 f., 347
Piccolomini (Familie) 63
Piccolomini, Enea Silvio *siehe* Pius II. (Papst)
Piccolomini, Francesco Todeschini *siehe* Pius III. (Papst)
Pinturicchio (Bernardino di Betto) 55
Pisanello, il (Gesandter des Herzogs von Ferrara) 215
Pius II. (Papst) 54 f., 92
Pius III. (Papst) 54 f., 57, 67, 363

Pius IV. (Papst) 352–356, 359 f., 366
Pius IX. (Papst) 355
Pogliaghi, Lodovico 75
Pole, Reginald (Kardinal) 234, 272, 274, 299, 324, 338
Porcari, Metello Vari de' 133, 145, 150, 156, 160, 364
Porta, Giacomo della 302, 350, 362
Pulci, Luigi 192 f.

Raffael (Raffaello Sanzio) 10, 91, 94, 98, 102, 134, 145, 169, 315
Raffaele da Montelupo 289
Rainaldi, Carlo 302
Rainaldi, Girolamo 302
Riario, Girolamo 32
Riario, Raffaele Sansoni (Kardinal) 33, 49–51, 55, 363
Riccio, Luigi del 230, 260 f., 304, 310
Ridolfi (Familie) 361
Ridolfi, Cassandra 335 f., 345, 366
Ridolfi, Donato 335
Ridolfi, Niccolò (Kardinal) 259, 264
Rocchetti, Giacomo 130
Rosselli, Piero 91
Rossi, Nardo de' 355
Salviati, Francesco (Erzbischof von Pisa) 32 f., 186
Salviati, Giovanni 223
Salviati, Jacopo 12, 152–154, 156 f., 198 f.
Salviati, Maria 241
Sandro, Jacopo di 104
Sangallo, Antonio da 312–317, 362
Sangallo, Aristotile da 66
Sangallo, Giuliano da 83–85
Sansovino, Andrea 200
Sansovino, Jacopo (Jacopo Tatti) 157
Savelli (Familie) 300
Savoia, Filiberta di 164
Savonarola, Girolamo 22, 41 f., 46–48, 50 f., 54, 59, 79, 96, 104, 117, 139, 142, 190, 207 f., 220 f., 256
Scherano da Settignano 288
Schongauer, Martin 30, 36
Scipio (Publius Cornelius Scipio Africanus major) 263
Sebastiano del Piombo 10 f., 145, 160, 201, 224, 326
Seleukos (König von Syrien) 94
Sellaio, Leonardo 156
Sera, Francesca del 23
Sforza (Familie) 171
Sforza, Ludovico (Herzog von Mailand) 43
Simoni, de' (Familie) *siehe* Buonarroti
Sixtus IV. (Papst) 32 f., 67, 71 f., 74, 79, 92, 95, 126, 134, 363
Soderini (Familie) 333
Soderini, Piero 60, 115, 154 f.
Strozzi, Roberto 304
Sulla (Lucius Cornelius Sulla Felix) 262

Tizian (Tiziano Vecellio) 212
Trajan (Römischer Kaiser) 78

Ubaldini da Gagliano, Lucrezia 363
Urbano, Pietro 160–162
Urbino (Francesco di Bernardino d'Amadore da Casteldurante) 56, 276, 303 f., 306, 332, 335, 342, 344, 360

Valdés, Juan 272
Varchi, Benedetto 361
Vasari, Giorgio 16 f., 36, 76, 79 f., 188, 274, 292, 326–329, 337, 340, 343, 345, 347, 366
Vettori, Francesco 175, 189, 205, 219 f., 222, 241
Viterbo, Egidio da 96, 100 f.
Volpaia, Benvenuto della 223

Zwingli, Huldrych 239

BIOGRAPHIEN IN DER BECK'SCHEN REIHE

Günter Brakelmann
Helmuth James von Moltke
1907–1945
Eine Biographie
2009. 432 Seiten mit 60 Abbildungen
(Beck'sche Reihe Band 1916)

Arne Karsten
Bernini
Der Schöpfer des barocken Rom
Leben und Werk
2007. 272 Seiten mit 51 Abbildungen und einer Karte
(Beck'sche Reihe Band 1778)

Martin Kemp
Leonardo
Aus dem Englischen von Nikolaus G. Schneider
2008. 329 Seiten mit 70 Abbildungen
(Beck'sche Reihe Band 1839)

Volker Reinhardt
Der unheimliche Papst
Alexander VI. Borgia
1431–1503
2007. 277 Seiten mit 12 Abbildungen, einer Stammtafel
und einer Karte
(Beck'sche Reihe Band 1748)

Ingeborg Walter
Der Prächtige
Lorenzo de' Medici und seine Zeit
2009. 336 Seiten mit 28 Abbildungen
(Beck'sche Reihe Band 1907)